cLV

W. J. Ouweneel

Der Brief
an die Galater

ᏨᏞᏙ
Christliche
Literatur-Verbreitung e.V.
Postfach 11 01 35 · 33661 Bielefeld

1. Auflage 1998

© 1997 by Uitgeverij Medema, Vaassen, NL
Originaltitel: De vrijheid van de Geest
© der deutschen Ausgabe 1998
by CLV · Christliche Literatur-Verbreitung e.V.
Postfach 11 01 35 · 33661 Bielefeld
Übersetzung: Hermann Grabe, Barbara Reuter
Satz: CLV
Umschlag: Dieter Otten, Gummersbach
Druck und Bindung: Ebner, Ulm

ISBN: 3-89397-371-0

Inhaltsverzeichnis

0 Einleitung

0.1 Der Hintergrund

0.1.1 Verfasser, Empfänger und Datierung

Ein Bibelbuch ist wie ein alter Brief, den man auf dem Speicher findet. Wenn man nicht weiß, von wem und an wen er geschrieben wurde, wenn man die Handschrift nicht lesen kann oder nichts von den Lebensumständen des Briefschreibers oder Empfängers weiß, dann sagt einem der Brief nicht viel.

Deshalb beginnt die Auslegung jeden Buches der Bibel mit sogenannten »Einleitungsfragen«. Die Behandlung dieser Fragen erscheint oft trocken und abstrakt und manchmal könnte der Leser schon zu Beginn eines Kommentars durch solche anscheinend langweiligen Fragen abgeschreckt werden. Trotzdem können wir nicht darauf verzichten. Für das Verständnis eines Bibelbuches sind sie von elementarer Bedeutung. Beim Galaterbrief haben wir noch das besondere »Pech«, dass einige der »Einleitungsfragen« ziemlich kompliziert sind und schon heftige Debatten auslösten.

Zwei Dinge stehen jedoch fest: Der Galaterbrief wurde von Paulus geschrieben (1,1) – nur von extremen Kritikern wurde das bezweifelt –, und zwar an die »Galater« (1,2; 3,1). Hingegen gibt es keinen Paulusbrief, über dessen Hintergrund so viel Unsicherheit besteht. Wir wissen nicht einmal genau, wer mit den »Galatern« gemeint ist. Diese Ungewissheit über die Empfänger hängt eng mit zwei anderen Fragen zusammen: Wann wurde der Brief geschrieben und welche konkreten Ereignisse waren der Anlass? Die Kernfrage dabei lautet, ob Gal 2,1-10 auf das Apostelkonzil in Jerusalem Bezug nimmt (Apg 15) oder auf einen noch früheren Besuch Paulus' in Jerusalem (Apg 11,30). Weil die Beantwortung dieser Frage recht technisch ist, gehe ich in zwei Anhängen darauf ein. An dieser Stelle möge es genügen, die Ergebnisse zu präsentieren.

Erstens komme ich mit den meisten Auslegern unserer Zeit zu dem Schluss, dass Paulus mit den »Galatern« nicht die Christen in der *Landschaft* Galatien meint – wir wissen nicht einmal genau, ob es damals dort überhaupt Gemeinden gab –, sondern die im Süden der damaligen *Provinz* Galatien und zwar im Gebiet von Pisidien und Lykaonien. Es handelt sich also um die Gemeinden in Antiochien, Ikonium, Lystra und Derbe, die wir aus Apg 13,14; 14,1.6; 16,1 so gut kennen.

Nach Abwägung aller Argumente komme ich zu dem Schluss, dass etwas mehr dafür spricht, Gal 2 mit Apg 15 in Verbindung zu bringen als mit 11,30. Das heißt wahrscheinlich auch, dass das Auftreten der gesetzlichen Irrlehrer in den galatischen Gemeinden nach Apg 15 anzusiedeln ist. Vor dem Hintergrund der Ereignisse, die in der Apg beschrieben werden, können wir in etwa die Ereignisse rekonstruieren, die in Gal 1,2 erwähnt werden.

0.1.2 Geschichtliche Rekonstruktion

(a) Einige Jahre nach dem Tod und der Auferstehung Christi fand die Bekehrung Saulus' von Tarsus auf dem Weg nach Damaskus statt (1,16; Apg 9,3-21; 22,6-16; 26,12-18).

(b) Nach kurzem Aufenthalt in Damaskus zog er für einige Zeit nach Arabien und kehrte wieder nach Damaskus zurück (1,17). Dort legte er ein machtvolles Zeugnis ab, worauf er aus der Stadt fliehen musste (Apg 9,22-25).

(c) So kam er zum ersten Mal nach seiner Bekehrung nach Jerusalem, wo Barnabas ihn in den Kreis der Apostel einführte und wo er freimütig zeugte (Apg 9,26-29). Übrigens sah er von den Aposteln nur Petrus und Jakobus, den Bruder des Herrn (1,18f).

(d) Danach verbrachte er einige Zeit in seiner Heimatstadt Tarsus in Cilicien. Von da holte ihn Barnabas nach Antiochien in Syrien (1,21; Apg 9,30; 11,25), um dort mit ihm zu arbeiten.

(e) Nachdem Saulus und Barnabas ein Jahr in Antiochien gearbeitet hatten (1,21; Apg 11,26), wurden sie von der dortigen Gemeinde mit einer Kollekte für die notleidenden jüdischen Christen nach Jerusalem gesandt (Apg 11,30). Dies war also eigentlich der zweite Besuch in Jerusalem, bei dem sie jedoch vielleicht hauptsächlich oder ausschließlich die Ältesten trafen.

(f) Kurz danach starteten Saulus und Barnabas von Antiochien aus ihre erste Missionsreise. Im Verlauf dieser Reise gründeten sie u. a. die südgalatischen Gemeinden in Antiochien in Pisidien und im lykaonischen Ikonium, Lystra und Derbe (Apg 13,14).

(g) Nach ihrer Rückkehr nach Antiochien gaben die beiden Apostel dort einen Bericht (Apg 14,26f). Kurz darauf schickte die Gemeinde die beiden nach Jerusalem wegen der entstandenen Kontroverse mit den gesetzlichen Juden, die den Gläubigen aus den Heiden die Beschneidung und das Halten des mosaischen Gesetzes auferlegen wollten. Dieser drohende Streit musste unmittelbar mit den Aposteln und den Ältesten besprochen werden (2,1-4; Apg 15,1f.24). Paulus und Barnabas nahmen auch Titus mit, wodurch die Fragen der Beziehungen zwischen jüdischen und heidnischen Gläubigen sehr aktuell wurden. Titus wurde jedoch nicht gezwungen, sich beschneiden zu lassen (2,3).

(h) Beim Apostelkonzil (2,1-10; Apg 15,6-29) beschlossen die Apostel und die Ältesten mit der gesamten dortigen Gemeinde, den heidnischen Gläubigen in Antiochien, Syrien und Cilicien nichts weiter aufzuerlegen als nur, sich von dem zu enthalten, was die gesetzestreuen jüdischen Christen allzu sehr schockieren könnte, ohne ihnen jedoch die Beschneidung, die anderen Speisegebote und jüdischen Zeremonien aufzuerlegen (Apg 15,22-29). Die Führer in Jerusalem erkannten Paulus als Apostel für die Unbeschnittenen an, vorausgesetzt, dass er sich auch weiter um die Armen kümmerte (2,7-10).

(i) Nach ihrer Rückkehr nach Antiochien gaben Paulus und Barnabas diese Botschaft weiter (Apg 15,30.35). Kurz darauf kam Petrus dort zu Besuch, der anfangs freien Umgang mit den Gläubigen aus den Heiden pflegte. Aber als gesetzliche jüdische Christen aus Jerusalem zu Besuch kamen, stellten zuerst Petrus und dann auch Barnabas diesen Umgang ein. Paulus musste Petrus deswegen ernst ermahnen (2,11-14).

(j) Trotz des Apostelkonzils gab es jüdisch-gesetzliche falsche Lehrer, die von dem segensreichen Werk des Paulus unter den Heiden hörten und es nicht ertragen konnten, dass der Zulauf der Gläubigen aus den anderen Völkern alle Unterscheidungen zwischen Juden und Heiden aufhob, u. a. die heidnischen Gläubigen davon entband, die Verpflichtungen des mosaischen Gesetzes und die Beschneidung zu halten. Diese Irrlehrer arbeiteten auch in den galatischen Gemeinden (1,6-9).

(k) Deshalb schrieb Paulus den Galaterbrief, um die galatischen Gläubigen vor der falschen Lehre der gesetzlichen Judaisten zu warnen. Folgende Orte kommen als Absendeorte in Betracht: (1) Korinth (Apg 18,1-17), (2) Antiochien (Apg 18,2), (3) Ephesus (Apg 19), (4) Mazedonien oder Achaja (Apg 20,1-3). Viele, die den Galaterbrief und das Auftreten der Irrlehrer in die Zeit nach Apg 15 datieren, denken überwiegend an Möglichkeit (3) wegen Paulus' langen Aufenthalts in Ephesus. Bemerkenswert ist übrigens, dass u. a. der Textus Receptus (aufgrund einiger alter Handschriften) in einer Anmerkung erwähnt, dass der Galaterbrief von Rom aus geschrieben worden sei.

0.2 Anlass und Ziel des Galaterbriefes

0.2.1 Judenchristen und Heidenchristen

Der Galaterbrief beschreibt den ersten großen Lehrstreit in der jungen christlichen Kirche. Solange die Apostel das Evangelium nur den Juden verkündigten, gab es kein Problem. Die Judenchristen hatten auf keinen Fall das Gefühl, dass sie sich mit ihrer Bekehrung vom jüdischen Volk absonderten. Im Gegenteil: Sie gingen weiter in den Tempel (Apg 2,46; 3,1) und hielten weiter das ganze Gesetz des Mose (Apg 21,20). Viele hielten sie lediglich für eine der Sekten im Judentum (Apg 24,5.14). Wenn früher ein Heide zum Judentum übertrat, also ein »Proselyt« oder »Anbetender« wurde (Mt 23,15; Apg 2,10; 6,5; 13,43), ließ er sich beschneiden und unterwarf sich dem ganzen Gesetz des Mose. Wer nicht so weit gehen wollte, hielt z. B. die Speisegesetze ein und besuchte die Synagoge, ließ sich aber nicht beschneiden. Möglicherweise sind das die in der Apg als »Gottesfürchtige« Bezeichneten (10,22.35; 13,16).

Als Petrus zum ersten Mal – abgesehen für den isoliert stehenden Fall des Kämmerers aus Äthiopien in Apg 8,26-40 – Vollblutheiden das Evangelium bringen musste, bereitete eine himmlische Vision ihn auf den neuen Stand der Dinge vor (10,10-16.28; 11,5-10). Um Kornelius und den Seinen das Evangelium bringen zu können, musste Petrus bereit sein, das Haus eines Heiden zu betreten und sogar mit ihm zu essen. (Übrigens wohnte er davor schon im Haus eines Gerbers [9,43], dessen Arbeit als kultisch unrein galt!) Nicht die Heiden mussten sich hier den Juden anpassen, sondern die Juden den Heiden. Damit tauchte zum ersten Mal das Problem auf, wie die Beziehungen zwischen jüdischen und heidnischen Gläubigen in der jungen Christenheit gestaltet werden sollten. Sollten sich die heidnischen Gläubigen wie früher die Proselyten beschneiden lassen und das ganze Gesetz Mose halten? Das war die eine Lösung. Die zweite war folgende: Sollten jüdische und heidnische Gläubige jeweils ihren eigenen Weg gehen, die einen mit Beschneidung und Gesetz, die anderen ohne? Oder sollten sich die jüdischen an die heidnischen Gläubigen anpassen und Beschneidung und Gesetz aufgeben?

Als Petrus bei Kornelius zu Besuch war, ging es nicht um diese dritte Lösung. Von Petrus wurde nur die Breitschaft verlangt, das Haus eines Heiden zu betreten und dort das Evangelium zu verkünden und sich den Heiden anzupassen, ohne sich vor ritueller »Verunreinigung« zu fürchten. Es ging nicht darum, wie Petrus sich in seinem Privatleben verhalten sollte. Tatsächlich geht es nirgends in der Apg um diese Frage. Sogar in Apg 21 ist es noch ganz normal, dass die jüdischen Christen »Eiferer für das Gesetz« sind (Apg 21,20), offensichtlich einschließlich der Beschneidung (Vers 21), und auch Paulus sich hier anpasst, indem er eine rituelle Reinigung mitmacht und Opfer bringt (Verse 23-26). In Lystra ließ Paulus den Halbjuden Timotheus wegen der Juden beschneiden (Apg 16,3). In Kenchreä ließ er sich wegen eines Gelübdes den Kopf scheren und dabei ging es überhaupt nicht darum, dass er das etwa mit Rücksicht auf andere tat (Apg 18,18). Solch typisch jüdisches religiöses Verhalten wird im NT an keiner Stelle hinterfragt.

0.2.2. Umgang zwischen Juden und Christen

Die Sache mit Petrus und Kornelius macht auf jeden Fall klar, dass Judenchristen bereit sein mussten, mit Heidenchristen Umgang zu haben, ohne sich um ihre eigenen jüdischen Gesetze zu kümmern, sondern »denen, die ohne Gesetz sind, wie einer ohne Gesetz« zu sein (vergleiche 1Kor 9,21). Dieses Problem sollte in Petrus' Leben auch später noch einmal auftauchen und es wird im Galaterbrief bespro-

chen (2,11-14). Wie auch immer Judenchristen privat oder gemein-
schaftlich meinten leben zu müssen – die zweite Lösung durfte auf keinen Fall in Betracht kommen, d. h. Judenchristen und Heidenchristen
durften nicht völlig auseinander driften. Wo sie zur gleichen Gemeinde gehörten, sollten sie ohne Vorbehalte Umgang miteinander haben.
Zurückhaltung von Judenchristen in diesem Punkt wird in Röm 14
»Schwachheit« genannt. Aber wenn Judenchristen die Heidenchristen
zwingen wollten, sich der Beschneidung und dem Gesetz zu unterwerfen (erste Lösung), redet Paulus nicht von Schwachheit, sondern von
Irrlehre.

Es handelt sich nämlich hier nicht um einen einfachen Verhaltens-
kodex. Bei der Frage des Umgangs zwischen Heiden- und Judenchristen und bei der Frage, ob die Heidenchristen sich dem Gesetz und der
Beschneidung unterwerfen mussten, ging es um den Kern des Evangeliums. Das macht der Galaterbrief eindeutig klar. Für Paulus stand das
Evangelium, die Bedeutung des Werkes Christi, auf dem Spiel. Auch
wenn es noch so verständlich ist, dass die Judenchristen Schwierigkeiten hatten einzusehen, dass das Christentum ein ganz neuer Weg und
keine jüdische Sekte war, macht Paulus kurzen Prozess mit dieser Zurückhaltung. Entweder war für einen Heiden, der den Herrn Jesus als
Erlöser und Herrn annahm, dessen Werk und der Glaube an ihn ausreichend oder er musste sich außerdem beschneiden lassen und das
Gesetz halten. Darum drehte sich der Streit. Paulus macht klar, dass
im letzteren Fall die Allgenugsamkeit des Werkes Christi und des Glaubens an ihn angetastet wurde. Die Errettung ist nie vom Befolgen irgendwelcher Zeremonien oder Gebote abhängig, selbst wenn es sich
um Zeremonien und Gebote handelt, die Gott selbst früher gegeben
hatte. Es gibt keinen anderen Weg zur Errettung als den Glauben an
das vollbrachte Werk Christi.

Wo in der ersten Zeit des Christentums Juden- und Heidenchristen
in einer Gemeinde zusammenlebten, konnten leicht Spannungen entstehen. Die Juden mussten nachgeben und durften, wenn sie Brüder
aus den Heiden besuchten, nicht auf ihren jüdischen Gebräuchen bestehen. Aber auch die Heidenchristen mussten auf die Juden zugehen,
wie das in den Dekreten in Apg 15 zum Ausdruck kommt. Die Gläubigen aus den Heiden, die mit den Gläubigen aus den Juden zusammen
assen, mussten auf sie Rücksicht nehmen, indem sie (a) kein Fleisch
von Götzenopfern aßen, (b) keine Ehe mit Verwandten eingingen (oder

Verwandten von verstorbenen Ehepartnern), die die Juden für »Unzucht« hielten (vergleiche den Gebrauch dieses Wortes in 1Kor 5,1: »Hurerei« = [wahrscheinlich Ehe-!]beziehung mit der Frau des Vaters) und (c) allgemein kein Blut assen (wobei das »Erstickte«, d. h. Fleisch, das nicht ausgeblutet war, besonders erwähnt wird). Die Heidenchristen brauchten sich zwar nicht beschneiden zu lassen oder die jüdischen zeremoniellen Gesetze zu halten, aber etwas Rücksicht auf ihre jüdischen Mitgläubigen konnte man doch von ihnen erwarten. Manche Ausleger meinen, die Dekrete aus Jerusalem gelten für alle Christen zu allen Zeiten. Die Argumente dafür und dagegen können hier nicht eingehend besprochen werden (siehe neue bibeltreue Kommentare zu Apg). Dazu nur Folgendes: Natürlich müssen sich Christen jederzeit von Götzenopfern und Hurerei vollkommen fernhalten. Aber im Kontext von Apg 15 ist es höchst unwahrscheinlich, dass Jakobus das im absoluten Sinn meint, weil er damit nur offene Türen eingerannt hätte. Warum hat er dann nicht auch Mord und Lüge verboten? Dass diese Dekrete praktische und zeitliche Bedeutung hatten, ergibt sich nach Meinung der meisten Ausleger aus der Tatsache, dass Paulus (a) in seinen Briefen nie darauf verweist, (b) dass er es in Röm 14 »Schwachheit« nennt, wenn Judenchristen von den Heidenchristen ein solches Nachgeben verlangen, (c) dass er in 1Kor 8–10 keine Einwände gegen das Essen von Götzenopferfleisch hat, solange es nicht in direkter Verbindung mit dem Götzendienst geschah oder für »schwache« Brüder einen Fallstrick bedeutete und dass er (d) in 1Tim 4,4 *alle* Geschöpfe gut und *nichts* verwerflich nennt.

0.2.3. Jüdische Irrlehrer in Galatien

Die Botschaft, dass es keinen anderen Weg zur Errettung gibt als den Glauben an das vollbrachte Werk Christi, hatte Paulus auch unter den Galatern verkündigt. Viele frühere Heiden (4,8) waren zum Glauben gekommen, hatten den Heiligen Geist empfangen (3,2) und waren getauft worden (3,27). Aber nachdem Paulus abgereist war, kamen Christen aus Judäa, die ihnen einredeten, sie hätten von Paulus eine verkehrte Lehre erhalten. Sie kamen von den Aposteln in Jerusalem, besonders von Jakobus, dem Bruder des Herrn (2,12) und behaupteten, (a) dass Paulus nur ein zweitrangiger Apostel sei, der im Verhältnis zu den Zwölfen einen eigenen Kurs einschlüge oder dass er überhaupt kein Apostel sei. Sie verkündeten, (b) dass die Heiden, wenn sie errettet werden wollten, nicht nur an Jesus Christus glauben, sondern außerdem faktisch zum Judentum übertreten müssten, indem sie sich beschneiden ließen und das Gesetz hielten. Außer der Gnade sei auch die Beschneidung und außer Christus auch Moses nötig. Sie behaupteten außerdem, (c) dass Paulus' Lehre zu einer oberflächlichen, leichtsinnigen Lebensweise führe.

Als Paulus die schlechte Nachricht von der unterminierenden Predigt dieser Irrlehrer hörte, erfasste er sofort die große Gefahr, die davon ausging. Hier wurde nicht nur dem Evangelium etwas *hinzugefügt*, nein, hier wurde das eigentliche Evangelium *weggenommen*. Wer einem Menschen zusätzlich zu Christus etwas zu tun gebietet, nimmt ihm nämlich Christus weg (5,4).

Paulus antwortet auf die Behauptungen der Irrlehrer, indem er (a) darlegt, dass er ein echter Apostel ist – sogar mit einer eigenen, einzigartigen Berufung, die sich auf Offenbarung gründet und unabhängig von den Zwölfen (Gal 1,2) –, indem er (b) die zerstörerischen Folgen aufzeigt und das wahre Evangelium erneut darlegt (Gal 3,4) und indem er (c) die praktischen Konsequenzen daraus beschreibt, die eben keine Leichtfertigkeit nach sich ziehen (Gal 5,6). Der Gläubige, der nicht unter dem mosaischen Gesetz steht, ist nicht gesetzlos, sondern steht unter dem Gesetz Christi (6,2). Paulus zitiert ausführlich das AT, um deutlich zu machen, dass seine Lehre keine modische Neuerung war, sondern sich an die göttliche Unterweisung des AT anschloss. Manches weist darauf hin, dass die judaistischen Irrlehrer einen eigenen Führer hatten, wegen des Singular in 3,1 und 5,7.10, aber es handelte sich sicher um eine größere Gruppe (siehe den Plural in 1,7; 4,17; 5,12; 6,12f). Sie wollten erreichen, dass die galatischen Christen sich beschneiden ließen (5,2f.12; 6,12), dass sie das Gesetz hielten (2,16; 3,2.5; 5,4), u.a. die Speisegebote (vergleiche 2,12.14) und die jüdischen Festtage (4,10) und sich vom Apostel Paulus lossagten (4,17). Paulus sagt nun, dass diese Irrlehrer selbst unaufrichtig waren, weil sie sich unter einem Vorwand eingeschlichen hatten (2,4), dass sie im Vordergrund stehen und der Schmach des Kreuzes Christi entkommen wollten, dass sie selbst das Gesetz nicht hielten und die Galater drängten, sich beschneiden zu lassen, um sich in ihrem Fleisch rühmen zu können (6,12f; vergleiche 4,17). Offensichtlich war die einfache Botschaft des Kreu-

zes Christi ihnen ein Ärgernis (5,11; 6,14; vergleiche 1Kor 1,23). Aber
genau diese Botschaft bildet das Herz des Evangeliums, wie Paulus
erläutert (vergleiche 1,4; 2,16-21; 3,11-14; 5,1-6; 6,14).

Nach der traditionellen Ansicht kamen die jüdisch-gesetzlichen Irrlehrer in den galatischen Gemeinden aus den judenchristlichen Gemeinden Judäas. Es gab zwar Einwände dagegen, aber alternative
Ansichten fanden nicht viele Anhänger. Manche denken an ortsansäs-
sige Juden, die die galatischen Christen zum Judentum hätten überreden wollen, andere an judaistische Christen aus den Heiden, die aus
den Gemeinden selbst gekommen oder von außen eingedrungen sei-
en, wieder andere an frühe judenchristliche Gnostiker. Da keine dieser Alternativen sehr überzeugend ist, sehen wir von einer näheren
Erörterung ab. Im Allgemeinen nimmt man an, dass die Irrlehrer in
Galatien am besten mit den Verführern in Verbindung zu bringen sind,
die in Apg 15,1.24 erwähnt werden. Es ist leicht anzunehmen, dass diese Verführer nicht nur in Antiochia in Syrien, sondern auch in den
südgalatischen Gemeinden nicht weit davon entfernt aktiv waren.

0.3. Der Kern des Galaterbriefes

0.3.1. Kernthemen

Das Evangelium muss notwendigerweise der Ausdruck des Herzens
und der Gedanken Gottes und nicht des Menschen sein, denn sonst
hätte es gar keinen Wert. Bei den Galatern bestand die Gefahr, dass
das Evangelium von diesem »Niveau« des Rates und der Wege Gottes
auf ein Niveau herunter geholt wurde, das für das menschliche Fleisch
annehmbar war. Diese Gefahr ist heute noch ebenso groß wie zur Zeit
der Abfassung des Galaterbriefes. Das Wesen des Judaismus ist auch
heute, dass er die vollkommene Erlösung durch Christus verkennt oder
abschwächt, dass er annimmt, im alten Menschen gäbe es etwas Gutes
und der Wille und die Kraft des natürlichen Menschen könnten eine
eigene Gerechtigkeit bewirken. Paulus geht im Galaterbrief scharf
dagegen an und zwar grundsätzlich, ja »einfach«, wie schwierig der Brief
in gewisser Hinsicht auch sein mag.

Anhand zweier Kernthemen bekämpft er die Verirrungen der Galater. Die Lehre von der *Gnade* steht der ganzen jüdischen Gesetzlichkeit entgegen: Nicht der eigene Wille oder die Kraft des natürlichen Menschen bewirkt das Gute oder die Gerechtigkeit, sondern allein die Gnade Gottes. Und nur der *Heilige Geist* kann im Ungläubigen Wiedergeburt und Glauben bewirken und nur er kann auch im Gläubigen das Gute bewirken. Weder vor noch nach seiner Bekehrung kann der Mensch aus eigener Kraft das Gute tun. Die Lehre über den Heiligen Geist steht außerdem jeder Vorstellung eines menschlichen Amtes entgegen, das »von Menschen« oder »durch einen Menschen« ist (1,1). Wenn die Irrlehrer behaupteten, dass Paulus' Dienst nicht gültig sei, weil er nicht von Petrus und/oder den anderen Aposteln ausgesandt war, stellten sie damit in Wirklichkeit die Irrlehre über die Notwendigkeit einer »apostolischen Sukzession« auf. Das wahre Amt des Dienstes gibt es auch heute nie »von Menschen« oder »durch einen Menschen«, sondern durch Christus und Gott den Vater in der Kraft des Heiligen Geistes, unabhängig von irgendeinem Menschen. Sogar Apostel konnten höchstens den als Ältesten wählen (Apg 14,23), der durch den Heiligen Geist selbst schon eingesetzt worden war (Apg 20,28).

0.3.2. Vergleich mit anderen Briefen

Die Galater hatten nicht Christus und den christlichen Glauben als solchen aufgegeben, sondern waren dabei, die göttliche Wahrheit von der Rechtfertigung allein aus Glauben aufzugeben. Paulus' Ansatz ist hier jedoch anders als im Römerbrief, in dem er das gleiche Thema behandelt. Dort werden die objektiven Grundlagen des christlichen Evangeliums für Sünder dargelegt, aber im Galaterbrief wird die Einführung des Judaismus unter Christen bekämpft. Ein weiterer Unterschied zum Römerbrief ist der, dass Paulus hier auch die christliche Position weiter entfaltet. Daher redet er z. B. über das »der Welt gekreuzigt sein« und über die »neue Schöpfung« (6,14f), was weiter geht als Röm 6,6.

Auch ein Vergleich mit dem 1. Korintherbrief ist sinnvoll. Ein Unterschied liegt darin, dass es im Galaterbrief nicht wie im Korintherbrief um Unwissenheit geht, sondern um echte Untreue dem Evangelium gegenüber. So erklärt sich der scharfe Ton des Briefes. In beiden

Briefen benutzt Paulus das Bild vom Sauerteig, der alles durchsäuert (5,9; 1Kor 5,6), d. h. in beiden kommt das Problem des sündigen Fleisches und Überhandnehmen des Bösen zur Sprache. Im 1. Korintherbrief handelt es sich um moralisch Böses, im Galaterbrief um lehrmäßig Böses. Das Böse bei den Korinthern lag darin, dass sie dem sündigen Fleisch in vielerlei Hinsicht breiten Raum gewähren wollten (vergleiche 1Kor 5,6). Das war Unmoral. Das Böse bei den Galatern lag darin, dass sie das sündige Fleisch mit Hilfe von Gesetz und Beschneidung zügeln wollten. Das war Ketzerei. Diese beiden Gefahren bestehen auch heute noch genauso in der Christenheit: die des zuchtlosen und die des religiösen Fleisches.

Die biblische Antwort ist in beiden Fällen, dass dem Fleisch in keiner Hinsicht Raum gegeben werden darf, in welcher Form auch immer es sich zeigt. Innerhalb der Gemeinde darf es keine freie Bahn für die Zuchtlosigkeit des Fleisches geben, aber auch nicht für die *fleischlichen* Bemühungen, die natürliche Bosheit des Herzens mit Hilfe von Gesetzlichkeit unter Kontrolle zu bringen. Im Bewusstsein des Gläubigen muss das Fleisch mit seinen Leidenschaften und Begierden – welcher Art auch immer – *gekreuzigt* werden (5,24). Das Böse bei den Galatern sieht weniger schlimm aus, weil es sich im 1. Korintherbrief um Böse und im Galaterbrief um »ordentliche und anständige« Erfüller des Gesetzes handelt – aber tatsächlich ist der Tonfall hier viel schärfer. Es gibt kein »gefährlicheres« Fleisch als anständiges, religiöses, scheinheiliges Fleisch.

Noch ein Vergleich: Im Galaterbrief wie im Kolosserbrief geht es um die Gefahr der Gesetzlichkeit. Im Kolosserbrief ging es um Christus als Person, im Galaterbrief um Sein Werk. Bei den Kolossern führte die Irrlehre dazu, dass Christus an die zweite Stelle rückte. Darum stellt Paulus die Herrlichkeit Christi und unsere Vollkommenheit in Ihm in den Vordergrund. Im Galaterbrief steht das Werk Christi unter Beschuss. Wo andere Dinge als für die Errettung wesentlich angesehen werden – Gesetz und Beschneidung –, rückt das Werk Christi an die zweite Stelle. In beiden Fällen wird das Herz des Evangeliums angetastet. Beide Gefahren bestehen weitgehend auch heute noch. Die neutestamentlichen Briefe wurden immer aus Anlass konkreter Fragen und Schwierigkeiten der damaligen Zeit geschrieben und erteilen davon ausgehend uns heute die Lektionen, die wir seit zweitausend Jahren nötig haben, weil wir immer in die gleichen Gefahren zu fallen drohen. Die andauernde Aktualität der Briefe ist deshalb für die Christenheit eine beschämende Sache.

0.3.3. Vergleich mit den Evangelien

Abschließend noch diesen Punkt: Wichtiger als der Vergleich des Galaterbriefs mit anderen paulinischen Briefen ist der Vergleich mit den Evangelien. Nicht erst Paulus, sondern auch Jesus verkündigte die Rechtfertigung aus Gottes reiner Gnade und allein durch Glauben, wenn auch mit anderen Formulierungen. Wir sehen das in vielen Gleichnissen, z. B. von den Arbeitern im Weinberg (Mt 20,1-16), aber vor allem in den Gleichnissen bei Lukas, der großen Wert auf die Gnade und das Erbarmen Gottes legt, die durch Jesus zu uns gekommen sind (vergleiche 1,50.54.58.72.78; 2,40; 4,22; 7,13; 10,33.37; 15,20). Darum passen gerade solche Gleichnisse wie die vom barmherzigen Samariter (Lk 10,25-37) und vom verlorenen Sohn (Lk 15,11-32) so gut in den Zusammenhang des Lukasevangeliums. Von großer Bedeutung ist das Gleichnis vom Pharisäer und Zöllner (18,9-14). Es macht klar, dass nicht die genaue und pflichtbewusste Erfüllung des Gesetzes einen Menschen vor Gott angenehm macht, sondern Sündenerkenntnis, Reue und Umkehr. Wenn Jesus dann noch hinzufügt: »Dieser [= der bußfertige Sünder] ging gerechtfertigt zurück in sein Haus, im Gegensatz zu jenem«, dann ist das exakt die gleiche Botschaft, wie wenn Paulus von dem redet, »der den Gottlosen rechtfertigt« (Röm 4,5).

Das liegt auf der gleichen Linie wie das Wort Jesu: »Die Gesunden bedürfen nicht eines Arztes, sondern die Kranken. Ich bin nicht gekommen, Gerechte zu rufen, sondern Sünder zur Buße« (Lk 5,31f) Das Evangelium ist nicht für die, die aufgrund ihrer Gesetzestreue meinen, schon gerecht zu sein, (vergleiche Lk 16,15; 18,9; 20,20; vergleiche 15,7), sondern für die, denen es bewusst ist, dass sie Sünder sind und erst durch den Glauben an Christus zu Gerechten werden. Auch in den Evangelien liegt der Schwerpunkt darauf, dass der Glaube als Weg zu Vergebung und Errettung das Wesentliche ist (Lk 5,20; 7,9.50; 17,19; 18,42). Nicht Paulus ist der »Erfinder« des Evangeliums allein aus Gnade und Vergebung; Jesus Christus selbst verkündete es.

0.4 Einteilung des Galaterbriefes

Teil 1

EINLEITUNG
1,1–10

1.1 Verfasser, Empfänger, Segenswunsch (1,1-5)

Übersetzung

1 Paulus,
Apostel,
nicht von Menschen, noch durch einen Menschen,
sondern durch Jesus Christus
und Gott [den] Vater,
der ihn auferweckt hat aus [den] Toten,
2 und alle Brüder [die] mit mir [sind],
den Gemeinden von Galatien:
3 Gnade [sei] euch und Friede
von Gott [dem] Vater
und unserem Herrn Jesus Christus,
4 der sich selbst gegeben hat für unsere Sünden,
damit Er uns reiße aus dem gegenwärtigen bösen Zeitalter,
nach dem Willen unseres Gottes und Vaters,
5 dem die Herrlichkeit [ist] in die Zeitalter der Zeitalter!
Amen.

Textvarianten

3 {C} *von Gott [dem] Vater und von unserem Herrn:* Andere wichtige Textzeugen lesen *von Gott unserem Vater und von [dem] Herrn.*

4 {A} *für: hyper* + Genit.: die Textzeugen, die *peri* lesen, dachten offensichtlich an den Ausdruck *peri hamartias,* »Sündopfer«, in der LXX (vergleiche Hebr 10,6.8).

Grammatik

1 *durch* (2x): *dia* + Gen.; »mittels (oder: durch Zutun von), im Auftrag von«.

2 *alle Brüder* (gr. *hoi pantes adelphoi*): nicht alle Brüder einzeln, sondern gemeinsam, als eine zusammengehörige, einmütige Gruppe.

2 *mit mir: syn* + Dativ, nicht *meta* + Gen.; beide bedeuten »mit« oder »bei«; der Unterschied wurde manchmal übertrieben; vergleiche jedoch 2,1 (*mit* = gr. *meta*) und 3 (*bei* = gr. *syn*).

3 *Gnade [sei] euch und Friede:* nicht *Gnade und Friede [sei] euch*, so als ob Paulus zuerst nur *Gnade [sei] euch* schreiben wollte und dann erst *und Friede* hinzufügt.

3.5 In Segenswünschen (Vers 3) ist als Hilfsverb vermutlich der Konjunktiv (*sei*) zu denken, aber im Lobpreis (Vers 5) kann auch der Indikativ (*ist*) gelesen werden; der Artikel (»die Herrlichkeit«) in Vers 5 scheint dies zu stützen; vergleiche auch 1Petr 4,11.

4 *für unsere Sünden: für* = *hyper* + Gen.: *zugunsten von* (einer Person) (vergleiche 2,20: *für mich hingegeben*; Tit 2,14: *für uns gegeben*, stets *hyper*, siehe auch Joh 11,50; Röm 5,6.8; 2Kor 5,14) und in der Opferterminologie (in Bezug auf die Sünden): *zur Sühnung (Tilgung) von* (vergleiche 1Kor 15,3), aber auch *um ... willen*, *wegen* unserer Sünden, um die Ursache des Todes Christi anzugeben; *hyper* gibt mehr das Motiv an, nämlich die Liebe Christi zu Sündern, *peri* mehr das Ergebnis: »damit die Sünden getilgt wurden«; vergleiche 1Petr 3,18: »Christus hat einmal für (*peri*) Sünden gelitten, der Gerechte für (*hyper*) die Ungerechten«.

4 *reißen aus*: der Ausdruck kann nach Apg 7,10 auch ohne einen Ausdruck wie »aus der Hand von« sehr wohl *ziehen (= retten) aus* bedeuten (im Gegensatz zu Rendall, der »wählen aus« übersetzen will).

4 *aus dem gegenwärtigen bösen Zeitalter:* wörtl. *aus dem Zeitalter des gegenwärtigen Bösen*, wobei *Böse* durch die Wortstellung besonders betont wird: das gegenwärtige Zeitalter, das durch Bosheit beherrscht wird.

Auslegung

Der Galaterbrief beginnt wie üblich mit der Erwähnung des Briefschreibers (»Paulus«) und der Empfänger (»den Gemeinden von Galatien«).[1] Normalerweise erwähnt Paulus etwas Besonderes von sich oder den

Empfängern, und zwar so, dass schon direkt etwas von der Botschaft und dem Ton des Briefes anklingt. So auch hier, ja sogar deutlicher als in manchem anderen Brief. In diesem Prolog wird schon direkt auf die beiden Hauptanklagepunkte der Irrlehrer angespielt. Erstens (Vers 1) betont Paulus sofort seine Apostelschaft als indirekte Entgegnung auf die Anschuldigung, er sei gar kein Apostel, jedenfalls kein echter, kein erstrangiger (siehe Einleitung 0.2.3). Zweitens (Verse 3-5), wenn er den Galatern Gnade und Friede wünscht, weist er damit schon unmittelbar auf das Erlösungswerk Christi hin als indirekte Antwort auf die Frage, was die wahre Grundlage der Erlösung des Menschen ist: allein (der Glaube an) das Werk Christi oder auch durch das Halten des Gesetzes und durch die Beschneidung (siehe Einleitung 2.3 und 3.2).

1,1 Der Galaterbrief beginnt mit dem Namen des Apostels. Es ist die griech. Form (*Paulos*) eines lat. Namens *Paulus* oder *Paullus*, der als Zuname (nicht als Vorname) damals weit verbreitet war; vergleiche z.B. Sergius Paulus (Apg 13,7). Ursprünglich war es ein aristokratischer römischer Name, aber viele freigelassene Sklaven und andere Neubürger nahmen den Namen an, um sich nach ihrem früheren Herrn oder nach einem örtlichen Herrscher zu nennen. Paulus war römischer Bürger (Apg 16,37; 22,25), aber das erklärt noch nicht, warum er diesen Namen annahm; vielleicht, so vermutet man, weil die Bedeutung des Namens, »der Kleine«, zu seiner Gestalt passte oder einfach weil er sich auf die griech. Form (*Saulos*) seines hebr. Namens *Schaul* »Saul« reimte. Wichtiger als der Grund ist die Tatsache, *dass* er einen römischen Namen annahm und zwar kurz nach seiner ersten Missionsreise (Apg 13,9). Er scheint endgültig von seiner jüdischen Vergangenheit Abschied zu nehmen und sich auch in dieser Hinsicht den Heiden anzupassen. Das ist sicher ein Punkt, auf den man gerade im Galaterbrief aufmerksam machen sollte. Er ist nicht mehr eine »Nachbildung« von König Saul, dem Benjaminiter (vergleiche Phil 3,5!), der das Volk um Haupteslänge überragte (1Sam 9,2; 10,23), sondern Paulus, »der Kleine«. Wenn Paulus groß ist – und das ist er als Apostel –, ist er das nicht durch das, was Menschen aus ihm gemacht haben, sondern durch das, was er vom Herrn empfangen hat. Das wird im Verlauf des Briefes klar.

Paulus nennt sich selbst als erster »Apostel«.[2] Zumeist wird mit diesem Begriff eine Gruppe von Christen bezeichnet, die eine besondere

Vollmacht und Aufgabe direkt von Christus empfangen haben. Das sind zunächst diejenigen, die in den Evangelien oft als »die Zwölf« bezeichnet werden (Mt 10,2 usw.); nach Judas' Verrat als »die Elf« (Mt 16,14 u. a.), wobei in Apg 1 Judas durch Matthias ersetzt wird. Dazu Paulus und andere, nämlich Barnabas (Apg 14,14; 1Kor 9,5f), vermutlich Jakobus, der Bruder des Herrn (so z. B. Vers 19; vergleiche 1Kor 15,7) und möglicherweise auch Andronikus und Junias (als Gemeindegründer?) (Röm 16,7). 1Thes 1,1 im Zusammenhang mit 2,6 lässt vermuten, dass Paulus auch Silvanus (und Timotheus?) zu den Aposteln rechnet.

Bei den besonderen Diensten in der Gemeinde werden die Apostel als erste genannt (1Kor 12,28f). Bedingung für ihren Dienst ist anscheinend, dass sie (a) den auferstandenen Herrn »gesehen« haben (1Kor 9,1; 15,8; vergleiche Apg 22,14; siehe auch 1,21f), (b) eine direkte Berufung von ihm empfangen haben (vergleiche 2,7 und den Beginn der Briefe), (c) Wunder taten (2,8f; 2Kor 12,12) und (d) Gründer der Gemeinde sind (Eph 2,20). In den entsprechenden Abschnitten betont Paulus, dass er alle diese Kriterien erfüllt.

Obwohl die »Zwölf« die ersten Apostel waren (vergleiche 1,17), war Paulus in keiner Hinsicht der Geringere (2,6-9; 1Kor 9,1.5; 2Kor 11,5; 12,11). Gerade den Galatern gegenüber, die seine Apostelschaft bezweifelten, betont Paulus schon zu Anfang den besonderen Charakter seiner Apostelschaft. Sie ist nicht »von Menschen, noch durch einen Menschen«: Das bedeutet hier vor allem, dass es eine Apostelschaft war, die vollkommen unabhängig von den bereits bestehenden Aposteln durch Christus eingesetzt war (1,18 – 2,10). Sie stammte weder von bestimmten Menschen, nämlich den früheren Aposteln oder z. B. den Ältesten von Antiochien (Apg 13,1-3; ihre Handauflegung war ein Zeichen der Gemeinschaft, keine »Ernennung« zum Apostel), noch »durch« (im Auftrag von) einen bestimmten Menschen, z. B. Ananias (Apg 9,10-18), Barnabas (vergleiche Apg 9,27; 11,25) oder bestimmte Apostel (vergleiche 2,7-10). Es ist keine Schande, von Menschen ausgesandt zu sein; es war einmal mit Paulus selbst so geschehen (Apg 11,30); aber das betraf nicht seine *Apostelschaft* in der einzigartigen und besonderen Bedeutung dieses Wortes. Die kam nicht von Menschen, sondern von Gott.

Aber wenn sie von Gott kommt, dann hat Gott doch auch nicht einen bestimmten Menschen gebraucht, durch den er Paulus berufen hätte; seine Apostelschaft ist nicht durch das Tun eines (normalen) Menschen, »sondern durch Jesus Christus und Gott [den] Vater«. Damit steht seine Apostelschaft auf dem gleichen Niveau wie die der »Zwölf«, die auch persönlich vom Herrn berufen worden waren. Mit einer Präposition fasst Paulus hier sowohl »Jesus Christus« als auch »Gott [den] Vater« zusammen. Das bedeutet, dass er diese beiden göttlichen Personen auf eine Linie stellt. Neben Gott dem Vater steht Jesus Christus, Gott der Sohn. Beide sind sie Quelle von Paulus' Dienst und Apg 13,2 fügt noch den Heiligen Geist hinzu. Damit ist der dreieinige Gott sowohl Ursprung als Mittel für die Apostelschaft des Paulus.

Paulus nennt Jesus zuerst, weil dieser ihm auf dem Weg nach Damaskus erschienen war und ihn zur Apostelschaft berufen hatte. Aber Paulus fügt den Namen Gottes des Vaters hinzu, weil dieser auch an seiner Berufung beteiligt war und weil er den Herrn Jesus »auferweckt hat aus den Toten«. Dieser letzte Satz ist von großer Bedeutung, weil Paulus offensichtlich betonen will, dass es der *auferstandene* Herr war, der ihn zur Apostelschaft berufen hat. Es ist damit ein Dienst, der jenseits von Tod und Grab angesiedelt ist. Sie ist nicht von dem alten, sondern von dem neuen Menschen. Wenn Paulus es gewollt hätte, hätte er sogar betonen können, dass die »Zwölf« durch den auferstandenen Herrn auf der *Erde* berufen wurden (Mt 28,19f; Lk 24,48f; Apg 1,8), während Paulus durch den auferstandenen und *verherrlichten* Herrn im *Himmel* berufen wurde. Zugleich deutet der vorangestellte Name »Jesus« an, dass der auferstandene und verherrlichte Herr derselbe ist wie der niedrige Mensch Jesus, der hier auf der Erde lebte und wandelte.[3]

1,2 Paulus vereinigt sich zu Beginn mit »allen Brüdern [die] mit mir [sind]«.[4] »Brüder« bedeutet nicht nur Freunde, Kollegen oder Geistesverwandte, wie Kegelbrüder oder Brüder in einer Freimaurerloge, sondern bezeichnet eine echte (geistliche) Familienverwandtschaft. Ihnen gemeinsam ist, dass sie aus einem und demselben Gott geboren sind (Joh 1,13), den sie alle als Vater anrufen (Gal 4,5f). Sie sind auch dem Bild des Sohnes Gottes gleichförmig gemacht, damit dieser der Erstgeborene sei unter vielen »Brüdern (und Schwestern)« (Röm 8,29).

In Phil 4,21f macht Paulus einen Unterschied zwischen den Brüdern, die bei ihm waren und allen Heiligen (= Christen) am Ort. Diese letzte Gruppe umfasst offensichtlich die ganze örtliche Gemeinde, während »die Brüder bei Paulus« dann eine kleinere Gruppe bezeichnet. Wenn das auch für unseren Vers gilt – aber das muss nicht so sein – ist damit wahrscheinlich die Gruppe seiner Mitarbeiter gemeint, möglicherweise einschließlich der Schwestern (vergleiche Phil 4,2f). Die grammatische Form (siehe Grammatik) stützt die Vorstellung von einer deutlichen Gruppe, die hier als zusammengehörige Einheit gesehen wird. Wer die Brüder in diesem Fall genau waren, kann man nur vermuten aufgrund der Datierung, die man für den Galaterbrief annimmt (siehe Anhang 2). Übrigens haben diese Brüder als Ganze im weiteren Verlauf des Galaterbriefes keine Funktion. Paulus meint sie nirgends mit einer »wir«- Form (auch nicht unbedingt in den Versen 8f), wie er es in anderen Briefen manchmal tut. Ihre Erwähnung bedeutet nicht, dass er diese Brüder z. B. nötig hätte zur Stützung seiner apostolischen Äußerungen oder seiner Lehre; darum nennt er sie nicht einmal mit Namen, wie er es zu Beginn anderer Briefe manchmal tut (1Kor, 2Kor, Phil, Kol, 1Thes, 2Thes, Philemon). Andrerseits sagt er auch, dass er beim Abfassen des Briefes nicht allein ist. Es sind Mitarbeiter bei ihm, die sein Evangelium offenbar angenommen haben und ihn in seinem Dienst unterstützen. Das Wort »alle« deutet an, dass es sich um eine kleine Gruppe handelte. Kein einziger Dienst in der Gemeinde ist »von Menschen« oder »durch einen Menschen« (Vers 1) – aber er ist auch nicht »selfmade«: Er geschieht immer im Rahmen der Gemeinschaft aller Gläubigen. Auch das Amt eines Apostels steht nicht losgelöst da, als hätte der Apostel nichts mit der Gemeinde zu tun. Im Gegenteil, auch er ist sozusagen ein Geschenk des verherrlichten Christus *an die Gemeinde* (1Kor 12,28; Eph 4,11f). Paulus war das geistliche Eigentum der ganzen Gemeinde Gottes. Wer seine Apostelschaft und sein Evangelium ablehnte, lehnte in Wirklichkeit die Gemeinde ab oder sogar den Gott dieser Gemeinde.

Die Empfänger sind »die Gemeinden von Galatien«. Die »Gemeinde« ist im NT fast immer die christliche Gemeinde.[5] Das kann sein: (a) die Gemeinde im universalen, transzendenten Sinn, d. h. die Gemeinde, wie sie nach den Ratschlüssen Gottes in Ewigkeit besteht (Mt 16,18; Eph 1,22; 5,23-32; Kol 1,18.24); (b) die Gemeinde im universalen Sinn in einem bestimmen Augenblick weltweit (Apg 9,31; 1Kor 12,28; Eph 3,10.21; Phil 3,6); (c) die örtliche Gemeinde (Apg 5,11; 8,3; 14,23; 15,22; 1Kor 6,4; Phil 4,15; 1Tim 5,16), manchmal unter Nennung des Ortsnamens (Apg 8,1; 11,22; 13,1; Röm 16,1; 1Kor 1,2; 2Kor 1,1; 1Thes 1,1;

2Thes 1,1; Offb 2,1.8.12.18; 3,1.7.14), auch manchmal Gemeinde*n* (1,22; Apg 15,41; 16,5; Röm 16,16; 1Kor 4,17; 7,17; 14,34; 16,1.19; 2Kor 8,1f. 23f; 1Thes 2,14; Offb 1,4) und manchmal die *versammelte* Gemeinde (1Kor 11,18; 14,4f.19.28.25; 3Joh 6). Eine Ausnahme bildet Apg 9,31, wo nach den besten Textzeugnissen die Einzahl »Gemeinde« für die Christen im ganzen Gebiet von Judäa, Galiläa und Samaria gebraucht wird.

Es ist wichtig zu bedenken, dass das NT dasselbe Wort für die örtliche und die universale Gemeinde gebraucht, also nicht wie z.B. die Hervormde Kerk, die gerne einen Unterschied macht zwischen der einen Kirche und den vielen örtlichen Gemeinden. Das bedeutet, dass die Gemeinde in der Bedeutung (b) – die Gemeinde im universalen Sinn als in einem Augenblick weltweit funktionierend – nie als Summe unabhängiger örtlicher Gemeinden gesehen wird. Jede örtliche Gemeinde ist im Gegenteil der örtliche *Ausdruck* (die Manifestation) der universalen Gemeinde. So kann Paulus zu den Korinthern sagen: »Ihr seid der Leib Christi« (1Kor 12,27), während das NT doch nie von örtlichen »Leibern« spricht. Paulus meint offensichtlich: Die Gemeinde in Korinth war der universale Leib Christi in seiner örtlichen Manifestation.

Zu Beginn der beiden Korintherbriefe wird die korinthische Gemeinde »Gemeinde Gottes« genannt (vergleiche 1,22), wobei in 1Kor hinzugefügt wird: »Geheiligte in Christus Jesus, berufene Heilige«. In den ersten Versen von 1Thes und 2Thes ist nur die Rede von der »Gemeinde der Thessalonicher«, wenn auch mit dem Zusatz »in Gott [dem] Vater und [dem] Herrn Jesus Christus«. Die Römer werden als »Geliebte Gottes, berufene Heilige« (Röm 1,7) angeredet und die Epheser als »Heilige und Treue« (Eph 1,1; vergleiche Kol 1,2). Sogar das kurze »Heilige« in Phil 1,1 klingt positiver als das eher negative »den Gemeinden von Galatien« (vergleiche Offb 1,4) und das hängt zweifellos mit Paulus Zorn auf die Galater zusammen. Wie ein wütender Vater fällt er hier mit der Tür ins Haus, ohne die Galater zu loben oder für sie zu danken (wie es Paulus »sogar« in 1Kor 1,4-9 tut).

Zur Lokalisierung der Gegend Galatien siehe Anhang 1 (vergleiche 1Kor 16,1). Welche Gegend nun auch genau gemeint sein mag, auf jeden Fall bedeutet der Plural hier, dass es sich um einen Landstrich handelt, in dem in verschiedenen Städten Gemeinden zu finden sind, so wie in Judäa (1,22; 1Thes 2,14), Syrien und Cilicien (Apg 15,41),

Asien (1Kor 16,19; Offb 1,4) und Makedonien (2Kor 8,1). Dies ist der einzige Brief von Paulus, von dem man mit Sicherheit sagen kann, dass er an eine *Gruppe* von Gemeinden gerichtet ist. Da Paulus in 6,11 seine Handschrift erwähnt, müssen wir wohl annehmen, dass es vom Galaterbrief ursprünglich nur eine Abschrift gab. Die Gemeinden werden diese als Rundschreiben weitergegeben und/oder unmittelbar selbst Abschriften angefertigt haben (vergleiche auch Kol 4,16). Nach der südgalatischen Theorie handelt es sich hier um die Gemeinden im pisidischen Antiochien und in Ikonium in Lykaonien, Lystra und Derbe (Apg 13,14; 14,1.6).

1,3 Paulus ersetzt normalerweise den »Gruß« durch das ähnlich klingende »Gnade« (siehe Fußnote 1). Dann fügt er gewöhnlich das gr. Äquivalent des hebr. Grußes *schalom* »Friede« hinzu. Diese »Gnade« ist das Wohlwollen, das Gott uns umsonst und unverdienterweise schenkt. Es ist nicht nur die Gnade Gottes, die im Versöhnungswerk Christi zum Ausdruck kommt (vergleiche 1,6; 2,21; 5,4), sondern auch die Gnade, die der Gläubige in seinem täglichen Leben nötig hat (6,18) und sogar die Gnade, die im Anvertrauen eines besonderen Dienstes liegt (1,15; 2,9). Ausgehend vom hebr. *schalom* bezeichnet »Friede« einen Zustand von Ruhe, Harmonie, Heil, Ganzheit, Wohlergehen, Unbesorgtheit, Glück, Gedeihen (vergleiche 6,16). Auch hier geht es nicht nur um den Frieden, der die Frucht des Erlösungswerks Christi ist, um den Frieden mit Gott (Röm 5,1; Kol 1,20), sondern um den praktischen Frieden, der durch den Heiligen Geist (Gal 5,22) in der Seele des Gläubigen (Röm 12,13; Phil 4,6f; Kol 3,15) und bei den Gläubigen untereinander gewirkt wird (Eph 2,14-17; 4,3).

Die Gnade ist also Gottes Gnade, deren Früchte uns zufallen und der Friede ist eine von diesen Früchten. Es ist zwar der gewohnte Gruß, doch gerade hier besonders am Platz. Wer sich wieder unter das Gesetz stellt, ist »aus der Gnade gefallen« (5,4) und wer sie von eigenen Werken erwartet, verliert seinen Frieden.

Das Hilfsverb »sei« fehlt im gr., so dass man auch »ist« lesen könnte (siehe Grammatik). Der Unterschied liegt darin, dass es sich im ersten Fall um einen frommen Wunsch handelt, aber im zweiten Fall Paulus mit apostolischer Autorität den Galatern auch tatsächlich Gnade und Frieden zusagt. Das erste ist Wunsch, das zweite Mitteilung. Dass es Raum für die zweite Möglichkeit gibt, zeigt Lk 10,5f. Dort verheißt

Jesus Seinen 70 Jüngern, dass, wenn sie über ein Haus sagen würden: »Friede [sei] diesem Haus«, diejenigen, die ihre Botschaft annähmen, auch wirklich Frieden empfangen würden (vergleiche Mt 10,12f). Dieses Beispiel zeigt zugleich, dass dem tatsächlichen Übermitteln von Frieden eine Bedingung vorausgeht. Mit apostolischer Autorität kann der Apostel seinen Lesern Gnade und Friede übermitteln, wenn von ihrer Seite zumindest der Glaube und die rechte Gesinnung vorhanden ist, um die Gnade und den Frieden auch wirklich zu empfangen.

Die Gnade und der Friede kommen »von Gott [dem] Vater und unserem Herrn Jesus Christus«. In dieser Formulierung sind wie in Vers 1 Gott der Sohn – obwohl als *Mensch* beschrieben: »Jesus Christus« – als auch Gott der Vater zu einer Quelle vereinigt:[6] In Vers 1 die Quelle von Paulus' Apostelschaft, hier die Quelle von Gnade und Frieden für die Galater. In Vers 1 steht Jesus Christus voran, denn er hat Paulus gerufen; hier steht Gott der Vater voran, denn er ist primär die Quelle der Fürsorge für Seine Kinder. Jedoch auch der erniedrigte, aber jetzt verherrlichte Jesus – »zum Herrn und zum Christus gemacht« (Apg 2,36; vergleiche Mt 28,18; Phil 2,9-11) – ist Quelle von Gnade (1,6; 2Tim 1,1) und Frieden (Kol 3,15). Er ist Herr (Herrscher und Besitzer) von allen und besonders von jedem Gläubigen. Er ist Jesus als der Erlöser Seines Volkes (Mt 1,21), Er ist Christus als derjenige, der Sein ganzes Werk kraft Seiner Salbung (Amtseinsetzung, Vollmacht), die Er von Gott empfangen hat (Apg 10,38), vollbringt.

1,4 In Vers 3 wird die eine Quelle von Gnade und Friede betont, aber in Vers 4 wird unterschieden. Der Wille Gottes des Vaters ist der Ursprung unseres Heils, das Werk Christi ist dessen Grundlage. Dieses Werk schließt ein, dass »unser Herr Jesus Christus« (Vers 3) »sich selbst gegeben hat für unsere Sünden«. Das einfache Wort »geben« bedeutet Selbstopfer, Selbsthingabe bis zum Tod. Dieses Wort benutzen die Juden, die ihr Leben oder ihren Körper als Märtyrer für Gott »geben« oder die Griechen, die als Soldaten ihr Leben oder ihren Körper für ihr Land oder ihren Armeeführer »geben«. Hier ist es jedoch nicht ein Sich-»geben« für (= zugunsten von) Personen (vergleiche 2,20; Tit 2,14), sondern für die (= zur Auslöschung von, wegen der) Sünden (siehe Grammatik).

Das Ziel des Opfers Christi kann man mit verschiedenen Begriffen benennen: Vergebung, Rettung vor dem ewigen Verderben, Annahme als Söhne usw. Das Ziel ist hier, uns »aus dem gegenwärtigen bösen Zeitalter« zu reißen. Natürlich steht das in Verbindung mit dem vorhergehenden Satz: Es waren unsere Sünden, die uns in Sklaverei hielten, nicht nur in der Sklaverei des Fleisches von innen oder Satans von außen, sondern auch die des »gegenwärtigen bösen Zeitalters«.

Luther und die Elberfelder Übersetzung übersetzen beide »Welt«, aber das Wort »gegenwärtig« macht unter anderem offensichtlich, das gr. Wort *Äon* in seiner vorwiegend zeitlichen Bedeutung »Menschenleben« zu übersetzen.[7] Die alten Griechen stellten sich vor, dass ein bestimmtes Schicksal das Menschenleben beherrschte und wenn *Äon* dann im weiteren Sinn auch »Zeitraum« bedeuten konnte, dachte man dabei immer noch an die Macht oder den Geist oder die Prinzipien, die so einen Zeitraum beherrschten. Im NT bezieht sich dieses Wort auf eine bestimmte »Haushaltung« oder Heilszeit, die durch bestimmte Kennzeichen oder geistliche Prinzipien beherrscht wird. In dieser Bedeutung stehen sich dann zwei »Zeitalter« gegenüber: »dieses Zeitalter« (Mt 13,22; Lk 16,8.20.34; Röm 12,2; 1Kor 1,20; 2,6; 3,18; 2Kor 4,4; Eph 1,21), d. h. das »gegenwärtige Zeitalter«[8] wird »dem Zeitalter« (Lk 20,35) oder »dem zukünftigen Zeitalter« (Mt 12,32; Eph 1,21; Hebr 6,5) oder dem »kommenden Zeitalter« (Mk 10,30; Lk 18,30; Eph 2,7) gegenübergestellt.

Dieser Unterschied spielt im NT eine wichtige Rolle. Das gegenwärtige »Zeitalter« ist immer noch die Haushaltung des Bösen, das zukünftige, messianische »Zeitalter« ist die Haushaltung von Frieden und Gerechtigkeit (nur in Eph 1,21 erwähnt Paulus beide »Zeitalter« nebeneinander). Das gegenwärtige »Zeitalter« ist »böse« (d. h. von der Sünde durchzogen) durch das Wirken der »geistlichen [Mächte] der Bosheit« (Eph 6,12), ja durch den Bösen selbst (Eph 6,16; 2Thes 3,3), der der »Gott dieser Welt« ist (2Kor 4,4). Das »gegenwärtige Zeitalter« ist der Zeitabschnitt, in dem die Welt noch »*im* Bösen«, d. h. unter der Macht der Sünde oder »in *dem* Bösen« liegt (1Joh 5,19), d. h. unter der Macht Satans, der noch »in der Welt« ist (1Joh 4,4) und der »Fürst der Welt« ist (Joh 12,31; 14,30; 16,11). Das »gegenwärtige Zeitalter« ist also nicht allein eine Zeitangabe, sondern eine Bezeichnung für die Lebensweise, die dieses Zeitalter kennzeichnet.[9]

Nach jüdischer Vorstellung war Rettung aus dem »gegenwärtigen Zeitalter« nur durch den Anbruch des messianischen »zukünftigen Zeitalters« möglich. Und tatsächlich sorgt das Erlösungswerk Christi dafür, dass alle Gläubigen einmal wirklich dieses messianische Zeitalter miterleben werden. Aber mehr noch. Dasselbe Werk Christi erlöst uns *schon jetzt* vom »gegenwärtigen Zeitalter«! Das heißt konkret: Die Gläubigen befinden sich rein *zeitlich* gesehen natürlich immer noch im »gegenwärtigen Zeitalter«, aber *moralisch* gesehen sind sie von der Bosheit, die dieses Zeitalter kennzeichnet, befreit. Befreit von der Macht des »Fürsten dieser Welt«, vom »Zeitgeist« (siehe Fußnote 9) dieser Welt. Sie leben noch in diesem Zeitalter (= Haushaltung) und in dieser Welt (= Wirklichkeit), aber sie sind aus der Macht der Bosheit »gerissen«, die diese Zeit und diese Wirklichkeit noch gefangen halten.[10] Die Schöpfung wird von diesem Bösen erlöst, wenn das »zukünftige Zeitalter« anbricht; die Gläubigen sind jetzt schon daraus erlöst, also jetzt schon eine »neue Schöpfung« (6,15).

Die Gläubigen sind nicht aus diesem »Zeitalter« weggenommen, sondern aus der Macht, die dieses »Zeitalter« beherrscht, gerettet. Sie sind wohl noch »in der Welt«, aber nicht mehr »von der Welt« (Joh 17,11.16). Stärker noch: Tatsächlich gehören sie schon zum »zukünftigen Zeitalter«: Sie sind diejenigen, »auf welche das Ende [eig. die Enden] der Zeitalter gekommen ist« (1Kor 10,11). Oder, um ein anderes Bild zu gebrauchen: Obwohl sie sich noch in der Nacht befinden (Röm 13,12), sind sie doch jetzt schon Söhne des Tages (1Thes 5,4f); sie sind aus der Finsternis zu Seinem wunderbaren Licht gerufen (1Petr 2,9). Der Morgenstern ist schon in ihren Herzen aufgegangen (2Petr 1,19). Während das Reich Gottes in Macht und Herrlichkeit noch kommen soll, besteht es jetzt schon, wenn auch verborgen, unter den Gläubigen (Mt 13,11; Röm 14,17f; Kol 1,13: »versetzt in das Reich des Sohnes seiner Liebe«). Während wir uns noch im gegenwärtigen Zeitalter/Reich/System, der gegenwärtigen Welt/Sphäre/Ordnung befinden, genießen wir schon das Leben und die Segnungen des kommenden Zeitalters/Reiches/Systems, der kommenden Welt/Sphäre/Ordnung.

Die Konsequenzen daraus für die Lehre des Galaterbriefes werden hier deutlich angesprochen und sind weitreichend. Es handelt sich hier um das Überführen der Gläubigen aus dem einen System (der Bosheit, Finsternis, des Hasses, Todes) in ein anderes System (von Güte, Leben, Licht, Liebe). Diese beiden Systeme können nicht miteinander kombiniert oder vermengt werden. Es ist nicht möglich, sich im neuen System zu bewegen und zugleich Elemente aus dem alten System (Gesetz, Beschneidung) in das neue einzubringen. Sie sind für das neue

System nicht nur vollkommen überflüssig, sondern sie sind für die, die sie doch übernehmen, sogar schädlich: das Einführen des alten vernichtet das neue (vergleiche 5,1.4). Hier lässt der Apostel schon anklingen, dass Gesetz und Beschneidung vom Gesichtspunkt des neuen Systems genau so fremde und schädliche »Elemente« sind wie z. B. die schlimmste Abgötterei (vergleiche 4,3 mit 4,9). In Gal 4 werden die beiden Systeme als Sklavin (Hagar) und Freie (Sara), als Fleisch und Verheißung, Sinai und Zion, das jetzige Jerusalem und das Jerusalem droben, Ismael und Isaak, gegenübergestellt.

Das Gesetz vom Sinai und die Beschneidung mögen ja von Gott gegeben sein, sie gehören aber zum alten System, zu den früheren »Elementen«, denn sie sind Menschen im Fleisch gegeben, Menschen »dieses Zeitalters«. Wenn auch in früheren Zeiten Gläubige Anteil am Heil bekamen, war das nie aufgrund von Gesetz und Beschneidung, sondern *trotz* Gesetz und Beschneidung, nämlich durch die Gnade Gottes. Das jüdische Volk hatte Gesetz und Beschneidung als Kennzeichen und war als solches wohl *physisch* und *juristisch* von den Völkern getrennt, aber nie *moralisch* abgesondert vom »gegenwärtigen bösen Zeitalter«. In der jetzigen Heilszeit sind die Gläubigen jedoch aus dem alten System erlöst. *Christus* hat sich für sie hingegeben. Wir können und dürfen nichts hinzufügen. Und sie brauchen keine »Elemente« aus gerade diesem alten System, *um* sie aus diesem System zu erlösen oder um ihre Erlösung zu bekräftigen oder aufrecht zu erhalten. Kurz gesagt: Die »Elemente« sind (a) überflüssig, denn Christus hat alles schon vollbracht und (b) ungeeignet, denn sie gehören zu eben jenem System, aus dem wir erlöst werden. Wenn Christen noch »Sakramente« haben, reden diese gerade vom Tod in Hinsicht auf das alte System (vergleiche zur Taufe: Röm 6,3f; Kol 2,12; zum Abendmahl: 1Kor 11,26).

Der »Wille unseres Gottes und Vaters« kommt in der Hingabe Christi zum Ausdruck;[11] es ist der Vater, der in dem und durch den Sohn wirkt (Joh 14,10). Der Name »Gott« weist auf Seine Allmacht und Souveränität hin, der Name »Vater« auf die Liebe und Barmherzigkeit, mit der Er in Seinen Ratschlüssen Seine Kinder im Blick hat (vergleiche Röm 9,16). Dieser Wille Gottes beabsichtigt sowohl unser ewiges Heil als auch das Werk Christi, das zu diesem Heil führen muss. So wirken der Vater und der Sohn hier zusammen, in der Berufung des Paulus (Vers 1) und auch in der praktischen Segnung der Galater

(Vers 3) und im Werk der Erlösung (Vers 4). Göttliche Personen wollen unser Heil, natürlich zu unserem Gewinn, aber auch zum Vorteil für Gott selbst: Der *Vater* sucht *Söhne* für sich (3,26; 4,6; vergleiche Eph 1,5: »zuvor bestimmt ... zur Sohnschaft ... *für sich selbst*«).

1,5 Der Prolog endet – gewiss ungewöhnlich für Paulus – mit einem spontanen Lobpreis: »dem die Herrlichkeit [ist] in die Zeitalter der Zeitalter! Amen«. Das »dem« bezieht sich zunächst auf »unseres Gottes und Vaters«, aber da wir gesehen haben, dass in Vers 1, Vers 3 und Vers 4 der Sohn und der Vater stets eng verbunden werden, werden wir auch hier den Sohn nicht aus dem Lobpreis ausschließen dürfen. Der Singular »dem« dürfte dabei im Licht von z. B. 1Thes 3,11 (»Unser Gott und Vater selbst aber und unser Herr Jesus richte unseren Weg zu euch«) und 2Thes 2,16f. (»Er selbst aber, unser Herr Jesus Christus und unser Gott und Vater [...] tröste eure Herzen und befestige euch«) kein Problem sein.

Das dazu zu denkende Hilfsverb kann sowohl »ist« als auch »sei« heißen. Hier eher das erste (siehe Grammatik). In diesem Fall wird objektiv davon gesprochen, dass Gott ewig herrlich ist und ihm ewige Herrlichkeit zusteht. Im zweiten Fall ist es der subjektive Wunsch, dass Gott ewig Ehre erwiesen werden möge (vergleiche z. B. Eph 3,21). *Die* Herrlichkeit ist die volle und wahre Herrlichkeit, die Gott allein besitzt, bzw. die ihm allein zusteht. Es macht keinen Sinn zu fragen, um welche Herrlichkeiten es hier geht. Gottes Herrlichkeit ist die Gesamtheit Seiner intrinsischen und manifestierten Vortrefflichkeiten. Im Werk Christi (Vers 4) treten alle Aspekte zutage: sowohl Gottes Heiligkeit und Gerechtigkeit als auch Seine Liebe, Gnade und Barmherzigkeit.

Bis in alle Ewigkeit oder in allen noch kommenden »Zeitaltern« (siehe das »gegenwärtige Zeitalter« in Vers 4 und vergleiche Eph 2,7), sollen alle diese Aspekte zu sehen sein und beständig angebetet werden. Wörtlich heißt es: »in die Zeitalter der Zeitalter«. Das kann ein Superlativ nach hebräischem Muster, aber auch wörtlich zu verstehen sein: kürzere »Zeitalter« bilden dann zusammen längere »Zeitalter« und die längsten »Zeitalter« bilden zusammen die Ewigkeit. Solange es Menschen gibt, an denen sich Gottes Herrlichkeit erweisen kann, bzw. die Gottes Herrlichkeit bekannt machen und anbeten – und das ist ewig – so lange gilt: Ihm ist die Herrlichkeit. Vergleiche die längere Form in Phil 4,20 und 2Tim 4,18.

Paulus' Lobpreis schließt, wie so oft, mit dem ursprünglich hebr. »Amen«, was die Wahrheit des eben Gesprochenen unterstreicht oder den Wunsch »so geschehe es« ausdrückt (und auf die gewünschte Treue des Betenden verweist) oder auf die unwandelbare Treue dessen hinweist, an den sich dieses Gebet richtet.

Anmerkungen

1) Normalerweise folgt zu Beginn eines Briefes im Osten das »gegrüßt« (gr. *chairein*, Apg 15,23; 23,26; Jak 1,1), aber Paulus benutzt immer das ähnliche »Gnade« (gr. *charis*).

2) Das Wort »Apostel« kommt von gr. *apostolos* und bedeutet gesandt, Gesandter« (von *apostello*, »senden«). Manchmal hat es die Grundbedeutung (2Kor 8,23; Phil 2,25) ohne die Assoziation zu »den« Aposteln. Hebr 3,1 bezeichnet mit dem Wort Christus.

3) Ziehen wir auch Vers 3 hinzu, fällt uns ein interessanter chiastischer (überkreuz) Gebrauch der Präpositionen auf: Paulus' Apostelschaft ist »nicht von (*apo*) Menschen, noch durch (*dia*) einen Menschen, sondern durch (*dia*) Jesus Christus und Gott [den] Vater (...) Gnade [sei] euch und Friede von (*apo*) Gott [dem] Vater und unserem Herrn Jesus Christus«. Nicht der Mensch ist der Ursprung von Paulus' Dienst, sondern Gott und Christus ist der Ursprung, wie er auch der Ursprung von aller Gnade und allem Frieden ist. Und Jesus Christus ist das Mittel, durch dessen Tun Paulus die Apostelschaft empfangen hatte.

4) Der gr. Plural *adelphoi* meint normalerweise Brüder (*adelphoi*) und Schwestern (*adelphai*).

5) Manchmal bedeutet das gr. Wort für »Gemeinde« (*ekklesia*) die Volksversammlung von Israel (Apg 7,38) oder einer griechischen Stadt (Apg 19,39) oder eine allgemeine Menschenmasse (Apg 19,32.40).

6) Wie sich nämlich in Vers 1 eine Präp. (*dia*) sowohl auf »Jesus Christus« als »Gott [den] Vater« bezieht, so auch hier (*apo*; siehe Fußnote 3).

7) Die ursprüngliche Bedeutung von Äon ist »Menschenleben«, was übrigens auch die Grundbedeutung unseres Wortes »Welt« ist. Von da abgeleitet kann das Wort bedeuten: (a) »lange Zeit«, »Ewigkeit« (vergleiche Vers 5: »in die Zeitalter der Zeitalter«, d.h. bis in alle Ewigkeit) oder (b) eine bestimmte Zeitperiode, »Zeitalter«.

8) Gewöhnlich lautet dieser Ausdruck im Gr. *ho nun aion*, »die jetzt [seiende] Welt« »das jetzt [seiende] Zeitalter« (1Tim 6,17; 2Tim 4,10; Tit 2,12); nur in unserem Vers ist es *aionos tou enestotos*, »von der gegenwärtigen Welt, dem gegenwärtigen Zeitalter«.

9) Vergleiche die Kombination von *aion* und *kosmos* in Eph 2,2, wo Schlachter und Luther übersetzen: »Lauf dieser Welt«, es aber zutreffender heißen müsste: »Zeitgeist dieser Welt«.

10) »reißen« (exaireo) bedeutet im Aktiv »ausreißen« (Mt 5,29; 18,9) und im Med. »retten aus der Macht von«. Es bedeutet nicht, retten *von* z.B. einem Abszess – das wäre auch schon ein gutes Bild für die Erlösung, die Christus zuwegegebracht hat –, sondern jemand *aus* einer lebensgefährlichen Lage oder *aus* der Hand eines schrecklichen Feindes retten, so z.B. Josef, Israel, Petrus und Paulus (Apg 7,10.34; 12,11; 23,27; 26,17). In diesen Bildern geht es immer um Menschen, die ihren Rettern gegenüber selbst schon wohlgesonnen waren; aber bei Sündern, wie sie die Galater von Natur aus waren, ist das nicht der Fall. Die Erlösung durch Christus ist hier beschrieben wie bei einem Feuerwehrmann, der jemand aus einem brennenden Haus holt; (a) der dem Retter gegenüber feindselig eingestellt ist und (b) bei der der Retter sein Leben einbüßt.

11) Der »Wille (gr. *thelema*) unseres Gottes und Vaters« ist nicht so sehr der souveräne Ratschluss (gr. *boule*) Gottes (vergleiche Apg 2,23) als Sein Wille, wie er konkret in Seinen Taten zum Ausdruck kommt (vergleiche Mt 6,10; Röm 1,10), in diesem Fall in der Hingabe Christi.

1.2 Der Anlass: die Irrlehre (1,6-10)

Übersetzung

6 Ich wundere mich, dass ihr so schnell überlauft
von ihm, der euch gerufen hat in die Gnade <Christi>,
zu einem andersartigen Evangelium,

7 das kein anderes ist;
jedoch sind manche da, die euch verwirren
und das Evangelium des Christus verdrehen wollen.

8 Aber selbst wenn wir oder ein Engel aus [dem] Himmel
<euch> evangelisieren außer dem,
was wir euch evangelisiert haben,
[ihm] sei eine Verfluchung!

9 Wie wir zuvor gesagt haben, sage ich auch jetzt wieder:
wenn jemand euch evangelisiert außer dem, was ihr empfangen habt,
[ihm] sei eine Verfluchung!

10 Denn überrede ich jetzt Menschen eher als Gott?
Oder suche ich, Menschen zu gefallen?
Wenn ich noch Menschen gefiele, wäre ich nicht Christi Sklave.

Übersetzungsvarianten

6 *in*: oder *durch* (siehe Grammatik).

10 *überrede*: oder *stelle ich ... zufrieden* (mit der Absicht: »versuche ich nun ...«).

Textvarianten

6 {D} <*Christi*>: Nach der Textüberlieferung ist es nicht sicher, ob es einzufügen ist; weniger wichtige Handschriften lesen *von Jesus Christus* oder *von Christus Jesus*.

8 {D} <*euch*>: Die Textüberlieferung ist unsicher, ob dieses Wort einzufügen ist.

Grammatik

6 *gerufen hat*: Aor., die Berufung hat also in einem bestimmten Augenblick in der Vergangenheit stattgefunden.

6 *in* (gr. *en* + Dativ): kann verstanden werden (a) als die »Sphäre«, in der die göttliche Berufung stattfand, (b) als die »Sphäre«, in die die Galater hineingerufen wurden (in diesem Fall entspricht das gr. *eis* + Akk.); (c) als das Mittel, durch das Gott berufen hat (instrumental).

7 *das:* es scheint ziemlich übertrieben und unnötig, *ho* hier anstatt als Subjekt als Adverb (»angesichts«, »während«) zu verstehen, so dass die Übersetzung folgendermaßen lauten würde: *während es kein anderes Evangelium ist* (im Gegensatz zu Rendall).

7 *des Christus*: kann sowohl Gen. object. als Gen. subj. sein.

8 *evangelisierte*: der Singular richtet sich nach dem zuletzt genannten Subjekt.

8.9 *wenn*: gr. *ean* (+ Konj.) in Vers 8, *ei* (+ Ind.) in Vers 9; nach einigen ungefähr mit derselben Bedeutung, nach anderen will Paulus einen Unterschied ausdrücken: in Vers 8: *wenn eventuell*, in Vers 9: *wenn wirklich, tatsächlich*.

8.9 *<euch> evangelisierte (...) euch evangelisiert haben (...) euch evangelisiert*: »euch« ist Dat. in Vers 8 (2x) und Akk. in Vers 9.

8.9 *außer dem*: d. h. »anders als«, »im Widerspruch zu« (die Irrlehrer stellten Gesetz und Beschneidung »neben« den Glauben als »Ergänzung«, aber in Wirklichkeit brachten sie damit ein Evangelium, das im Widerspruch zum Glauben stand).

8.9 *sei*: eig. »[ihm] muss eine Verfluchung (= er muss verflucht) sein« (Imperativ); in 1Kor 16,22 »[ihm] möge eine Verfluchung sein« (Optativ).

9 *Wie wir zuvor gesagt haben, sage ich auch jetzt wieder*: Rendalls Wiedergabe: »Wie wir auch vorher gewarnt haben, sage ich wieder«, gibt dem gr. *arti* (normalerweise: »jetzt«, hier »vorher«) eine ungewohnte Bedeutung, aber *prolego* kann tatsächlich die Bedeutung »warnen« haben, was im Hinblick auf 5,21 einen besseren Sinn zu ergeben scheint.

9 *empfangen*: Aor., also zu einem bestimmten Zeitpunkt in der Vergangenheit und zwar für immer.

10 *oder*: oder *eher als, anstelle von*; die Wortstellung von *Menschen* und *Gott* im Gr. macht es weniger wahrscheinlich, dass hier zwei normale Alternativen »Menschen oder Gott« gemeint sind.

Auslegung

Die Kürze des Grußes und der Anrede der Empfänger (Vers 2) fällt um so mehr auf, als jegliches Lob für die Galater und jeder Dank ihretwegen fehlt. Nicht nur Paulus beginnt normalerweise mit einem Lob, sondern allgemein Briefe aus jener Zeit. Es ist ein Zeichen des Anstands, etwas Anerkennenswertes über die Empfänger zu sagen. Um so auffallender ist es, dass Paulus im Galaterbrief direkt mit der Tür ins Haus fällt und einen flammenden Protest gegen die Galater und die Irrlehrer, die sie verführt haben, loslässt. Anstelle von Dank steht Verwunderung, um nicht zu sagen Bestürzung. Dieser Abschnitt nennt den Anlass für den Brief in Form einer Anklage: Ihr seid vom göttlichen Evangelium zu einer Alternative übergelaufen, die gar kein Evangelium ist, sondern nichts als Gesetzlichkeit.

1,6 Paulus zeigt sich entsetzt darüber, dass die Galater anscheinend solche Wetterfahnen sind. Er hatte nicht zu denken oder zu erwarten gewagt, »… dass ihr so schnell überlauft«, das heißt tatsächlich: überlaufen von Gott zum Teufel.[1] Die Galater waren dabei, von dem Gott *abzufallen*, der sie berufen hatte und *überzulaufen* zum Feind.[2] Das Präsens »überlauft« (nicht »übergelaufen seid«) deutet jedoch an, dass der Prozess noch im Gang ist und dass eine Umkehrung dieses Prozesses zum Glück noch nicht unmöglich geworden ist. Paulus fürchtete zwar um die Galater, wusste nicht, woran er mit ihnen war (4,11.20), hat aber andrerseits auch noch »Vertrauen« (5,9f).

Gott wird hier bezeichnet als der, »der euch gerufen hat« (vergleiche Vers 15; 1Thes 2,12; 1Petr 1,15). Paulus sagt nicht, dass die Galater von ihm abfielen oder von seiner Lehre, sondern von diesem rufenden Gott selbst. Es geht hier um viel mehr als das Überlaufen von einer Schule zur anderen. Es geht um dein Abfallen vom lebendigen Gott (vergleiche Hebr 3,12), der sie selbst gerufen hatte. Diese Berufung fand zu einem bestimmten Zeitpunkt in der Vergangenheit statt (siehe Grammatik) und das war natürlich durch die Predigt von Paulus geschehen (vergleiche Verse 8-11). Aber der Apostel betont extra, dass die Galater nicht von ihm, sondern von Gott selbst abgefallen waren. Wer die Irrlehre annimmt, stellt nicht mehr Gott in den Mittelpunkt, sondern den (gesetzlichen) Menschen. Gott hatte sie »durch Gnade« berufen. Wer die Irrlehre annimmt, macht nicht mehr die Gnade, sondern (gesetzliche) Werke zur Basis des Heils.

Dass die Gnade, in die uns Gott beruft, die Gnade Christi ist, ist selbstverständlich, denn die Verleihung der Gnade Gottes gründet sich auf das Werk Christi. Aber möglicherweise haben Abschreiber »Christi« nachträglich eingefügt.[3]

Im Zusammenhang des Galaterbriefes ist es wahrscheinlich am besten, den Ausdruck »in die Gnade Christi« zu verstehen als den »Bereich«, in den die Galater hineingerufen worden waren (siehe Grammatik), so ähnlich wie es der Apostel in 5,4 sagt: Die Galater fielen wieder aus diesem »Bereich« der Gnade heraus. Aber Paulus kann auch meinen, dass die Gnade das Mittel ist, durch das Gott berufen hat (vergleiche Vers 15). Das würde dann bedeuten: Es war die Gnade Gottes, aus der seine Berufung stammte.

Die Worte »so schnell« bedeuten entweder, dass der Prozess des Abfallens der Galater schon ziemlich kurz nach ihrer Bekehrung oder nach Paulus' letztem Besuch einsetzte, aber vielleicht hätte Paulus dann eher ein Wort wie »sofort« gebraucht (vergleiche Vers 16). Es scheint mir eher so zu sein, dass er fand, dieser Prozess des Abfalls selbst verlief schnell. Sie liefen also »so schnell«, »so einfach« zum Feind über (vergleiche 2Thes 2,1; 1Tim 5,22). Die falschen Prediger brauchten also offensichtlich nicht viel Mühe aufzuwenden, die Galater herüber zu ziehen trotz – und das ist für Paulus so bestürzend – der Klarheit seiner eigenen Predigt (3,1) und ihrer Liebe zu ihm (4,14f). Die Tatsache allein, dass die Galater dabei waren abzufallen, war schon schlimm genug. Dass es auch noch so schnell ging, machte es noch schlimmer.

Die Galater waren dabei, zu einem »andersartigen Evangelium« überzulaufen. Das gr. Wort (*heteros*) besagt, dass das »Evangelium« der Irrlehrer grundsätzlich anderer Art war als das Evangelium, das Paulus gepredigt hatte. In gewissem Sinn hätten sogar seine Gegner das erkennen können. Sie kritisierten den Apostel gerade deswegen, weil er ein Evangelium brachte, das sich von dem, was Gott die Väter gelehrt hatte, grundsätzlich unterschied. Hier stießen zwei Welten des Denkens aufeinander, die zwar beide vom Heil redeten und sich auf Christus beriefen, aber nicht miteinander vereinbar waren und nichts gemeinsam hatten. Noch krasser ausgedrückt: Das »Evangelium« der Irrlehrer war gar kein »Evangelium«, keine gute Nachricht, sondern eine schlechte Nachricht, die Menschen von der Gnade abfallen ließ und sie Christus entfremdete (5,4). Das wird aus der Fortsetzung des Satzes in Vers 7 sofort klar.

1,7 Paulus spricht von einem andersartigen (*heteros*) Evangelium, »das kein anderes (*allos*) ist«. Es ist fraglich, ob im Gr. des 1. Jahrhunderts der Unterschied zwischen den beiden Worten (noch) stark empfunden wurde. Wenn Paulus tatsächlich deutlich unterscheiden will, sagt er zunächst, dass das »Evangelium« der Irrlehrer ganz anderer Art ist als das Evangelium Gottes (siehe Vers 6) und dann, dass die Irrlehre in Wirklichkeit überhaupt kein Evangelium ist. Das erste Wort für »anders« bedeutet wörtlich: ein Evangelium anderer Art; das zweite Wort: ein anderes Evangelium derselben Art. Letzteres bedeutet: Dieses »Evangelium« ist gar kein Evangelium wie Gott es meint: Es gibt keine unterschiedlichen Evangelien, unter denen dies eventuell auch eine Alternative sein könnte. Paulus sagt also etwa Folgendes: Ihr seid übergelaufen zu einem ganz *anderen* Evangelium, das gar kein anderes *Evangelium* ist.[4] Das Folgende nuanciert die Aussage, dass es kein alternatives Evangelium geben kann, und zwar mit Hilfe von *ei me* (»jedoch«), das hier so viel wie »außer« bedeutet. Paulus will anscheinend sagen: Das sogenannte »Evangelium« der falschen Prediger verdient den Namen »Evangelium« nicht einmal, außer bei denen, die es gerne so benutzen, indem sie das Evangelium von Christus verdrehen.

Die vage Bezeichnung »manche«, für die, die die Galater verwirrten, besagt nicht, dass Paulus nicht wusste, wer sie waren, sondern eher, dass er mehr oder weniger verächtliche Distanz zu ihnen bezieht. Diese »Manche« sind die »in Verwirrung Bringenden«.[5] Wer das *Evangelium* verdreht, bringt die *Gläubigen* in Verwirrung; wer ein Pseudo-Evangelium bringt, verdirbt die Gemeinde Gottes (vergleiche 1Kor 3,17).

Das »Evangelium Christi«, das die Irrlehrer verdrehen wollten – *wollten*: es ist Absicht im Spiel! – kann heißen: das Evangelium Christus *betreffend* (vergleiche Vers 16; Röm 1,1-3), aber auch: das Evangelium *herkommend von* Christus (Vers 12; Eph 2,14.17). Für Paulus ist das erste jedoch eher üblich. Siebenmal spricht Paulus im Galaterbrief über das »Evangelium« (auch Vers 11; 2,2.5.7.14), was nicht in allen Übersetzungen deutlich wird, weil das Wort »evangelisieren« (z.B. in den Versen 8f) oft mit »das Evangelium bringen« übersetzt wird (siehe die Verse 8f).

1,8 Paulus erklärt nun, dass es kein anderes Evangelium gibt als das, das er selbst ursprünglich den Galatern verkündigt hat. Dieses Evangelium darf durch kein anderes »Evangelium« – das kein Evangelium

ist – ersetzt werden. Das gilt nicht nur für die Lehre, die die falschen
Prediger in Galatien zu verkündigen gekommen waren. Nein, Paulus
erwähnt zwei andere Möglichkeiten, die viel eindrücklicher sind als
die Möglichkeit, dass unbekannte Prediger mit einer neuen Lehre auf-
tauchten. Das wäre erstens ein andersartiges Evangelium, das er selbst
oder einer seiner Mitarbeiter brächte und zweitens eine Botschaft, die
von einem Engel, der glanzvoll aus dem Himmel erschiene, den Galatern verkündigt würde. Selbst in einem solchen Fall dürften die Galater ein solches alternatives »Evangelium« nicht annehmen. Im Gegenteil, der Apostel selbst oder sein Mitarbeiter oder ein Engel sollte in
einem solchen Fall unter den Fluch fallen.

Die Autorität der Botschaft beruht daher nicht in erster Linie auf
deren Verkündiger – auch wenn er nicht unwichtig ist –, denn dann
könnte die Botschaft eines Engels weit über die eines Menschen hinaus gehen. Der Hinweis auf einen Engel ist vielleicht nicht so weit hergeholt wie es scheint. Vielleicht hatten die Irrlehrer behauptet, das
Gesetz, weil es von Engeln angeordnet worden war (3,19), stehe höher
als jegliches Evangelium, das dem Gesetz nicht seinen erhabenen Platz
einräumte. Paulus legt dar, dass es nicht in erster Linie darauf ankommt,
ob eine bestimmte Botschaft von einem Engel oder einem Apostel,
sondern ob sie letztlich von Gott selbst stammt. Derselbe Gott, der
einst Seinem Volk das Gesetz gab, lässt nun allen die Botschaft von
der Rechtfertigung allein durch den Glauben verkünden. Über die
Engel wäre noch zu sagen, dass Satan und seine Nachfolger als »Engel
des Lichts« auftreten können (2Kor 11,14f). Es gibt auch Lehren von
falschen Engeln, d. h. von Dämonen (1Tim 4,1). Deshalb muss man
dem Boten immer mit Vorsicht begegnen. Nicht seine Autorität oder
seine Überredungskunst ist primär wichtig, sondern die Frage, woher
er seine Botschaft hat.

Wenn sich herausstellt, dass es eine Botschaft ist, die nicht von Gott
kommt oder noch schlimmer, die die wahre Botschaft Gottes unter-
gräbt und beiseite sctzt, dann verdient der Bote nur den Fluch.[6] Bei
Paulus bedeutet ein solches *anathema* mehr als nur einen Ausschluss
aus der Gemeinde oder den körperlichen Tod. Denn wie könnte eine
solche Drohung für einen Engel gelten? Nein, es geht hier sehr wohl
um die ewige Verdammnis; vergleiche dasselbe Wort in Röm 9,3: wörtl.
»eine Verfluchung von Christus weg«, d. h. durch einen ewigen Fluch
von Christus getrennt. Es ist verständlich, dass es um die ewige Ver-

dammnis geht, denn die falsche Lehre, um die es hier geht, macht das Evangelium zunichte: Wenn der Mensch durch Gesetzeswerke gerettet werden kann, dann ist Christus umsonst gestorben (2,21). Wer sich so gegen Christus und Sein Werk wendet, verdient Gottes ewiges Gericht (vergleiche 1Kor 12,3; 16,22). Das sagt Paulus nicht in einem unbeherrschten Wutanfall, sondern wohlerwogen. Seine Unparteilichkeit wird dadurch klar, dass er dieses Urteil genauso über sich ausspricht für den Fall, dass er selbst eine ungöttliche Botschaft brächte (siehe auch Vers 9: »jemand«, wer er/sie auch sei).

1,9 Paulus knüpft hier direkt beim vorher Gesagten an, redet aber jetzt in der Mehrzahl: »Wie *wir* zuvor gesagt haben ...« Warum er das tut, darüber gehen die Ansichten auseinander.[7] Wichtig sind die Unterschiede nicht; worauf es ankommt ist, dass Paulus nun bei der Wiederholung die Galater vor dem Eindringen einer Irrlehre warnen muss, die das Christentum in seinem Fundament angreift.

Es ist interessant, dass Paulus hier ein anderes »wenn« gebraucht als in Vers 8 (siehe Grammatik). Manche messen dem Unterschied keine große Bedeutung bei, aber es kann sein, dass Paulus doch bewusst ein anderes Wort nimmt. In Vers 8 könnte es sich dem Satzbau nach um eine reine Hypothese handeln, die praktisch kaum oder gar nicht denkbar ist. Kein vernünftiger Mensch würde damit rechnen, dass ein Engel aus dem Himmel oder Paulus bei einem neuen Besuch ein vollkommen anderes Evangelium brächte. In Vers 9 sagt Paulus jedoch ganz allgemein: »wenn jemand ...« und das war leider nur zu leicht vorstellbar, ja eine Möglichkeit, die eigentlich schon zur Tatsache geworden war. In Vers 8 könnte man übersetzen: »selbst wenn (was natürlich nicht vorstellbar ist) ...«: in Vers 9: »wo es tatsächlich passiert, dass jemand ...« Daher auch das Präsens: nicht »evangelisieren *sollte*«, sondern »evangelisiert«, als aktuelle Gegebenheit.

In der Übersetzung der Verse 8f. habe ich das Verb »evangelisieren« gebraucht, nicht weil es gutes Deutsch wäre, sondern um zu verdeutlichen, dass im Gr. hier das Verb *eu-* oder *evangeliso* steht und nicht das Nomen »Evangelium«. In einer flüssigen Übersetzung kommt man um das Nomen nicht herum: »selbst wenn wir oder ein Engel aus dem Himmel <euch> ein Evangelium verkündigten außer dem, was wir euch als Evangelium verkündigt haben (...) wenn jemand euch ein Evangelium verkündigt außer was ihr empfangen habt, [ihm] sei eine Verfluchung!«

Paulus erinnert die Galater daran, dass sie sein Evangelium auch tatsächlich *empfangen* hatten. Die Zeitform (siehe Grammatik) legt nahe, dass die Galater diese Botschaft ein für allemal angenommen hatten. Sie hatten nicht nur Paulus zugehört, wie sie nun den Irrlehrern zuhörten; nein, sie hatten die Botschaft wirklich in ihr Herz aufgenommen. Um so schlimmer war es, dass sie nun Gefahr liefen, diese ein für allemal angenommene Botschaft wieder preiszugeben. Darum spricht der Apostel zum zweiten Mal – wie eindringlich! – den Fluch aus. Nichts macht klarer, wie ernst Paulus die falsche Lehre nimmt. Es handelt sich nicht um ein Versehen einer irregeführten Seele, es geht nicht einmal um eine Irrlehre, für die ein Gemeindeausschluss angemessen wäre, nein, es geht um eine Lehre, die so fatal für das Christentum, ja für die Person Christi ist, dass hier die ewige Verdammnis angemessen ist. Hier klingt der Fluch um so ernster, weil es hier nicht mehr um eine kaum vorstellbare Hypothese geht (Vers 8), sondern um eine sehr reale Möglichkeit, die schon in Erfüllung zu gehen schien. Es ist eigentlich schon der Ausspruch eines konkreten Fluchs: Wer euch eine solche Botschaft bringt, ist verflucht. Das ist kein Wunsch, sondern ein Gebot (siehe Grammatik). Und was für die Galater zweifellos mitklingt, ist: Wenn ihr diese Botschaft annehmt und selbst weiterverbreitet, wird dieser Fluch auch euch treffen.

1,10 Dieser Vers muss zwar mit dem vorigen in enger Verbindung stehen, aber der Zusammenhang ist nicht so einfach. Vor allem das »überreden« – »Denn überrede ich nun Menschen oder Gott?« – gab Anlass zu verschiedenen Deutungen. Eine Auslegung sieht den ersten Satz parallel zum zweiten und somit auch das »Überreden« als parallel zu dem »Gefallen«.[8] Die Vorstellung, Paulus wolle den Menschen gefallen, bezieht sich auf die Anschuldigung seiner Gegner: »Unter den Juden führt Paulus die Beschneidung durch und hält sich ans Gesetz, um ihr Wohlwollen zu gewinnen, aber unter den Heiden predigt er ein ›bequemeres‹ Evangelium – ein Evangelium ohne die schwere Verpflichtung zur Beschneidung und zum Halten des Gesetzes – und versucht so, sich auch bei den Heiden einzuschmeicheln« (vgl. 6,12; 1Kor 9,18-21; 2Kor 10). Parallel dazu würde das »überreden« weitgehend dasselbe bedeuten wie das »gefallen«. In beiden Fällen würden die Gegner behaupten, Paulus wolle die Menschen »überreden«, ihnen »gefallen«, während Paulus stattdessen behauptete, er wolle gerade Gott »überreden/gefallen«.

Eine ganz andere Auslegung nimmt an, dass die Vorstellung, Gott zu »überreden«, darauf hinausliefe, Paulus würde sozusagen bei Gott vorstellig werden, er möge bei der Annahme der Heiden flexibler sein als bei gesetzestreuen Juden. In dem Fall käme das »Überreden« Gottes etwa auf das gleiche hinaus wie das »Gefallen« von Menschen. Die Gegner Paulus' würden auf die erste Frage antworten: »Gott« und auf die zweite: »Menschen« und bei Paulus wäre es genau umgekehrt. Nach einer dritten Auslegung (Betz) ist sowohl das Überreden von Menschen als das Gottes negativ gemeint: Das Überreden von Menschen wäre dann Rhetorik und Demagogie wie das »Gefallen« von Menschen; das Überreden Gottes wäre dann ein magisches Herüberziehen der Gottheit auf die eigene Seite.

Die meisten Ausleger bevorzugen die erste Auslegung, auch weil sie offensichtlich besser an den vorhergehenden Satz anschließt. Das ergibt sich aus dem ersten Wort »denn«, was anscheinend sagt: Würde jemand, der den Menschen gefallen will, wirklich *jetzt* (wie ich es in diesem Moment tue) so scharf seine Gegner verfluchen? Außerdem deutet die Form der ersten Frage darauf hin, dass Paulus' eigene Antwort die zuletzt genannte Alternative ist: »Denn versuche ich jetzt wirklich, Menschen zu gefallen und nicht vielmehr Gott?« (vergleiche Grammatik). Man könnte jedoch einwenden, dass es doch gekünstelt erscheint, »überreden« und »gefallen« als mehr oder weniger synonym anzusehen. Die dritte Auslegung begegnet diesen Bedenken und nimmt zugleich einen Einwand der zweiten Auslegung weg, nämlich dass die zwei Fragen eine gegensätzliche Antwort verlangen. Wie dem auch sei, die allgemeine Bedeutung ist klar. Paulus weist hier das Argument seiner Gegner zurück, er bringe das Evangelium in verkehrter Absicht. Wenn das stimmte, würde es seinen Dienst in seinen Grundlagen antasten: Ein Menschengefälliger, ein Speichellecker kann kein Sklave Christi sein (vergleiche Eph 6,6; Kol 3,22).

Vielleicht deutet das Wort »noch« im Schlusssatz – »Wenn ich noch Menschen gefiele …« – darauf hin, dass er vor seiner Bekehrung auch von dem Motiv getrieben wurde, Menschen zu gefallen (vergleiche 1,13f; Apg 22,1; Phil 3,4-6). Dann wäre dieses Wörtchen zugleich die Einleitung zu den folgenden Versen, in denen er über seine Bekehrung spricht. Es kann sogar eine versteckte Beschuldigung darin liegen: Wenn er noch genauso dächte und predigte wie seine Gegner, *dann* würde er Menschen nach dem Mund reden. Seit er jedoch ein

Sklave Jesu Christi geworden war, hatte er durch die Kraft des Geistes mit diesem fleischlichen Motiv aufgehört; von daher lässt sich vielleicht das »jetzt« erklären, das in diesem Vers so betont voran steht. Nicht nur in diesem Fall hatte er die Speichelleckerei abgelehnt. Sein ganzes Leben lag offen vor ihnen und konnte genau geprüft werden. In keinerlei Hinsicht hätten die Gegner von diesem Diener Christi behaupten können, dass er karrieresüchtig und nur darauf aus sei, überall bei den Menschen gut angesehen zu sein. Schon die scharfe Sprache des Galaterbriefes spricht dagegen.

Dabei müssen wir übrigens bedenken, dass es auch eine geistliche Form der »Menschengefälligkeit« gibt (siehe z. B. Röm 15,1-3; 1Kor 9,19-22; 10,33) wie auch eine fleischliche Geringschätzung und Ablehnung von Menschen. Was das erste angeht, so hatte Paulus z. B. den Vorschriften des Apostelkonzils in Jerusalem zugestimmt, die ein harmonisches Zusammenleben von Judenchristen und Heidenchristen zum Ziel hatten. Und – wenn der Galaterbrief nach Apg 16,1-3 zu datieren ist – er hatte gerade wegen der Juden in Südgalatien den Halbjuden Timotheus dort beschneiden lassen. Manche Gegner hatten vielleicht gerade deswegen verbreitet, dass auch Paulus, wenn es ihm passte, Christen beschneiden ließ (vergleiche 5,11!). Das wahre Motiv in solchen Fällen war für Paulus jedoch nicht, wie seine Gegner offenbar behaupteten, bei den Menschen gut angesehen zu sein, sondern sie für Christus zu gewinnen und so Gott zu gefallen (vergleiche 1Kor 9,19-23).

Dieser Vers schließt wie gesagt durch das erste Wort »Denn« an den vorhergehenden an. Zugleich weist er voraus auf den nun folgenden Teil. Darum betrachten manche ihn als ersten Vers des folgenden Teils.

Anmerkungen

1) Das Verb *methatithemi* bedeutet wörtlich »auf einen anderen Platz stellen«, daher: »woanders hinbringen«. Im übertragenen Sinn kann das Wort auch bedeuten: »übergehen lassen in«, »verändern in« (Hebr 7,12; Jud 4) und dann med. »übergehen in« (Schlachter) in der Bedeutung von »abfallen, überlaufen nach«. Im Gr. gibt es ein davon abgeleitetes Substantiv (*metathemenos*), das »Überläufer« bedeutet und jemanden bezeichnet, der von einer philosophischen Schule zur anderen übergelaufen war.

2) Das taten die Galater selbst: Die Formulierung »abwenden lasst« (Luther1912) legt nahe, dass die Irrlehrer die Hauptschuldigen waren, aber

die wahrscheinlich med. Verbform zeigt, dass die Galater selbst das mit sich machen ließen: Sie waren die Hauptschuldigen.

3) Wenn es doch ursprünglich dastand, ist es sogar möglich zu übersetzen: »dass ihr so schnell von Christus übergelaufen seid, der euch durch Gnade berufen hat«. Übrigens werden die interessanten Argumente von Greijdanus, der dieser Übersetzung den Vorzug gibt, durch die Unsicherheit der Echtheit der Worte »von Christus« abgeschwächt. Außerdem scheint mir eine solche Übersetzung nicht so paulinisch wie Greijdanus annimmt.

4) Auch an anderer Stelle sehen wir, dass bei ihm der Unterschied zwischen *heteros* und *allos* verwischt ist, z. B. in demselben Zusammenhang in 2Kor 11,4 (»Denn wenn der, welcher kommt, einen anderen [*allos*, »alternativen«?] Jesus predigt, [...] oder ihr einen anderen [*heteros*, »abweichenden«?] Geist empfanget, [...] oder ein anderes [d. i.] Evangelium ...«). Noch deutlicher scheint die Verwischung z. B. in 1Kor 12,8-10 (z. B. Vers 9: »einem anderen [*heteros*] aber Glauben in demselben Geiste, einem anderen [*allos*] aber Gnadengaben der Heilungen in demselben Geiste«), wo man nur mit Mühe einen Unterschied konstruieren kann.

5) Dieses Verb (*tarassein*; siehe auch 5,10) bedeutet wörtl. »in Bewegung bringen« (Joh 5,4.7); in übertragenem Sinn: Gemüter in Bewegung (Aufregung) versetzen, verwirren, beunruhigen (Apg 15,23; 17,8.13), erschüttern (Joh 11,33).

6) Das Wort »Verfluchung« (*anathema*) gibt eigentlich die alttestamentarische Vorstellung von einem Opfer wieder, das mit einem kräftigen Todesoder Verderbensschwur dargebracht wird. Es ist das »Gebannte«, das unter einem Bann steht (3Mo 27,28; Jos 7,1 LXX). In Apg 23,14 bedeutet das Wort einen Eid mit einer Selbstverwünschung: Für den Fall, dass man seinen Eid nicht hält, möge man unter den Fluch fallen, d. h. sterben.

7) Manche messen dem Plural keine so große Bedeutung zu und meinen, dieser Satz beziehe sich einfach auf Vers 8. Es besteht jedoch Anlass, diesen Plural ernst zu nehmen, vor allem, weil darauf sofort wieder der Singular folgt: »... sage ich auch jetzt wieder«, nämlich er allein, mit apostolischer Autorität. Darum meinen andere Ausleger, dass Paulus an einen früheren Besuch bei den Galatern denkt und mit dem »wir« auch seine Mitarbeiter einschließt – m. E. zu Recht. Manche denken dann an Paulus' allerersten Besuch in Galatien, andere meinen, die Warnung in Vers 9b treffe mehr auf einen zweiten Besuch Paulus' bei diesen Gemeinden zu, weil dann möglicherweise die ersten Irrlehrer schon aufgetaucht waren.

8) Das gr. *peitho*, »überreden«, kann auch bedeuten: jemanden auf die eigene Seite ziehen und daher: jemandes Gunst oder Zustimmung suchen, nach dem Mund reden, zufrieden stellen.

Teil 2

EIGENTLICHE ARGUMENTATION
1,11 — 6,10

2.1 Biografische Argumentation
1,11 — 2,21

2.1.1 Unabhängige Berufung (1,11-17)

Übersetzung

11 Denn ich tue euch kund, Brüder,
dass das Evangelium, das von mir evangelisiert worden ist,
nicht nach [dem] Menschen ist.

12 Denn *ich* habe es auch nicht von einem Menschen empfangen
oder gelernt,
sondern durch Offenbarung Jesu Christi.

13 Denn ihr habt meinen Wandel gehört
früher im Judentum:
dass ich die Gemeinde Gottes übermäßig verfolgte
und sie zerstörte

14 und in dem Judentum zunahm über viele Altersgenossen in
meinem Geschlecht,
[noch] überschwänglicher ein Eiferer meiner väterlichen Überlieferungen seiend.

15 Als es aber <Gott> gefiel,
der mich abgesondert hat von [dem] Schoß meiner Mutter
und gerufen hat durch seine Gnade,

16 seinen Sohn in mir zu offenbaren,
damit ich ihn unter den Nationen evangelisierte,
ging ich nicht zu Rate mit Fleisch und Blut,

17 noch ging ich hinauf nach Jerusalem
zu denen, [die] vor mir Apostel [waren],
sondern ich ging weg nach Arabien
und kehrte wieder zurück nach Damaskus.

Übersetzungsvarianten

15 *<Gott> ... der*: oder *<der Gott> ... der*.

Textvarianten

11 {A} *Denn*: TR liest *Aber*
15 {D} *<Gott>*: Das Textzeugnis ist unsicher, ob es einzufügen ist;
lässt man es weg, sollte es in der Übersetzung in Klammern eingefügt werden: [Gott].

Grammatik

11 Wörtl.: *Denn ich mache euch bekannt, Brüder, das Evangelium, das
ich evangelisiert habe, dass [es] nicht ist nach [dem] Menschen*; damit ist *das Evangelium* sowohl Objekt von *mache bekannt* als auch
Subjekt von *ist*.
11 *evangelisiert*: Aor., d.h. entweder in einem bestimmten Augenblick
seines ersten Besuchs bei den Galatern oder es ist ein historischer
»umfassender« Aorist, der Paulus' gesamte Predigt bis zum Galaterbrief umfasst.
11.12 Beispiel für ein Chiasma, das anscheinend den ganzen Galaterbrief umschließt. *Nach [dem] Menschen* (Vers 11) wird in 3,1 – 6,10
entfaltet und *von einem Menschen* (Vers 12) in 1,13 – 2,21 (Jeremias).
12 *ich habe es auch nicht*: die Wiedergabe *auch ich habe es nicht*, wobei
das *auch ich* einen Vergleich mit den zwölf Aposteln impliziert
(Greijdanus), ist in diesem Zusammenhang weit hergeholt und unnötig. Die Betonung des *Ich* legt vielleicht eher einen Vergleich mit
den Galatern nahe, die das Evangelium sehr wohl von Menschen
empfangen hatten.
12 *gelernt*: eig. *noch wurde ich [durch einen Menschen] unterwiesen* (Passiv von didasko).
12 *Offenbarung Jesu Christi*: genitivus subjectivus oder auctoris (d.h.
auf den Verfasser oder den Ursprung verweisend) (lies: *durch Jesus
Christus*) oder aber genitivus objectivus (lies: *Jesus Christus betreffend*).
13 *zerstörte*: vielleicht impf. von conatu: *zerstören wollte* (Paulus zerstörte nicht wirklich die Gemeinde; es geht nur um die Absicht),
aber man kann *zerstörte* auch stehen lassen, weil Paulus' Verfolgung
zerstörende Folgen hatte (eventuell: *dabei war, sie zu zerstören*). Das

Impf. gibt wie bei *verfolgte* an, dass Paulus diese Handlung ständig bis zu seiner Bekehrung ausführte.

14 *väterlich*: nicht *patroios*, »vorväterlich«, wie in Apg 22,3; 28,17, was sich mehr auf die Väter Israels beziehen würde, sondern *patrikon*, was sich mehr auf den eigenen Vater bezieht; das *meiner* scheint das zu bestätigen.

15 *[dem] Schoß meiner Mutter*: Der Wegfall des Artikels bei *Schoß* lässt den Einfluss des Hebräischen erkennen; ein Nomen mit Genitiv steht immer ohne Artikel.

16 *in mir*: gr. *en* kann einen normalen Dativ ersetzen (vergleiche Apg 4,12; Röm 1,19; 2Kor 4,3; 8,1: »in/unter« = »an«); vielleicht hier, aber dann ohne die innere Wirkung der Offenbarung zu vernachlässigen: »(hinein)«.

17 *Jerusalem*: hier die stark hellenisierte Form *Hiërosolyma* bei Paulus sonst nur noch in Vers 18; 2,1), wo das gr. *hiëros*, »heilig« anklingt. An anderer Stelle (auch in 4,25f) nimmt Paulus *Jerusalem*, das viel mehr mit der hebr. Form *Jeruschalem* übereinstimmt. Diese Form finden wir in der LXX und bei jüdischen Schriftstellern, die erste bei nicht-jüdischen Schriftstellern, aber auch bei Juden, wenn sie an Nichtjuden schreiben. Die erste ist die säkulare Form, die gut zu 1,17f; 2,1 passt; die zweite ist die sakralere Form, die gut zu 4,25f passt. (Eigenartigerweise verwechselt Fung [S.70] die hebr. und die hellenisierte Form.)

17 *kehrte wieder zurück*: Pleonasmus (vergleiche 4,9).

Auslegung

Das Evangelium, das Paulus verkündigt, verträgt keine Alternativen, keine Konkurrenz, nicht weil Paulus so wichtig wäre, sondern weil sein Evangelium im Gegensatz zu aller Irrlehre von Gott kommt. Er hatte es durch Offenbarung empfangen. Um das zu erklären, geht der Apostel nun ziemlich ausführlich auf seine Lebensgeschichte vor und nach seiner Bekehrung ein.

1,11 Paulus unterscheidet klar zwischen den falschen Predigern auf der einen Seite, über die er einen ewigen Fluch ausspricht und den Galatern auf der anderen Seite, die er in diesem Vers immer noch als

»Brüder« anredet. Es geht um die Trennungslinie zwischen Verführern und Verführten, die zwar oft nicht immer scharf gezogen werden
kann, aber doch große Bedeutung zur Beurteilung von Bewegungen
der Irrlehre hat.

Das »denn« verknüpft den Vers direkt mit dem vorhergehenden;
wir sahen schon, dass Vers 10 auch als erster Vers dieser neuen Perikope angesehen werden kann. Wenn der Apostel in Vers 10 sagt, dass er
nicht versucht, sich bei Menschen einzuschmeicheln, passt die Aussage direkt dazu, dass sein Evangelium nicht »nach [dem] Menschen«
ist. Paulus gießt diese Aussage in eine etwas formale Form, indem er
sie mit den Worten einleitet: »Denn ich tue euch kund«. Hier und in
1Kor 12,3 und 15,1 benutzt er diese »Formel«, um die Art und den
Ursprung des Evangeliums, das er empfangen und verkündigt hat, erneut ins Licht zu stellen. Darin liegt natürlich etwas Beschämendes,
denn die wahre Art des Evangeliums war den Galatern schon lange
»bekannt« (vergleiche 3,1-5; 4,13-15), auch wenn sie es anscheinend
»vergessen« hatten. »Ich tue euch kund« ist eine mehr oder weniger
ironische Ausdrucksweise für »ich erinnere euch daran«.

Dass das Evangelium nicht »nach [dem] Menschen« ist, bedeutet
nicht nur, dass es dem natürlichen (d. h. ungläubigen) oder fleischlichen (d. h. gläubigen, aber von der Sünde beherrschten) Menschen nicht
angepasst ist, sondern dass es überhaupt nichts »Menschliches« an sich
hat. Paulus' Evangelium konnte nicht einmal im Herzen eines irgend-
wie vorstellbaren Menschen entstehen, sondern es kommt von Gott.
Nicht nur Paulus' Apostelschaft (Vers 1), sondern auch seine Botschaft
stammt von Gott. Wie sehr es zutrifft, dass das Evangelium im Herzen
Gottes und nicht eines Menschen entstand, wird durch jede nicht-christ-
liche Religion und auch durch viele pseudo-christliche Strömungen ver-
anschaulicht, die immer wieder die Selbstgerechtigkeit des Menschen
in den Mittelpunkt stellen. Ein Heil, das vollkommen auf der Gnade
Gottes, dem Werk Christi und der Kraft des Heiligen Geistes gegründet ist, konnte in keinem Menschenherz entstehen (vergleiche 1Kor
2,9). Nur Gott urteilt so radikal: »alle unsere Gerechtigkeiten (nicht
*Un*gerechtigkeiten!) [sind] wie ein beflecktes Kleid« (Jes 64,6).

Zu beachten ist auch das »ist« (Präs.). Paulus' Evangelium *war* nicht
nur nicht nach dem Menschen, als er es den Galatern verkündigte,
sondern ist es auch zum Zeitpunkt des Schreibens immer noch nicht.
Nicht er, sondern die Galater hatten sich geändert. Paulus hielt unver-

ändert am Evangelium fest, das er einmal vom Herrn empfangen hatte (siehe Vers 12).

1,12 Das »denn« in diesem Vers setzt den Gedankengang von Vers 11 fort: Das Evangelium ist nicht »nach [dem] Menschen« und Paulus hat es auch nicht »von einem Menschen empfangen oder gelernt«. Das Wort »empfangen« ist hier dasselbe wie in Vers 9: Die Galater hatten das Evangelium von Paulus empfangen, aber er selbst hatte es nicht einfach so von einem Menschen empfangen, sondern von keinem Geringeren als von Jesus Christus. Im Hinblick auf Christus benutzt er nicht das Wort »empfangen«, wohl aber an anderen Stellen (1Kor 11,23: Einsetzung des Abendmahls; 15,3: Inhalt des Evangeliums). Zu oft wurde in diesem Zusammenhang vorschnell behauptet, Paulus habe das »Empfangene« *durch Überlieferung* empfangen (vergleiche 1Kor 11,23 niederländische NBG Übers.: »durch Überlieferung vom Herrn empfangen«). Diese Bedeutung steht nicht im Einklang mit dem normalen Gebrauch dieses Verbs (vergleiche Vers 9; Kol 2,6; 4,17; 1Thes 2,13; 4,1; 2Thes 3,6; Hebr 12,28) und gerade unser Vers zeigt, dass das, was Paulus vom Herrn »empfängt«, auf direkte Offenbarung zurückgehen kann.[1] Das »Empfangen« ist ein mehr oder weniger aktives Handeln von Paulus (das Wort bedeutet oft »mitnehmen«, »zu sich nehmen«, »annehmen«), während das Folgende – »noch wurde ich [durch einen Menschen] unterwiesen« (siehe Grammatik) – mehr ein passives Teilnehmen an der Unterweisung anderer ist. Paulus hat das Evangelium weder bei anderen aufgelesen, noch haben andere es ihm überbracht.[2]

Paulus hat also das Evangelium wohl gründlich »empfangen« und er wurde ebenso gründlich darin »unterwiesen« – aber nicht von irgendeinem Menschen, sondern »durch Offenbarung Jesu Christi«. Die Galater hatten das Evangelium *durch Überlieferung* empfangen, durch menschliche Vermittlung, so wie seitdem alle Christen. Paulus jedoch hat es *direkt* empfangen. Das heißt nicht, dass Paulus nicht viel von den anderen Aposteln hätte lernen können, insbesondere wo diese den Herrn Jesus auch »im Fleisch« kannten (siehe z. B. Vers 18). Aber wenn es um den Kern des Evangeliums geht, die Rechtfertigung allein durch Glauben an den gekreuzigten, auferstandenen und verherrlichten Herrn, dann hat er es ausschließlich von diesem Herrn empfangen. Das schließt auch nicht aus, dass schon vor Paulus' öffentlichem Auftreten die anderen Apostel ein gewisses Maß an Einsicht in dieses Evangelium gehabt haben können (vergleiche Apg 10,11). Es geht hier darum, dass Paulus sein Evangelium nicht von diesen Aposteln, sondern direkt vom Herrn empfangen hat.

Die »Offenbarung Jesu Christi« meint natürlich in erster Linie die Erscheinung des verherrlichten Herrn, die Saulus auf dem Weg nach Damaskus hatte (Apg 9,22.26). Gerade wo die Person und das Werk Christi einen so zentralen Platz in Paulus' Evangelium einnehmen, muss die persönliche Begegnung mit Christus von primärer und ausschlaggebender Bedeutung für seinen weiteren Dienst gewesen sein. Auch Vers 16 unterstreicht das (siehe dort). Das schließt jedoch nicht aus, dass ihm durch weitere »Offenbarungen« (z. B. während seiner Vorbereitungszeit in Arabien? Vers 17) die volle Tragweite des wahren Evangeliums deutlich wurde. Bei diesem Problem steht die Frage im Mittelpunkt, ob »Jesu Christi« bedeutet »betreffend« oder »herkommend von« (siehe Grammatik). Vers 16 – »seinen Sohn in mir zu offenbaren« – legt eher das erste nahe. In diesem Fall bedeutet unser Vers, dass das wahre Evangelium zu Paulus kam, indem Gott ihm die Person Jesu Christi offenbarte, auf dem Weg nach Damaskus nämlich. Es ist jedoch auch denkbar, dass es hier eine Offenbarung *durch* Jesus Christus ist und dann ist der Inhalt der Offenbarung eher das Evangelium von der Rechtfertigung allein durch Glauben. Vielleicht ist es das Beste, beide Möglichkeiten nebeneinander stehen zu lassen und sie als Einheit anzusehen: Es geht um die Offenbarung *durch* Jesus Christus und ihn *betreffend.*

»Offenbarung« (*apokalypsis*) ist hier nicht nur objektives »Sichtbarmachen« wie z. B. in Röm 1,19 (*phaneroöo*), sondern schließt auch das subjektive Empfangen und Kennen dieser »Enthüllung« ein (siehe dasselbe Wort in Röm 1,17). Die »Verhüllung« hängt also nicht nur über der verhüllten Sache selbst, sondern auch über dem Herzen des Menschen. Bei der »Enthüllung« des Evangeliums wird nicht nur die Verhüllung, die bis dahin über dem Evangelium lag, weggenommen (objektiv), sondern auch die Verhüllung, die bis dahin auf dem Herzen des Empfängers lag (subjektiv). Beides ist nötig. Seit Paulus ist nun die objektive Verhüllung weggenommen und doch kennen Millionen von Menschen das Evangelium nicht, weil die Verhüllung noch auf ihren Herzen liegt. Was bei Paulus geschah, war nicht nur die objektive Mitteilung, sondern auch die Öffnung seines Herzens für diese Mittei-

lung. In unserer Zeit »empfängt« jeder Mensch das Evangelium von
einem anderen Menschen und jeder Mensch wird von anderen Men-
schen »unterwiesen«. Aber wenn der Heilige Geist nicht zugleich das
Herz des Menschen für das Evangelium öffnet, nützt das gar nichts.
Katechese ist nützlich, aber nicht genug, wie jeder gute Evangelist oder
Leiter weiß.

Dass Jesus Christus Paulus auf dem Weg nach Damaskus erschien,
bedeutet nicht unbedingt, dass Paulus ihn nie auf Erden gesehen hat,
wie oft vermutet wird. Paulus war etwas jünger als Jesus und wurde in
Jerusalem »erzogen« (Apg 22,3), so dass es kaum denkbar ist, dass er
nicht in groben Zügen etwas vom Leben Jesu wusste – wie hätte er
sonst die Jünger Jesu so heftig verfolgen können? –; sondern es ist
sehr gut vorstellbar, dass er Jesus auf Erden gesehen hat. Der umstrit-
tene Vers 2Kor 5,16 (»wenn wir aber auch Christum nach dem Fleische gekannt haben, so kennen wir ihn doch jetzt nicht mehr also«)
gibt darüber keinen Aufschluss, weder über das eine noch über das
andere. Aber auch wenn er Jesus hundert Mal auf der Erde gesehen
hätte, galt immer noch, dass Jesus Christus ihm nie *geoffenbart* war,
wie das auf dem Weg nach Damaskus geschah. Niemand kann sagen,
dass Jesus der Christus ist, der Sohn des lebendigen Gottes, ohne dass
der Vater im Himmel es ihm geoffenbart hat (Mt 16,16f). Niemand kann
sagen, dass Jesus Herr ist, als nur durch den Heiligen Geist (1Kor 12,3).

Als Paulus den Herrn Jesus sah und sein Herz für Ihn öffnete, sah
er *alles*, denn Christus *ist* das Evangelium. Dieses Evangelium erträgt
nichts daneben, nicht einmal die früher von Gott gegebenen Dinge
wie Gesetz und Beschneidung. Christus ist das Evangelium und er ist
das Evangelium allein. Er konnte sagen, dass

(a) »ich nichts zurückgehalten habe von dem, was nützlich ist, dass
ich es euch nicht verkündigt und euch gelehrt hätte, öffentlich und in
den Häusern, indem ich sowohl Juden als Griechen bezeugte die Buße
zu Gott und den Glauben an unseren Herrn Jesus Christus, das ist: das
Evangelium der Gnade Gottes« (Apg 20,20f.24). Das ist das Erste und
darum geht es vor allem im Galaterbrief: das Evangelium von der Rechtfertigung aus reiner Gnade Gottes und allein durch Glauben.

(b) Aber auch das ist Paulus' Dienst: »… ihr alle, unter welchen ich,
das Reich *Gottes* predigend, umhergegangen bin« (Apg 20,25; vergleiche 14,22; 19,8; 28,23.31). Und auch das alles hat mit seiner Bekehrung
und Berufung zu tun; denn der, den er auf dem Weg nach Damaskus

anschaute, war der Messias und Herr, der gesalbte König (siehe z. B.
Vers 16) und wo der König ist, da ist das Reich (vergleiche Lk 17,21).

(c) Drittens: »Ich habe nicht zurückgehalten, euch *den ganzen Ratschluss Gottes* zu verkündigen« (Apg 20,20f.24.27). Paulus war ein
»Diener des Evangeliums«, aber auch ein »Diener« von Christi »Leib,
das ist die Versammlung, deren Diener ich geworden bin (...): das Geheimnis, welches (...) jetzt aber seinen Heiligen geoffenbart worden
ist, denen Gott kundtun wollte, welches der Reichtum der Herrlichkeit dieses Geheimnisses sei unter den Nationen, welches ist Christus
in euch, die Hoffnung der Herrlichkeit« (Kol 1,23-27). Auch diesen so
wichtigen Teil der Offenbarung Jesu Christi erhielt Paulus im Keim
schon auf dem Weg nach Damaskus im dem einen Wort Christi: »Saul,
Saul, was verfolgst du *mich*?« (Apg 9,4; 22,7; 26,14). Dieses Wort implizierte von Anfang an die besondere Einsmachung des verherrlichten Hauptes im Himmel mit Seinem Leib, der noch auf der Erde ist:
Wer den Leib verfolgt, verfolgt das Haupt.

1,13 Dies ist der vierte Vers, der mit »denn« beginnt – im Griech. ist
es immer das zweite Wort –, und auch hier geht es um eine Weiterent-
wicklung des Vorhergehenden. Paulus erläutert nun, wie die Offenbarung Jesu Christi zu ihm kam und wie er danach keinen Dienst von
Menschen erhalten hat: sowohl Apostelamt als auch Botschaft waren
von Gott. Um das zu verdeutlichen, geht er erst kurz auf sein Leben
vor seiner Bekehrung ein. Die Galater wussten übrigens schon davon
(»ihr habt meinen Wandel gehört«), aber der Apostel erwähnt es noch
kurz als Überleitung zur Geschichte seines Apostelamts. Wir finden
öfter solche Verweise auf seine Vergangenheit (1Kor 9,1; 15,8-10; Eph
3,8; Phil 3,4-7; 1Tim 1,12f), so dass wir fast den Eindruck bekommen,
dass seine Bekehrungsgeschichte ein fester Bestandteil seiner Predigt
gewesen sei. Auch in der Apostelgeschichte lesen wir nicht nur von
seiner Bekehrung (Apg 9), sondern wir hören auch Paulus selbst zweimal von seiner Bekehrung erzählen (Apg 22 u. 26). Kein Wunder, dass
also auch die Galater seine Bekehrungsgeschichte schon gehört hatten, mit Sicherheit von ihm selbst.

Paulus beschreibt seine frühere Lebens- und Verhaltensweise als
seinen »Wandel« (αναστροφην). Dieses Wort ist an sich neutral; es
kann sowohl negativ (Eph 4,23; 1Petr 1,18; 2Petr 2,7) als auch positiv
gebraucht werden (Hebr 13,7; Jak 3,13; 1Petr 1,15; 2,12; 3,1f.16). Das

deutsche Wort klingt ziemlich veraltet. Den Sinn kann man ungefähr folgendermaßen wiedergeben: »Ihr habt gehört, wie ich mich früher unter den Juden verhalten habe«, d. h. im religiösen Leben verhalten: »Ihr habt gehört, wie ich mich früher als praktizierender Jude verhalten habe«, d. h. als Anhänger der jüdischen Lebensweise. Im Gr. steht wörtlich »Judaismus« (*Ioudaismos*), ein Wort, das im NT nur hier und in Vers 14 vorkommt und sich auf die (damalige) jüdisch-gesetzliche Religion bezieht.[3] Durch einen solchen Begriff distanziert sich Paulus im Galaterbrief besonders vom damaligen traditionellen Judentum. Für ihn war es undenkbar, das Christentum zu beschreiben als eine Variante oder eine Strömung innerhalb des traditionellen Judentums oder selbst eine Abspaltung davon, während es für ihn zugleich doch die strikte Fortsetzung der alttestamentlichen Religion war. Christentum bedeutete für ihn bestimmt keinen Bruch mit dem schriftgetreuen Judentum – im Gegenteil –, sondern mit dem später entstandenen traditionalistischen, gesetzlichen Typ Judentum.

Bevor Paulus seinen Eifer und seine Hingabe als Jude beschreibt (Vers 14), nennt er erst den negativsten Aspekt seiner früheren Lebensweise als Jude: »… dass ich die Gemeinde Gottes übermäßig verfolgte und sie zerstörte«. Er benutzt hier dasselbe Wort, das Christus auch benutzt hatte: »Saul, Saul, was verfolgst du mich?« (Apg 9,4). Verfolgung der Gemeinde ist Verfolgung von Christus selbst. Paulus unterstreicht den schrecklichen Ernst seiner Sünde, indem er von der Gemeinde *Gottes* spricht. Es war Gottes eigene, geliebte Gemeinde (vergleiche Apg 20,28), auf die es Paulus abgesehen hatte. Deshalb ist Verfolgung der Gemeinde auch Aufstand gegen Gott. Die »Gemeinde Gottes« ist die weltweite Gemeinde, aber dann in ihren verschiedenen örtlichen Darstellungen (siehe zu Vers 2), denn eine Person kann jeweils nur eine örtliche Gemeinde verfolgen. Konkret war das bei Paulus zuerst die Gemeinde in Jerusalem, aber dann auch andere Gemeinden bis ins Ausland hinein (Apg 8,3; 26,10-12), wenigstens die Gemeinschaft der Christen in Damaskus. Paulus war dabei sehr gründlich (»übermäßig«, über das gewöhnliche Maß hinaus, bis zur Übertreibung) (Apg 8,3; 9,1f.13f; 22,4f; 26,9-12), mit schlimmen zerstörerischen Folgen.[4]

Gerade der Galaterbrief scheint indirekt zwei Motive für Paulus' Verfolgung der Gemeinde zu liefern. Erstens Gal 6,14: »Von mir aber sei es ferne, mich zu rühmen, als nur des Kreuzes unseres Herrn Jesus

Christus, durch welchen [o. welches] mir die Welt gekreuzigt ist und
ich der Welt«. Vor seiner Bekehrung musste ihm gerade die Vorstellung, ein sogenannter Messias sei als einer der schlimmsten Verbre-
cher schmählich am Kreuz gestorben, irritierend und absurd vorge-
kommen sein (vergleiche 1Kor 1,23), ja sogar gotteslästerlich (3Mo
24,16). Ein Jude, der den Juden eine solche Botschaft brachte, ver-
diente Gefangenschaft und Tod. Aber im Galaterbrief verkündet Paulus, dass dieses Kreuz gerade sein einziger Ruhm geworden ist.

Vor seiner Bekehrung dachte Paulus genau wie seine Gegner und
das galt auch für sein zweites Motiv. Er hatte der Hinrichtung von Stephanus zugestimmt (Apg 8,1), über den man geklagt hatte: »Wir haben
ihn Lästerworte reden hören wider Moses und Gott. (...) Dieser
Mensch hört nicht auf, Worte zu reden wider die heilige Stätte und das
Gesetz; denn wir haben ihn sagen hören: Dieser Jesus, der Nazaräer,
wird diese Stätte zerstören und die Gebräuche verändern, die uns Moses
überliefert hat« (Apg 6,13f). Stephanus machte klar, dass im Christentum der Tempel und das Gesetz Mose – wenn überhaupt – nur einen
untergeordneten Platz haben. Diese Behauptung wurde als Gotteslästerung angesehen. Aber im Galaterbrief ist dies nun gerade auch der
Konflikt zwischen Paulus und seinen Gegnern. Letztere nannten sich
wohl Christen, was Paulus früher nicht tat, aber ansonsten räumten sie
dem Gesetz Moses seine uralte, zentrale Bedeutung ein.

Früher hielt Paulus die *christliche* Sicht des Stephanus für eine tödliche Gefahr für den *Judaismus*. Deshalb musste sie bekämpft werden.
Jetzt hält Paulus die *judaistische* Sicht der Irrlehrer in Galatien für eine
tödliche Gefahr für das *Christentum*. Deshalb muss sie bekämpft werden. So groß ist für ihn der Gegensatz zwischen Judentum und Christentum. In einer Zeit des »Dialogs« zwischen Juden und Christen ist
es gut dies zu betonen. Paulus gibt den Christen zwei beherzigenswer-
te Beispiele: erstens eine brennende Liebe zu Israel (Röm 9,2f), zweitens einen brennenden Hass gegen jeglichen Judaismus, der ins Christentum eindringt und es zu untergraben sucht. Wer das jüdische Volk
nicht von Herzen liebt und auch wer den Judaismus im Christentum
zulässt, kann kein guter Christ sein.

In diesem Vers ist Paulus ein Beispiel für einen gesetzlichen Menschen. Das heißt, der echte gesetzliche Mensch verfolgt immer die anderen, die durch Gnade und Glauben leben wollen. Er bemüht sich
darum, durch eigene, sorgfältige Pflichterfüllung Gottes Gunst zu ver-

dienen und hasst dann selbstverständlich den, der einfach aus Gnade und Glauben die Gunst Gottes empfängt. So war es bei Kain und Abel. Kain brachte ein Opfer, das aus den Früchten seiner eigenen unermüdlichen Arbeit bestand, den Früchten des verfluchten Erdbodens. Auf dieser Grundlage wollte er Gott nahen. Abel hingegen kam auf der Basis eines stellvertretenden Opfers zu Gott. Gottes Gunst lag auf ihm, weil Gott sein Opfer mit Wohlgefallen sah. Das zweite Beispiel ist Babel oder Babylon, das vom Turmbau zu Babel an bis zum großen Babylon in Offb 17,18 ein religiöses System darstellt, das aus eigener Kraft »bis zum Himmel reichen will«. Daher ist in der Kirchengeschichte besonders Rom das Bild des großen Babylon. Und dieses Babylon ist »trunken von dem Blute der Heiligen und von dem Blute der Zeugen Jesu« (Offb 17,6; 18,24).

Das dritte Beispiel ist das religiöse System der Pharisäer und dafür waren der unbekehrte Saulus von Tarsus und auch die Judaisten, die den Apostel verfolgten, ein schockierendes Beispiel. Der Herr sagt über dieses System: »… ich sende zu euch Propheten und Weise und Schriftgelehrte; und etliche von ihnen werdet ihr töten und kreuzigen und etliche von ihnen werdet ihr in euren Synagogen geißeln und werdet sie verfolgen von Stadt zu Stadt; damit über euch komme alles gerechte Blut, das auf der Erde vergossen wurde, von dem Blute Abels, des Gerechten, bis zu dem Blute Zacharias« (Mt 23,34f). Hier gibt es übrigens einen großen Unterschied zu Kain und den Leuten von Babel. Für sie besteht keine Hoffnung, für Israel doch (Verse 38f). Wie Paulus Christus erscheinen sah und zum Glauben kam, so wird der Überrest Israels Christus erscheinen sehen und gerettet werden (Sach 12,10-14; Röm 11,25f); Offb 1,7).

1,14 Niemand kann Paulus vorwerfen, er sei vor seiner Bekehrung kein »guter Jude« gewesen. Niemand kann sagen: Dieser Paulus hat sich noch nie ein Bein ausgerissen. Hätte Gott z. B. den Zöllner Matthäus berufen, über die Rechtfertigung allein aus Glauben zu schreiben, hätten seine Widersacher sagen können: Dieser Mann hat noch nie das Gesetz *gehalten!* Nicht so Paulus. Der war gesetzestreuer als jeder andere, beinahe jüdischer als jüdisch. Er konnte sagen, dass er »in dem Judentum zunahm über viele Altersgenossen in meinem Geschlecht«, d. h. er war im Judentum – im Praktizieren der damaligen jüdischen Gesetzlichkeit – vielen seiner Altersgenossen überlegen. Diese »Al-

tersgenossen« waren vor allem seine Mitstudenten (vergleiche Apg
22,3) und sein »Geschlecht« war das jüdische Volk oder genauer Saulus' eigenes Milieu, die Partei der Pharisäer.

Das darauf folgende Partizip »seiend« nennt vor allem den Grund
seiner Überlegenheit über seine Volksgenossen. Er war ihnen überlegen, *weil* er »[noch] überschwänglicher ein Eiferer« seiner »väterlichen
Überlieferungen« war. Man kann aber auch lesen: Er war ihnen überlegen, was sich darin zeigte, dass er ein [noch] übermäßigerer Eiferer
für seine väterlichen Überlieferungen war.[5]

Mit den »väterlichen Überlieferungen« meint Paulus die Überlieferungen, die er von seinem Vater erhalten hatte. Er war nämlich ein
»Sohn von Pharisäern« (Apg 23,6). Die Pharisäer bildeten eine jüdische Partei, zu der auch Paulus vor seiner Bekehrung gehört hatte (siehe auch Apg 22,1; 26,5; Phil 3,5). Sie legten großen Wert auf die jüdische Tradition, die »Überlieferungen der Alten« (Mt 15,2-6; Mk 7,3-13).
Diese damals noch mündlich weitergegebenen und später im Talmud
(Mischna und Gemara) festgelegten Gesetzesauslegungen sind im Prinzip auch heute noch bei den orthodoxen Juden geachtet. Diese Tradi-
tionsbildung muss schon in der babylonischen Gefangenschaft begonnen haben. Aber die orthodoxen Juden behaupten, diese Tradition gehe
auf das sogenannte »mündliche Gesetz« zurück, das Gott Mose am
Sinai geschenkt habe. Paulus' frühere Verbindung mit dieser Tradition
und sein Löwenanteil im NT veranschaulichen gut das Verhältnis zwischen dem bekenntnistreuen Christentum und dem orthodoxen Judentum. Sie lesen dieselbe Torah, aber durch grundverschiedene Brillen:
die Christen durch die Brille des NT (d.i. vor allem von Paulus!), die
Juden durch die Brille des »mündlichen Gesetzes« (d.i. die Brille von
Saulus), wie es im Talmud näher festgelegt ist.

Wie z.B. in Vers 13 ist es angebracht, noch einmal auf die enormen
Implikationen dieses Kontrastes hinzuweisen. Saulus' Bekehrung ist
der Übergang vom orthodoxen Judentum zum orthodoxen (d.h. recht-
gläubigen – A.d.Ü.) Christentum. Nichts macht klarer als der Galaterbrief, dass das Evangelium von Paulus wirklich eine ganz andere
Religion repräsentiert und keine Erweiterung oder Variante des traditionalistischen Judentums ist. Vor seiner Bekehrung wollte er »zuneh-
men« (Fortschritte machen) im Judentum, d.h. den hohen Gerechtig-
keitsidealen der Pharisäer immer besser entsprechen. Das hatte notwendigerweise den bittersten Hass gegen die Christenheit und die

Christen zur Folge (Apg 22,3f). Nach seiner Bekehrung verwarf er die ganze jüdische Tradition, soweit sie etwas dem AT hinzufügte oder sogar davon abwich, als »Schaden« und »Dreck« (Phil 3,6-8). Das AT verwarf er jedoch nie, wohl aber die Brille, durch die die Partei der Pharisäer das AT sah. Paulus lehnte die *judaistische Brille* ab – ohne übrigens die *Judaisten* oder irgendeinen Juden zu hassen, im Gegenteil (Röm 9,2f).

Man hat behauptet, Jesus habe noch stark in der jüdischen Tradition gestanden, während Paulus sich weit davon entfernt habe. Jesus habe nie eine andere »Religion« bringen wollen. Es sei Paulus' Schuld, dass Judentum und Christentum sich entfremdet hätten. Nichts davon stimmt. Ich habe schon Mt 15,2-6 und Mk 7,3-13 angeführt, wo Christus die »Überlieferungen der Alten« grundsätzlich ablehnt. Der Grund lag darin, dass diese Tradition die Lehre des AT nicht nur »auslegte«, sondern gerade aushöhlte und verdrehte. Das wird in Mt 5 ganz klar, wo der Herr das AT *in jeder Hinsicht* gelten ließ und was »die Alten« daraus gemacht hatten, ablehnte:

(1) In Vers 21 wird erst das sechste Gebot zitiert und dann wie in einem Atemzug die Tradition der »Alten«. Die Tradition lehrte, dass man zwar nicht töten durfte, diese Tat aber doch von einer niederen Gerichtsbarkeit (»das Gericht«) verhandelt werden konnte und bagatellisierte damit in gewissem Maße den Totschlag. So schwächte die Tradition der Alten den Ernst des sechsten Gebots gerade ab. Jesus drehte die Sache denn auch genau um: Sogar die *geringste* Form der betreffenden Sünde, nämlich »nur« die innere Haltung zum Totschlag, verdient schon die *höchste* Strafe, d.h. die Hölle.

(2) Aus den Versen 27-32 geht hervor, dass »die Alten« anscheinend das siebte Gebot gelten ließen, aber mehr oder weniger großzügige Möglichkeiten für Scheidung und Wiederheirat vorsahen. Das mosaische Zugeständnis von 5Mo 24,1 besagte: Wenn du deine Frau denn nun verstoßen willst – was streng genommen weder Hand noch Fuß hatte – dann gib ihr wenigstens einen Scheidebrief. Aber die Tradition machte daraus: Du kannst unter bestimmten Bedingungen ruhig deine Frau verstoßen – wobei es höchstens unterschiedliche Meinungen gab, wie schwerwiegend das Fehlverhalten der Frau sein musste, um sie verstoßen zu dürfen (siehe auch Mt 19,3-9). Christus hingegen sagt, dass man seine Frau einfach nicht verstoßen darf und wenn man wieder heiratet, man Ehebruch begeht.

(3) Aus den Versen 33-37 geht hervor, wie »die Alten« das dritte Gebot umgingen und so entkräfteten: Man darf zwar nicht beim Namen Gottes schwören, aber wenn man bei niederen Instanzen (dem Himmel, der Erde usw.) schwört, ist das nicht schlimm. Aber Jesus macht klar, dass Schwören beim Himmel oder der Erde eigentlich dasselbe ist wie Schwören beim Namen Gottes, denn der Himmel ist Gottes Wohnung, die Erde ist Gottes Fußbank usw.

(4) In den Versen 38-42 sehen wir implizit, wie die »Auge-um-Auge«-Regel von 2Mo 21,24 von den »Alten« fälschlich auf das ganze Leben des Volkes *ausgedehnt* wurde, als habe jeder einzelne Bürger das Recht, sich persönlich für das Unrecht, das ihm angetan wurde, zu rächen. (Oder wie es andere erklären: Diese Regel bildete im Gesetz eine Obergrenze, nicht das göttliche Ideal.) Christus zeigt jedoch, dass der Gläubige im persönlichen Leben nachgiebig sein und die Rache Gott (und der Obrigkeit) überlassen soll.

(5) In den Versen 43-48 *beschränken* »die Alten« das zentrale Gebot der Nächstenliebe (3Mo 19,18) jedoch und zwar auf den Umgang mit Mitgliedern der eigenen Religion oder sogar Sekte. Wie beim sechsten Gebot zitiert Jesus hier in einem Atem die Schrift und die Tradition: »Du sollst deinen Nächsten lieben [das sagt die Schrift] und deinen Feind hassen [das fügt die Tradition fälschlich hinzu].« Der Herr stellt das Gebot in seiner vollen, ursprünglichen Kraft wieder her: Du sollst alle Menschen lieben, denn jeder Mensch kann dein Nächster sein, auch dein ärgster Feind.

(6) In Mt 15,4-6 zeigt Jesus, wie »die Alten« das fünfte Gebot kraftlos machten. Mit den Lippen ehrten sie Vater und Mutter, aber was sie eventuell zur Versorgung ihrer Eltern bereitstellen sollten, dem gaben sie scheinheilig den Stempel einer »Gabe« (einer Gott geweihten Sache), so dass sie es nicht ihren Eltern zu geben brauchten.

(7) Die wichtigste Anklage Jesu war, dass selbst da, wo die Traditionalisten das Gesetz minutiös hielten, es nur eine Heuchelei der äußeren Form war; die *geistliche Bedeutung des Gesetzes,* »das Gericht und die Barmherzigkeit und die Treue«, erreichten sie nicht, im Gegenteil. Sie waren innerlich total verdorben (Mt 15,7-20; 23,23-28). Das haben diese Form von Judaismus und traditionelle und gesetzliche Formen des Christentums gemeinsam (siehe der Galaterbrief!): Äußerliche Einhaltung des Gesetzes mit einer innewohnenden Neigung zur Scheinheiligkeit nimmt die Stelle innerlicher Frömmigkeit und Hingabe an Gott ein.

Christus hat sich nie etwas von den »Überlieferungen« angezogen. Seine Jünger hielten sich nicht an das von den Pharisäern vorgeschriebene Fasten (Mt 9,14), sie pflückten am Sabbat Ähren (Mt 12,1f), sie assen mit ungewaschenen Händen (Mt 15,2f) und Jesus heilte am Sabbat. Nichts davon verstieß gegen das AT, wohl aber gegen die (damals noch) mündliche Tradition. Sowohl der Herr als auch Paulus haben immer das inspirierte AT völlig als Heilige Schrift angesehen und sich darunter gebeugt. Aber beide haben die »Überlieferungen der Alten« abgelehnt und als große Bedrohung für den wahren Glauben angesehen und angeprangert. Das gilt übrigens auch für die gesetzlichen Traditionen, die in das Christentum eingedrungen sind und als maßstabgebend für den Glauben betrachtet oder sogar darüber gestellt werden. In Gal 4 wird diese Gesetzlichkeit, auch die im Christentum, mit dem Heidentum auf eine Stufe gestellt, denn sie ist eigentlich Götzendienst, wie wir noch sehen werden.

1,15 Dieser Satz enthält einen eingeschobenen Nebensatz. Die Fortsetzung des ersten Nebensatzes finden wir in Vers 16: »Als es jedoch <Gott> gefiel (…), seinen Sohn in mir zu offenbaren …« Es kam der Zeitpunkt, dass nach dem Wohlgefallen Gottes an Paulus und einer verlorenen Menschheit (vergleiche Lk 2,14), Saulus zum Glauben an Christus und zum Dienst gerufen wurde. Zunächst wollen wir uns den Nebensatz im Nebensatz anschauen: »… der mich abgesondert hat von [dem] Schoß meiner Mutter und gerufen hat durch seine Gnade, …« »Abgesondert« bedeutet: beiseite gestellt für, ihm geweiht. Es ist etwas Besonderes, dass Paulus hier erklärt, dass er für seine Aufgabe nicht erst bei seiner Bekehrung »abgesondert« wurde, sondern schon von Mutterleib an, d.h. ab seiner Geburt oder sogar: vor seiner Geburt.[6] Dieser Satz ist eine unverkennbare Anspielung auf Jer 1,5: »Ehe ich dich im Mutterleibe bildete, habe ich dich erkannt und ehe du aus dem Mutterschoße hervorkamst, habe ich dich geheiligt: Zum Propheten an die Nationen habe ich dich bestellt.« Saulus wird bei seiner »Absonderung von Mutterleib an« darum eher an seine Vorbereitung zum Dienst durch Gott gedacht haben als an sein Pharisäertum (vergleiche auch den Messias: »Auf dich bin ich geworfen von Mutterschoße an, von meiner Mutter Leibe an bist du mein Gott«, Ps 22,11; und Johannes den Täufer: Er wird »schon von Mutterleibe an mit Heiligem Geiste erfüllt werden«, Lk 1,15).

Eine besondere Parallele zu Jer 1 besteht darin, dass Paulus wie
Jeremia zu »den Nationen« gesandt wurde. Das erinnert uns auch an
Jes 49,1-6, wo wir dieselbe Gedankenverbindung haben: von Mutterleib abgesondert, zu den Nationen gesandt: »Jehova hat mich berufen
von Mutterleibe an, hat von meiner Mutter Schoße an meines Namens
Erwähnung getan. (...) Und er sprach zu mir: Du bist mein Knecht,
bist Israel, an dem ich mich verherrlichen werde [vergleiche Gal 1,16a!].
(...) Und nun spricht Jehova, der mich von Mutterleibe an zu seinem
Knechte gebildet hat (...): Es ist zu gering, dass du mein Knecht seiest,
um die Stämme Jakobs aufzurichten und die Bewahrten von Israel zurückzubringen; ich habe dich auch zum Licht der Nationen gesetzt, um
mein Heil zu sein bis an das Ende der Erde.«

In seiner hohen Berufung und seinem Auftrag ist Paulus ein Nachfolger Jeremias und des Knechtes von JHWH. Erneut schickt Gott
einen Propheten aus Israel zu den Völkern, um sie mit seinem Heil
bekannt zu machen. Seine Auserwählung ruhte auf dem jungen Saulus, als dieser noch nichts davon wusste und in dieser Zeit auch nichts
wissen wollte. Dass er von Geburt an zu seinem hohen Amt zugerüstet
war, wird nur daraus ersichtlich, dass er bei seiner Geburt zugleich
hebräischer, griechischer und römischer Bürger war. In Gottes Vorsehung wurde er gründlich geschult in den hebräischen Schriften, in der
griechischen Weisheit (Philosophie) und in der römischen Kultur. Niemand war besser geeignet, Apostel der Völker zu werden als Saulus;
Gott hat diese Laufbahn beim späteren Apostel benutzt (siehe u. a.
Apg 16,37; 17,39; 22,3.25; Phil 3,5; Tit 1,12).

Saulus wurde von Mutterschoß an abgesondert und auf dem Weg
nach Damaskus durch Gottes Gnade berufen – zum Glauben und auch
zum Apostelamt. Das ergibt sich aus der Verbindung mit dem darauf
folgenden Satz in Vers 16: »[es gefiel Gott] seinen Sohn in mir zu offenbaren.« Genau genommen war es Christus, der Saulus auf dem Weg
nach Damaskus rief, aber für Paulus ist das kein Unterschied: Christus
ist Gott, der Sohn, und in Seinem Ruf klingt auch die Stimme des Vaters
und des Heiligen Geistes durch. Es war Gottes Gnade, dass Saulus zu
seinem hohen Amt berufen wurde: Weil er erstens die Gemeinde so
schrecklich verfolgt hatte und anscheinend der Letzte wäre, der sich
dem Evangelium öffnen würde; weil er zweitens ein Sünder war – was
ist der von Natur aus so verdorbene Mensch, dass er eine so herrliche
Heilsbotschaft bringen darf? – drittens, weil er überhaupt ein Mensch

war: Wer ist der Mensch, auch wenn er nicht in Sünde gefallen wäre, um auf Erden Gottes eigenes Herz und Herrlichkeit enthüllen zu dürfen?

1,16 Die Verseinteilung schneidet den Satz mitten durch: »Als es aber <Gott> gefiel (…), seinen Sohn in mir zu offenbaren …« so lautet der erste Teil des Satzes. In Vers 12 hatte Paulus schon dargelegt, dass er das Evangelium »durch Offenbarung Jesu Christi« empfangen hatte, d. h. eine Offenbarung *durch* Christus und ihn *betreffend*. Daran knüpft unser Vers nun mit der auffallenden Mitteilung an, dass diese Offenbarung durch Gott, Seinen Sohn betreffend, nicht nur *an* Paulus geschah, sondern *in* ihm. Was bedeutet dieses »in mir« (siehe auch Grammatik)? Der Ausdruck kann bedeuten: »durch mich hindurch« wie in 2Kor 13,3: »Weil ihr einen Beweis sucht, dass Christus in mir redet«, d. h. durch mich hindurch. Dann ist die Offenbarung eigentlich an andere gerichtet, wobei Paulus das Instrument ist, das Mittel, um die Offenbarung weiterzugeben. Im Zusammenhang von Gal 1 geht es jedoch zuerst einmal darum, dass *Paulus* die Offenbarung des Sohnes Gottes empfangen hat, ehe davon die Rede ist, dass er diese Offenbarung weitergegeben hat.

Der Ausdruck »in mir« kann auch bedeuten: »in meinem Fall«: vergleiche Phil 1,30, wo zweimal dieses »in mir« steht, das beide Male mit »von mir« übersetzt werden kann. In unserem Vers müssten wir dann lesen: »… in meinem Fall seinen Sohn zu offenbaren«, aber das ist von der Sache her doch ungefähr dasselbe wie »an mir zu offenbaren«. Das kann der Ausdruck auch recht gut bedeuten, wie 1Tim 1,16 zeigt: »auf dass *an mir*, dem ersten, Jesus Christus die ganze Langmut erzeige«. Doch spricht etwas dafür, einfach »in mir« zu übersetzen, denn die Offenbarung in Galater 1 oder der Erweis der Langmut in 1Tim 1, findet in Paulus statt, in seiner Seele. Es geht nicht nur um die äußerliche Erscheinung Christi, sondern auch um das neue Leben, das Paulus im selben Augenblick erhielt (vergleiche 2,20: »Christus lebt in mir«!) und die innerliche, geistliche Einsicht in der Tiefe der Seele, die damit einherging. Das Anschauen verändert innerlich (vergleiche 2Kor 3,18). Umgekehrt geht es auch wieder nicht um eine Art »subjektive« innerliche Erleuchtung; Paulus betont, dass er den Herrn Jesus echt »objektiv« angeschaut hat, nicht nur auf dem Weg nach Damaskus, sondern auch mindestens einmal danach (Apg 22,14.18; 26,16; 1Kor 9,1; 15,8; vielleicht auch 2Kor 4,6).

Wer geoffenbart wird, heißt hier nicht wie in Vers 12 Jesus Christus, sondern »sein Sohn«. Gerade weil diese Offenbarung nicht nur die Person Christi an sich zum Inhalt hatte, sondern zugleich Paulus' Berufung und den Inhalt seines Evangeliums, muss der Name »Sohn Gottes« hier mit dem ganzen Inhalt von Paulus' Evangelium verbunden sein. Dies ist der Sohn, der von Ewigkeit bei dem Vater war, aber den Gott in »der Fülle der Zeit« in die Welt sandte; der »von einem Weibe geboren und unter [das] Gesetz getan« wurde, »damit er die, [welche] unter [dem] Gesetz [waren], loskaufte« (4,4f). Dieser ist »der Sohn Gottes, der mich geliebt und sich selbst für mich hingegeben hat« (2,20). Dieser ist der Sohn, der nun auferstanden und verherrlicht ist und dessen Geist seitdem von Gott in unsere Herzen gesandt ist und ruft: »Abba, Vater!« (4,6).

Dieser Namensgebrauch stimmt mit vielen anderen paulinischen Passagen überein, von denen die wichtigste Röm 1,1-4 ist: »Evangelium Gottes (…) über seinen Sohn, (der aus dem Samen Davids gekommen ist dem Fleische nach und als Sohn Gottes in Kraft bestimmt dem Geiste der Heiligkeit nach durch Totenauferstehung) Jesum Christum, unseren Herrn«. Der Name »Sohn Gottes« gebührt dem Herrn (a) als dem Sohn, der von Ewigkeit her im Schoß des Vaters war und ist (vergleiche Joh 1,18; 17,5.25) und (b) als demjenigen, den Gott als *Mensch* in Maria zeugte und dem auch deshalb der Name »Sohn Gottes« gebührt (vergleiche Lk 1,35). Röm 1,4 zeigt, dass ihm der Name auch auf eine neue, besondere Weise zusteht (c) in Seiner Auferstehung und Verherrlichung. Jeder der drei Bedeutungen des Namens ist von größter Bedeutung für Paulus' Evangelium: (a) der ewige Gott der Sohn, ist der Sohn, der Mensch wird, (b) der Mensch Jesus Christus ist der Sohn, der für uns starb, (c) und er ist der Sohn, der für uns aus den Toten auferstand und verherrlicht zur Rechten Gottes ist. Dabei erinnern wir daran, dass er in dieser letzten Eigenschaft dem Paulus erschien. Gott offenbart Paulus Seinen Sohn in Seiner ganzen Würde, weil jede für das Evangelium wichtig ist, das Paulus verkündigen muss; aber der Sohn, den er zu Gesicht bekommt, ist tatsächlich der auferstandene und verherrlichte Sohn.

Es fällt auf, dass die erste Predigt des Paulus genau diese Botschaft brachte: »Alsbald predigte er in den Synagogen Jesum, dass dieser der Sohn Gottes ist« (Apg 9,20). Natürlich war die erste Implikation dieser Botschaft für Paulus selbst, dass dieser Jesus der Messias Israels war (vergleiche Ps 2,7; Jes 9,5: der Messias ist der Sohn Gottes): »Saulus aber erstarkte um so mehr und brachte die Juden, die in Damaskus wohnten, in Verwirrung, indem er bewies, dass dieser der Christus ist« (Apg 9,22). Diese Anerkennung Jesu als Messias und Sohn Gottes brachte einen dritten Titel mit sich: Herr. Die erste Frage, die Paulus bei der Begegnung mit der himmlischen Erscheinung stellte, lautete: »Wer bist du, *Herr*?« (Apg 9,5; 22,8; 26,15). Die zweite Frage lautete: »Was soll ich tun, *Herr*?« (Apg 22,10). Die erste Frage ist die nach der Identität des Erschienenen, die zweite Frage beinhaltet die Unterwerfung unter den Erschienenen. Wenn Paulus einmal sagt: »Habe ich nicht Jesus, unseren Herrn, gesehen?« (1Kor 9,1), ist es fast so, als sage er: »Jesus *als* Herrn«. Die beiden Titel, Messias und Herr, gehören auch untrennbar zusammen und zum auferstandenen und verherrlichten Jesus: »Das ganze Haus Israel wisse nun zuverlässig, dass Gott ihn sowohl zum Herrn als auch zum Christus gemacht hat, diesen Jesus, den ihr gekreuzigt habt« (Apg 2,36).

Die Offenbarung Jesu Christi hatte nicht nur die persönliche Errettung Paulus' zum Ziel – das auch –, sondern auch, dass er das, was er gesehen hatte, »evangelisieren« sollte, d. h. als »Evangelium« verkündigen. Er musste das »unter den Nationen« tun, d.h. unter allen Menschen in der Welt. Das gilt zunächst den Nicht-Juden (vergleiche 2,2.8f; Apg 13,47; 22,21; Röm 11,13; Eph 3,8; 1Tim 2,7; 2Tim 1,11; 4,17), obwohl die Juden nie von Paulus' Dienst ausgeschlossen waren (vergleiche Apg 9,15; 26,20.23; siehe jedoch auch 18,5f; 28,27f!). Dass Paulus nun allen Menschen das Evangelium verkündigen soll, hat er nicht nur selbst aus seiner Vision geschlossen, es ist vom Herrn auch mitgeteilt worden. Die Offenbarung des Sohnes Gottes betraf nicht nur seine Augen, sondern auch seine Ohren. Paulus betont besonders, was er hörte: »Die aber bei mir waren, sahen zwar das Licht *und wurden voll Furcht*, aber die Stimme dessen, der mit mir redete, hörten sie nicht« (Apg 22,9). Wenn wir Apg 22 und 26 zusammen nehmen, erhalten wir das Bild eines dreifachen Auftrags:

(a) Direkt auf dem Weg nach Damaskus sagt Jesus zu ihm: »Richte dich auf und stelle dich auf deine Füße; denn hierzu bin ich dir erschienen, dich zu einem Diener und Zeugen zu verordnen, sowohl dessen, was du gesehen hast, als auch worin ich dir erscheinen werde, indem ich dich herausnehme aus dem Volke und den Nationen, zu welchen ich dich sende, ihre Augen aufzutun, auf dass sie sich bekehren

von der Finsternis zum Licht und von der Gewalt des Satans zu Gott,
auf dass sie Vergebung der Sünden empfangen und ein Erbe unter
denen, die durch den Glauben an mich geheiligt sind« (26,16-18).

(b) Nach den drei Tagen der Blindheit in Damaskus sagt Ananias
zu ihm: »Der Gott unserer Väter hat dich zuvor verordnet, seinen Willen zu erkennen und den Gerechten zu sehen und eine Stimme aus
seinem Munde zu hören. Denn du wirst ihm an alle Menschen ein Zeuge
sein von dem, was du gesehen und gehört hast« (22,14f). Zu beachten
ist, dass die Rolle Ananias' nicht im Widerspruch zu Vers 1 steht (»noch
durch einen Menschen«), weil Ananias nur bei dem anknüpft, was der
Herr selbst schon Paulus gesagt hatte, wie auch Ananias betont: »… ein
Zeuge von dem, was du [schon vom Herrn selbst] gesehen und gehört
hast«.

(c) Drei Jahre später (Vers 18) erscheint ihm der Herr erneut in
Jerusalem und sagt: »Eile und geh schnell aus Jerusalem hinaus, denn
sie werden dein Zeugnis über mich nicht annehmen. (…) Gehe hin,
denn ich werde dich weit weg zu *den Nationen* senden« (22,18-21).

Nachdem Paulus den Herrn Jesus gesehen und seinen apostolischen
Auftrag erhalten hatte, ging er »nicht mit Fleisch und Blut zu Rate«,
d. h. er beriet nicht mit anderen Menschen über die Frage, was er nun
weiter tun sollte.[7] Das hier verwendete Verb legt vielleicht nahe, dass
es sich um einen höherqualifizierten Menschen handelt, dem ein un-
tergeordneter seine Sache oder sein Problem vorlegt. Paulus meint also,
dass er von Anfang an die Apostel nicht um Rat fragte oder um Anweisungen bat zusätzlich zu dem, was er vom Herrn empfangen hatte.

Wenn Paulus nicht von »Menschen« spricht, sondern von »Fleisch
und Blut«, kann das bedeuten: »sündige Menschen« (vergleiche 1Kor
15,50), aber das braucht nicht so zu sein. Wohl kann er den Menschen
in seiner Endlichkeit und Schwachheit als Sterblichen meinen (vergleiche Eph 6,12; Hebr 2,14). Paulus geht nicht mit einem nichtigen
Geschöpf zu Rate, sondern mit dem erhabenen Gott selbst und mit
Seinem Sohn Jesus Christus (vergleiche Mt 16,17). Das zeigt, wie sicher er seiner Berufung war, auch was den Inhalt seiner Predigt betraf.
Fleisch und Blut durften ihn nach seiner Bekehrung an der Hand nach
Damaskus führen (Apg 9,8) oder ihm die Hände auflegen (Apg 9,17),
aber Anweisungen von anderen hatte er nicht nötig, nicht weil er arro-
gant war, sondern weil die Offenbarung deutlich genug war. Das »alsbald« zeigt, dass ihm das von Anfang an klar war und bedeutet, dass er

nicht nur direkt nach seiner Bekehrung, sondern ein für allemal auf menschlichen Rat verzichtete, wenn der zwischen ihn und seinen göttlichen Auftrag hätte treten können.

1,17 Paulus beriet nach seiner Bekehrung mit keinem Menschen darüber, was er nun zu tun hatte, weder mit den Christen in Damaskus, von denen Ananias natürlich als erster in Betracht kam, noch mit den Zwölfen: er ging nicht »nach Jerusalem hinauf zu denen, die vor mir Apostel [waren]«. Im NT ist oft die Rede vom »*Hinauf*gehen« (Verse 1,18; 2,1) und »*Herab*kommen« nach bzw. von Jerusalem (Apg 11,27; 18,22; 25,6f). Für diesen Sprachgebrauch gibt es zwei Gründe: einen geografischen (die Stadt liegt relativ hoch) und einen religiösen (die Stadt ist das kultische Zentrum Israels und übrigens auch die Vaterstadt der Gemeinde, wenn man so sagen darf; vergleiche 4,26).

Paulus erkennt die Apostel an als solche, die »vor ihm« waren. Das heißt, er stellt sich mit ihnen auf eine Stufe: Sein Apostelamt ist so wie das ihrige. Dass sie »vor ihm« waren, bezieht sich nicht auf ihren Status – »über ihm« –, sondern auf die Tatsache, dass sie eher als Paulus gerufen waren. Auch dieses »früher« verleiht ihnen keinen besonderen Status über den von Paulus: Sie waren wohl früher berufen worden, aber vom auferstandenen Herrn auf der Erde; Paulus wurde vom auferstandenen und verherrlichten Herrn zur Rechten Gottes berufen. Paulus betont, dass er kurz nach seiner Bekehrung keinen Kontakt mit den Zwölfen hatte; das ist eines seiner Argumente, um klarzustellen, dass sein Apostelamt nicht von den Zwölfen abhängig war. In Seiner Vorsehung hatte Gott es so gefügt, dass Paulus' Bekehrung nicht in Jerusalem stattfand, obwohl er anscheinend dort wohnte oder gewohnt hatte (Apg 22,3). Weit weg von Jerusalem kam er zum Glauben und es dauerte drei Jahre, ehe er Jerusalem wiedersah (Vers 18). In alledem wird er zweifellos durch den Heiligen Geist geführt worden sein (vergleiche 2,2!), wie es auch der Fall war, als er seine Missionsreisen begann (Apg 13,2-4).

Unmittelbar nach seine Bekehrung ging Paulus »weg nach Arabien«. Im Allgemeinen versteht man darunter das ehemalige Königreich der Nabatäer, in dem König Aretas regierte (2Kor 11,32). Dieses Land lag unmittelbar östlich des Jordan und seine nördlichen Grenzen erstreckten sich bis an die Stadtmauern von Damaskus. Er musste also bestimmt keine lange Reise machen, um dieses Gebiet zu erreichen.

Er erwähnt nicht, warum er diese Reise machte. Manche haben vermutet, er habe die Einsamkeit gesucht, um zu beten und über seine
Bekehrung und deren Folgen nachzudenken. Andere vermuten, er habe
in Arabien auch evangelisiert. Paulus hätte dann sagen wollen, dass er
schon, bevor er nach seiner Bekehrung irgendeinen Kontakt mit Jerusalem suchte, das Evangelium gerade unter den Nationen verkündigte. Man könnte jedoch auch argumentieren, wenn Paulus hier wirklich
seine erste »Missionsreise« unternommen hätte, hätte Lukas doch sicher davon berichtet. Das würde dann eher darauf hinweisen, dass
Paulus in Arabien die Stille suchte.

Wenn dem so ist, sehen wir eine weitgehende Übereinstimmung
mit anderen Gottesmännern: Dem Dienst Moses gingen vierzig Jahre
in der Wüste vorauf, vierzig Jahre der Stille und Vorbereitung. Johannes der Täufer begann seinen Dienst von der Wüste aus (Lk 3,2) und
sogar dem Dienst Christi gingen vierzig Tage Wüste vorauf. Man ist
versucht, sich auch Paulus in der arabischen *Wüste* vorzustellen, vor
allem weil er in 4,25 den Berg Sinai in »Arabien« lokalisiert, d.h. in
der »Wüste des Berges Sinai« (vergleiche Apg 7,30.38)! Auch Saulus
von Tarsus hat, ehe er mit seiner großen und schweren Arbeit begann,
längere Zeit in der Stille der Wüste verbracht und wurde da vom Herrn
auf seinen Dienst vorbereitet. Wir dürfen vermuten, dass ihm da auch
die genaueren Einzelheiten seines Evangeliums klar (er) wurden. Aber
es ist doch weit hergeholt zu vermuten, Paulus habe in dieser Zeit auch
den Berg Sinai besucht (Lightfoot)!

Der Vergleich dieses Verses mit der Beschreibung in Apg 9 bereitet
auf den ersten Blick einige Schwierigkeiten, weil Lukas nichts von dem
Besuch in Arabien berichtet und den Eindruck erweckt, dass Paulus'
Zeugnis in Damaskus (Verse 19b-22) unmittelbar auf seine Bekehrung
folgte. Paulus' »alsbald« in unserem Vers scheint mit Lukas' »alsbald«
in Apg 9,20 nicht zu vereinbaren zu sein! Das muss kein Problem sein;
für seine Kirchengeschichte brauchte Lukas nicht jedes Detail zu er-
wähnen, während eine gewisse Detaillierung in Paulus' Bericht doch
wichtig ist (vergleiche Einleitung 1.2). Der Besuch in Arabien und die
Rückkehr nach Damaskus müssen entweder zwischen Apg 9,19a und
19b eingefügt werden oder, wenn man Lukas' »alsbald« gerecht werden will, zwischen den Versen 21 und 22 oder zwischen 22 und 23.

Dazu kommt noch, dass der Satz »und kehrte wieder nach Damaskus zurück« zeigt, dass die in den Versen 15f beschriebenen Ereignisse

sich auch in Damaskus abspielten und dass es da in der Tat um Paulus' Bekehrung geht. Auch nach seinem Aufenthalt in Arabien dachte Paulus noch nicht daran, nach Jerusalem zu gehen, geschweige denn die Zwölf zu konsultieren. Insgesamt vergingen wohl drei Jahre (Vers 18) zwischen Paulus' Reise nach Damaskus und seiner Rückkehr nach Jerusalem.

Anmerkungen

1) Es kann zwar sein, dass das Verb »empfangen« (*paralambanoo*) in den Bereich der Weitergabe religiöser Unterweisung gehört und tatsächlich zeigt z. B. 1Kor 15,1-3, wie das, was »empfangen« wurde, anderen »überliefert« wird. Aber das heißt noch nicht, dass Paulus selbst (immer) das, was er »empfangen« hat, *durch Überlieferung* empfing.

2) Andere sehen im »Empfangen« mehr die objektive Annahme des Evangeliums und im »Unterweisen« mehr dessen subjektive Verarbeitung oder im »Empfangen« die erstmalige Annahme und im »Unterweisen« die allmähliche Verwirklichung. Es wäre theoretisch denkbar, dass Paulus das Evangelium z. B. vom Herrn empfangen hätte und dass er von den zwölf Aposteln näher darin unterwiesen worden wäre oder sogar umgekehrt. Aber er weist sowohl das eine wie das andere zurück.

3) Auffallend ist, dass auch zwei verwandte Worte nur im Galaterbrief vorkommen und zwar in 2,14: »Wenn du, der du ein Jude bist, wie die Nationen lebst und nicht wie die Juden [*Ioudaïkoos*], wie zwingst du denn die Nationen, jüdisch zu leben [ein Wort: *Ioudaïzein*]?« Es sind Worte, mit denen sich Paulus im Galaterbrief besonders vom damaligen traditionellen Judentum distanziert.

4) Es ist auffallend, dass das Wort für »verwüsten« (*portheoo*) im NT nur für Paulus' »Verwüstung« der Gemeinde gebraucht wird (Vers 23; Apg 9,21). Das könnte darauf hinweisen, dass Paulus' Bekehrungsgeschichte zur Zeit der Abfassung des Galaterbriefs schon eine mehr oder minder feste Form mit einer eigenen Terminologie angenommen hatte. Dies führte übrigens zu gewissen Vermutungen über die Frage, ob Lukas den Galaterbrief kannte, die uns nicht weiter zu beschäftigen brauchen.

5) Das Wort »Eiferer« (ζηλωτη, *zeloot*) hat hier übrigens nichts mit den jüdischen Partei der Zeloten zu tun (vergleiche Apg 1,13), sondern mit großem Einsatz für und eine Hingabe an eine Sache (vergleiche die gesetzlich-christlichen »Eiferer« in Apg 21,20).

6) Das Wort für »abgesondert« (*aphorisas*, Aor. aktiv Part.) ist die übliche Übersetzung des hebr. *parisch*, das zum Wort »Pharisäer« (Abgesonder-

ter) entstellt wurde. Manche meinen denn auch, dass Paulus mit diesem Wort auf sein Pharisäertum anspiele. Es ist jedoch möglich, (a) dass es *Gott* ist, der ihn von Mutterleib an abgesondert hatte – war es Gott, der ihn zum Pharisäertum gerufen hatte? – und (b) dass es fraglich ist, ob ein Leser aus den Heiden dieses Wortspiel hätte verstehen können (aber ein eingefleischter Judaist vielleicht doch?).

7) Das hier gebrauchte Verb (*prosanatithemi*) kommt merkwürdigerweise nur hier und in 2,6 vor. Die wörtliche Übersetzung des kürzeren Verbs *anatithemi* lautet etwa »vorlegen« oder »vorstellen« (nur in Apg 25,14; Gal 2,2) und die längere Form in unserem Vers: »dazu vorlegen«: das bedeutet hier: außer dem, was man schon gehört hat, jemandem ein Problem vorlegen mit der Absicht, zusätzlichen Rat oder Anweisungen zu erhalten. In 2,6 bedeutet es entweder »eine Sache vorlegen«, d. h. auseinander setzen, mitteilen oder »jemandem etwas (zusätzlich) auferlegen« (siehe dort).

2.1.2 Erster Kontakt mit den Aposteln (1,18-24)

Übersetzung

18 Darauf, nach drei Jahren,
ging ich hinauf nach Jerusalem, um Kephas kennen zu lernen,
und ich blieb bei ihm fünfzehn Tage;
19 einen anderen der Apostel aber sah ich nicht,
außer Jakobus, den Bruder des Herrn.
20 Welche Dinge ich euch nun schreibe,
siehe, vor Gott [bezeuge ich], dass ich nicht lüge.
21 Darauf kam ich in die Gegenden von Syrien und Cilicien.
22 Ich nun war nicht-bekannt-werdend von Angesicht
den Gemeinden in Judäa, die in Christus [sind];
23 sie waren aber nur hörend:
Der, der uns früher verfolgte,
evangelisiert nun den Glauben, den er früher zerstörte.
24 Und sie verherrlichten in mir Gott.

Übersetzungsvarianten

22 *von Angesicht*: oder *persönlich*.
24 *in mir*: oder *wegen mir*, *meinetwegen*

Textvarianten

18 {A} *Kephas*: TR liest das vertrautere *Petrus* (vergleiche Luther1912),
aber *Kephas* ist eindeutig die ursprüngliche Lesart.

Grammatik

18 *kennen zu lernen* (gr. *historesai*): eig. »untersuchen, sich bemühen zu wissen«, daher: »erfahren, [jemand] kennenlernen«: besser als: versuchen, [*von* jemand etwas] zu erfahren«, denn eine solche Konstruktion erfordert eher einen doppelten Akk. oder einen Akk. mit indirekter Frage.

18 *bei*: gr. *pros* + Akk. entspricht hier etwa dem üblicheren *para* + Dat. (also: Paulus wohnte bei Petrus) oder es meint: »ich blieb zwei Wochen in Jerusalem, um Petrus treffen zu können.«

19 *einen anderen (…) der Apostel (…) außer*: außer bezieht sich auf den ganzen vorhergehenden Satz (in dem Fall ist Jakobus auch ein Apostel) oder nur auf das Verb, also wie folgt: »einen anderen der Apostel sah ich jedoch nicht, aber ich sah wohl Jakobus«, dann wäre Jakobus kein Apostel. Es gibt unterschiedliche Ansichten darüber, was nun die natürlichste Interpretation der grammatischen Konstruktion ist; die zweite ist sicher nicht unmöglich (vergleiche Lk 4,26, wo »sondern nur zu« derselbe griech. Ausdruck wie *außer* in unserem Vers ist!).

20 *Welche Dinge*: bezieht sich wegen des Plurals wahrscheinlich nicht nur auf Vers 19, sondern auch auf Vers 18 und vielleicht auf alles Vorhergehende.

20 *siehe (…) dass ich*: nach dem hebr. Muster kann das Verb nach *siehe* (hebr. *hinneh*) einfach wegfallen und muss dann in der Übersetzung eingefügt werden: »bezeuge ich«: *siehe* ist eigentlich ein Imperfekt, wird aber im NT immer als Interjektion gebraucht (es ist daher nicht zu lesen: »Siehe, dass ich nicht lüge«).

23 *waren (…) hörend*: (a) dieses Part. verstärkt das *unbekannt* in Vers 22: erst kannten sie mich nicht, nun hörten sie wohl oder übel …; (b) *hörend* bezieht sich auf *Gemeinden* (Vers 22, fem.), aber ist selbst mask.; *sie* sind also eig.: die Gläubigen in den Gemeinden.

23 *zerstörte*: kann hier als Impf. de conatu? verstanden werden, d. h. es drückt eine Absicht aus: *versuchte zu verwüsten*.

24 *in mir*: gr. *en* + Dat. bezeichnet manchmal einen Grund (z. B. Mt 6,7; Joh 16,30; Röm 2,1; 8,3): »wegen mir, meinetwegen«.

Auslegung

Es ist nicht so, dass Paulus vor seiner wichtigen Begegnung mit den Zwölfen (2,1-10) nie mit irgendeinem Apostel Kontakt gehabt hätte. Ehrlich erzählt er von seiner Begegnung mit Petrus und Jakobus drei Jahre nach seiner Bekehrung. Die war jedoch flüchtig, ohne dass von einem Auftrag seitens der Zwölf die Rede war. Danach wohnte und arbeitete Paulus jahrelang in seiner Geburtsstadt Tarsus und in Antiochia in Syrien. Und in dieser Zeit hatte er keinen Kontakt mit den Aposteln oder den Gemeinden in Judäa. Diese hörten nur von ihm, aber was sie über ihn hörten, reichte, um Gott dafür zu loben – im Gegensatz zu den galatischen Irrlehrern, die Paulus gerade wegen seiner Predigt angriffen.

1,18 Das Wort »danach«, mit dem Paulus diesen Vers beginnt, kommt noch zweimal in seiner Lebensbeschreibung vor: in Vers 21 und Kap. 2,1. Dabei geht es um genau die drei Ereignisse, die seine Beziehungen zu den Christen in Jerusalem veranschaulichen: seine erste Bekanntschaft mit ihnen, sein Abschied, um auf ein fernes Arbeitsfeld zu gehen und seine Rückkehr mit Barnabas.

Aber etwa drei Jahre dauerte Paulus' Aufenthalt in Arabien und Damaskus, ehe er endlich in die Stadt zurückkehrte, von der aus er in unbekehrtem Zustand weggezogen war, um die Christen in Damaskus zu verfolgen. In diesem Zusammenhang ist es jedoch wahrscheinlicher, die drei Jahre von dem bestimmenden Ereignis seiner Bekehrung an zu rechnen als von seiner Rückkehr nach Damaskus aus Arabien. Im Allgemeinen besagt eine Formulierung wie »nach drei Jahren« etwa dasselbe wie »im dritten Jahr« (vergleiche Mt 8,31; 10,34, »nach drei Tagen« mit Lk 9,22; 18,33 »am dritten Tag«). Die tatsächliche Dauer seines Aufenthalts kann also auch näher an zwei Jahren liegen: nach zwei bis drei Jahren »ging« er »hinauf« (vergleiche Vers 17) nach Jerusalem. Man sollte jedoch bedenken, dass in der Chronologie von Paulus' Leben sehr vieles unsicher ist, auch in diesem Punkt.

Der direkte Anlass seines Weggangs aus Damaskus war, dass ihm ein weiterer Verbleib in Damaskus durch einen Anschlag seitens der sich dort aufhaltenden Juden unmöglich gemacht wurde: »Als aber viele Tage vergangen waren, beratschlagten die Juden miteinander, ihn umzubringen. Doch ihr Anschlag wurde dem Saulus kund. Und sie bewachten auch die Tore Tag und Nacht, um ihn umzubringen. Da nahmen ihn die Jünger bei Nacht und ließen ihn in einem Korb über die Mauer hinab« (Apg 9,23-25). Dass auch der (möglicherweise jüdische) König Aretas IV in dieses Komplott verwickelt war, ergibt sich aus 2Kor 11,32f: »In Damaskus verwahrte der Landpfleger des Königs Aretas die Stadt der Damascener, indem er mich greifen wollte und ich wurde durch ein Fenster in einem Korbe an der Mauer hinabgelassen und entrann seinen Händen.«

Der Zweck seines Besuchs in Jerusalem war, »Kephas kennen zu lernen«. Außer in 2,7f. gebraucht Paulus immer den Namen Kephas, obwohl spätere Handschriften den Namen in den bekannteren Namen Petrus veränderten. Von Petrus gibt es im NT wenigstens vier Namen. Sein ursprünglich hebräischer Name war in griech. Form Symeon (Apg 15,14; 2Petr 1,1; jedenfalls nach vielen Textzeugen) (hebr. *Schim'on*, von »hören« abgeleitet; vergleiche 1Mo 29,33). Er war weiter bekannt unter dem normalen hellenischen Namen Simon, der dem Namen Symeon sehr ähnelt, aber eine eigene Bedeutung hat und von griech. *simos*: »stumpfnasig« abgeleitet ist. Jesus gab ihm einen neuen Namen: »du sollst Kephas heißen – was übersetzt wird: Stein« (Joh 1,42). Kephas ist die griech. Form des aramäischen Wortes *keefa*, »Stein« (vergleiche das hebr. *keef* in Jer 4,29). Die bekannteste Form ist Petros, vom griech. *petra* »Stein«, »Fels« abgeleitet, also das Äquivalent zu Kephas. Petrus: »Erhörung«, »stumpfnasig«, »Fels«.

Das gr. Wort für »kennenlernen«[1] kommt im NT nur hier vor. Es ist wahrscheinlich nicht richtig zu übersetzen »von jemandem Informationen einholen« (siehe Grammatik), obwohl es an sich wohl zutreffen kann, dass Paulus von Petrus recht viel über das Leben und den Wandel von Jesus gehört haben wird. Über welches wichtigere Thema hätten sie sich in den zwei Wochen unterhalten können? Außerdem führt Paulus gerade die zwei Apostel, die hier erwähnt werden, Petrus und Jakobus, in 1Kor 15,5.7 als Zeugen der Auferstehung Christi an – Zeugen, von denen er das Evangelium »empfangen« hatte (Vers 3). Paulus hatte das Wesen des Evangeliums, wie er es weitertragen sollte, direkt vom Herrn »empfangen«: Aber dass der auferstandene Herr eigens dem Kephas und Jakobus erschienen ist, hat er von diesen beiden »empfangen«. Dieser Unterschied ist sehr wichtig: Paulus mag noch so viel von Petrus, Jakobus und/oder anderen »empfangen« haben – gerade Gal 1 betont, dass er das Wesen des Evangeliums nicht von ihnen »empfangen« hat, sondern vom auferstandenen Herrn selbst.

Paulus blieb nur »fünfzehn Tage« in Jerusalem. Das werden wohl zwei Wochen gewesen sein; vergleiche »nach acht Tagen« (Joh 20,26), d.h. eine Woche später. Die Franzosen sagen immer noch »quinze jours«, wenn sie zwei Wochen meinen. Die Zeitangabe ist wichtig, weil Paulus offensichtlich damit ausdrücken will, dass ein solcher Zeitabschnitt doch zu kurz ist, um daraus zu schließen, Paulus habe bei Petrus einen Schnellkursus »Apostelamt und Evangeliumsverkündigung« absolviert. Paulus erwähnt seinen Besuch, weil er nicht den Eindruck erwecken will, er verschweige ihn absichtlich und weil er sagen will, dass er zu kurz war, um seinen Dienst den Zwölfen zuschreiben zu können. Wer drei Jahre Apostel ist und wessen Evangelium schon seine definitive Form erhalten hatte – wie sich an der Predigt in Damaskus zeigt –, empfängt seinen Dienst nicht nach dieser Zeit und auch nicht in zwei Wochen von einem anderen.

Wie er in den Kreis der Apostel eingeführt wurde und wie dieser Besuch endete, wird auch in Apg 9 berichtet (Verse 26-30): »Als er aber nach Jerusalem gekommen war, versuchte er, sich den Jüngern anzuschließen; und alle fürchteten sich vor ihm, da sie nicht glaubten, dass er ein Jünger sei. Barnabas aber nahm ihn und brachte ihn zu den Aposteln und erzählte ihnen, wie er auf dem Wege den Herrn gesehen habe und dass derselbe zu ihm geredet und wie er in Damaskus freimütig im Namen Jesu gesprochen habe. Und er ging mit ihnen aus und ein in Jerusalem *und* sprach freimütig im Namen des Herrn. Und er redete und stritt mit den Hellenisten; sie aber trachteten, ihn umzubringen. Als die Brüder es aber erfuhren, brachten sie ihn nach Cäsarea hinab und sandten ihn hinweg nach Tarsus.«

Auch in diesem Fall war also von einem jüdischen Komplott die Rede. Dass der Herr selbst ihn darauf während dieses Besuches vorbereitete, wird aus Apg 22,17-21 klar: »Es geschah mir aber, als ich nach Jerusalem zurückgekehrt war und in dem Tempel betete, dass ich in Entzückung geriet und ihn sah, der zu mir sprach: Eile und geh schnell aus Jerusalem hinaus, denn sie werden dein Zeugnis über mich nicht annehmen. (…) Gehe hin, denn ich werde dich weit weg zu den Nationen senden.«

Ob der Text aussagen will, dass Paulus bei Petrus wohnte, ist unklar. Es braucht nicht so gewesen zu sein (siehe Grammatik) und auf jeden Fall hat Paulus während dieses Aufenthalts auch Jakobus getroffen. Aus der schon zitierten Stelle Apg 9,26f könnte man sogar schließen, dass es wohl einige Tage in diesen zwei Wochen dauerte, bis Paulus Petrus zu sehen bekam und zwar durch Vermittlung des Barnabas. Da dieser in Jerusalem wohnte (Apg 4,36), war Paulus möglicherweise bei ihm untergebracht.

1,19 Paulus erwähnt noch, dass er während der zwei Wochen, in denen er sich in Jerusalem aufhielt, keinen der Apostel sah »außer Jakobus, den Bruder des Herrn«. Offensichtlich wird er hier so bezeichnet, um ihn von Jakobus, dem Bruder des Johannes, dem Sohn des Zebedäus, zu unterscheiden. In den Evangelien werden die Brüder Jesu mehrmals erwähnt. In Mt 13,55 und Mk 6,3 werden vier mit Namen genannt, wovon Jakobus der erste ist. Nach der röm.-kath. Kirche waren diese »Brüder« Söhne von »Maria, des Klopas' Frau« (Joh 19,25). Diese Maria war die Schwester der heiligen Jungfrau (vergleiche Mt 27,56). Nach den orthodoxen Kirchen waren diese »Brüder« Söhne Josefs aus einer früheren Ehe. Obwohl »Bruder« tatsächlich auch Stiefbruder und Vetter bedeuten kann, haben die Protestanten diese »Brüder« allgemein als leibliche Söhne Marias angesehen, was auch zweifellos die nächstliegende Schlussfolgerung aus Mk 6,3 ist. Die katholische und orthodoxe Interpretation scheint eher von dem theologischen Vorurteil der ewigen Jungfräulichkeit Marias als durch gesunde Schriftauslegung bestimmt zu sein.

Zu Jesu Lebzeiten waren Seine Brüder noch ungläubig (Joh 7,5; vergleiche Mk 3,21.31-35). Vorausgesetzt, in 1Kor 15,7 ist der Bruder des Herrn gemeint, kann man annehmen, dass die Erscheinung des auferstandenen Herrn zur Bekehrung des Jakobus führte. In Apg 1,14 sehen wir die Brüder des Herrn nach dessen Himmelfahrt zusammen mit den anderen Jüngern auf die Ausgießung des Heiligen Geistes warten. In 1Kor 9,5 werden diese Brüder des Herrn von den Aposteln unterschieden, aber in unserem Vers wird anscheinend Jakobus selbst ein Apostel genannt. Wenn das zutrifft (siehe Grammatik), benutzt Paulus den Begriff Apostel hier offensichtlich in einer allgemeineren Bedeutung (siehe z. B. Vers 1). Möglicherweise wurde Jakobus vom Herrn »gesandt« – als Apostel angestellt –, als er ihm erschien (s. o.), obwohl er anscheinend nie Missionsreisen unternahm, sondern immer in Jerusalem blieb. Nach Apg 9,27 stellt Barnabas Paulus »den Aposteln« vor und wenn der nur Petrus und Jakobus sah, muss auch Jakobus als Apostel bekannt gewesen sein. Zu beachten ist auch 1Kor 15,7:

»Danach erschien er Jakobus, dann den Aposteln allen«, was man verstehen kann als: zuerst allein Jakobus, dann allen Aposteln zugleich;
aber es kann ebenso bedeuten, dass Jakobus gerade von »allen Aposteln« unterschieden wird.

Auf jeden Fall wissen wir, dass er später der Leiter der Gemeinde
in Jerusalem war (vergleiche 2,9.12; Apg 12,17; 15,13-29; 21,18); nach
der Überlieferung war er der erste »Bischof« von Jerusalem. Nach der
Überlieferung ist Jakobus auch der Verfasser des Jakobusbriefes (vergleiche auch Jud 1 mit Mk 6,3). Er war ein solcher Führer, dass Paulus
ihn bei seinem Besuch in Jerusalem unmöglich umgehen konnte oder
wollte.

Offenbar will unser Vers nicht mehr sagen, als dass Paulus bei seinem Besuch so wenige Apostel sah, dass seine Gegner kaum behaupten konnten, er habe sein Amt während dieses Besuchs empfangen.
Vielleicht besagt dieser Vers auch, dass, wenn Paulus sein Amt von
den Aposteln empfangen hätte, dieses sicher von den Zwölfen gemeinsam hätte geschehen müssen. In der Apg sehen wir die Zwölf tatsächlich mehrmals gemeinsam auftreten (6,2; 8,14; 11,1). Wieso Paulus die
anderen Apostel nicht zu sehen bekam, wissen wir nicht. Vielleicht
waren sie einfach nicht in der Stadt. Aber es kann auch sein, dass die
Apostel noch so scheu waren, dass es schon etwas bedeutete, dass es
Barnabas gelang, ihn Petrus und Jakobus vorzustellen.

1,20 Paulus lässt an dieser Stelle seiner Beschreibung einen ernsten
Schwur folgen: »Welche Dinge ich euch schreibe, siehe, vor [dem] Angesicht Gottes, [bezeuge ich] dass ich nicht lüge.« Er hat die reine Wahrheit gesprochen. Vermutlich bezieht sich dieser Eid besonders auf seine ersten Kontakte mit dem Kreis der Apostel in Jerusalem, aber er
kann sich auch auf alles bisher Gesagte beziehen (siehe Grammatik).
Zu keinem einzigen Punkt durfte auch nur die Vermutung aufkommen, der Apostel nehme es mit der Wahrheit nicht so genau, denn die
Gültigkeit aller seiner Argumente bezüglich seines Apostelamts als
auch des wahren Evangeliums hing von der Zuverlässigkeit seiner
Darstellung ab.

Man hat vermutet, dass dieser Eid um so nötiger war, als ein falscher Bericht über seine Kontakte mit Jerusalem bei den Gemeinden
in Galatien im Umlauf gewesen sei. Dieser falsche Bericht habe besagt, Paulus habe bei seinem Besuch (bzw. seinen Besuchen) in Jeru-

salem sehr wohl das Evangelium und seinen Sendungsauftrag von den
zwölf Aposteln empfangen. Das sind natürlich nur Vermutungen, aber
sie erklären die Tatsache, dass der Apostel ausgerechnet an diesem
Punkt seinen Ausführungen solchen Nachdruck verleiht, während es
nach unserer Einschätzung bei manchen anderen Punkten genauso gerechtfertigt gewesen wäre. Paulus schreibt eben nicht einfach seinen
Lebenslauf – dafür lässt er nämlich zu viele Punkte aus –, sondern erwähnt die Ereignisse, die zur Verteidigung seines Amtes wichtig sind
und die seine Gegner denn auch besonders unter Beschuss genommen
haben werden.

Christen sollen mit Eidschwüren sehr zurückhaltend sein, auch mit
Beteuerungen dem Gesprächspartner gegenüber, dass man die Wahrheit sagt (vergleiche Mt 5,34). Um so beachtenswerter und gewichti-
ger sind die wenigen Male, an denen Paulus tatsächlich solche Beschwö-
rungen der Wahrheit ausspricht, bzw. Gott anruft (vergleiche Röm 1,9;
9,1; 2Kor 1,23; 11,31; 1Thes 2,5; 1Tim 2,7). Sie kommen anscheinend
dann vor, wenn er selbst vermutet, dass seinen Lesern seine Worte
höchst unwahrscheinlich vorkommen werden.

1,21 Zum zweiten Mal sagt Paulus »danach« (siehe z. B. Vers 18). Nach
seinem ersten Besuch als Christ in Jerusalem bereiste er die »Gegenden von Syrien und Cilicien«.[2] Zur Zeit des Paulus bildeten diese zwei
»Gegenden« eine römische Provinz, die Syrien-Cilicien genannt wurde mit der Hauptstadt Antiochia (vergleiche Apg 15,23.41). In Apg
9,30 lesen wir, dass Paulus nach seinem Weggang aus Jerusalem nach
Tarsus reiste, von wo Barnabas ihn nach Antiochia holte (Apg 11,25).
Tarsus lag im östlichen Teil Ciliciens (dem sog. Cilicia Pedia), während
Antiochia im damaligen Syrien lag. Paulus reiste also erst nach Cilici-
en und dann nach Syrien. Dass er in diesem Vers Syrien als erstes nennt,
kommt wahrscheinlich daher, dass die römische Provinz als Syrien-Cilicien bekannt war. Außerdem lag Syrien näher bei Jerusalem und war
für Paulus' Missionsreisen viel wichtiger als Cilicien. Dass er nicht die
beiden Städte Tarsus und Antiochia nennt, hängt wohl damit zusammen, dass er von diesen Städten aus in den umliegenden Gebieten evangelisierte.

Dieser Vers bedeutet in Paulus' Argumentation indirekt, dass erneut während einer längeren Zeit kein Kontakt mit den Aposteln in
Jerusalem bestand. Er tat seine apostolische Arbeit, und zwar ohne

Auftrag und Rücksprache mit den Zwölfen. Er hatte in dieser Zeit nicht einmal Kontakt mit den Gemeinden in Judäa, wie Vers 22 sagt, geschweige denn mit den Aposteln.

1,22 Paulus muss längere Zeit in Syrien und Cilicien verbracht haben. Wenn wir die Verse 1,18 und 2,1 vergleichen, muss das zehn bis elf Jahre oder dreizehn bis vierzehn Jahre gedauert haben (siehe zu 2,1). In all diesen Jahren war er »den Gemeinden von Judäa, die in Christus [sind], persönlich unbekannt«. »Judäa« ist entweder die Bezeichnung für die gesamte römische Provinz oder der kleineren Landschaft, die zusammen mit Galiläa und Samaria die Provinz Judäa bildete (vergleiche Apg 9,31). Angesichts des Kontrastes zu Syrien und Cilicien im vorigen Vers und der Erwähnung der römischen Provinz Galatien in Vers 2 wird wohl das erste gemeint sein. Die Gemeinden in den verschiedenen Städten und Dörfern von Judäa waren vor allem durch die Zerstreuung der Christen aus Jerusalem nach der Steinigung des Stephanus (Apg 8,1) entstanden, aber auch durch normale Evangelisation. So gab es auch schon früh eine Gemeinde von jüdischen Christen in Damaskus (Apg 9,2; 22,5). Der Zusatz »in Christus« macht klar, dass Paulus hier nicht von jüdischen Synagogen spricht, sondern von Gemeinschaften von jüdischen Christen (vergleiche 1Thes 2,14).

Zu Judäa gehört normalerweise auch Jerusalem. Aber man wird kaum behaupten können, dass Paulus hier Jerusalem einschließt. Denn (a) war er dort erzogen worden und hatte die Christen verfolgt (Apg 22,3f.18f; 26,10f) und (b) hatte er bei seinem Besuch mit Mitgläubigen Umgang gehabt (Apg 9,27-30). Er war also sehr wohl den Gläubigen persönlich bekannt. In Joh 3,22 haben wir ein Beispiel dafür, dass Judäa als Bezeichnung für die Gegend um Jerusalem ohne die Stadt selbst gebraucht wird. In Jerusalem hatte Paulus nur kurz Kontakt mit nur zwei Aposteln. Nun sagt er indirekt, dass er, wenn denn Apostel in Judäa arbeiteten, er auch mit diesen etwa dreizehn (oder siebzehn? – siehe dazu 2,1) Jahre keinen Kontakt hatte. Keiner der Apostel hätte also behaupten können, Paulus habe sein Amt von ihnen hergeleitet. Das nämlich will er belegen: Sein Amt hatte er nach seiner Bekehrung von keinem empfangen.

1,23 Die Christen in Judäa mögen Paulus ja nicht persönlich gekannt haben, es drangen aber Gerüchte über seine Evangelisationsarbeit in

Jerusalem und/oder von Syrien und Cilicien aus (Vers 21), wo Paulus
jahrein, jahraus predigte, zu ihnen durch. Deshalb sagt er nun: »Sie
hatten aber nur gehört: Der, welcher uns einst verfolgte, verkündigt
jetzt den Glauben, den er einst zerstörte.« Zu ihrem Erstaunen hörten
die Christen in Judäa aus den nördlichen Gegenden, dass ihr früherer
Verfolger jetzt das Evangelium von Christus verkündigte. Das Wort
»aber« zeigt, dass das einzige, was sie in den elf bzw. vierzehn Jahren
von Paulus wussten, vom Hörensagen kam. Sie hörten regelmäßig etwas über ihn, aber sprachen nicht mit ihm, geschweige denn, dass sie
Aufträge erteilen konnten.

Der Inhalt von Paulus' Predigt wird hier »der Glaube« genannt. Das
ist eines der wenigen klaren Beispiele im NT, wo »der Glaube« eine
objektive Bedeutung hat, das was man traditionell *fides quae creditur*
(»der Glaube, der geglaubt wird«) nennt, also die christliche Glaubenslehre oder Glaubenswahrheit (siehe auch Jud 3). Es wäre übertrieben
zu sagen, dass »Glaube« im Galaterbrief sonst immer die subjektive
Bedeutung eines *fides qua creditur*, »der Glaube, durch den geglaubt
wird«, d. h. das Glaubensvertrauen, wo das Herz Jesus Christus angenommen hat (im Gegensatz zu Fung). So kann »Glaube« in 3,2.5.23.25
sehr wohl die objektive Bedeutung haben (siehe die Auslegung dazu).
Wir werden noch sehen, dass an solchen Stellen »der Glaube« fast mit
»das Christentum« wiedergegeben werden kann; so eigentlich auch hier.
Doch kann die subjektive Seite auch in unserem Vers nicht außer Betracht bleiben. Paulus verkündigte nicht bloß eine Lehre über Christus, er predigte, dass Menschen *glauben* mussten, um an Christus *Anteil zu bekommen* (vergleiche 2,16.20; 3,7-9.11f.14.22.24.26; 5,5f; 6,10).

1,24 Die Folge der Gerüchte, die die Christen in Judäa aus Syrien und
Cilicien über Paulus hörten, war: »Sie verherrlichten Gott an mir«. Für
Paulus' Argumentation bedeutet das, dass diese judäischen Christen
also, anders als seine Gegner, offenbar keinen wesentlichen Unterschied zwischen ihrem eigenen Glauben und dem Glauben, den Paulus predigte, sahen. Im Gegenteil, Vers 23 macht klar, dass Paulus *denselben* Glauben, den er früher zu zerstören versuchte, nun selbst predigte. Wo das so ist und Paulus selbst sein Evangelium nie veränderte,
sollten die Irrlehrer bedenken, dass sie nicht nur im Widerspruch zu
Paulus' Predigt stehen, sondern auch zur ursprünglichen Haltung der
Christen in Judäa. Während diese Gott wegen Paulus lobten, machten

seine Gegner ihn schlecht! Einfache Christen in Judäa hatten, als sie die Gerüchte über Paulus' Predigt hörten, direkt gemerkt, dass es dasselbe Evangelium war wie das, das sie von Christus und den zwölf Aposteln gehört hatten und sie priesen Gott deswegen.

Wichtig ist, dass Paulus von den judäischen Gemeinden keine Ehre gesucht hatte. Er war damit zufrieden, weitab von Judäa und Jerusalem in größtenteils heidnischen Gebieten zu arbeiten, bei seinen neuen jüdischen Glaubensgenossen fast unbekannt. Er war nicht auf Anerkennung aus oder auf Gunst oder Lob seitens der Christen in Judäa. Sofern sie von seiner Predigt hörten, ging das Lob nicht zu ihm, sondern zu Gott. »Verherrlichen« bedeutet: Sie bezeugten Gottes Herrlichkeit im Lobpreis und zwar die Herrlichkeit, die auch in Paulus' Predigt im Mittelpunkt stand.

Anmerkungen

1) Griech. *historeoo*, von dem unser Wort »Historie« abgeleitet ist, das ursprünglich »Untersuchung, Wissenschaft« bedeutet und erst später »geschichtliche Untersuchung, Geschichtswissenschaft«. Das Verb bedeutet, »jemanden kennen lernen« was eine korrektere Übersetzung als »jemanden besuchen« ist.

2) »Gegenden« (griech. *klimata*) hat hier keine offizielle Bedeutung im Sinn von Teilen einer römischen Provinz, denn dafür gibt es im NT das Wort *choora* (»Land«, Apg 16,6; 18,23).

2.1.3 Unabhängigkeit von den Aposteln (2,1-10)

Übersetzung

1 Danach, nach vierzehn Jahren,
ging ich wieder hinauf nach Jerusalem mit Barnabas,
auch Titus mitnehmend.

2 Ich ging nun hinauf zufolge einer Offenbarung,
und legte ihnen das Evangelium vor,
das ich unter den Nationen predige,
und zwar in Sonderheit den Geachteten,
damit ich nicht vielleicht vergeblich laufe oder gelaufen bin;

3 (aber auch Titus, der bei mir [war], ein Grieche seiend,
wurde nicht genötigt, sich beschneiden zu lassen);

4 und [das] wegen der eingedrungenen falschen Brüder,
die hineingeschlichen waren,
um unsere Freiheit auszukundschaften,
die wir in Christus Jesus haben,
damit sie uns in Sklaverei bringen;

5 vor denen wir auch nicht eine Stunde mit Unterwerfung gewichen sind,
auf dass die Wahrheit des Evangeliums bei euch verbleibe.

6 Von denen nun, die geachtet wurden, etwas zu sein –
was für [Menschen] sie immer auch waren, macht für mich keinen Unterschied:
Gott nimmt [die] Person [des] Menschen nicht an –,
denn sie, die geachtet waren,
haben [mir] nichts Weiter [-gehendes] mitgeteilt.

7 sondern im Gegenteil,
sehend,
dass ich das Evangelium der Vorhaut anvertraut bekommen habe,
so wie Petrus [das] der Beschneidung

8 (denn Er, der in Petrus zu [der] Apostelschaft der Beschneidung
wirkte, wirkte [das] auch in mir zu den Nationen),

9 und anerkennend die Gnade, die mir gegeben [ist],

gaben Jakobus und Kephas und Johannes, die geachtet wurden,
Pfeiler zu sein,
mir und Barnabas [die] rechte [Hand] der Gemeinschaft,
damit wir zu den Nationen, sie aber zu der Beschneidung [gingen];
10 nur [baten sie], dass wir der Armen gedächten,
wessen ich mich denn auch befleißigt habe zu tun.

Übersetzungsvarianten

2 *und zwar:* oder *aber* (siehe Grammatik).
5 *bei:* oder *für.*
6 *immer auch:* oder *früher.*
6 *mitgeteilt:* oder *auferlegt.*
8 *in* (2x): oder *durch* oder *für* (siehe Grammatik).

Textvarianten

5 {B} *vor denen ... nicht eine:* ein sog. Anakloethismus (ein Satz, der grammatisch nicht stimmig ist), so dass verschiedene weniger wichtige Textzeugen *vor denen* und/oder *nicht eine* weggelassen haben, um einen flüssigen Satz zu erhalten. Das (fälschliche) Weglassen des *nicht eine* impliziert, Paulus hätte sehr wohl einen Augenblick den Irrlehrern nachgegeben und Titus beschneiden lassen.

9 {A} *Jakobus und Kephas und Johannes:* ein viel unwichtigeres Textzeugnis hat *Petrus* anstelle von *Kephas* und setzt diesen Namen an die erste Stelle.

Grammatik

1 *nach* (gr. *dia* + Gen.): suggeriert einen Zeitabschnitt, der »durchlaufen« wurde: »nach vierzehn Jahren Missionsarbeit«; während »nach« (*meta* + Akk.) nur eine Zeitangabe bedeutet. Die zwei Jahresabschnitte am Anfang und am Ende der Zählung werden dabei als volle Jahre gerechnet, so dass etwa zwölf bis vierzehn Jahre gemeint sein können.

1.2 *Jerusalem (…) ihnen:* Paulus geht von der Stadt zu den Gläubigen in der Stadt über.

1.3 *mit (nehmend)… bei:* siehe 1,2.

2 *ihnen … und zwar* (gr. *de*): entweder sind *ihnen* die »Geachteten« oder: Paulus legte das Evangelium erst »ihnen« (= die Gemeinde in Jerusalem) vor, *aber* später in Sonderheit *den Geachteten.*

2 *nicht etwa:* der gr. Ausdruck zeigt Besorgnis an.

2 (1) *laufe (…)* (2) *gelaufen bin:* (1) Präs. Konj., (2) Aor. Ind.: Das erste drückt die Furcht aus, es in der Gegenwart falsch zu machen, das zweite die Vermutung, die frühere Arbeit sei unnütz geworden (vergleiche diesen Wechsel von Konj. und Ind. auch in 1Thes 3,5: »… ob nicht etwa der Versucher euch versucht hat (Aor. Ind.) und unsere Arbeit vergeblich sei« (Aor. Konj.).

3 *wurde:* eventuell *war*; der Aor. kann häufig als Plusqu. wiedergegeben werden.

4 *zur Sklaverei bringen:* Ind., kein Konj., wie nach *damit* zu erwarten wäre. Vielleicht wollte Paulus mehr ausdrücken, als nur die Absicht der Verführer, näml. die reale Bedrohung, sie könnten Erfolg damit haben.

5 *bei euch:* gr. *pros hymas:* nicht *en hymin,* »unter euch«, sondern *um euretwillen,* zu eurem Wohlsein.

6 *was für (…) auch irgend* (gr. *hopoioi pote*) *pote* bedeutet hier vermutlich nicht *früher* (wie z.B. in 1,23), sondern bedeutet nach *hopoioi* eher *auch irgend*; andere halten aber an der normalen Bedeutung von *pote* fest.

6 *waren:* Imp., was auf einen früheren Zustand hindeutet (näml. als die Zwölf noch mit Jesus waren); ev. Plusqu.: *gewesen waren.*

6 *Von denen nun, die geachtet wurden, etwas zu sein (…) denn sie, die geachtet waren:* schönes Beispiel für einen Anakoloethismus (siehe Textvariante Vers 5): nach einer Einfügung nimmt Paulus den vorhin begonnenen und unterbrochenen Satz in anderer Weise wieder auf.

7 *der Vorhaut … der Beschneidung:* Gen. objekt. im Sinne eines indirekten Objekts: Christus ist das direkte Objekt, die (Un-)Beschnittenen sind das indirekte Objekt der Evangeliumspredigt; d.h. es ist das Christus *betreffende* Evangelium, *zum Wohle* der (Un-)Beschnittenen.

7 *anvertraut bekommen habe:* Perf., eventuell sogar als Plusqu. zu übersetzen: *anvertraut bekommen hatte,* um deutlich zu machen, dass dies nicht hier in Jerusalem geschah, sondern viel früher stattgefunden hat.

8 *in* (2x): gewöhnlicher Dativ (ohne Präp.), vielleicht *durch oder* sogar *für*, das würde bedeuten: zugunsten ihres Dienstes.

8 *wirkte:* 2x Aor., nicht Perf. (wie in Vers 7); es geht also mehr um die Ausübung des Amtes, als darum, es empfangen zu haben.

8 *[die] Apostelschaft:* ohne Artikel, vielleicht um anzudeuten, dass Petrus kein Monopol auf die Apostelschaft besass.

10 *allein [baten sie], dass wir:* ein betonter Teil eines Nebensatzes kann vor das Bindewort gesetzt werden; wenn das hier der Fall ist, müssen wir lesen: *[sie baten], dass wir nur ...*

10 *der Armen:* mit Artikel, viell. Poss.: »unserer Armen«, d.h. derer von Jerusalem und Judäa.

10 *beeifert habe:* Aor., hier möglicherweise mit Plusqu.-Bedeutung: längst bevor er darum gebeten wurde, hatte er sich dieser Armenfürsorge angenommen.

Auslegung

Nach vierzehn Jahren geht Paulus dann endlich nach Jerusalem, um dort in einen viel innigeren und umfangreicheren Kontakt mit den Aposteln zu treten. Sein Ziel ist es nicht, ihre *Zu*stimmung zu seinem Dienst zu erhalten, wohl aber dass sie ihm *bei*stimmen. Vielleicht waren über diesen Besuch auch falsche Berichte im Umlauf. Darum berichtet Paulus, dass er nicht auf Bitten oder Befehl der Zwölf in die Stadt hinaufzog, sondern aufgrund einer Offenbarung. Auch gibt er genau an, welchen Zweck dieser Besuch hatte.

Es war keine Rede davon, dass die Apostel ihm bei dieser Gelegenheit sein Apostolat anvertraut hätten; im Gegenteil, sie konnten nur bestätigen, dass er es schon längst besaß. Paulus hatte von den Jerusalemer Irrlehrern – den Geistverwandten der galatischen Irrlehrer – eine Menge Widerstand zu erdulden, doch *nicht* von seiten der Apostel. Im Gegenteil, diese stimmten offenbar damit ein, dass Paulus seine Widersacher zum Schweigen brachte und zwangen ihn auch nicht, den Heidenchristen Titus beschneiden zu lassen. Kurzum, erstens hat Paulus seinen Dienst nicht von den Zwölfen empfangen und zweitens er-

schien sein Dienst einschließlich des Inhalts seines Evangeliums den
Zwölfen völlig annehmbar.

2,1 Zum dritten Mal braucht Paulus das Wort »darauf«, wiederum,
um seine Beziehung zu den Gläubigen in Jerusalem deutlich zu machen (siehe bei 1,18). Er »ging wieder hinauf nach Jerusalem«, d.h.
noch einmal, zum zweiten Mal. Dies erweckt den Eindruck, es handle
sich um den Besuch von Apg 11,30; aber in Anhang 2 habe ich auseinander gesetzt, warum ich mit vielen Auslegern bei 2,1-10 eher an den
Besuch von Apg 15 denken möchte. Im Lichte des Vorangehenden
(1,21) muss Paulus aus Syrien-Cilicien nach Jerusalem gereist sein. Dies
stimmt mit Apg 14,26 – 15,2 überein, wo Paulus und Barnabas von
dem syrischen Antiochia aus nach Jerusalem hinaufzogen. Inzwischen
waren vierzehn Jahre vergangen. Bedeutet das vierzehn Jahre nach
seiner Bekehrung oder vierzehn Jahre nach seinem ersten Besuch als
Christ in Jerusalem? Darüber gehen die Meinungen auseinander. Angesichts dessen, dass (a) es scheint, als müsse man die in 1,18 erwähnten »drei Jahre« von der Bekehrung des Paulus an rechnen, (b) der
Besuch von 1,18 zu unbedeutend war, um von da an zu rechnen und
(c) »vierzehn« stärker als »elf« das Unbeeinflusstsein von den Zwölfen suggeriert, neige ich dazu, anzunehmen, dass Paulus auch hier von
seiner Bekehrung an rechnet. Die ganze Frage ist von großer Bedeutung, wenn man eine Chronologie des Lebens des Apostels aufstellen
will. Da aber so vieles Spekulation ist, kann umgekehrt keine Chronologie uns Aufschluss über die Frage geben, von wann an die »vierzehn
Jahre« gerechnet werden müssen.

   Paulus zog nach Jerusalem mit Barnabas, seinem treuen Freund und
Mitstreiter. Barnabas, dessen eigentlicher jüdischer Name Joseph lautete, war ein Levit, ein Zypriot von Geburt (Apg 4,36). Er war es, der
Paulus am Anfang in den Kreis der Apostel eingeführt hatte (Apg
9,26f), der ihn von Tarsus abgeholt hatte, um mit ihm gemeinsam in
Antiochien zu arbeiten (11,25f), der mit ihm schon einen kurzen Besuch bei den Ältesten in Jerusalem gemacht hatte (11,30; 12,25) und
der mit ihm auf der ersten Missionsreise unterwegs war (13,1 – 14,27).
Apg 14,12 gibt zu der Vermutung Anlass, dass Barnabas der ältere und/
oder der mehr Eindruck erweckende von den beiden war. Auffallend
ist, dass er noch bis zu Beginn der ersten Missionsreise stets als erster
erwähnt wird; aber nachdem Saulus Paulus heißt, ist dieser offensicht-

lich der Leiter der Missionsgesellschaft (13,9.13.43.46.50). In unserem
Vers hat Paulus aber nicht unbedingt die Priorität.

Der Apostel nahm auch Titus mit. Bemerkenswert ist, dass dieser
in der Apg nie erwähnt wird. Titus wurde durch Paulus bekehrt (Tit
1,4) und trat mehrfach als sein Helfer oder Abgesandter auf (2Kor
2,12; 7,6.13f; 8,6.16.23; 12,18; 2Tim 4,10; Tit 1,5). Das »Mitnehmen«
weist auf die Initiative des Paulus hin. Offensichtlich wollte er diesen
jungen Gläubigen aus den Heiden als Repräsentanten der Heidenchristen den jüdischen Christen vorstellen. Es ist sogar möglich, dass es ihm
um eine echte Herausforderung ging: Wie werden sich die gesetzlichen Jerusalemer gegenüber diesem unbeschnittenen Bruder aus den
Heiden benehmen?

2,2 Die Galater sollten nicht glauben, Paulus sei von den Zwölfen nach
Jerusalem zitiert worden. Selbst wenn Apg 15,2 davon spricht, dass die
Brüder in Antiochia »anordneten (…), dass Paulus und Barnabas und
etliche andere von ihnen zu den Aposteln und Ältesten nach Jerusalem hinaufgehen sollten«, so gilt doch für Paulus in erster Instanz, dass
er »zufolge einer Offenbarung« dorthin ging. Damit wird er sicher nicht
die erste Offenbarung auf dem Weg nach Damaskus gemeint haben
(vergleiche 1,12.16), sondern eine besondere Offenbarung, kurz vor
seiner Abreise aus Antiochia. Paulus berichtet nicht, ob diese Offenbarung durch einen Propheten geschah (vergleiche Apg 11,28; 21,10)
oder durch die Stimme des Geistes in der Gemeinde (vergleiche Apg
13,2) oder durch eine Botschaft an ihn persönlich (vergleiche Apg 18,9;
23,12): So wie Paulus bei seinem vorigen Besuch die Stadt aufgrund
einer Offenbarung verlassen hatte (22,17-21), so kehrte er jetzt aufgrund einer Offenbarung in die Stadt zurück. Vielleicht hätte er von
selbst ohne eine neue Offenbarung nicht einmal nach Jerusalem zurückkehren wollen, sie musste daher genauso persönlich vom Herrn
kommen wie die vorige.

Nach seiner Ankunft in Jerusalem legte Paulus »ihnen« das Evangelium vor, wie er es unter den Nationen predigte. Es hat viele Debatten darüber gegeben, wer die »ihnen« sind (siehe Grammatik): Prä-
sentierte Paulus sein Evangelium zuerst den Jerusalemer Christen im
Allgemeinen und danach in Sonderheit (privat) den »Geachteten«, also
den Führern? Oder sind die »ihnen« die »Geachteten« selbst, wie man
dann aus dem zweiten Satzteil zu entnehmen meint? Für beide An-

sichten wurden Argumente vorgetragen; das Gr. lässt beide Möglichkeiten zu. Ich meine, ein starkes Argument für die zweite Ansicht
darin zu sehen, dass keine Notwendigkeit dafür bestand, mit der Gemeinde über die Art zu diskutieren, wie Paulus evangelisierte; es ge-
nügte, wenn er sich mit den Führern einig wurde. Allerdings erhebt
sich die Frage, ob der Gedanke, dass Paulus sein Evangelium der Gemeinde vorstellte, heißen muss, er habe es mit ihr »diskutiert«. Es ist
sehr gut möglich, dass dieser Vers bedeutet, er habe ihr einen Bericht
gegeben, wie er es tatsächlich auch gemacht hat (Apg 15,4.12): »Als
sie aber in Jerusalem angekommen waren, wurden sie von der Versammlung und den Aposteln und Ältesten aufgenommen und sie verkündeten alles, was Gott mit ihnen getan hatte. (…) Die ganze Menge
aber schwieg und hörte Barnabas und Paulus zu, welche erzählten, wie
viele Zeichen und Wunder Gott unter den Nationen durch sie getan
habe«.

»In Sonderheit« (privat) bedeutet nicht unbedingt »im Geheimen«,
wie vor allem diejenigen wohl meinen, die Gal 2,1-10 mit Apg 11,30
gleichstellen. Man hat sogar eine gerade stattfindende schwere Verfolgung vermutet, so dass sich die Zwölf und Jakobus verbergen mussten
und dass Paulus sie gesondert in ihren Verstecken aufsuchen musste
(also »in Sonderheit« voneinander). Der Text gibt aber keinen Anlass
zu dieser Auslegung. Im Gegenteil suggerieren die Verse 6-9 sehr stark
ein gemeinsames Auftreten der Apostel mit Jakobus.

Für die Argumentation des Paulus ist es wichtig zu untersuchen,
warum er sein Evangelium ihnen »vorlegte«. Aus dem gesamten Gedankengang erkennt man, dass es ihm natürlich nicht um Ratschläge
oder Belehrungen, geschweige denn um ein Mandat ging. Paulus legte
ihnen das Evangelium nicht mit solchen Frage vor: »Wie findet ihr das?
Geht das so? Was muss ich fortan anders predigen?«, sondern mit der
Frage: »Seid ihr bereit, dies Evangelium mit mir gegenüber den Widersachern zu vertreten? Wenn ja, können wir in Eintracht zusammen-
arbeiten, sonst gehen unsere Wege auseinander.« Es war also keine
Rede davon, Paulus habe sein Evangelium zur Diskussion gestellt. Wie
wäre das auch denkbar, nachdem er dies Evangelium schon vierzehn
Jahre verkündigt hatte? Aber wenn es um die Frage ging, ob Juden-
und Heidenchristen weiterhin gemeinsam ihren Weg gehen können,
war es tatsächlich wichtig, dass Paulus sein Evangelium den Zwölfen
vorlegte, »damit ich nicht etwa vergeblich laufe oder gelaufen bin«.

Die Frage war lebenswichtig. Wenn Jerusalem sein Evangelium abweisen oder wegen der Brutalität der Irrlehrer eine verschwommene Haltung einnehmen sollte, hätte sich der Eifer des Paulus für die Einheit der jungen Kirche als vergeblich erwiesen. Dann würden das Apostolat für die Juden und das für die Heiden fortan getrennte Wege gehen. Das hätte zu einer Katastrophe für das junge Christentum geführt, weil es schließlich zu einer gesonderten Kirche für Juden und einer für Heiden gekommen wäre. Bisher hatte Paulus die vollkommene Selbständigkeit seines Apostolats betont; andererseits wollte er aber gewiss keine Trennung. Mochte er seinen Dienst auch direkt von Christus empfangen haben, so wäre er, falls die Zwölf seinen Dienst nicht anerkannt hätten, nach seinen Begriffen jedenfalls in gewisser Hinsicht gescheitert.

Paulus hatte nicht vorab das Mandat der anderen Apostel nötig; aber im nachhinein brauchte er ihre Mitarbeit, um seinen Dienst gegen Irrlehren zu verteidigen. Sonst würde die Kirche auseinander brechen oder jedenfalls würde die Mission unter den Heiden einen gewaltigen Rückschlag erleiden. Es waren also zwei gefährliche Extreme zu vermeiden. Einerseits eine Selbständigkeit ohne Gemeinschaft, also eine eigenbrötlerische, solistische Unabhängigkeit. Eine solche Haltung hat nur allzu oft schon zu Kirchenspaltungen geführt. Andererseits eine Gemeinschaft, für die Paulus seine Selbständigkeit einem ungeistlichen Kompromiss zuliebe hätte aufgeben müssen. Eine solche Einigung auf den »kleinsten gemeinsamen Nenner« hat schon oft zur Verflachung der Wahrheit, ja selbst zu Irrlehren geführt.

Was den Erfolg seines Dienstes betraf, braucht Paulus ein oft von ihm verwendetes Bild, das des Wettlaufs. In 5,7 wendet er dasselbe Bild auf die Galater an. Siehe auch Apg 20,24; 1Kor 9,26; 2Tim 4,7; und vor allem Phil 2,16, wo Paulus etwas Ähnliches sagt: »dass ich nicht vergeblich gelaufen bin, noch vergeblich gearbeitet habe«. Vergeblich »laufen« – das heißt rennen – bedeutet, den Wettlauf nicht zu Ende gebracht und/oder den Preis nicht gewonnen zu haben. Vergleiche 1Kor 9,26f: »Ich laufe daher also, nicht wie aufs Ungewisse, (…) auf dass ich nicht, nachdem ich anderen gepredigt habe, selbst verwerflich werde«, d.h. nicht vor oder während des Wettlaufs disqualifiziert zu werden. Paulus hatte das Bewusstsein, dass er, auch wenn der Herr ihn berufen hatte, in seinem Dienst disqualifiziert wäre, wenn er – menschlich gesprochen – nicht alles versucht hätte, die Zustimmung der Jerusalemer

Führer zu seinem Evangelium zu gewinnen. Anders ausgedrückt: Wenn es ihm auch gelang, viele Heiden für Christus zu gewinnen, die aber – *ohne zur Beschneidung* gezwungen zu werden – von Jerusalem nicht anerkannt würden, so hätte er trotz allem das Gefühl behalten, versagt zu haben.

Paulus sagt sowohl »laufen« als »gelaufen sein« (siehe Grammatik). Auch das ist wieder ein leiser Hinweis, dass er sein Evangelium niemals verändert hat. Wenn seine Widersacher auch behaupteten, Paulus passe sein Evangelium stets den Hörern an, widerspricht er dem hier indirekt: so wie er damals, z.B. vor vierzehn Jahren, »lief«, so »läuft« er heute noch. Er ging nicht nach Jerusalem, um zu fragen, ob er fortan vielleicht anders »laufen« sollte, sondern einfach, um zu erzählen, wie er »lief«. Wie die Führer in Jerusalem darauf reagieren würden, das überließ er ihnen und Gott. Es ist auch ganz und gar falsch, dem Paulus zu unterstellen, er habe den *Führern* die Frage gestellt, ob er vielleicht vergeblich gelaufen sei, als stünde es ihnen zu, an seinem Evangelium »herumzukorrigieren«. Nein, er stellte ihnen sein Evangelium als ein »take it or leave it« vor.

Noch eine Anmerkung zu dem Ausdruck »Geachteten«, der nicht weniger als viermal in diesem Abschnitt vorkommt (siehe auch die Verse 6a, 6b und 9). Diese »Geachteten« sind in Galater 2 diejenigen, von denen man meint, sie seien etwas, diejenigen, die etwas zu sein scheinen.[2] Darin steckt ein bisschen Unsicherheit und genau das will Paulus auch damit sagen, wie man aus 6a erkennt: »Von denen nun, die geachtet wurden, etwas zu sein – was für [Menschen] sie auch irgend waren, macht mir nichts aus.« Hier stellt er einen deutlichen Unterschied zwischen dem heraus, was Menschen zu sein scheinen und was sie wirklich sind. Paulus relativiert damit ein wenig die hohe Stellung der Jerusalemer Führer (siehe bei Vers 6). Das braucht aber noch keine Missachtung oder Herabwürdigung zu sein; aber auch in Vers 9 klingt die Relativierung durch: »Jakobus und Kephas und Johannes, die geachtet wurden, Säulen zu sein.« Paulus widerspricht dem gewiss nicht; aber er stimmt auch nicht von ganzem Herzen ein. Möglicherweise hat die Heuchelei des Petrus (Verse 11-14) zu dieser Relativierung beigetragen oder vielleicht meint Paulus vor allem, dass die Irrlehrer diese drei für Säulen hielten. Auch unseren Vers könnte man deutlicher relativierend übersetzen: »Ich legte das Evangelium denen vor, die man achtete, dass es ihnen vorgelegt werden müsste«, also den Führern.

2,3 In Vers 2 begann Paulus den Bericht über seine Begegnung mit den »Geachteten« in Jerusalem, aber erst in Vers 6 erzählt er weiter über dieses Gespräch. Zunächst geht er auf den Anlass zu dieser Begegnung ein, nämlich das Auftreten der Irrlehrer in Antiochia und in Jerusalem (Verse 4f; Apg 15,1.5.7). Im Hinblick auf die Beurteilung dieser Irrlehrer hatte Paulus einen »Testfall« bei sich, den Titus, »ein Grieche seiend«.[3] Würden die Führer in Jerusalem frei mit ihm verkehren, obwohl er unbeschnitten war? Bevor die Führer ihren lehrmäßigen Standpunkt darlegen (Verse 6-10), müssen sie zunächst eine praktische Haltung einnehmen. Glücklicherweise wurde Titus, obwohl ein Heidenchrist, »nicht genötigt, sich beschneiden zu lassen«.

Der Satzteil »wurde nicht genötigt« braucht an sich nicht zu bedeuten, man habe in Jerusalem nicht stark in diese Richtung gedrängt, nämlich von Seiten der »eingedrungenen falschen Brüder« aus Vers 4 oder gar von Seiten der Apostel. Es ist möglich Vers 3 als eine Einfügung aufzufassen – daher die Klammern in meiner Übersetzung – und dass Verse 4f und 6-10 den Anlass zu der Begegnung näher beschreiben. Die judäischen Irrlehrer mögen in Jerusalem nicht so deutlich hervorgetreten sein; dann aber verweisen die Verse 4f, wie bereits herausgestellt, auf die »falschen Brüder«, die von Jerusalem nach Antiochia gekommen waren und sich freilich auch in Jerusalem wieder hören ließen (Apg 15,1.5.7.24). Titus wurde durch die Führer nicht genötigt, sich beschneiden zu lassen, obwohl in Antiochia und vielleicht auch in Jerusalem offenbar Druck in dieser Richtung ausgeübt wurde.[4]

Was Paulus hier den Galatern auseinandersetzt, ist dies: Selbst die Führer in Jerusalem, auf die seine Widersacher sich so gern beriefen, zwangen Titus nicht, sich beschneiden zu lassen. Daher brauchten auch die Galater von den Bekehrten aus den Heiden nicht zu verlangen, dass diese sich beschneiden ließen. Diesen Standpunkt hatten die Jerusalemer Führer nicht nur in privaten Unterhaltungen geäußert; er war ausdrücklich während des Apostelkonzils zur Sprache gebracht worden – sowohl durch Petrus, als auch durch Jakobus (Apg 15,10.19).

2,4 Wir haben Vers 3 als einen Einschub aufgefasst, so dass Vers 4 näher beschreibt, warum Paulus die Jerusalemer Führer besuchte. Es gibt aber auch andere Auffassungen.[5] Wie auch immer, Paulus fällt ein hartes Urteil über die Irrlehrer. Es sind »Eingedrungene«. Das Wort kann man aktiv auffassen: »Eindringlinge«, aber eigentlich ist es richtiger, den Ausdruck passiv zu verstehen: »heimlich Eingeschleuste«. Man kann an das Bild eines Belagerers denken, der durch die Breschen in der Stadtmauer Kämpfer in die Stadt schmuggelt. Liest man den Text so, kann noch an eine dritte Partei gedacht werden, die von Jerusalem aus diese »Spitzel« angesetzt hatte. Das darauf folgende Verb »hineingeschlichen« weist mehr auf die aktive Wirksamkeit dieser Betrüger hin. Es waren Personen, die eigentlich nicht zu den Christen gehörten (vergleiche 1,8f), es aber verstanden hatten, heimlich einzudringen. Das war in Jerusalem tatsächlich geschehen, bevor sie in Antiochia auftraten (siehe bei Vers 3 und Apg 15,24). Aus 15,5 können wir schließen, dass diese Verführer (vor allem) aus den Reihen der Pharisäer kamen. Das »Schleichen« besagt, dass sie sich als wahre Christen ausgaben, während sie in Wirklichkeit das wahre Evangelium abwiesen und bekämpften (vergleiche 2Petr 2,1; 1Joh 2,19).

Diese Verführer waren »falsche Brüder«, wörtlich: »Pseudobrüder« (wie in 2Kor 11,26), also Menschen, die sich als Brüder ausgaben, ohne es zu sein. Das Ziel dieser Infiltranten oder Provokateure war es, »unsere Freiheit auszukundschaften, die wir in Christus Jesus haben«. Hier führt Paulus einen Schlüsselbegriff des Galaterbriefes ein: »Freiheit« (vergleiche 4,5.22f.30f; 5,1.13). Wer auf dem Boden des Glaubens an Christus Jesus steht, ist wirklich frei, freigekauft von der Ordnung der Beschneidung und des Gesetzes vom Sinai, frei, um durch die Kraft des Geistes das Gute zu tun (siehe Anhang 4).

Diese Freiheit wollten die Verführer »auskundschaften«. Dies Verb bedeutet so viel wie »belauern, ausspionieren«; als Spione wollten sie die Lage erkunden, dann darüber berichten und darauf folgend diese Freiheit zerstören: »damit sie uns zur Sklaverei bringen«. So machen das Spione: Sie belauern den Feind und zeichnen dessen Stellungen in die Karte ein, damit sie vernichtet werden können (vergleiche dasselbe Wort in 2Sam 10,3 LXX). Natürlich würden die Betrüger niemals zugeben, die Gläubigen zu Sklaven machen zu wollen; doch das war das Endergebnis ihrer Aktivitäten. Beide Ausdrücke, sowohl »Eingedrungene« als auch »auskundschaften«, stammen aus der Welt des Militärs. Wenn die falschen Brüder erst einmal infiltriert waren und mit der Zeit die Macht in der Gemeinde zu übernehmen verstanden hatten, würden sie die Gläubigen nach ihrer Pfeife tanzen lassen und ihnen das Gesetz und die Beschneidung auferlegen.

Wenn Paulus hier über »unsere Freiheit« spricht, schaltet er sich ausdrücklich mit den galatischen Christen gleich. Er *war* beschnitten und gelegentlich war er denen, die unter Gesetz waren, wie einer, der selbst unter dem Gesetz stand, obwohl er vom Gesetz freigekauft war (1Kor 9,20). Aber wenn falsche Leute kamen, die den Galatern die Beschneidung aufzwingen und sie unter das Gesetz bringen wollten, um sie so zu Sklaven der Sinaitischen Ordnung zu machen, dann stellte sich der Apostel offen zu den Gläubigen aus den Heiden. Dann widerstand er den Irrlehrern, als ob auch seine Freiheit – nein, *weil* auch seine Freiheit – auf dem Spiel stand. Paulus konnte nicht mehr gezwungen werden, sich beschneiden zu lassen; aber die Irrlehrer würden auch von Paulus fordern, sich nach dem mosaischen Gesetz zu richten, wenn er mit den Heidenchristen Umgang hatte (vergleiche die Verse 11-14). Auf diese Weise wurde tatsächlich auch die Freiheit von Paulus (und Barnabas) »ausgekundschaftet«.

2,5 Noch einmal: Den Widersachern, von denen hier die Rede ist, begegnete Paulus wahrscheinlich in Antiochia zum ersten Mal und danach bei seinem Besuch in Jerusalem. Das Auftreten der Verführer in Antiochia war der Anlass zu seinem Besuch bei der Führern (Apg 15,1.24). Vor diesen Irrlehrern sind »wir« nicht eine Stunde (keinen Augenblick) »gewichen«; das »wir« schließt mindestens Barnabas ein und vermutlich auch die anderen Führer in Antiochia. Sie waren nicht vor den Verführern gewichen, sich ihrer Tyrannei zu unterwerfen.[6] Keine »Stunde« – wir würden sagen: keinen Augenblick (vergleiche Mk 13,11) – war es ihnen in den Sinn gekommen, den Irrlehrern nachzugeben. Dafür stand zu viel auf dem Spiel. »Die Wahrheit des Evangeliums« musste gewahrt bleiben. Paulus sagt: »bei (oder: für) euch«, d.h. das vollständige, unverbogene Evangelium musste der volle Besitz der Gläubigen aus den Heiden bleiben, hier insbesondere der galatischen. Konkret bedeutet das: Keinem einzigen Verführer durfte es gelingen, den Gläubigen aus den Heiden die Beschneidung und das Gesetz vom Sinai aufzuerlegen.

Wir wenden den Ausdruck »denen« auf die Irrlehrer an. Das ist viel besser, als ihn auf die Führer in Jerusalem anzuwenden, wie einige es möchten. Nicht allein der grammatische Kontext macht das wahrscheinlicher, sondern auch der historische. Es gibt keinen Anlass zu der Unterstellung, die Jerusalemer Führer hätten sich anfangs neutral ver-

halten wollen oder sich gar zur Seite der Irrlehrer geneigt oder eine
gewisse Nachgiebigkeit ins Auge fassen wollen, indem sie z.B. Titus
nahegelegt hätten, sich beschneiden zu lassen. Die in den Versen 11-14
beschriebenen Ereignisse verraten zwar eine erbärmliche Haltung bei
Petrus, das hat aber mehr mit der Frage zu tun, ob und wie jüdische
Christen mit Gläubigen aus den Heiden Umgang pflegen konnten, als
damit, ob Heidenchristen beschnitten werden und dem mosaischen Gesetz unterworfen werden mussten.

2,6 Paulus kommt nun wieder auf das zurück, was er in Vers 2 gesagt
hat über seine Begegnung mit den »Geachteten«, den Führern in Jerusalem, also sowohl mit den Zwölfen als auch mit Jakobus. Bei Vers 2
haben wir schon die Bedeutung des Wortes »geachtet« besprochen und
auf die Nuancen zwischen »geachtet werden« (= geehrt werden) und
»geachtet werden, etwas zu sein« (ob zu Recht oder nicht) hingewiesen. In unserem Vers spricht nun Paulus etwas relativierender über die
»Geachteten«, vor allem durch den Zusatz: »Was für [Menschen] sie
auch waren, macht mir nichts aus: Gott nimmt [die] Person [des] Menschen nicht an«. Das will sagen: Er respektiert restlos den gottgegebe-
nen Dienst dieser Führer, ohne sich von deren Vorgeschichte beein-
drucken zu lassen (besonders vor der Auferstehung Christi) und/oder
ihren persönlichen Vorzügen. Bei Gott gab und gibt es kein »Ansehen
der Person«, keine Parteilichkeit und darum will Paulus diese auch nicht
in seinem Herzen aufkommen lassen. Bei Gott sind die Zwölf nicht
mehr als er, z.B. weil sie Jesus während Seines Lebens auf der Erde so
gut gekannt haben.

So hat auch Paulus keinen Grund, die Zwölf als ihm überlegen zu
betrachten. War Jakobus beispielsweise mehr, weil er der Bruder des
Herrn war? Er hatte ganz sicher einen bedeutungsvollen Platz; vielleicht dürfen wir sogar sagen, er habe den Platz des Märtyrers Jakobus – seines Namensvetters – eingenommen (vergleiche Apg 12,2).
Waren Petrus und Johannes mehr, weil sie z.B. sogar die Auferweckung der Tochter des Jairus, die Verklärung auf dem Berge und Jesu
Kampf in Gethsemane miterlebt hatten (Mk 5,37; 9,2; 14,33)? Wahrscheinlich stellten es die Irrlehrer groß heraus, dass Paulus den Herrn
Jesus auf Erden nicht gekannt hat; aber Paulus hatte etwas gesehen,
was die Zwölf, sofern uns bekannt ist, bis dahin noch nicht gesehen
hatten: den verherrlichten Herrn im Himmel. Die Relativierung sollte

also nicht dazu dienen, die Zwölf zu erniedrigen, sondern um den Irrlehrern zu widersprechen, die die Zwölf *über* Paulus stellen wollten.

Wieder sehen wir, wie engagiert der Apostel ist, indem er Satzteile ohne grammatischen Zusammenhang aneinanderreiht (ein sog. Anakoluth). Er hat sich selbst mit einem Zwischensatz über Unparteilichkeit unterbrochen, nun nimmt er den Faden wieder auf, nicht indem er den Hauptsatz fortsetzt, sondern indem er ihn in anderer Form wiederholt: »denn die, die geachtet waren, haben [mir] nichts weiter mitgeteilt«. Hätte er den ursprünglichen Hauptsatz fortgeführt, hätte er etwa gesagt: »empfing ich nichts« (weder näheren Rat noch Anweisung). Dem mit »mitteilen« übersetzten Verb sind wir schon in 1,16 begegnet (siehe dort), wo es »zu Rate gehen« bedeutet. Hier will Paulus sagen: Dem, was ich den Führern vorlegte, haben sie nichts hinzugefügt, sei es im Sinne einer detaillierteren Erklärung (»mitteilen«) oder im Sinne eines Auftrags (»auferlegen«).[7] Weder die Jerusalemer Führer noch die gesamte Versammlung von Apg 15 haben an dem Evangelium des Paulus auch nur das Geringste verändert. Sie haben nichts hinzugefügt, nichts »dazu auferlegt«, zu dem, was Paulus längst von dem Herrn empfangen hatte.

2,7 In Vers 6 hörten wir, was die Führer nicht taten, nämlich das Evangelium des Paulus verändern oder erweitern; jetzt (Verse 7-9) hören wir, *was* sie taten – daher: sondern im Gegenteil –, nämlich Paulus in seinem Dienst anerkennen und ihre Gemeinschaft mit ihm darin bezeugen. Es geht in diesen drei Versen vor allem um die »drei Säulen« aus Vers 9. Sie »sahen« – sahen ein, erkannten –, dass der Herr dem Paulus »das Evangelium der Vorhaut« anvertraut hatte. Zumindest »sahen« sie das aufgrund seines Berichts (Apg 15,4.12), wenn sie es nicht schon vorher erkannt hatten (vergleiche 1,23). Das ist das Evangelium, das für die »mit Vorhaut« bestimmt ist, d. h. für die Unbeschnittenen (bei der Beschneidung wird die Vorhaut abgeschnitten), also für die Heiden (siehe Vers 8).

Die Tatsache, dass Paulus hier von einem »Evangelium der Vorhaut« und einem »Evangelium der Beschneidung« spricht, bedeutet natürlich nicht, es bestünden zwei Evangelien mit verschiedenen Inhalten: ein petrinisches und ein paulinisches Evangelium, wobei die Ausdrücke »Vorhaut« und »Beschneidung« dann auch noch die Hauptunterschiede bezeichneten. Das erste wäre dann ein Evangelium für

die Juden, das dann auch die Verpflichtung zur Beschneidung und zum
Halten der mosaischen Gesetze enthielte, das zweite dagegen ein Evangelium für die Heiden *ohne* diese Verpflichtungen. Davon kann aber
keine Rede sein. Es gibt keinerlei Beweis, dass Petrus oder wer auch
immer verkündigt hätte, die Christen aus den Juden seien verpflichtet,
ihre kleinen Söhne zu beschneiden und die Zeremonialgesetze zu halten. Im Gegenteil, Petrus hatte in Apg 10 ganz anders gelehrt; er nannte diese Gesetze selbst »ein Joch (...), das weder wir noch unsere Väter zu tragen vermochten« (Apg 15,10).

Nein, Petrus verkündigte ein Evangelium, das sich inhaltlich nicht
von dem des Paulus unterschied (vergleiche 1,23; 2,3), sondern nur in
den Adressaten. Wir würden vielleicht lieber von »Juden« und »Heiden« sprechen; aber für Paulus bedeutet »Beschneidung« (lies: »Beschnittene«) und »Vorhaut« (lies: »Unbeschnittene«) gewöhnlich genau dasselbe (vergleiche z. B. Röm 3,30; 4,12). Wenn er also diese Ausdrücke verwendet, will er damit durchaus nicht die Frage der Beschneidung als solche in den Vordergrund stellen.

Was den Namen »Petrus« betrifft, siehe bei 1,18. Unter diesem Namen war er sicher schon unter den Heidenchristen-Gemeinden bekannt,
während der Name »Kephas« mehr örtlich, in Judäa und Jerusalem,
verwendet wurde.

2,8 Dieser Vers beschreibt, woran erkannt werden kann, dass in der
Tat dem Paulus das Evangelium der Unbeschnittenen und dem Petrus
das Evangelium der Beschnittenen anvertraut war. Das wurde sichtbar an dem, was Gott durch diese zwei Apostel »gewirkt« hatte; jeder
hatte seine Apostelschaft mit Erfolg unter Beweis gestellt. Im Allgemeinen kann man sagen, dass man an den Früchten eines Dienstes
ablesen kann, ob jemand zu dem betreffenden Dienst von Gott berufen worden ist. Nebenbei: Mit solchen »Beweisen« muss man natürlich
sehr vorsichtig umgehen! Einerseits bewirkt Gott manchmal in Seiner
Gnade Segen, obwohl die betreffenden Werkzeuge ganz und gar nicht
nach Seinem Willen dienen. Andererseits können berufene Diener von
dem Herrn eine Zeit lang auf die Probe gestellt werden, indem Er ihnen den Segen auf ihren Dienst vorenthält. Der Ausdruck »wirken zu«
(so zweimal wörtlich) zeigt an, dass mit dem »Wirken zu [der] Apostelschaft« nicht das Schenken des Amtes gemeint ist, sondern die Arbeit
der betreffenden Apostel zum Segen der Beschnittenen bzw. der Na-

tionen. Die Tatsache, dass Paulus in Bezug auf sich das Wort »Apostel-schaft« nicht wiederholt, bedeutet nicht zwingend, wie manche denken, dass nach Paulus' eigener Aussage die Zwölf ihn nicht als Apostel anerkannt hätten. Nach seinen Ausführungen kann er schwerlich etwas anderes gemeint haben, als dass auch er Apostel war und zwar auf dem gleichen Niveau wie die Zwölf und dass die anderen auch nicht umhin konnten, dies anzuerkennen. Der Ausdruck »zu den Nationen« ist dann eine Abkürzung für »zu [der] Apostelschaft der Nationen«.

Das große Argument, mit dem Paulus die »Säulen« in Jerusalem von seinem Auftrag überzeugte, war die reiche Ernte aus den Nationen, die er ihnen vorweisen konnte. Die Ernte war der beste Beweis, dass Gott sowohl seine Apostelschaft als auch sein Evangelium anerkannte. Das haben die Führer auch tatsächlich »(ein-) gesehen« (Vers 7) und »(an-) erkannt« (Vers 8) und sie haben es freimütig in ihrem Brief an die Heidenchristen bekannt: »... mit unseren geliebten Barnabas und Paulus, Leuten, die ihr Leben hingegeben haben für unseren Herrn Jesus Christus« (Apg 15,25f).

2,9 Auf diese Weise (Verse 7f) »anerkannten« die Zwölf – sahen sie ein, gaben sie zu[8] – die »Gnade«, die dem Paulus durch Gott bzw. Christus verliehen war. Diese »Gnade« ist hier der Dienst, von dem in Vers 8 die Rede war. Die Apostelschaft ist in der Tat eine »Gnade« (vergleiche Röm 1,5; Eph 3,8) und zwar in doppelter Hinsicht: Der Dienst selbst ist ein Vorrecht, das dem Diener aus Gnaden anvertraut wird und der Inhalt ist die Zurschaustellung der göttlichen Gnade.

Hier werden drei Personen genannt, die offensichtlich die drei vornehmsten Führer in Jerusalem waren. Jakobus, der Sohn des Zebedäus, war als Märtyrer umgekommen (Apg 12,2), so dass von den vornehmsten dreien der Jünger – den ursprünglichen Säulen? – nur noch zwei übrig waren. Bei Vers 6 habe ich, wie andere vor mir, geäußert, es scheint, als habe Jakobus, der Bruder des Herrn (siehe 1,19), wie von selbst die Stelle des anderen Jakobus eingenommen. Er wird hier sogar als erster erwähnt, ganz deutlich zum Ärger mancher Abschreiber (siehe Textvariante), aber das hat nichts zu bedeuten, denn in Vers 8 wurde Petrus ganz allein genannt.[9] Einige haben darauf hingewiesen, dass die hier verwendete Reihenfolge dieselbe ist wie die der Briefe von Jakobus, Petrus und Johannes im NT – nach denen des Paulus! – und behaupten, die Zusammensteller hätten sich nach diesem Vers gerichtet. Vielleicht steht Jakobus an erster Stelle, weil er vermutlich dem Apostelkonzil vorsass (vergleiche Apg 15,13) und auf jeden Fall, weil er der tatsächliche Führer der Gemeinde in Jerusalem war (vergleiche Apg 21,18).

Die drei großen Führer wurden »geachtet, Säulen zu sein«. Über das »geachtet werden« siehe bei Vers 2. Über den Ausdruck »Säulen« ist eine Menge phantasiert worden. Man hat an die Säulen im Tempel des Messianischen Reiches gedacht, an eine Anspielung auf den Namen *Petros* (= Stein, Fels), an eine Parallele zu den drei Erzvätern, an den Wendepunkt in der römischen Arena, wo die Rennwagen umkehrten und sogar an die drei Priester des Gemeinschaftsrates von Qumran! Die einzige, mir erlaubt erscheinende, Verbindung – abgesehen von Offb 10,1 – ist die mit den zwei anderen Stellen, wo dies Wort im NT vorkommt, nämlich in 1Tim 3,15 (»... im Hause Gottes, welches die Versammlung des lebendigen Gottes ist, der Pfeiler und die Grundfeste der Wahrheit«) und Offb 3,12 (»Wer überwindet, den werde ich zu einer Säule machen in dem Tempel meines Gottes«). In der ersten Stelle ist die gesamte Gemeinde eine »Säule«, in der zweiten der treue Gläubige. In diesen drei Stellen wird die Gemeinde als ein Tempel dargestellt (vergleiche 1Kor 3,16; 2Kor 6,16; Eph 2,21).

Zwischen den drei »Säulen« einerseits und Paulus und Barnabas andererseits wird eine Übereinkunft getroffen, die man mit Händedruck besiegelt. Es geht um die rechte (Hand) der Gemeinschaft, also um die Hand, die ausdrückt, dass alle Betroffenen in dieser Sache ihre »Gemeinschaft« (Übereinstimmung, Zusammenarbeit) untereinander bezeugen (vergleiche 2Kö 10,15; Esra 10,19; Kla 5,6: Hes 17,18). Die Übereinkunft hatte zum Inhalt, dass die Letztgenannten »zu den Nationen«, die ersten aber »zu der Beschneidung« gingen. Das kann unmöglich bedeuten, dass sie sich gegenseitig versprachen, die ersten drei dürften niemals mehr den Heiden und die letzten zwei niemals mehr den Juden predigen. Einerseits hat sich Paulus in der Apg immer zunächst den Juden zugewendet (16,3; 17,1-3.10f.17; 18,4f.19f.28; 19,10; vergleiche Röm 1,16; 1Kor 9,20). Andererseits hat auch Petrus noch sehr tüchtig unter den Heiden gewirkt (vergleiche 1Kor 1,12; 1Petr 5,13), ganz zu schweigen vom Dienst des Johannes in Ephesus. Dieses Problem kann auch nicht gelöst werden, wenn man statt einer ethnischen eine geografische Auslegung nimmt: Petrus und Johannes in Palästina, Paulus außerhalb davon; denn auch daran hat sich keine der beiden Gruppen gehalten. Die beste Erklärung ist daher, sich überhaupt nicht eine strikte Arbeitsteilung vorzustellen, sondern von einer Anerkennung der tatsächlichen Gegebenheit auszugehen, wie sie unter Gottes Vorsehung bis dahin bestanden hatte: Petrus und Johannes hatten bisher (hauptsächlich) unter den Beschnittenen gearbeitet und Paulus (hauptsächlich) unter den Unbeschnittenen.

Diese Übereinkunft muss ein schwerer Schlag für die pharisäischen Gesetzeshalter gewesen sein. Nicht nur wurde der Inhalt des von Paulus vertretenen Evangeliums angenommen, sondern er wurde auch tatsächlich als Apostel anerkannt. Und das nicht als Ergebnis langer Verhandlungen, sondern weil die Zwölf anerkannten, was *Gott* durch Paulus gewirkt hatte. Wie gesagt: Die große Ernte an Christen, auf die Paulus verweisen konnte, war der beste Beweis, dass Gott sowohl seine Apostelschaft, als auch sein Evangelium anerkannte. Was blieb den Zwölfen anderes übrig, als dies auch anzuerkennen? Und vor allem: Was konnten die Galater anderes tun, die nun in diesem Brief von diesen Dingen hörten?

Manchmal ist darüber spekuliert worden, inwieweit die Zwölf hier dem Paulus »nachgegeben« haben. Haben sie den Standpunkt des Paulus *und* der Gemeinde in Antiochia »mit Haut und Haaren geschluckt«? Oder haben sie nur des lieben Friedens wegen zugestimmt, aber ihre eigenen Anschauungen über die Art und Weise der Evangeliums-Verkündigung beibehalten, wenigstens was die jüdische Lebensweise anging? Solche Vorstellungen gehen von Voraussetzungen aus, die erst einmal bewiesen werden müssen, nämlich davon, dass die Lehre der Zwölf sich in wesentlichen Punkten von der des Paulus unterschied. Sicher bestanden von jüdischer Seite gewisse Zweifel betreffs der eigenen Verhaltensregeln; das wird sehr deutlich aus 2,11-14 und Apg 21,17-26. Aber nirgends im NT sehen wir etwas davon, dass die Führer Zweifel hinsichtlich der Verhaltensregeln der Heidenchristen hatten. Im Gegenteil, gerade dieser Abschnitt (Vers 6) legt m.E. nahe, dass die »Säulen« und Paulus nicht zur Übereinstimmung *gelangten,* sondern nur bestätigten, dass sie zumindest über die Freiheit der Heidenchristen einer Meinung waren. Es ging in Jerusalem weder um einen Waffenstillstand, noch um einen Kompromiss, noch um eine einseitige Kapitulation, sondern um die gemeinsame Formulierung der Eintracht, die in diesem Punkt schon längst bestand, die aber der Irrlehrer wegen noch einmal ausdrücklich bekräftigt werden musste. Ob dieselbe Freiheit auch für Judenchristen bestand, war eine ganz andere Frage, die aber anschließend in den Versen 11-14 zur Sprache kommt. Sie wurde aber auch im Leben des Paulus wichtig, als – menschlich gesprochen – dessen eigene Nachgiebigkeit gegenüber den Juden in Apg 21 zu seiner Verhaftung führte.

2,10 Nur eine Bitte – eine Bedingung darf man es nicht einmal nennen – wird Paulus und Barnabas ans Herz gelegt und zwar, »dass wir der Armen gedächten«. Unter diesen Armen haben wir in erster Linie die materiell Armen in der Jerusalemer Gemeinde zu verstehen. Das stimmt mit dem überein, was Paulus in Röm 15,26 mit den »Dürftigen unter den Heiligen, die in Jerusalem sind«, umschreibt. Diese Sammlung für die Armen, von der Paulus in Röm 15,25-27; 1Kor 16,1-4 und 2Kor 8,9 (vergleiche Apg 24,17) redet, steht zweifellos in direktem Zusammenhang mit dieser Bitte, wie der Apostel auch selbst bestätigt: »… was ich mich denn auch zu tun beeifert habe«. Das war einfach eine Tat schlichter Bruderliebe und nicht eine Art »Steuer«, die die »Mutterkirche« zu Jerusalem den Gemeinden unter den Nationen auferlegt hätte, wie manchmal angenommen wird. Es gibt keinen einzigen Hinweis, dass die Gläubigen in Jerusalem die genannte Sammlung als eine Art »Steuer« betrachtet hätten.

Dass Paulus *seinerseits* diese Sammlung den Heidenchristen gegenüber als eine Art »materieller Gegengabe« darstellt, nachdem sie den geistlichen Segen von seiten der Judenchristen empfangen hatten (vergleiche Röm 15,27), ist etwas völlig anderes. Er selbst hat großen Wert auf diese Sammlung gelegt (vergleiche 2Kor 9,12f), vielleicht als Hilfe, um damit eventuelle Gräben zwischen »petrinischen« und »paulinischen« Gemeinden zu überbrücken.

Dass Paulus sich »beeiferte«, der Armen in Jerusalem zu gedenken, geschah nicht erst, nachdem die »Säulen« ihn darum gebeten hatten. Vielmehr will er sagen: Das, um was man mich bat, entsprach genau dem, was in meinem Herzen war und worauf ich es schon längst abgesehen hatte (siehe Grammatik). Nicht einmal in solchen zweitrangigen Angelegenheiten ging es darum, sich den Führern in Jerusalem zu unterwerfen. Statt dessen bezeugt er, dass er und die »Säulen« auch in dieser Angelegenheit völlig übereinstimmten. So hatten er und Barnabas schon in Apg 11,29f erkennen lassen, dass ihnen der Hunger der Mitgläubigen in Jerusalem nicht gleichgültig war. Mit anderen Worten: Insofern ihn die »Säulen« überhaupt um etwas baten, ging es nur um etwas, was er schon seit langem tat und auch weiterhin tut.

Natürlich gab es auch unter den Heidenchristen viele Arme; aber es scheint unter ihnen auch genügend Reiche gegeben zu haben, um den Bedürfnissen entsprechen zu können. In Judäa dagegen ging es um ein Strukturproblem, das sicher nicht nur durch den unökonomischen Verkauf der Äcker verursacht war (Apg 4,34). Ganz Palästina war ein armes Land; Gründe dafür waren Überbevölkerung, Entwaldung, Raubbau an dem an sich schon heruntergekommenen Boden, Aufstände und Plünderungen. Es bot ein Bild, wie wir es heute in den Ländern der dritten Welt antreffen können. Dazu kam der Status Jerusalems als »heilige Stadt«, die während der Festtage mit Pilgern vollgestopft war und viele von ihnen blieben für immer dort. In dieser Stadt werden es die jüdischen Christen infolge von Plünderungen und Verfolgungen ganz besonders schwer gehabt haben (vergleiche Hebr 10,32-34). Paulus ist sich niemals zu schade gewesen, dazu beizutragen, diese fundamentalen Nöte zu lindern.

Anmerkungen

1) Gr. *kata* + Akk. = »gemäß«, hier im Sinne von »wegen« oder »als Antwort auf«.

2) Das benutzte Verb (*dokeoo*) bedeutet (trans.) »meinen, glauben, vermuten, wähnen« und (intr.) »scheinen, aussehen« bei unpersönlichen Dingen (z.B.: »es sieht aus als ob«) und bei Personen: »er scheint« dies oder das zu sein. Nehmen wir diese Bedeutungen zusammen, dann sind die »Geachteten« in Gal 2 diejenigen, von denen man meint, dass sie etwas sind, diejenigen, die etwas zu sein scheinen.

3) Der Nebensatz »ein Grieche seiend« kann hier am besten folgendermaßen wiedergegeben werden: »*obwohl* er ein Grieche war« (konzessiv = einräumend). Ein »Grieche« ist hier ein Glied des griechischen Gemeinwesens, was praktisch dasselbe wie ein »Heide« bedeutet (vergleiche z.B. 1Kor 1,22.24; 10,32 wegen des Unterschieds zwischen »Juden« und »Griechen«).

4) Wir übergehen hier die Ansicht einiger Ausleger, Titus sei sehr wohl beschnitten gewesen – aus eigener Initiative oder auf Drängen des Paulus –, aber dass dies aufgrund seines Evangeliums an sich *nicht notwendig* gewesen wäre (siehe Grammatik). Mir scheint es unmöglich, den Text in

diese Richtung umzubiegen; das würde sämtlichen Ausführungen des Paulus den Boden entziehen.

5) Andere meinen z.B., Paulus beginne hier einfach einen neuen Satz, dem der Hauptsatz fehlt. Dieser »Telegrammstil« sei das Ergebnis seiner heftigen Emotionen während des Diktierens. Verschiedene Ausleger haben versucht, zwischen [ ] eine Art Hauptsatz einzufügen, um das Ganze flüssiger zu machen, z.B.: » [tatsächlich wäre diese Vorstellung nicht einmal aufgekommen] wäre es nicht der ungebetenen falschen Brüder wegen« (Hendriksen). Die Gestaltung des Einschubs hängt im übrigen davon ab, ob man Vers 4 an Vers 2b oder an Vers 3 anschließen lässt; im ersten Fall, wie bei meiner Übersetzung, genügt schon der Einschub »[das]«. Im zweiten Fall kann »[dass nicht einmal]« eingeschoben werden.

6) Wörtlich »gewichen sind mit der [= unserer] Unterwerfung«, d.h. »indem wir uns unterwarfen« oder »gefügig machten« oder vielleicht: »mit *dieser* Unterwerfung (hinweisend)«, nämlich der von den Widersachern geforderten Unterwerfung.

7) Einige wollen hier etwas Derartiges lesen: »... haben die Beratung nicht fortgesetzt«. Aber vielleicht ist es richtiger, an das verwandte Wort für »vorlegen« (*anatithemi*) aus Vers 2 anzuknüpfen. Das Wort aus unserem Vers heißt *prosanatithemi,* das eigentlich »hinzuvorlegen« bedeutet (*pros* = hinzu). Paulus will dann sagen: Ich habe den Führern etwas »vorgelegt« und sie haben nichts »dazuvorgelegt«, d.h. nichts hinzugefügt.

8) Der Unterschied zwischen »sehend« in Vers 7 und »anerkennend« in Vers 9 ist unbedeutend; höchstens kann man mit einiger Vorsicht sagen: »sehen« bedeutet vor allem »einsehen, erkennen«, das andere Wort eher »zugeben«.

9) Fung (S. 99) macht den Fehler, auch hier Barnabas vor Paulus zu nennen.

2.1.4 Gegen Petrus (2,11-14)

Übersetzung

11 Als aber Kephas nach Antiochia kam,
widerstand ich ihm in [sein] Angesicht,
weil er verurteilt war.
12 Denn bevor einige von Jakobus gekommen waren,
aß er mit den Nationen;
als sie aber gekommen waren,
entzog er sich und sonderte sich ab,
sich fürchtend vor denen aus [der] Beschneidung;
13 und mit ihm heuchelten <auch> die übrigen Juden,
so dass selbst Barnabas mit fortgerissen wurde durch ihre
Heuchelei.
14 Doch als ich sah,
dass sie nicht recht wandelten nach der Wahrheit
des Evangeliums,
sagte ich zu Kephas im Beisein aller:
Wenn du, ein Jude seiend,
nationengemäß und nicht judengemäß lebst,
wie zwingst du die Nationen jüdisch zu leben?

Textvarianten

11 {A} *Kephas:* siehe 1,18.
12 {A} *einige:* die Einzahl *jemand* in verschiedenen Handschriften muss
ein Versehen sein.
12 {B} *gekommen waren:* wichtige Textzeugen lesen ... *war* (vergleiche
vorige Anm.), aber der Zusammenhang verweist deutlich auf ... *waren.*
13 {D} *auch:* das Textzeugnis ist unsicher und damit auch die Einfügung.
14 {A} *Kephas:* siehe Vers 11 und 1,18.

Grammatik

11 *weil:* Rendall scheint ziemlich allein zu stehen mit seiner Übersetzung »[sagend] dass«; dieser gezwungen wirkende Einschub ist auch unnötig.

11 *verurteilt:* nicht *Grund zur Klage wider ihn* (Luther) oder *zu verurteilen*, sondern durch eigenes Betragen *verurteilt sein*.

12 *bevor einige ... gekommen waren:* gr. *pro* + Gen. des substantivierten Inf.: wörtlich: *vor dem Kommen einiger* (Akk.).

12 *von Jakobus:* muss mit *einigen* verbunden werden (also: Anhänger des Jakobus) oder mit *gekommen* (also: gesandt von Jakobus).

12 *aß er mit:* Imp., also nicht einmal, sondern gewöhnlich, regelmäßig, während einer ganzen Zeit.

12 *entzog er sich und sonderte sich ab:* 2x Imp., so dass das zweite wahrscheinlich auf das erste folgte und beide Ausdrücke daher nicht das gleiche bedeuten.

12 *denen aus [der] Beschneidung* (gr. *ek* + Gen.): das heißt hier: *abstammend aus* (den Beschnittenen), aber wegen des Fehlens des Artikels, besser: *(stehend) auf (der) Grund (lage) des* Prinzips der Beschneidung (siehe auch Apg 10,45; 11,2).

13 *fortgerissen ... durch ihre Heuchelei:* Dativ ohne Präp.: fortgerissen durch und danach mitgerissen, mitgeschleppt, wie ein Blatt in einem Fluss.

14 *recht wandelten:* eig. Präs., wegen der indirekten Rede, bei der wir das Imp. verwenden würden.

14 *nach der Wahrheit:* gr. *pros* + Akk. = manchmal *nach* im Sinne des *Folgens*; aber auch das richtungweisende *nach* ist hier nicht ausgeschlossen.

14 *lebst:* Präs.; bezieht sich auf das Verhalten des Petrus in Antiochia; hätte Paulus sagen wollen, dass Petrus wie ein Heide gelebt hatte, so hätte er den Aorist benutzt.

Auslegung

Diese Verse (evtl. noch die Verse 15-21) bilden den Abschluss des geschichtlichen Überblicks, den Paulus von 1,11 an gegeben hat. Damit wollte er deutlich machen, dass (a) seine Apostelschaft direkt auf die

Berufung Gottes und die Offenbarung Christi zurückzuführen waren, (b) die Zwölf darauf keinen Einfluss ausgeübt hatten, (c) dies auch kaum möglich war, weil er viele Jahre fast keinen Kontakt zu ihnen gehabt hatte und (d), als er endlich intensiv mit ihnen in Verbindung trat, dies nur dazu diente, dass die Jerusalemer Führer ihre vollkommene Übereinstimmung mit seiner Apostelschaft und seinem Evangelium bezeugten. In den nun folgenden Versen lässt Paulus sehen, dass er (a) wenn es nötig war, nicht einmal davor zurückschreckte, den Vornehmsten der Zwölf zur Ordnung zu rufen – was sich nur einer erlauben kann, der ein mindestens gleichwertiges Amt bekleidet wie das der Zwölf – und (b) dass er das tut, wenn der Inhalt des Evangeliums auf dem Spiel steht. Es ging Paulus nicht darum, Petrus herabzusetzen, sondern darum, das Evangelium und die praktische Einheit der Kirche zu retten.

2,11 Eine Schwierigkeit bei der Auslegung dieser Verse liegt in der Feststellung des genauen historischen Hintergrundes. Paulus sagt: »Als aber Kephas nach Antiochia kam ...« – aber wann war das und warum? Auf den ersten Blick scheint es – wenn 2,1-10 = Apg 15 ist, wovon wir hier ausgehen (siehe Anhang 2) –, als ob dieser Vorfall nach dem Apostelkonzil in Jerusalem stattfand. Aber es macht doch einige Mühe – wenn es auch nicht unmöglich ist – anzunehmen, dass Petrus nach diesem Konzil tatsächlich noch zu einem so heuchlerischen Betragen imstande gewesen sein soll. Es ist nicht undenkbar, dass Paulus hier auf einen (viel) früheren Vorfall hinweist, entweder vor oder nach seiner ersten Missionsreise, wie einige geäußert haben; allerdings wirkt es ein wenig unnatürlich, wenn hier auf einmal die in Gal 1 und 2 geschilderte Reihenfolge durchbrochen wird. Wir gehen daher doch davon aus, dass diese Episode nach Apg 15,29 stattfand. Das macht das Verhalten des Petrus um so ernster. Außerdem muss alles vor Apg 15,39 geschehen sein; denn da lesen wir, dass Paulus und Barnabas auseinander gehen, während sie in Gal 2,13 noch zusammen sind.

Paulus erzählt auch gleich den Schluss dieses Vorgangs: »... widerstand ich ihm in [sein] Angesicht, weil er verurteilt war«. Erst in Vers 12 berichtet er den Anlass zu dieser öffentlichen Zurechtweisung des Petrus, nämlich dessen Weigerung, mit den Heidenchristen zu essen. »Widerstehen« bedeutet, sich einem Angreifer entgegenzustellen. Obwohl Petrus das sicher nicht beabsichtigte, sah Paulus in dessen Haltung den Anfang eines Angriffs auf »die Wahrheit des Evangeliums«

(Vers 14). Widerstehen »ins Angesicht« bedeutet, jemand öffentlich und in dessen Gegenwart, ihm ins Angesicht blickend, entgegenzutreten, weil er verkehrt handelt. Durch sein Betragen hatte sich Petrus selbst »verurteilt«. Paulus hat das falsche Betragen des Petrus, das in der Öffentlichkeit passiert war, auch öffentlich an den Pranger gestellt und das nicht hinter seinem Rücken, sondern »ins Angesicht« (siehe Vers 14). Aber bevor Paulus ihn »verurteilte«, war Petrus schon »verurteilt«, wie es wörtlich heißt; er hatte durch seine eigene Handlungsweise bereits das Urteil über sich gefällt (siehe Grammatik). Paulus sprach nur aus, was Petrus durch sein eigenes Betragen bewirkt hatte; Petrus wusste nur allzu gut, wie radikal sein Betragen seinen tiefsten Überzeugungen zuwiderlief.

Wie gesagt, Paulus schreckte nicht davor zurück, falls nötig, selbst den Vornehmsten der Zwölf zur Ordnung zu rufen. Das zeigt aufs Neue, dass er in keiner Hinsicht hinter den Zwölfen zurückstand. Unter dem Einfluss der Irrlehrer würden die galatischen Christen wahrscheinlich viel eher erwartet haben, dass Petrus dem *Paulus* wegen seines »unjüdischen« Evangeliums eine Zurechtweisung erteilt hätte. Aber die Rollen waren genau umgekehrt verteilt. Paulus war nicht nur den Zwölfen ebenbürtig; wenn es um das Evangelium Christi ging – und um nichts anderes! – stellte er sich sogar als Richter über die Zwölf oder über einen von ihnen.

2,12 Paulus, Barnabas und die anderen Judenchristen in Antiochia waren es seit Jahr und Tag gewöhnt, freundlich mit den Heidenchristen zu essen (Apg 11,26). Das bedeutet: Sie hatten die jüdischen Speisegesetze, mit denen sie groß geworden waren, beiseite setzen müssen. Tatsächlich hatte Gott den Petrus in einer Vision schon darauf vorbereitet, bevor er zu dem Hause des Kornelius ging (Apg 10,10-16; 11,5-10). Das bedeutet: Dies neue Verhaltensmuster war nicht nur eine Erfindung der jüdischen Christen, damit sie freier mit den Brüdern und Schwestern aus den Nationen umgehen konnten, sondern es ging auf eine Offenbarung Gottes zurück. Ausgerechnet Petrus hatte diese empfangen; um so trauriger war es, dass gerade er diese hier in den Wind schlug.

Der Grund zu seinem Verhalten war nicht aufkommende Unsicherheit über die dahinter stehenden Grundsätze. Dafür hatte ihm der Herr allzu deutlich gezeigt, wie er zu handeln hätte. Nein, »bevor einige von

Jakobus gekommen waren, aß er mit den Nationen«. Er betrug sich anfangs in Antiochia also genauso, wie es die übrigen Judenchristen schon seit langem getan hatten: »er aß mit den Nationen.« Einige wollen hier nur an die Feier des Abendmahls denken und nicht an gewöhnliche Mahlzeiten. Dafür ist im Text aber kein Grund zu finden. Im Gegenteil, wir werden hier vor allem an die gewöhnlichen Mahlzeiten zu denken haben (vergleiche Apg 11,3; 1Kor 5,11). Andererseits war die Abendmahlsfeier gewöhnlich an ein gemeinsames Liebesmahl gekoppelt (1Kor 11,20-22.33f), so dass wir dies auch nicht ausschließen wollen. Nicht mit den Heidenchristen zusammen das Abendmahl feiern zu wollen, bedeutet eine Verkennung der Gemeinschaft des Leibes Christi (1Kor 10,16f). Das bedeutet im Grunde die Anerkennung zweier »Kirchen«: einer Gemeinde aus den Juden und einer aus den Heiden. Durch nichts wird Christus mehr »zerteilt« (vergleiche 1Kor 1,13), als durch eine Haltung gegenseitiger Ausschließung. Aber auch wenn man die gewöhnlichen Mahlzeiten nicht miteinander einnehmen will, ist das ernst genug. Das bedeutet: Das (Schatten-) Gesetz, die »Zwischenwand der Umzäunung« zwischen Juden und Heiden, besteht immer noch, selbst innerhalb der Gemeinde. Und das, obwohl Christus Sein Blut gegeben hat, um die »Zwischenwand«, die Feindschaft zwischen Israel und den Nationen stiftete, abzubrechen und die zwei zu *einem* neuen Menschen, zu *einem* Leibe zu machen (Eph 2,13-16)! Das ist ein wichtiger Punkt, auch in unserer gegenwärtigen Situation. Wo sogenannte »messianische Juden« sich weigern würden, freundlich mit Heidenchristen zu essen, würden sie unter das gleiche Urteil des Paulus fallen wie hier Petrus. Genauso wie es die Apostel in Apg immer getan haben, können wir die Haltung »messianischer Juden«, die an Beschneidung und Gesetz festhalten wollen, dulden – aber wir müssen betonen, dass dies *nicht* die Lebensregel des »messianischen Juden« Paulus war. Dieser passte sich, wenn nötig, dieser Regel an, aber das ist etwas ganz anderes, als wenn er sie grundsätzlich als für sich verbindlich erklärte (1Kor 9,19-23); ganz im Gegenteil sah er diese Haltung als »Schwachheit« an (Röm 14,1 – 15,7).

Noch schlimmer wird es aber, wenn »messianische Juden« Beschneidung und Gesetz den Heidenchristen *aufzuerlegen* versuchen. Das geht zu weit; aber auch der weniger weit gehende Standpunkt ist verwerflich, nämlich die Schattengesetze als Barriere zwischen sich und den Heidenchristen aufrechtzuerhalten. Derselbe »messianische Jude«, der unbedingt an diesen Gesetzen festhalten will. wird eben diese Gesetze für den Umgang mit den Christen aus den *gojim* völlig beiseite tun müssen. Sonst ist er kein Bekenner des Messias Jesus im wahrhaften Sinn des NT.

Die Gründe des Petrus, wieder in das alte Muster zurückzufallen, waren im Ganzen nicht grundsätzlicher, sondern nur diplomatischer Natur: »Als sie [einige von Jakobus] von Jakobus gekommen waren ...« Es besteht ein deutlicher Unterschied zwischen: »einige kamen von Jakobus« und: »einige von Jakobus kamen«. Im ersten Fall bedeutet es, dass Jakobus sie geschickt hatte, im zweiten wird nur angezeigt, dass sie Anhänger des Jakobus waren (siehe Grammatik). Die Ansichten über diese zwei Möglichkeiten sind geteilt, doch hat es wenig Sinn, darüber zu spekulieren. Wir wissen nur, dass die jüdischen Christen aus dem Kreis um Jakobus »alle Eiferer für das Gesetz« waren (Apg 21,18.20); aber das gibt uns noch nicht Recht zu dem Schluss, die »einigen« in unserem Vers seien mit einer ausdrücklichen Botschaft von Jakobus hergekommen. Das wäre nicht völlig undenkbar – obwohl nach Apg 15 unwahrscheinlich, doch gilt das auch für das Betragen des Petrus –, aber es wird uns nichts Endgültiges darüber gesagt. Genauso gut ist es möglich, dass, wie so oft, die Anhänger weiter gehen als ihr Führer, dann wäre es ihre eigene Initiative gewesen, den freien Umgang des Petrus mit den Heidenchristen zu kritisieren.

Man könnte sich höchstens fragen, wie es denkbar ist, dass sich Petrus durch diese geringeren Brüder beschwatzen ließ. Vielleicht war es – nach Apg 15 – ein Argument folgender Art: Wenn wir nun schon den Heidenchristen erlaubt haben, sich nicht der Beschneidung und dem Gesetz zu unterwerfen, dann sollten wenigstens *wir*, die christusgläubigen Juden, am Gesetz festhalten, auch in Gegenwart der Gläubigen aus den Nationen! Hat nicht Jakobus selbst gesagt: »Mose hat von alten Zeiten her in jeder Stadt solche, die ihn predigen, indem er an jedem Sabbath in den Synagogen gelesen wird« (Apg 15,21)? Bedeutete das nicht, man dürfe den Heidenchristen zwar die Freiheit lassen, aber Judenchristen hätten sich in allem an Moses zu halten?

Einige haben sogar unterstellt, die »einigen von Jakobus« hätten nichts anderes getan, als die Beschlüsse von Apg 15 in Antiochia hochzuhalten, etwa im Sinne von: Umgang mit Heidenchristen, wunderbar; aber nur wenn diese sich von Götzenopfern enthielten und von Ehen, die dem jüdischen Gesetz zufolge ungültig sind und vom Blutessen (einschließlich des Blutes in erstickten Tieren). Diese Unterstellung geht aber zu weit: (a) damit wird zu viel in den Text hineingelesen und er wird verbogen und (b) Paulus selbst hatte die Beschlüsse in den galatischen Städten gelehrt (Apg 16,4). Nein, es scheint hier um echte »Eiferer für das Gesetz« zu gehen, die mit nichts weniger zufrieden waren, als dass man sich völlig den jüdischen Speisegesetzen fügte, auch im Umgang mit den Heidenchristen. Dabei kann die Vermutung richtig sein, dass die »einigen von Jakobus« sich auch vor Verfolgung durch die Juden fürchteten, wenn sich das Gerücht von dem freizügigen Umgang der Antiochischen Judenchristen mit den Heiden in Judäa verbreiten sollte (vergleiche 5,11; 6,12!).

Wie dem auch sei: Auf Drängen dieser Jakobus-Anhänger »entzog er [Petrus] sich und sonderte sich ab«. Hier sehen wir die volle Tragweite dieser Tat: Er trennte sich von den Heidenchristen, wie der Fromme sich vom Bösen trennt![1] Es ging um ein echtes Schisma: Tatsächlich entstanden *zwei* Gemeinden in Antiochia: eine für jüdische, eine für heidnische Christen. Leider finden wir es heute schrecklich normal, dass zwei (oder zehn oder hundert) Gemeinden an einem Ort sind: eine für die Lutheraner und eine für die Reformierten, eine für die Baptisten, eine für die Pfingstgemeinden usw., usw. Eigentlich ist die Ursache für diese Trennung dieselbe wie in Antiochia: Jeder will eine Gemeinde, wo man tun kann was man will, sei es dass man Gesinnungsgenossen um das eigene Credo versammelt, sei es um »groß« taufen zu können oder dass man in Zungen reden will, usw. Jeder findet sein Schibbolet genauso wichtig wie die Anhänger des Jakobus das ihre. Und jeder ist bereit, für sein Schibbolet Gottes Gemeinde zu zerreißen.

Darüber müssten wir eigentlich genauso entrüstet sein, wie es Paulus gegenüber Petrus war! Was heißt es denn, wenn A bereit ist, B vollkommen als Christen anzuerkennen und doch nicht mit ihm Abendmahl feiern mag? Doch nur, dass A sich für »besser« hält als B, d. h. etwas zu haben meint, was B nicht hat, z. B. die größeren Führer! oder die richtige Taufe! oder die richtige Lehre! oder die einzige biblische Abendmahlsfeier! oder den besonderen »Pfingstsegen«! oder die Einsicht in die wahre Kirche! lies: A's Gemeinde. Oder weigert sich B, erst Vollmitglied der Glaubensgemeinschaft von A zu werden? Dann weigert sich A, B's volles Christsein anzuerkennen, während doch nach Paulus das Christsein ausschließlich von unserer Stellung zu Christus durch den Glauben abhängt. Wer einem wahren Christen, der auch als Christ wandelt, das Abendmahl verweigert, fällt grundsätzlich unter das gleiche Urteil, das Paulus hier über Petrus ausspricht.

Paulus sieht das Motiv des Petrus in dessen Furcht »vor denen aus [der] Beschneidung«. Die Frage ist, warum Paulus diesen letzten Ausdruck verwendet. An anderen Stellen meint er gewöhnlich die »Beschnittenen«, also die Juden damit (Röm 4,12; Kol 4,11). Die Tatsache aber, dass er hier und in Vers 13 sonst von »Juden« spricht, wenn er Judenchristen meint, könnte bedeuten, dass er in unserem Vers eine besondere Gruppe von Juden meint. Das sind dann nicht nur »Beschnittene«, sondern solche, die »auf der Grundlage der Beschneidung stehen« (siehe Grammatik), also: »Anhänger der Beschneidung«, d. h. solche, die den Judenchristen und sogar den Heidenchristen die Beschneidung auferlegen. Die Furcht des Petrus vor dieser Gruppe ist menschlich sehr gut zu begreifen. Er war der Apostel der Beschneidung (Verse 7-9) und wollte gegenüber den Juden, denen er das Evangelium bringen sollte, gewiss nicht als abgefallener Jude erscheinen. Aber vielleicht geht es um mehr als um die Furcht, persönlich bloßgestellt zu werden; vielleicht war es eine echte emotionale Reaktion, weil, wie wir schon angesprochen hatten, das Verhalten des Petrus zu ernsten Verfolgungen in Judäa führen könnte.[2]

Beim Streit zwischen Paulus und Petrus ist es von großer Bedeutung, zwischen den Motiven für »essen« und »nicht essen« zu unterscheiden:

(a) Wer meint, aufgrund des Gesetzes bestimmte Dinge nicht essen zu dürfen, ist »schwach« (Röm 14,2f); doch wenn jemand aufgrund dessen sich weigert, mit Brüdern aus den Nationen zu essen, so ist er »verurteilt« und »wandelt nicht recht« (unser Abschnitt).

(b) Wer sogar noch weiter geht und anderen aus religiösen Gründen verbietet, bestimmte Dinge aus Gottes guter Schöpfung zu essen, ist in dämonischen Lehren gefangen (1Tim 4,1-5; vergleiche Kol 2,16f).

(c) *Aber*: Wer, obwohl persönlich frei, sich unter gewissen Umständen bestimmter Nahrung enthält, um andere zu gewinnen, wird von guten Motiven getrieben (1Kor 9,19-23). Es ist ein großer Unterschied, ob man nicht mitisst aus »Furcht« und aus »Heuchelei« (unser Abschnitt) oder weil man danach verlangt, andere für Christus zu gewinnen. Im ersten Fall stößt man potentielle Mitgläubige ab, im zweiten Fall zieht man sie an.

(d) Auf dieselbe Weise kann man sich, obwohl persönlich frei, unter gewissen Umständen bestimmter Nahrung enthalten, um (1) dem »schwachen« Mitgläubigen nicht zum Fallstrick zu werden, indem man z. B. nicht an Götzenopfermahlzeiten teilnimmt (1Kor 8,7-13) oder um (2) bei den Ungläubigen keinen falschen Eindruck zu erwecken (1Kor 10,25-29). Auch in diesem Fall ist das Motiv nicht »Furcht« und »Heuchelei«, sondern das Verlangen, andere für Christus zu erhalten oder zu gewinnen.

2,13 Paulus charakterisiert das Betragen des Petrus als »Furcht« (Vers 12) und »Heuchelei«. Bei dem letzten war Petrus nicht allein: »mit ihm heuchelten <auch> die übrigen Juden«. Als »einige von Jakobus« kamen, wechselte Petrus plötzlich seinen Kurs, doch diese »Heuchelei« entsprang nicht diesem oder jenem Opportunismus, so, als sei er eine Wetterfahne. Petrus war kein »Heuchler« in dem Sinne, dass er beide Seiten zu Freunden haben wollte oder dass er ein Mann ohne Rückgrat gewesen wäre, der selbst nicht wusste, was er wollte. Wir wissen es besser. Nein, er war ein Heuchler, weil er *sehr genau* wusste, was er zu tun hatte und es doch nicht tat. Er trieb ein »Falschspiel«, indem er ein Betragen an den Tag legte, das seine Überzeugung verbarg, ja, das die Grundfesten des Evangeliums antastete. Er trieb nicht nur gegenüber den »einigen von Jakobus« »Falschspiel«, auch nicht nur gegenüber den Heidenchristen, sondern er »spielte falsch« gegenüber seinen eigenen tiefsten Überzeugungen.[3] Darin glich er in diesem Augenblick den »Heuchlern« in Mt, die wussten, sie hatten X zu tun und taten doch Y. Er glich auch dem Petrus, der aus Furcht vor einer Magd heuchelte; so heuchelte er hier vor diesen gesetzlichen Leuten.

Eigenartigerweise braucht Paulus hier, um die anderen jüdischen Christen zu bezeichnen, den Ausdruck »Juden«. Für ihn ist ein »Jude« einer, der sich wie ein »Jude« beträgt, d.h. der sich dem jüdischen Gesetz unterwirft, ob er nun Christus angenommen hat (wie hier) oder nicht (z. B. 1Thes 2,14). Darum kann auch Barnabas in diese Kategorie gerechnet werden: »... so dass selbst Barnabas mit fortgerissen wurde durch ihre Heuchelei«. In *diesem* Sinn nennt Paulus sich selbst keinen »Juden« mehr. Wenn es aber um die natürliche Abkunft geht, ist er natürlich ein »Jude« (siehe Vers 15). Wenn in diesem Punkt Verwirrung droht, nennt er sich lieber »Hebräer« oder »Israelit« (vergleiche Phil 3,6; 2Kor 11,22 und vergleiche den Kontrast mit Vers 24).

Andererseits gebraucht er den Ausdruck auch für denjenigen, der sich nicht nur des Gesetzes rühmt, sondern es auch hält – und dann würde selbst der fromme Heide unter diese Definition fallen (Röm 2,28f)!

Dass jüdische Christen mit fortgerissen wurden, ist menschlich verständlich, weil Petrus der vornehmste von den Zwölfen und eine der »Säulen« in Jerusalem war. Aber dass selbst Barnabas mit hineingezogen war, muss für Paulus eine bittere Pille gewesen sein! Barnabas war doch schon so viele Jahre sein enger Freund und Mitstreiter gewesen! Dass Petrus, der doch nur in Antiochia zu Besuch war, zu heucheln anfing, war schon schlimm genug. Aber dass Barnabas, der so viele Jahre schon mit den Heidenchristen in Antiochia gegessen hatte, bei dem »Falschspiel« mitmachte, war unbegreiflich. »Mitmachen« klingt noch zu aktiv; Barnabas wurde davon »mitgerissen« wie ein Blatt im Strom (siehe Grammatik). Einige haben vermutet, dass der Apostel (!) Barnabas, der die Missionsreise zu den Galatern und das Jerusalemer Apostelkonzil mitgemacht hatte, im Galaterbrief kaum eine Rolle spielt.

Barnabas war ein »guter Mann« und solange ein solcher »voll Heiligen Geistes« ist (Apg 11,24), ist das hervorragend – andererseits ist jemandes »Gutherzigkeit« auch seine Schwachheit. Vielleicht wollte er den Brüdern aus Jerusalem gegenüber nur »höflich« sein; sobald sie fort waren, würde er selbstverständlich wieder mit den Heidenchristen essen. Warum sollte man die Jerusalemer unnötig vor den Kopf stoßen? Das Problem war nur, dass er auf diese Weise die Gläubigen aus den Nationen vor den Kopf stieß. Die konnten sein Betragen niemals verstehen und sahen notwendigerweise darin einen Verrat an ihnen. Paulus sah noch mehr darin: eine Form des Verrats am Evangelium selbst. Es ist gut, gut zu sein – aber nicht auf Kosten dessen, was gut ist, geschweige denn auf Kosten des einzig Wahren und Guten. So sagte ein Bruder nach einer Auseinandersetzung zu mir: »Lass uns um jeden Preis den Frieden bewahren.« Ich konnte nur antworten: »Um *jeden* Preis …?« Paulus war nicht bereit, den Frieden mit den Anhängern des Jakobus für den Preis zu bewahren, den Barnabas dafür zu zahlen bereit war.

2,14 Man hat vermutet, dass Paulus eine Zeit lang nicht in Antiochia war, sonst hätte er es niemals so weit kommen lassen. Wie auch immer – nun tritt er auf, vielleicht als einziger gegenüber allen Judenchristen. Es geschieht, was schon in Vers 11 angekündigt wurde: Paulus widerstand Petrus ins Angesicht, weil er durch sein eigenes Verhalten verurteilt war. Wir sahen schon bei Vers 11, was »widerstehen« bedeutet: sich einem Angriff widersetzen. Und was Petrus und die Seinen taten, war, wenn auch sicher unbeabsichtigt, im Keim ein Angriff auf »die Wahrheit des Evangeliums«. Hier sagt Paulus es so: »Ich sah, dass sie nicht recht wandelten[4] nach der Wahrheit des Evangeliums.« Die Furcht und die Heuchelei des Petrus und der anderen war an sich schon verwerflich; aber was dahinter steckte, ging viel tiefer. Das Evangelium stand auf dem Spiel und Petrus trieb »Falschspiel«.

Wir können uns die Situation lebendig vorstellen. Sie saßen beim Liebesmahl (vergleiche Jud 12), wobei gesungen und gebetet und Worte gesprochen wurden, dabei genoss man zusammen die Mahlzeit und feierte anschließend das Abendmahl (vergleiche 1Kor 11,20-22.23f). Und siehe da: die Gemeinde ist geteilt! Petrus und Barnabas und die übrigen Juden saßen für sich an einem Tisch und aßen ihre kosheren Speisen, die Heidenchristen saßen notgedrungen beim Essen allein. Die »Zwischenwand der Umzäunung (die Feindschaft, das Gesetz der Gebote in Satzungen)« (Eph 2,14f) war in Wahrheit wieder zwischen Juden und Heiden in (Un-) Ehren errichtet worden! Paulus war tief erschüttert. Ihm ging es nicht allein um die verletzten Gefühle der Heidenchristen, um den Fortbestand der Gemeinde in Antiochia, es ging ihm um den Fortbestand der gesamten Kirche, um die Wurzeln des Evangeliums Christi, um Christus selbst. Darum stand Paulus in der Zusammenkunft auf und richtete seinen flammenden Zorn gegen die abseits sitzenden Judenchristen.

Nicht die »einigen von Jakobus« werden öffentlich ermahnt, sondern Petrus. Die wussten es vielleicht nicht einmal besser, aber Petrus wohl. Über dies hatte Petrus eine höhere Stellung als sie mit weiterreichenden Konsequenzen. Das Verhalten des Petrus ging die gesamte Gemeinschaft an, sowohl die jüdischen und heidnischen Christen in Antiochia, als auch die Besucher aus Jerusalem. Darum wies Paulus den Petrus »im Beisein aller« zurecht. Es war unzweckmäßig, die vielen Schuldigen – Petrus, Barnabas und die »übrigen Juden« – jeweils gesondert zu sprechen. Auch war eine öffentliche Zurechtweisung von großer Wichtigkeit für die Ermutigung der Heidenchristen, die durch das tadelnswerte Verhalten der Judenchristen vor den Kopf gestoßen waren. Außerdem: Paulus lehrt an anderer Stelle, dass eine durch einen Führer in der Öffentlichkeit begangene Sünde auch in der Öffentlichkeit an den Pranger gestellt werden muss (1Tim 5,20). Je höher der Platz ist, den jemand einnimmt, um so gefährlicher ist er als Fallstrick für andere, wenn er strauchelt.

Petrus war natürlich kein Irrlehrer; auf keinerlei Weise hat er den Gläubigen aus den Heiden eingeredet, sie müssten sich der Beschneidung und dem Gesetz unterwerfen. Aber die bloße Tatsache, dass er den jüdischen Christen nachgab, die sich noch sehr wohl Beschneidung und Gesetz unterwarfen und darum nicht mit den Heidenchristen essen wollten, reichte aus, um den Zorn des Paulus zu erregen. Selbst in dieser Sache sah er schon sein Evangelium grundlegend angetastet. Er akzeptierte, dass die vielen jüdischen Christen den Schattengesetzen unterworfen blieben, d.h. den Gesetzen, die als »Schattenbilder« in Christus ihre Erfüllung gefunden hatten (Kol 2,16f; Hebr 8,5; 10,1) – aber er sah darin sehr wohl eine »Schwachheit« (Röm 14,1 – 15,7). Als aber die Judenchristen um eben dieser Gesetzeseinhaltung willen den Umgang mit den Heidenchristen mieden, betrachtete er das als *Sünde,* als grundsätzliche Unterminierung des Christentums. Das sehen wir hier.

Paulus sagt: »Wenn du, ein Jude seiend, nationengemäß und nicht judengemäß lebst ...« Obwohl Petrus ein Jude war, hatte er in Antiochia »gelebt«, wie die Gläubigen aus den Nationen »lebten«. Petrus lebte nicht dauernd als Heide (siehe Grammatik); wir dürfen annehmen, dass er in Jerusalem genauso wie die meisten jüdischen Christen gelebt hat, also unter Beachtung der mosaischen Gesetze. Aber hier in Antiochia lebte er zu Recht wie die Gläubigen aus den Nationen, wie er es damals im Hause des Kornelius getan hatte (Apg 10).

Paulus fragt: »... wie zwingst du die Nationen, jüdisch zu leben?« Dies »wie« bedeutet: »wie ist es möglich, dass ...« Das Wort »zwingen« mag hier erstaunen. Jawohl, Petrus, der Jude, hatte aufgehört, »wie die Nationen« zu leben; aber das ist doch etwas anderes, als die (Gläubigen aus den) Nationen zu zwingen, »wie die Juden« zu leben?? Dafür gibt es zwei Erklärungen: Entweder meint Paulus gar nicht, Petrus habe auf die Heidenchristen konkret Druck ausgeübt, bei den Mahlzeiten nur koschere Speisen zu essen, dass aber die Konsequenz dieses Verhaltens sehr wohl darin lag, dass, wenn die Heiden- und Judenchristen auch in Zukunft zusammenbleiben wollten, letztere sich den ersten anpassen mussten. Oder Paulus zielt darauf, dass Petrus tatsächlich Druck auf die Heidenchristen ausgeübt hatte, zu den Mahlzeiten nur koschere Speisen aufzutischen. Das letzte scheint im Lichte von Apg 15 schwer vorstellbar, so dass die erste Erklärung näher liegt. Paulus will sagen: »Wenn ein *Jude* wie du wie die *Nationen* leben kann, wie kannst du dann die *Nationen* zwingen, wie ein *Jude* zu leben, indem du ihnen die jüdische Lebensweise als die einzig richtige aufzwingst?«

Die beiden Ausdrücke: »judengemäß leben« (gr. *Ioudaïkoos zaoo*) und »jüdisch leben (gr. ein Wort: *Ioudaïzein*) waren schon bei 1,13 dran, als wir das Wort »Judentum« (gr. *Ioudaïsmos*) besprachen. »Leben wie ein Jude« bedeutet hier nicht nur nach dem Alten Testament zu leben, sondern gemäß der traditionellen, gesetzlichen Art des Judentums jener Zeit mit all seinen bis ins Letzte ausgearbeiteten Speisegesetzen. Auch heute noch gehen die Forderungen für koscheres Essen im orthodoxen Judentum viel weiter als die eigentlichen Forderungen der Torah. Paulus hätte nicht einmal gewollt, dass die Heidenchristen die Speisegesetze von 3Mo 14 einhielten, ganz zu schweigen von den viel weitergehenden Gesetzen des traditionistischen Judentums. Ihm war nur allzu deutlich, dass, wenn die Heidenchristen erst einmal dazu gebracht waren, die judaistischen Speisegesetze einzuhalten, der zweite Schritt darin bestehen würde, sie dazu zu bringen, sich beschneiden zu lassen. Zu den Konsequenzen der Handlungsweise eines so einflussreichen Apostels wie Petrus gehörte: entweder eine für alle Zeiten getrennte Kirche oder eine Kirche, in der die Heidenchristen durch Beschneidung und Schattengesetze dem Judaismus einverleibt wurden.

Das war für Paulus unannehmbar und darum wies er Petrus scharf zurecht. Es ging ihm dabei absolut nicht um Menschen, sondern um das Evangelium, genauer: um Christus. Paulus hatte vor Petrus großen Respekt und ihm lag durchaus nichts daran, ihn öffentlich bloßzustellen oder eine spannende Debatte vom Zaun zu brechen, noch weniger ging es ihm darum, sich auf Kosten des Hauptes der Zwölf hervorzutun. Er konnte ehrlich sagen: »Was ist Apollos und was ist Paulus?« (1Kor 3,5). Nein, es ging ihm weder um sich selbst, noch um Petrus, sondern um »die Wahrheit des Evangeliums«, so, wie er es schon zum zweiten Mal in diesem Kapitel sagt (Vers 5). Und auch Petrus hat es glücklicherweise nicht persönlich aufgefasst, wie wir wenigstens aus dem schließen können, was er in späteren Jahren schreibt: »… unser geliebter Bruder Paulus« (2Petr 3,15).

Wir lassen diesen Abschnitt bei Vers 14 enden, das aber mehr aus Verlegenheit, weil wir nicht mehr mit Sicherheit feststellen können, wo die öffentlichen, an Petrus gerichteten Worte aufhören. Nur Vers 14b scheint zu wenig und alles, von den Versen 14b-21, scheint zu viel zu sein. Bei den Versen 15f kann man sich vorstellen, dass in das »wir« auch Petrus und die jüdischen Christen in Antiochia eingeschlossen sind. Vers 17 aber scheint sich nicht mehr auf die Situation in Antiochia zu beziehen; allerdings ist, wie wir sehen werden, eine Auslegung denkbar, die alles von den Versen 15 bis 21 als Ansprache an Petrus auffasst. Weil die Verse 15f aber gleichzeitig der Beginn der lehrmäßigen Auseinandersetzungen des Paulus sind, lassen wir da einen neuen Abschnitt beginnen.

Anmerkungen

1) sich entziehen und sich trennen ist nicht dasselbe; das zweite folgt wahrscheinlich auf das erste (siehe Grammatik). Im ersten steckt ein mehr gefühlsmäßiges Element: feige aus dem Weg gehen – siehe auch die mediale Form in Hebr 10,38; vergleiche Apg 20,20.27 (»sich verkriechen« d.h.: ängstlich verschweigen) – im zweiten mehr ein formales Element: sich von Mahlzeiten mit den Heidenchristen distanzieren. Das (semi) formale Element sehen wir z.B. auch in Mt 13,49; 25,32; Apg 19,9; 2Kor 6,17 (vergleiche Lk 6,22). In allen diesen Stellen geht es um die »Absonderung« des Guten vom Bösen und in Lk 6 um das Umgekehrte.

2) Einige haben sogar unterstellt, Petrus hätte Jakobus »gefürchtet«, der zu jener Zeit der unbestrittene Führer gewesen sein soll (vergleiche Apg 21,18). Tatsächlich bedeutet dies »Fürchten« oft Respekt oder Angst vor einer höheren Instanz. Es scheint aber keine zwingenden Gründe zu geben, diese Annahme in den Text hineinzulesen. So argumentieren natürlich vor allem römisch-katholische Kommentatoren, die in Anbetracht ihrer Lehre vom Primat des Petrus (als der »erste Papst«!) nichts von einem höheren Rang des Jakobus wissen wollen. Freilich, schon die Kirchenväter und spätere römisch-katholische Ausleger hatten überhaupt Schwierigkeiten mit diesem Abschnitt über die Heuchelei des Petrus; einige (z.B. Clemens von Alexandria) haben daher sogar geäußert, es handle sich hier um einen anderen »Petrus« als den »Simon Petrus« und Origines meinte, es hätte sich hier um einen Komplott zwischen Petrus und Paulus gehandelt, um die Judaisten zu widerlegen … Selbst Hiero-

nymus übernahm diese Theorie, die aber von Augustinus zu Recht widerlegt wurde.

3) Das gr. Wort für »Heuchelei« ist allgemein bekannt: *hypokrisis*. Ursprünglich bedeutete das Wort so viel wie »Schauspiel« und weil ein Schauspieler sich anders zeigt, als er ist, bekam das Wort mit der Zeit die negative Bedeutung von jemand, der »faulspielt«. Eigentlich ist unser Ausdruck »Heuchelei« gar nicht die korrekte Wiedergabe des Wortes *hypokrisis*. Die zugrunde liegende Idee ist nicht nur Heuchelei, sondern jene Form von Gemeinheit, mit der ein Mensch seine tatsächlichen Gedanken maskiert, wie der antike Schauspieler sein Gesicht hinter einer Maske verbarg. Der »Hypokrit« »spielt falsch« in Bezug auf seine eigenen Überzeugungen. Vor allem Mt ist voll von diesem Wort, das diesen Doppelsinn, dieses »Falschspiel«, sehr deutlich wiedergibt (vergleiche 6,2.5.16; 7,3-5.8; 15,3-7; 22,18; 23,13-29; 24,51).

4) Das hier gebrauchte und mit »recht wandeln« wiedergegebene Verb bedeutet wörtlich: »mit richtigen Füßen gehen nach«. Die »richtigen Füße« können sich auf den richtigen Kurs beziehen – »Kurs halten« – aber auch auf die Form der Füße; das Gegenteil hieße dann: »mit krüppligen Füßen gehen«. Das hier für »nach« gebrauchte Wort zeigt primär die Richtung an: »nach (in Richtung) der Wahrheit des Evangeliums«. Petrus und die Seinen waren nicht auf dem richtigen Weg, der nach der Wahrheit des Evangeliums führt; sie waren nicht auf dem Kurs Richtung Wahrheit. Andere fassen »nach« hier in der Bedeutung von »gemäß« auf: Sie liefen nicht richtig, in Übereinstimmung mit dem Evangelium (siehe Grammatik).

2.1.5 Beginn des Lehrteils (2,15-21)

Übersetzung

15 *Wir*, von Natur Juden und nicht Sünder aus [den] Nationen,
16 wissen <aber>,
    dass ein Mensch nicht aus Gesetzeswerken gerechtfertigt wird,
    sondern nur durch [den] Glauben an Jesu Christi,
    auch *wir* haben an Christus Jesus geglaubt,
    damit wir gerechtfertigt würden aus [dem] Glauben Christi
    und nicht aus Gesetzeswerken;
    denn aus Gesetzeswerken wird kein einziges Fleisch gerechtfertigt
    werden.
17 Wenn wir aber,
    suchend gerechtfertigt zu werden in Christus,
    auch selbst [als] Sünder erfunden werden,
    [ist] denn Christus ein Diener [der] Sünde?
    Das niemals!
18 Denn wenn ich die Dinge, die ich abgebrochen habe,
    [wenn ich] diese Dinge wieder aufbaue,
    stelle ich mich [als] Übertreter dar.
19 Denn ich bin durch [das] Gesetz [dem] Gesetz gestorben,
    damit ich Gott lebe.
20 Mit Christus bin ich gekreuzigt,
    ich nun lebe nicht mehr,
    Christus aber lebt in mir;
    was ich aber jetzt lebe in [dem] Fleische,
    lebe ich in Glauben, dem des Sohnes Gottes,
    der mich geliebt
    und sich selbst für mich hingegeben hat.
21 Ich hebe nicht die Gnade Gottes auf;
    denn wenn durch [das] Gesetz Gerechtigkeit [ist],
    dann ist Christus umsonst gestorben.

Übersetzungsvarianten

15.16 Oder: *Wir [sind] von Natur (...) Nationen. Wissend (...) haben auch wir an Christus Jesus geglaubt.*

16 *auch wir:* oder *sogar wir.*

17 *erfunden werden:* oder *erfunden sind (siehe Grammatik).*

20 *ich nun lebe nicht mehr:* oder *ich nun lebe, nicht mehr ich.*

Textvarianten

16 {D} *aber:* das Textzeugnis ist unsicher im Bezug auf die Aufnahme.

20 {B} *des Sohnes Gottes:* einige Textzeugen lesen *Gottes und Christi.*

Grammatik

15 *von Natur:* Dativ, der eine Beziehung anzeigt.

15 *aus [den] Nationen:* das Wort hat oft keinen Artikel, besonders nach Präp., weil es wie ein Eigenname wirkt.

16 *sondern nur:* das gr. *ean mè* sollte hier besser nicht mit *außer* übersetzt werden, weil dies leicht den Eindruck erweckt, als sei der Glaube an Christus das Mittel, durch das der Mensch *doch* aus Gesetzeswerken gerechtfertigt werden könnte. Wenn schon *außer* übersetzt wird, dann nur in diesem Sinn: Der Mensch wird durch nichts gerechtfertigt *außer* durch Glauben an Christus.

16 *durch (...) aus [dem] Glauben Christi: durch* gr. *dia* + Gen. (»mittels«) *aus* gr. *ek* + Gen. (aufgrund von). Niemals *dia* + Akk. (wegen), als sei der Glaube eine Voraussetzung im Sinne einer Leistung von seiten des Menschen. Den gleichen Wechsel der Präpositionen finden wir in Röm 3,30: »... Gott, der Beschnittene rechtfertigt aufgrund von (*ek*) Glauben und Unbeschnittene durch (*dia*) den Glauben«; da darf kein Unterschied zwischen den Präp. konstruiert werden, weil die gesamten Ausführungen des Paulus hier und dort richtig sind, dass nämlich Juden und Heiden auf die gleiche Weise gerechtfertigt werden.

16 *(Jesu) Christi* (2x): einige haben dies als einen Gen. subj. auffassen wollen, in dem Sinn (a) des Glaubensvertrauens Christi auf Erden,

(b) des Glaubens, den Christus in den Menschen pflanzt, (c) der Treue Christi jetzt gegen uns oder als Gen auctoris (»Glaube, der von Christus *stammt*«); siehe aber folgenden Satzteil: »*wir* haben an Christus Jesus geglaubt«; die Bedeutung ist also ein Gen. obj. (»der Glaube Christi«, nämlich ihn zum Objekt und Inhalt des Glaubens haben), daher die gebräuchliche Übersetzung »an (Jesus) Christus«.

16 *wir haben ... geglaubt:* Aorist, also: *wir sind* (zu einem bestimmten Augenblick in der Vergangenheit) *zum Glauben gekommen/haben zu glauben begonnen/sind gläubig geworden.*

16 *zu Christus:* gr. *eis* + Akk. der Person, als Präp. bei »glauben« typisch im NT; will man das Richtungweisende festhalten, dann in diesem Sinn: *sein Vertrauen richten auf*; vergleiche dasselbe Verb mit gr. *epi* (»auf«): *sein Vertrauen setzen auf* (z.B. Apg 16,31).

16 *kein einziges Fleisch gerechtfertigt werden;* wörtlich: *nicht gerechtfertigt werden alle Fleisch,* ein Hebraismus.

17 *erfunden werden:* Aorist, gibt einen bestimmten Augenblick an (in Vergangenheit oder Gegenwart).

17 *denn:* gr. *ara*, entweder schlussfolgernd (»weil« wie in den Versen 21; 3,7.29; 5,11; 6,10) oder es weist auf die Frageform des Satzes hin (und könnte dann weggelassen werden).

18 *wenn:* gr. *ei* + Ind.: wenn tatsächlich (wie in Antiochia geschehen).

18 *ich:* dies ist das häufig bei Paulus vorkommende *ich*, das für eine beliebige Person steht (vergleiche Vers 19; Röm 7,9.16.20; 1Kor 10,30).

19 *durch [das] Gesetz:* (gr. *dia nomou*): das *obwohl unter [dem] Gesetz* von Rendall (vergleiche eine gleiche Konstruktion in Röm 2,27: »mit« [*dia*] = »trotz«) ist gezwungen und unnötig.

19 *[dem] Gesetz ... Gott:* beides Dativ, der Dativ drückt hier den Besitzer aus: Ich bin nicht mehr Eigentum des Gesetzes (vergleiche Röm 7,2), sondern ich lebe als Gottes Eigentum.

20 *was:* nicht *das, was* (»das Leben, das«), sondern *insofern* (Röm 6,10).

20 *bin ... gekreuzigt:* Perf., also ein Ereignis, das in der Vergangenheit stattgefunden hat, das aber in seinen Folgen bis in die Gegenwart wirkt.

20 *Glauben ... des Sohnes Gottes:* kein Gen. subj. oder auctoris, sondern obj. (siehe oben bei Vers 16).

21 Dieser Vers wird abrupt eingeführt (sog. Asyndeton). Dadurch erhält er besonderen Nachdruck und gleichzeitig den Charakter des Abschlusses dieses Teils der Ausführungen.

Auslegung

Wie gesagt dürfen wir annehmen, dass mindestens die Verse 15 und 16 zu den Worten gehören, die Paulus in Antiochia an den heuchelnden Petrus gerichtet hatte (siehe 2,11-14) und vielleicht sogar der ganze Abschnitt von den Versen 15-21. Wenn man will, kann man feststellen, dass hier die lehrmäßige Argumentation des Paulus beginnt. In 3,1 finden wir aber einen so markanten Einstieg in die eigentlichen Ausführungen gegenüber den Galatern, dass wir 2,15-21 eher als einen Abschluss seiner historischen Argumentation betrachten, als einen Abschluss allerdings, der gleichzeitig einen ersten Anlauf zu seiner lehrmäßigen Argumentation bildet. Und vielleicht ist »Anlauf« hier ein ziemlich schwacher Ausdruck, wird doch in wenigen Versen eine vollständige Zusammenfassung der christlichen Stellung geliefert. Paulus beschreibt hier sowohl unsere Rechtfertigung aus dem Glauben, als auch die Gegenüberstellung der zwei »Ordnungen« – der des Gesetzes und der der Gnade – die Überwindung des alten Menschen in Christus und den neuen Lebenswandel in Ihm. Paulus lässt hier implizit erkennen, dass ein Betragen wie das des Petrus, wie »unschuldig« es vielleicht auch erscheint, im Widerspruch zum Evangelium steht. Wer das Gesetz wieder zwischen Juden und Heiden aufrichtet, macht damit die Errettung aus Glauben allein – außerhalb des Gesetzes – zunichte.

2,15 Zum ersten Mal in den Paulusbriefen, zum ersten Mal in der Heilsgeschichte, finden wir in den Versen 15f die Lehre von der Rechtfertigung aus Glauben in komprimierter Form. Die spezifische Terminologie dieser Lehre finden wir hier in Vers 16: einmal den Ausdruck »glauben«, zweimal den Ausdruck »Glaube«, dreimal den Ausdruck »rechtfertigen«, demgegenüber dreimal den Ausdruck »Gesetzeswerke« und außerdem dreimal die Person, in der wir gerechtfertigt werden: Christus.

Aus Anlass des Konflikts mit Petrus, Barnabas und den »übrigen Juden«, behandelt Paulus diese Lehre hier vom Standpunkt des Juden aus: »*Wir*, von Natur Juden ...«, d. h. Juden von Geburt und als solche unter Gesetz geboren (vergleiche 4,4). Das ist wichtig, um den Gegensatz zum folgenden Satzteil zu verstehen: »... und nicht Sünder aus [den] Nationen«. Hier stehen nicht einfach Juden den Heiden, sondern (gesetzestreue) Juden heidnischen *Sündern* gegenüber. Genau das waren die »gesetzlosen« Heiden in den Augen des Juden. Natürlich wusste auch der Jude nur zu gut, dass er ein Herz hatte, das zur Sünde neigte und dass er auch tatsächlich Sünden beging. Aber er redete sich selbst dabei ein, dass er glücklicherweise das Gesetz besaß (vergleiche Röm 3,1f; 9,4), so dass er wenigstens *wusste,* was von ihm gefordert war und wenn er sich danach richtete, hatte er eine Norm, nach der er gerecht leben konnte. Der Heide hingegen besaß das Gesetz nicht, so wusste er auch nicht, wie er gerecht zu leben hatte. Daher war der Heide ein Sünder und konnte, solange er das Gesetz nicht besaß, auch niemals etwas anderes als ein Sünder sein und bleiben.

Diese Gleichsetzung von »Heiden« und »Sündern« war jüdischem Denken sehr vertraut. »Sogar« Christus sagt das ein Mal, Er werde in die Hände der »Nationen« überliefert (Mk 10,33f) und das andere Mal, Er werde in die Hände der »Sünder« überliefert (Mt 26,45). Die zwei Männer bei dem Grab sprechen von »sündigen Menschen« (Lk 24,7) und Petrus von »Gesetzlosen« (Apg 2,23) und stets sind Heiden damit gemeint. Dieser Ausdruck »Gesetzlose« ist im Gr. dasselbe wie »ohne Gesetz« in Röm 2,12 (»… die ohne Gesetz gesündigt haben …«), das sind »die Nationen, die kein Gesetz haben« (Vers 14). »Ohne Gesetz zu sein« ist nach jüdischen Vorstellungen dasselbe wie »gesetzlos sein« und das wieder ist dasselbe wie »sündig« sein; denn wie kann man etwas anderes als ein Sünder sein, wenn man nicht einmal weiß, was Gerechtigkeit ist, ganz zu schweigen davon, sie zu *tun*?

Natürlich wendet Paulus diese hier gebrauchte Formulierung ein wenig ironisch an; denn er weiß nur zu gut, dass der Jude von Natur ein genauso großer Sünder wie der Heide ist (vergleiche Röm 3,1-20). Darum sagt er in Röm 2,12-15: »Denn so viele ohne Gesetz gesündigt haben, werden auch ohne Gesetz verloren gehen; und so viele unter Gesetz gesündigt haben, werden durch das Gesetz gerichtet werden (denn nicht die Hörer des Gesetzes sind gerecht vor Gott, sondern die Täter des Gesetzes werden gerechtfertigt werden. Denn wenn Nationen, die kein Gesetz haben, von Natur die Dinge des Gesetzes ausüben, so sind diese, die kein Gesetz haben, sich selbst ein Gesetz, welche das Werk des Gesetzes geschrieben zeigen in ihren Herzen)«. Das Revolutionäre hier ist, dass den Nationen doch die (theoretische) Möglichkeit unterstellt wird, sie könnten, ohne das Gesetz zu »haben«, das Gesetz Gottes vollbringen. Hier wird der Heide, der, ohne das Gesetz zu kennen, dieses tut, höher veranschlagt als der Jude, der das

Gesetz wohl kennt, aber nicht befolgt! Mit anderen Worten: Man ist
kein Sünder, weil man das Gesetz nicht kennt, sondern weil man es
nicht tut, *ob man es kennt oder nicht.*

2,16 Dem so eben beschriebenen Kontrast zwischen »gesetzestreuen«
Juden und sündigen Heiden stellt Paulus jetzt die allgemeine Wahrheit
gegenüber, »dass ein Mensch nicht aus Gesetzeswerken gerechtfertigt
wird, sondern nur durch [den] Glauben Jesu Christi«.[1] Der erste Teil
dieses Satzes will sagen: Es macht nichts aus, ob man das Gesetz besitzt
(wie der Jude) oder nicht (wie der Heide), denn durch Gesetzesbefolg-
gung wird der Mensch ohnehin nicht gerechtfertigt. Das Part. »wissend«
läutet genauso wie das bekannte »wir wissen aber« gewöhnlich eine
lehrmäßige Haltung ein, die Paulus schon im voraus bei den Lesern als
bekannt voraussetzt (vergleiche Röm 2,2; 3,19; 5,3; 6,6.9; 7,14; 8,22.28;
1Kor 8,1.4; 2Kor 4,14; 5,1.6.11; 1Thes 1,4; 1Tim 1,8). In diesem Fall
durfte Paulus diese Einsicht auch bei Petrus und den »übrigen Juden«
in Antiochia erwarten, ganz gewiss nach dessen eigenen Aussagen auf
dem Apostelkonzil: »Er machte keinen Unterschied zwischen uns und
ihnen, indem er durch den Glauben ihre Herzen reinigte (…) Wir glauben durch die Gnade des Herrn Jesus in derselben Weise gerettet zu
werden wie auch jene« (Apg 15,9.11). Mit anderen Worten: Die Kraft
des Arguments, das Paulus vorbringt, liegt darin: Petrus und die anderen Juden »wussten«, dass das Gesetz für die Rechtfertigung keinerlei
Bedeutung hat, »nicht einmal« für Juden, so mussten sie begreifen, wie
töricht es war, den Judaismus auf irgendeine Weise den Heidenchristen oder auch nur den jüdischen Christen aufzuerlegen.

Paulus erklärt hier also, wodurch ein Mensch *nicht* gerechtfertigt
wird, nämlich »aus Gesetzeswerken« und wodurch er *sehr wohl* gerechtfertigt wird, nämlich »durch [den] Glauben Jesu Christi (an Jesus Christus)«. »Gerechtfertigt werden« ist dasselbe wie »für gerecht erklärt«
werden. Gott erklärt den Menschen für gerecht, wenn dieser *Seinen*
Maßstäben entspricht und er in die richtige Beziehung zu Ihm gebracht
wurde. Das ist nur dann der Fall, wenn (a) der Mensch durch Gott von
allen ihm anhaftenden *Un*gerechtigkeiten erlöst wurde und wenn er
(b) »in« (einsgemacht mit) dem gestorbenen und auferstandenen Christus gesehen wird (siehe über die Rechtfertigung ausführlich in Anhang
3). Christus starb stellvertretend *für* den Sünder, damit dieser, wenn er
seine Sünden bekennt und an Christus glaubt, von seiner Schuld be-

freit wird und der erlöste Sünder wird von Gott als »in Christus« betrachtet, so dass er wohlgefällig in Gottes Augen ist, weil Christus wohlgefällig in Gottes Augen ist.

Rechtfertigung ist nicht »aus Gesetzeswerken« (d. h. aus Werken,
die das Gesetz fordert), weil (a) der Mensch durch die Macht der Sünde verdorben und daher nicht in der Lage ist, die durch das Gesetz
geforderten Werke zu vollbringen (Röm 8,3), (b) das Gesetz den Sünder nur verurteilen, aber nicht von seiner Sündenlast befreien kann
(Röm 4,15; Gal 3,10) und (c) selbst wenn das Gesetz das könnte, wäre
es doch außerstande, dem Menschen eine Stellung zu verschaffen, durch
die er vor Gott wohlgefällig ist (Phil 3,9). Für den Juden war das in
doppelter Hinsicht eine harte Botschaft, erstens, weil er sich einbilde-
te, sehr wohl die »Gesetzeswerke« vollbringen (zu können) und zweitens, wenn er merkte, dass er dies nicht konnte, musste er daraufhin
feststellen, dass die Ordnung des Gesetzes als solche keine Möglichkeit enthielt, ihn von seinen Gesetzesübertretungen zu erlösen.[2]

Paulus braucht, wie auch hier, häufig das Wort »Gesetz« ohne Artikel. Das bedeutet nicht unbedingt, dass man immer *»ein* Gesetz« übersetzen müsste, das »dem« Gesetz vom Sinai gegenübersteht. Wo allerdings der Artikel gebraucht wird, handelt es sich im Allgemeinen um
das Gesetz vom Sinai – siehe aber in 6,2: *»das* Gesetz Christi!« (vergleiche Anhang 4) –, doch wo der Artikel fehlt, *kann* dem Kontext
zufolge auch das Gesetz vom Sinai gemeint sein. Vielleicht lässt Paulus den Artikel oft weg in Anlehnung an die rabbinische Gewohnheit,
von *Torah* ohne Artikel zu sprechen, so als sei *Torah* ein Eigenname. In
bestimmten Fällen aber, wie auch hier, kann es tatsächlich sein, dass
Paulus meint: »welches Gesetz auch immer«; d. h.: niemand wird durch
eigene gute Werke gerechtfertigt, von welchem Gesetz sie auch gefordert sein mögen. Es geht ja nicht so sehr darum, *welches* Gesetz gemeint ist, sondern dass man durch keine Ordnung gerechtfertigt wird,
einerlei, welches Gesetz ihr zugrunde liegt, also nicht aufgrund eigener
Verdienste, welcher Art auch immer sie sein mögen.

Dieser Ausgangspunkt darf nicht geschwächt werden, indem man
einen Unterschied zwischen »Moralgesetz« und »Zeremonialgesetz«
macht. Ein solcher Unterschied ist höchstens von Bedeutung, wenn
man deutlich machen will, welche Gesetze nur Schattenbilder waren,
die in Christus ihre Erfüllung gefunden haben und deshalb nicht mehr
gültig sind (vergleiche 4,9f; Kol 2,16f.20-23; Hebr 8,5; 10,1). Das »Mo-

ralgesetz«, sprich: das Gesetz der zehn Gebote, bleibt aber normativ, auch für den Christen (vergleiche Röm 8,4; 13,8-10; Gal 5,13f). Paulus macht diesen Unterschied z. B. in 1Kor 7,19: »Die Beschneidung ist nichts (Teil des Zeremonialgesetzes!) und die Vorhaut ist nichts, sondern das Halten der Gebote Gottes (das Moralgesetz!)«. Wenn er aber deutlich machen will, kraft welchen Grundsatzes wir gerechtfertigt werden, darf *dieser* Unterschied nicht gemacht werden. Wenn er nämlich ausführt, wir seien von *dem* Gesetz freigemacht oder auch *dem* Gesetz gestorben, dann nennt er als Beispiel dessen, von dem wir freigemacht wurden, gerade eines der zehn Gebote (Röm 7,6f)!

Hier liegt einer der wesentlichen Punkte der gesamten, das Gesetz betreffenden Lehre: Einerseits sind wir von der Ordnung, deren Grundlage das Gesetz ist, freigemacht und das ist gut so; denn von Natur können wir das Gesetz – oder irgend ein Gesetz – nicht erfüllen; andererseits erfüllt der Heilige Geist in uns die heiligen Forderungen genau dieses selben Moralgesetzes Gottes (Röm 8,4). Mit anderen Worten: Aus uns selbst können wir das Gesetz nicht erfüllen, weder vor noch nach unserer Bekehrung. Darum wurden wir befreit von dem Gesetz als Grundsatz, aus dem wir gerechtfertigt werden, weil wir diesem Grundsatz nicht entsprechen können. Gleichzeitig stehen wir mit Christus auf dem Boden des Glaubens. Von uns aus können wir immer noch nicht das Gesetz vollbringen; aber Christus vollbringt dies Gesetz in uns durch die Kraft des Heiligen Geistes (siehe Anhang 4).

Nach dem Negativen: »… dass ein Mensch nicht aus Gesetzeswerken gerechtfertigt wird«, folgt das Positive: »… sondern nur durch [den] Glauben Jesu Christi« und »aus Glauben Christi«. Der doppelte Gen. »Christi« muss hier jedes Mal als »an Christus« aufgefasst werden, d. h. Jesus Christus ist das Objekt unseres Glaubens, also derjenige, an den wir glauben (siehe Grammatik). Der Glaube an Christus ist in diesem Vers sowohl das Mittel (»durch Glauben«) als auch der Grund (»aus Glauben«) der Rechtfertigung (siehe Grammatik; vergleiche Anhang 3). Dieser Glaube ist (a) ein Annehmen dessen, was Gott in Seinem Wort jedem verheißen hat, der seine Hand auf das Werk Christi legt, ja, man schenkt (b) Gott selbst und dem Wert des Werkes Christi sein Vertrauen, ja, man vertraut sich (c) Gott und Seinem Wort und Christus und Seinem Werk an. Glauben heißt, sich Christus und Seinem Werk anvertrauen, aufgrund dessen, was Gott in Seinem Wort von Christus und Seinem Werk bezeugt hat.

Vers 16 beginnt mit dem Nebensatz: »Wissend <aber>, dass ein Mensch nicht aus Gesetzeswerken gerechtfertigt wird, sondern nur durch [den] Glauben Jesu Christi ...« Jetzt wird der in Vers 15 begonnene Hauptsatz fortgesetzt, so dass dieser im Zusammenhang lautet: »*Wir*, von Natur Juden und nicht Sünder aus [den] Nationen, ... auch wir haben an Christus Jesus geglaubt.« Das »wir« weist also auf die Juden hin: »auch wir« (oder: »sogar wir«) haben an Christus geglaubt, um aufgrund des Glaubens an Ihn gerechtfertigt zu werden und nicht aufgrund von Gesetzeswerken. »Sogar« wir, die Juden, die das Gesetz empfangen haben, werden nicht aus Gesetzeswerken gerechtfertigt. Überdies: Wir werden nicht einmal aus Glauben gerechtfertigt, wenn wir ihn als eine Art Ergänzung zu den Gesetzeswerken betrachten. Mit anderen Worten: Bei uns, den Gläubigen aus den Juden, haben Gesetzeswerke neben dem Glauben genauso wenig Raum wie bei den Gläubigen aus den Nationen.

Für den Juden allerdings hat der Übergang zu der neuen Ordnung besonders schwerwiegende Konsequenzen: Der Grundsatz der Werke wird durch den Grundsatz des Glaubens ersetzt, das Gesetz wird gegen Christus ausgetauscht. Tatsächlich besteht eine starke Übereinstimmung zwischen den beiden hier verwendeten Ausdrücken: »aus Glauben an Christus« und »aus Gesetzeswerken«. Der Grundsatz »aus Werken« bedeutet, dass man Rechtfertigung aufgrund von Verdiensten erwartet. Der Grundsatz »aus Glauben« bedeutet, dass man sich wegen seiner Rechtfertigung völlig auf einen anderen verlässt.

Bemerkenswert ist, dass Paulus in diesem Vers eigentlich zweimal dasselbe sagt: Wir wissen, dass der Mensch nur durch den Glauben an Christus gerechtfertigt wird und nicht aus Gesetzeswerken und so haben auch wir, die Juden, an Ihn geglaubt, damit wir aus Glauben an Ihn gerechtfertigt werden und nicht aus Gesetzeswerken. Diese Wiederholung ist feierliche Bestätigung der Wahrheit von der Rechtfertigung allein aus Glauben; diese Wahrheit wird hier ja zum ersten Mal postuliert.

Es ist übrigens schön zu sehen, dass diese Wahrheit zugleich gar nicht so neu ist, wie es den Anschein hat. Der Schluss unseres Verses: »Aus Gesetzeswerken wird kein einziges Fleisch gerechtfertigt werden« (vergleiche Röm 3,20), verweist uns direkt auf Ps 143,1f: »HERR! Höre mein Gebet, nimm zu Ohren mein Flehen; erhöre mich in deiner Treue, in deiner Gerechtigkeit! Und gehe nicht ins Gericht mit deinem Knecht! Denn vor dir ist kein Lebendiger gerecht.«[4] Hier wird zwischen Juden und Heiden kein Unterschied gemacht; der Psalmist weiß, dass *kein einziger* Mensch, mit oder ohne Sünde, vor Gott ge-recht(-fertigt) ist. Ich habe Vers 1 hinzuzitiert, weil es sehr bewegend ist, wie der Psalmist, der um seine Ungerechtigkeit weiß, sich in die-sem Zustand auf die *Gerechtigkeit* Gottes beruft! Vor ihm stehen in-einander verschränkt die Gerechtigkeit *und* die Bundestreue Gottes und weil er aus sich selbst nicht gerecht ist, erwartet er alles von der gerechten Bundestreue Gottes (siehe Anhang 3). »Paulinischer« geht's nicht, wie man meinen möchte – aber es ist »Davidisch«!

Wörtlich sagt Paulus: »Alles Fleisch wird nicht gerechtfertigt wer-den« (so auch wörtlich Ps 143: »alles Lebendige«). Der Ausdruck »al-les Fleisch« weist hin auf den Sterblichen *und* auf seine Unfähigkeit, Gott wohlzugefallen *und* auf seinen Unwillen, auch nur danach zu stre-ben. In 1Mo 6,3.12 finden wir beide Ausdrücke beieinander: »Und der HERR sprach: Mein Geist soll nicht ewiglich mit dem Menschen rech-ten, da er ja Fleisch ist (…) Und Gott sah die Erde und siehe, sie war verderbt; denn alles Fleisch hatte seinen Weg verderbt auf Erden.« So bezeugt auch Christus: »Was aus dem Fleisch geboren ist, das ist Fleisch« (Joh 3,6), ob es nun unbeschnittenes Fleisch des Heiden oder beschnit-tenes Fleisch des Juden ist. »Fleisch« als solches, ob beschnitten oder nicht, kann Gott nicht wohlgefallen. Nur der Glaube an Christus bringt den Menschen in eine Stellung, in der Gott ihn »in Christus« sieht – und nur dadurch ist er Ihm wohlgefällig.

2,17 Vers 16 ist der längste und grundlegendste Vers im Galaterbrief, die Verse 17 und 18 sind die schwierigsten. Sie haben den Auslegern eine Menge Kopfzerbrechen bereitet. Auch Ausleger der Gegenwart kommen immer wieder zu unterschiedlichen Schlüssen. An sich ist es wohl klar, dass sich Paulus hier mit einem Argument seiner Widersa-cher auseinandersetzt. Sie verübeln ihm offensichtlich, dass er mit sei-ner Lehre »Christus zu einem Diener [der] Sünde« macht. Die Frage ist nun, was sie damit sagen wollten und welche Gründe sie für ihren Vorwurf zu haben meinten. Zur Beantwortung dieser Frage müssen wir Folgendes überdenken:

(a) Die Worte »auch selbst« lassen erkennen, dass Paulus immer noch von den Gläubigen aus den Juden redet, also von denselben »wir« wie in Vers 15. In Vers 15 sagte er: »*Wir,* von Natur Juden und nicht Sünder aus [den] Nationen«, doch weil die Juden den gleichen Weg der Rechtfertigung in Christus gesucht haben wie die Heidenchristen, geben sie damit zu erkennen, dass nicht allein die Heiden, sondern auch die Juden Sünder sind.

(b) Die Schlussworte: »Das niemals!« werden von Paulus immer verwendet, wenn er einer Schlussfolgerung widerspricht, die zu Unrecht aus an sich wahren Prämissen (Voraussetzungen) gezogen wurde (3,21; Röm 3,4.6.31; 6,2.15; 7,7.13; 9,14; 11,1.11; 1Kor 6,15). Wir dürfen also annehmen, dass Paulus hier nicht die Prämisse – »auch wir sind Sünder« – bestreitet, sondern die Schlussfolgerung. In der Tat: Der Jude, der in Christus gerechtfertigt zu werden trachtet,[5] gibt damit implizite zu, von Natur genauso ein Sünder zu sein wie der Heide und dass keine einzige Gesetzesbefolgung – weder vor, noch nach der Bekehrung – ihn bei Gott gerecht macht. Aber daraus folgt nicht, Christus sei »ein Diener [der] Sünde«. Einige verstehen »[als] Sünder erfunden werden« so, als meine Paulus damit (wie seine Widersacher), die zu Christen gewordenen Juden hätten sich nicht nur grundsätzlich, sondern auch im praktischen Vollzug zu dem gesetzlosen Lebensstil der gottlosen Heiden degradiert. Das aber wäre eine *falsche* Prämisse und stünde im Widerspruch zu der erwähnten Gewohnheit des Paulus.

Hiervon ausgehend bedeutet »Diener [der] Sünde« offensichtlich – nach Meinung der Widersacher –, die Lehre des Paulus führe zu einem »bequemen«, gesetzlosen, sündigen Lebensstil. Wenn es nämlich so aussieht, als sei es einerlei, ob man ein treuer Befolger des Gesetzes ist wie der fromme Jude oder ein gottloser Heide, der sich um Gottes Gebot überhaupt nicht kümmert und man damit die Gesetzesbefolgung für sinnlos erklärt, bedeutet das nicht eine leichtfertige Auffassung von sündiger Lebensweise? Wer auf solche Weise das Gesetz völlig außer Betracht lässt, fördert damit einen »gesetzlosen« Lebensstil und macht dadurch Christus zum Diener einer gesetzlosen Frömmigkeit. Ähnlichen Anschuldigungen begegnen wir auch in Röm 3,1-8; 6,1-3.15.

Diese Betrachtungsweise geht davon aus, dass »[als] Sünder erfunden werden« vor allem darauf verweist, was der Jude von Natur vor und nach seiner Bekehrung war: ein Sünder, genau wie die Heiden. Einige meinen aber, »[als] Sünder befunden werden« verweise auf das, was ein Christ nach der Bekehrung ist: Man wird als Übeltäter gerechtfertigt, offenbar ohne dass die geringste Gesetzesbefolgung nötig ist, nicht allein vor, sondern auch nach der Bekehrung. Das Gesetz kommt gar nicht mehr vor und das fördert einen »gesetzlosen« Lebensstil (siehe

oben unter Punkt [b]). Diese Erklärung – man *wird* Sünder, wenn man
als Jude Christ wird und damit das Gesetz beiseite schiebt und somit
»gesetzlos« wird – steht im Widerspruch zu Punkt (b), liefert aber jedenfalls eine ähnliche Anklage von seiten der Widersacher: Wenn das
Gesetz völlig beiseite gesetzt wird und »also« eine normenlose Lebensweise gewählt und dadurch ein gesetzloses Leben gefördert wird und
das im Namen Christi, dann stünde Christus im Dienste dieser neuen,
sündigen Lebensweise.

Paulus antwortet: Davon kann keine Rede sein. Der Mensch, der
zum Glauben kommt, schiebt nämlich das Gesetz nicht beiseite, weil
er ein »bequemeres«, gesetzloses Leben führen will, sondern weil er
entdeckt hat, dass er nicht durchs Gesetz, sondern nur durch Christus
gerechtfertigt werden kann. Er *will* auch durchaus kein gesetzloses
Leben führen. Der Jude, der sich bekehrt, tut das gerade deshalb, weil
er gemerkt hat: Bei aller Gesetzestreue war ich doch ein »Gesetzloser« und das will ich nicht mehr sein. Er ist eine »neue Schöpfung« in
Christus geworden (6,15), die eben nichts sehnlicher wünscht, als das
»Gesetz Christi« (6,2) zu vollbringen.

Ein Bedenken, das manche Ausleger gegen die hier angebotene Erklärung vorbringen, liegt darin, dass diese kaum noch etwas mit der
Problematik in Antiochia zu tun hat. Nun ist zunächst zu fragen, ob
Paulus sich hier noch immer mit seiner Vorhaltung gegenüber Petrus
beschäftigt; das ist nicht unbedingt der Fall. Aber auch wenn es so wäre,
sind die Ausführungen des Paulus auch für die Situation in Antiochia
von entscheidender Bedeutung. Petrus gehörte zwar nicht zu den Widersachern, die Paulus in unserem Vers im Auge hat, doch hatte er
sich durch seine Handlungsweise äußerlich mit denen einsgemacht. Er
verhielt sich wie jemand, der behauptet, dass ein Jude oder ein Heide – ob Christ oder nicht –, der den (Schatten-)Gesetzen nicht gehorcht,
ein gesetzloses Leben gutheißt und Christus zum »Diener« der Ge-
setzlosigkeit (oder auch: zum Verkündiger einer gesetzlosen Lehre)
macht. Paulus antwortet darauf im Grunde dies: Der Mensch, der die
Schattengesetze nicht hält, wird dadurch nicht »gesetzloser« als derjenige, der diese wohl befolgt; ja, Juden und Heiden sind von Natur die
gleichen Sünder und unsere Gerechtigkeit hängt ausschließlich von (unserem Glauben an) Christus und nicht von irgendeiner Gesetzesbefolgung ab. Noch stärker: Die Wiedereinführung der Schattengesetze
suggeriert, dass der Christ dadurch »gesetzestreuer« ist; dadurch wird

dessen Gerechtigkeit doch wieder von Gesetzesgehorsam abhängig und macht damit die Rechtfertigung aus Glauben effektiv zunichte.

Achten wir noch auf die neue Umschreibung der Rechtfertigung: Es ist eine Rechtfertigung »in Christus«. Das ist ein gern gebrauchter und häufig angewendeter Ausdruck bei Paulus, sozusagen eine Zusammenfassung seiner gesamten Lehre, einerlei, ob es sich um unsere individuellen oder um kollektive Segnungen, um unsere christliche Stellung oder unsere Praxis handelt (vergleiche 1,22; 2,4; 3,14.28; 5,4.6). Das »in« bezeichnet die »Sphäre«, in der sich unsere christliche Stellung und unsere Segnungen vollziehen. Diese sind »verkörpert« in Ihm, der das ist, was Sein Name sagt: der Gesalbte. Das ist viel mehr als der jüdische Messias, es ist der Mann nach Gottes Herzen, der Geliebte, der Auserwählte, der von Gott allen Menschen Vorgezogene, der, den Gott mit Freudenöl gesalbt hat, mehr als Seine Genossen (Ps 45,8; Hebr 1,9).[6] Christsein bedeutet nicht nur, Segnungen zu genießen oder an dem rechten Ort zu sein (in der rechten Stellung, in der richtigen Kirche) oder bald in den Himmel zu kommen, sondern es bedeutet: jetzt und in Zukunft »in Christus« zu sein. Christentum handelt nicht nur von einer Lehre, von Frömmigkeit, sondern von einer Person. Alles, was wir als Christen sind und haben, ist niemals in uns selbst, sondern immer in Ihm, dem Geliebten und Auserwählten Gottes. Die Rechtfertigung ist *durch* Christus; denn Er vollbrachte dazu das Versöhnungswerk und ging für uns in den Tod, aber sie ist auch *in* Christus.

Das Gegenteil von »in Christus« gerechtfertigt zu werden, ist »in [dem] Gesetz« oder »in einem Gesetz« gerechtfertigt zu werden (3,11; 5,4). Das »in« hat hier die Bedeutung von »durch«; es geht um die Rechtfertigung »mittels des Gesetzes«. Aus der Parallele zu »in Christus gerechtfertigt werden« sieht man, dass dies »in« unseres Verses auch instrumental (»mittels«) aufgefasst werden kann: wir sind »durch (mittels) Christus« gerechtfertigt. Der Ausdruck »in Christus« ist aber so kennzeichnend für Paulus, dass es richtig erscheint, diesen so wiederzugeben: das »in Christus« zeigt nicht nur das *Mittel* zur Rechtfertigung an, sondern auch die *Stellung* des gerechtfertigten Menschen; er ist mit dem gestorbenen und auferweckten Christus einsgemacht (vergleiche Röm 4,24 – 5,1; 6,4-11).

2,18 Paulus geht hier vom »wir« zum »ich« über, was aber per se noch nicht bedeutet, das Folgende bezöge sich auf ihn persönlich. Sachlich besteht kein Unterschied zum »wir«; noch deutlicher: Paulus hätte hier auch »du« einsetzen können, bezogen auf Petrus. Aber um seine strengen Worte zu mildern, benutzt er das un- oder überpersönliche »ich«, das jeder Leser auf sich anwenden kann. In der »du-Form« würde Paulus hier dem Petrus sagen: Du hast für dich selbst – ganz zu Recht – »die Zwischenwand der Umzäunung« abgebrochen, d. h. du hast das, was Christus auf dem Kreuz objektiv getan hat, nämlich »die Feindschaft, das Gesetz der Gebote in Satzungen« hinwegzutun (Eph 2,14f), auch praktisch auf dein Christenleben angewendet, indem du mit den Heiden gegessen hast. Wenn du das aus Überzeugung getan hast, wie kannst du dann die »Zwischenwand« wieder aufbauen, indem du dich weigerst, mit den Heidenchristen zu essen? Durch solches Tun »stellst du dich selbst als Übertreter dar«! Das gilt übrigens für jeden Christen, vor allem für die Christen jüdischer Herkunft. Daher kann Paulus auch in der Ich-Form sprechen. Er sagt also: Wenn ich so handelte, würde auch ich mich als »Übertreter darstellen«.

Die Schwierigkeit dieses Verses liegt in dessen letzten Worten. Was bedeutet hier: »stelle ich mich als Übertreter dar« oder welche Übertretung meint Paulus? An erster Stelle sind es zwei Möglichkeiten: entweder ist das erste, das »Abbrechen« der Ordnung des Gesetzes oder das zweite, das Wiederaufbauen der Zwischenwand des Gesetzes, die Übertretung. Das erste kommt weniger in Betracht;[7] die zweite Möglichkeit scheint auch besser in den Zusammenhang zu passen: Wer die Zwischenwand des Gesetzes zwischen Juden und Heiden wieder aufrichtet, ist gerade der Übertreter. Auch dann gibt es noch wieder verschiedene Möglichkeiten. Eine Auslegung stellt einen Zusammenhang mit dem direkt Folgenden her: Vers 19 betont, dass ich gerade »*durch* [das] Gesetz [dem] Gesetz gestorben« bin; d. h. es liegt im Geiste des Gesetzes selbst, dass ich mein Heil nicht länger im Befolgen des Gesetzes suche, sondern gerade bei Christus, in welchem ich eben diesem Gesetz gestorben bin. Mit anderen Worten: Wenn ich das Gesetz wieder »aufrichte«, handle ich gegen den wahren Geist des Gesetzes und werde dessen »Übertreter«. Das hat viel Ähnlichkeit mit der Auslegung, die die Übertretung im Wiedererrichten der Gesetzesordnung an sich erblickt. In diesem Fall bedeutet das: Petrus und die Seinen waren Übertreter des ausdrücklichen Willens Gottes, indem sie das Gesetz als Zwischenwand wieder zwischen sich und den Heidenchristen errichtet hatten. Die volle Konsequenz dieser Tat bedeutet den

Abfall von Christus, indem man zur Ordnung des Gesetzes zurückkehrt, das Christus und dem Christentum diametral entgegensteht. In Hebr 6,4-6; 10,26-31 finden wir eine solche Argumentation.

Vielleicht ist es aber besser, auch im Hinblick auf die Situation der Galater, dem Begriff »Übertretung« eine weiterreichende Bedeutung zuzuerkennen und zwar in Verbindung mit den Schlussworten von Vers 17: »Das niemals!« Der Gedankengang ist dann: Lasst nicht zu, dass Christus zum »Diener der Sünde« degradiert wird, eben dadurch, dass ihr die Ordnung des Gesetzes wieder aufrichtet! Ja, wer das tut, macht auch, dass alle anderen, die sich wieder unter diese Ordnung stellen und in ihr sündigen, damit zu Übertretern werden. Wer sich unter das Gesetz stellt, wird notwendigerweise wieder zum Gesetzesübertreter. Das ist ja das einzige, was das Gesetz für den Sünder tun kann: seine Übertretungen an den Pranger stellen (vergleiche 3,19; 4,5; 5,13; 7,7-11). Wer diese Situation darüber hinaus noch als »Christentum« verkaufen will, verbindet den Namen Christi mit dieser Gesamtheit an Gesetzesübertretungen und macht Ihn so zum Diener der Sünde.

Zusammenfassend sehen wir in den Versen 17 und 18 zwei entgegengesetzte Auffassungen, die aber beide zum gleichen Schluss führen. Die erste Auffassung ist: Wer das Gesetz *abbricht*, fördert einen gesetzlosen Lebensstil und macht Christus so zum Diener der Sünde. Die zweite Auffassung lautet: Wer das Gesetz wieder *aufbaut*, macht jeden, der darunter gestellt wird, automatisch zum Gesetzesübertreter und somit Christus zum Diener der Sünde. Das sind in der Tat zwei radikal konträre Denkwelten. Beide verbinden den Namen Christi mit ihren Vorstellungen, indem sie feststellen: Der Widersacher macht Christus zum Diener der Sünde. Die erste Denkwelt ist die der Gesetzlichkeit, des Traditionalismus und der Sektiererei; es besteht aus Lügen. Die zweite Denkwelt ist die der Freiheit in Christus; sie ist Wahrheit. Die erste Denkwelt kommt nicht nur im Judaismus vor, sondern auch in *jeder* christlichen Strömung, die den Gläubigen menschliche Regeln und Gebote auferlegt. Darum ist es noch immer unverändert aktuell, die Freiheit in Christus gegenüber jeglichem System menschlicher Zwänge zu predigen.

Um nur ein ins Auge springendes Beispiel zu nennen: Der größte Teil der Christenheit hat genau das getan, was in diesem Vers abgelehnt wird: Man hat die ganze Ordnung des Gesetzes wieder aufgebaut und damit den Christen, die unter diese Ordnung geraten sind, den Charakter von »Gesetzesübertretern« gegeben. Die Folge ist die völlig antipaulinische Lehre, der Gläubige bleibe »bis zu seinem Tode ein armer Sünder«, das »ich elender Mensch« sei sein normaler Zustand und wahre Glaubenssicherheit sei hier auf Erden niemals möglich …

2,19 Das »denn« am Anfang dieses Verses – im Gr. ist es das zweite Wort – steht parallel zu dem »denn« von Vers 18: Wer das Gesetz wieder zu Ehren bringt, degradiert sich selbst zu einem ordinären Gesetzesübertreter; parallel dazu gilt, dass dies Torheit ist; denn Christen haben überhaupt keine Beziehung mehr zum Gesetz: Der Tod ist dazwischengetreten. Wir leben nicht mehr, um in eigener Kraft das Gesetz zu erfüllen – das gelingt doch nicht –, sondern um in der Kraft des Geistes »für Gott« zu leben (vergleiche Röm 6,10f.13; 7,4; 8,4-9; 14,8; 2Kor 5,15). Das doppelte »denn« würde für das deutsche Sprachgefühl aussagekräftiger, wenn das zweite »denn« ein »aber« wäre: Wenn ich das Gesetz wieder aufrichte, bin ich ein Gesetzesübertreter; aber das tue ich nicht, denn ich bin eben diesem Gesetz gestorben. Es besteht für mich nicht die geringste Möglichkeit, jemals auf irgendeine Weise das Gesetz wieder aufzurichten.

Im Gr. beginnt dieser Vers mit einem betonten »ich«: »*Ich* nämlich bin durch [das] Gesetz [dem] Gesetz gestorben ….«, dem bald das ebenfalls betonte »ich« von Vers 20 folgt: *ich* nun lebe nicht mehr«. Paulus setzt hier die Ich-Form von Vers 18 fort, womit er im Grundsatz alle Christen meint. So kann auch hier jeder wahre Gläubige sagen: Ich lebe nicht mehr. In Vers 20 werden wir nachher sehen, dass dies das »ich« des alten Menschen ist, wohl zu unterscheiden von dem »ich«, das die ununterbrochene Kontinuität des Individuums beschreibt. »Ich« war vor meiner Bekehrung eine »alte Schöpfung« und nach meiner Bekehrung bin ich eine »neue Schöpfung« (6,14); wenn es aber um meine Individualität geht, handelt es sich immer noch um das gleiche »Ich«. *Ich* bin gestorben, damit *ich* für Gott lebe. Geht es um das »Ich« des alten Menschen, so müssen wir feststellen, dass er zur Seite gesetzt wurde; denn er ist mit Christus am Kreuz gestorben. Handelt es sich aber um das »Ich« des neuen Menschen, dann müssen wir sagen, dass dies »Ich« vorher nicht bestanden hatte, aber nun, kraft der Wiedergeburt, ins Leben gerufen worden ist und zwar lebt es Gott (unser Vers) oder »Christus lebt in mir« (Vers 20).

Die Bedeutung des Sterbens »durch [das] Gesetz« kommt hier in Vers 19 zur Sprache. Es liegt im Wesen des Gesetzes, dass es den guten Menschen – wenn es ihn denn gäbe – rechtfertigt und ihm das Leben zuspricht und dass es den bösen Menschen verurteilt und ins Verderben schickt. Weil aber niemand das Gute tut, ist die ganze Ordnung des Gesetzes notwendigerweise ein »Dienst des Todes« oder ein »Dienst der Verdammnis« (2Kor 3,7.9). Oder, wie Röm 7,9-11 es sagt: »Ich aber lebte einst ohne Gesetz; als aber das Gebot kam, lebte die Sünde auf; ich aber starb. Und das Gebot, das zum Leben gegeben, dasselbe erwies sich mir zum Tode. Denn die Sünde, durch das Gebot Anlass nehmend, täuschte mich und tötete mich durch dasselbe.« Das Gesetz kann nicht anders, als mich verurteilen; aber gerade dadurch treibt das Gesetz mich in meiner Hoffnungslosigkeit unwillkürlich zu Ihm, durch dessen stellvertretenden Sühnetod ich vom ewigen Verderben erlöst werden kann. Wir kommen in 3,24 auf diesen Punkt zurück; dort wird über das Gesetz als von »unserem Zuchtmeister auf Christus hin« gesprochen. Wie gesagt: Es liegt im Geist des Gesetzes selbst, dass ich mein Heil nicht mehr im Halten des Gesetzes, sondern gerade bei Christus suche, in dem ich genau diesem Gesetz gestorben bin.

Wenn ich »mit Christus gestorben« bin – siehe Vers 20, auf den unser Vers vorausgreift – bin ich »[dem] Gesetz« gestorben, d. h. ich habe keinerlei Beziehung mehr zur Ordnung des Gesetzes; der Tod ist dazwischengetreten (vergleiche Röm 7,1-6; Kol 2,20). Nicht das Gesetz ist gestorben – es hat noch immer seinen rechtmäßigen Platz –, aber ich bin ihm gegenüber gestorben. Dies »ihm« meint das Gesetz vom Sinai, doch gilt diese Bezeichnung grundsätzlich für jede Gesetzesordnung (man achte auf das Fehlen des Artikels): Ich bin jedwedem Grundsatz von Gesetzesgerechtigkeit gestorben. Daher hat kein einziges Gesetz mehr irgendeine Verfügungsgewalt über mich und keinerlei Anrecht an mir. Das bedeutet gewiss nicht – wie es der Antinomianismus lehrt –, wir hätten »nichts mehr mit dem Gesetz oder mit irgendeinem Gesetz zu tun«. Im Gegenteil, gerade der Galaterbrief hält den Gläubigen die »Summe des Gesetzes« vor: »Du sollst deinen Nächsten lieben wie dich selbst« (5,13f) und sieht sie »unter dem Gesetz Christi« stehen (6,2). Paulus ist »nicht unter [dem] Gesetz«, aber gleichzeitig »nicht ohne Gesetz vor Gott«, sondern »Christus gesetzmäßig unterworfen« (1Kor 9,20f). Er lehrt also nicht, der Gläubige habe es mit gar keinem Gesetz zu tun, wohl aber, dass er von jeder Ordnung »freigekauft« ist (4,5), die seine Rechtfertigung und sein ewiges Leben von der Erfüllung des betreffenden Gesetzes aus eigener Kraft abhängig macht.

Der Gläubige *braucht* das Gesetz nicht mehr zu erfüllen, um Erlösung und Glückseligkeit zu erlangen und er *kann* das Gesetz auch gar nicht aus eigener Kraft erfüllen, zu welchem Zweck auch immer, sei es nun, um das Heil zu erwerben oder als »Lebensregel der Dankbarkeit«. Das Gesetz vom Sinai ist keine »Lebensregel«, sondern bestenfalls eine »Sterberegel«. Es ist ausschließlich der Heilige Geist, der die »gerechten Forderungen« des Gesetzes in dem Gläubigen erfüllt (Röm 8,4; vergleiche Gal 4,5f). Und was Paulus betrifft: Selbst *könnte* er sie aufbringen, so legte er doch keinerlei Wert auf eine derartige »Gerechtigkeit aus [dem] Gesetz«, sondern allein auf die Gerechtigkeit, die »durch [den] Glauben an Christus ist, auf die Gerechtigkeit, die aus Gott ist, [gegründet] auf den Glauben« (Phil 3,9). Man beachte: Der das sagt, ist einer, der gerade im Hinblick auf seinen unbekehrten Zustand sagen konnte: »Was die Gerechtigkeit betrifft, die im Gesetz ist, tadellos erfunden« (Phil 3,6)! Als er sich aber im Lichte Gottes sehen lernte, erkannte er, dass dieselbe Gesetz ihn in Wirklichkeit radikal verurteilte.

2,20 So wie Vers 19 mit dem betonten »Ich« beginnt, so fängt dieser Vers mit dem betonten »mit Christus« an.[8] Mit dem *Gesetz* habe ich nichts mehr zu tun; denn ich bin ihm gestorben (Vers 19); mit *Christus* habe ich alles zu tun, denn (a) bin ich mit Ihm gekreuzigt, (b) lebt Er jetzt in mir und (c) insofern ich selber lebe, lebe ich durch den Glauben an Ihn. Es ist gut, hier immer den Zusammenhang mit den Versen 11-14 im Gedächtnis zu behalten: Das Kreuz Christi hat nicht nur den individuellen alten Menschen, sondern auch die Trennung zwischen Juden und Heiden hinweggetan: »Er ist unser Friede, der aus beiden *eines* gemacht und abgebrochen hat die Zwischenwand der Umzäunung, nachdem er in seinem Fleische die Feindschaft, das Gesetz der Gebote in Satzungen, hinweggetan hatte, auf dass er die zwei, Frieden stiftend, zu *einem* neuen Menschen schüfe und die beiden in *einem* Leibe mit Gott versöhnte durch das Kreuz, nachdem er durch dasselbe die Feindschaft getötet hatte« (Eph 2,14-16).

Das »Mit-Christus-gekreuzigt-Sein« ist keine persönliche, subjektive Erfahrung, sondern eine objektive, auf Golgatha verwirklichte Tatsache, die ich im Glauben kennen – und lieben lerne (vergleiche Röm

6,6: »Unser alter Mensch ist mit ihm gekreuzigt«). Mit anderen Worten: Das Mit-Christus-gekreuzigt-Sein fand nicht bei unserer Bekehrung statt oder bei einem darauf folgenden »Pfingstsegen«, sondern beinahe zwanzig Jahrhunderte zuvor auf Golgatha. Der Vers ist denn auch zu allererst nicht als Ermahnung gedacht, sondern um ausdrücklich unsere objektive Stellung in Christus zu beschreiben. Das bedeutet nicht, es bestünde nicht auch eine subjektive Seite, nämlich die praktische Verwirklichung dieser Glaubenswahrheit in der Seele. So sagt Paulus später: »Sie aber [die] Christi Jesu [sind], haben das Fleisch gekreuzigt mit seinen Leidenschaften und Lüsten« (5,24) und auch in 6,14 finden wir ein subjektives Element: »Jesus Christus, durch den mir [die] Welt gekreuzigt ist und ich [der] Welt«. Wenn in unserem Vers das objektive Element im Vordergrund steht, schließt das ebenso wenig ein subjektives Element aus. Ja, gerade weil Paulus so gut begriffen hat, dass er mit Christus gekreuzigt und darum [dem] Gesetz gestorben ist, war es ihm unvorstellbar, jemals wieder die Ordnung des Gesetzes aufzurichten (vergleiche Vers 18).

Der Ausdruck geht einen entscheidenden Schritt weiter als »Christus ist für mich gestorben«. Was Er *für* mich getan hat, ist von Bedeutung, weil es mir zeigt, dass er meine Sünden gebüßt hat, so dass Gott mir vollkommene Vergebung schenken konnte. Aber die Tatsache, dass *ich selbst* gestorben bin und zwar »[dem] Gesetz« und »mit Christus«, zeigt mir, dass nicht allein meine Sünden verschwunden sind, sondern *ich selbst* – d.h. mein alter Mensch – ist verschwunden. In dem Gericht, das Gott am Kreuz an Christus vollzog, hat Gott radikal mit meinem alten Menschen abgerechnet. Und nun bin ich – wie wir sahen – einsgemacht mit dem auferstandenen Christus und Gott sieht nur noch den neuen Menschen, der »in Christus« ist (vergleiche Vers 17). Daher kann tatsächlich gesagt werden: »ich nun lebe nicht mehr« oder: »ich lebe, aber nicht mehr *ich*, Christus aber lebt in mir«. Wie schon bei Vers 19 angemerkt, bedeutet dies, dass »ich« – das *Individuum* Paulus, ein Mensch von Fleisch und Blut – lebe, aber nicht der *alte Mensch*, der gesetzeseifrige Pharisäer Saulus von Tarsus, sondern der *neue Mensch* Paulus, der in Christus ist. Das Leben (-sprinzip) dieses neuen Menschen ist das Auferstehungsleben Christi, ja Christus selbst (vergleiche Kol 1,27; 3,3f; 1Joh 4,9; 5,11f).

Christus lebt in dem Individuum Paulus, der nun der neue Mensch Paulus geworden ist. Stets muss aus dem Zusammenhang erkennbar sein, ob mit dem »ich« das Individuum oder der alte Mensch oder der neue Mensch gemeint ist. In dem »*ich* nun lebe nicht mehr« weist Paulus auf den alten Menschen, genauso wie z. B. in Röm 7,17 – »Nun aber vollbringe nicht mehr ich dasselbe, sondern die in mir wohnende Sünde« –, wo mit dem »Ich« auf die neue Natur als dem neuen Menschen verwiesen wird, im Unterschied zu dem alten Fleisch, das noch in ihm wohnt. In der eigenen Lebensgeschichte des Paulus bedeutet das konkret: Der von sich selbst überzeugte Pharisäer, der seine eigene Gerechtigkeit im Halten des Gesetzes suchte, macht Platz für den demütigen Apostel, der alles, was er hatte, nur in Christus besaß. Können wir uns ein wenig hineinversetzen, was es für Paulus bedeutete (der sein gesamtes früheres Leben für das Gesetz gekämpft hatte), jetzt auszusprechen, dass er durch den Tod von diesem sinnlosen und missglückten Gesetzesleben getrennt war? Er sagt im Grunde: »Früher dachte ich wie ihr!« Aber der Pharisäer, der auf Gesetzeswerke vertraute, um dadurch das ewige Leben zu empfangen, hat am Kreuze Christi sein Ende gefunden. Der fanatische Pharisäer lebt nicht mehr.

Das Leben, das Paulus nun »in [dem] Fleische« führte, also seine leibliche Existenz auf Erden,[9] war nicht mehr ein Leben in Selbstvertrauen und eigener Gerechtigkeit, sondern ein Leben in völliger Abhängigkeit von Christus. Hier ist kein Raum für mystische Interpretationen. Paulus ist immer noch ein Mensch aus Fleisch und Blut, der mit beiden Beinen fest auf dem Boden steht. Und die Tatsache, dass Christus in ihm lebt, bedeutet auch keine mystische Einswerdung, kein »Aufgehen« in Christus; nein, Paulus lebt im Glaubensvertrauen auf den Sohn Gottes und gerade durch diese Glaubensbeziehung bleibt die nötige Distanz erhalten. Er ist ein Mensch auf Erden, der durch den Glauben an den verherrlichten Herrn im Himmel lebt. Was seine *Stellung* betrifft, war Paulus »in Christus«; was sein *praktisches Leben* anging, lebte er »im Glauben« und zwar in dem Glaubensvertrauen, mit dem er sich dem Sohn Gottes ausgeliefert hatte.

So konsequent wie Paulus in den letzten Versen in der Ich-Form gesprochen hatte, so konsequent wendet er jetzt das Versöhnungswerk Christi strikt-individuell auf sich an. Er spricht von dem »Sohn Gottes, der mich geliebt und sich für mich hingegeben hat«. Zuerst beschreibt er die Größe seines Erlösers. Hat er Ihn bisher »Christus« genannt, so bezeichnet er Ihn jetzt als den »Sohn Gottes«, das ist der Sohn der Liebe des Vaters (Kol 1,13), der von Gott für uns zum Opfer dargebracht worden ist (Röm 8,3.32) und durch Seine Herrlichkeit auferweckt wurde (Röm 6,4). Wenn Er so groß ist, wie groß ist dann auch dies Opfer! Der Vater hatte den Sohn lieb und gab Ihn hin (1Joh 4,9); der Sohn hatte uns lieb und gab sich hin. Und dies Opfer war für *mich*, sagt Paulus. Und wir sprechen es nach: Wenn ich der einzige Sünder auf der Erde gewesen wäre, so hätte der Sohn Gottes *mich* geliebt und sich für *mich* hingegeben.[10] Und dieser Sohn Gottes, der das *für* mich getan hat, ist nun das neue Leben *in* mir und wohnt in mir durch Seinen Geist (vergleiche 4,5f).

Hier wird die Schlussfolgerung aus den ganzen Darlegungen von Vers 15 an gezogen. Rechtfertigung in Christus aus Glauben findet vollkommen außerhalb der Ordnung des Gesetzes statt. Das bedeutet aber nicht, dass sie aus einem Christen einen Gesetzesübertreter macht. Es ist genau umgekehrt: »Ich« bin zwar dem Gesetz gestorben; aber (a) es geschah »durch das Gesetz« (das Gesetz selbst wies den Weg); (b) es geschah, um von da an für Gott zu leben (und das schließt Gesetzesübertretung grundsätzlich aus); (c) »ich selbst«, d.h. der sündige, alte Mensch, der das Gesetz mit Füßen trat, lebt nicht mehr; (d) Christus, der vollkommen das Gesetz erfüllte, vollbringt durch Seinen Geist nun auch die Forderung des Gesetzes in mir; (e) ich lebe nicht (mehr) in gesetzlichem Selbstvertrauen, sondern nur durch das Glaubensvertrauen auf den Sohn Gottes. Gründlicher kann nicht gesagt werden, dass jemand, der nicht mehr unter der Ordnung des Gesetzes steht, alles andere als ein Gesetzesübertreter ist; im Gegenteil, sein ganzes Leben steht fortan unter dem »Gesetz Christi«. (6,2).

2,21 In diesem Vers kommt Paulus zu seiner allgemeinen Zusammenfassung: »Ich hebe nicht die Gnade Gottes auf.«[11] Zunächst scheint es, als ob Paulus auf seinen Verweis gegenüber Petrus und den Seinen anspielt: »Ihr setzt, indem ihr das Gesetz wieder einführt, die Gnade Gottes beiseite, doch da mache ich nicht mit!« In solchem Fall aber würden wir das betonte »Ich« erwarten, das gerade fehlt. Es kann aber sein, dass sich Paulus hier nicht so sehr von seinen Widersachern absetzen will, sondern dass er einfach feststellt: Ich will die Gnade Gottes nicht aufheben, um die Gerechtigkeit wieder in Gesetzeswerken zu suchen.

Andere meinen, wegen des nicht betonten »Ich«, Paulus wolle sich eines Tadels gegen ihn erwehren, nämlich des Tadels, er habe die Absicht, die Gnade Gottes aufzuheben. Das mag eigenartig klingen; wir würden eher erwarten, seine Widersacher legten ihm die Aufhebung des *Gesetzes* Gottes zur Last. Stehen sich nicht Gesetz und Gnade gegenüber? Die Vertreter dieser Auslegung erklären aber, dass dies zwar für Paulus so ist (5,4; Röm 6,14), nicht aber für seine Widersacher, die genau wissen, mit welchem Nachdruck Paulus die Botschaft von der Gnade Gottes verkündigt, und sie schließen sehr subtil: Die Gnade Gottes ist gerade in der Ordnung des Gesetzes beschlossen; wenn Paulus daher das Gesetz aufhebt, hebt er damit die Gnade Gottes auf. Weil diese Auslegung ziemlich erkünstelt erscheint, ziehen wir die erste vor.

Paulus antwortet, er hebe gerade die Gnade Gottes nicht auf, wohl aber das Gesetz, weil die »Gerechtigkeit« – das »Gerechtfertigt-Werden« – innerhalb der Ordnung des Gesetzes unmöglich ist, wohl aber aufgrund der Gnade Gottes und – wie das Folgende implizit darlegt – aufgrund des Kreuzestodes Christi. Man kann theoretisch also nur auf eine von zwei Arten Gerechtigkeit erlangen (d. h. durch Gott gerechtfertigt sein): entweder durch die Gnade Gottes aufgrund des Kreuzestodes Christi oder durch das Gesetz (d. h. aufgrund von Gesetzeswerken), doch dann handelt es sich nicht mehr um Gnade und Christus ist umsonst gestorben. Eine Vermischung von Gesetz und Gnade ist nicht möglich: »Dem aber, der wirkt [d. h. Gesetzeswerke vollbringt], wird der Lohn nicht nach Gnade zugerechnet, sondern nach Schuldigkeit. Dem aber, der nicht wirkt, sondern an den glaubt, der den Gottlosen rechtfertigt, wird sein Glaube zur Gerechtigkeit gerechnet« (Röm 4,4f). Man kann nicht beides haben: Die Gerechtigkeit kommt aus Werken oder aus Gnade, sie kommt aufgrund eigener Werke oder aufgrund des Werkes Christi. Das wird später in Gal 3 und 4 ausführlich behandelt.

Wir wollen abschließend den Abschnitt von den Versen 14b bis 21 noch einmal im Ganzen betrachten. Wenn wir diese Verse als eine zusammenhängende Ansprache an Petrus und die Seinen ansehen, so können wir das deutlicher machen, wenn wir sie wie folgt umschreiben:

»Wenn du, Petrus, obwohl du von Natur ein Jude bist, was die Speisegesetze betrifft, angefangen hast, wie die Heiden zu leben und nicht mehr wie die Juden, wie kannst du dann wieder anfangen, jüdisch zu leben und damit implizit die Heidenchristen zwingen, auch jüdisch zu leben? Wir – du und ich und die anderen Juden hier – sind von Natur gesetzestreue Juden und nicht solche groben ›Sünder‹, wie die Heiden von Natur sind. Wir sind aber zu der Erkenntnis gekommen, dass dies nicht viel ausmacht; denn ob Jude oder Heide, aufgrund von Gesetzeswerken kann man sowieso vor Gott nicht gerecht werden. Das kannst du allein durch den Glauben an Jesus Christus. Als wir das erkannten, haben auch *wir* an Christus geglaubt, so dass wir durch Gott gerechtgesprochen wurden aufgrund des Glaubens an Christus und nicht aufgrund von Gesetzeswerken. Ja, wir wissen, dass aufgrund von Gesetzeswerken kein einziger Mensch jemals vor Gott als gerecht erscheinen kann.

Wenn wir, Gläubige aus den Juden, aber unsere Hoffnung auf Christus gerichtet haben, um in Ihm gerechtgesprochen zu werden und damit anerkannten, dass wir von Natur genau solche Sünder wie die Heiden sind und wenn wir auf diese Weise das Gesetz gänzlich außer Kraft gesetzt haben, wollen wir dann damit eine ›bequemere‹ Lebensweise propagieren und also Christus zum Diener einer amoralischen Frömmigkeit machen? Davon kann doch keine Rede sein! Denn wenn ich – oder du – die gesamte Gesetzesordnung, die ich für mich außer Kraft gesetzt habe, wieder wirksam mache und mich so wieder auf den Boden des Gesetzes stelle, dann werde ich notwendigerweise wieder, was ich vor meiner Bekehrung war: ein gewöhnlicher Gesetzesübertreter. Dann ist das Christentum nur ein System von Gesetzesübertretern – und das sollten wir dann mit dem Namen Christi verbinden?? Da mache ich nicht mit. Ausgerechnet die Gesetzesordnung hat mich Christus in die Arme getrieben und in Ihm bin ich in Bezug auf diese gesamte Ordnung gestorben. Die Ordnung gibt es noch; aber mich – meinen alten Menschen – gibt es nicht mehr. Insofern ich nun lebe, lebe ich jetzt weder durch noch für die Gesetzesordnung, sondern für Gott. Früher dachte ich wie du! Aber der Pharisäer Saulus, der auf Gesetzeswerke vertraute, um durch sie ewiges Leben zu empfangen, hat am Kreuz Christi sein Ende gefunden. Der gesetzesfanatische Pharisäer lebt nicht mehr. Insofern ich, Paulus, immer noch lebe, ist es Christus, der in mir lebt. Ich lebe nicht mehr im Vertrauen auf die Gesetzesordnung, noch auf mein eigenes Vermögen, sondern im Vertrauen auf den Sohn Gottes, der mich so geliebt hat, dass Er sich selbst für mich in den Kreuzestod gab.

Ich tue es mir nicht an, das Gesetz wieder einzuführen und die Gnade Gottes aufzuheben; ja, es ist unmöglich, innerhalb der Ordnung des

Gesetzes gerechtfertigt zu werden. Wäre es anders, hätte Christus nicht zu sterben brauchen. Weil Er aber gestorben ist, so gründet sich die Gerechtigkeit auf Sein Werk, nicht auf unsere Werke; auf die Gnade Gottes, nicht auf das Gesetz.«

Anmerkungen

1) Wir fassen die Verse 15 und 16 als einen Satz auf; andere wollen diesen teilen: »Wir [sind] von Natur Juden und nicht Sünder aus [den] Nationen. Wissend <aber>, dass ein Mensch nicht gerechtfertigt wird aus Gesetzeswerken, sondern nur durch [den] Glauben Jesu Christi, haben auch *wir* an Christus geglaubt«. Vers 15 wäre dann eine Beschreibung der alten Ordnung, in der die das Gesetz besitzenden Juden gegenüber den gesetzlosen Nationen stehen und Vers 16 eine Beschreibung der neuen Ordnung, in der Gläubige aus den Juden und aus den Nationen beide durch den gleichen Glauben gerechtfertigt werden und nicht aus Gesetzeswerken. Auch die Verseinteilung scheint von dieser Auffassung auszugehen, die aber nicht sehr einleuchtend erscheint.

2) Keiner der Juden, die im AT errettet wurden, erlebte das aufgrund strikter Einhaltung der Gesetzeskonditionen, sondern wegen der Gnade Gottes, unabhängig von der eigentlichen Gesetzesordnung. Das sehen wir schon gleich, nachdem das Gesetz durch Israel gebrochen wurde; da handelte Gott mit Seinem Volk nicht nach den Bestimmungen des Gesetzes (vergleiche 2Mo 24,7f), sondern offenbart sich als der »HERR, HERR, barmherzig und gnädig, langsam zum Zorn und groß an Güte und Wahrheit, der Güte bewahrt auf Tausende hin, der Ungerechtigkeit, Übertretung und Sünde vergibt …« (2Mo 34,6f; vergleiche 33,19).

3) Das gr. *pistis* kann sowohl »Glaube« als auch »Treue« bedeuten; siehe für das letzte u.a. 5,22; Röm 3,3; Tit 2,10. So kann auch *pisteuoo* neben »glauben« auch »anvertrauen« bedeuten (2,7; Lk 16,11; Joh 2,24; 1Kor 9,17; 1Thes 2,4; 1Tim 1,11; Tit 1,3) (vergleiche bei Vers 16 Grammatik über »Glaube an Christus«).

4) Die Unterschiede zwischen dem ursprünglichen Text und dem Zitat können wie folgt erklärt werden: (a) die allgemeine Aussage des Psalmisten wird durch Paulus zugespitzt: »aus Gesetzeswerken« wird niemand gerechtfertigt; (b) Paulus lässt die Worte »vor dir« weg, diese werden aber durch den Kontext impliziert, weil es immer um die Frage geht, wie ein Mensch *vor Gott* gerechtfertigt sein kann; (c) Paulus ersetzt das wörtliche »kein Lebendiger« durch »kein einziges Fleisch«, doch das sind austauschbare Ausdrücke (siehe Text); (d) Paulus ersetzt »ist … gerecht«

durch »wird gerechtfertigt werden«, doch das kommt, weil er hier die LXX zitiert.

5) »Suchend« bedeutet keine Unsicherheit über das ins Auge gefasste Ergebnis, sondern drückt den Wunsch und die Hoffnung des bußfertigen Bekehrten aus. Wer die Rechtfertigung in Christus sucht, bekennt damit, ein Sünder zu sein.

6) Siehe den Zusammenhang zwischen Salbung (mit Öl, bzw. mit dem Geist), Auserwählung und Wohlgefallen im Vergleich von Ps 89,20f; Jes 42,1; 61,1. Siehe auch in Eph 1: das »in Christus« (1,1.3.10.12.20) wechselt sich ab mit »in dem Geliebten« (1,6). Siehe auch, wie der »eingeborene Sohn« (Lk 1,35) identisch ist mit dem »geliebten Sohn, an dem ich Wohlgefallen gefunden habe« (Mt 17,5).

7) Wäre die erste Auslegung richtig, hätte Paulus (a) eher z.B. das Plusqu. als das Präs. benutzt, (b) eher *ean* + Konj. (»wenn möglicherweise«) als *ean* + Ind. (»wenn wirklich/in der Tat«) benutzt (siehe Grammatik, auch bei 1,8f) und (c) eher von »Sündern« als von »Übertretern« gesprochen (jemand, der ein bestimmtes Gebot übertritt; vergleiche 3,19; Röm 4,15; 5,13).

8) Es steht keine Präp., darum handelt es sich um einen gewöhnlichen Dativ, genauso wie bei »Gesetz« und »Gott« in Vers 19 (vergleiche Grammatik). Dieser Dativ muss aber stets etwas anders wiedergegeben werden: Er bedeutet ein *Zusammen-mit*-Christus-gekreuzigt-sein, daher ein Gestorben-sein *im Bezug* auf das Gesetz und dadurch ein Leben *im Dienst* und *zur Ehre* Gottes.

9) »Fleisch« hat hier nicht die ethische Bedeutung des sündigen Fleisches, sondern die neutrale der leiblichen Existenz. In dieser Bedeutung kann das Wort z.B. auch auf die leibliche Existenz Christi angewendet werden (Joh 1,14; Röm 8,3; 9,5; 2Kor 5,16; 1Tim 3,16; Hebr 2,14; 1Petr 3,18; 1Joh 4,2f; 2Joh 7; auch nach Seiner Auferstehung: Lk 24,39). Im Galaterbrief hat das Wort manchmal auch die neutrale Bedeutung (1,16; 2,6), meistens aber ist es negativ zu verstehen (3,3; 4,13.20; 5,13.16f.19.24; 6,8.12f). Achte z.B. auf den Unterschied zwischen »Leben im Fleische« (= leibliches Leben) und »Leben nach dem Fleische« (= sündig leben) (vergleiche Röm 8,4f.12f; 2Kor 10,3 »in« und »nach«).

10) Das Wort »hingeben« (*paradidoomi*) ist etwas stärker als das »Geben« (*didoomi*) in 1,4. Vergleiche dasselbe Wort in Röm 8,32 (Christus wurde von Gott hingegeben); Eph 2,25 (Christus hat sich selbst hingegeben) und das schwächere Wort in 1Tim 2,6; Tit 2,14. *Paradidoomi* ist ein »Sich-Preisgeben« an seine Feinde und an die Macht des Todes; das Wort eröffnet uns die Schau auf ungerechte Verurteilung, Geißelung, Dornenkrone, Verhöhnung, Kreuzigung, Gottverlassenheit und Kreuzestod.

11) »Aufheben« (gr. *atheteoo*) ist so viel wie für ungültig erklären (vergleiche 3,15), nicht so sehr Gottes Gnade als solche, als vielmehr deren praktische Auswirkungen.

12) Dies ist die *stellungsmäßige* Gerechtigkeit (*dikaiosynè*), die der Mensch aus Glauben besitzt, indem Gott ihn gerechtgesprochen hat (gr. *dikaioo*); vergleiche 3,6,21; 5,5; Röm 4,3.6.9.11.13.22; 8,10; 9,30; 10,4.6.10; 2Kor 5,21; Eph 4,24; Phil 3,9), nicht so sehr die *praktische* Gerechtigkeit, zu der der gerechtfertigte Gläubige berufen ist (vergleiche Röm 5,21; 6,13,16,18f; 2Kor 6,7.14; 9,10; Eph 5,9; 6,14; Phil 1,11; 1Tim 6,11; 2Tim 2,22; 3,16). Von dem, der durch Gott gerechtfertigt ist – das ist dasselbe wie: dem Gott Gerechtigkeit zugerechnet hat –, erklärt Gott, dass er Gerechtigkeit besitzt. Das ist die Stellung in Christus. Dass er als Folge davon in Gerechtigkeit – gerecht – leben muss, ist eine notwendige Konsequenz, aber eine andere Angelegenheit.

2.2 Lehrmäßige Argumentation
3,1 — 4,31

2.2.1 Persönlicher Appell (3,1-5)

Übersetzung

1 O, unverständige Galater,
  wer hat euch bezaubert,
  denen Jesus Christus [als] gekreuzigt vor die Augen gemalt
  wurde?
2 Dies allein will ich von euch erfahren:
  Habt ihr den Geist aus Gesetzeswerken empfangen,
  oder aus [dem] Hören [des] Glaubens?
3 Seid ihr so unverständig?
  Angefangen habend in [dem] Geist, vollendet ihr nun in [dem]
  Fleisch?
4 Habt ihr so viel umsonst gelitten?
  Wenn es wenigstens auch vergeblich [war]!
5 Er nun, der euch den Geist verleiht und Kräfte unter euch wirkt,
  [tut er das] aus Werken [des] Gesetzes oder aus [dem] Hören
  [des] Glaubens?

Übersetzungsvarianten

2.5 *[dem] Hören [des] Glaubens:* oder *Glaubenspredigt.*
3 *vollendet ihr:* oder *lasst ihr euch vollenden* (nämlich durch die Irrlehrer) (vergleiche Grammatik).
4 *so viel ... gelitten:* oder *so viele [gewaltige Dinge] mitgemacht.*
5 *unter:* oder *in.*

Textvarianten

1 {A} *bezaubert* TR fügt hinzu: *dass ihr der Wahrheit nicht gehorcht,* was vermutlich aus 5,7 entlehnt ist.
1 {A} *gemalt wurde* TR fügt hinzu: *unter euch.*

Grammatik

1 *gekreuzigt*: Perf., das weist nicht nur auf ein in der Vergangenheit geschehenes, sondern bis in die Gegenwart wirkendes Ereignis hin oder auf den bleibenden Charakter Christi als des Gekreuzigten.

2 *von* (gr. *apo*) *euch*: sonst wird bei *lernen* auch die Präp. *para* gebraucht; aber es würde zu weit führen, daraus einen Kontrast zu konstruieren.

2 *des Glaubens:* Gen. des Substantivs Glaube oder Gen. qual. (durch Glauben gekennzeichnetes Hören, also gläubiges Hören) (siehe weiter im Text).

3 Nachdem ihr in [dem] Geiste angefangen habt, wollt ihr nun in [dem] Fleische vollenden: ein Chiasma (kreuzweise Struktur: beginnen – im Geist – im Fleische – vollenden), wodurch der Kontrast: Geist – Fleisch hevorgehoben wird.

3 *in [dem] Geist (…) in [dem] Fleische:* gewöhnlicher Dativ, wahrscheinlich weniger instrumental (mit Hilfe des …), als modal (die Art und Weise der Begleitumstände andeutend): auf geistliche/fleischliche Weise oder: nach dem Geist/dem Fleische lebend.

3 *wollt ihr vollenden:* Die Form ist Präsens Medium (zur Vollendung bringen) oder Passiv (zur Vollendung gebracht werden).

5 *[ist es]:* Eine Ellipse. Das Verb kann aus dem vorhergehenden Satzteil entnommen werden: *Verleiht (Darreicht) Er euch den Geist und wirkt Wunderwerke unter euch aus Gesetzeswerken oder aus der Kunde des Glaubens?*

5 *Darreicht (…) wirkt:* zweimal Part. Präs., also nicht ein Ereignis der Vergangenheit, sondern eine in der Gegenwart fortdauernde Handlung.

Auslegung

Nach dem kurzen »Anlauf« in 2,15-21 beginnt hier die eigentliche lehrmäßige Argumentation des Apostels, das heißt, seine Argumentation aufgrund der Schrift (Galater 3 und 4). Weil ihn die eingeschlichene Irrlehre so sehr erregt, dürfen wir hier allerdings keine strikt sachlich-lehrmäßige Erörterung erwarten. Das wird in diesem Abschnitt allein schon daran deutlich, dass Paulus seine Betrachtung mit einigen entrüsteten und herausfordernden Fragen beginnt. Es sind Fragen, die deutlich machen, dass die derzeitigen Ansichten der Galater im Widerspruch zu ihrer eigenen geistlichen Geschichte stehen. So beruft er sich denn auch zuerst auf ihre eigene *Erfahrung*, bevor er sich der *Schrift* zuwendet.

Man kann hier sechs Fragen unterscheiden, die außer den beiden in Vers 3a und 4 direkt von der Lehre abgeleitet sind. Die übrigen vier Fragen kann man dann in drei Gruppen aufteilen:

(a) »Wer hat euch bezaubert, denen Jesus Christus vor Augen gemalt wurde [als] gekreuzigt?« (Vers 1). Hier geht es um die Gegenüberstellung der *Irrlehrer* (»Zauberer«) mit *Paulus*.

(b) »Aus Gesetzeswerken habt ihr den Geist empfangen oder aus [dem] Hören [des] Glaubens?« (Vers 2); »Der euch nun den Geist darreicht und Kräfte unter euch wirkt, [tut er das] aus Gesetzeswerken oder aus [dem] Hören [des] Glaubens?« (Vers 5). Hier geht es um die Gegenüberstellung von *gesetzlichen Werken* und *Glauben*.

(c) »Angefangen habend in [dem] Geist, jetzt in [dem] Fleisch vollendet ihr?« (Vers 3). Hier geht es um die Gegenüberstellung von *Geist* und *Fleisch*.

3,1 Paulus geht jetzt zum Angriff über. Er, der einen Apostel wie Petrus nicht in der Öffentlichkeit geschont hatte, wird auch die »unverständigen Galater« nicht schonen. Er benutzt hier nicht einmal die Anrede »Brüder!« (vergleiche 1,11, übrigens auch wieder in 3,15), sondern das distanziertere »Galater«. Das Wort für »unverständig« (*anoetos*) weist auf einen Menschen, dessen Verstand völlig in Ordnung ist, der ihn aber nicht richtig oder nicht ausreichend benutzt, sowohl in logischer als auch in moralischer Hinsicht (vergleiche Lk 24,25; Röm 1,14; 1Tim 6,9; Tit 3,3). Paulus meint zweifellos beides: Die galatischen Gemeinden hatten logische Denkfehler gemacht, indem sie aus dem Evangelium falsche Schlüsse zogen (vergleiche 2,15-21); aber schwerwiegender war es, dass sie in geistlicher und moralischer Hinsicht töricht gehandelt und sich durch die Verführer hatten mitschleppen lassen. Dadurch waren sie jetzt »unverständig« in Bezug auf wahre Freiheit, auf Frieden und Freude in Christus.

Wenn Paulus fragt: »Wer hat euch bezaubert?«, bedeutet das an sich noch nicht, er hätte nur eine Person im Blick (vergleiche 1,9) oder dass ihm die Identität der galatischen Irrlehrer unbekannt sei; es sind die »etlichen« von 1,7. Es handelt sich hier vielmehr um eine rhetori-

sche Frage: »Wer hat es bloß fertigbekommen, euch zu einer solchen
Torheit zu verleiten?« In dem »Wer« liegt ein ernster Vorwurf: »Wie ist
es möglich, dass einer euch so verrückt machen konnte??« Gleichzeitig sieht man aus dem Wort »bezaubert«, dass die Galater nicht absichtlich diese Irrlehre angenommen hatten. Sie wurden richtig verführt; ihnen sind durch elegante Beweisführungen die Sinne vernebelt
worden. Sie waren unter die hypnotische Faszination[1] der falschen
Lehre geraten. Die Verführer sind genau solche »Gaukler«, wie in 2Tim
3,13. So wie Paulus in 1Tim 4,1 von betrügerischen Geistern und Lehren von Dämonen spricht, ist es denkbar, dass er hier schon darauf
anspielt, dass die »Zauberer«, die die Galater behexten, mit dämonischen Kräften arbeiteten (vergleiche 2Kor 11,4,14; Eph 6,12); wir kommen darauf bei den »Elementen« (elementare Geister) in Galater 4,3.9
zurück. Wie war es möglich, dass sich die Galater hatten bezaubern
lassen, wo ihnen doch nichts Geringeres widerfahren war, als dass ihnen »Jesus Christus vor Augen gemalt wurde [als] gekreuzigt« (nämlich vor allem durch Paulus selbst)!

Das Wort »malen« bedeutet wörtlich entweder »zuvor schreiben«
(vergleiche Röm 15,4; Eph 3,3 Jud 4) oder »vor [jemand] schreiben,
zeichnen, malen« (nur hier).[2] Das Letzte bedeutet nicht nur, dass Paulus vor den geistlichen Augen der Galater ein lebendiges Bild des lei-
denden und sterbenden Herrn gemalt hat, sondern dass er auch »vor
aller Augen« die Botschaft von dem Gekreuzigten wie auf einer Tafel
aufgezeichnet hatte, sodass alle sie lesen konnten. Die Bedeutung des
Wortes »malen« wird am deutlichsten durch die großen Reklameschil-
der an unseren Straßen illustriert. Die Botschaft war für die Galater
nicht zu übersehen. Sie war die öffentliche Verkündigung von Jesus Christus in Seiner Eigenschaft als dem Gekreuzigten. Paulus hatte in der
Öffentlichkeit nicht nur über den Kreuzestod Jesu als entscheidende
historische Tatsache gesprochen, sondern auch über die bleibende Bedeutung dieses Kreuzestodes, ja über Christus selbst in Seiner bleibenden Bedeutung als der Gekreuzigte (siehe Grammatik). Die bleibende
Bedeutung kommt darin zum Ausdruck, dass jeder Mensch, der errettet
werden will, noch immer sein Glaubensvertrauen auf den gekreuzigten
(und auferstandenen) Herrn richten muss (2,20; 3,13; 5,24; 6,14).

Auf diese »Tafel«, die so laut und deutlich diese Botschaft verkündigte, hätten die Galater ihre Augen gerichtet halten müssen. Dann
wären sie nicht auf die Bezauberung der Betrüger hereingefallen. Für

die Irrlehrer war gerade das Kreuz Christi das große Ärgernis (6,12). Und darum musste gegenüber den Juden und Heiden, die sich an dem Kreuz ärgerten, das Kreuz Christi in das Zentrum der Predigt gerückt werden (vergleiche 1Kor 1,18; 2,2; Phil 3,18). Alle »Zauberkräfte«, die dämonischen Mächte der Finsternis, richten ihren Hauptangriff immer wieder gegen das Kreuz (und die Auferstehung) Christi.

3,2 Paulus versucht die Torheit der Galater mit einer einzigen Frage an den Pranger zu stellen: »Dies allein will ich von euch erfahren« – das heißt (in der gegenwärtigen Verwirrung): das einzige, worauf ihr antworten sollt, damit ihr selbst einseht, wie dumm ihr euch habt verleiten lassen. Seine schlichte Frage lautet: Wie »habt ihr den Geist empfangen«? Damit deutet er nicht notwendigerweise auf eine mystische oder ekstatische Erfahrung hin, denn nach Paulus empfängt ein Gläubiger den Heiligen Geist in dem Augenblick, wenn er sich im Glauben Christus und Seinem Werk anvertraut (4,5f; Joh 14,20; Röm 8,9.14f; 1Kor 6,19; Eph 1,13; Apg 10,44). Er hätte also ebenso gut fragen können: Wie seid ihr Christen geworden? Es gibt theoretisch zwei Möglichkeiten, von denen die erste nicht schwer zu begreifen ist: »aus Gesetzeswerken«; diese Möglichkeit hat Paulus aber soeben abgewiesen (2,16-21). Was aber bedeutet die zweite Alternative: (»aus der Predigt des Glaubens (aus [dem] Hören [des] Glaubens)?«

Das griechische Wort für »Predigt« *akoe*, kommt von *akouoo,* »hören« und bedeutet hier entweder aktiv das »(An) hören« oder passiv das »Gehörte«, das heißt das Gerücht, die Predigt, Verkündigung, Mitteilung, Erzählung, Kunde. Analog dazu kann hier auch »Glauben« aktiv (als der »Glaube«) oder passiv (als »das Geglaubte«, d.h. die Botschaft) aufgefasst werden. Jede denkbare Kombination ist wohl schon von einem Ausleger dargestellt worden.[4] Allerdings werden die Möglichkeiten schon ziemlich eingeschränkt, wenn wir »Glauben« (ohne Artikel) hier genauso wie zuvor in 2,16 und 20 und später in den Versen 6-9 als »das Glauben« und nicht als »das Geglaubte« auffassen wie in 1,23. Die alte Elberfelder Bibel spricht von »der Kunde«, danach ist damit höchstwahrscheinlich gemeint: »aus [der] Kunde [des] Glaubens«, d.h., indem man die Kunde (Predigt) mit einem gläubigen Herzen hört (und annimmt) oder »aus [der] Kunde, die zum Glauben führt« oder »die Glauben erzeugen will« oder »fordert«, d.h., indem man die Kunde annimmt und dadurch gläubig wird. Die meisten modernen Ausleger übersetzen *akoe* lieber aktiv: »aus dem Hören [des] Glaubens (durch Glauben)« d. h. durch gläubiges Hören oder »durch Hören, das zum Glauben führt«, d. h. durch Hören und auf diese Weise gläubig werden. Dadurch erhalten wir einen deutlichen Gegensatz zwischen den *Werken* des Gesetzes einerseits und dem *gläubigen Hören* der Predigt andererseits.

Die Diskussion über diese beiden alternativen Übersetzungen bringt wenig Nutzen, weil beide Interpretationen einen guten Sinn geben und zum gleichen Ergebnis führen: Man wird Christ nicht durch das Halten des Gesetzes, sondern durch das gläubige Hören des Evangeliums. Man empfängt den Heiligen Geist nicht, weil man wirkte und bewahrte, sondern weil man hörend geglaubt hat. Man kann auch sagen: Man empfängt den Heiligen Geist nicht, weil man das Gesetz gehalten, sondern weil man der Predigt geglaubt hat. Ich kann, wenn ich denn unbedingt wählen soll, diese beiden Ausdrücke nur als völlig parallel betrachten: »aus [dem] Wirken [des] Gesetzes« / »aus [dem] Hören [des] Glaubens«; das heißt, wenn »Wirken« aktiv ist, dann auch *akoe* (»hören«); wenn »Werke [des] Gesetzes« bedeutet »Werke, die vom Gesetz verlangt werden«, dann bedeutet auch »Hören [des] Glaubens« so viel wie: »ein Hören, das durch den Glauben erfordert wird«, d. h. ein Hören mit einem gläubigen Herzen. Aber noch einmal: Es macht keinen großen Unterschied, denn was gläubig gehört werden muss, ist doch nichts anderes als die Predigt.

3,3 Mit dem »*ihr*« in: »Seid ihr so unverständig?« meint Paulus weiterhin die »unverständigen Galater« von Vers 1. Mitten zwischen den eindringlichen Fragen in diesen Versen, die sich auf die geistlichen Erfahrungen der Galater beziehen, bittet der Apostel sie wiederum, doch einmal den Verstand zu gebrauchen. Noch einmal: Damit ist zunächst und vor allem ihr logisches Denkvermögen gemeint: Ihr habt den Geist aus dem Glauben empfangen, wie könnt ihr dann wieder zum Gesetz zurückkehren? So auch hier: Ihr habt im Geist angefangen, wie könnt ihr dann versuchen, das Ende (oder die Vollendung) im Fleisch zu erreichen? Es geht hier aber nicht nur um das logische Denken. All unser Denken wurzelt in unserem Herzen, das entweder vom Geist oder vom Fleisch regiert wird (vergleiche 5,16-23). Darum wenden sich diese Fragen auch an die *Herzen* der Galater, an ihre geistliche Gesinnung in Christus.

Wie könnt ihr so unverständig sein, ihr Galater, dass ihr, was ihr im Geist begonnen habt, im Fleisch vollenden wollt? Beginnen im Geist bedeutet, das Heil im Glauben ergriffen zu haben und aufgrund dieses Glaubens mit dem Heiligen Geist versiegelt worden zu sein (Eph 1,3). Damit beginnt das normale Christenleben (Vers 2). Und jeder weiß, dass sich im Christenleben Geist und Fleisch entgegenstehen. Wer könnte dann so töricht sein, im Geist anfangen zu wollen, um dann im Fleisch zu vollenden?

Der Ausdruck »vollenden« oder »zur Vollendung gebracht werden« oder »vollendet werden« (siehe Grammatik) kann als das übliche Gegenteil von »anfangen« aufgefasst werden. »Vollenden« bedeutet dann einfach »aufhören/endigen«, »das Ende (einer Absicht) erreichen« (vergleiche denselben Kontrast beginnen/endigen in 2Kor 8,6; Phil 1,6). Aber hier liegt es näher, an die stärkere Bedeutung zu denken: »vollenden/vollendet werden«.[5] Paulus meint das natürlich im ironischen Sinn mit Anspielung auf die Irrlehrer, die den Galatern weismachten, dass sie einen vollkommeneren als den von Paulus gewiesenen Weg kennenlernen würden, wenn sie sich den Regeln des Gesetzes unterstellten. Wer dem Apostel folgte, kannte »nur« den Weg des Glaubens; wer den Verführern folgte, kannte sowohl den Weg des Glaubens, als auch den Weg der Gesetzeserfüllung. Wie viel »vollkommener« wird das Christenleben, wenn man neben dem typisch christlichen Weg auch noch den der jüdischen Speisegesetze, der reichen jüdischen Festzeiten und der jüdischen Zeremonien kennenlernt ... Wie »logisch« klingt das; aber Paulus nennt eine solche Schlussfolgerung den reinen Unverstand.

Paulus macht einen dicken Strich durch diese Art zu denken, indem er es einfach »Fleisch« nennt. Wer die jüdischen Gesetze einführt, ist »fleischlich« am Werke (siehe Grammatik), d. h., er lässt sich durch das sündige Fleisch leiten.[6] Ein Christenleben durch Glauben allein ist der Weg des Geistes Gottes; ein Christenleben aus Glauben (mit allem, was damit zusammenhängt) *und* jüdische Gesetze ist der Weg des sündigen Fleisches. Ja, (a) wer die Schatten (das Gesetz) wieder einführt, leugnet *die Person* Christi, in dem diese Gesetze ihre Erfüllung gefunden haben (Kol 2,16f) und (b) wer sich wieder auf die Grundlage des Gesetzes stellt, um dadurch Gott wohlzugefallen, leugnet das *Werk* Christi, das dem alten Menschen ein Ende bereitet hat und den neuen Menschen ausschließlich und einzig unter die Autorität Christi und des Geistes stellt. Wer im Geist beginnt, erkennt damit an, dass es keinen anderen Weg gibt, um Gott wohlzugefallen; wie wird man dann wieder eine Regelung einführen, die ausschließlich das Fleisch anspricht? Neben den Gegensätzen Gesetz/Glauben und Wirken/Hören wird vor allem der dritte Gegensatz zwischen Fleisch und Geist im Galaterbrief eine große Rolle spielen.

3,4 Paulus bezieht sich noch immer auf die geistlichen Erfahrungen der Galater und benutzt dazu nun das Verb *paschoo*. Dies hat im ganzen übrigen NT die Bedeutung »leiden«,[7] und das mag auch hier der Fall sein. Dann meint Paulus: Wie könnt ihr einen Glaubensweg, auf dem ihr schon so viel gelitten habt (durch Verfolgungen; Apg 14,22), einfach gegen einen fleischlichen Weg eintauschen? War dann nicht all das Leiden vergeblich? Die Begründung könnte dann z. B. lauten: Das Leiden wurde euch vor allem von den Judaisten zugefügt (für Südgalatien Apg 13,45 und 50; 14,2.5 und 19); wollt ihr euch denn jetzt von den gleichen Judaisten auf einen Irrweg leiten lassen und damit zugeben, dass alle euren früheren Leiden ein grober Irrtum eurerseits waren?

Es ist aber auch möglich, dass *paschoo* hier ausnahmsweise seine ursprünglich neutrale Bedeutung hat: »Habt ihr so vieles umsonst erlebt?« Paulus könnte sogar eine positive Bedeutung beabsichtigt haben: »Habt ihr so viele großartige Dinge umsonst erfahren?«, nämlich die Proklamation Jesu Christi als den Gekreuzigten (Vers 1a), das gläubige Hören des Evangeliums (Vers 2b), den Empfang des Geistes und den Beginn im Geist (Verse 2a und 3b). Eine solche positive Deutung passt äußerst gut in den Zusammenhang. Das schwerste Gegenargument liegt darin, dass das Wort *paschoo* für die Leser doch einen negativen Klang gehabt haben muss.

Paulus fügt hinzu: »Wenn es ja auch vergeblich [war]!« Die Galater liefen Gefahr, einen Weg einzuschlagen, auf dem die früheren Erfahrungen vergeblich gewesen wären. Wenn Paulus dies »vergeblich« nun in Zweifel zieht, hält er es vielleicht für eine Bedrohung, in dem Sinn, dass »vergeblich« dann noch ein zu schwacher Ausdruck wäre: Ihre Erfahrungen würden vollständig wertlos sein, ja vor dem Richterstuhl Gottes gegen sie verwendet werden können. Eine andere Auslegung besagt, dass Paulus diese Worte als eine Ermutigung auffasst: Hoffentlich wird sich nicht alles als vergeblich herausstellen, indem ihr rechtzeitig von diesem Irrweg umkehrt (vergleiche 5,10).

3,5 Mit diesem Vers wird der Kreis der Fragen des Paulus geschlossen; denn er kehrt zu der Frage zurück, von der schon in Vers 2 die Rede war. Dort hieß es: »Habt ihr den Geist empfangen?« Nun wird die Frage von Gott her besehen: »Der euch nun den Geist darreicht« und das noch mit dem Zusatz: »... und Kräfte unter [oder: in] euch wirkt«. Wörtlich handelt es sich um Partizipien: »Er, der euch den Geist Darreichende und Kräfte unter euch Wirkende«: der Darreicher des Geistes, der Wirker der Kräfte. Wenn sich die Galater nur fragen mochten, ob sie bei der gläubigen Annahme der Predigt des Apostels tatsächlich den Geist empfangen hatten, so erinnert der Apostel sie an die Kräfte des Geistes, die unter ihnen offenbar geworden waren (vergleiche Mk 16,20; Apg 2,43; 8,13; 19,11; 1Kor 12,10.28f; 2Kor 12,12; Hebr 2,3f; 6,5).

Dies ist nicht die einzige Hinzufügung zu Vers 2. Die Frage ist, ob sich das Partizip »darreichend« (den Geist) auf den ursprünglichen Empfang des Geistes bezieht und nicht vielmehr auf ein andauerndes Darreichen in der Gegenwart (siehe Grammatik), genauso wie das fortwährende Wirken der Kräfte in der Gegenwart. Wenn es um die Innewohnung des Geistes geht, kann es sich natürlich nur um ein einmaliges »Schenken« und »Empfangen« handeln. Aber seit diesem Empfang gibt es für den Gläubigen viele »Darreichungen« besonderer Kräfte, Offenbarungen, Wirkungen, Hilfen und den Beistand des Geistes: »Es sind Verschiedenheiten von Wirkungen, aber derselbe Gott, der alles in allen wirkt« (1Kor 12,6).[8] Dies fortdauernde »Darreichen« sehen wir am deutlichsten in Phil 1,19: »Ich weiß, dass dies mir zur Seligkeit ausschlagen wird durch euer Gebet und durch Darreichung des Geistes Jesu Christi.«

Ob es sich nun um das einmalige Geschenk des Geistes handelt (Vers 2) oder um die fortlaufende Darreichung des Geistes (Vers 5), in beiden Fällen kann Paulus fragen: »[Tut Er das] aus Gesetzeswerken oder aus [dem] Hören [des] Glaubens?« Diese Ausdrücke sind völlig identisch mit denen in Vers 2 und wurden dort ausreichend besprochen. Zusammenfassend: Man empfängt weder (einmalig) den Geist als innewohnend, noch (immer wieder) die Darreichungen des Geistes, weil man das Gesetz bewahrt, sondern weil man der Predigt glaubt.

Die Konsequenzen aus der Frage des Paulus hier und in Vers 2 sind äußerst bedeutsam. Die Galater konnten auf die rhetorische Frage natürlich nicht anders antworten als: »Wir haben den Geist empfangen und empfangen noch stets die Wirkungen des Geistes durch das gläubige Hören und nicht aus Gesetzeswerken.« »Nun ja« könnte Paulus darauf erwidern, »wenn ihr euch wieder unter die Ordnung des Gesetzes stellt, was hofft ihr denn dadurch zu·erreichen? Den Geist empfinget ihr durch den Glauben, nicht aus dem Gesetz; meint ihr nun aus dem Gesetz noch größeren Segen als aus dem Geist zu empfangen, der euch im Glauben zuteil wurde? Ihr habt den Geist empfangen, als ihr *meine* Predigt annahmt; welchen höheren Segen hofft ihr durch die Annahme der Predigt der Verführer zu erhalten?«

Anmerkungen

1) Das Wort »bezaubert« (*ebaskanen*) ist etymologisch verwandt mit dem lateinischen Wort *fascino*, das wörtlich »binden« und daraus abgeleitet »behexen, bezaubern« bedeutet (vergleiche die buchstäbliche und die übertragene Bedeutung von »fesseln«). Das griechische Wort bedeutet so viel wie (schwarze) Magie über jemand ausüben. Oft dachte man bei diesem Wort an die Verzauberung durch »den bösen Blick« (vergleiche Spr 23,6; 28,22; Mt 20,15; Mk 7,22), doch hier handelt es sich um Bezauberung durch falsche Worte.

2) Einige möchten hier auch an die erste Bedeutung denken: »zuvor [in einem Brief] geschrieben«, so als hätte Paulus den Galatern buchstäblich ein Dokument in die Hände gegeben, das er vielleicht »vor ihren Augen« geschrieben hatte.

3) Die erste Bedeutung ist in 2Petr 2,8 zu finden (vergleiche Mt 13,14; Apg 28,26), die zweite in Mt 4,24; 14,1; 24,6 + par.; Joh 12,38; Röm 10,16; 1Thes 2,13; Hebr 4,2. In Röm 10,17 finden wir den gleichen Doppelsinn.

4) Die wichtigsten sind: (a) »aus dem Hören des [= durch oder in] Glaubens« (Gen. subj. o. qual.), d.h. durch glaubendes Hören; (b) »aus dem Hören, das zum Glauben leitet« (Gen. obj.), d.h. durch das Hören und auf diese Weise Gläubig-werden; (c) »aus dem Hören von dem Glauben (der Glaubenswahrheit)« (Gen. obj.) d.h. indem man die Verkündigung der Glaubenswahrheiten hört (und sie annimmt); (d) »aus der Predigt des [= durch o. in] Glaubens« (Gen. subj. o. qual.), d.h. indem man die Predigt mit gläubigem Herzen hört (und annimmt); (e) »aus der Predigt, die zum Glauben führt« oder »die aufs Glauben zielt« oder »ihn fordert« (Gen. obj.), d.h. indem man die Predigt annimmt und so gläubig wird; (f) »aus der Predigt des Glaubens« (Gen. obj.), d.h. aufgrund der Predigt der Glaubenswahrheiten.

5) Gr. *epiteleisthe* steht entweder im Medium oder im Passiv (siehe Grammatik). Die Ausleger, die diese Form als Medium betrachten, geben sie gewöhnlich als »beendigen« wieder und die sie für Passiv ansehen, als »vollkommen (gemacht) worden«. Die Vorsilbe *epi* verstärkt die Bedeutung, so dass wir hier vielleicht annehmen dürfen, dass Paulus in der Tat »vollkommen (gemacht) worden« meint.

6) Siehe über »Fleisch« in Kapitel 2,20. Einige möchten in unserem Vers an »Fleisch« im physischen Sinn denken, z.B. weil die Galater sich am physischen Fleisch beschneiden lassen wollen. Im Folgenden aber (4,29; 5,16-25; 6,8) geht es bei dem Kontrast Geist-Fleisch immer um das sündige Fleisch, so wie es den natürlichen Menschen beherrscht, aber auch den Gläubigen noch zur Sünde veranlassen kann.

7) Gr. *paschoo* ist mit *Pathos* verwandt, »das, was erfahren, erlebt wird«, das kann sich auf »Leiden«, aber auch auf »Leidenschaften« (im NT immer in negativem Sinn) beziehen. Dagegen hat *homoiopathès* (Apg 14,15; Jak 5,17) eine neutrale Bedeutung: »von gleichen Gemütsbewegungen«. Dies Verb hat im Grunde auch die neutrale Bedeutung von »mitmachen, erfahren, erleben«, was sich auf Gutes und Schlechtes beziehen kann. (Fast?) immer in der LXX und im NT betrifft das negative Erfahrungen, daher die Übersetzungen: »leiden und ertragen«.

8) Das Wort für »darreichen«, *epichorègoo*, ist von *chorègos* oder »Chorhelfer« abgeleitet (von *choros*, woraus unser »Chor« entstanden ist), der die Mitglieder des Chores während der Übungsstunden und der Vorführungen mit allem Nötigen zu versehen hatte. In späterer Zeit verflachte dies Verb zu »(reichlich) helfen« oder »darreichen« im Allgemeinen. Die Vorsilbe *epi* verstärkt die Reichlichkeit dieses »Helfens« und »Darreichens« noch besonders (vergleiche Anm. 5). Das Wort wird in 2Petr 1,11 auch mit »reichlich darreichen« und in 2Kor 9,10 mit »darreicht« übersetzt. Das dazugehörende Substantiv wird sowohl in Eph 4,16, als auch in Phil 1,19 mit »Darreichung« wiedergegeben. Die zwei Hauptbedeutungen dieses Wortes sind im NT also: (a) »geben, darreichen, verschaffen«, (b) »unterstützen, helfen, beistehen«.

2.2.2 Abraham als Vorbild (3,6-14)

Übersetzung

6 So wie Abraham Gott glaubte
   und es wurde ihm zur Gerechtigkeit gerechnet.

7 Erkennt also an, dass die [die] aus Glauben [sind],
   [dass] sie Söhne Abrahams sind.

8 Die Schrift nun,
   voraussehend, dass Gott aus Glauben die Nationen rechtfertigt,
   evangelisierte zuvor dem Abraham:
   »Gesegnet werden in dir alle die Nationen werden.«

9 Also sie [die] aus Glauben [sind],
   werden gesegnet mit dem gläubigen Abraham.

10 Denn so viele aus Gesetzeswerken sind, sind unter [dem] Fluch;
   denn es steht geschrieben:
   »Verflucht [ist] jeder, der nicht ausharrt in allen Dingen,
   die geschrieben stehen in dem Buch des Gesetzes, um diese zu tun«.

11 Dass nun durch [das] Gesetz niemand gerechtfertigt wird vor Gott,
   ist klar,
   denn »der Gerechte wird aus Glauben leben.«

12 Das Gesetz aber ist nicht aus Glauben,
   sondern »er, der diese Dinge getan hat, wird durch sie leben«.

13 Christus hat uns freigekauft von dem Fluch des Gesetzes,
   ein Fluch für uns geworden seiend;
   (denn es steht geschrieben:
   »Verflucht ist jeder, der am Holz hängt«),

14 damit zu den Nationen der Segen Abrahams werde in Christus Jesus,
   damit wir die Verheißung des Geistes empfingen durch den Glauben.

Übersetzungsvarianten

6.7 *gerechnet. Erkennt an:* oder *gerechnet, anerkennt …*

7 *Erkennt an:* oder *Ihr anerkennt*

13.14 lässt man ( ) weg, so kann sich *damit* auch auf 13b beziehen.

Textvarianten

12 {A} *er:* einige unbedeutendere Textzeugen lesen *der Mensch* (siehe Luther).

14 {B} *Verheißung:* einige wichtige Textzeugen lesen *Segen* (siehe Elberfelder Übersetzung).

Grammatik

7 *erkennt:* die gr. Form kann Imp. oder Ind. sein; aber hier liegt die Befehlsform näher.

7-9 *aus Glauben:* ohne Art., also nicht ein bestimmter Glaube, sondern der Grundsatz des Glaubens, wie er bei Abraham sichtbar wurde und heute bei allen, die das Evangelium annehmen.

8 *voraussehend:* am besten begründend aufzufassen: *weil sie voraussah.*

8 *rechtfertigt:* Präs., weist hier auf einen zeitlosen Grundsatz hin: Gott rechtfertigt (in welcher Zeit auch immer) Menschen aus Glauben; Er ist sozusagen der Heiden-Rechtfertiger.

8 *Gesegnet (…) alle die Völker: Gesegnet* ist Plural, – obwohl grammatisch bei einem Neut. plur. das Prädikat im Sing. zu erwarten ist – weil bei *den Völkern* an Personen gedacht ist.

8 *in* (gr. *en*): möglicherweise instrumental: »durch (mit Hilfe von)«, aber wahrscheinlicher lokal (im geistlichen Sinne): »in«, nämlich durch geistliche Vereinigung mit dir oder durch Aufnahme in eine Verbindung, die geistlich von dir abstammt.

10 *unter (dem) Fluch:* ohne Art., d. h. nicht »*ein Fluch*«, sondern ganz und gar durch Fluch beherrscht werden.

10 *[ist]:* oder *[sei]* als Wunschform.

10 *um diese zu tun* (gr. *tou poièsai auta*): wörtl. *des Tuns diese* (Substantivierter Inf. mit dem Artikel im Genitiv, ohne die Präp. *um*).

10.13 *es steht geschrieben (gr. gegraptai):* Perf., andeutend, dass die Schrift einmal in der Vergangenheit aufgeschrieben wurde, das Geschriebene aber bis heute seine Gültigkeit bewahrt hat (ursprünglich ein Ausdruck aus dem juristischen Sprachgebrauch); ein verwandter Ausdruck ist *gegrammenon estin*, »*e*s steht geschrieben« (vor allem bei Joh).

11 *durch:* gr. *en* instrumentalis: *mit Hilfe von* (vergleiche *dia* in Vers 14); der Gedanke des *Rechtfertigens (Gerechtfertigt-werdens) durch* kann auch durch den Dativ wiedergegeben werden (z. B. Röm 3,24.28) o. durch das gr. *ek* (»aus«) (z. B. Röm 5,1). Mit dem gr. *en* (wörtl. »in«) besteht auch eine Parallele zu *»gerechtfertigt in Christus«* (2,17).

11 *der Gerechte wird aus Glauben leben:* eventuell zu lesen: *der aus Glauben Gerechte,* obwohl man dann eher gr. *ho ek pisteoos dikaios* anstelle von *ho dikaios ek pisteoos* erwarten sollte, ist diese Lesart nicht unmöglich; vergleiche *ton Israel kata sarka,* »Israel nach dem Fleisch« (nicht: *ton kata sarka Israel*).

11.12 *wird … leben:* Medium, ersetzt aber oft das Aktiv.

13 Der Vers ist asyndetisch (d. h. ohne grammatische Bindung an das Vorangehende), wodurch Paulus dem Fluch des Gesetzes ganz abrupt die Erlösung von diesem Fluch entgegenstellt.

13 *der Fluch des Gesetzes:* zweimal der Art.: der volle konkrete Fluch des ganzen Gesetzes vom Sinai.

13 *geworden seiend:* Part., offensichtlich kausal aufzufassen: *indem … geworden ist.*

13 *ein Fluch … geworden:* d. h. entweder *ein Verfluchter* oder ein Beispiel für Metonymie (Begriffsvertauschung): »Fluch« = Fluchträger = Träger des göttlichen Gerichts (vergleiche 2Kor 5,21: Ihn, der keine Sünde gekannt hat, hat Er für uns zu Sünde [Sündopfer] gemacht); »Fluch« jetzt ohne Art.: »Er wurde ganz und gar Fluch«.

13 *für uns:* gr. *hyper* + Gen.: *zum Besten, zugunsten (*einer Person) (siehe Grammatik bei 1,4); hier offensichtlich gleichzeitig im Sinne von: *an unserer Statt.*

14 Der Vers ist chiasmisch: Vers 14a weist zurück auf die Verse 6-13 und Vers 14b auf Vers 15.

14 *damit … damit:* das zweite »damit« kann als dem ersten untergeordnet betrachtet werden (d. h. das zweite ist vom ersten abhängig) oder aber als beigeordnet (d. h. beide sind gleich abhängig vom Vorangehenden); das zweite ist wahrscheinlicher, unter anderem deshalb, weil Vers 14 chiasmisch ist (siehe oben).

14 *zu den Nationen:* gr. *eis* + Akk. ersetzt hier eigentlich einen gewöhnlichen Dativ.

14 *die Verheißung des Geistes:* Gen. obj. (der Geist ist verheißen) oder Gen. expl. (der Geist ist die Umschreibung der Verheißung).

14 *durch* (gr. *dia* + Gen.): *mit Hilfe von:* der Glaube ist das Mittel, durch das oder der Weg, auf dem der Segen zu den Gläubigen kommt (vergleiche *en* in Vers 11).

Auslegung

In diesem Abschnitt führt Paulus die AT-Figur des Abraham ein, die dann bis zum Ende von Gal 4 in seinen Darlegungen eine Hauptrolle spielen wird. Erstens ist Abraham *Vorbild:* So wie er an Gott glaubte und aus Glauben gerechtfertigt wurde – völlig außerhalb des Gesetze –, so wird auch heute ein Mensch nur durch Glauben gerechtfertigt. Zweitens ist Abraham *geistlicher Vater:* In ihm werden alle Heiden, die zum Glauben kommen, gesegnet, ja, Söhne und Erben Abrahams genannt (3,7.29). Drittens ist Abraham *Typus:* Das will sagen, von seinen zwei Söhnen stellt Ismael die Ordnung des Gesetzes/des Fleisches/ der Sklaverei und Isaak die Ordnung der Verheißung/des Geistes/der Freiheit dar (4,21-31). Die ersten zwei dieser drei Punkte werden schon in diesem Abschnitt angesprochen. Sie werden der Ordnung des Gesetzes gegenübergestellt, das wegen der Sündhaftigkeit der Menschen nur den Fluch über sie aussprechen kann. Der Fluch bedeutet konkret: das Gericht Gottes. Das Gericht hat Christus für die Gläubigen am Kreuz getragen.

3,6 Weil in diesem Vers Abraham vorgestellt wird, liegt es auf der Hand, hiermit einen neuen Abschnitt beginnen zu lassen, der ausführlich von ihm handelt. Der Vers ist jedoch ein Nebensatz, der mit dem Wort »So wie« beginnt. Das kann auf das Nachfolgende vorausgreifen, aber auch auf das Vorangegangene zurückgreifen, was wahrscheinlicher ist. Eigentlich hängt der Vers wie ein loser Nebengedanke in der Luft. Der grammatikale Zusammenhang kann hergestellt werden, indem man sich einige Worte zwischen die Verse 5 und 6 denkt:[1] »Der euch nun den Geist darreicht und Kräfte unter euch wirkt, [tut Er das] aus Gesetzeswerken oder aus [dem] Hören [des] Glaubens? [Aus dem letzten natürlich, genau] so wie [auch die Schrift sagt:] Abraham glaubte Gott und es wurde ihm zur Gerechtigkeit gerechnet.« Der Vers kann demnach auch dem vorigen Abschnitt zugerechnet werden; in Anbetracht des Themas »Abraham«, das mit diesem Vers beginnt und auch noch den folgenden Abschnitt beherrscht, lassen wir diesen aber mit Vers 6 anfangen. Der Vers illustriert, dass sich nun einmal nicht alle Schriftabschnitte nahtlos in Perikopen aufteilen lassen.

Dass Paulus hier über Abraham spricht, ist insofern bemerkenswert, als dass er bei den Heidenchristen in Galatien offenbar Kenntnis über Abraham voraussetzen durfte. Die Kenntnis mögen sie von Paulus selbst empfangen haben. Bei seinen Predigten wird er sich oftmals auf die Schrift (das AT) berufen und dabei auch vielleicht das Vorbild Abrahams behandelt haben. Außerdem wohnten in Südgalatien viele Juden (siehe Anhang 2) und vielleicht waren die Heiden dort mit den Wurzeln des Judentums vertraut. Aber vermutlich kannten ihn die galatischen Christen durch die Wirksamkeit der Irrlehrer, die wahrscheinlich argumentiert haben, dass die Heiden »Söhne« Abrahams werden könnten, indem sie sich wie Abraham und seine Nachkommen beschneiden ließen.[2] Paulus will jedoch beweisen, dass der Segen Abrahams nicht auf die Beschneidung gegründet ist, sondern auf den Glauben. Der wahre Sohn Abrahams ist also nicht der Beschnittene als solcher, sondern der Gläubige; die Beschneidung fügt dem nichts hinzu.

In den Versen 1 bis 5 hatte sich der Apostel auf die geistlichen Erfahrungen der Galater berufen, jetzt beruft er sich auf die Schrift. Beides ist wichtig. Wer sich nur auf Erfahrungen beruft, die nicht durch die Schrift gedeckt sind oder gar zu ihr im Widerspruch stehen, macht es verkehrt. Dasselbe gilt allerdings auch für denjenigen, der sich nur auf die Schrift beruft und nichts von eigenen geistlichen Erfahrungen weiß. Das erste ist die Gefahr aller falschen Gefühlsduselei und des Charismatismus; das zweite ist die Gefahr allen rationalistischen Christentums und toter Orthodoxie.

Die Worte »So wie« legen der geistlichen Erfahrung einen Maßstab an: Das, was wir empfinden, stimmt mit der Norm der Schrift überein; in diesem Fall: dem, was die Schrift von Abraham berichtet.[3] Paulus will sagen: So wie Abraham von Gott aus Glauben gerechtfertigt wurde und aus nichts anderem, so ist es auch mit euch, Galatern, geschehen und anders als so kann es auch nichts werden. Im Anhang 3 wird ausgeführt, dass »den Glauben jemandem zur Gerechtigkeit zu rechnen« genau dasselbe ist wie »jemanden rechtfertigen aufgrund seines Glaubens«. Der Vers will dann auch nicht sagen, der Glaube Abrahams (oder der unsrige) sei ein Verdienst, das Gott uns als Gerechtigkeit anerkennen würde,[4] denn das würde doch wieder eine Rechtfertigung aus Werken beinhalten, wobei dann der Glaube das gute Werk wäre. Nein, der Glaube ist kein Verdienst, aufgrund dessen Gott den Menschen rechtfertigt; er ist vielmehr die Anerkenntnis, dass wegen der Sünde von eigenen Verdiensten nicht die Rede sein kann und dass sich der Mensch (auch Abraham) wegen seines Heils ganz und gar der Gnade und dem Segen Gottes anvertraut.

In der Sprache des AT ausgedrückt, war Abraham ein *Tsaddik*, ein »Gerechter«, im Sinne eines »Frommen«, weil er auf Gott vertraute. Der wahrhaft Fromme ist sich seiner Kraftlosigkeit sehr bewusst, ja, seiner ihm innewohnenden Unfrommheit, so dass er sich völlig auf Gott wirft. Im Fall Abrahams bezieht sich seine »Kraftlosigkeit« auch ganz schlicht auf seinen Körper – er konnte keine Kinder mehr zeugen.[5] In 1Mo 15 versicherte Gott ihm, Er werde alle Seine Verheißungen an Abrahams eigenem Sohn erfüllen. Weil Abraham dazu bemerkte, dass sein eigener Körper »erstorben« sei (Röm 4,19), bedeutete das, dass sein Sohn wie durch den Tod hindurch geboren werden sollte. Gott versicherte dem Abraham also, dass Er den Segen Abrahams durch den Sohn der Verheißung schenken würde, der durch den Tod hindurch ins Leben treten sollte. Das ist im Wesentlichen die Darlegung des Paulus in Röm 4 und das ist auch der Charakter des christlichen Glaubens. Wenn wir auf unsere Kraftlosigkeit blicken, das Gute zu tun und Gott wohlgefällig zu sein, so lernen wir, im Glauben auf Gott zu vertrauen, der uns zusichert, uns durch den Sohn der Verheißung zu segnen (vergleiche 2Kor 1,19f), der durch den Tod gegangen und wieder lebendig geworden ist.

In dem gestorbenen und auferstandenen Sohn Gottes liegt all unser Segen, all unsere Hoffnung. Wer das glaubt und sich gläubig dem Gott anvertraut, der uns Seinen Sohn geschenkt hat – welcher unserer Übertretungen wegen dahingegeben und unserer Rechtfertigung wegen auferweckt worden ist (Röm 4,25) –, der wird gerechtfertigt. Dieser Glaube ist dem Wesen nach genau der des Abraham und daher ist das Vorbild so treffend: Wir haben an Gott geglaubt, indem wir unser Vertrauen auf die Verheißung in Bezug auf den Sohn setzen, der durch den Tod hin lebendig wurde und darum werden wir nach dem Vorbild Abrahams für gerechtfertigt erklärt. Das ist keine überzogene Allegorisierung; Christus selbst erklärt, dass Abrahams Glaube eigentlich auf Ihn gerichtet war: »Abraham, euer Vater, frohlockte, dass er meinen Tag sehen sollte und er sah ihn und freute sich« (Joh 8,56). Wenn sich die Ausleger auch über der Frage uneins sind, was »mein Tag« genau bedeutet, so gibt es doch keinen Zweifel darüber, dass Abraham in seinem Sohn Isaak typologisch die Gestalt des Messias erkannt hat (vergleiche auch Hebr 11,10.13).

3,7 Hier geht Paulus einen großen Schritt weiter. In Vers 6 wählte er

Abraham als Vorbild für einen, der aus Glauben von Gott gerechtfertigt wurde. Theoretisch hätte er dafür auch einen anderen Gläubigen des AT aussuchen können – obwohl es sicher richtig ist, dass von niemand im AT so deutlich gesagt wird, dass er/sie aus Glauben von Gott gerechtfertigt wurde. Auch ist das Vorbild Abrahams so besonders geschickt, weil (a) Abraham – wie die Galater – heidnischen Ursprungs war (Jos 24,1f) und weil (b) Abraham gerechtfertigt wurde, bevor er beschnitten war (Röm 4,10-12), ja völlig außerhalb der Haushaltung des Gesetzes, denn das gab es überhaupt noch nicht (Röm 4,13-16; Gal 3,16-21).

In diesem Vers aber ist Abraham nicht nur ein *Vorbild* als einer, der selbst ein Gläubiger war, sondern der *Vater* aller Gläubigen! Die Israeliten hatten sich nur allzu oft gerühmt, Söhne Abrahams zu sein, als ob ihnen das bei Gott einen Vorteil einbrächte (vergleiche Mt 3,9 + par.). In Joh 8,33.39.53 rühmen sich die Juden, »Abrahams Same« zu sein. Jesus erkennt das an (Vers 37), aber weil sie nicht den Glauben Abrahams hatten, leugnete Er, dass sie *Kinder* Abrahams waren (Vers 39) und erklärte, ihr wirklicher Vater sei der Teufel (Verse 41 und 44). So sagt auch Paulus: »Auch nicht, weil sie Abrahams Same sind, sind sie Kinder« (Röm 9,7). Jesus nennt nur wahre Gläubige in Israel eine »Tochter« oder einen »Sohn Abrahams« (Lk 13,16; 19,9).[6] Mit anderen Worten: Nicht die biologische Abstammung zählt vor Gott, sondern die geistliche Abstammung. Nicht die leiblichen Nachkommen Abrahams sind in Wirklichkeit »Söhne«, sondern die auf dem Boden desselben Glaubens wie Abraham stehen. Ein guter Sohn artet seinem Vater nach (vergleiche Eph 5,1; 1Joh 2,29; 3,9 über das Verhältnis des Gläubigen zu seinem himmlischen Vater). Wer nicht wie Abraham *ist,* indem er glaubt wie dieser, kann kein echter Sohn von ihm sein.

Aber der Grundsatz braucht dann nicht mehr auf die leiblichen Nachkommen Abrahams beschränkt zu bleiben: *Alle,* die glauben wie Abraham geglaubt hat, sind Söhne Abrahams. Der gläubige Heide *entspricht* Abraham mehr als der ungläubige Jude. Das führt Paulus in Röm 4,11f aus: Abraham ist der Vater aller Gläubigen, ob sie nun beschnitten oder unbeschnitten sind. In den Ausführungen des Galaterbriefes bedeutet das: Es ist völlig unnötig, sich zunächst beschneiden zu lassen und sich auf diese Weise dem Volk Israel beizufügen, damit man zu den »Söhnen Abrahams« gerechnet werden kann. Im Gegenteil, zu glauben, wie Abraham geglaubt hat, ist genug. Zusammenfassung: Ein Heide, der nach dem Vorbild Abrahams geglaubt hat und gerechtfertigt ist, ist in wahrhaftigerem Sinn ein »Sohn Abrahams« als ein Jude, der nicht an Christus glaubt. Darum ist ein echter Jude nur der, der nicht in erster Linie äußerlich, sondern vielmehr durch den Glauben in seinem Herzen »beschnitten« ist (Röm 2,28f; vergleiche 5Mo 10,16; 30,6; Jer 4,4).

Das Wort »Erkennt an« am Anfang dieses Verses ist eine Einladung an die Galater, einzusehen, dass die wahren Söhne Abrahams ausschließlich solche sind, die es »aus Glauben« sind (vergleiche Vers 9). Das müssen sie aufgrund des in Vers 6 Gesagten einsehen, daher das schlussfolgernde »also«. Söhne Abrahams sind solche, die aus Glauben gerechtfertigt sind und deren Leben auch durch den Grundsatz des Glaubens beherrscht wird. Der Ausdruck »die [die] aus Glauben [sind]« ist beinahe ein Terminus Technikus, der im Gegensatz steht zu dem Ausdruck »die [die] aus [der] Beschneidung sind« (2,12). Wir haben gesehen, dass diese letzte Gruppierung nicht nur bedeutet: »Beschnittene«, sondern: die, die »auf der Grundlage der Beschneidung stehen«, also »Anhänger der Beschneidung«, d. h. die die Beschneidung den Judenchristen und sogar den Heidenchristen auferlegen. Hier stehen sich zwei Parteien gegenüber, die von radikal unterschiedlichen Grundlagen vor Gott ausgehen: von der Grundlage des Glaubens oder der der Beschneidung. Und nun sagt Paulus nicht: Nicht nur die aus der Beschneidung, sondern auch die aus dem Glauben sind Söhne Abrahams –, sondern er sagt: Die aus dem Glauben sind Söhne Abrahams und impliziert damit: Die aus der Beschneidung sind, aber nicht den Glauben Abrahams haben, *sind keine* Söhne Abrahams.[7]

Die Ausführungen des Paulus sind für den gewöhnlichen Juden besonders ärgerlich und schockierend. Jeder Rabbiner weiß nur zu gut, dass kein einziger Jude das Gesetz vollkommen halten kann und darum letztendlich doch auf die Gnade Gottes angewiesen ist. Aber sie haben die Gnade Gottes grundsätzlich nötig. Wie die Christen diese im Kreuzeswerk Christi finden, so meinen die Rabbiner sie in den »Verdiensten der Väter« zu finden, vor allem in denen Abrahams. Aber um auf diese »Verdienste« Anspruch erheben zu können, war es von essentieller Bedeutung, ein (leiblicher) Sohn Abrahams zu sein und das Zeichen des Bundes mit Abraham am eigenen Leibe zu tragen: die Beschneidung. Der Durchschnittsjude war davon überzeugt, dass kein einziger beschnittener Sohn Abrahams in die Gehenna (die Hölle) kom-

men würde. Und nun erzählte Paulus, dass *jeder Christusgläubige,* Jude
oder Heide, ein Sohn Abrahams sei, so wie Jesus gesagt hatte, dass jeder ungläubige Jude zwar ein Nachkomme, aber kein »Sohn« Abrahams
sei! An anderer Stelle führt Paulus aus, dass wahre Beschneidung die
des Herzens ist (Röm 2,28f; Phil 3,3; Kol 2,11). Jeder Christusgläubige,
Jude oder Heide, ist wahrhaftig beschnitten, hingegen ist jeder ungläubige Jude zwar am Fleische, aber nicht in seinem Herzen beschnitten.
Hier handelt es sich um eine harte Botschaft des Paulus an den selbst-
bewussten Juden; aber ist es nicht eine genauso harte Botschaft für
jeden »Christen«, der mehr oder weniger automatisch auf das Heil rechnet, weil er sich mit den »Vätern« verbunden fühlt (Kirchenväter, Reformatoren, geistliche Leiter) und mit seiner Kirche und seiner »Beschneidung«, nämlich deren vermeintlichen Ersatz: die Taufe?

3,8 Warum ist Abraham außer Vorbild auch noch Vater? Das heißt:
Warum wird jemand, der nach dem Vorbild Abrahams Glauben hat
und gerechtfertigt ist, ein »Sohn Abrahams« genannt? Wenn wir nach
dem Vorbild eines Mose oder David handeln, macht uns das dann auch
zu »Söhnen« des Mose oder David, d.h. zu einem ihresgleichen, zu
Gliedern ihres Geschlechts? Oder hat es mit Abraham etwas Besonderes auf sich? Die Antwort lautet natürlich, dass Abraham etwas ist,
was Mose und David nicht waren, nämlich die *Wurzel* des Volkes Israel
(vergleiche Röm 11,16). Darum kann in 1Mo von Abraham etwas gesagt werden, was von Mose und David nicht gesagt werden kann: »In
dir sollen gesegnet werden alle Völker.«[8] Hier ist Abraham das Haupt
geistlicher Nachkommen aus allen Völkern (Juden und Heiden), die
in ihm den Segen Gottes empfangen. In Röm 4,16-18 wird diese Zusage mit Gottes Verheißung an Abraham verbunden, dass er in Übereinstimmung mit seinem Namen (Vater einer Menge), ein Vater vieler
Völker werden sollte (1Mo 17,5: »Nicht soll hinfort dein Name Abram
heißen, sondern Abraham soll dein Name sein; denn zum Vater einer
großen Menge von Nationen habe ich dich gemacht«). Das wird dann
nicht nur auf die verschiedenen Völker angewandt, die leiblich von
ihm herkommen, sondern auch auf die Heiden, die geistlich von ihm
»abstammen«.

Es ist bemerkenswert, wie Paulus hier »die Schrift« personifiziert,
genauso wie in Röm 9,17. Er sagt, dass die Schrift etwas verkündigt,
während er Aussprüche zitiert, die aus einer Zeit datieren, als es die

Schrift noch nicht gab. Dies bedeutet, dass für Paulus das Sprechen Gottes und das Sprechen der Schrift so deutlich zusammenfallen, dass er sagen kann: »Die Schrift sagt«, wo er meint: »Gott, wie in der Schrift mitgeteilt, sagt«. Diese Selbstverständlichkeit, mit der er die Aussprüche der Schrift mit den Aussprüchen Gottes gleichsetzt, erquickt uns in einer Zeit, in der man in den Aussagen der Schrift nichts mehr als menschliche Aussagen sieht, die höchstens (manchmal) auf Gott hinweisen.

Auch ist das Verb »zuvor evangelisieren« (im Gr. ein Wort) hier bemerkenswert. Man könnte den Sinn so wiedergeben: Gott, der das Evangelium voraussah, durch das die an Ihn glaubenden Heiden gerechtfertigt würden, kündigte dies Evangelium zuvor dem Abraham an. Einige fassen den Sinn so auf, dass Gott dem Abraham eine Art Proto- (oder Ur-) Evangelium verkündigte; aber das ist nicht die genaue Bedeutung. Gott verkündigte im Grunde dem Abraham *zuvor* eine Botschaft, die *als Evangelium* erst im NT öffentlich sichtbar wurde, nämlich dass durch (die Verheißung an) Abraham das Evangelium von Gottes Heil zu allen Heiden kommen würde, die an Christus glauben sollten. Dies bedeutet, dass es schon in der Zeit Abrahams Gottes Vorsatz war, die Nationen genauso wie die Juden zu segnen, d.h. (a) ihnen *dieselben* Segnungen zu geben und das (b) auf *derselben* Grundlage, nämlich auf der des Glaubens. Dies *Evangelium* ging allen Wegen Gottes, die durch Gesetz und Beschneidung gekennzeichnet waren, voraus (vergleiche Verse 17f).

Es ist übrigens nicht leicht, das »in dir« zu deuten. Das gilt vor allem für das Hebr. in 1Mo. Man kann es mit »in dir« oder »mit dir« übersetzen. Andere sagen: »durch (mit Hilfe von) dich« (siehe Grammatik), in dem Sinn, dass dadurch, dass Abraham eine gläubige Antwort auf Gottes Verheißungen gegeben hatte, er Gott sozusagen den Weg bahnte, um allen, die wie Abraham glauben, denselben Segen wie Abraham zu schenken. Diese Auslegung beinhaltet also: Durch Abrahams gläubige Antwort wurde ein für allemal der Grundsatz der Rechtfertigung aus Glauben bestätigt. Gott sah voraus, dass Er die Völker durch Glauben rechtfertigen würde. Als Abraham glaubte, sah Gott darin dann auch ein Modell für alle, die nach Abraham so wie Abraham an Gott glauben würden: sie würden durch dies Vorbild auf die gleiche Weise wie Abraham gesegnet werden, nämlich aus Glaubensrechtfertigung.

Ein Problem erhebt sich bei dieser Auslegung, weil dabei dann in
1Mo 12,3 schon die Botschaft von 1Mo 15,6 hineingelesen wird. Und
das ist nicht nur zu früh, sondern schränkt auch die Bedeutung dieser
Stelle ein. Der Segen für die Nationen hat sicher auch die Rechtfertigung aus Glauben zum Inhalt – und das ist von großer Bedeutung in
den Darlegungen des Paulus in Gal 3 –, aber er geht weit darüber hinaus. Noch wichtiger ist, dass die genannte Auslegung nicht zu Abrahams Vaterschaft passt, die gerade hier eine so bedeutsame Rolle spielt
(Verse 7.16.29). Das »in dir« ist vergleichbar mit dem »in den Lenden«
Abrahams sein, wie in Hebr 7,5.10 von Levi gesagt wird. Die Judaisten
fassten das natürlich buchstäblich-biologisch auf – nur wer leiblich von
Abraham abstammt, kann ein Sohn Abrahams sein –, während Paulus
dies geistlich versteht: Wer wie Abraham glaubt, ist ein Sohn Abrahams. »In dir sollen gesegnet werden alle Nationen« bedeutet dann:
»Alle Heiden, die auf Gott vertrauen, werden gesegnet und dadurch
in deine geistliche Nachkommenschaft aufgenommen.«

Es gibt aber einen Weg, diese beiden Auslegungen zu vereinen. Das
»in dir« handelt ja in 1. Mose von dem »in deinem Samen« (1Mo 18,18b;
26,4c) und das wird in Gal 3,16 ausdrücklich auf Christus angewendet.
Nun, in Bezug auf Christus, kann in der Tat sowohl gesagt werden,
dass wir »durch (mit Hilfe von) Ihn« als auch »in Ihm« gesegnet werden; denn unsere christliche Stellung ist »in Christus« (vergleiche 2,4.17;
3,14.28; 5,4.6), d.h. wir sind in die Familie Gottes aufgenommen, von
der Christus das Haupt ist. Wir wurden also in die »Familie« des gläubigen Abraham aufgenommen und das bedeutet: Rechtfertigung aus
Glauben, Leben aus Gott. Darüber hinaus wurden wir der »Familie«
Gottes hinzugefügt und das bedeutet außer dem vorher Gesagten: die
Verheißung des Geistes (Vers 14), das ewige Leben in Christus (6,8).

3,9 Paulus zieht nun die durch »Also« eingeleitete Schlussfolgerung aus
dem Vorangegangenen: »Also sie [die] aus Glauben [sind], werden gesegnet mit dem gläubigen Abraham.« Sie, die sich im Bewusstsein ihrer
eigenen Sündigkeit und Kraftlosigkeit im Glauben Gott anvertrauten,
so wie Abraham es getan hatte, werden denselben Segen wie Abraham
empfangen und deshalb Söhne Abrahams sein (Vers 7). *Nur sie,* aber sie
auch *alle*! Und das deswegen, weil Gott selbst es schon dem Abraham
verheißen hat (Vers 8). »Gesegnet werden« hat einen sehr weiten Be-
deutungsrahmen; allerdings denkt Paulus in dem jetzigen Zusammen-

hang offenbar zuerst an die Rechtfertigung aus Glauben (Vers 8). Die
große Bedeutung dieser Schlussfolgerung liegt darin, dass sie sowohl
Juden als Heiden gilt. Nicht jemandes biologische Abstammung zählt –
dargestellt in der Beschneidung –, sondern seine geistliche (Glaubens-)
Abstammung. Wer glaubt wie Abraham, wird gesegnet wie Abraham,
sei er Jude oder Heide, beschnitten oder unbeschnitten. Weder Abstammung noch Beschneidung tun etwas zur Sache – allein der Glaube.

Man darf nicht behaupten, das »mit« (gr. *syn*) in diesem Vers habe
die gleiche Bedeutung wie das »in« (gr. *en*) aus Vers 8, wenn man die
beiden Begriffe auch nicht zu weit voneinander entfernen darf. »In«
Abraham gesegnet werden, bedeutet, wie schon ausgeführt, in eine
Sphäre (eine Gemeinschaft) des Segens aufgenommen zu werden, deren Haupt, ja deren »Vater« sogar Abraham ist; denn alle in dieser
Sphäre oder Gemeinschaft sind »Söhne« Abrahams. »Mit« Abraham
gesegnet zu werden, bedeutet, den gleichen Segen wie Abraham zu
empfangen und das wiederum heißt hier konkret, dass wir aus Glauben die gleiche Rechtfertigung wie Abraham erhalten.

Hendriksen (S. 125) sagt aufgrund dieses Verses: »Der Abschnitt
(Gal 3,6-9; vergleiche die Verse 14 und 26-29) lehrt deutlich die wichtige Wahrheit – von vielen so kläglich vernachlässigt –, dass die Kirche
beider Haushaltungen, der alten wie der neuen, eins ist. Alle Gläubigen wohnen im selben Zelt (Jes 54,1-3). Als die alte Haushaltung endete, war es nicht nötig, ein neues Zelt aufzuschlagen; das alte wurde
einfach größer gemacht. Alle Kinder Gottes werden durch den gleichen Ölbaum dargestellt [Röm 11].« Aufgrund seiner reformierten
Vorurteile macht Hendriksen hier einen einfachen Denkfehler, den
jeder unmittelbar erkennen kann: Paulus spricht hier überhaupt nicht
von der Kirche. Was er allerdings wohl sagt, bedeutet, dass die Gläubigen des ATs und des NTs mehr miteinander gemein haben, als von
vielen »evangelikalen« Christen verstanden wird: Sie werden aus dem
gleichen Glauben gerechtfertigt wie Abraham, sie werden alle auf die
gleiche Weise gesegnet mit Abraham, sie sind alle im selben Sinn Söhne Abrahams. Aber diese Gemeinschaft von Söhnen ist nicht notwendigerweise identisch mit der »Gemeinde« im paulinischen Sinn! Dass
diese zwei Begriffe tatsächlich nicht identisch sind, habe ich in meinem Buch *Israel en de Kerk* (1991) ausführlich dargelegt. Im Anhang 5
behandele ich diese Frage von einem anderen Gesichtspunkt aus im
Rahmen der Lehre von den Bündnissen.

3,10 Eine Stellungnahme wird sowohl durch positive als auch durch negative Argumente unterstützt. In den Versen 7 bis 9 hat Paulus in positivem Sinn ausgeführt, dass die Rechtfertigung nur aus Glauben ist. Das ist aber keine ausreichende Argumentation; ja, der Widerpart wird sogleich antworten: Dass Abraham aus Glauben gerechtfertigt wurde, ist doch nur ein Teil der Geschichte! Weißt du nicht, dass 430 Jahre später das Gesetz gekommen ist? Das darfst du bei deinen Betrachtungen doch nicht übersehen! Nach rabbinischer Ansicht bildeten die Erzväter eine Ausnahme; Gott führte sie notwendigerweise einen anderen Heilsweg, weil es das Gesetz noch nicht gab. Jetzt existiert das Gesetz aber sehr wohl und daher ist es für uns der einzige Heilsweg.[10] So werden auch die galatischen Irrlehrer argumentiert haben: kein Heil ohne Gesetzhalten. Wenn man schon von Abraham spricht, so ist er die *Ausnahme; die Regel* ist das Gesetz.

Die Antwort des Paulus lautet: Davon kann keine Rede sein; zwar ist das Gesetz tatsächlich gekommen; aber die *Rechtfertigung* kann nicht aus dem Gesetz kommen, weil das Gesetz über den Sünder nichts als Fluch bringt.[11] Durch das einleitende »Denn« schließt sich die Ausführung an das Vorangehende an: »Sie [die] aus Glauben [sind], werden gesegnet mit dem gläubigen Abraham; *denn* so viele aus Gesetzeswerken sind, sind unter [dem] Fluch«, d.h. der Segen kann nur »aus Glauben« sein; denn wer auf der Grundlage von Gesetzeswerken steht, ist unter – wird beherrscht von – dem Fluch. Es ist bemerkenswert, wie radikal sich dieser Standpunkt von dem der Pharisäer unterscheidet. Diese behaupteten: »Diese Volksmenge aber, die das Gesetz nicht kennt, ist verflucht!« (Joh 7,49). Die Pharisäer, die der Gerechtigkeit aus dem Gesetz nachjagten, fühlten sich hoch über das gewöhnliche Volk erhaben, das sich um das Gesetz nicht kümmerte. Paulus aber sagt: Nein, nicht nur die letzte, sondern auch die erste Gruppe steht unter dem Fluch! Ja, alle, die vor Gott durch Gesetzeswerke gerechtfertigt sein wollen, brauchen nur in einem Teil zu versagen, dann stehen sie schon unter dem Fluch, genauso wie der größte Gesetzesübertreter. So arbeitet das System nun eben.

Der Ausdruck »so viele aus Gesetzeswerken sind« stimmt inhaltlich mit dem Ausdruck überein: »sie [die] aus [der] Beschneidung sind« (2,12). Es geht hier also wieder um die judaistische Partei, die auf der Grundlage des Gesetzes und der Beschneidung steht, die also Gesetz und Beschneidung den jüdischen Christen und/oder sogar den Heidenchristen auferlegen will. Diese Partei steht der des Glaubens gegenüber, die von einer radikal unterschiedlichen Grundlage in Bezug auf Gott ausgeht: der Grundlage des Glaubens gegenüber der des Gesetzes und der Beschneidung (siehe bei 3,7). Alle, die sich auf die letztgenannte Grundlage stellen, sind »automatisch« unter dem Fluch, einerlei wie gut ihre Motive dabei sein mögen. Diese Behauptung wird durch eine Berufung auf 5Mo 26a unterstützt: »Verflucht sei, wer nicht aufrecht hält die Worte dieses Gesetzes, sie zu tun!«[12] Dies Zitat beweist, dass nicht allein Paulus, sondern schon das Gesetz selbst den Fluch über alle aussprach, die es nicht vollständig halten (vergleiche 5,3; Jak 2,10).

Es ist merkwürdig, wie viele Diskussionen schon über diesen Vers geführt wurden. Einige sprechen gar von dem »schwierigsten Problem« im Galaterbrief und Römerbrief (Kirsopp, Lake). Das Problem läge darin, dass Paulus ein völlig falsches Bild vom Judentum gezeichnet hätte. Diesen Bedenken zufolge würde niemals ein Judaist behauptet haben, Gerechtigkeit vor Gott hätte das vollkommene Halten des Gesetzes zum Inhalt und jeder Jude sei sich seines Versagens bewusst im Hinblick auf das Gesetz und auch der göttlichen Gnade gegenüber dem bußfertigen Sünder aufgrund der »Verdienste der Väter« (siehe bei Vers 7). Darauf meine ich zweierlei antworten zu müssen:

(a) Es geht hier nicht darum, was der Judaismus vom Halten des Gesetzes denkt, sondern was die Schrift (das AT) darüber sagt: In *objektivem* Sinne kommt jeder Mensch unter den Fluch des Gesetzes, wie gut er auch von sich denken mag. Der Punkt ist nicht allein, dass, wer das Gesetz übertritt, nicht gerecht vor Gott ist, nein, viel stärker: ein solcher steht unter dem Fluch. Und in Anbetracht dessen, dass *alle* das Gesetz übertreten haben – und sei es nur in einem einzigen Gebot –, sind *alle* unter dem Fluch.

(b) Die *subjektive* Meinung der Pharisäer war sehr wohl, dass ein vollständiges Halten des Gesetzes möglich war. Das jedenfalls berichtet Paulus von sich selbst über seinen Stand als Unbekehrter (Phil 3,5-6: »Was das Gesetz betrifft, ein Pharisäer […] was die Gerechtigkeit betrifft, die im Gesetz ist, tadellos«) und Christus erklärt uns das im Gleichnis (Luk18,11f: »Der Pharisäer stand und betete bei sich selbst also: O Gott, ich danke dir, dass ich nicht bin wie die übrigen der Menschen, Räuber, Ungerechte, Ehebrecher oder auch wie dieser Zöllner. Ich faste zweimal in der Woche, ich verzehnte alles, was ich erwerbe«).

Dem steht in der Tat die Haltung des *wiedergeborenen* Israeliten gegenüber, der auch im AT das Bewusstsein seiner Unvollkommenheit bewahrte und nur von Gottes Gnade leben konnte. Strikt innerhalb der Begrifflichkeit der Ordnung des Gesetzes kam jeder Israelit unter den Fluch, ob bußfertig oder nicht; jedoch warf sich der bußfertige Israelit auf die Gnade Gottes und fand so den Ausweg zum Heil *außerhalb der Ordnung des Gesetzes.*

Dies erkennen wir dem Grundsatz nach schon deutlich am Sinai. In 2Mo 19 – 24 gibt Gott Israel die Zehn Gebote und auch das umfassendere Buch des Bundes (21 – 23) in einer Sphäre der Dunkelheit und der Bedrohung. Aber sobald Mose zu JHWH auf den Berg gestiegen ist, entfaltet Er ihm den Plan für die Stiftshütte und den Opferdienst in ihr. Dies bildete die Grundlage, auf der ein sündiges Volk doch vor Gott bestehen können sollte (25 – 31). Und als das Volk tatsächlich unmittelbar darauf auf schreckliche Weise das Gesetz bricht und dadurch direkt unter den Fluch gerät, stellt Gott es aufgrund reiner Gnade wieder her (32 – 34). Die Ordnung des Gesetzes kennt nur diese zwei Grundprinzipien: Tue dies und du wirst leben (siehe Vers 11!) und: Tust du es nicht, dann bist du verflucht (unser Vers). Das erste ist offensichtlich dem sündigen Menschen unmöglich, so dass das zweite Prinzip wirksam wird und den Menschen unter den Fluch bringt. Wenn Gott in solchem Fall dann doch Gnade erweist, so geht das genau genommen an der eigentlichen Ordnung des Gesetzes vorbei, ja, es ist nur möglich, indem Er vorausschaut auf das Werk Christi (Röm 3,25).

Dass Gott, menschlich gesprochen, im Voraus davon ausging, dass Israel das Gesetz nicht halten *könnte*, wird gerade in 5Mo 27 auf treffende Weise deutlich. Sechs Stämme waren dort angewiesen, um auszusprechen, welcher Segen über das Volk kommen würde, wenn sie das Gesetz hielten, sechs andere Stämme mussten den Fluch aussprechen. Aber es ist frappierend, dass die Verfluchungen im Voraus breit und ausführlich dargestellt werden, während die Segnungen überhaupt nicht zur Entfaltung kommen. Auch der Christ, der sich wieder auf die Grundlage des Gesetzes stellt, kommt unerbittlich unter den Fluch des Gesetzes, denn dieses wird ihn bei der geringsten Übertretung verurteilen. »Heben wir denn das Gesetz auf durch den Glauben? Das sei ferne! sondern wir bestätigen das Gesetz« (Röm 3,31) und das, indem wir ganz und gar anerkennen, dass Christen, die sich der Ordnung des Gesetzes unterstellen, unter den Fluch geraten werden. Der Christ, der sich der Ordnung des Gesetzes unterstellt und gleichzeitig meint, Gott werde wohl ein Auge zudrücken, wenn er das Gesetz übertritt, nimmt dem Gesetz den Stachel. Gerade ein solcher »hebt das Gesetz auf«, d. h. er beraubt es seines Fluches; »denn das Gesetz bewirkt Zorn« (Röm 4,15).

3,11 In dem ersten der drei AT-Zitate über die Beziehung zwischen Gesetz und Gnade (Verse 10-12) führt Paulus aus, dass das Gesetz selbst den Fluch über alle ausspricht, die es nicht halten; wer also auf der Grundlage des Gesetzes steht, fällt von selbst dem Fluch anheim (Vers 10). Nun stellt er dar, dass dasselbe »Gesetz« (in weitem Sinne: das AT[13]) bezeugt: Der Mensch wird aus Glauben gerechtfertigt; wenn es aber aus Glauben geschieht, dann nicht aus Gesetz; denn die zwei Grundsätze schließen sich wechselseitig aus. Denn Rechtfertigung ereignet sich entweder aufgrund eigener Leistung oder durch die Anerkenntnis, nichts leisten zu können, so dass der Mensch das Heil nur gläubig von Gott erwarten kann.

Beim ersten Hinsehen könnte man geneigt sein, das Zitat so zu lesen: »der Gerechte aus Glauben – oder: der, der aus Glauben gerecht ist – wird leben«. In dieser Formulierung passt das Zitat genau in die Ausführungen des Paulus. Aufgrund des Gr. ist dies nicht unmöglich (siehe Grammatik), aber das Hebr. in Hab 2,4b darf man sicher nicht so lesen, wo es heißt: »Der Gerechte aber wird durch seinen Glauben leben.«[14] Was das betrifft, scheint das Zitat in Hebr 10,38 viel genauer an die eigentliche Bedeutung von Hab 2,4 anzuschließen; denn da geht es um das praktische Glaubensvertrauen auf Gott, das in schwierigen Zeiten das Leben des Gerechten beherrscht und nicht um die Rechtfertigung aus Glauben. So ist es verständlich, dass man Paulus beschuldigt hat, hier (und in Röm 1,17) Habakuks Worte aus dem Zusammenhang gerissen zu haben.

Verständlich wohl – aber nicht zu Recht. Wir sehen häufiger, dass Paulus AT-Zitate in einen viel weiteren Zusammenhang bringt, als der ursprüngliche Kontext im buchstäblich-historischen Sinn zuließe. Solche Zitate sind dann auch keine »Beweistexte«, sondern Illustrationen. Ein sicher sehr treffendes Beispiel ist Röm 10,18, wo Ps 19,5 zitiert wird. Das ist kein Textmissbrauch, sondern die Ableitung eines allgemeinen Grundsatzes aus dem Text. So argumentiert Paulus aufgrund von Hab 2,4: Aus was *lebt* der Gerechte? Das heißt doch: Von was hat der Gerechte das Leben *empfangen*? Antwort: Aus seinem Glauben. Dann aber weiter: Was gibt ihm überhaupt das Recht, ein *Gerechter* genannt zu werden, wenn nicht derselbe Glauben, aus dem er das Leben empfangen hat?

Also, kann Paulus nicht auch das Glaubensleben in sein Denken eingeschlossen haben? In Vers 2 sprach er über den Empfang des Geistes, in Vers 5 aber über das mehr andauernde Darreichen des Geistes in Kraftwirkungen und sowohl der einmalige Empfang des Geistes, als auch die fortgesetzten Wirkungen des Geistes kommen »aus [dem] Hören [des] Glaubens«. So besteht auch ein direkter dauerhafter Zusammenhang zwischen dem Gerechtwerden aus Glauben und dem gerechten Leben aus Glauben. Dasselbe Glaubensvertrauen, durch das ein Mensch gerecht wird und Leben aus Gott empfängt, ist auch der Glaube, aus dem heraus er als Gerechter sein Leben mit Gott führt.

Dass Paulus sehr wohl dem Habakuk gerecht wird, erkennen wir klarer, wenn wir noch ein wenig auf den Kontext in Hab blicken. Habakuk quälte sich mit der Frage, wie Gott die Gottlosigkeit Judas gewähren lassen konnte (1,2-4) und als Gott ihm antwortet, Er werde die Chaldäer als Gericht über Juda senden (1,5-11), ist der Prophet noch verwirrter, weil dies Volk noch gottloser als Juda ist (1,12-17). Die Antwort des Herrn lautet, dass am Ende *alle* Gottlosen dem Gericht anheimfallen, doch der Gerechte wird aus Glauben leben. Es geht Habakuk also nicht nur um das Glaubensvertrauen des Gerechten, sondern um die Frage, was der Gerechte anders macht als der Gottlose, ja, was ihn überhaupt zu einem Gerechten werden lässt, so dass er nicht mit den Gottlosen unter das Gericht kommt. Die Antwort ist: sein Glaube. Und darum liegt auch schon in Hab 2,4 die Antwort auf die Frage, was einen Gerechten zu einem Gerechten macht: nicht in erster Linie seine Gesetzestreue – denn die kleinste Übertretung macht ihn im Grundsatz zu einem genauso Gottlosen wie die übrigen es sind –, sondern vielmehr sein Glaube.

In dem »Psalm« mit dem Habakuk endet (Hab 3), wird deutlich, dass Gott die Gottlosen vertilgt und Sein wahres Volk rettet – das ist das Volk, das durch den Propheten personifiziert wird: »... der ich ruhen werde am Tage der Drangsal, wenn derjenige gegen das Volk heranzieht, der es angreifen wird. Denn der Feigenbaum wird nicht blühen und kein Ertrag wird an den Reben sein; und es trügt die Frucht des Olivenbaums und die Getreidefelder tragen keine Speise; aus der

Hürde ist verschwunden das Kleinvieh und kein Rind ist in den Ställen – Ich aber, ich will in dem HERRN frohlocken, will jubeln in dem Gott meines Heils. Der HERR Herr ist meine Kraft und macht meine Füße denen der Hindinnen gleich und lässt mich einherschreiten auf meinen Höhen« (3,16-18). Wie wird der Mensch im Frieden mit seinem Gott leben? Durch Vertrauen auf seine eigenen guten Werke, die den bösen Werken der Gottlosen gegenübergestellt werden? Nein, sondern indem er sich gläubig »dem Gott meines Heils« anvertraut.

3,12 Jetzt folgt ein neues Zitat aus dem »Gesetz« (dem AT), womit Paulus aufzeigen möchte, dass das Gesetz selbst lehrt, das Leben sei der Lohn derer, die es halten. »Das Gesetz aber ist nicht aus Glauben, sondern [wie das Gesetz selbst lehrt]: Wer diese Dinge getan hat, wird durch sie leben.« Aber damit zeigt das Gesetz selbst an, dass Gesetz und Glaube nicht miteinander zu vermengen sind. Der Ausdruck »das Gesetz ist nicht aus Glauben« ist stark komprimiert. Paulus meint damit: Die Ordnung des Gesetzes kann nicht auf dem Grundsatz des Glaubens basieren; denn die zwei schließen einander aus. Denn entweder empfängt man das Leben unter der Ordnung des Gesetzes – wenn auch nur der Theorie nach, weil niemand das Gesetz halten kann –; aber dann ist es nicht aus Glauben. Oder man empfängt das Leben unter der Ordnung von Gnade und Glauben; aber dann ist es nicht aus Gesetzeswerken.

Einige haben argumentiert, Paulus habe hier 3Mo 18,5 aus dem Zusammenhang gerissen: »Unser Vers (und auch Röm 10,5) hat es unter Berufung auf 3Mo 18 mit gesetzlicher Gerechtigkeit zu tun, während es in 3Mo 18 ›um den Glaubensgehorsam eines Menschen geht, der aus Gottes Heilsgabe lebt und der in Gehorsam das von Gott geschenkte Leben bewahrt und zur Entfaltung gelangen lässt‹ (Loonstra, S. 50). Hier wird ein Abstand zwischen Zitat und Zitierer geschaffen, der m.E. nicht berechtigt ist. Tatsächlich geht es in 3Mo 18 nicht um rein gesetzliche Gerechtigkeit, die *der Gerechtigkeit aus Glauben gegenüberstünde*, aber genauso wenig – wie Loonstra meint – ausdrücklich um ein von Gott kraft Glaubensgehorsam geschenktes Leben. Paulus behauptet eben weder das eine noch das andere. Er zitiert nur den allgemeinen Grundsatz: »Derjenige, der diese Dinge [meine Gebote] getan hat, wird durch sie leben.« Dieser Grundsatz würde für den sündlosen Adam gegolten haben, wenn er sich an Gottes Gebote gehalten hätte; dieser

Grundsatz gilt auch für den Glaubensgehorsam, in dem Sinn, wie Loonstra darüber spricht; und dieser Grundsatz gilt umgekehrt für den sündigen, unbußfertigen Menschen: »Der Mensch, der meine Gebote nicht hält, wird das Leben nicht sehen.«

In 3Mo 18 ist das Leben die Folge des Haltens des Gesetzes, *unabhängig von der Frage, ob und wie der Mensch dies Gesetz halten kann.* Aber Paulus folgert weiter: Wenn die Folge tatsächlich den Charakter des »Lohnes« trägt, dann kommt das Leben nicht aus Glauben, sondern aus Gesetzeswerken. Genau genommen kann, wie eben gesagt, die Ordnung des Gesetzes nicht auf dem Grundsatz des Glaubens basieren; denn die zwei schließen einander aus. Entweder empfängt man das Leben unter der Ordnung des Gesetzes – wenn auch nur theoretisch, denn niemand kann das Gesetz halten –, aber dann ist es nicht aus Glauben. Oder man empfängt das Leben unter der Ordnung von Gnade und Glauben; aber dann ist es nicht aus Gesetzeswerken.

Natürlich ist es wichtig, dass wir »Glauben« hier richtig verstehen. Grundsätzlich ist es ja möglich, total auf dem Grundsatz des Gesetzes zu stehen und dabei an Gott zu glauben, in dem Sinn, dass man an Seine Existenz glaubt und dass Er das Gute belohnt. Aber »Glauben« geht hier viel weiter. Glauben bedeutet, dass man unter Anerkennung der eigenen Gesetzesübertretung und Kraftlosigkeit eben nichts mehr von der eigenen Gesetzeserfüllung erwartet, sondern sich völlig in Bezug auf Segen, Leben und Heil Gott anvertraut. Auch das »Gesetz« muss man hier gut verstehen. Paulus hat nichts gegen das Gesetz als solches (siehe 5,13f; 6,2), sondern er redet hier von der Ordnung des Gesetzes, d.h. von dem Gesetz als dem vermeintlichen Mittel, durch das man bei treuer Erfüllung Rechtfertigung, Segen, Heil und Leben erwerben kann.

Das hier von Paulus wiedergegebene Zitat stammt aus 3Mo 18,5: »Und meine Satzungen und meine Rechte sollt ihr beobachten, durch welche der Mensch, wenn er sie tut, leben wird.« Das Wörtchen »sie« – in unserem Vers: »diese Dinge« – bezieht sich auf »meine Satzungen und meine Rechte«. Diese Worte brauchte Paulus nicht zu zitieren, weil die Galater bei »diesen Dingen« sofort an »alle Dinge, die geschrieben stehen im Buch des Gesetzes« von Vers 10 denken würden.

Nehmen wir die Verse 11 und 12 zusammen, so sehen wir die beiden Ordnungen scharf einander gegenüberstehen. Die eine kennt als Grundregel: Leben aus Glauben; die andere: Leben aus Gesetzeserfüllung. Zweimal braucht Paulus genau dieselben Worte »wird leben«, die auch in Hab 2,4 und 3Mo 18,5 in derselben hebr. Form vorkommen.[15] Dadurch entsteht dieser Gegensatz: Der Gerechte lebt aus Glauben, der Gesetzeserfüller lebt aus Gesetzeserfüllung. Will man in Vers 11 lesen: »Der aus Glauben Gerechte wird leben« (siehe oben), dann entsteht die Gegenüberstellung: Wer aus Glauben gerechtfertigt ist, wird leben; wer das Gesetz erfüllt, wird leben. Der eine Grundsatz schließt den anderen aus; denn wenn man das Leben durch das eine empfangen kann, hat man das andere nicht nötig oder sogar: Man kann es durch das andere nicht empfangen.

Dies ist das letzte von drei AT-Zitaten, die Paulus in diesem Zusammenhang anführt. Aus dem »Gesetz« selbst will er beweisen, dass auf der Grundlage des Gesetzes keine Rechtfertigung möglich ist. Er zeigt damit den irrenden Galatern auf, dass, wer sich unter die Ordnung des Gesetzes stellen will, dann auch aufgrund des Gesetzes die vollen Konsequenzen dieser Einstellung auf sich nehmen muss:

(a) Das Gesetz selbst spricht den Fluch über alle aus, die es nicht halten. Da nun aber niemand es halten kann, fallen alle, die sich auf die Grundlage des Gesetzes stellen, von selbst dem Fluch anheim (Vers 10).

(b) Das Gesetz selbst bezeugt, dass der Mensch aus Glauben gerecht wird; damit zeigt es selbst schon an, dass niemand aus dem Gesetz gerechtfertigt wird und weist überdies den Weg, wie ein unter Gesetz stehender Mensch doch noch gerecht werden kann (11).

(c) Das Gesetz selbst belehrt uns, dass das Leben der Lohn derer ist, die es halten; damit zeigt es selbst an, dass Gesetz und Glaube nicht zu vermischen sind: Man empfängt das Leben entweder unter der Ordnung des Gesetzes – wenn auch nur theoretisch – oder unter der Ordnung von Gnade und Glauben (Vers 12).

Zusammenfassung: Wer unter dem Gesetz steht, steht unter dem Fluch; darum kann auf diesem Wege niemand gerecht werden. In Wahrheit sagt das Gesetz selbst: Ihr könnt nur aus Glauben gerechtfertigt werden. So ist das wahre Leben allein durch den Glauben zu finden. In 2,16.20 hat Paulus schon angegeben, um welchen Glauben es sich handelt: um den Glauben an den gestorbenen und auferstandenen Christus. Das führt er nun weiter aus.

3,13 Paulus hat deutlich gemacht, dass Rechtfertigung, das Leben, der Segen und das Heil nicht »aus dem Gesetz« sind, sondern »aus Glau-

ben«. Aber »Glaube« an sich bedeutet noch nichts; Glaube weist auf
etwas hin – oder auf jemand –, dem geglaubt wird. Dieser Glaube sucht
zwei Dinge: *negativ* sucht er von dem Fluch erlöst zu werden, den der
Sünder wegen seiner Gesetzesübertretungen auf sich geladen hat und
positiv sucht er den Weg, auf dem er den Segen erlangen kann. Auf das
erste gibt unser Vers eine Antwort – »Christus hat uns freigekauft vom
Fluch des Gesetzes« –, auf das zweite Vers 14: »auf dass der Segen
Abrahams durch Christus Jesus zu den Nationen käme«. In beiden
Fällen ist Christus die eine Antwort.

»Christus hat uns freigekauft von dem Fluch des Gesetzes, indem
er ein Fluch für uns wurde« (siehe Grammatik). Dies geschah nicht
bei Seiner Geburt, nicht bei Seiner Taufe oder irgendwann sonst in
Seinem Leben,[16] sondern auf dem Kreuz; denn, so zitiert Paulus aus
5Mo 21,23: »Verflucht ist jeder, der an einem Holz hängt.« Es besteht
eine deutliche Verbindung mit dem »verflucht« von Vers 10 (siehe Anmerkung 15); nehmen wir sie zusammen, dann will Paulus sagen: Der
Fluch, den Gott[17] über alle Gesetzesübertreter ausspricht, wurde von
Christus stellvertretend am Kreuz getragen. »Ein Fluch geworden« bedeutet also: den Fluch ertragen, den Gottes Gesetz über alle Gesetzesübertreter ausspricht; mit anderen Worten: Christus nahm die Strafe
auf sich, die unsere Gesetzesübertretungen verdient hatten. Das war
nicht nur eine technische oder juristische Übertragung der Schuld auf
Ihn, sondern eine zutiefst existentielle Angelegenheit: Er erlebte alles, was wahrer Fluch, was der Zorn Gottes über die Sünde beinhaltet.

Natürlich bedeutet das »Hängen« in 5Mo 21 nicht das Ans-Kreuz-
Geschlagensein; der Kreuzestod war noch unbekannt. Das »Hängen«
wird hier nicht einmal als Hinrichtung aufgefasst, als handle es sich
um das Erhängen am Galgen. Erst wurde der zum Tode Verurteilte
getötet und danach an einem Pfahl zur Schau gestellt (vergleiche 5Mo
21,22; Jos 8,29; 10,26; 2Sam 4,12). Es sind aus dem AT aber auch Beispiele bekannt, bei denen das »Hängen« (Aufhängen, Speeren, Kreuzigen) selbst eine Hinrichtungsart war (1Mo 40,19.22; 41,13; Est 7,9f;
Kla 5,12). In Lk 23,39 kann das Wort »hängen« darum im Sinn von
»kreuzigen« angewendet werden. Bei dem Wort »Holz« (*xylon*) können wir etwas Ähnliches feststellen. Ursprünglich war damit natürlich
kein »Kreuz« gemeint (vergleiche 5Mo 21,23: Holz). Schon in Apg 5,30;
10,39 aber hat dies Wort die Bedeutung »Kreuz« bekommen, vermutlich ebenfalls nach Anleitung von 5Mo 21,23. Das scheint darauf hin-

zuweisen, dass die jüdischen Christen schon früh den Kreuzestod Jesu im Sinne dieses Verses so verstanden haben, dass dieser den Tod erlitten hatte, über dem der Fluch des Gesetzes stand. In demselben Geist wendet Paulus nun diesen Vers auf den Kreuzestod Christi an.

Beachte! Wer am Holz hängt, ist verflucht, nicht, weil er am Holz hängt, sondern er hängt am Holz, weil er verflucht ist und er ist verflucht, weil er das Gesetz übertreten hat. Christus nun hängt am Holz als der Verfluchte, doch trägt Er den Fluch, weil *wir* das Gesetz übertreten haben. Das ist Stellvertretung: Wir brachen das Gesetz, wir kamen unter den Fluch und Christus nahm den Fluch am Kreuz auf sich. Christus hat uns von dem Fluch des Gesetzes freigekauft und ist »für (zu unserem Besten, zugunsten von) uns« ein Fluch geworden. Das Zum-Fluch-Werden Christi bedeutet sehr viel mehr, als dass die Hinrichtung am Kreuz etwas äußerst Schandbares war – obwohl es das ist und den Fluchcharakter unterstreicht –, sondern, weil Er wegen unserer Gesetzesübertretungen den Zorn Gottes trug.

Manche denken, dass Paulus mit dem »uns« immer noch die Gläubigen aus den Juden meint (vergleiche das »wir« in 2,15-17 und das »euch« in 3,1-5), zumal formell allein Israel unter dem Gesetz vom Sinai gestanden hat. Das ist auch nicht zu leugnen. Israel stand formell unter dem Gesetz und weil es sündig war, stand es dadurch auch von selbst unter dem Fluch. Dann würde Paulus damit sagen: *Wir*, die Juden, waren unter dem Gesetz und damit unter dem Fluch; ihr, die Nationen, waret nie formell unter dem Gesetz und daher nicht unter dem Fluch; solltet ihr nun versuchen, euch auf diese Grundlage zu stellen und so gesegnet zu werden?

Doch besteht kein zwingender Grund, das »uns« hier auf Israel zu beschränken. Die Tatsache, dass die Heiden formell niemals unter dem Sinai-Gesetz gestanden haben, spielt in den Darlegungen des Paulus keine Rolle. Außerdem, wenn von den Heiden grundsätzlich erwartet werden kann, dass sie ihres Gewissens wegen »von Natur die Dinge des Gesetzes ausüben« und dass sie, wenn sie »ohne Gesetz sündigen«, genauso verloren gehen wie die jüdischen Gesetzesübertreter (Röm 2,12-15), dann fällt der gottlose Heide ebenso sehr unter den Fluch des Gesetzes wie der gesetzübertretende Jude. Dann aber gilt umgekehrt genauso, dass Christus sowohl den gläubigen Juden als auch den gläubigen Heiden »freigekauft hat von dem Fluch des Gesetzes«. Außerdem, wenn man das »uns« nur auf gläubige Juden anwendet, würde das Argument des Paulus bedeuten, dass *Israel* vom Fluch des Gesetzes freigekauft werden müsste, damit und bevor der Segen Abrahams zu den Heiden kommen könnte (Vers 14). Das ist aber ganz und gar nicht, was Paulus sagen will. Vielmehr müssen die Heiden selbst von dem Fluch freigekauft werden, wenn sie den Segen Abrahams empfangen wollen. Übrigens umfasst das »wir« in Vers 14b, das sich dem »uns« in Vers 13 anschließt, unmissverständlich auch die Heiden.

Indem Christus stellvertretend für uns den Fluch Gottes getragen hat, hat Er ihn für uns »ausgelöscht«; Er hat uns von dem Fluch des Gesetzes »freigekauft«. Dies Wort beinhaltet auch das Bezahlen eines Preises, um jemand aus der Stellung eines Sklaven oder aus Gefangenschaft zu befreien (vergleiche 4,5). Wir erkennen das deutlich in 1Kor 6,20; 7,23, wo in dem Ausdruck »um einen Preis erkauft« ein verwandtes Wort für »kaufen« verwendet wird. Es bleibt im NT nicht unklar, wofür dieser Preis gegeben wird: »… die Versammlung Gottes …, welche er sich erworben hat durch das Blut seines eigenen [Sohnes]« (Apg 20,28); »… in welchem wir die Erlösung haben durch sein Blut« (Eph 1,7); »… ihr wisst, dass ihr nicht mit verweslichen Dingen, mit Silber oder Gold, erlöst worden seid von eurem eitlen, von den Vätern überlieferten Wandel, sondern mit dem kostbaren Blute Christi als eines Lammes ohne Fehl und Flecken« (1Petr 1,18f); »Dem, der uns liebt und uns von unseren Sünden gewaschen hat in seinem Blut …« (Offb 1,5); »… Du bist geschlachtet worden und hast für Gott erkauft, durch dein Blut, aus jedem Stamm und Sprache und Volk und Nation« (Offb 5,9).

Das Bild vom »(Frei-) Kaufen« erlaubt uns allerdings nicht die Frage, *an wen* der Kaufpreis bezahlt wurde, weil man ja nicht sagen kann, der Preis sei an Gott bezahlt worden, denn wir waren nicht in Sklaverei oder Gefangenschaft bei Gott; auch kann man nicht sagen, der Preis sei an den Teufel (oder an die Macht der Sünde, des Todes) gezahlt worden; denn wir waren zwar in der Sklaverei von Teufel, Sünde und Tod, aber wir wurden nicht daraus erlöst, indem diesen Mächten der Kaufpreis gezahlt wurde, sondern indem sie vernichtet wurden. Dies Bild vom Kaufpreis sagt darum nicht mehr, als dass Christus uns unter gewaltigen »Kosten« für Sich selbst, ja, sogar um den Preis Seines Lebens, erkauft hat. Wer in Mt 13,44-46 – und, wie ich meine, zu Recht – Christus sieht, findet dort eine vortreffliche Darstellung: »Das Reich der Himmel ist gleich einem im Acker verborgenen Schatz, welchen ein Mensch fand und verbarg; und vor Freude darüber geht er hin und verkauft alles, was er hat und kauft jenen Acker. Wiederum ist das Reich der Himmel gleich einem Kaufmann, der schöne Perlen sucht; als er aber *eine* sehr kostbare Perle gefunden hatte, ging er hin und verkaufte alles, was er hatte und kaufte sie.«

3,14 Jetzt folgt das Ziel, zu dem Christus uns vom Fluch des Gesetzes freigekauft hat. Es ist ein doppeltes Ziel, beide Male durch ein »auf dass« eingeleitet. Wir sind freigekauft, »auf dass der Segen Abrahams in Christus Jesus zu den Nationen käme«. Die Worte »in Christus Jesus« unterstreichen, dass der Segen für die Nationen nicht allein auf das Werk Christi gegründet ist, sondern auch auf Seine Person. Der Heide, der aus Glauben den Segen Abrahams empfängt, hat das Christus zu verdanken; aber er ist auch von da an »in Christus Jesus«. Dieser Ausdruck zeigt die »Sphäre« an, innerhalb derer allein der Segen empfangen und genossen werden kann. Im übrigen ist der Satz eine Zusammenfassung all des in 6-13 Behandelten: (a) die Heiden empfangen den Segen ausschließlich aus Glauben (siehe 14b), nicht aus Gesetzeswerken; (b) durch den Glauben werden sie Söhne Abrahams und erhalten somit ein »Recht« auf den Segen Abrahams; (c) eigentlich ist der Segen ein sehr umfassender Begriff; doch bedeutet er im heutigen Kontext vor allem die Rechtfertigung (doch siehe Vers 14b); (d) der Segen wird uns durch Christus zuteil, der selbst Sohn Abrahams ist (Vers 16), der für uns den göttlichen Fluch am Kreuz getragen hat, wodurch Er unsere Gesetzesübertretungen ausgelöscht hat und mit dem wir in Seinem stellvertretenden Sühnetod und Seiner Auferstehung eingesmacht wurden, so dass wir von Gott als wohlgefällig und »gerechtfertigt« in Ihm angesehen werden, in Ihm, dem auferstandenen und lebendigen Herrn.

Der zweite »auf dass«-Satz ist von dem ersten unabhängig und greift auf eigene Weise auf das Vorhergehende zurück und zwar eigentlich auf die Verse 1-5 (siehe Grammatik): »… auf dass wir die Verheißung des Geistes empfingen durch den Glauben«. In den Versen 2f hatte Paulus schon von dem Gläubigen gesprochen, der den Geist »empfängt« oder »in [dem] Geist« angefangen hat und in Vers 5 über den, »der euch nun den Geist darreicht und Wunderwerke [des Geistes] unter euch wirkt«. Auch hier gilt, dass es ausschließlich »mit Hilfe des Glaubens« geschieht – jenes Glaubens, von dem Paulus zuvor gesprochen hat (Verse 7.9.11f), der sich Gott und der Person und dem Werk Christi anvertraut –, dass ein Gläubiger den Segen empfängt.

Hier nun treten zwei Fragen auf. Die kleinere ist: Warum heißt es »Nationen« in 14a und »wir« in 14b? Die größere Frage ist: In welchem Verhältnis steht der »Segen Abrahams« in Vers 14a zu der »Verheißung des Geistes« in Vers 14b? Um mit der ersten zu beginnen: Es gibt keinen Grund, einen Kontrast zwischen den Heiden in Vers 14a und dem »wir« im Sinne von Juden in Vers 14b zu sehen. Beide »Aufdass«-Aussagen gelten für beide Gruppen auf genau die gleiche Weise. Die Weise, wie der Segen Abrahams zu den Juden kommt, ist genau die gleiche, wie er zu den Nationen kommt, nämlich durch Glauben. Auch der Jude, wenn auch von Natur ein Nachkomme Abrahams, wird in dem hier gemeinten geistlichen Sinn erst ein »Sohn« Abrahams, wenn er den Glauben Abrahams besitzt, nämlich den Glauben, durch den er gerechtfertigt wird. So bleibt in Vers 14b kein Grund mehr, dies »wir« auf *eine* Gruppe zu beschränken. Paulus will sagen: Der Segen kommt zu den Nationen durch den Glauben an Christus und so ist es auch mit uns, den Juden; und so starb Christus also, auf dass wir alle, Juden und Heiden, die Verheißung des Geistes empfingen. Die Juden konnten grundsätzlich zu aller Zeit wie Abraham an Gott glauben und gerechtfertigt werden, weil sie Gott kannten. Durch die Verkündigung des Evangeliums können nun auch die Nationen durch den Glauben gerechtfertigt werden und den Segen Abrahams empfangen. Durch das Evangelium, wie es jetzt *nach* dem Tod und der Auferstehung Christi verkündigt werden kann, ist für *beide* Gruppen eine neue Situation entstanden, nämlich die Möglichkeit, die Verheißung des Geistes zu empfangen. Vorher hat es diese Situation nie gegeben; Juden und Heiden können durch den Glauben in gleicher Weise in diesen neuen Segen eintreten.

Damit ist schon angezeigt, dass der »Segen Abrahams« und die »Verheißung des Geistes« gewiss nicht dasselbe sind, wie oft behauptet wird. Und das aus dem einfachen Grunde, weil der Heilige Geist überhaupt nicht zu dem gehört, was dem Abraham oder »in« Abraham den Nationen verheißen ist oder zu dem »Segen Abrahams«, in welchem Sinn auch immer. Abraham glaubte Gott und er wurde aufgrund dessen gerechtfertigt; aber er empfing nicht den Heiligen Geist. Seit Apg 2 und 10 werden Juden und Heiden, die sich wegen ihres Heils gläubig Gott und Christus und Seinem Werke anvertrauen, für gerecht erklärt und sie empfangen den Heiligen Geist. Bei Vers 9 verwies ich auf Hendriksen, der – in gewisser Weise zu Recht – auf die wichtige Kontinui-

tät zwischen AT und NT hinwies. Hier finden wir aber ein deutliches
Beispiel für Diskontinuität: Die Gläubigen im AT empfingen nicht,
die Gläubigen im NT empfangen wohl den Heiligen Geist. In 3,26; 4,6
werden wir dasselbe bei dem Ausdruck »Söhne Gottes« finden; *alle*
Gläubigen seit Abraham, im NT und im AT, sind »Söhne Abrahams«;
aber die Gläubigen im AT sind nicht »Söhne Gottes«, wohl aber die
Gläubigen des NT.[18]

Was den Heiligen Geist betrifft: Im AT ist die Ausgießung des Heiligen Geistes noch ausschließlich eine prophetische Verheißung, die
nicht Abraham, sondern viel späteren Propheten gegeben wurde (Jes
32,15; 44,3; Hes 36,27; 37,14; 39,29; Joe l2,28f; Sach 12,10). Wir lesen
wohl von der Wirksamkeit des Heiligen Geistes in Menschen (2Mo
31,2; 35,31; 1Sam 16,13; 2Sam 23,2; Jes 42,1; 61,1; 63,11), aber nicht
von der Innewohnung des Geistes. Ps 51,13 (»den Geist deiner Heiligkeit nimm nicht von mir«) ist kein Gegenbeweis, sondern gerade ein
Beweis; denn gerade die Tatsache, dass David so etwas bitten *konnte*,
lässt erkennen, dass er den Geist nicht als eine dauernde Verheißung
besaß, wie dies seit Pfingsten der Fall ist: »Ich werde den Vater bitten
und er wird euch einen anderen Sachwalter geben, dass er bei euch sei
in Ewigkeit, den Geist der Wahrheit« (Joh 14,16). Darum konnte bis
Pfingsten gesagt werden: »Dies sagte er von dem Geist, welchen die an
ihn Glaubenden empfangen sollten; denn noch war der Geist nicht da,
weil Jesus noch nicht verherrlicht worden war« (Joh 7,39).

Die »Verheißung des Geistes« hat genau genommen daher im eigentlichen Sinne mit Abraham nichts zu tun. Es ist die »Verheißung
des Vaters« (Apg 1,4), »die Verheißung des Heiligen Geistes [gesandt]
von dem Vater« (Apg 2,33). Joh 7,39; 14,26; 15; 26; 16,13 machen deutlich, dass der Heilige Geist (die »dritte« Person der Gottheit) durch
den verherrlichten Sohn (die »zweite« Person) im Himmel gesandt
wurde um des Vaters willen (die »erste« Person). Das ist das Kennzeichen des Christentums gegenüber allen Söhnen Abrahams im AT: (a)
Es gibt einen verherrlichten Menschen zur Rechten Gottes (Eph 1,20),
(b) die Gemeinde ist »in Ihm« gleichfalls in himmlische Örter versetzt
(Eph 2,6) und Gott, der Heilige Geist, wohnt auf der Erde in der Gemeinde (1Kor 3,16; 2Kor 6,16; Eph 2,22) und in den Leibern der einzelnen Gläubigen (1Kor 6,19). Man kann ruhig sagen, dass es neben
aller Übereinstimmung in mancher Hinsicht die größtmöglichen Unterschiede zwischen den Gläubigen des AT und des NT gibt.

Zusammenfassung: Es besteht *Kontinuität* in folgenden Punkten (soweit sie im Galaterbrief eine Rolle spielen):

a) Die Gläubigen des AT und des NT sind aus dem grundsätzlich gleichen Glauben gerechtfertigt worden.

b) Sie haben durch die Wiedergeburt aus Gott das gleiche Leben empfangen.

c) Sie sind von Abraham an alle in gleicher Weise Söhne Abrahams.

d) Sie empfangen alle denselben Segen Abrahams.

Zugleich besteht *Diskontinuität* in folgenden im Galaterbrief genannten Punkten:

a) Die Gläubigen des AT haben nicht die Verheißung des Heiligen Geistes empfangen, die Gläubigen des NT (seit Pfingsten) aber wohl.

b) Die Gläubigen des AT sind im Gegensatz zu denen des NT nicht Söhne Gottes (dies wird noch näher erläutert werden).

Anmerkungen

1) Dies kommt wohl häufiger in Sätzen vor, die mit »So wie« (*kathoos*) anfangen, z.B. in 1Tim 1,3, wo am Anfang auch ein Wort eingeschoben werden muss: »So wie ich dich bat, als ich nach Mazedonien reiste, in Ephesus zu bleiben, [so bitte ich dich noch], auf dass du etlichen gebötest, nicht andere Lehren zu lehren.«

2) Es kann sein, dass diese »christlichen« Judaisten dabei einen Standpunkt einnahmen, der nicht genau mit dem »orthodoxen« Judaismus übereinstimmte; denn normalerweise lehrten die Rabbiner, dass der Proselyt kein Sohn Abrahams wird. Sie meinten, dass ein Proselyt zwar ein Jude im religiösen, aber nicht im biologischen Sinn werden konnte.

3) Paulus zitiert hier fast wörtlich 1Mo 15,6 aus der LXX. Er schreibt »Abraham«, wie sein Name erst ab 1Mo 17 lautet und vertauscht Subjekt und Prädikat. Genau wie die LXX liest er: »... es wurde [zur] Gerechtigkeit gerechnet«, während der heb. Text in 1Mo 15,6 sagt: »Und er glaubte JHWH und Er rechnete es ihm [zur] Gerechtigkeit«, also mit Gott als Subjekt.

4) Das war wohl die gewöhnliche Auffassung des Judentums jener Zeit. Der große jüdische Gelehrte, Philo von Alexandrien, hatte sich sehr stark mit 1Mo 15,6 befasst und in den rabbinischen Schulen wurde großer Nachdruck auf die Wertschätzung Gottes für Abrahams Glauben gelegt. Im Mittelalter erklärte z.B. Raschi 1Mo 15,6 in dem Sinn, dass Gott Abrahams Glauben als solchen für »Gerechtigkeit« rechnete. Paulus geht ei-

nen völlig anderen Weg: Nicht der Glaube ist die Gerechtigkeit, sondern der Mensch wird um seines Glaubens willen gerecht gesprochen – nicht aus Verdienst, sondern weil wahrer Glaube gerade bedeutet, dass man *absieht* von allem eigenen Verdienst und sich ganz und gar auf Gott wirft.

5) Wenigstens Röm 4,19 wendet es so an und zwar, indem dort 1Mo 15 und 17 miteinander verbunden werden. Genau genommen war Abraham in 1Mo 15 noch nicht zeugungsunfähig; denn in 1Mo 16 noch wird Ismael gezeugt. Ab 1Mo 17 scheint das aber der Fall gewesen zu sein. Darum sagt Hebr 11,11 (gemäß der neueren Handschriftenforschung): »Durch den Glauben empfing er (…) Kraft um zu zeugen«, wörtl. »Kraft zur [Samen]ausschüttung«.

6) Man betrachte auch, wie z. B. Christus den vergleichbaren Ausdruck »Söhne des Reiches« verwendet. In Mt 8,12 bezieht sich dieser auf die Juden, die nicht an Ihn glauben. Diese Gruppe wird schließlich das Reich Gottes nicht ererben, obwohl sie aufgrund ihrer Abstammung dazu berufen war. In Mt 13,38 aber sind die »Söhne des Reiches« die wahren Gläubigen, nicht allein aus den Juden, sondern auch aus den Heiden (vergleiche in diesem Vers: »Der Acker ist die Welt«), die das Reich ererben, nicht aufgrund ihrer Abstammung, sondern wegen des Glaubens.

7) Die Struktur des gr. Satzes ist ein wenig schwerfällig und das wird in den Übersetzungen einfach glattgebügelt. »Anerkennt also, dass sie [die] aus Glauben [sind], [dass] sie Söhne Abrahams sind«, wird dann zu: »Anerkennt also, dass sie [die] aus Glauben [sind], Söhne Abrahams sind.« Aber die Wiederholung des betonten »sie« will nun gerade die bedeutsame Tatsache unterstreichen, dass *nur* die Christusgläubigen Söhne Abrahams sind und noch dazu *alle* Christusgläubigen, seien sie von Natur Juden oder Heiden.

8) Dies ist ein Zitat aus der LXX, zusammengestellt aus 1Mo 12,3c (»mit [oder: in] dir sollen gesegnet werden alle Geschlechter der Erde«; vergleiche 28,14c) und 1Mo 28,14a; 26,4c (»mit [oder: in] deinem Samen werden sich segnen alle Nationen der Erde«; vergleiche 18,18b). Das »in dir sollen gesegnet werden« von 1Mo 12,3c; 28,14c wird verbunden mit dem »alle Völker« von 1Mo 18,18b; 28,18a; 26,4c. Interessant ist, dass die hebr. Form »gesegnet werden« (*nibreku*) außer als Passiv auch reflexiv aufgefasst werden kann: »für sich den Segen in (dem Gott von) Abraham suchen« oder »bitten, gesegnet zu werden so wie Abraham« oder »einander den Segen zusprechen in (dem Gott von) Abraham«, was dann den Glauben dieser Heiden voraussetzt.

9) Gr. *pistos* bedeutet normalerweise »treu« oder »vertrauenswürdig«, hier aber eindeutig »glaubend« oder »gläubig« (vergleiche Joh 20,27; 1Petr 1,21). An vielen Stellen ist mit diesem Wort ein »Gläubiger« im neutestamentlichen Sinn gemeint (Apg 16,1; 2Kor 6,15; 1Tim 4,10; 5,16; 6,2; Tit 1,6).

10) Stärker noch: Um die Einheit des Systems zu retten, scheinen die Rabbiner behauptet zu haben, Abraham habe in Wirklichkeit das Gesetz sehr wohl gehalten, obwohl es noch nicht offenbart war. Sagt Gott ihm doch: »Ich bin Gott, der Allmächtige; wandle vor meinem Angesicht und sei vollkommen. Und ich will meinen Bund setzen zwischen mir und dir« (1Mo 17,1.2) und: »Ich habe ihn erkannt, auf dass er seinen Kindern und seinem Hause nach ihm befehle, dass sie den Weg des HERRN bewahren, Gerechtigkeit und Recht üben, damit der HERR auf Abraham kommen lasse, was er geredet hat« (1Mo 18,19)! Werden hier Gottes Verheißungen und der Bund nicht von dem Erfüllen gesetzlicher Grundsätze abhängig gemacht?

11) In »Fluch« (gr. *katara*, auch zweimal in Vers 13) und in dem verwandten »verflucht« (*epikatáratos*) steckt der Stamm *ara*, »Fluch« (kommt nur in Röm 3,14 vor), verbunden mit den Vorsilben *kata* und *epi*. *Katara* ist ein Fluch, der über jemand ausgesprochen wird, entweder in schlechter Absicht (Jak 3,10; 2Petr 2,14) oder von Gott, der das Urteil über die Sünde ausspricht (hier und in Hebr 6,7f; im AT von 1Mo 3,14-19 bis Mal hin). Das ist ein völlig anderes Wort als das »verflucht« (*anathema*) von 1,8ff (siehe Anmerkung 6 dazu).

12) Paulus fügt in dies Zitat zwei verstärkende Begriffe ein: »jeder« und »allen Dingen«, die nicht im hebr. Text, aber in der LXX zu finden sind (siehe übrigens auch den direkt darauf folgenden Vers: 5Mo 28,1 und weiter 28,15.58; 30,10). Paulus folgt allerdings auch der LXX nicht genau; denn dort sagt der Text: »Verflucht [ist] jeder Mensch, der nicht ausharrt in allen den Worten dieses Gesetzes, um sie zu tun.« Paulus ersetzt den Ausdruck »alle die Worte dieses Gesetzes« (d.h. in 5Mo 27 die zwölf Verfluchungen, die auf dem Berg Ebal ausgesprochen sind) durch: »alle Dinge, die im Buch des Gesetzes geschrieben sind«, das ist die geschriebene Torah (vergleiche 5Mo 31,26). Das ist nicht notwendigerweise ein Widerspruch, weil die zwölf Verfluchungen kurz zusammengefasst die Hauptsachen des Gesetzes vom Sinai wiedergeben.

13) Der Ausdruck »Gesetz« kann auf das ganze AT hinweisen; siehe Joh 10,34; 12,34; 15,25; Röm 3,19; 1Kor 14,21, wo immer wieder auf »das Gesetz« hingewiesen wird, aber die Psalmen und Propheten zitiert werden (vergleiche auch Mt 8,18; Lk 16,17). Schriftzitate werden in 3,10; 4,22.27 mit dem bekannten »es steht geschrieben« eingeleitet, einem Ausdruck, der ursprünglich auf die geschriebenen Gesetzesregeln verweist (siehe Grammatik); das passt hier wunderschön in den Zusammenhang: So spricht das Gesetz. Siehe auch Anhang 4, Anmerkung 2.

14) Die LXX hilft hier nicht weiter; denn die liest in einer Variante: »Der Gerechte wird durch meine Treue leben« (gr. *pistis* muss mit »Treue« übersetzt werden) und in einer anderen: »Mein Gerechter wird durch

Glauben leben« (das ist die in Hebr 10,38 zitierte Variante). In beiden Varianten kann *ek pisteoos* (»aus Glauben/Treue«) nur mit »leben« und nicht mit »Gerechte« verbunden werden.

15) Die Kopplung dieser zwei Zitate ist ein interessantes Beispiel für »Wort-Analogie«. Der Überlieferung zufolge war es Rabbi Hillel (schon vor Christi Geburt), der einige Regeln für die *Midrasch* (die Schriftausle-gung) aufstellte, deren zweite die der »Wort-Analogie« (*gezérah scha-wah*, wörtl. »gleiche Kategorie«) war. Darin liegt: Wenn in zwei Schrift-stellen die gleichen Worte vorkommen, gilt die Auslegung für die eine Stelle auch für die andere. In den Versen 11 und 12 werden Hab 2,4 und 3Mo 18,5 miteinander verkoppelt aufgrund des gemeinschaftlichen Aus-drucks »wird leben«. Auf dieselbe Weise werden in Vers 10 und 13 5Mo 27,26 und 21,23 verbunden mit Hilfe des Wortes »verflucht« (in der LXX der gleiche Stamm, aber im Hebr. unterschiedliche Wörter). In Apg 13,34ff koppelt Paulus Jes 55,3 mit Ps 16,10, weil in beiden Stellen »fromm/heilig« vorkommt (im Gr. dasselbe Wort). Durch diese Kopplung kön-nen beide Zitate auf die Auferstehung Christi bezogen werden. Petrus tut das gleiche in Apg 2,24-35, wo er Ps 18,8-11 mit Ps 110,1 durch den gemeinschaftlichen Ausdruck »zu meiner Rechten« koppelt.

16) Siehe über die vermeintliche versöhnende und stellvertretende Bedeu-tung der Leiden Christi vor dem Kreuzeswerk in Anhang 3.

17) Buchstäblich steht in 5Mo 21,23: »Ein Fluch Gottes ist ein Gehängter«, wobei »Gottes« als Gen. obj. (»ein Gehängter ist eine Beleidigung für Gott«) oder als ein Gen. subj. (»ein Gehängter ist durch Gott verflucht«) aufgefasst werden kann. Anfänglich scheinen die Rabbiner die erste Möglichkeit für richtig gehalten zu haben, gingen aber später zu der zwei-ten über. Einige vermuten, dass dies aus negativen Gefühlen gegenüber dem Christentum geschah; aber auch die LXX liest »verflucht durch Gott« und wir sollten auch diese Auslegung vorziehen. Symmachus aber über-setzt als Gen. obj.: »wegen der Lästerung Gottes«. Die rabbinische Tra-dition gebraucht das Wort »hängen« oder »Gehängter« etliche Male für Jesus, um Ihn unter den Fluch von 5Mo 21 zu bringen und Ihn in eine Kategorie mit Haman (Est 7,9f) und Absalom (2Sam 18,9f) stellen zu können.

18) 2Mo 4,22 ist kein Gegenbeweis, denn da geht es um das *ethnische* Israel insgesamt; 5Mo 14,1 (»Kinder« oder »Söhne«) ebenfalls nicht; denn da geht es um *jedes* Glied des ethnischen Israel, ob wiedergeboren oder nicht. Hos 1,10 auch nicht; denn da geht es gerade um eine Weissagung, die erst unter dem neuen Bund erfüllt wird.

2.2.3 Die Verheißungen übertreffen das Gesetz (3,15-22)

Übersetzung

15 Brüder, nach [dem] Menschen rede ich.
Selbst einen bestätigten Bund eines Menschen hebt niemand auf
oder fügt [etwas] hinzu.

16 Aber dem Abraham wurden die Verheißungen gesagt
und seinem Samen.
Er sagt nicht: »Und den Samen«, als über viele,
sondern über einen: »und deinem Samen«, das ist Christus.

17 Dies nun sage ich:
einen zuvor durch Gott bestätigten Bund macht ein nach vierhundertdreißig Jahren gekommenes Gesetz nicht ungültig,
um die Verheißung unwirksam zu machen.

18 Denn wenn das Erbe aus Gesetz [ist],
[ist es] nicht mehr aus Verheißung;
dem Abraham aber hat Gott sie durch Verheißung geschenkt.

19 Wozu dann das Gesetz?
Der Übertretungen wegen wurde es hinzugefügt,
bis dass der Same käme, der verheißen worden war;
[das Gesetz,] verordnet durch Engel in [der] Hand eines Mittlers.

20 Der Mittler nun ist nicht [Mittler] von *einem*,
Gott aber ist *einer*.

21 Ist denn das Gesetz wider die Verheißungen <Gottes>?
Das niemals!
Denn wenn ein Gesetz gegeben worden wäre,
das lebendig machen könnte,
wäre tatsächlich aus Gesetz die Gerechtigkeit.

22 Aber die Schrift hat alles eingeschlossen unter [die] Sünde,
damit die Verheißung aus Glauben Jesu Christi denen gegeben
werde, die glauben.

Übersetzungsvarianten

15 *Bund*: oder *Testament*.

16 *Er:* oder *sie* (d. i. die Schrift).

19 *Engel:* einige fügen ein Komma hinzu, wodurch sich *in [der] Hand eines Mittlers* auf eine frühere Textstelle bezieht.

Textvarianten

17 {B} *Gott:* TR fügt hinzu *bis auf Christus.*

19 {A} *Übertretungen:* einige Textzeugen lesen *Handlungen* und einer sogar *Überlieferungen.*

21 {C} *<Gottes>:* Das Textzeugnis ist so unsicher, dass man nicht weiß, ob man es einfügen soll oder nicht.

Grammatik

17 *bestätigt:* Perf. (wie in Vers 15); es wird also nicht auf einen bestimmten Zeitpunkt hingewiesen, an dem Gott den Bund bestätigt hätte; nein, von da an, wo Gott die Verheißung ausgesprochen hat, war sie bestätigt.

18 *Abraham (…) geschenkt:* Perf.: Das bedeutet für die im AT beschriebenen Ereignisse, dass diese noch heute ihre (buchstäbliche oder sinnbildliche) Bedeutung haben; hier also: Die Gläubigen besitzen das Erbe heute noch.

19 *Wozu:* eig. *Was?* d. h. so viel wie: Was ist denn die Bedeutung des Gesetzes?

19 *in [der] Hand:* Hebraismus (hebr. *bejad*) = *mit Hilfe von.*

20 *Der Mittler:* oder hinweisend: »Dieser« (nämlich Mose) oder Hinweis auf ein Glied einer Kategorie (vergleiche »*der* Erbe« in 4,1), was wir mit »*einem*« wiedergeben.

21 *ein Gesetz (…), das: das* ist eig. Artikel: *das lebendig machen könnte,* während *Gesetz* selbst keinen Artikel hat; also so viel wie: … ein Gesetz und zwar das Gesetz, das lebendig machen kann.

21 *wenn … gegeben worden wäre …* (Aor. Ind. pass.), *… wäre:* eig. *war* (Impf.), aber hier mit Aor.-Bedeutung, wie es durch *ontoos … an,* »tatsächlich«; angezeigt wird, ein sog. Ind. irrealis: wenn A, dann B;

aber wenn nicht A, dann auch nicht B; die Konstruktion kommt bei
Paulus selten vor (siehe 1,10).

22 *alles* (gr. *panta*): eig. Plur. (*alle die Dinge*), das ist vielleicht die ganze Schöpfung (wie in Eph 1,10; Kol 1,20; vergleiche Röm 8,22), aber
das Neutrum kann sich auch auf Personen beziehen (vergleiche in
Joh 17,2, wo im Gr. der Singular steht: *pan ho: alles das*); der Paralleltext in Röm 11,32 hat gr. *tous pantas,* »(die) allen«; das Neutrum
unterstreicht stärker als das Mask. die Allumfasseneheit und Einheit der betroffenen Gruppe (»die gesamte Menschheit«); vergleiche das Neutrum in 1Kor 1,27: »das Törichte« (= »die Törichten«).

Auslegung

Paulus hat dargelegt, dass die Rechtfertigung aus Glauben und nicht
aus Gesetzeswerken geschieht. Er führt das nun näher aus, indem er
den Nachdruck darauf legt, dass dem Abraham die Verheißungen gegeben wurden, (lange) bevor das Gesetz vom Sinai eingeführt war. Das
bedeutet: Die Verheißung wurde nicht innerhalb des Rahmens des alten (sinaitischen) Bundes gegeben, sondern geht ihm voraus, steht also
außerhalb des Gesetzes. Außerdem hat das Gesetz, das später als die
Verheißung gegeben wurde, die Verheißung nicht aufgehoben oder
kraftlos gemacht. Die unbereubaren Verheißungen, die Gott dem Abraham gegeben hat, werden durch nichts und niemand außer Kraft gesetzt. Das fordert natürlich die Frage heraus, warum das Gesetz denn
überhaupt dazugekommen ist. Legt das nicht den Schluss nahe, dass
die Verheißung als solche nicht ausreicht? Diese Frage verdient sicher
unsere Beachtung; und Paulus geht von Vers 23 an auch ausführlich
darauf ein. Aber wie auch immer die Antwort ausfallen wird, das Gesetz hat die Verheißung nicht wirkungslos gemacht. Mit anderen Worten: Der in der Verheißung beschlossene Segen wird dem Menschen
außerhalb des Rahmens des Gesetzes zuteil. Die einzige Voraussetzung, ihn zu empfangen, ist Glauben.

3,15 In diesem neuen Abschnitt scheint Paulus einen etwas milderen
Ton anzuschlagen. Hatte er Gal 3 mit »O, unverständige Galater, wer
hat euch bezaubert ...« begonnen, so ertönt jetzt ein gemäßigteres und
freundlicheres »Brüder« (vergleiche 1,11; 4,31; 6,1). Dies zeigt, dass

Paulus sie (noch) nicht als vom Glauben abgefallen betrachtet, sondern (bislang noch) als Mitchristen. Wir denken bei diesem Wort daran, dass *adelphoi* beinahe immer nicht nur die buchstäblichen *adelphoi* (»Brüder«), sondern auch die *adelphai* (»Schwestern«) umfasst. Die Übersetzung »Brüder und Schwestern« in einigen neueren Übersetzungen ist daher auch nicht eine neue feministische Mode, sondern einfach der Versuch, den Ausdruck so wiederzugeben, wie die Leser des ersten Jahrhunderts ihn sicher verstanden haben: nicht nur die Männer, sondern auch die Frauen der Gemeinde waren angesprochen.

Paulus fängt nun an auszuführen, dass die Verheißung dem Gesetz vorangeht und durch das Gesetz nicht aufgehoben wird. Bevor er mit seinen Darlegungen beginnt, benutzt er zunächst ein Bild aus dem alltäglichen Leben. Der Anfang: »Brüder, nach [dem] Menschen rede ich« (vergleiche Röm 3,5; 6,9; 1Kor 9,8) bedeutet nicht, er spräche jetzt von einem niedrigeren Niveau aus oder er beriefe sich auf menschliche Autorität, sondern er braucht eine Analogie, die er aus dem menschlichen Leben entlehnt (vergleiche Röm 7,1-3, wo Paulus auf eine Parallele hinweist zwischen dem Ehegesetz und dem Gesetz vom Sinai). Auch wenn es sich um einen menschlichen Bund oder ein Testament handelt, kommt niemand auf den Gedanken, diese einfach außer Kraft zu setzen oder ihnen etwas hinzuzufügen.[1] Wie viel mehr gilt das für Gottes Verheißungen und Bündnisse.

Wir haben hier das Wort *diathèkè* wie die Elberfelder Übersetzung mit »Bund« übersetzt, weil die ganze Ausführung einen Vergleich zieht zwischen einer *diathèkè* eines Menschen und der *diathèkè* Gottes. Wenn es um die *diathèkè* eines Menschen geht, liegt es allerdings näher, das Wort mit »Testament« zu übersetzen; denn das ist die primäre Bedeutung dieses Wortes. Im klassischen Griechisch bedeutet das Wort »Anordnung betreffs des Besitzes mit Hilfe eines Testaments« oder kurz »Testament«, »Willenserklärung« (also eine Anordnung einer Partei für eine andere Partei) oder auch wohl umfassender: »Anordnung«, »Übereinkunft«, »Vertrag«, »Bund«. Im Koine-Griechisch, das wir auch im NT finden, bedeutet das Wort im Grunde einfach »Testament«, »letzte Willens[-anordnung]«. Das normale gr. Wort für »Bund« heißt *synthèkè,* das viel eher auf eine Übereinkunft zwischen zwei mehr oder weniger gleichwertigen Parteien zielt.

Als die griechischen Übersetzer der LXX das hebr. Wort für »Bund« wiedergeben mussten, haben sie *diathèkè* der *synthèkè* vorgezogen, weil ein Bund Gottes mit dem Menschen niemals eine wechselseitige Übereinkunft zwischen zwei mehr oder weniger gleichberechtigten Parteien ist, sondern vielmehr die Willenserklärung einer Partei, nämlich Gottes, gegenüber einer anderen Partei, nämlich eines Menschen oder einer Gruppe von Menschen. Daher heißt es in Vers 17: »einen vorher von Gott bestätigten Bund«. Darum auch in Apg 3,25; 7,8: »Er gab ihm den Bund.«[2] Dass für die Schreiber und Leser des NT die Bedeutung »Testament« immer noch mitschwang, sieht man treffend in Hebr 9,16f. Normalerweise kann man *diathèkè* im NT immer mit »Bund« übersetzen, doch in diesen Versen ist das nicht möglich, weil der Schreiber den in *diathèkè* implizierten Gedanken in den Vordergrund hebt, dass eine *diathèkè* erst wirksam wird, wenn der Testamentmacher oder Erblasser gestorben ist. Um eine *diathèkè* wirksam werden zu lassen, muss der Tod des Erblassers einwandfrei feststehen. Hebr 9 macht deutlich, dass Christus sowohl Mittler (Testamentsvollstrecker) als auch Erblasser der neuen *diathèkè* ist. Er ist gestorben, so dass die Anordnungen in Kraft treten – d. h. das in der *diathèkè* Festgelegte fällt denen zu, die in ihr bedacht wurden –; außerdem ist Er der Testamentsvollstrecker, der diese Anordnungen auch tatsächlich ausführt.

In Gal 3 wird das alles nicht so deutlich wie in Hebr 9; aber es ist doch darin enthalten. In unserem Vers wird die Bedeutung von *diathèkè* deutlicher, wenn wir die Bedeutung von »Testament« mit hineinlesen: »Selbst ein (korrektes, offizielles) Testament eines Menschen setzt niemand außer Kraft und niemand kann ihm eine Einschränkung hinzufügen.« Die im Griechischen benutzten juristischen Begriffe scheinen die Bedeutung von »Testament« deutlich zu unterstreichen; aber auch wenn wir in umfassenderem Sinn »Anordnung« oder »Übereinkunft« lesen, entsteht ein guter Sinn. Dann ist es auch nicht nötig, sich wie etliche Ausleger zu fragen, ob Paulus hier das griechische oder das römische oder auch das jüdische Recht im Sinn hatte.[3] Worum es letztlich geht, ist einfach dies: selbst menschliche Anordnungen sind grundsätzlich unwiderruflich.

3,16 Nach dem Vergleich mit einer Willenserklärung aus dem gewöhnlichen menschlichen Leben, kehrt Paulus zu der göttlichen Willenserklärung Abraham gegenüber zurück: »Aber dem Abraham wurden die Verheißungen gesagt und seinem Samen.« Warum spricht Paulus hier über »Verheißungen« in der Mehrzahl, so wie in Vers 21 und nicht von

»Verheißung« in der Einzahl, wie in den Versen 17 und 22? Ein Grund kann darin liegen, dass Paulus anzeigen will, Gott habe Seine ursprüngliche Verheißung mehrfach sowohl gegenüber Abraham als auch gegenüber Isaak und Jakob »bestätigt« (vergleiche die Verse 15 und 17). Es kann auch sein, dass Paulus bei dem einen Bund verschiedene Verheißungen unterscheidet: die Verheißung einer reichen Nachkommenschaft, die Verheißung des Landes, die Verheißung des Segens für alle Völker.

Die Verheißung ist nicht nur auf Abraham gekommen, sondern auch auf auf seinen »Samen«. Paulus legt diese Tatsache auf eigenartige Weise aus, durch die viele Diskussionen hervorgerufen wurden: »Er[4] sagt nicht: ›Und den Samen‹, als über viele, sondern als über einen: ›Und deinem Samen‹, das ist Christus«. Das Eigenartige an dieser Auslegung ist, dass es scheint, als sei sich Paulus nicht der kollektiven Bedeutung des hebr. und des gr. Wortes für »Samen« (*zèra* bzw. *sperma*) bewusst, so wie der Einzahlbegriff »nachfolgendes Geschlecht« einfach die Bedeutung von »Nachkommen« hat. Wenn das nun jeder Anfänger im Hebr. und Gr. schnell begreift, wird Paulus das natürlich auch ganz sicher gewusst haben. Das erkennt man schon ein wenig später in Vers 29, wo »Same« kollektiv alle Gläubigen umfasst und beispielsweise in Röm 4, wo Paulus den »Samen« Abrahams (Vers 18; vergleiche 1Mo 15,5) als »viele Völker« auslegt (Vers 17; vergleiche 1 Mose 17,5) und auch Röm 9,6-8, wo »Same« Abrahams bedeutet »Kinder« Abrahams.

Die Argumentation des Paulus beruht daher auch nicht auf wirklichen sprachlichen Überlegungen; denn dann handelte es sich schlicht um ein dummes Versehen. Nein, seine Ausführungen sind im Grunde lehrmäßiger Natur, wenn sich das auch hinter einem sprachkundlich klingenden Gedankengang verbirgt. In Wirklichkeit sagt er: Die Schrift hätte auch einen Mehrzahlbegriff wählen können, z.B. Abraham und seinen Söhnen (oder Kindern), aber die Schrift braucht ein Einzahlwort, das nicht aus sich heraus in seiner kollektiven Bedeutung aufgefasst werden muss, sondern hier primär als Hinweis auf einen bestimmten Nachkommen Abrahams weist, eben auf Christus. Die kollektive Bedeutung wird hier nicht ausgeschlossen (Vers 29); aber der Sammelbegriff »Same = Söhne Abrahams« wird hier als eingeschlossen in den einen Sohn Abrahams aufgefasst: in Christus.

Ein Grund, weshalb die Schlussfolgerung des Paulus bedeutsam ist, liegt darin, den Anwürfen die Stirn bieten zu können, die Verheißung an Abraham würde nur ihm selbst und seinen direkten Nachkommen gelten, doch sei mit dem Gesetz vom Sinai eine neue Haushaltung angebrochen, die der alten damit ein Ende bereitet habe. Nein, sagt Paulus, die Verheißung gilt *allen* Nachkommen Abrahams und das wird besonders deutlich daran, dass *der* Same Abrahams gerade jemand ist, der nicht vor, sondern erst viele Jahrhunderte nach der Gesetzgebung geboren wurde: Christus. Gesetzgebung oder nicht, solange *der* Same Abrahams noch nicht gekommen war, blieb die dem Abraham gemachte Verheißung voll in Kraft. Sie bleibt aber auch nach dem Erscheinen *des* Samens gültig; denn die Verheißung gilt auch nach dem Kommen *des* Samens; denn die Verheißung gilt für alle, die »in Christus« sind. Die Juden würden das Gesetz als Gottes letztes Wort und den Segen Abrahams als eine Zwischenphase betrachten können. Tatsächlich war aber der sinaitische Bund eine Zwischenphase (vergleiche 3,23 – 4,7); die Verheißung ist Gottes erstes und letztes Wort.

Es sind verschiedene Anstrengungen gemacht worden, diesen Gedankengang mit typisch rabbinischen Denkmustern in Verbindung zu bringen.[5] Es ist dem Paulus sogar vorgeworfen worden, er habe hier die Grenzen der rabbinischen Allegorese überschritten, indem er die ursprüngliche Bedeutung der Wörter nicht respektiert habe. Aber erstens macht Paulus aus der Abrahamsgeschichte keine Allegorie im strengen Sinne (d. h. eine Vergeistlichung in allen Details, wobei der buchstäbliche Sinn übersehen wird). Zweitens kennt die rabbinische Literatur selbst eine Reihe von Beispielen, in denen die Argumente auf der Einzahl oder Mehrzahl von *zèra* fußen; ja, die Anwendung von »Samen« Abrahams oder Davids auf den Messias scheint schon im jüdischen Denken angefangen zu haben, wie andererseits auch zu erwarten ist. Drittens geht Paulus hier *nicht* an der buchstäblichen Bedeutung von *zèra* vorbei, weil dies Wort sehr wohl auf einen einzelnen Nachkommen hinweisen kann (z. B. 1 Mo 3,15; 4,25; 15,3; 21,13; Rt 4,12; 1Sam 1,11; 2Sam 7,12). Dabei ist bemerkenswert, dass der »Same« Abrahams schon in der ersten Generation nur einen Nachkommen umfasste: Isaak, unter Ausschluss der Söhne der Hagar und der Ketura; und auch in der zweiten Generation gab es nur einen Nachkommen: Jakob, unter Ausschluss von Esau (Röm 9,6-13).

Der »Same« Abrahams umfasst alle seine Nachkommen, doch ist der Messias in ganz besonderer Weise »Same« Abrahams. Er *ist* in Wirklichkeit das wahre Israel vor Gott. Das kann in demselben Sinn aufge-

fasst werden, wie der Knecht Jahwehs – der für Sein Volk leidende
Messias – das wahre »Israel« ist (Jes 49,3). Genauso ist auch Christus
Israel gegenüber der wahre erstgeborene Sohn (vergleiche 2Mo 4,22
und Hos 11,1 mit Mt 2,15) und der wahre Weinstock (vergleiche Ps
80,9 und 16,18 mit Joh 15,1).

3,17 Vers 16 bildet einen gewissen Einschub; in Vers 17 schließt Paulus an den in Vers 15 gemachten menschlichen Vergleich an. Mit den
Worten »Dies nun sage ich« meint Paulus: »Mit meinem Vergleich
möchte ich dies sagen«: Wie wenn jemand einen unterzeichneten Bund
eines *Menschen* beiseite schiebt oder ihm [etwas] hinzufügt, so ist es
auch mit dem Bund *Gottes*. Diesen Bund hatte Er »zuvor« unterschrie-
ben, d.h. vor der Gesetzgebung und zwar zur Zeit Abrahams. Nichts,
was nach diesem einmal unterzeichneten Bund gekommen ist, kann
die in dem Bund festgelegten Verheißungen »unwirksam machen«, d.h.
außer Kraft setzen. Auch das Gesetz vom Sinai, das vierhundertdreißig Jahre nach der Verheißung kam, kann diesen Bund und diese Verheißung also nicht beiseite tun, etwas davon wegnehmen oder etwas
hinzufügen. Das Gesetz, das den Grundsatz der Gerechtigkeit aus Gesetzeswerken einführt, kann die Verheißung, die auf Glaubensgehorsam gegründet ist, nicht unwirksam machen. Auch nach der Gesetzgebung ist und bleibt die wahre Rechtfertigung auf dem Grundsatz des
Glaubens gegründet und nicht auf Gesetzeswerken.

Wir haben hier ein ähnliches Argument wie das in Mt 19,4-9 von
Jesus verwendete. Im Anfang, bei der Schöpfung, hat Gott es so gemacht, dass, wenn ein Mann und eine Frau einmal durch das Band der
Ehe aneinander geschmiedet sind, nichts und niemand sie voneinander scheiden kann, außer dem Tod. Die Einrichtung mit dem Scheidebrief aus dem viel späteren Gesetz Moses hebt dies universale Grund-
gesetz nicht auf und fügt ihm auch nichts hinzu. Allgemein gesagt: Kein
einziges spezifisches Gebot – und keine einzige Erlaubnis, wie im Fall
des Scheidebriefs – innerhalb des Gesetzes Moses kann auch nur eine
einzige Schöpfungseinrichtung außer Kraft setzen.

Die Zahl 430 ist aus 2Mo 12,40 genommen, wo der hebr. Text liest:
»Und die Wohnzeit der Kinder Israel, die sie in Ägypten zugebracht
haben, ist vierhundertunddreißig Jahre«. Dagegen lesen die LXX und
der samaritanische Text: »… im Land Ägypten *und im Land Kanaan*«.
Dieser Lesart zufolge werden die 430 Jahre also von der Zeit Abra-

hams bis zur Zeit des Auszugs gerechnet, d. h. ungefähr bis zur Gesetzgebung auf dem Sinai. Offensichtlich ist hier Paulus der LXX-Lesart gefolgt.[6] Für seine Beweisführung spielt die genaue Zeit übrigens keine Rolle: Ob es nun 430 Jahre oder noch viel länger gedauert hat … jedenfalls war die Verheißung schon Jahrhunderte vor der Gesetzgebung von Gott bestätigt worden.

3,18 Paulus spricht in dieser Perikope über den »Bund« eines Menschen (Vers 15) bzw. Gottes (Vers 17), über die »Verheißungen« (Vers 16) und über die »Verheißung« (Vers 17 und zweimal in unserem Vers). Diese Begriffe hängen überaus dicht zusammen; es geht um einen Bund, den Gott im Hinblick auf den Menschen bestätigt hat und dieser besteht aus einseitigen, bedingungslosen und unbereubaren Verheißungen, die Er den Menschen gibt. Alle diese Verheißungen sind Varianten der *einen* Verheißung, die Er dem Abraham und dessen (geistlichen) Nachkommen verheißen hat. Auch wenn wir in Vers 17 an die Bedeutung »Testament« denken, enthält ein solches Testament die Zusage des Erbes für den Erbberechtigten; eine solche Zusage ist daher auch eine »Verheißung«. Dieser Gedanke an ein »Testament« wird durch den Begriff »Erbe« zusätzlich unterstrichen: In Gottes *diathèkè* ist den Erbberechtigten ein »Erbe« verheißen (vergleiche Vers 29; 4,17: »dem Erben«). Dies Erbe ist der »Segen Abrahams« in Christus (Vers 14), die Rechtfertigung aus dem Glauben. Aufgrund des Todes des Erblassers wird dieser verheißene Segen, dies »Erbe«, nun auch tatsächlich von den »Erbberechtigten« in Empfang genommen und genossen.

In unserem Vers sagt uns Paulus, dass dies Erbe bedingungslos verheißen ist und daher nicht von Gesetzeswerken abhängt; denn dann wäre das Erbe sehr wohl an Bedingungen geknüpft. Das Erbe schenkt uns Gott aus souveräner Gnade, nicht aufgrund von Gesetzeswerken oder irgendwelcher Verdienste von Seiten des Menschen. Die einzige Bedingung ist der Glaube; aber wie gesagt, hat der Glaube in keiner Hinsicht den Charakter eines Verdienstes. Im Gegenteil, in ihm erkennen wir an, dass das Erbe nicht aufgrund von Verdiensten verliehen werden kann – denn bei dem Menschen gibt es keinerlei Verdienste –, sondern aufgrund reiner, unverdienter Gnade.

Das Wort »Verheißung« ist hier für Paulus ein in sich völlig ausreichendes Argument, um aufzuzeigen, dass dies Erbe aus Gnaden ist, und nicht aus Verdienst und zwar deshalb, weil »Verheißung« hier bedingungslose und unwiderrufliche Verheißung impliziert. So wurde sie dem Abraham geschenkt und darum kann sie auf keine Weise mit dem Grundsatz des Gesetzes verbunden werden. »Forderungen« (wie sie das Gesetz stellt) und »Geschenk«[7] schließen sich gegenseitig aus, Gesetz und Verheißung sind grundsätzlich voneinander getrennt – der fordernde Grundsatz des Gesetzes und der schenkende Grundsatz der Verheißung schließen einander aus – und sie sind zeitlich voneinander geschieden, weil ja die Verheißung viel früher als das Gesetz bestand und von dem später gekommenen Gesetz nicht angetastet wird (siehe Grammatik).

Wenn wir Vers 16 mit Vers 18 verbinden, könnten wir sagen: Die die Galater zu verführen trachtenden Judaisten arbeiteten daran, dem unveränderlichen Bund Gottes mit Abraham eine Einschränkung hinzuzufügen. Sie wollten wohl anerkennen, dass die Verheißung aus souveräner Gnade gegeben war; doch der Zusatz besagte, dass man neben dem Leben aus Gnaden auch noch das Gesetz nötig hatte, um für das Heil in Frage zu kommen. Vielleicht verwarfen sie aber tatsächlich den ganzen Grundsatz der Gnade, um die Gläubigen ausschließlich vom Halten des Gesetzes abhängig zu machen. Das würde dann – im Sinn von Vers 16 gesprochen – ein »Beiseitestellen« der Verheißung bzw. des Bundes sein. Das aber ist unmöglich. Weder eine menschliche noch eine göttliche Anordnung kann – wenn sie einmal bestätigt ist – ungültig gemacht oder ergänzt werden. So setzt auch das Gesetz die Verheißung nicht außer Kraft, ebenso wenig bildet es einen Anhang oder eine Ergänzung dazu.

3,19 Wenn das Gesetz tatsächlich zeitlich nach der Verheißung gekommen ist und dieses weder etwas hinzufügt noch wegnimmt, ist es verständlich, wenn die Frage aufkommt: »Wozu dann das Gesetz?« Darum bringt Paulus hier diese Frage zur Sprache. Das geschieht nur kurz; wollte man die Stellung des Gesetzes innerhalb der Heilsgeschichte vollständiger und genauer betrachten, wäre eine viel ausführlichere Darstellung nötig (siehe Anhang 4). Aber es geschieht doch so ausführlich, dass diese für die Galater so wichtige Frage ausreichend behandelt wird. Würde Paulus auf die Frage: »Wozu denn das Gesetz?« keine ausreichende Antwort geben, bliebe bei dem Leser der Eindruck hängen, er habe sich die Sache mit dem Gesetz zu einfach gemacht.

Das Gesetz hat keinen Einfluss auf die Verheißung, d.h. das Erbe ist
unabhängig von dem Halten des Gesetzes. Aber wenn das Gesetz nicht
bedeutet, was es selbstverständlich zu bedeuten scheint und was die
Leser des Galaterbriefes davon dachten, dann muss notwendigerweise
die Frage aufkommen, wozu denn das Gesetz Gottes gegeben wurde.

Paulus antwortet zunächst: »Der Übertretungen wegen wurde es
hinzugefügt.« Es nahm nicht die Stelle der vorher gegebenen Verhei-
ßung ein, sondern wurde ihr »hinzugefügt«, wie auch Röm 5,20 sagt:
»Das Gesetz aber kam daneben ein, auf dass die Übertretung über-
strömend würde« und 3,20: »Durch Gesetz kommt Erkenntnis der
Sünde« und 4,15: »Wo kein Gesetz ist, da ist auch keine Übertretung.«
Röm 3,20 sagt nicht: »Durch Gesetz kommt Sünde« und 4,15 sagt nicht:
»Wo kein Gesetz ist, ist auch keine Sünde«; weil auch vor dem Gesetz
vom Sinai – denn darum geht es hier – Sünde in der Welt war (5,13).
Aber erst durch das Gesetz vom Sinai nahm die Sünde den ausdrücklichen Charakter einer Übertretung an. Wir dürfen deshalb in unserem
Vers lesen: »Um der Sünde den Charakter der Gesetzesübertretung
zu geben, wurde es hinzugefügt.« »Wegen« ist daher nicht kausal, sondern final zu verstehen: »Im Blick auf (die Sünde)«. Indem die Sünde
deutlicher als Übertretung der göttlichen Gebote ins Licht tritt, erkennt man einerseits das gerechte Urteil Gottes über die Sünde klarer, andererseits wird dadurch hoffentlich auch das Sündenbewusst-
sein stärker, um auf diese Weise der Sünde zu wehren.

Das letzte ist übrigens reichlich optimistisch. Ja, im Licht von Röm
5,20 scheint es eher so zu sein, dass durch das ausdrückliche Gebot der
Übertretung noch in besonderer Weise zugearbeitet wird. So sagt auch
Röm 7,7f.13: »Die Sünde hätte ich nicht erkannt, als nur durch das
Gesetz. Denn auch von der Lust hätte ich nichts gewusst, wenn nicht
das Gesetz gesagt hätte: ›Lass dich nicht gelüsten‹. Die Sünde aber,
durch das Gebot Anlass nehmend, bewirkte jede Lust in mir; denn ohne
Gesetz ist die Sünde tot. (…) die Sünde, auf dass sie als Sünde erschiene, hat mir durch das Gute den Tod bewirkt, auf dass die Sünde überaus sündig würde durch das Gebot.« Das ausdrückliche Verbot kann
die Sünde also vermehren oder hoffentlich auch aufhalten. Wie auch
immer: Das Gesetz stellt die Sünde als Übertretung an den Pranger.

Der folgende Nebensatz verleiht diesem Ziel des Gesetzes zugleich
den Charakter zeitlicher Begrenzung: »… bis der Same käme, der verheißen war«, d.h. Christus (Vers 16). Das Gesetz ist der Verheißung

»hinzugefügt«, nicht um diese in irgendeiner Weise zu vervollständigen, sondern um den Menschen bis zum Zeitpunkt der Verheißungs-Erfüllung »unter dem Daumen zu halten«; denn das ist die Bedeutung von »verwahrt« und »eingeschlossen« aus Vers 23 und von »Aufpasser« aus Vers 24 (siehe dort). Die Verheißung ist eine aus freier Gnade *geschenkte Gabe*; das Gesetz ist *drohende Forderung*, um dem Menschen vor Augen zu führen, *dass* er tatsächlich völlig von der Gnade abhängig ist. Der »Same«, Christus, kommt erst viele Jahrhunderte nach der Verheißung; so war eine Art »zeitweiser Maßnahmen« nötig, um den Menschen von seiner Sündennot und seiner Abhängigkeit von der Gunst Gottes zu überzeugen. Dazu brauchte Gott das Gesetz, das die Forderungen eines heiligen Gottes bekannt machte und das Gericht über alle ankündigte, die diesen Forderungen nicht entsprachen. Auf diesen Punkt kommt der Apostel gleich ausführlicher zurück.

Paulus lässt uns hier noch die Besonderheit des Gesetzes wissen, dass es »durch Engel angeordnet« ist, »in [der] Hand eines Mittlers«. Hierdurch unterstreicht Paulus die Tatsache, dass das Gesetz der Verheißung untergeordnet ist. Gott hat sich direkt dem Abraham, Isaak und Jakob offenbart; aber das Gesetz hat Er Seinem Volk mittels sogar zweier Zwischenglieder zukommen lassen: Er sandte es an Israel durch Engel und durch den Mittler Mose (vergleiche 5Mo 5,5). Engel empfingen die zwei steinernen Tafeln aus Gottes Hand und legten sie in Moses Hände und dieser gab sie dem Volk (2Mo 32,15; 34,29; 5Mo 9,15; 10,1-5). Liest man hinter »Engel« ein Komma (siehe Übersetzungsvariante), dann braucht der Text nicht zu bedeuten, Engel hätten dem Mose das Gesetz gegeben, sondern einfach, dass sowohl Engel als auch Mose beim Überbringen des Gesetzes an das Volk eine Rolle spielten.

»Angeordnet durch Engel« bedeutet nicht, dass Engel bei der Gesetzgebung die Initiative ergriffen hätten[8] – das war Gott selbst –, sondern dass Gott durch sie dem Volk Sein Gesetz gab, nicht allein durch Mose. Diesen Gedanken finden wir im NT wieder in Apg 7,38 (»Dieser [Mose] ist es, der in der Versammlung in der Wüste mit dem Engel, welcher auf dem Berge Sinai zu ihm redete und mit unseren Vätern gewesen ist; der lebendige Aussprüche empfing, um sie uns zu geben«) und 53 (»… die ihr das Gesetz durch Anordnung von Engeln empfangen […] habt«) und Hebr 2,2 (»… wenn das durch Engel geredete Wort fest war und jede Übertretung und jeder Ungehorsam gerechte Vergeltung empfing …«). Dabei müssen wir allerdings beachten, dass Stephanus den Engel erwähnt, um die hohe Bedeutung des Gesetzes zu unterstreichen, während Paulus dies gerade tut, weil er zeigen will, dass das Gesetz der Verheißung untergeordnet ist.[9]

3,20 Diesen Vers hat man wohl einen der schwierigsten, wenn nicht gar den schwierigsten des NT genannt. Die Anzahl seiner Auslegungen geht in die Hunderte; Ridderbos sagt sogar, es gäbe so viele Auslegungen darüber wie Jahre zwischen der Verheißung und dem Gesetz liegen, also 430! Doch meine ich, dass glaubwürdige Ausleger nur zu ganz wenigen unterschiedlichen Auslegungen kommen und die erwecken nicht den Eindruck von einem hohen Schwierigkeitsgrad.

Paulus sagt: »Der Mittler nun ist nicht [Mittler] von einem, Gott aber ist *einer.*« Die einfachste und passendste Auslegung scheint die zu sein, dass das Auftreten eines Mittlers immer zwei Parteien voraussetzt, nämlich die Parteien, zwischen denen er vermittelt. Gott nun ist eine dieser zwei Parteien, so dass die Mittlerschaft des Mose eine zweite Partei impliziert, das ist sicher das Volk Israel. Der Grund, weshalb Paulus hier darauf hinweist, läge darin, dass die Anwesenheit zweier Parteien im Bund vom Sinai zeigt, dass der Segen dieses Bundes von dem Gehorsam des Volkes abhängig gemacht wird. Gott würde diesen Segen nur schenken können und wollen, wenn Israel seinerseits seinen Teil der Übereinkunft erfüllen würde; es müsste das Gesetz halten. Hier liegt der große Unterschied zu der Verheißung: Da ist von einem Mittler keine Rede, daher gibt es also auch keine zwei Parteien, nur die Seite Gottes, der Abraham und seinem Samen die bedingungslose und unwiderrufliche Verheißung schenkt.

Zu einem ganz anderen Ergebnis führen die Auslegungen, die besonderen Nachdruck auf den Artikel legen: »*Der* Mittler« und dann an Christus denken. Das taten schon die Kirchenväter Chrysostomos und Hieronymus (siehe auch Cole). Diese Ausleger lesen den Vers dann so, dass Paulus hier mitteilt, das Christentum kenne tatsächlich auch einen Mittler, nämlich Christus (vergleiche 1Tim 2,5), dass diese Mittlerschaft jedoch – weil Christus sowohl Gott als auch Mensch ist – keinen Abstand zwischen Gott und Menschen schafft (wie bei der Gesetzgebung), denn Gott hat sich in Christus direkt mit dem Menschen befasst. Diese Auslegung stimmt mit der ersten darin überein, dass auch hier die Verheißung größer ist als das Gesetz, weil Gott sich bei der Verheißung direkt dem Menschen offenbart, während Er beim

Gesetz Engel und einen Mittler dazwischenschaltet. Das Gesetz ist daher zweiseitig, d. h. es setzt den Gehorsam des Menschen voraus; dagegen ist die Verheißung – oder das Evangelium – einseitig, weil alles nur an der Gnade Gottes liegt.

Etwas anderes ist die Auslegung, die in dem Ausdruck »Gott ist einer« einen Hinweis auf das zentrale Bekenntnis des Judentums erblickt (vergleiche 5Mo 6,4), was hier bedeuten würde: Gott ist einzigartig, Er hat nicht Seinesgleichen, d. h., Er kann niemals Partei gegenüber einer anderen Partei sein, die Ihm in irgendeiner Weise ebenbürtig wäre (Greijdanus). Diese Auslegung steht also der ersten schroff gegenüber, die gerade von zwei »Parteien« bei der Verheißung spricht. Greijdanus führt aus: Bei der Gesetzgebung neigt sich Gott zu dem Menschen nieder, um mit diesem in einen Bund zu treten, *als ob* Er das Volk in gewissem Sinn als Partner anerkennte; dagegen zeigt sich Gott bei der Verheißung als der Eine, Gott, der in Seiner wahren Majestät und Souveränität voraussetzungslos verheißt, während der Mensch nur aus Gnaden anzunehmen hat. Auch bei dieser Auslegung steht die Verheißung höher als das Gesetz und zwar in diesem Fall deshalb, weil bei der Verheißung Gottes Einmaligkeit – die kein jüdischer Leser auch nur für einen Augenblick in Zweifel ziehen konnte – viel deutlicher hervortrat als bei der Gesetzgebung.[10]

3,21 Das Gesetz hat der Verheißung weder etwas weggenommen noch hinzugetan. Es wurde nicht als eine Art Ergänzung hinzugefügt, sondern zu einem eigenen, spezifischen Zweck. So verschieden die beiden auch sind, so können sie doch niemals im Widerspruch zueinander stehen. Beide kommen sie von Gott und es kann doch in Gott keinen Widerspruch geben! Darum fragt Paulus: »Ist denn das Gesetz wider die Verheißungen <Gottes>? Das niemals!«, d. h. davon kann absolut keine Rede sein. Das erklärt Paulus dann zuerst mit dem »Denn-Satz«, mit dem unser Vers fortfährt. Er sagt damit eigentlich: Gesetz und Verheißung stünden nur dann im Widerspruch zueinander, wenn beide dem Menschen die Gerechtigkeit bringen könnten, nur auf unterschiedliche Weise. Das ist jedoch offensichtlich nicht der Fall, wenn auch auf den ersten Blick beide gleicherweise die Gerechtigkeit zu garantieren scheinen.

Einerseits verspricht die Verheißung, die Gerechtigkeit solle den Glaubenden allein aus Gottes Gnade (Vers 22) hervorsprießen. Andererseits spricht das Gesetz denen die Gerechtigkeit zu, die seine Gebote treu erfüllen (Vers 11f). Hier scheinen tatsächlich zwei Ordnungen nebeneinander zu bestehen, die beide dasselbe versprechen – Gerechtigkeit –, allerdings auf völlig unterschiedlicher Grundlage: die eine aufgrund reiner, souveräner Gnade gegenüber denen, die das Gesetz nicht halten können; die andere aufgrund reiner Verdienstlichkeit derer, die das Gesetz erfüllen. Aber, so führt Paulus aus, hier geht es nur scheinbar um einen Widerspruch. Denn in Wirklichkeit konnte das Gesetz ganz und gar nicht »lebendig machen« oder »rechtfertigen«, weil es niemanden gab, der es tatsächlich vollkommen halten konnte. Und das wußte Gott natürlich auch im Voraus! Darum gab Gott das Gesetz formal zu dem Zweck, dass der Mensch, indem er es hielt, Leben erwerben konnte, aber in Wirklichkeit, um dem Menschen gerade den Beweis zu liefern, dass er das Gesetz *nicht zu* halten vermochte. Dadurch sollte der Mensch lernen, völlig von der Gnade Gottes abhängig zu sein.

Theoretisch galt: Wer das Gesetz tut, wird leben –; praktisch galt: Niemand kann das Gesetz halten. Das Gesetz ist also »heilig, gerecht und gut« und »geistlich« (Röm 7,12.14); aber gleichzeitig ist es »durch das Fleisch kraftlos« (Röm 8,3); d.h. es kann nichts für uns Menschen tun, nicht weil es nicht gut wäre, sondern weil wir nicht gut sind. Das ist die Bedeutung von 1Tim 1,8-10: »Wir wissen aber, dass das Gesetz gut ist, wenn jemand es gesetzmäßig gebraucht, indem er dies weiß, dass für einen Gerechten das Gesetz nicht bestimmt ist, sondern für Gesetzlose und Zügellose, für Gottlose und Sünder, für Heillose und Ungöttliche, Vaterschläger und Mutterschläger, Menschenmörder, Hurer, Knabenschänder, Menschenräuber, Lügner, Meineidige und wenn etwas anderes der gesunden Lehre zuwider ist.« Das Gesetz vom Sinai ist kein Führer für Gerechte, sondern ein Ankläger und Zuchtmeister der Ungerechten (Vers 22-25).

Paulus sagt es hier so: »Denn wenn ein Gesetz gegeben worden wäre, das lebendig machen könnte, wäre tatsächlich aus Gesetz die Gerechtigkeit«; aber – so müssen wir ihn verstehen – das Gesetz kann niemanden lebendig machen, weil der Mensch ein unverbesserlicher Sünder ist und darum besteht eben nicht die Möglichkeit, durch das Gesetz die Gerechtigkeit zu erlangen. »Leben« ist hier genauso wie in den Versen 11f das neue Leben eines wiedergeborenen Herzens. Hier ist nicht gemeint, das Gesetz könne selbst dem Menschen Leben geben, sondern dass Gott dem Menschen, der das Gesetz hält oder der nach dem Gesetz gerecht ist, das Leben schenken würde. Nun, Paulus sagt, ein solcher Fall werde nie eintreten; denn entweder ist der Mensch ein böser Sünder, der fortwährend die Gebote übertritt oder er bildet sich als »frommer« Mensch ein, das Gesetz zu halten und findet darin einen Grund zum Selbstruhm vor Gott. Damit ist seine ganze pharisäische Gesetzeseinhaltung nichts anderes als ein sündiger Versuch, von Gottes Gnade unabhängig zu sein.

Es *gibt* also keine Gerechtigkeit aus dem Gesetz und daher auch kein Lebendigwerden aufgrund von Gesetzeserfüllung. Das Gesetz zeigt, was es leisten kann, gerade indem es zeigt, was es nicht zu leisten vermag. Es kann den Menschen nicht lebendig machen, weil der Mensch aufgrund seiner Bosheit das Gesetz nicht erfüllen kann; aber indem es dies demonstriert, erfüllt es den ihm von Gott gestellten Auftrag, dem Menschen einen Spiegel vorzuhalten, der ihm seine Bosheit vor Augen führt. Wenn der Heilige Geist dann zu wirken beginnt, kann dies den Menschen zu Gott treiben, um nach dem offenbar gewordenen Unvermögen nun alles von Seiner Gnade zu erwarten. Das Gesetz bringt an die Oberfläche, was in dem Menschen steckt; die Verheißung macht offenbar, was im Herzen Gottes ist. Unter dem Gesetz ist alles verloren; unter der Verheißung ist alles gewonnen.

3,22 Das Gesetz ist also kein »Konkurrent« der Verheißung und kann es auch niemals sein, denn das Leben kommt nur aus der Gnade und niemals aus der Gerechtigkeit des Gesetzes. Im Gegenteil, tatsächlich arbeiten das Gesetz und die Verheißung zusammen; denn das Gesetz – allerdings nur wenn es durch den Heiligen Geist auf das Herz des Menschen angewendet wird (vergleiche Joh 16,8) – überzeugt den Sünder von seiner Sündhaftigkeit und daraufhin kommt die Gnade Gottes kraft der Verheißung und schenkt allen Menschen den Segen, die von sich selbst absehen und sich im Glaubensvertrauen Gott ausliefern. Paulus sagt das so: »Aber die Schrift hat alles unter [die] Sünde eingeschlossen, damit die Verheißung aus Glauben Jesu Christi gegeben würde denen, die glauben.«

Das Wort »eingeschlossen« (gr. *synkleioo*) ist der Rechtsprechung entnommen. Auch wir kennen das Wort »einschließen« in der Bedeutung von: »einsperren«. Die Bildersprache wird hier beibehalten: Die Schrift ist der Richter, der das Urteil ausspricht. »Alles« bedeutet hier

»alle Menschen« (siehe Grammatik), die als Gefangene eingeschlossen sind und die Sünde ist der Aufseher, der die Gefangenen bewacht. Der göttliche Richter hat alle Sünder unter die sichere Bewachung der Sünde gestellt; d. h. sie befinden sich in der Macht der Sünde und können sich selbst nicht daraus lösen. Wir haben hier dieselbe Vorstellung und finden auch das gleiche Verb in Röm 11,32: »Gott hat alle zusammen in den Unglauben eingeschlossen, auf dass er alle begnadige«. Hier ist Gott das Subjekt; aber das ist im Grunde dasselbe wie »die Schrift« (vergleiche Vers 8 und Auslegung).[11]

Paulus gibt hier nicht die Ursache an, durch die alle Menschen der Macht der Sünde unterworfen wurden. Auf jeden Fall beruht das nicht auf einer Initiative Gottes, sondern auf der des Menschen, nämlich durch den Sündenfall. Der Mensch hat sich der Sünde ausgeliefert und sich freiwillig in ihre Macht begeben. Aber das ist nicht genau, was hier steht. Der Mensch ist aus eigener Schuld unter die Macht der Sünde geraten; aber daraufhin hat Gott auch das Urteil über ihn gesprochen, dass er durch diese Macht *gebunden* wird, ohne ihr je wieder entrinnen zu können, es sei denn durch den von Gott selbst gegebenen Weg der Erlösung. Dies Urteil hat Gott mittels der Schrift ausgesprochen. Im Besonderen können wir dabei an das Gesetz denken, das mit seinen dauernden Appellen den Menschen auf seine Sünde festnagelt und ihn unter dem Daumen hält (vergleiche Röm 3,19). Das Gesetz beraubt den Menschen aller Einbildung, er könne sich eine eigene Gerechtigkeit vor Gott aufbauen (es sei denn, der Mensch bilde sich ein, er sei fähig, das Gesetz zu halten und rühmt sich daraufhin seiner Gerechtigkeit, vergleiche aber Mt 9,12f).

Die Absicht Gottes mit Seinem »Urteil« ist positiv: »… damit die Verheißung aus Glauben Jesu Christi gegeben würde denen, die glauben«. Das Gesetz schneidet jeden eigenmächtigen Weg ab, damit der Mensch zu Gottes Verheißung getrieben wird und sein Vertrauen voll und ganz darauf setzt. Die Worte »aus Glauben Jesu Christi«[12] stehen im Zentrum; aber sie gehören nicht zu »Verheißung«; d. h. Gott hat dem Abraham nicht die Verheißung aus Glauben an Jesus gegeben – in 1Mo 15 und 17 war noch nicht direkt vom Messias die Rede –, sondern Er *gibt* Seine Verheißung denen, die an Jesus glauben. Alle, die an Christus glauben, empfangen den verheißenen Segen aufgrund ihres Glaubens an Christus. Dieser Segen umfasst die Rechtfertigung und das neue Leben in Gott. Darüber hinaus empfängt der Gläubige die Verheißung des Geistes (siehe bei Vers 14), ganz zu schweigen von »jeder geistlichen Segnung in den himmlischen Örtern« (Eph 1,3) bis hin zum »ewigen Leben« (Gal 6,8). Im Lichte von Vers 21 (»… tatsächlich wäre aus Gesetz die Gerechtigkeit …«) werden wir hier zunächst an die Rechtfertigung aus Glauben zu denken haben.

Anmerkungen

1) »Selbst« (*homoos*) heißt wörtlich: »doch, nichtsdestoweniger«. Hier steht es voran, um Nachdruck zu erhalten, es gehört aber eigentlich zu »niemand«; frei übersetzt: »Auch wenn es nur um den Bund eines Menschen geht, der *jedoch* auf rechtmäßige Weise bestätigt wurde, so setzt ihn niemand außer Kraft.« Die einzige weitere Stelle, an der dies bei Paulus vorkommt, ist 1Kor 14,7, wo eine ähnliche Wiedergabe möglich ist. An beiden Stellen gebraucht Paulus aber einen Vergleich; in 1Kor 14,9 folgt dann auch das Wort »Also« (*houtoos*). Daher vermuten einige, dass hier ein anderes Wort mitspielt (*homoos*), das sich von dem vorigen im Gr. nur durch einen Akzent unterscheidet und ebenfalls »genauso, auch« bedeutet. Frei übersetzt klingt das dann so: »*Genauso* wie niemand den Bund eines Menschen, der auf rechtmäßige Weise bestätigt wurde, beiseite tut oder etwas hinzufügt, so ist das auch mit Gottes Bund.«

2) Übrigens gebraucht die LXX das Wort *diathèkè* so konsequent, dass wir es auch da finden, wo eigentlich von einem Bund zwischen zwei gleichwertigen Parteien die Rede ist (z.B. 1Mo 21,27.32; 26,28; 31,44).

3) Römisch ist z.B., dass der Erblasser zu jeder Zeit, wenn er es wollte, einen Zusatz anfügen konnte; das durfte aber niemand sonst tun. Griechisch ist z.B., dass, wenn das Testament registriert war, selbst der Erblasser nichts ändern durfte, es sei denn unter ausdrücklicher Erlaubnis des Magistrats. Jüdisch ist z.B., dass, wenn jemand einem anderen etwas schenkte, dies unwiderruflich war. Im Zusammenhang mit Gal 3 sind diese griechischen und jüdischen Aspekte insofern interessant, als dass selbst der Stifter die Stiftung nicht mehr (ohne weiteres) verändern konnte. Auf unseren Text angewandt bedeutet das: Selbst Gott könnte die einmal von Ihm ratifizierte *diathèkè* nicht mehr verändern, ohne mit Seiner Heiligkeit in Konflikt zu geraten. Diese Ratifizierung war nach 1Mo 15,10f und Kapitel 17 auf Blutvergießen gegründet, so dass sogar in dieser Hinsicht die Parallele zu einem Testament zu erkennen ist: Die Ausführung des Testaments basiert auf dem Tod. Vom Augenblick des Todes des Erblassers an kann niemand dem Testament etwas hinzufügen oder eine Änderung vornehmen.

4) Mit »Er« (oder »sie«) ist dem Zusammenhang nach wahrscheinlich die »Schrift« gemeint, die dann wie in Vers 8 mehr oder weniger personifiziert wird; doch dann kann man auch einfach »Gott« lesen.

5) Siehe z. B. die in Anmerkung 15 zu Gal 3,12f erwähnte »Wort-Analogie« (*gezérah schawah*). Das ist die Regel, der zufolge zwei Schriftstellen gleich interpretiert werden müssen, in denen die gleichen Worte vorkommen. Man hat geäußert, dass Paulus diese Regel auch in 3,16 angewandt hat und zwar, weil sowohl in dem in Vers 13 zitierten 5Mo 21,23 als auch in 1Mo 22,6f.9 – auf welches Kapitel (und zwar Vers 18) unser Vers ebenfalls hinweist – das Wort »Holz« vorkommt. Paulus braucht an diese Analogie nicht gedacht zu haben, obwohl diese Assoziation an sich weniger seltsam ist, als es zunächst erscheint, gibt es doch keinen Christen, der 1Mo 22 lesen kann, ohne an den anderen Vater zu denken, der Seinen Sohn auf Golgatha opferte, dem Berg, auf dem sich der Herr das wahre Brandopfer ersehen hat (vergleiche Vers 8,14). Und dann stimmt es ganz gewiss, dass, wo zuerst gesagt wurde, dass in *Abraham* alle Nationen gesegnet werden sollen (12,3; 18,18), in 22,18 gesagt wird: »… in deinem Samen werden sich segnen alle Nationen der Erde«, was nichts anderes bedeutet als: »in (dem gestorbenen und auferstandenen) Christus« (vergleiche Hebr 11,17f, wo Isaak als der aus den Toten auferweckte Eingeborene gesehen wird!). Man kann 1Mo 22,18 auch übersetzen: »*mit* deinem Samen«, dann ist Christus hier der Erbe der Verheißung und wir sind Seine Miterben (vergleiche Röm 4,13f; 8,17; Gal 4,1.7).

6) Ohne Probleme ist diese Wahl übrigens nicht, nicht nur wegen der Lesart des hebr. Textes von 2Mo 12,40, sondern auch weil in 1Mo 15,13 (Hebr. und LXX) steht, dass Israel in »einem Land, das nicht das ihre ist«, vierhundert Jahre unterdrückt werden soll, wie es auch Stephanus in Apg 7,6 zitiert. Es liegt hier nahe, an Ägypten zu denken (vergleiche 1Mo 15,16); aber auch Kanaan war für die Erzväter ein fremdes Land. Daher rechneten die Rabbiner schon zur Zeit des Paulus diese »Bedrückung« von der in 1Mo 15 angekündigten Geburt Isaaks an, wobei tatsächlich eine Zeitspanne von 430 Jahren herauskommt. (Übrigens liegen zwischen Abrahams Ankunft in Kanaan und der Geburt Isaaks nur 25 Jahre: 1Mo 12,4; 21,5.) Verfolgen wir den Stammbaum des Mose, so erhalten wir für die aufeinander folgenden Generationen diese Längen: Isaak 60 Jahre (1Mo 25,26), Jakob ca. 87 Jahre (vergleiche 1Mo 29,20; 31,38; 41,53f; 47,9), Levi, Kehath und Amram jeder rund 55 bis 60 Jahre (2Mo 6,15.17.19) – Moses Mutter Jochebed war selbst eine Tochter Levis (4Mo 26,59)! – und Mose beim Auszug 80 Jahre (2Mo 7,7), das sind zusammengefasst in der Tat ungefähr 400 Jahre von der Geburt Isaaks bis zum Auszug aus Ägypten. Es spricht also viel für den Gedanken, dass die Zeitbestim-

mung des Paulus und der LXX in 2Mo 12,40 stimmt und nicht die im hebr. Text von 2Mo 12,40.

Andere halten an dem masoretischen Text von 2Mo 12,40 fest und rechnen von Abrahams Ankunft in Kanaan bis zu Jakobs Auszug nach Ägypten noch 215 Jahre hinzu (1Mo 12,4; 21,5; 25,26; 47,9) und kommen so auf eine Periode von 215 + 430 = 645 Jahren von der Verheißung an Abraham bis zum Auszug. Diese Ausleger sehen die Zahl 430 des Paulus doch als richtig an, indem sie z. B. diese Zahl von Jakobs Auszug nach Ägypten an rechnen, als die Verheißung noch zum letzten Mal wiederholt wurde (1Mo 46,2-4). Das erscheint mir aber doch reichlich gekünstelt, wo Paulus so deutlich von der dem Abraham gegebenen Verheißung spricht (Verse 16.18).

7) Das gr. Wort für »geschenkt« (*kecharistai,* von *charizomai,* »schenken«) ist von dem gr. *charis,* »Gnade« abgeleitet. Es ist also nicht nur ein Ausdruck für »geben«, sondern impliziert eine Gabe aus Gottes freier Gnade. Dies Wort unterstreicht hier die bedingungslose und unwiderrufliche Art und Weise der Verheißung. Von Seiten des Menschen ist Glaube nötig, doch ist auch der Glaube eine Gabe Gottes (unwiderruflich 2,8). Dadurch macht auch die Voraussetzung des Glaubens den Bund nicht zweiseitig; er geht völlig einseitig von der Initiative Gottes aus und ist ausschließlich das Werk Seiner souveränen Gnade.

8) Einige möchten den Text aber genau so lesen. Sie behaupten, das Gesetz sei auf Initiative bestimmter Engel entstanden, vielleicht sogar als ein Gegenstück zu der Verheißung Gottes und dass diese Engel bei der Ankunft Christi dessen Konkurrenten wurden und »ihr« Gesetz gegenüber den Verkündigern des Evangeliums der Gnade durchzusetzen trachteten. Hier und in 4,3.9 (siehe dort) würde Paulus die Galater warnen, keine Sklaven dieser Engel zu werden. Diese Ansicht – die zu verwerfen ist; denn das Gesetz kommt von Gott – hat Folgen für die Auslegung von Vers 20. Man liest dann diesen Vers so, als stünde dort, ein Mittler könne niemals nur eine Person vertreten, sondern nur im Namen einer ganzen Gesellschaft auftreten; da nun Gott einer ist, »kann« der Mittler nicht in Seinem Namen sprechen und »kann« das Gesetz nicht von Ihm kommen, sondern von den vielen Engeln. Dieser Schlussfolgerung wird sehr einfach durch 1Tim 2,5 widersprochen: »Es ist ein Gott und ein Mittler zwischen Gott und den Menschen, der Mensch Christus Jesus.«

9) Im AT kommt die Vermittlung durch Engel übrigens sehr viel weniger deutlich zum Ausdruck. Am nächsten kommt dem noch der LXX-Text von 5Mo 33,2: »Der Herr ist gekommen vom Sinai und ist uns erschienen von Seir und hat sich beeilt mit den Zehntausenden von Kades; zu seiner Rechten [waren] seine Engel mit ihm.« Die LXX hat hier das hebr. Wort für »heilig« als den Eigennamen Kades aufgefasst (vergleiche 4Mo

13,26). Der Schlussteil des Verses heißt in der Elberfelder Übersetzung: »Aus seiner Rechten ging Gesetzesfeuer für sie hervor.« Der Text ist hier sehr dunkel. In der Lutherbibel steht »feuriges Gesetz« und in der American Standard »flashing lightning« (leuchtender Blitz) und andere lesen noch anderes. Eine ganz neue Rekonstruktion des Textes spricht hier von »Kriegsteilnehmern« und kommt, wenn dabei an himmlische Krieger gedacht wird, in die Nähe der LXX-Version: »Engel«. Vergleiche dazu Ps 68,17.

10) Rendall sieht in »*dem* Mittler« hier Mose, der nicht Mittler eines Volkes oder Geschlechts, sondern vieler Geschlechter der Nachkommen Abrahams nach dem Fleische war, während der Bund mit Abraham nur dem auserwählten Geschlecht galt. Rendall meint hier einen Zusammenhang zu sehen mit dem einen Samen von Vers 17, gegenüber den vielen Samen, doch ist der Zusammenhang nicht zwingend deutlich. Den Ausdruck »Gott ist einer« bringt er in Zusammenhang mit Röm 3,30: »... dieweil es ein einiger Gott ist, der die Beschneidung aus Glauben und die Vorhaut durch den Glauben rechtfertigt.« Dann wäre der Gedanke: Wie unterschiedlich Verheißung und Gesetz auch sein mögen, der Gott, der sich Abraham offenbart hat, ist derselbe, der sich durch Mose dem Volk Israel offenbarte. Siehe Fung (S. 162); dort finden sich weitere Auslegungen aus unserer Zeit.

11) Meistens meint Paulus mit »der Schrift« einen bestimmten Abschnitt (Röm 4,3; 9,17; 10,11; 11,2; Gal 4,30; 1Tim 5,18), während er, wenn er die ganze Bibel (das AT) meint, die Mehrzahl »die Schriften« verwendet (Röm 1,2; 15,4; 16,26; 1Kor 15,3f; vergleiche »heilige Schriften«, 2Tim 3,15). Darum haben einige vermutet, Paulus habe auch hier an eine bestimmte Bibelstelle gedacht, doch gelang es ihnen nicht, eine befriedigende Stelle aus dem AT zu nennen. Gerade weil Paulus hier in Vers 8 »die Schrift« personifiziert, scheint er eher an die ganze Bibel zu denken (vergleiche 2Tim 3,16, »alle Schrift« mit der gleichen Schwierigkeit) oder vielleicht an eine Reihe von Bibelstellen, etwa die, welche er zitiert in Röm 3,10-18 (vergleiche auch 1Mo 6,11f; 8,21; 5Mo 27,26 [vergleiche Gal 3,10]; 2Chr 6,36; Hi 4,17; 15,14; 25,4; Ps 51,7; 130,3; 143,2; Jes 1,5f; Jer 17,9).

12) Auch hier gibt es, wie in 2,16,.0 keinen Anlass, den »Glauben Jesu« als einen Gen. subj. aufzufassen, obwohl einige das wollen. Gerade das Folgende in dem Vers: »denen, die glauben« macht deutlich, dass es hier nicht um den eigenen Glauben des Herrn Jesus geht, sondern um den Glauben der an Ihn Glaubenden.

2.2.4 Das Gesetz als Kinderhüter (wörtl. »Knabenführer«, »Pädagoge«) (3,23-29)

Übersetzung

23 Bevor aber der Glaube kam, waren wir gefangen unter [dem] Gesetz,
[unter ihm] eingeschlossen auf den Glauben hin, der geoffenbart werden sollte.

24 So ist das Gesetz unser Kinderhüter gewesen auf Christus hin,
damit wir aus Glauben gerechtfertigt würden.

25 [Nachdem] nun aber der Glaube gekommen ist,
sind wir nicht mehr unter dem Kinderhüter;

26 denn alle seid ihr Söhne Gottes durch den Glauben an Christus Jesus.

27 Denn so viele ihr auf Christus getauft wurdet,
habt ihr Christus angezogen.

28 Darin ist kein Jude noch Grieche,
darin ist kein Sklave noch Freier,
darin ist kein Mann und [keine] Frau;
denn alle seid ihr *einer* in Christus Jesus.

29 Wenn ihr nun Christi [seid],
dann seid ihr Abrahams Same,
nach Verheißung Erben.

Übersetzungsvarianten

23 *der Glaube:* oder *dieser Glaube.*
25 *ein:* oder *[der].*
26 *Glaube, in:* oder *Glaube an.*
28 *Darin ist:* (3x): oder *In Ihm.*

Textvarianten

23 {A} *eingeschlossen* (Präs. *eingeschlossen werden*): weniger wichtige Textzeugen lesen Perf.: *sind eingeschlossen worden.*

28 {B} *seid ... einer in Christus:* einige wichtige Textzeugen lesen: *seid des Christus.*

29 {A} *nach:* weniger wichtige Textzeugen lesen: *und nach.*

Grammatik

23 *Bevor (...) kam:* siehe bei 2,12.

23 *sollte:* eig. *im Begriff stand ... zu* (gr. *mellousan*).

23 *auf den Glauben hin, der offenbart werden sollte* (gr. *eis tèn mellousan pistin apokalyphthénai*): wörtl.: »zu dem geoffenbart zu werden im Begriff stehenden Glauben«, dann sollte man aber eher erwarten: *eis tèn pistin tèn mell. apok.* oder die mehr klassische Konstruktion *eis tèn mell. apok. pistin* wie in 1Petr 5,1. Die merkwürdige Trennung zwischen dem Partizip und dem von ihm abhängigen Satzteil kommt aber häufiger im gr. NT vor (Lk 23,48; Apg 10,37; Röm 3,25f; 8,18; Jak 1,5; 2Petr 3,2).

25 *gekommen seiend* (gr. *elthousès*): Part. Aorist (zu einem bestimmten Zeitpunkt ist es geschehen).

26 *durch* (gr. + Gen.): siehe Vers 14.

27 *habt ... angezogen.* (gr. *enedysasthe*): Aorist (d. h. zu einem bestimmten Augenblick in der Vergangenheit), med. (nach einigen Passiv: *wurdet ... bekleidet*).

28 *Darin ist kein* (gr. *ouk eni*, 3x): *eni* ist ein verstärktes *en* (»in«) und steht für *enesti(n)*, »es gibt« (niederl. »er is«, franz. »il y a«) oder »darin ist«, im NT stets negativ: »darin ist kein« (1Kor 6,5; Kol 3,11; Jak 1,17).

28 *ihr:* diese Einfügung dieses Poss. Pronomens nach *alle* betont in besonderer Weise: gerade ihr, was die Judaisten euch auch weismachen wollen.

29 *Wenn ... nun:* gr. *ei de*, keine Unterstellung, sondern die Feststellung einer Tatsache: »Wo es nun so ist, dass«.

29 *ihr ... Christi [seid]* (gr. *hymeis Christou*): nicht: *[ihr] Christi seid* (gr. *Christou este*): wieder wird mit besonderem Nachdruck auf die Galater gewiesen (siehe Vers 28).

Auslegung

In den Versen 7-14 kamen unter anderem zwei bedeutsame Themen zur Sprache. Das zweite war, dass Rechtfertigung nicht aus Gesetzeswerken geschieht, sondern aus Glauben, aufgrund der Verheißung Gottes an Abraham. Dieser Punkt wird in den Versen 15-22 weiter ausgeführt, wo Gesetz und Verheißung einander gegenübergestellt werden. Das erste Thema in den Versen 7-14 ist, dass diejenigen, die aus Glauben sind, Söhne Abrahams sind. Die Frage der Sohnschaft wird nun in unserem Abschnitt näher ausgeführt und weiter noch in 4,1-7. Dabei geht es nicht allein darum, dass sie Söhne Abrahams, sondern auch Söhne Gottes sind. Diese Sohnschaft impliziert Erbrecht (3,29; 4,7). In 3,15 war von einer *diathèkè* die Rede, was sowohl Bund als auch Testament bedeutet. In einem Testament wird ein Erbe zugesagt. Gott ist der Erblasser, Seine Söhne sind die Erben. Dies Erbe fällt ihnen beim Tode des Erblassers zu und das ist, wie gesagt, sicher ein passender Gedanke. Hier wird nun eine andere Metapher verwendet: Bevor der Sohn in die vollen Rechte des Vaters eintreten kann, muss er erst erwachsen oder mündig werden. Vor dem Kommen Christi konnte von geistlicher Mündigkeit noch keine Rede sein; die unmündigen Gläubigen standen noch unter der Aufsicht eines »Kinderhüters«. Doch mit dem Kommen Christi ist diese Aufsicht, dies Hüten, diese Unmündigkeit, zu einem Ende gekommen. Jetzt können die Gläubigen in den vollen Besitz und in den Genuss des Erbes gelangen.

3,23 Hier und in den folgenden Versen stellt Paulus zwei »Haushaltungen« einander gegenüber. Ich brauche hier das Wort »Haushaltung« im Sinne einer bestimmten Periode oder Phase der Heilsgeschichte, in der Gott nach spezifischen Grundsätzen mit der Menschheit (oder einem Teil von ihr) verfährt. Das ist etwas anderes als die »Verwaltung« in Eph 1,10 (gr. *oikonomia*), das mehr »Verwaltung, Bedienung, Ordnung« bedeutet. Die zwei Haushaltungen, um die es in unserem Abschnitt geht, sind die des »Glaubens« (Vers 23.25) und die des »Gesetzes« (Vers 23ff). Die Haushaltung des Gesetzes reicht *bis an* »den Glauben, der geoffenbart werden sollte«.[1]

Paulus spricht hier über »den Glauben« (mit Artikel), nicht nur im Sinne von Glaubensgrundsätzen und von dem Glauben des Herzens, durch den wir gerechtfertigt werden, wie in Vers 24 (»aus Glauben gerechtfertigt«; ohne Artikel), sondern auch, um die ganze *Ordnung* des

Glaubens und die ganze *Haushaltung* anzudeuten, die durch diese Ordnung des Glaubens gekennzeichnet wird. Das ist, im Anschluss an Vers
22, der Herzensglaube, mit dem wir glauben; aber auch die Glaubenswahrheit, die wir glauben.[2] In einem Text wie diesem bedeutet »der
Glaube« im Grunde dasselbe wie »das Christentum«, genauso wie z. B.
in 1 Tim 4,1; 6,10 (»vom Christentum abfallen/abirren«); Jud 3 (»kämpfen für den Glauben«, d. h. für die Wahrheit des Christentums). So ist
auch in unserem Text »der Glaube« in Wirklichkeit dasselbe wie »das
Christentum«, ja sogar »die christliche Ära«. Dass »der Glaube«
kommt, ist dann dasselbe wie: das Christentum kommt oder Christus
kommt. »Bevor … der Glaube kam« in unserem Vers bedeutet: »bevor
das Christentum bzw. Christus kam«.

Mit dem Wort »Gesetz« verhält es sich hier genauso. In unserem
Vers finden wir »Gesetz« ohne Artikel als Grundsatz, unter dem der
Mensch von Natur »gefangen« ist, während wir das Wort mit Artikel in
Vers 24 finden, wo es die *Ordnung* des Gesetzes andeutet und die ganze
Haushaltung, die durch die Ordnung des Gesetzes gekennzeichnet wird,
also die Periode der Heilsgeschichte vom Sinai bis auf Christus. Das
Wort »geoffenbart« zeigt, wie sehr es sich bei »dem Glauben« um etwas ganz Neues handelt (vergleiche 1,12). Glaube, sogar seligmachen-
der Glaube aus reiner Gnade, war nicht etwas Neues; aber die *Ordnung* des Glaubens, gegründet auf das Werk Christi und im Gegensatz
zur *Ordnung* des Gesetzes, war tatsächlich etwas völlig Neues.

Das »wir« in unserem Vers kann ruhig auf alle Menschen angewendet werden, nicht allein auf die Juden.[3] Das Fehlen des Artikels vor
»Gesetz« bewirkt, dass dieser Ausdruck weniger spezifisch auf das Gesetz vom Sinai verweist. Sowohl Juden als Heiden stehen von Natur
unter dem Grundsatz der ewigen Torah, in dem Maße, wie dieser göttliche Wille ihnen geoffenbart wurde und sie anklagt und dadurch auf
ihre Sünde festnagelt. Die Bildersprache schließt hier an Vers 22 an,
allerdings mit einer kleinen Verschiebung. Da war es die Schrift (insbesondere: das Gesetz), wodurch der Mensch »eingeschlossen [ist]
unter [die] Sünde«, hier ist der Mensch »gefangen« und »eingeschlossen unter [dem] Gesetz«. Erst ist die Schrift (oder Gesetz) der Richter
und die Sünde der Gefängniswärter; nun übernimmt das Gesetz die
Rolle des Letzteren. Die Bedeutung ist inhaltlich dieselbe: Das Gesetz hält den natürlichen Menschen unter dem Daumen, indem es ihn
dauernd daran erinnert, was er hätte tun müssen und worin er daher

so jämmerlich versagt hat. Mit den Worten von Röm 3,19: »Wir wissen nun, dass alles, was das Gesetz sagt, es denen sagt, die unter dem Gesetz sind, auf dass jeder Mund verstopft werde und die ganze Welt dem Gericht Gottes verfallen sei.«[4]

Das Gesetz ist also ein Gefängniswärter, um nicht zu sagen ein Ankläger. Aber das ist hier nicht negativ an sich gemeint: Das Gesetz ist ein Gefängniswärter, der uns gefangen hält, damit wir nicht ganz und gar verloren gehen; es »bewahrt« uns (siehe dasselbe Wort in Phil 4,7; 1Petr 1,5; »bewachen« in Apg 9,24; 2Kor 11,32). Dieser Gefängniswärter hält uns nur gefangen in Erwartung der neuen Lebensweise, zu der bald die Tür geöffnet wird. Dies positive Element in dem Ausdruck »gefangen« steckt auch in Vers 24 in dem Ausdruck »Kinderhüter«.

3,24 Das Wörtchen »so« (oder »daher«) zeigt die Schlussfolgerung aus dem Vorhergehenden an: Es sind in der Heilgeschichte zwei Zeitabschnitte zu unterscheiden, der des Gesetzes und der des Glaubens und bis zum Kommen des Glaubens-Zeitabschnitts waren wir unter sicherer Bewahrung des Gesetzes: »So ist das Gesetz unser Kinderhüter gewesen bis auf Christus hin.« Das gr. Wort für »Kinderhüter« ist *paidagogos*, das ist im Deutschen zu »Pädagoge« geworden und hat die Bedeutung »Erzieher« oder sogar »Erziehungswissenschaftler« bekommen. Im Altertum war der *paidagogos* (wörtl. »Knabenführer«) vielmehr »Aufpasser« als »Erzieher«. Es war meistens ein Sklave, dessen Wirksamkeit begann, nachdem die Mutter und die Gouvernante die Elementarerziehung geleistet hatten. Dann war das Kind ungefähr sechs oder sieben Jahre alt. Der *paidagogos* bekam dann die Aufgabe, den Knaben von und nach der Schule zu begleiten und auf sein Betragen zu achten, unordentliches oder unmoralisches Betragen dem Vater zu melden und den Jungen vor schädlichen Einflüssen zu schützen. Der eigentliche Unterricht wurde mehr durch den *didaskalos* (»Meister, Lehrer«) gegeben. Wenn der Jüngling erwachsen und mündig war, hörte die Aufgabe des *paidagogos* auf (siehe auch Anmerkung 9).

So gebraucht auch Paulus dies Wort: Das Gesetz ist der »Kinderhüter« der Menschheit während ihrer Unmündigkeit, d. h. solange Christus noch nicht gekommen war (vergleiche 4,1-7). Es geht dem Apostel hier offensichtlich weniger darum, dass der *paidagogos* den Knaben auch erzieht und beschützt, als vielmehr darum, dass er ihn unter dem Daumen hält. Das heißt: Er zügelt die Leidenschaften und Begierden des Fleisches (vergleiche 5,16-24), indem er dem Menschen den Spiegel vorhält und ihn dadurch dauernd an sein Unvermögen erinnert, Gott wohlzugefallen. Der *paidagogos* ist also kein *didaskalos,* kein »Lehrer« im eigentlichen Sinn, wie es viele Ausleger gemeint haben, die in dem »Kinderhüter« einen Erzieher erblickten, der den unmündigen Menschen, im Bilde gesprochen, an die Hand nimmt und ihn »zu Christus« führt. Das gr. *eis* (»zu«) in diesem Vers wird dann richtungweisend aufgefasst (»in Richtung auf Christus«), anstatt zeitlich (»bis auf Christus«).

Wir stoßen hier auf ein inhaltsschweres Missverständnis. Dem Zusammenhang nach (Vers 23: »Bevor aber der Glaube kam ... *auf* den Glauben *hin*, der geoffenbart werden *sollte* [gr. *mellousan*]«) müssen wir hier doch zweifellos »*bis auf* Christus« lesen. Das Gesetz führt nicht zu Christus – wie sollte es das auch tun? –, sondern hält den Menschen niedrig und klein, erinnert ihn dauernd an seine aussichtslose Situation, aus der es kein Entrinnen gibt, *bis von anderer Seite* die Hoffnung des Evangeliums auftaucht. Höchstens könnte man argumentieren, das Gesetz würde den Menschen in sehr indirektem Sinn lehren, dass er von Gottes Gnade abhängig ist, indem es ihm seine Sündhaftigkeit und sein Unvermögen vorhält. Dadurch triebe es den Menschen zu Christus. Aber das ist sicher nicht die Hauptaufgabe des Gesetzes, gewiss auch nicht nach den Ausführungen, die Paulus hier macht und es ist weder die vor der Hand liegende Bedeutung von *paidagogos* noch von *eis.* Das Gesetz ist der »Aufpasser, Bewacher« des unmündigen Kindes bis zu seiner Mündigsprechung, d. h. bis Christus kommt; das Gesetz ist kein Erzieher auf Christus hin oder der »Aufpasser«, der das Kind dem Lehrer zuführt, wie oft behauptet wird. Der *paidagogos* unterscheidet sich nur wenig von dem Gefängniswärter aus den vorigen Versen.

Das Gesetz hält uns unter seiner Gewalt, bis »der Glaube« kommt oder bis Christus kommt, »damit wir aus Glauben gerechtfertigt würden«, d. h. aus Glauben an Christi Person und an Sein Erlösungswerk. Noch einmal: Das Gesetz an sich weist nicht auf Christus; genau genommen weist es den unverbesserlichen Sünder nur auf das ewige Gericht hin. Indem es ihm das gerechte Urteil vor Augen führt, hält es ihn unter Druck, damit er sich nichts einbildet und damit hoffentlich die allergröbste Bosheit zurückgehalten wird. *Indirekt* allerdings wird der Mensch dadurch für das Verständnis reif, dass eine eventuelle Rechtfertigung nicht aus Gesetzeswerken kommen kann, sondern aus

einer völlig anderen Richtung erstehen muss. Das Gesetz selbst gibt
nicht an, wo die andere Richtung liegen könnte.

Erst wenn Christus kommt und sich mit Ihm der wahre, seligmachende Glaube manifestiert, wird es klar, auf welchem Wege der sündige Mensch doch noch gerechtfertigt werden kann, nämlich »aus Glauben« und zwar aus Glauben an Christus. Auch im AT gab es im Grunde keinen anderen Weg der Erlösung, als den Weg des Glaubens an
Gottes Gnade. Aber erst im Zeitabschnitt »des Glaubens« erhielt der
Glaube seinen wahren Gegenstand: Christus. Es ist wie mit dem Licht,
das am ersten Schöpfungstag von Seiten Gottes erschien, aber noch
keine (sichtbare) Quelle hatte. Erst am vierten Schöpfungstag – der
m. E. typologisch auf die gegenwärtige Haushaltung weist – wird das
Licht auf Erden »konzentriert«, d. h. dem großen Lichtträger, der Sonne, zugeschrieben, so wie Christus in der Tat die Sonne der Gerechtigkeit ist (Mal 4,2). Das Licht der Gnade Gottes schien schon gleich nach
dem Sündenfall, so wie es am ersten Schöpfungstag Licht in die wüste
und leere Finsternis brachte (vergleiche 2Kor 4,6). Aber erst seit dem
Kommen der Haushaltung »des Glaubens« kennen wir die Quelle des
Lichts und nur noch diese Quelle: Christus, die Sonne.

3,25 In diesem Vers spricht Paulus noch einmal nachdrücklich aus, was
eigentlich schon im vorhergehenden enthalten war: »[Nachdem] nun
aber der Glaube gekommen ist, sind wir nicht mehr unter dem Kinderhüter.« Jetzt, wo der christliche Glaube gekommen ist, jetzt, wo Christus als der wahre Gegenstand rechtfertigenden Glaubens offenbart
wurde, ist die Zeit der Mündigkeit angebrochen und ein Kinderhüter
nicht mehr nötig. Das Wort »Kinderhüter« hat keinen Artikel; das bedeutet, der Christ hat keinerlei Aufpasser mehr nötig, weder das Gesetz noch sonst etwas. Dieser Vers unterstreicht noch einmal den zeit-
andeutenden Charakter des gr. *eis* sowohl in Vers 23 als auch in Vers
24. Anfangs gab es die Zeit des Gesetzes, des Kinderhüters und diese
dauerte bis zur Ankunft »des Glaubens«. Nun, wo »der Glaube« gekommen ist, sind wir nicht mehr unter irgendeinem Kinderhüter. Es
gibt nichts in den Versen 23-25, das eine richtunggebende Bedeutung
von *eis* im Sinne von »auf den Glauben (oder auf Christus) zu« rechtfertigt.

Jetzt, wo »der Glaube« gekommen ist, öffnet sich damit kein neuer
Weg der Rechtfertigung, sondern der einzige Weg der Rechtfertigung.

Das Gesetz war kein Weg zu ihr; es war nur ein Bewacher, ein Hüter, der uns unter dem Daumen halten und die schlimmsten Ausbrüche der Sünde einigermaßen im Zaum halten konnte. Mehr konnte es nicht tun, mehr brauchte es nach Gottes Anordnung auch nicht zu tun.

Auf keine Weise wird in den Versen 23-25 über die persönliche Entwicklung eines Menschen gesprochen. Der Mensch ist nicht »zuerst« unter Gesetz, um dann durch das Gesetz zu Christus geleitet zu werden, um dann an Christus zu glauben, wonach er dann nicht mehr unter dem »Bewacher« wäre. Mit anderen Worten: Diese Verse bilden keineswegs eine Rechtfertigung für das lutherische Schema: »erst das Gesetz, dann das Evangelium«. Sollte dies Schema je für einen Menschen gelten, so ist das hier doch sicher nicht das Thema des Paulus. Hier geht es ausschließlich um die Gegenüberstellung zweier heilsgeschichtlicher Zeitabschnitte: erst der des Gesetzes, dann der des Glaubens oder Christi. Insofern enthält das gr. *telos* (»Ende«) in Röm 10,4 (wenn auch nicht notwendigerweise ausschließlich) einen zeitbestimmenden Sinn: Christus ist das Ende des Gesetzes in dem Sinn, dass der Zeitabschnitt Christi das Ende des Zeitabschnitts des Gesetzes bedeutet.

In den Darlegungen des Paulus ist dies von großer Bedeutung, um den Judaisten gegenüber deutlich zu machen, dass mit dem Anbruch der neuen Heilsperiode die alte abgetan ist. Jetzt, wo der Grundsatz des Glaubens wirksam wurde, gilt der Grundsatz des Gesetzes nicht mehr. Von dem Augenblick an, wo der Knabe mündig geworden ist, hat der Aufpasser ihm nichts mehr zu sagen. Man kann ihn nicht für mündig erklären durch die innerliche Wirksamkeit des Heiligen Geistes (vergleiche 4,6f) und ihn gleichzeitig wie ein unmündiges Kind unter das Gesetz stellen. Der christliche Glaube macht aus dem Menschen einen mündigen Sohn Gottes, wie es uns der folgende Vers erklärt. Dass auch mündige Christen ihre Ehrerbietung vor dem Gesetz behalten und dass dies Gesetz in vielerlei anderer Bedeutung – gerade als *innerlicher* Grundsatz, unverbrüchlich mit dem Heiligen Geist verbunden – auch für ihn seine Bedeutung behält (5,14; 6,2; vergleiche Anhang 4), ist selbstverständlich.

3,26 Von diesem Vers an weitet Paulus seine Ausführungen auch auf die Heiden aus (vergleiche Anm. 3): Alle Christen, sowohl Juden als Heiden, Sklaven und Freie, Männer und Frauen (vergleiche Vers 28), sind »Söhne Gottes durch den Glauben an Christus Jesus«. Die »Söhne« sind hier die mündigen Gläubigen, die gedanklich den unmündigen Kindern von Vers 24 gegenübergestellt werden. Wer an Jesus Christus glaubt, ist ein mündiger Sohn Gottes, der keinen Kinderhüter mehr nötig hat (Vers 25). Das »Denn« erklärt also Vers 25: Jetzt, wo »der Glaube« gekommen ist, sind wir kraft des Glaubens an Christus nicht mehr unmündige Kinder unter einem Kinderhüter, sondern mündige Söhne Gottes. Angewendet auf die judaistische Irrlehre bedeutet das: Weil wir nun an Christus geglaubt haben und aufgrund des Erlösungswerkes gerechtfertigt sind, haben wir das Gesetz als »Aufpasser« nicht mehr nötig. Wer Christus hat, wer die Rechtfertigung hat, wer den Heiligen Geist hat, hat alles; das Gesetz kann und darf dem nichts hinzufügen.

Diese Dinge sind für unsere christliche Stellung von außerordentlicher Bedeutung. Das Fleisch ist zwar noch in dem Gläubigen; aber er braucht das Gesetz nicht mehr, um es im Zaum zu halten, denn er hat den Geist (4,6). Die Belehrungen des Kinderhüters mögen für den Christen bedeutsam sein – und sie sind es –, aber sein Platz ist nicht mehr an der Hand des Kinderhüters. Eine Umkehr unter das Gesetz, wie es die Judaisten wollten, ist eine Art geistlichen Ehebruchs, so wie es das Beispiel der beiden Ehepartner in Röm 7,1-6 deutlich macht. Christus ist alles und der Gläubige hat alles »in Christus« und braucht weder Gesetz noch Beschneidung.

Paulus verwendet bei diesen Bildern stets die männliche Form: der »Kinderhüter« in Vers 24f heißt wörtl.: der »Knabenführer«, daher spricht er auch von »Söhnen«. Das Bild vom »Testament« (Vers 16), vom »Erbe« (Vers 18) und vom »Erben« (4,1.7) erfordert dies einfach. Aber Vers 28 macht deutlich, dass die Christinnen bei diesem Bild nicht ausgeschlossen bleiben; auch sie sind in Wirklichkeit »Söhne Gottes« (nur 2Kor 6,18 spricht unter Hinweis auf das AT von »Söhnen und Töchtern«). Es gibt zwei Gründe, warum das allgemeinere Wort »Kinder« hier nicht brauchbar ist: Das Wort »Söhne« impliziert hier *mündige* Söhne, die als Erben in die vollen Rechte des Vaters eintreten können. Der junge Knabe ist wohl »Sohn« aufgrund von Abstammung und Geschlecht, aber nicht »Sohn« im Sinne der Mündigkeit (vergleiche 4,1). Dieses Mündigwerden ist hier nicht eine Angelegenheit der persönlichen geistlichen Entwicklung. Der Gegenstand mag anderswo im NT ausführlich behandelt werden, hier ist davon nicht die Rede; hier geht es darum, dass jeder Christ, weil er zu dem neuen Zeitabschnitt der Heilsgeschichte gehört, ein mündiger Sohn Gottes ist.

Die Schlussworte dieses Verses »durch den Glauben an Jesus Christus«, können als zusammengehörend betrachtet werden: der Glaube
ist Glaube an Christus. Sie können aber auch in zwei Sinnteile aufgeteilt werden, die beide unabhängig von einander den Hauptteil des
Satzes näher beschreiben, nämlich so: »denn durch den Glauben seid
ihr alle Söhne Gottes in Christus Jesus«. Etwas Ähnliches finden wir
in Röm 3,25, wo wahrscheinlich nicht gelesen werden muss: »durch
den Glauben an sein Blut«, sondern (mit Komma): »durch <den>
Glauben, an Sein Blut«.[6] Der Ausdruck »durch den Glauben« schließt
an das Vorhergehende an, so dass man eventuell übersetzen könnte:
»durch diesen Glauben«, nämlich den Glauben, von dem in den Versen 23-25 die Rede war. Der Ausdruck »an (wörtl.: *in*) Christus Jesus«
verweist aber auf die folgenden Verse, wie Vers 27, wo Christus nicht
nur der Gegenstand des Glaubens ist und vor allem Vers 28: »alle seid
ihr *einer* in Christus Jesus«. Unser Vers sagt uns darum: Durch den
Glauben seid ihr alle Söhne Gottes, weil jeder von euch mit Christus
Jesus einsgemacht worden ist und – fügt Vers 28 noch hinzu – ihr seid
in Christus Jesus auch untereinander einsgemacht.

3,27 Genau wie der vorige beginnt auch dieser Vers mit dem begründenden »Denn«, doch ist die Bedeutung nicht so einfach anzugeben
wie in Vers 26. Da erscheint es hilfreich, die Schlussworte von Vers 26,
»in Christus Jesus«, unter einem bestimmten Gesichtspunkt zu lesen:
Wir sind durch den Glauben mit Christus einsgemacht. Das ist nicht
nur eine innere Angelegenheit des Herzens, eine Frage der persönlichen Beziehung zu Gott und zu Christus; nein, es ist auch eine Sache
der äußerlichen Stellung auf Erden. Dies äußerlich zu-Christus-gefügt-
Werden geschieht in der Taufe: »Denn so viele ihr auf Christus getauft
seid, habt ihr Christus angezogen.« Der persönliche Glaube verbindet
uns inwendig mit Christus; die Taufe verbindet uns auswendig mit Christus (»getauft *auf* Christus *zu*«). Darum steht nicht geschrieben, Christus käme durch die Taufe in unser Herz oder dergleichen, sondern dass
wir durch die Taufe Christus »anziehen«, wie man ein Kleidungsstück
anzieht.

Die Bedeutung der Taufe für unsere äußere Stellung und den Lebenswandel wird durch verschiedene, die Taufe behandelnde Schriftstellen nachdrücklich hervorgehoben: Röm 6,3f (»wandeln in Neuheit
des Lebens«: nicht in inwendiger Lebenserneuerung, sondern in einer

neuen Lebensweise, in einem neuen Lebensstil), 1Petr 3,21 (»die Taufe [ist das] Begehren eines guten Gewissens vor Gott«, d. h. man bittet,
fortan mit einem guten Gewissen zu wandeln), Apg 2,40f (die Taufe
bedeutete für den Juden, gerettet zu werden aus einem verkehrten Geschlecht, zu dem er natürlicherweise gehörte; er musste also seine Stellung wechseln), Apg 22,16 (die Taufe implizierte das Abwaschen der
Sünden, nicht inwendig – das war auf dem Weg nach Damaskus geschehen –, sondern im Bezug auf das äußerliche Verhältnis des Paulus
zum Judentum), 1Kor 1,13.15 (auf den Namen des Paulus getauft zu
sein, würde bedeuten, dass man fortan zu dessen Partei gehört; auf
Christus getauft zu sein [vergleiche Mt 28,19; Apg 8,18; 19,5] bedeutet
also: zu Ihm gehören, zu Seiner »Partei«).[8] Dieser Gedanke wird durch
andere Stellen unterstützt, wo das »Anziehen« Christi (Röm 13,14)
oder des neuen Menschen (Eph 4,24; Kol 3,9) oder der geistlichen Waf-
fenrüstung (Eph 6,11) stets das Annehmen einer neuen ethischen Lebensweise beinhaltet. Das Bild ist aus dem AT bekannt, wo das Wechseln der Kleider mehrfach das Annehmen einer neuen Lebensweise
andeutet (Jes 61,10; Sach 3,3-5; vergleiche Offb 3,4f.18; 7,9.14). Wir
finden dort sogar den Gedanken, dass der Heilige Geist Gideon »be-
kleidete« (Ri 6,34, Elberfelder Übersetzung Fußnote).[9]

Den Nachdruck darauf zu legen, dass die Taufe eine Veränderung
der äußerlichen Stellung und das äußerliche Anziehen Christi ist, ist
wichtig, um die Taufe vom Glauben abzugrenzen. Sicher besteht zwischen Glaube und Taufe ein enges Band; aber Glaube ohne Taufe fes-
tigt wohl die innere Beziehung zu Christus, verändert aber nach Gottes Gedanken nicht die Stellung auf Erden (um es wieder mit Apg 2,40f
zu sagen: ohne Taufe gehört der gläubige Jude weiterhin zu dem »verkehrten Geschlecht«). Und umgekehrt bewirkt eine Taufe ohne Glauben (oder vor dem Glauben, wie bei der Kindertaufe) wohl ein äußerliches Band mit Christus – das »Anziehen Christi« bedeutet z. B. einen
Eintritt in das »christliche Erbe«-, aber sie bewirkt keine innere Erneuerung und schenkt nicht den Heiligen Geist; dies geschieht nur
durch den Glauben. Wassertaufe und Geistestaufe sind daher im NT
auch stets zwei verschiedene Dinge.

Dies wird durch 1Kor 10,1f illustriert: Wie ganz Israel »auf Mose
getauft« wurde und trotzdem die meisten von ihnen dem Gericht Gottes verfallen waren, so bedeutet auch die christliche Taufe wohl eine
Veränderung der Position, wie bei Israel, aber keine innere Erneue-

rung und kein ewiges Heil; denn dafür ist Glaube nötig. Glaube und Taufe gehören zusammen, nicht in dem Sinn, dass sie praktisch dasselbe bewirkten und auch nicht, dass die Taufe eine Art »Bekenntnis« des Glaubens sei. Nein, sie gehören zusammen wie zwei Seiten einer Medaille: der Glaube führt zur Errettung der Seele (vergleiche 1Petr 1,9) und die Taufe zu äußerlicher Errettung (vergleiche 1Petr 3,21: die Taufe »errettet«), wie das Errettet-Werden aus dem verkehrten Geschlecht (Apg 2,40). Vergleiche ihre Verbindung in Mk 16,16: »Wer da glaubt und getauft wird, wird errettet werden.«

Für die *ewige* Errettung ist die Taufe nicht nötig (vergleiche den Schächer am Kreuz, Lk 23.39-43); für die Errettung auf *Erden*, d. h. für die Trennung von einem verkehrten Geschlecht und das Hinzugefügtwerden zu der »Partei« derer, die Christus »angezogen« haben, »in Neuheit des Lebens wandeln«, von Ihm zeugen, mit einem guten Gewissen ihren Weg gehen, Ihm folgen wie das Volk Israel Mose in der Wüste folgte usw., dafür ist die Taufe wichtig. Man kann dies alles natürlich auch tun, ohne getauft zu sein, doch ist die Taufe die vom Herrn selbst als Eintrittsritus eingesetzte Tür ins Gebiet des christlichen Wandelns. So lehrt Er es selbst in Mt 28,19: Man wird ein Jünger (Nachfolger) Jesu, indem man (a) getauft und (b) in das Halten Seiner Gebote eingeübt wird.

Glaube und Taufe sind also nicht dasselbe, stehen aber in enger Beziehung zueinander. In der Zeit des NT kam dies auch dadurch zum Ausdruck, dass Neubekehrte beinah augenblicklich getauft wurden (vergleiche Apg 2,40f; 8,12.36.38; 9,18; 10,47f; 16,15.33; 18,8; 19,5). Darum kann Paulus in unserem Abschnitt argumentieren: Ihr seid durch den Glauben Söhne Gottes, ihr seid in Christus Jesus, ja ihr seid getauft und habt dadurch Christus angezogen. Durch den Glauben in Christus sein und durch die Taufe Christus angezogen haben ist nicht dasselbe; aber es gehört unverbrüchlich zusammen. Etwas Ähnliches finden wir in Röm 6,3f: Wir dürfen wissen, durch den Glauben mit Christus gestorben, begraben und auferweckt zu sein; aber von einem anderen, aber eng verwandten Gesichtspunkt aus dürfen wir genauso gut sagen, dass wir mit Christus gestorben und begraben und auferweckt worden sind durch die Taufe (Kol 2,12). Wir können es so sagen: Die Taufe verbindet uns mit einem gestorbenen (und auferweckten) Christus auf der Erde; der Glaube verbindet uns mit einem auferweckten und verherrlichten Christus im Himmel.

Genau genommen sagt Paulus nirgends, dass wir durch den Glauben mit Christus gestorben, begraben und auferweckt worden sind und dass das nachträgliche Zeichen davon die Taufe ist. Sein Gedankengang ist m. E. vielmehr der, dass wir mit Christus gestorben, begraben und auferweckt wurden durch den Glauben (innere Erneuerung), wie auch durch die Taufe (äußere Veränderung der Stellung). Die Taufe ist nicht ein Zeichen für etwas, was mit einer Person geschehen *ist*, sondern bei der Taufe *geschieht* etwas mit der Person, wenn auch in symbolischer Weise. Paulus sagt nicht: Durch den Glauben habt ihr Christus angezogen und das nachträgliche Zeichen davon ist die Taufe, sondern: Durch die *Taufe selbst* habt ihr Christus angezogen. Man kann es vielleicht so ausdrücken: Durch den Glauben habt ihr Christus in eure Herzen eingelassen (innere Erneuerung), durch die Taufe habt ihr euch mit Christus bekleidet (das Annehmen einer neuen Lebensweise). Das eine geht nicht ohne das andere; aber es ist nicht genau dasselbe. Noch einmal: Die Taufe ist nicht ein Zeichen von etwas, das mit einer Person geschehen ist, nein, bei der Taufe selbst geschieht etwas und das, was da geschieht, ist nicht zu trennen von dem, was beim Zum-Glauben-Kommen geschehen ist.

3,28 Das »Darin«, womit der Vers beginnt, bedeutet offensichtlich: in der Taufe oder anders wiedergegeben (siehe Grammatik): »Es gibt nicht Juden noch Griechen« usw., d. h. es gibt in Christus keinen Raum für die traditionellen Unterschiede zwischen Juden und Griechen, Sklaven und Freien, Männern und Frauen. In der Taufe und in dem daraus sich ergebenden »Anziehen« Christi werden die rassischen (oder eher: religiösen), sozialen und geschlechtlichen Unterschiede aufgehoben, die in der vorangegangenen Haushaltung noch eine große Rolle spielten. Sie »verschwinden« sozusagen unter dem einen Kleid, mit dem sowohl Juden als Griechen, sowohl Sklaven als Freie, sowohl Männer als Frauen »bekleidet« wurden, nämlich in Christus.[10]

Unter dem Gesetz waren dies tatsächlich die bedeutsamsten Unterschiede in der Gesellschaft. Der fromme Jude dankte Gott in seinem gewohnten Morgengebet täglich für diese drei Vorrechte: dass er kein Heide, kein Sklave und keine Frau war (während die Frau Gott in aller Ruhe dankte für das, was sie war). Flavius Josephus behauptete, die Frau stehe nach dem Gesetz (!) in jeder Hinsicht unter dem Mann (*Contra Apion* 2,24). Die höchsten Vorrechte des jüdischen Gottes-

dienstes waren ausschließlich dem freien, männlichen Juden vorbehalten. Im Tempel zeigten die Vorhöfe an, dass Heiden und Frauen
von der engsten Nähe zu dem Gott Israels ausgeschlossen waren. Und
was die Sklaven betrifft, waren sich die Griechen mit den Juden sicher
in der aristotelischen Beurteilung der Sklaven einig, diese seien lediglich »beseelte Werkzeuge«, atmende Gegenstände.

Im Judentum war der Heide kein »Sohn Abrahams« wie der Jude
(vergleiche Vers 7,29); Sklave zu sein stand im Widerspruch zum Same-
Abrahams-Sein (Joh 8,33); die Frau war bestenfalls eine »Tochter Abra-
hams« (Lk 13,16). In Christus aber sind auch Griechen, Sklaven und
Frauen »Söhne Abrahams« (vergleiche Eph 2,11-12). In der Gemein-
de Gottes ist kein Platz für Rassismus, soziale Diskriminierung und
Sexismus, für den Unterschied zwischen Weiß und Schwarz, zwischen
Einheimischen und Zugereisten, zwischen weißen Hemdkragen und
Arbeitskleidern, zwischen Arbeitenden und Arbeitslosen, zwischen
Wohlhabenden und Sozialhilfe-Empfängern usw. Es gibt im Christen-
tum keine zweitrangigen Christen (vergleiche Joh 4,21.23; Apg 2,17f;
10,34f; Röm 2,11; 1Kor 7,22; Eph 6,9; Kol 3,25; Jak 2,1-7).

In 1Kor 12,13 finden wir die gleichen Unterschiede: Juden – Heiden und Sklaven – Freie, wobei in Kol 3,11 der erste Gegensatz noch
näher beschrieben wird mit »Beschneidung und Vorhaut, Barbar und
Skythe«. Da werden die beschnittenen Juden allen möglichen unbeschnittenen Heiden gegenüber gestellt: Griechen, Barbaren, Skythen.
Nur in unserem Vers folgt dann noch der Gegensatz »Mann und Frau«.
Hier werden nicht die gewöhnlichen Wörter für Mann und Frau angewendet, sondern Begriffe, die das männliche bzw. das weibliche Geschlecht andeuten.[11] Dies bedeutet, dass im Christentum keine Frau
mehr wegen ihres Geschlechts zurückgestellt wird. In Christus hat sie
dieselbe Stellung wie der Mann – eine zu damaliger Zeit revolutionäre
Feststellung! Im Zusammenhang mit dem Vorhergehenden bedeutet
das z. B., dass, während der Eingangsritus ins Judentum, die Beschneidung, nur den Männern vorbehalten blieb, die Taufe das Vorrecht sowohl der Männer als auch der Frauen ist (vergleiche Apg 8,12 »... wurden sie getauft, sowohl Männer als Frauen«).[12]

Was aufgrund anderer Schriftstellen aber nicht heißen kann, es bestünde in der neuen Haushaltung kein Raum für die Sexualität oder
im weiteren Sinne für die Ehe (vergleiche 1Kor 7; Eph 5,22-32; Kol
3,18-21; 1Tim 4,1-5; Tit 2,4f; Hebr 13,4; 1Petr 3,1-7). Genauso wenig

kann dies heißen, im praktischen Christenleben gäbe es keine Unterschiede zwischen der Stellung von Männern und Frauen (vergleiche 1Kor 11,2-16; 14,34f; 1Tim 2,11f), auch nicht, in der Gemeinde seien die Rassenunterschiede (jüdische Christen sind noch immer Juden: 2,14; Apg 10,28; 16,1; 21,39; 22,3) und die Unterschiede zwischen Sklaven und Freien aufgehoben (Eph 6,5-9; Kol 3,22–4,1; Tit 2,9f; Phim; 1Petr 2,18). Im Gegenteil: Das In-Christus-Sein bedeutet nicht die Aufgabe der Identität. Gerade der Unterschied zwischen Mann und Frau wirkt sich durchgreifender aus als der Unterschied zwischen Juden und Griechen und zwischen Sklaven und Freien, weil die beiden letzten Kontraste die Folge historischer Entwicklung sind, während der Unterschied zwischen Mann und Frau in der Schöpfungsordnung verankert ist. Keine einzige Schöpfungsordnung wird im Christen- und Gemeindeleben aufgehoben.[13] Noch weniger bedeutet der Text das, was die spätere Gnostik daraus schlussfolgerte, nämlich eine Rückkehr des Menschengeschlechts zu seinem ursprünglich androgynen (d. h. mann-fraulichen) Zustand, eine Lehre, die heute wieder durch das New-Age-Denken verbreitet wird.

Der Schlusssatz: »… alle seid ihr *einer* in Christus Jesus«, unterstreicht noch einmal, dass es hier nicht um die *Gleichheit* der Christen in rassischer, sozialer und geschlechtlicher Hinsicht geht, sondern vielmehr um die *Einheit*, die übrigens *Gleichwürdigkeit* impliziert. Alle Christusgläubigen sind einer in Christus. Das Wort »einer« ist im Gr. männlich, was hier nicht im Gegensatz zu »weiblich« aufgefasst werden darf, sondern als Gegensatz zum Neutrum. Paulus geht es hier nicht um eine Organisation, nicht einmal um den Leib Christi (gr. *sooma* ist Neutrum), sondern um eine Persönlichkeit, die in Christus geschaffen wurde. Wir könnten lesen »ein Sohn« (vergleiche Verse 26.29) oder »ein neuer Mensch« (vergleiche Eph 2,15: »… auf dass er die zwei [Juden und Heiden] … in sich selbst zu einem neuen Menschen schüfe«).

3,29 Die Einheit, von der Vers 28 spricht, wird in unserem Vers mit »Abrahams Same« umschrieben; das sind die geistlichen Nachkommen der Abraham gegebenen Verheißung: »Wenn ihr nun Christi [seid], dann seid ihr Abrahams Same und nach Verheißung Erben.« Das »In-Christus-Sein« von Vers 26, das »Christus-angezogen-Haben« von Vers 27 und das »In-Christus- Sein« von Vers 28 wird nun als ein »Christi-Sein«, als ein »Zu-Ihm-Gehören« beschrieben. Das »*einer*« [Sohn/neu-

er Mensch] von Vers 28 wird jetzt tatsächlich zu einem »Ein-Stück-
chen-von-Christus-Sein«: Unsere Leiber sind »Glieder Christi« (1Kor
6,15). Kollektiv sind wir »Same Abrahams«, individuell sind wir »Erben«. Wir sind »Söhne/Erben Gottes« (Vers 26; 4,5-7), weil wir in Christus sind und wir sind »Söhne/Erben Abrahams« (Verse 7.29), weil wir
in Christus teilhaben an der Verheißung, die Abraham und seinem
(geistlichen) Samen gemacht wurde.

Tatsächlich wird hier die ganze Lehre dieses Kapitels zusammengefasst. Paulus hatte schon in Vers 7 gesagt: »Anerkennt also, dass sie
[welche] aus Glauben [sind], [dass] jene Söhne Abrahams sind«, in Vers
9: »sie, [die] aus Glauben [sind], werden gesegnet mit dem gläubigen
Abraham« und in Vers 14: »damit zu den Nationen der Segen Abrahams werde in Christus Jesus«. In Vers 16 werden die dem Abraham
gemachten Verheißungen auf dessen »Same« konzentriert, das heißt
auf Christus, auf den Sohn Gottes. Aber wer »in Christus« ist, gehört
dadurch auch zu diesem »Samen« und daher kann jetzt von den Gläubigen gesagt werden, dass sie »Abrahams Same« und »Söhne Gottes«
sind (Vers 26). Christus ist hier also das Haupt eines neuen, geistlichen
Menschengeschlechts. Die falschen Judaisten hatten den Galatern
weisgemacht, sie würden durch die Beschneidung und durch das Halten der Gebote zu »Söhnen« oder zum »Samen Abrahams«. Paulus
macht deutlich, dass man auf diese Weise bestenfalls zu einem unmündigen Kind Abrahams werden kann. Gerade außerhalb des Gesetzes,
auf dem Weg des Glaubens an Christus allein, wird der Mensch zu
einem mündigen Sohn und Erben Abrahams und tritt in alle Rechte
Abrahams ein. Nur in Christus, der der Same Abrahams ist, wird der
Mensch zu »Abrahams Samen«. Der gläubige Grieche, der Sklave, die
Frau, alle waren sie in vollkommenerem Sinn »Söhne Abrahams« als
der unbekehrte, männliche, freie Jude.

Auch dem Gedanken an das »Erbe« sind wir früher in diesem Kapitel schon begegnet: Er steckte in der Vorstellung von dem »Testament« (Vers 15) und wurde in Vers 18 »das Erbe ... aus Verheißung«
genannt. In einem Testament wird ein Erbe versprochen. Gott ist der
Erblasser, Seine Söhne sind Seine Erben. Dies Erbe fällt ihnen beim
Tod des Erblassers zu, wie uns in Heb 9,16f erläutert wird, doch finden
wir in unserem Schriftabschnitt eine andere Metapher: Bevor der Sohn
in die vollen Rechte des Vaters eintreten kann, muss er erst erwachsen
oder mündig werden. Vor dem Kommen Christi konnte von geistlicher

Mündigkeit noch nicht die Rede sein; die unmündigen Gläubigen standen noch unter der Aufsicht eines »Kinderhüters«. Erst mit dem Kommen Christi wurde dieser Aufsicht, diesem Hüten, dieser Unmündigkeit ein Ende gesetzt. Jetzt können die Gläubigen in den vollen Besitz und den Genuss des Erbes gelangen. Dass die geistlichen Nachkommen Abrahams »Erben« sind, bedeutet also nicht, dass sie erst in der Zukunft das Erbe empfangen, sondern dass sie, seit sie zum Glauben gekommen sind, sich schon im Besitz und im Genuss des Erbes befinden, haben sie doch die Rechtfertigung, das Leben aus Gott und die Verheißung des Geistes empfangen (Vers 6f.9.14; 4,6f).

Anmerkungen

1) Die Übersetzung »auf ... hin« (gr. *eis*) ist rein zeitlich aufzufassen in Übereinstimmung mit Vers 23a: »Bevor der Glaube kam ...«; *eis* darf hier nicht richtunggebend aufgefasst werden (»auf ... zu« oder im übertragenen Sinne: »im Hinblick auf«), wie es in Vers 24 nachher noch zur Sprache kommt.

2) Das Erste ist, was die ältere Theologie den *fides qua* nannte, das Zweite das, was sie den *fides quae* nannte, d.h. jeweils: der Glaube, durch den geglaubt wird (*fides qua creditur*) und der Glaube, der geglaubt wurde (*fides quae creditur*) (siehe bei 1,23; 3,2). Mit anderen Worten: »der Glaube« ist entweder aktiv (die Tat »des gläubigen Verhaltens«) oder passiv (»das Geglaubte«). Der zweite Fall wird im Gr. oft mit dem Artikel angedeutet, der erste häufig ohne. Treffend finden wir die zwei Bedeutungen in 1Tim 1,19: »... indem du Glauben [d.h. Glaubensvertrauen zu Gott] bewahrst, ... welches etliche von sich gestoßen und so, was den Glauben [die Gesamtheit der christlichen Glaubensinhalte] betrifft, Schiffbruch erlitten haben«.

3) Es scheint näher zu liegen, in den Versen 23-25 nur an Juden zu denken; doch dann würde sich das »euch« aus Vers 26-28 nur auf die Heiden beziehen. Gerade Vers 28 redet aber von allen Christen, sowohl aus den Heiden als auch aus den Juden; wenn nun das »euch« allen Christen gilt, dann vielleicht auch das »wir«. Andererseits bleibt dann die Frage, warum Paulus vom »wir« auf das »euch« übergeht. Vielleicht denkt er in Vers 17 (die Nachkommen Abrahams) doch zunächst an die Juden, zu denen er selbst gehörte, obwohl das, was er von ihnen sagt, auf alle natürlichen Menschen zutrifft. In diesem Sinne macht es für die Auslegung nicht viel aus, ob man das »wir« auf die Juden oder auf alle Menschen

bezieht. Wenn er primär an die Juden denkt, weitet er von Vers 26 an seine Ausführungen auf die Heiden aus, ohne die Juden auszuschließen.

4) Andere Stellen aus dem Römerbrief zeigen, wie dicht »Gesetz« und »Sünde« beieinander liegen können: »Denn [die] Sünde wird nicht über euch herrschen; denn ihr seid nicht unter [dem] Gesetz, sondern unter [der] Gnade« (6,14) und: »Die Sünde ist überaus sündig durch das Gebot« (7,13); vergleiche auch Gal 5,17f als eine Parallele zwischen »Fleisch« und »Gesetz« und 1Kor 15,56b (»die Kraft der Sünde ist das Gesetz«).

5) Fung (S. 169) zitiert viele Autoren, die hier guten Durchblick hatten, er beschreibt aber auch, wie eine ganze Tradition entstanden ist, die, ausgehend von unrichtigen Übersetzungen, die Ansicht des Paulus auf den Kopf gestellt hat, indem sie aus dem »Aufpasser« einen »Erzieher« machte.

6) Wenn Paulus hier wirklich hätte sagen wollen »Glaube an Christus«, hätte er wahrscheinlich nicht die gr. Präp. *en*, sondern den Gen. obj. verwendet wie in 2,16.20; 3,22. Die Konstruktion mit *en* kommt wohl vor in Eph 1,15 und Kol 1,4; aber die Frage ist, ob »in Christus« dort wirklich den Gegenstand des Glaubens und nicht vielmehr die Sphäre des Glaubens angibt: wir glauben als uns in Christus Befindliche (oder: mit Ihm Vereinigte) (vergleiche 1,22; 2,4.17; 3,14.28; 5,6).

7) »So viele« (gr. *hosoi*) bedeutet nicht »insofern«, als handle es sich um eine kleinere Gruppe als die »alle« von Vers 26, sondern: »wer auch immer«, alle möglichen Menschen, aus welchem Volk, welchen Standes oder Geschlechts sie auch sind (vergleiche Vers 28), nicht nur die buchstäblichen Nachkommen Abrahams, sondern auch seine geistlichen Nachkommen aus allen Völkern.

8) Fung (S. 172) verweist auch nach 1Kor 12,13; aber getauft werden »in dem/durch den Geist« bezieht sich m. E. auf die Geistestaufe, nicht die Wassertaufe. Merkwürdigerweise gibt es andere, die bei unserem Vers daran zweifeln, ob die buchstäbliche Wassertaufe gemeint ist (Dunn; siehe Fung, S. 173).

9) Das Wort für »anziehen« wurde im Altertum für Schauspieler gebraucht, die vor dem Auftritt ein bestimmtes Kleidungsstück anlegten, um eine gewisse Rolle spielen zu können. Die »Rolle«, die wir auf dieser Weltbühne zu »spielen« haben, ist Christus. Vielleicht steht das auch in Zusammenhang mit dem römischen Jüngling, der mit etwa 17 Jahren die *toga praetexta* (das Obergewand mit purpurnem Saum, das von Kindern hochgestellter Eltern getragen wurde) mit der *toga virilis* (dem männlichen Obergewand ohne Saum) tauschte. Dies war auch das Alter, in dem der junge Mann nicht mehr unter einem »Kinderhüter« stand, sondern mündig wurde (siehe Vers 24f). Griechen und Römer machten daraus ein festliches Ereignis, bei dem dem jungen Mann offiziell sein Erwachsenenkleid umgehängt wurde. Er war nun nicht mehr den Regeln des

Elternhauses unterworfen, sondern trat in die Rechte und Pflichten eines Bürgers ein und saß bei den Familienberatungen neben seinem Vater. So wurde der Christ bei der Taufe bildlich mit dem Mantel der geistlichen Mündigkeit bekleidet. Während er bis dahin unter der Kontrolle des Gesetzes gestanden hatte, besitzt er nun die Selbständigkeit des erwachsenen Sohnes mit all dessen Rechten und Pflichten; er wird nicht länger durch ein äußerliches Gesetz, sondern durch den Heiligen Geist in seinem Inneren geleitet. Vielleicht hat die Bildsprache des Paulus zu der Jahrhunderte alten Gewohnheit der Kirche beigetragen, den Täufling in weiße Gewänder zu hüllen, obwohl diese eher auf Reinheit als auf Mündigkeit hinweisen (Rendall, S. 174).

10) Einige haben in Vers 28 oder in Vers 27 und 28 eine liturgische Formel der alten Kirche vermutet, genauer: den Rest einer frühkirchlichen Taufliturgie, die dann auch in ähnlichen Abschnitten durchklingt, wie 1Kor 12,12f. (»Denn gleichwie der Leib *einer* ist und viele Glieder hat, ... also auch der Christus. Denn auch in *einem* Geiste sind wir alle zu *einem* Leibe getauft worden, es seien Juden oder Griechen, es seien Sklaven oder Freie, und sind alle mit *einem* Geiste getränkt worden«) und Kol 3,9-11 (»... da ihr den alten Menschen mit seinen Handlungen ausgezogen und den neuen angezogen habt, ... wo nicht ist Grieche und Jude, Beschneidung und Vorhaut, Barbar, Skythe, Sklave, Freier, sondern Christus alles und in allen«).

11) Nicht gr. *anèr* und *gynè,* sondern *arsèn* und *thèlys,* genau wie in Röm 1,26f, wo ebenfalls die Geschlechtlichkeit in den Vordergrund tritt. Ein gleiches Wortpaar finden wir im Hebr. in 1Mo 1,27 (»männlich und weiblich schuf Er sie«), so dass wir in Mt 19,4; Mk 10,6, wo dieser Vers zitiert wird, wir auch *arsèn* und *thèlys* finden (vergleiche auch Lk 2,23; Offb 12,5.13). Die etwas andere Formulierung: »da ist nicht Mann *und* Frau« im Gegensatz zu: »nicht Jude *noch* Grieche« und »nicht Sklave *noch* Freier«, ist vielleicht ebenfalls durch 1Mo 1,27 beeinflusst; oder sie zeigt den größeren Abstand zwischen Mann und Frau: Ein Jude konnte in gewisser Weise und unter Umständen ein Grieche werden und umgekehrt. Und so verhält es sich auch bei Freien und Sklaven; doch nicht bei Männern und Frauen.

12) Was nicht bedeutet, die Taufe sei nun auf einmal *an die Stelle* der Beschneidung getreten! Das wäre nur wahr, wenn die Kirche die Stelle Israels eingenommen hätte und davon ist in der Schrift keine Rede. Die Beschneidung ist und bleibt der Eintrittsritus für das Judentum, auch jetzt, wo das Christentum gekommen ist. Zur Zeit des NT wird sicher kein Jude, der sich zu Christus bekehrt hatte, auf den Gedanken gekommen sein, sein Söhnchen, das ihm nach der Bekehrung geboren wurde, *nicht* zu beschneiden (vergleiche Apg 16,3).

13) Dabei muss man sich selbstverständlich den Unterschied zwischen den eigentlichen Anordnungen und der konkreten Ausformung in verschiedenen Heilshaushaltungen vor Augen halten. Keine *zeitbedingte* Ausformung darf mit dem dahinterliegenden *zeitlosen* Grundsatz verwechselt und verabsolutiert werden. Das ist von großer Bedeutung angesichts der vielen Diskussionen, die insbesondere aufgrund dieses Verses über die Stellung der Frau im Gemeindeleben geführt werden. Die eine, immer wieder auftauchende Gefahr besteht darin, dass man die zeitlosen Einsetzungen Gottes beiseiteschiebt und die Unterschiede des Dienstes zwischen Männern und Frauen im praktischen Gemeindeleben völlig aufgehoben werden, was im Widerspruch vor allem zu 1Tim 2,11f steht. Die andere, entgegengesetzte Gefahr besteht darin, die Unterschiede des Dienstes, die in der Haushaltung des Gesetzes zwischen Männern und Frauen bestanden, in die Haushaltung der Gnade zu übertragen, im Widerspruch zu unserem Vers. Alle Unterschiede, die zwischen Männern und Frauen unter dem Gesetz noch bestanden, sind in der gegenwärtigen Haushaltung der Gnade aufgehoben, soweit diese Aufhebung nicht in Widerspruch zu der zeitlosen Schöpfungsordnung steht. Der Kern der Diskussion sollte sich daher tunlichst um die Abgrenzung der eigentlichen Anordnungen von den vielen zeitbedingten Ausformungen drehen. Dabei geht es bei den verschiedenen Diensten von Mann und Frau nicht um »höher« oder »niedriger« (vergleiche 1Kor 12,12-31!), sondern um »anders«. Es gibt Dienste, die eigens für den Mann und andere, die eigens für die Frau sind (z. B. 1Tim 2,11; Tit 2,3f).

2.2.5 Sohnschaft, keine Sklaverei mehr (4,1-7)

Übersetzung

1 Ich sage aber: So lange Zeit wie der Erbe unmündig ist,
   unterscheidet er sich [in] nichts von einem Sklaven,
   Herr von allem seiend,
2 sondern er ist unter Vormündern und Verwaltern
   bis zur vom Vater vorher gesetzten [Frist].
3 So waren auch wir, als wir unmündig waren,
   unter den Elementen der Welt,
   [von ihnen zu] Sklaven gemacht seiend;
4 als aber die Fülle der Zeit gekommen war,
   sandte Gott Seinen Sohn aus,
   geboren aus einer Frau,
   geboren unter [dem] Gesetz,
5 damit Er die, [welche] unter [dem] Gesetz [waren], loskaufte,
   damit wir die Sohnschaft empfingen.
6 Weil ihr denn Söhne seid, hat Gott ausgesandt den Geist Seines
   Sohnes in unsere Herzen,
   [den Geist] rufend: Abba, Vater!
7 So bist du nicht mehr Sklave, sondern Sohn;
   wenn nun Sohn, [dann] auch Erbe durch Gott.

Übersetzungsvarianten

3 *waren auch wir (…) unter den Elementen der Welt, [von ihnen zu]*
   Sklaven gemacht seiend: oder *waren auch wir (…) (zu) Sklaven ge-*
   macht unter die Elemente der Welt (vergleiche Grammatik).

Textvarianten

6 {B} *unsere:* TR liest *eure.*

7 {B} *durch Gott:* unter den vielen Varianten ist die wichtigste: *Gottes durch Christus* (TR)

Grammatik

1 *Herr von allem seiend:* Konzessiv gebrauchtes Part. Präs.: *obwohl Er Herr von allem ist.*

2 *bis zu der [Frist] vom Vater vorher gesetzt:* eig. eine Ellipse: bis auf das Vorherbestimmte des Vaters, d. h. bis zu dem Termin des Vaters.

3 *Sklaven gemacht seiend:* Part. Perf.: weist nicht nur auf die Vergangenheit hin, in der man zum Sklaven wurde, sondern vor allem auf den fortwährenden Zustand der Sklaverei. Übersetzt man: *waren zu Sklaven gemacht* (siehe Übersetzungsvarianten), dann ist zu bedenken, dass diese Konstruktion *waren + Part. Perf.* diesen fortwährenden Zustand der Sklaverei noch stärker betont als ein gewöhnliches Plusquamperfekt.

4 *sandte ... aus (gr. exapesteilen):* eig. senden von sich weg (*apo*) aus (*ex*) einem bestimmten Ort (um woanders eine Aufgabe zu erfüllen); dasselbe Wort in Vers 6 (vergleiche auch Lk 24,49; Apg 7,12; 11,22; 12,11; 13,26). Christus ist der wahre »Apostel« (von *apo-stel-loo*; vergleiche Hebr 3,1).

4 *sandte Gott seinen Sohn, geboren ...* (2x); dreimal der Aorist, d.h. ein bestimmter Augenblick wird angedeutet und überdies war es stets der gleiche Augenblick: das »Senden« fiel mit dem »Geborenwerden« zusammen, genau wie in Phil 2,7: *zu nichts machte (...) annahm (...) geworden.*

4 *aus einer Frau:* nicht *dia*, »durch«, mittels, sondern *ek*, »aus«, d.h. die Frau war nicht nur »Medium«, sondern wirklich »Mutter« im biologischen Sinne. Achte auf das zweimalige *ek*: als der Sohn *aus*gesandt aus dem Himmel, als Mensch auf Erden geboren *aus* einer Frau. Es heißt übrigens nicht aus *der* Frau, das ist Maria, sondern aus *einer* Frau oder »Frau« im Allgemeinen: ein Hinweis auf das Schwache, Menschliche (Hi 14,1; Mt 11,11; vergleiche 1Mo 3,15 über den »Samen des Weibes«).

5 *die Sohnschaft* mit Art., als Andeutung eines abstrakten Begriffs oder im Sinn von »der bekannten Sohnschaft, die Gott verheißen hat«.

6 *Weil* (gr. *hoti*): nach einigen hier *[Zum Beweise] dass* oder *[Was die Tatsache betrifft] dass*.

6 *ausgesandt:* Aorist wie in Vers 4; dort wies er auf einen bestimmten Zeitpunkt in der Vergangenheit hin, hier ist es ein sog. kollektiver historischer Aorist, d. h. hier wird auf die vielen Verleihungen des Geistes an jeden Gläubigen zu jeweils anderen Augenblicken in der Vergangenheit hingewiesen. Es geht also nicht um die Ausgießung des Heiligen Geistes in Apg 2.

7 *wenn* (gr. *ei*): nicht Vorbedingung, sondern: *wo es nun so ist, dass …*

7 *durch* (gr. *dia* + Gen.): *durch Mitwirkung von* (vergleiche 1,1); von Gott kommt unser Erbe, nicht aus uns selbst (z. B. durch Gesetzeserfüllung); *dia Christou* (vergleiche Textvariante) würde eher bedeuten: *mittels [der Person und des Werkes] Christi*.

Auslegung

Die (nicht inspirierte) Einteilung des NT in Kapitel und Verse ist nicht immer gerade glücklich. So ist auch deutlich, dass 4,1-7 die direkte Fortsetzung der Ausführungen von 3,23-29 bildet. Der Ausdruck »Ich sage«, mit dem der erste Vers beginnt, zeigt an, dass Paulus den unmittelbar vorausgegangenen Gedanken hier fortführt und entwickelt (vergleiche 3,17; 5,16). Die Verbindung liegt in dem Wort »Erbe«, das direkt an den »Erben« von 3,29 anschließt. So gehören die »Sohnschaft« (Vers 5) und die »Söhne« (Vers 6) zu den »Söhnen Gottes« in 3,26. In Gal 3 besteht eine Verbindung zwischen den »Söhnen Abrahams« (Vers 7) und den »Söhnen Gottes« (Vers 26); so hängen auch die »Erben [Abrahams]« (Vers 29) mit den »Erben [Gottes]« (4,1.7) zusammen. Der Gedanke des »Kinderhüters« (3,24f) wird nun im Bilde von der »Unmündigkeit« des Erben (4,1.3) und seiner Stellung unter »Vormündern und Verwaltern« (Vers 2) erweitert.

Für die Auslegung dieses Abschnitts ist – wie wir sehen werden – die Erklärung des Begriffs »Elemente« in Vers 3 von entscheidender Bedeutung. Aufgrund der jeweils gewählten Auslegung sind die »wir« in Vers 3 entweder die Heiden, die Juden oder alle Menschen. Aus Gründen, die noch deutlich werden, entscheiden wir uns für die mittlere Auslegung: Die »Unmündigen« in diesem Abschnitt sind in erster Linie die Juden unter der Ordnung des Gesetzes, doch gilt der Grund-

satz der »Unmündigkeit« genauso gut für die Heiden, die noch ohne
Gott sind.

4,1 Paulus benutzt hier ein Bild nach dem anderen, um den Menschen
unter dem Gesetz zu beschreiben. Der Mensch ist (a) ein *Gefangener*
(»eingeschlossen unter [die] Sünde«, 3,22; »gefangen unter [dem] Gesetz, [darunter] eingeschlossen«, 3,23), (b) gestellt unter das Gesetz
als *Kinderhüter* (3,24f), (c) ein *Unmündiger* (4,1.3), (d) gestellt »unter
Vormündern und Verwaltern« (4,2). In den Versen 1 und 2 wird zunächst das Bild beschrieben, von Vers 3 an folgt die Anwendung auf
den Menschen unter Gesetz.

Das gr. Wort für »Unmündiger«, *nèpios,* weist in erster Linie und
eigentlich auf das ganz kleine Kind hin (siehe z. B. Mt 21,16), das noch
so »kindliche« Kind von 1Kor 13,11, das noch mit Milch ernährt wird
(1Kor 3,1f; Hebr 5,13) und noch keine eigene Meinung hat, so dass es
vielerlei Einflüssen offensteht (Eph 4,14). Der Jude betrachtete die
Heiden als unwissende »kleine Kinder« und sich daher als »Lehrer
der Unmündigen« (Röm 2,20). Als solche stehen diese »Unmündigen«
im Gegensatz zu den »Weisen und Verständigen« (Mt 11,25; Lk 10,21).
Das Spannende aber ist, dass Paulus dies Wort nicht auf die Heiden
anwendet, sondern auf den Menschen unter Gesetz und das ist in erster Linie der Jude, genau genommen ausschließlich der Jude. Gerade
er ist unter der Ordnung des Gesetzes der »Unmündige«.

Das Wort *nèpios* braucht in dem zu behandelnden Text nicht unbedingt »kindlich« oder »unwissend« zu bedeuten. Paulus scheint das Wort
hier eher juristisch zu verwenden, also im Sinn von »minderjährig«.
Selbst der Beinah-Erwachsene, der längst keiner Milch mehr bedarf
und sich für genauso sachkundig hält wie ein Erwachsener, ist *formell
immer noch »unmündig«* und daher so wenig handlungsbefugt wie ein
Sklave. Einige wollen aber auch hier an die Bedeutung »Kleinkind«
denken und zwar, weil sie meinen, dass die »Elemente« aus Vers 3 »erste
Grundzüge« sind, so wie sie ein Kind in der Vorschule lernt. Bei der
Behandlung des Begriffs »Elemente« kommen wir darauf zurück.

Natürlich unterscheidet sich der unmündige Sohn, was seinen juris-
tischen Status angeht, sehr wohl von einem Sklaven, wie wir im
Schlussteil lesen: »Herr von allem seiend«, d. h. (siehe Grammatik):
Er mag wohl Herr (im Sinne des Erbenden) von »allem« (dem ganzen
Erbteil) sein, aber solange er noch nicht volljährig ist, hat er so wenig

Handlungsfreiheit wie jeder beliebige Sklave, der zu dem Erbteil gehört. Er hat über das Erbe genauso wenig zu bestimmen wie der Sklave. Der Unterschied ist nur, dass der Sklave niemals Herr über das Erbe werden wird, der minderjährige Erbe aber wohl. *De facto* kann er noch nicht über das Erbteil verfügen; aber *de jure* ist er schon Herr darüber.

4,2 Solange der Sohn noch minderjährig ist, steht er unter der Aufsicht von »Vormündern und Verwaltern«. Der »Vormund« (gr. *epitropos*) und der »Verwalter« (gr. *oikonomos* auf deutsch zu »Ökonom« geworden) beaufsichtigen den Minderjährigen und dessen erblichen Besitz. Man hat versucht, einen Unterschied zwischen diesen beiden Ausdrücken zu konstruieren, doch scheint das kaum gerechtfertigt. Tatsächlich geht es um die gleiche Funktion der Aufsicht und der Bewahrung.[1] Die zwei Begriffe scheinen einfach gebraucht zu sein, um verschiedene Aspekte ein und derselben Aufgabe anzudeuten.

Der Minderjährige wird nicht automatisch volljährig, z. B. wenn er 18 Jahre wird, sondern »bis zu [der] vom Vater vorher festgesetzten [Frist]«. Dabei spielt es kaum eine Rolle, ob Paulus an die römischen oder die griechischen Gesetze denkt oder an einen noch lebenden oder einen gestorbenen Vater.[2] Das einzige, worum es geht, ist, dass der unmündige Sohn so lange unter Aufsicht bleibt, bis der Vater ihn davon befreit und ihn für volljährig erklärt und damit handlungsbefugt macht. So wird auch gleich »in der Fülle der Zeit sandte Gott seinen Sohn« (Vers 4) zu verstehen sein und damit verändert sich die Ordnung vollkommen: Die vorher unter Aufsicht des Gesetzes stehenden Gläubigen gelangen nun in die wahre christliche Freiheit.

Um die Bildhaftigkeit dieser Verse richtig einschätzen zu können, ist es wichtig, daran zu denken, dass im Altertum sowohl bei den Griechen als auch bei den Römern das Volljährigwerden eines Sohnes ein feierliches Ereignis war, das mit vielen Festlichkeiten begangen wurde. Im Judentum ist das noch heute der Fall, wenn der junge Mann mit seinem zwölften Geburtstag *bar mitswa* (»Sohn des Gesetzes«) wird. In der hellenischen Welt konnte das Alter zwischen 14 und 25 Jahren variieren. Das Bild von dieser wichtigen Mündigsprechung wendet Paulus auf das Kommen Christi in diese Welt an (Vers 4), womit das Christentum und damit die christliche Freiheit der Gläubigen angebrochen war.

Die Parallele zwischen Vers 1 und den Versen 3-5 ist sehr deutlich:
Der »Unmündige«, der »unter Vormündern und Verwaltern« steht
(Vers 1), entspricht dem unmündigen Juden, der »unter den Elementen der Welt« (d.h. unter dem Gesetz oder genauer: unter Gesetzlichkeit) steht (Vers 3a). Der »Unmündige«, der sich *de facto* nicht von
einem Sklaven unterscheidet (Vers 1b), entspricht der »Fülle der Zeit«,
als der Vater den Sohn aussandte (Vers 4), um den noch unter Aufsicht des Gesetzes stehenden (gläubigen) Juden in die vollen Rechte
der Sohnschaft treten zu lassen (Vers 5).

4,3 Wir denken bei dem »wir« in den Versen 3 und 5 an Juden und
zwar aufgrund der schon in 3,23-29 gewählten Auslegung. Aber schon
dort haben wir angemerkt, dass dieser Grundsatz der Unmündigkeit
ebenso für die Heiden gilt. In diesem Abschnitt scheint Paulus keinen
großen Unterschied zwischen Juden und Heiden zu machen; denn er
sagt: »... damit wir die Sohnschaft empfingen, weil *ihr* [Heidenchris-
ten in Galatien] dann [oder: also] Söhne seid ...« (Vers 5f). Übrigens
hängt die Frage, wer die hier genannten »wir« sind, mit der Frage zusammen, was Paulus hier mit den »Elementen der Welt« meint, von
denen »wir« Sklaven waren. Was sind diese »Elemente« (gr. *stoicheia*)?

Zunächst hat dieser Begriff die Bedeutung »Teile, die zusammen
ein Ganzes bilden« (vor allem die Buchstaben des Alphabets) und von
daher »Grundlegendes«, das »ABC«, einer bestimmten Lehre (Hebr
5,12) und von da »Elemente« im Sinne der Urkomponenten der Mate-
rie (2Petr 3,10.12), das sind Erde, Feuer, Luft und Wasser. Diese Elemente wurden im Altertum für »göttlich« gehalten, d.h. als geistliche
Mächte. Darum kann *stoicheia* auch auf die sog. *Elementargeister* hinweisen; das sind Geister (in der Bibel: Engelmächte), die mit den Elementen der Naturerscheinungen verbunden sind, wie der »Wasseren-
gel« in Offb 16,5 (vergleiche Joh 5,4) und der »Feuerengel« in Offb
14,18 (vergleiche Hebr 1,7; Ps 104,4). Auch im modernen Griechisch
bedeutet *stoicheion* noch immer »Geist« oder »Spuk«.

Im vorliegenden Kontext scheint die Bedeutung »Geist (geistliche
Macht) »die wichtigste zu sein. Die meisten Ausleger der Gegenwart
gehen daher an dieser Stelle und in Kol 2,8.20 von dieser Bedeutung
aus.[3] Dies kommt auch in der Übersetzung der NBG zum Ausdruck, in
der unser Vers so übersetzt ist: »Zo bleven ook wij, zolang wij onmon-

dig waren, onderworpen aan de wereldgeesten.« Auch in Kol 2,8 ist dort von »Weltgeistern« die Rede.

In unserem Vers besteht eine deutliche Verbindung zu dem Gesetz, da der Ausdruck »unter den Elementen der Welt« eine Parallele zu »unter [dem] Gesetz« von Vers 4 bildet. Dies ist ein bedeutsames Argument gegen Rendall (S. 175f), der gerade wegen der *stoicheia* bei dem »wir« von den Versen 3 und 5 an die Heiden denken möchte. Dagegen aber spricht, dass in den Versen 8f eine Verbindung hergestellt wird zwischen den »Göttern«, denen die galatischen Christen früher gedient hatten, und den »schwachen und armen Elementen«, denen sie »wieder neu« dienen wollten. Man achte auf die Argumentation: Früher dienten diese Heiden den Abgöttern, jetzt waren sie Christen geworden, wollten sich aber dem jüdischen Gesetz unterwerfen und dies nennt Paulus, sie wollten den *stoicheia* (den »Weltgeistern«) wieder neu dienen. Dies bedeutet m. E. aber nicht, dass es sich auch in Vers 3 schon um die Heiden handelt, sondern vielmehr darum, dass ein Sklave der jüdischen Gesetzlichkeit grundsätzlich nichts anderes ist wie auch ein Sklave der heidnischen Abgötter.

Auf Letzteres kommen wir bei Vers 8 ausführlicher zurück, doch will ich hier schon die Schlussfolgerung formulieren: Paulus stellt die Abgötterei der Heiden mit der jüdischen Gesetzlichkeit unter dem Gesetz auf eine Stufe. In beiden Fällen dient man den geistlichen Mächten, die die Welt der Ungläubigen beherrschen. Sowohl bei der Gesetzlichkeit als auch bei den Abgöttern sind geistliche Mächte im Spiel, denen alle als Sklaven unterworfen sind, die Christus nicht freigekauft hat. Dort, wo Menschen nicht in lebendiger Verbindung mit dem Gott stehen, der sich in Jesus Christus offenbart hat, setzen sie ihr Vertrauen auf andere Dinge: Gesetzlichkeit und Götzendienst. Diese Dinge sind nicht neutral; denn hinter ihnen verbergen sich geistliche Mächte, die den Menschen versklaven. Gott hatte Israel unter das Gesetz gestellt; aber die geistlichen Mächte haben Israel darüber hinaus unter die Lügen der Gesetzlichkeit gebracht.

Es gibt im Galaterbrief noch andere Hinweise, die den Gedanken rechtfertigen, dass Paulus hier an geistliche Mächte denkt. (a) In 1,8 unterstellt er die Möglichkeit, die Galater seien durch einen (satanischen) »Engel aus [dem] Himmel«, also einen Dämon, zu ihrer Gesetzlichkeit gebracht worden und »beschwört« diese dämonische Verführung wirklich mit einer Verfluchung. (b) In 3,1 fragt Paulus, wer die

Galater »bezaubert« oder »behext« hat und es besteht kein Grund, diese Frage nicht buchstäblich zu nehmen. Sie waren unter einen dämonischen Bann gebracht durch »Lehren von Dämonen« (vergleiche 1Tim 4,1-3). Die Frage »Wer?« in Gal 3,1 ist also tatsächlich die Frage nach dem »Zauberer«, der über die Galater seine schwarze Magie ausgeübt hatte. Vergleiche dazu die »Gaukler« (gr. *goetes*) aus 2Tim 3,13, die buchstäblich »Zauberer« sind, so wie die Ägyptischen Zauberer aus 2Tim 3,8; es sind Okkultisten, die mit finsteren Mächten in Verbindung stehen. (c) Einige stellen sogar einen Zusammenhang mit den Engeln her, durch deren Hand Israel das Gesetz empfangen hat (3,19). (d) *Stoicheia* kann auch auf die Himmelskörper weisen, besonders auf die Planeten (diese stellte man sich als mit Göttern verbunden vor; auch wir kennen sie noch unter den Namen der antiken Götter) und vor allem auf die zwölf *stoicheia* (Zeichen, Sternbilder) des Tierkreises. Hierauf scheint Gal 4,9f hinzuweisen: »… wie wendet ihr wieder um zu den schwachen und armen Elementen, denen ihr wieder neu dienen wollt? Tage unterscheidet ihr und Monate und Zeiten und Jahre«, d. h. das Beachten der durch die Himmelskörper beherrschten Zeitrechnung wird mit dem *Stoicheia*-Dienst in Verbindung gebracht.

Durch Kol 2 wird diese Auslegung in einem anderen Zusammenhang treffend unterstützt. Vers 8 sagt: Wer sich den Weltanschauungen der griechischen und jüdischen Schulen ausliefert und damit von Christus abkommt, gerät unter die Macht der »Weltgeister«. Dass auch in Kol 2 an geistliche Mächte gedacht werden muss, scheint deutlich bestätigt zu werden durch (a) Vers 15, wo »die Fürstentümer und die Gewalten« am Kreuz »ausgezogen« wurden, (b) Vers 16 (»So richte euch nun niemand […] in Ansehung eines Festes oder Neumondes oder von Sabbathen«), worin ein ähnlicher Zusammenhang zwischen Feiertagen und planetarischen »Göttern« bestehen mag wie in Gal 4,8-10 und (c) Vers 18, wo von »Anbetung der Engel« die Rede ist. Die Verse 20-23 scheinen eine ähnlich geartete Warnung wie Gal 4,8f auszusprechen: Wenn jemand mit Christus den *stoicheia* dieser Welt »gestorben« ist und dann der Gesetzlichkeit und dem Ritualismus verfällt, begibt er sich aufs Neue unter die Macht der Weltgeister. Paulus spricht hier von »Satzungen […]: Berühre nicht, koste nicht, betaste nicht!« und von »Geboten und Lehren der Menschen« und von »eigenwilligem Gottesdienst«. Wer sich dem ausliefert, kehrt dahin zurück, wovon er durch Christus erlöst wurde: zu den geistlichen Mächten, die doch gerade der Herr am Kreuz besiegt und ihre wahre Natur bloßgestellt hat.

Zusammenfassung: Das Judentum war nicht nur unter der Ordnung des Gesetzes »gefangen« oder »eingeschlossen«, es unterstand nicht nur dem Gesetz als »Kinderhüter«, sondern es war dabei in Gesetzlichkeit und Ritualismus verfallen. Nach Paulus ist das nicht nur eine Frage von falscher Lehre, sondern es handelt sich um Gefangenschaft unter die geistlichen Mächte in dieser Welt.[4] Darin unterschieden sich die Juden nicht grundsätzlich von den Heiden, die sich in der Macht ihrer »Götter« (Dämonen) befanden. Der Heide, der sich zunächst von seiner Abgötterei bekehrt hat, sich danach aber von jüdischen Irrlehrern unter Gesetzlichkeit bringen lässt, gleicht dem Hund, der zu seinem eigenen Gespei, und der gewaschenen Sau, die zum Wälzen im Kot zurückkehrt (2Petr 2,22): Er ist von einem Dämonendienst in den anderen geraten bzw. unter die Macht derselben Weltgeister zurückgefallen.

4,4 Wir haben schon gesehen, dass die »vom Vater vorher gesetzte [Frist]« (Vers 2) mit der »Fülle der Zeit« aus unserem Vers übereinstimmt. Das ist die Zeit, in der Gott Seinen Sohn aussandte (Vers 4), damit der noch unter Aufsicht stehende bekehrte Jude in die vollen Rechte der Sohnschaft eintreten könnte (Vers 5). Die »Fülle der Zeit« ist die Zeit, in der Unmündigkeit in Mündigkeit, Sklaverei (Vers 3) in Freiheit (Vers 5) übergeht. Der Ausdruck kann schlicht bedeuten: »Als die (von Gott bestimmte) Zeit da war«; »Fülle« scheint hier das »Voll- (oder Erfüllt-) Sein« einer bestimmten Zeitdauer zu bedeuten.[5] Aber gleichzeitig zeigt es an, dass die Zeit zum Anbruch eines völlig neuen Zeitabschnitts gekommen ist. »Die Fülle der Zeit« schließt die Periode »des Gesetzes« ab und läutet die Periode »des Glaubens« ein (vergleiche 3,23-25).[6]

Unter dem Gesetz hatte der Mensch vergeblich gearbeitet; als aber die Fülle der Zeit gekommen war, handelte Gott und machte den Menschen frei vom Gesetz. Das Gesetz forderte; Gott gab. Als die von Gott bestimmte Zeit angebrochen war, »sandte Gott Seinen Sohn aus«. Man hat ausgeführt, dass dies »Aussenden« an sich noch kein Beweis für das Vorherbestehen (die Präexistenz) Christi ist, weil Gott auch die Propheten »gesandt« hat, die ganz sicher nicht präexistent waren (Mt 23,37; Lk 4,26; Joh 1,6.33). Das Verb bedeutet aber wörtlich »wegsen-

den aus« (siehe Grammatik) und impliziert, dass jemand von einem
Ort weggesandt wird, an dem er vorher war. Außerdem wissen wir aus
anderen Stellen, dass die Präexistenz Christi für Paulus selbstverständlich war (z.B. Röm 8,3; 1Kor 8,6; 10,4; 2Kor 8,9; Eph 1,3f; Kol 1,15-17;
2Tim 1,9; vergleiche Hebr 1,3), die unmittelbar aus Seiner Göttlichkeit abzuleiten war (z.B. Röm 9,5; Phil 2,6f; Tit 2,13). Wenn Paulus
dann noch schreibt, Gott habe Seinen Sohn ausgesandt, impliziert das
in diesem Fall tatsächlich die Präexistenz Christi und Seine Fleischwerdung (Joh 1,14; Hebr 2,14). Gott sandte Seinen Sohn auch nicht aus,
damit er durch die Fleischwerdung Gottes Sohn *werde,* sondern diese
göttliche Person war der Sohn Gottes von Ewigkeit her und wurde als
solcher in diese Welt gesandt (siehe ausführlich in meinem *Wat is het
Zoonschap van Christus?*)

So wahrhaftig wie der Sohn von Ewigkeit her Gott war, so wahrhaftig wurde Er Mensch. Paulus unterstreicht das auf zwei Weisen. Erstens: Gottes Sohn ist »geboren aus einer Frau«, so wie, außer Adam
und Eva, jeder Mensch von einer Frau geboren wurde. Diese Geburt
impliziert nicht den Beginn Seines Bestehens als Sohn, wohl aber Seines Bestehens als Mensch. »Gott [hat] seinen eigenen Sohn in Gleich-
gestalt des Fleisches der Sünde und für die Sünde« gesandt (Röm 8,3),
d.h. Christus ist in allem dem Menschen gleich geworden (Phil 2,7;
Hebr 2,14), ausgenommen die Sünde (2Kor 5,21; Hebr 4,15) und zwar
im Blick auf die Auflösung des Sündenproblems (Röm 8,3).[7] Sünde
und Übertretung waren durch die Sünde einer Frau in die Welt gekommen (vergleiche 1Mo 3,15) und darum kam Christus auch durch
eine Frau in die Welt hinein.

Zweitens: Tod und Gericht kamen durch das Gesetz und so kam
Christus auch unter das Gesetz. Er nahm unsere Stellung ein, ohne
dass Ihm Sünde anhaftete, aber in der Verantwortlichkeit, die zum
Leben unter dem Gesetz gehörte und Er entsprach ihr völlig. Gottes
Sohn ist »geboren unter [dem] Gesetz«, d.h. Er wurde so wahrhaftig
Mensch, dass Ihn Sein Menschsein – konkreter: Sein Jude-Sein – von
Geburt an tatsächlich unter das Gesetz vom Sinai brachte (vergleiche
Lk 2,21-24). Wir müssen aber beachten, dass »Gesetz« keinen Artikel
hat; es geht hier also nicht nur um das Gesetz vom Sinai, sondern in
weitestem Sinne um die Tatsache, dass sich Christus durch Seine
Menschwerdung unter den Grundsatz des Gesetzes stellte (vergleiche
Hebr 5,8: »Er hat, obwohl Er Sohn war, den Gehorsam gelernt«). Alle

Menschen stehen unter »Gesetz«, d. h. sie sind als Geschöpfe Gott Gehorsam schuldig; nur Israel steht unter *dem* Gesetz. In dieser erweiterten Bedeutung kann auch Vers 5 (»die unter [dem] Gesetz«) auf alle Menschen angewandt werden. Christus stand außer unter dem Gesetz vom Sinai auch z. B. unter den römischen Gesetzen, kraft derer Er gekreuzigt wurde.

Zusammengefasst weist dieser Vers auf die Gottheit Christi hin (Gott sandte Seinen Sohn aus), dann auf das Menschsein Christi (»geboren aus einer Frau«) und mehr implizit auf Seine Sündlosigkeit: Er, der unter [dem] Gesetz geboren wurde, konnte solche, die unter [dem] Gesetz waren, nur erlösen, wenn Er selbst kein Gesetzesübertreter war.

4,5 Dieser Vers schildert die Folgen der Menschwerdung des Sohnes Gottes. Christus wurde »geboren unter Gesetz«, um (negativ) die »unter Gesetz« waren, aus der Sklaverei loszukaufen und (positiv) um ihnen die Sohnschaft zu schenken. Der Sohn Gottes wurde Mensch, damit Menschen Söhne Gottes werden konnten! Christus »lebte« nicht nur unter dem Gesetz als ein treuer Beachter dieses Gesetzes, Er *starb* unter dem Fluch des Gesetzes: »Christus hat uns freigekauft aus dem Fluch des Gesetzes, ein Fluch für uns geworden seiend« (Gal 3,13), d. h. indem Er für uns ein Fluch wurde und als Folge davon für uns am Kreuz den Sühnetod erlitt. Nach 3,13 wird hier wieder vom Freikaufen gesprochen (siehe dort). Im Lichte von Vers 4 können wir sagen, dass der Mensch hier insbesondere »freigekauft« wird aus der Macht der »Weltgeister«: die Juden aus der Gesetzlichkeit und die Heiden aus der Abgötterei.

Wenn das »Gesetz« hier vor allem das Gesetz vom Sinai ist, liegt es auf der Hand, bei den »wir« zunächst an die Gläubigen aus Israel zu denken. Wir haben aber gesehen, dass der Ausdruck »unter Gesetz«, ja, dass der ganze Abschnitt eine weitere Auslegung zulässt. Das »wir« umfasst dann sowohl Juden als Heiden; so kann Paulus mühelos vom »wir« auf das »ihr« (Vers 6) übergehen. Gläubige aus den Juden wie aus den Nationen empfangen aus dem Glauben die »Sohnschaft« (gr. *huiothesia*), d. h. den Status als Sohn oder genauer: das »Zum-Sohneingesetzt-sein«, das ist Adoption (vergleiche Röm 8,15.23; Eph 1,5). Das lateinische *adoptio* beinhaltet die Zulassung zu der Stellung und zu den Rechten eines Sohnes. Wenn Paulus hier an Adoption denkt, braucht er ein Bild, das die Juden selbst nicht kannten, sondern das aus der römisch-griechischen Welt entlehnt war. Allerdings kannte Israel den Gedanken, dass entweder das ganze Volk »Gottes Sohn« war (2Mo 4,22f; Hes 11,1; vergleiche Röm 9,4!) oder dass die (gläubigen) Israeliten »Söhne Gottes« waren (5Mo 14,1; Hes 10,1).

Der Gedanke des »Sohn-Seins« war dem Juden nicht fremd, wohl aber der der »Adoption«. Die Frage aber ist, ob Paulus bei *huiothesia* wirklich an »Adoption« gedacht hat, d.h. ob dies Wort für ihn mehr bedeutet hat als eben das »Sohn-Sein«. Wenn wir an Vers 1 zurückdenken, scheint es, als ob Paulus hier nicht mehr sagen will, als was »Sohnschaft« bedeutet: Das Volljährig-Werden eines Sohnes, der dadurch in die vollen Sohnesrechte eintreten kann. Er wird nicht als Sohn »adoptiert«, wie ein Fremder von einem kinderlosen Mann an Sohnes Statt angenommen werden kann, sondern wie einer, der schon Kind des Vaters war, nun ein erwachsener Sohn ist, mit allen Rechten, die dazugehören.[8] Wenn schon von »Adoption« die Rede ist, dann nur in dem Sinn, dass das bisher unmündige Kind als Sohn mit allen Rechten vom Vater *angenommen wird.* Vor dieser Zeit ist der Sohn *de facto* nicht mehr als ein Sklave (Vers 1); so impliziert unser Vers, dass der Mensch vor der Erlösung ein Sklave ist, und zwar unter der Macht der »Weltgeister« (Vers 4). Aus dieser Macht wird er freigekauft: Der Sklave wird ein Sohn mit allen Rechten und Vorrechten, die damit verbunden sind.[9]

4,6 Es ist eine Sache, durch den Glauben zu wissen, was wir geworden sind – eine ganz andere Sache aber ist es, dies durch die Kraft des Heiligen Geistes auch zu erfahren. Aus der Schrift *weiß* der Gläubige, dass er ein Sohn Gottes geworden ist. Weil Gott den Geist Seines Sohnes in unsere Herzen »ausgesandt« hat, der in uns: »Abba,[10] Vater!« ruft, *erfahren* wir auch, dass wir Gottes Söhne sind. Derselbe Gott, der Seinen Sohn in die Welt »ausgesandt« hat (Vers 4), hat den Geist Seines Sohnes in unsere Herzen »ausgesandt«. Derselbe Gott, der uns kraft unseres Glaubens öffentlich zu Söhnen erklärt, schenkt uns den Geist, der – wenn zumindest in Röm 8,15 der Heilige Geist und nicht unser eigener, erneuerter Geist gemeint ist – der »Geist der Sohnschaft« ist, d.h. der Geist, der unsere Sohnschaft kennzeichnet, uns ihrer versichert und in uns die Kraft und die Freimütigkeit bewirkt, Gott als Vater anzurufen.

Das erste Wort dieses Verses ist wahrscheinlich kausal aufzufassen (vergleiche Grammatik): »Weil« wir kraft des Glaubens (3,26) Söhne Gottes geworden sind, hat Gott uns den Geist Seines Sohnes geschenkt; dieser Geist seinerseits bestätigt hinterher, dass wir in der Tat Söhne Gottes geworden sind (vergleiche Röm 8,14 im Zusammenhang mit der Kindschaft). Achte auf den merkwürdigen Wechsel des Fürworts: »Weil *ihr* denn Söhne seid, hat Gott den Geist Seines Sohnes in *unsere* Herzen ausgesandt.« Aus unverständlichen Gründen haben einige Abschreiber das »unsere« in »eure« umgewandelt, um es an das »eure« anzupassen (siehe Textvariante). Aber es ist bei Paulus nichts Ungewöhnliches, von der zweiten in die erste Person zu wechseln (siehe Gal 1,3f und 2,14f): Was für die Adressaten gilt, gilt für »uns« Gläubige alle zusammen.

An anderer Stelle sagt Paulus, dass unsere Leiber Tempel des Heiligen Geistes sind (1Kor 6,19), aber das Herz – besonders im übertragenen Sinn – ist das Zentrum unserer ganzen leiblichen Existenz. Es ist der inwendige Mensch, der »verborgene Mensch des Herzens« (1Petr 3,4). »Behüte dein Herz mehr als alles, was zu bewahren ist; denn von ihm aus sind die Ausgänge des Lebens« (Spr 4,23). Das gilt sowohl positiv als auch negativ: »Was aus dem Munde ausgeht, kommt aus dem Herzen hervor und das verunreinigt den Menschen. Denn aus dem Herzen kommen hervor böse Gedanken, Mord« usw. (Mt 15,18f; vergleiche 13,15; Mk 3,5; 6,52; Röm 1,21.24; 2,5; Hebr 3,10.12). In dieses Herz wird Gottes Wort gesät und dort bewahren wir es (Lk 8,12.15), dies Wort beurteilt die Gedanken und Überlegungen des Herzens (Hebr 4,12); es macht unsere Herzen brennend (Lk 24,32; Apg 2,37), mit diesem Herzen lieben wir Gott (Mt 22,37) und glauben wir (Röm 10,9f). Durch den Glauben wird unser Herz beschnitten (Röm 2,19) und gereinigt (Apg 15,9) und Christus wohnt in unseren Herzen (Eph 3,17), durch den Heiligen Geist werden die Augen unseres Herzens erleuchtet (Eph 1,18). »Gott ist es, der in unsere Herzen geleuchtet hat zum Lichtglanz der Erkenntnis der Herrlichkeit Gottes im Angesicht Christi« (2Kor 4,6).

»Die Liebe Gottes ist ausgegossen in unsere Herzen durch den Heiligen Geist, welcher uns gegeben worden ist« (Röm 5,5). Gott hat »das Unterpfand des Geistes in unsere Herzen gegeben« (2Kor 1,22). Christus wird »eingeschrieben in unsere Herzen (…) mit [dem] Geist [des] lebendigen Gottes (…) auf fleischerne Tafeln des Herzens« (2Kor 3,3). Diese drei Schriftstellen kommen unserem Vers am nächsten: »Gott

hat den Geist seines Sohnes in unsere Herzen ausgesandt.« Durch den
Heiligen Geist lernen wir Gott als unseren Vater in einem Geist der
Liebe und Anbetung anzureden (vergleiche Mk 14,36; Röm 8,15). Das
ist äußerst wichtig. Die Sohnschaft ist nicht nur für uns selbst da, sondern wir sind Söhne *für Gott.* Gott hat »uns zuvorbestimmt zur Sohnschaft durch Jesum Christum *für sich selbst,* nach dem *Wohlgefallen seines* Willens zum Preise der Herrlichkeit seiner Gnade« (Eph 1,5f, kur-
siv WJO). Der Ruf »Abba, Vater!« entspringt einer dauernden Haltung von Liebe, Abhängigkeit und bittender Hinwendung zum Vater
und dem Bewusstsein, dass wir in erster Linie für Ihn da sind, bevor Er
als Vater auch für uns da ist. Das »Rufen« scheint den Charakter eks-
tatischer Anbetung, des Vertrauens und der Liebesbezeigungen, aber
auch die Abhängigkeit und flehentliches Bitten zu unterstreichen.

Gott hat den »Geist seines Sohnes« in unsere Herzen ausgesandt.
Das ist ein merkwürdiger Ausdruck. Als Person ist der Heilige Geist
sowohl vom Vater als auch vom Sohn unterschieden (vergleiche z. B.
Mt 28,19; Joh 14,26; Apg 2,33); aber Er ist gleichzeitig so eng mit dem
Vater und mit dem Sohn verbunden, dass Er manchmal »Sein Geist«
(d. h. des Vaters; Eph 3,14.16), der »Geist Jesu« (Apg 16,7), der »Geist
Christi« (Röm 8,9; 1Petr 1,11) und der »Geist [des] Herrn« (2Kor 3,17)
genannt wird. Dieser Geist ist nicht nur mit dem Sohn als göttlicher
Person verbunden, sondern ruhte auch in Seiner ganzen Fülle auf Ihm
als *Mensch* (Joh 3,34) und als *Mensch* wurde Jesus in Abhängigkeit von
Gott durch den Geist geleitet (Lk 4,1). Der Heilige Geist ist daher in
doppeltem Sinn der Geist Christi und darüber hinaus ist Er es noch,
weil Christus frei über Ihn bestimmen kann (Joh 15,26; Apg 2,33).

In unserem Vers ist Er »der Geist des Sohnes Gottes«, um deutlich
zu machen, (a) dass nach dem, was der Sohn *für* uns tat (Vers 4), es
nun der Geist eben dieses Sohnes ist, der *in* uns wohnt und dass (b)
unser »Gottes-Sohn-Sein« durch den Geist des Sohnes Gottes gekennzeichnet ist. Der Sohn Gottes wurde Mensch *für* uns und gab Seinen
Geist *in* uns, damit wir Menschen, ja Söhne Gottes werden sollten und
in Gemeinschaft mit dem Vater dessen Liebe zu uns und unsere Liebe
zu Ihm kennenlernten, so wie der Sohn dies alles von Ewigkeit her
gekannt hat.

Es ist hier buchstäblich der Heilige Geist, der hier ruft; aber selbstverständlich wird Er als eins mit dem Geist des Gläubigen gesehen.
Und anders gesehen ist es wirklich der Gläubige, der ruft – aber in der

Kraft des Heiligen Geistes. Vergleiche Röm 8,16: »Der Geist selbst zeugt mit unserem Geist, dass wir Gottes Kinder sind«; hier stimmt das Zeugnis des Heiligen Geistes mit dem Geist des Gläubigen überein. Siehe auch Röm 8,26f, wo der Heilige Geist *in* dem Gläubigen *für* den Gläubigen bittet: »Der Geist verwendet sich für uns in unaussprechlichen Seufzern. Der aber die Herzen erforscht, weiß, was der Sinn des Geistes ist, denn er verwendet sich für Heilige Gott gemäß.« Vergleiche abschließend auch Offb 22,17: »Der Geist und die Braut sagen: Komm!«; da vereinigen sich der Heilige Geist und der Gläubige in ihrem Flehen zu dem Herrn Jesus.

4,7 Erstaunte uns in den Versen 5 und 6 der Übergang von der ersten in die zweite Person Mehrzahl und zurück, so wundern wir uns hier über den plötzlichen Übergang in die zweite Person Einzahl. Dadurch wird die zusammenfassende Folgerung jedem Leser ganz persönlich auf die Seele gebunden: »Also [oder: darum] bist du nicht mehr Sklave, sondern Sohn.« Das bedeutet nicht: *Weil* du den Geist empfangen hast, bist du Sohn – das wäre das Gegenteil von Vers 6 –, sondern: Aus der Tatsache, dass du den Geist empfangen hast, *wird ersichtlich,* dass du ein Sohn Gottes bist. Das ist die Zusammenfassung des ganzen Abschnitts: Erst warst du ein Sklave unter der Ordnung des Gesetzes; aber nun hat Gott Seinen Sohn gesandt und du hast an Ihn geglaubt, darum bist du kein Sklave mehr, sondern ein Sohn Gottes; wenn du aber ein Sohn bist, dann bist du auch ein Erbe Gottes.

Natürlich hat nicht jeder Gläubige unter der Ordnung des Gesetzes gelebt – die Heiden im buchstäblichen Sinn allesamt nicht –, denn nicht jeder Gläubige hat den Übergang von der Haushaltung des Gesetzes in die Haushaltung des Glaubens persönlich mitgemacht. In dieser Hinsicht ist das »du« in diesem Vers beinahe »der Mensch« im Allgemeinen. Aber man darf es gleichwohl persönlich auffassen; denn auch die Menschen, die nach dem Erscheinen des Christentums geboren sind, haben vor ihrer Bekehrung nicht nur eine Zeit mitgemacht, in der sie Sklaven der Sünde waren – ganz sicher, darum geht es hier jedoch nicht –, sondern auch manchmal Sklaven ihrer eigenen »guten« Absichten, ihrer eigenen gesetzlichen Frömmigkeit.

Sohnschaft und Erbberechtigung gehören hier genauso selbstverständlich zusammen wie die Kindschaft und die Erbberechtigung in Röm 8,17: »Wenn aber Kinder, dann auch Erben – Erben Gottes und

Miterben Christi«. Was Paulus mit »dem Erben« meint, ist schon vorbereitet durch das, was er in Gal 3 gesagt hat über das »Testament«
(Vers 15), das »Erbe« (Vers 8), die »Söhne Gottes« (Vers 26) und »den
Erben« (Vers 29). Wir sind Söhne Abrahams (Vers 7) und darum aus
Glauben Erben der ihm gemachten Verheißungen (Vers 18). Aber wir
sind auch Söhne Gottes (Vers 26; 4,5-7) und daher aus Glauben auch
Erben Gottes, d. h. auch Erben der typisch christlichen Segnungen (vergleiche Eph 1,3), die noch weit über das hinausgehen, was dem Abraham verheißen war (vergleiche Gal 6,8: die Ernte des »ewigen Lebens«!) Übrigens steht hier nicht »Erben Gottes«, sondern »Erben
durch Gott«. Durch Sein Wirken sind wir Erben Gottes geworden und
durch Sein Wirken fällt uns das Erbe auch tatsächlich zu.

Was Paulus hier deutlich machen will, ist die Tatsache, dass die Galater durch den Glauben Söhne und Erben Gottes geworden sind und
dass es daher Torheit ist, sich wieder unter die Ordnung des Gesetzes
zu begeben. Das liefe darauf hinaus, dass sich die Galater *de facto* wieder zu Sklaven und Unmündigen machten. Es ist, als ob ein erwachsener Sohn den Vater bäte, ihm seine Mündigkeit wieder abzunehmen
und ihn aufs Neue unter den väterlichen Befehl und unter die Aufsicht
eines Vormundes oder Verwalters zu stellen, so, als sei er noch ein
kleiner Junge. Mit anderen Worten: Wer es wirklich begreift und durch
den Geist verwirklicht, ein Sohn und Erbe Gottes zu sein, braucht weder Kinderhüter noch Verwalter. Darum war es eine Versuchung voller Unwahrheiten, mit der die Irrlehrer die Galater wieder unter das
Gesetz bringen wollten. Die Ordnung des Glaubens und die Ordnung
des Gesetzes haben nichts miteinander zu tun. Man ist entweder unter
der einen oder unter der anderen; eine Vereinigung der zwei ist nicht
nur unmöglich, es ist schon eine Torheit, dies auch nur zu versuchen.

Anmerkungen

1) Einige behaupten, »Vormund« sei ein juristischer Begriff und »Verwalter« ein administrativer und/oder dass der »Vormund« die Person des
   Minderjährigen und der »Verwalter« dessen Erbteil beaufsichtigt (u.a.
   Greijdanus, Hendriksen). Vielleicht benutzt Paulus den Plural, um anzuzeigen, dass der »Unmündige« unter einer Vielzahl verschiedener
   Beaufsichtiger steht, ohne diese zu unterscheiden. Allerdings ist der »Vor-
   mund/Verwalter« etwas anderes als der »Kinderhüter« (3,24f). Der eine

hat eine juristisch-administrative, der andere eine sozial-edukative Funktion. Aber selbst hier ist der Unterschied nicht allzu groß, wenigstens nicht in der von Paulus beigelegten Bedeutung: In beiden Fällen meint er das Gesetz.

2) Vielleicht denkt Paulus eher an das römische Recht, weil der Vater unter ihm mehr Freiheit hatte, den Zeitpunkt der Volljährigkeit zu bestimmen als unter dem hellenischen. Vielleicht ist es auch richtiger, an einen verstorbenen Vater zu denken, weil sonst die Aufsicht des minderjährigen Sohnes eher in den Händen des Vaters selbst, als in den Händen von Vormündern und Verwaltern gelegen hätte. Auch passt diese Vorstellung zu der des Testaments (3,15): Der jung verstorbene Vater hat seinen ganzen Besitz seinem Sohn vermacht; doch ist dieser bis zu seiner Volljährigkeit unter Aufsicht gestellt. So hat Gott im Abrahamitischen »Bund/Testament« das Erbteil den Gläubigen verheißen; aber solange Christus noch nicht gekommen war, standen sie unter der Aufsicht des Gesetzes.

3) Die traditionelle Auslegung sieht in den *stoicheia* die elementaren Grundsätze von Moral und Religion, die in der ganzen »Welt« in den unterschiedlichsten Formen von den Menschen ohne Christus anerkannt und praktiziert werden. Da diese Grundsätze einen gesetzlichen Charakter haben, so erklärt man, kann Paulus sowohl die Juden als auch die Heiden (vor dem Kommen des Christentums) als Menschen betrachten, die den *stoicheia* gedient haben. In einem weiteren Sinn umfassen die *stoicheia* alles, worauf der Mensch außerhalb von Christus sein Vertrauen setzt. Aber wenn (a) diese Dinge in Wirklichkeit des Menschen »Götter« sind (siehe Fung, S. 191 plus Verweisungen), ist es doch nur ein kleiner Schritt, um (gleichzeitig) an wirkliche »Götter« (= geistliche Mächte) zu denken. (b) Ist es zu akzeptieren, dass Paulus heidnische Vorstellungen über Moral und Religion auf irgendeine Weise mit dem Gesetz in eine Reihe gestellt hätte? (gegen z. B. Hendriksen, S. 157 und Rendall, S. 176). (c) Warum sollte Paulus das Gesetz als »Elemente *der Welt*« beschrieben haben? Das fragt Greijdanus (S. 93f), der auch an das Gesetz denkt, aber auf diese Frage m. E. keine befriedigende Antwort gibt.

Ein Argument gegen die Auslegung *stoicheia* = »geistliche Mächte« ist, dass man nicht weiß, ob *stoicheia* schon zur Zeit des NT diese Bedeutung haben konnte. Dies ist aber ein Argument *e silentio* (ein Negativ-Argument); genauso wenig gibt es einen Beweis, dass *stoicheia* damals diese Bedeutung nicht haben konnte. Noch deutlicher: Es ist sogar denkbar, dass gerade Paulus dem Wort diesen besonderen Sinn beigelegt hat.

4) Vielleicht verweisen die »Vormünder und Verwalter« in Vers 2 auf die jüdischen Irrlehrer, die die galatischen Christen unter dasselbe Joch bringen wollten, unter dem sie standen (so auch Cole, S. 113), vielleicht sogar auf die geistlichen Mächte »hinter« diesen Irrlehrern (vergleiche Eph

6,12). Der Gedanke ist dann, dass der Mensch vor dem Kommen Christi nicht nur unter dem Gesetz als »Kinderhüter« stand (3,24f), sondern auch unter »Vormündern und Verwaltern«: Gesetzeslehrern, die mit ihrer Gesetzlichkeit und ihrem Ritualismus den Menschen ein zusätzlich schweres Joch auflegten (vergleiche Mt 23,4). Gegen diese Auslegung spricht, dass in der Bildersprache von Vers 2 der *Vater* den Sohn unter Vormünder und Verwalter stellt, so wie Gott Sein Volk unter die Aufsicht des Gesetzes brachte. Das verändert aber nichts an der Tatsache, dass der unbekehrte, gesetzliche Jude unter der Ordnung des Gesetzes, sich *de facto* in der Macht der Weltgeister befand.

5) Genauer: »Fülle« (gr. *plérooma*) ist entweder aktiv »das, was füllt oder erfüllt/vollendet« oder passiv »das, was erfüllt ist« oder das »Voll-Sein«, »Erfüllt-Sein«. Beides passt wohl in diesen Zusammenhang, das zweite vermutlich etwas besser. »Fülle« weist auf den Abschluss einer bestimmten Periode hin; *plérooma* scheint in unserem Vers gleichzeitig eine Anspielung auf den esoterischen Gebrauch zu sein, der in den Tagen des Paulus von diesem Wort gemacht wurde. Der »Fülle«, der sich die jüdischen Irrlehrer wie auch die heidnischen Denker rühmten, stellt Paulus die »Fülle« der Zeit Gottes entgegen, die gleichzeitig den Augenblick der Offenbarung der »ganzen Fülle Gottes« enthielt (Eph 3,19).

6) Die »Fülle der Zeit« hat also nichts damit zu tun, dass die Zeit reif war, weil eine Reihe äußerlicher Vorbedingungen erfüllt waren (gegen Cole, Hendriksen). Es geht um die Ablösung der »Haushaltung« des Gesetzes durch die der Gnade. Man beachte dabei den Unterschied zwischen »der Fülle der Zeit« (gr. *to plérooma tou chronou*) und der »Fülle der Zeiten« (gr. *to plérooma too kairoon*) in Eph 1,10. *Chronos* betrachtet vor allem die Zeitdauer, also die Zeit im quantitativen Sinn; eine Fülle des *chronos* ist eine vollendete oder erfüllte Zeitdauer und der Beginn eines neuen Zeitabschnitts. *Kairos* ist Zeit in qualitativem Sinn, ein Zeitabschnitt (oder »Augenblick«) mit spezifischen Kennzeichen; die »Verwaltung der Fülle der *kairoi*« ist dann ein Zeitabschnitt, in den alle *kairoi* einmünden und ihre Erfüllung finden.

7) Impliziert dieser Ausdruck die Jungfrauengeburt Christi? Jedenfalls steht er dazu nicht im Widerspruch, wie angenommen wird, weil Paulus nicht sagt: *gennèthenta* (»gezeugt« von *gennaoo*), sondern *genomenon* (»geworden«, von *ginomai*). Es ist aber die Frage, ob sich diese beiden Ausdrükke inhaltlich sehr unterscheiden; *ginomai* kann in der Praxis wie ein Passiv von *gennaoo* wirken. Tatsächlich ist der Text wohl kein strikter Beweis für die Jungfrauengeburt, aber auch keiner dagegen. Es ist nicht anzunehmen, dass Paulus, dessen treuer Reisegefährte Lukas war, die Geburtsgeschichte aus Lk 1 und 2 nicht kannte. Es geht Paulus in diesem Text nicht darum, die Jungfrauengeburt zu beweisen, sondern vielmehr

darum, dass sich Christus mit unserem Menschsein einsgemacht hat. Paulus weist hier mehr auf die Geburt als auf die Empfängnis Christi hin, mehr auf Sein Einsmachen mit uns und nicht so sehr auf die im Vergleich zu uns bestehenden Unterschiede in Seinem Menschsein.

8) Die Lutherübersetzung spricht in Vers 5 von »Kindern«. *Huios* darf aber nicht mit »Kind« übersetzt werden, weil »Kind« (*tekn[i]on*) mit Zeugung und Geburt zusammenhängt (Joh 1,13), »Sohn(-schaft) »aber mit der »hohen, selbständigen Stellung geistlich Mündiger« (Greijdanus).

9) Das Wort für »empfangen« (*apolaboomen*) kann gewöhnlich »empfangen« bedeuten wie in Lk 16,25; 18,30; 23,41; Röm 1,27; Kol 3,24; 2Jo 8; aber es kann auch »zurückerhalten, wiederbekommen« bedeuten wie in Lk 6,34; 15,27 (ganz abgesehen von der Bedeutung »wegnehmen« und »aufnehmen«). Einige (wie Rendall) möchten hier an »zurückerhalten« denken, als ginge es hier um Vorrechte, die beim Sündenfall verloren gegangen waren. Die typisch christliche Stellung und deren Segnungen, wie die »Sohnschaft« und der Heilige Geist (Vers 6), gehörten aber nicht zu den Menschen vor dem Sündenfall.

10) Das Wort *Abba* ist nach Meinung vieler ein aramäisches Kosewort, das die intime Zuneigung des Kindes seinem Vater gegenüber ausdrückt: »Papa(-chen)«. Im heutigen Hebräisch (Ivrit) ist es das gewöhnliche Wort für »Papa«. Für den Herrn Jesus, der aramäisch sprach, war es zweifellos die gewohnte Anrede für Seinen Vater. Es ist interessant, dass das NT dies Wort unverändert übernimmt, wenn auch stets gefolgt von der gr. Übersetzung *ho patèr* (»der Vater« oder »Oh Vater«), wie es in einem Evangelium an die Römer (Mk) und in Briefen an Heidenchristen (Römer- und Galaterbrief) verständlich ist. Dies »Abba, Vater!« geht viel weiter, als dass es nur der Anfang des »Vater unser« ist (in Lk 11,2 kurz: »Vater«). Immerhin kannten die Jünger als gläubige Israeliten wohl den »Vater«-Namen (Jes 63,16; 64,8; Jer 3,4,19; vergleiche auch Ps 103,13; Jer 31,9; Mal 1,6; 2,10), aber nicht die Sohnschaft im christlichen Sinne und die Innewohnung des Heiligen Geistes. Doch war das »Vater unser« schon revolutionär; denn kein Israelit sprach Gott direkt als »(mein) Vater« an, er hätte das für unehrerbietig gehalten. Auch die Griechen nannten Zeus ihren »Vater«, doch sprachen sie ihn nie so an, ganz zu schweigen von einer *persönlichen* Beziehung wie zwischen einem Kind und seinem Vater. Darum war es »sogar« für die Jünger etwas Besonderes, dass Jesus in Seinen Gebeten Gott als Seinen Vater ansprach und sie dasselbe lehrte (Mt 11,25; 26,39.42; + par.; Joh 11,41; 12,27; 17,1.5. 11.21.24f).

2.2.6 Die Gefahr zurückzufallen (4,8-11)

Übersetzung

8 Aber damals, [von] Gott nicht wissend, habt ihr zwar denen gedient, [die] von Natur keine Götter sind;

9 jetzt aber, Gott kennend, ja, noch mehr, von Gott gekannt seiend, wie wendet ihr wieder um
zu den schwachen und armen Elementen,
denen ihr wieder neu dienen wollt?

10 Tage haltet ihr und Monate und Zeiten und Jahre.

11 Ich fürchte um euch, ob ich nicht etwa vergeblich an euch gearbeitet habe.

Übersetzungsvarianten

10 Vielleicht: *Haltet ihr Tage und Monate und Zeiten und Jahre?*

Textvarianten

8 *von Natur keine* (= *nicht*): weniger wichtige Textzeugen lesen *nicht von Natur.*

Grammatik

8 *[von] Gott nicht wissend:* ein seltenes Beispiel für den klassischen Gebrauch des gr. *ou* (»nicht«) mit einem Part.; sowohl temporal als auch kausal aufzufassen: *als* oder *weil ihr [von] Gott nicht wusstet.*

9 *jetzt aber, Gott kennend, ja, noch mehr, von Gott gekannt seiend:* sog. Epidiorthosis: eine gewisse Korrektur des Vorhergehenden, um sich stärker ausdrücken zu können..

9 *kennend (…) gekannt seiend:* 2x Aor., frei wiedergegeben: »nun, wo

ihr Gott kennengelernt habt, ja, noch mehr, wo Gott angefangen hat, euch zu kennen« (d. h. euch angenommen hat«).

9 *wendet:* Präs., die Galater waren also noch damit beschäftigt.

9 *wendet (…) wieder um:* Pleonasmus (vergleiche 1,17).

10 *haltet:* Medium, aber ohne erkennbaren Unterschied zum Aktiv.

10 *und … und … und:* gr. *kai* klingt im Gr. fast ironisch (noch und noch eins drauf!).

11 *um euch:* sog. Prolepsis, d. h. im Hauptsatz wird auf das Objekt des Nebensatzes angespielt (»an euch«).

11 *gearbeitet habe:* Perf., weist auf eine Handlung in der Vergangenheit hin, deren Folgen noch wirksam sind.

Auslegung

Wer sich wieder unter die Ordnung des Gesetzes begibt, kehrt in den Status der Unmündigkeit zurück und gerät unter die Autorität von »Kinderführern« und »Vormündern«. Viel schlimmer ist, dass ein solcher wieder in der Sklaverei landet, nicht nur in der Sklaverei der Sünde, sondern auch in der Macht der »Weltgeister«. Vor ihrer Bekehrung hatten sich die galatischen Heidenchristen unter deren Macht befunden, unter den »Abgöttern«, unter dämonischen Engelmächten. Jetzt wollten sie sich den »Weltgeistern« wieder unterstellen und zwar den dämonischen Mächten, die hinter der Gesetzlichkeit und dem Traditionalismus stehen.

4,8 Das »Aber« läutet einen Abschnitt ein, in dem Paulus die galatischen Christen an ihren früheren Zustand erinnert. Als sie den Gott der Schrift noch nicht kannten – geschweige denn *er*kannten –, als sie also noch nicht wiedergeboren waren, dienten sie den »Göttern«. Das sind Wesen, deren Natur ganz und gar nicht göttlich ist, vielmehr sind sie geschaffene Engel, die von Gott abgefallen sind. Nichts, was erschaffen wurde, verdient den Namen »Gott« (vergleiche Apg 14,15). So sagt Paulus an anderer Stelle: »… so wissen wir, dass ein Götzenbild nichts ist in der Welt und dass kein [anderer] Gott ist, als nur *einer*. Denn wenn es anders solche gibt, die Götter genannt werden, sei es im Himmel oder auf Erden (wie es ja viele Götter und Herren gibt), so ist doch für uns *ein* Gott, der Vater, von welchem alle Dinge sind und wir

für ihn und *ein* Herr, Jesus Christus, durch welchen alle Dinge sind
und wir durch ihn« (1Kor 8,4-6). Und etwas später: »Was sage ich nun?
dass das einem Götzen Geopferte etwas sei, oder dass ein Götzenbild
etwas sei? Sondern dass das, was [die Nationen] opfern, sie den Dämonen opfern und nicht Gott. Ich will aber nicht, dass ihr Gemeinschaft habt mit den Dämonen« (1Kor 10,19f). Nur ausnahmsweise
wendet er den Namen »Gott« auf ein Engelwesen an, wie bei Satan:
»den Gott dieser Welt« (2Kor 4,4).

Die Heiden kannten und kennen Gott nicht. Das einzige, was sie
von ihm wissen, ist »seine ewige Kraft und Göttlichkeit« (Röm 1,20).
In diesem Sinn kann in gewisser Weise gesagt werden, dass sie Gott
»kennen« (Vers 21).[1] Aber in dieser Kenntnis war nicht die Kenntnis
Seiner Person enthalten, geschweige denn eine persönliche Beziehung
der Liebe und Gemeinschaft mit Ihm. Daher wird gesagt, dass sie »die
Wahrheit in Ungerechtigkeit besitzen« (Vers 18; vergleiche Luther:
»gefangen halten«), wie aus ihrer Abgötterei abzulesen ist (Vers 21-
23). Für dies Verstümmeln ihrer geringen Erkenntnis Gottes, die sie
gleichwohl haben, sind sie voll verantwortlich. Wo nun aber die Galater so viel mehr Gotteserkenntnis haben, ist ihre Verantwortung um so
größer, falls sie geneigt sein sollten, sich wieder unter die Macht der
»Weltgeister« zu begeben.

Dass die Heiden in Bezug auf Gott unwissend sind, reicht bis zu
diesem Augenblick (vergleiche Apg 17,23). Der Christ aber, der sich
wieder den »Weltgeistern« zuwendet, stellt sich (vielleicht unbewusst)
auf den Boden des Heidentums und des pharisäischen Judentums und
damit auf den der Unwissenheit. Darum sagt Paulus in 1Kor 15,34
(wenn es dort auch um andere Irrlehren geht): »Werdet rechtschaffen
nüchtern und sündigt nicht; denn etliche sind in Unwissenheit über
Gott; zur Beschämung sage ich's euch.« So kann man Gott »kennen«
und sich doch wieder in die Stellung des Unwissenden manövrieren,
indem man Irrlehren folgt und sich unter dämonische Mächte stellt
(vergleiche 1Tim 4,1f).

4,9 »Jetzt aber«, seit Paulus sie besucht und ihnen das Evangelium
verkündigt hatte, waren die Galater zur wahren christlichen Glaubens-
erkenntnis Gottes gelangt (vergleiche 1,8f; 3,2,5; 4,13). Ja, was noch
mehr ist, sie waren »von Gott erkannt«, d.h. sie waren Gegenstände
Seiner Erwählung und in Seine Gemeinschaft berufen worden (ver-

gleiche 1,6; 5,8,13). Nicht allein hatten die Galater Gott angenommen, sondern Gott hatte sie angenommen; die Initiative zu ihrer Erlösung war von Gott ausgegangen, nicht von ihnen. Wo die Dinge so standen, wie kamen sie darauf, sich nun wieder nach den »schwachen und armen Elementen« umzuwenden, um ihnen wieder zu dienen? Wer sich unter die Ordnung des Gesetzes begeben will, kann genauso gut einen der Astarte geweihten Baum oder die Wodanseiche verehren!

Über die Bedeutung der »Elemente« haben wir bei Vers 3 ausführlich gesprochen, wo von den »Elementen der Welt« die Rede war. Ich fasse meine Schlussfolgerungen zusammen: Paulus stellt hier Abgötterei und Gesetzlichkeit in eine Reihe. Alles ist ein Dienst vor den geistlichen Mächten, die die ungläubige Welt beherrschen. Hinter Gesetzlichkeit und Abgötterei verbergen sich geistliche Mächte, die den Menschen versklaven (vergleiche Kol 2,20-23). Wenn jemand mit Christus den *stoicheia* der Welt »gestorben« ist und danach der Gesetzlichkeit und dem Ritualismus verfällt, begibt sich aufs Neue unter die Macht der Weltgeister. Wer sich unter die Ordnung des Gesetzes begibt, kehrt zu dem zurück, von dem er durch Christus erlöst wurde: von den geistlichen Mächten, die doch gerade am Kreuz entwaffnet und ihrem wahren Wesen nach zur Schau gestellt wurden (Kol 2,15). Gerade die Weltgeister, die auf dem Kreuz Christi entlarvt und ihrer Kraft beraubt wurden, erhalten in der christlichen Welt Einfluss, wo Christen zu pharisäischer Gesetzlichkeit zurückkehren.

Paulus fragt: »wie …?«, d.h. »wie konntet ihr das fertigbringen?«. Darin liegt eine strenge Verurteilung: Wer Gott kennt, ja von Gott erkannt ist, kann sich unmöglich wieder unter die Macht der Weltgeister begeben, die in Wirklichkeit nur »schwache und arme« Götzen sind. Das ist derselbe Kontrast wie in 1Kor 10,21: »Ihr könnt nicht [den] Becher [des] Herrn trinken und [den] Becher [der] Dämonen«, d.h. das darf man einfach nicht tun. Ihr könnt nicht aus der Macht der Dämonen erlöst sein und dann freiwillig unter deren Macht zurückkehren. Eigentlich ist das selbstverständlich, allerdings für die Galater anscheinend nicht. Sobald sie nur begreifen würden, dass Götzendienst dem Wesen nach die gleiche Sklaverei wie die Gesetzlichkeit bedeutet, müssten sie zu der Erkenntnis kommen: Der Irrlehre nachgeben heißt, unter die Macht der Dämonen *zurückzukehren*. Die Gesetzlichkeit ist »schwach«, weil sie keine Kraft hat, den Menschen zu erlösen und zu rechtfertigen; und sie ist »arm«, weil sie keine Reichtümer be-

sitzt, die sie den Gläubigen schenken könnte. So stark und reich die
ewige Torah Gottes – wohlverstanden (siehe Anhang 4!) – ist, so
schwach und arm ist die Gesetzlichkeit.

4,10 Woran erkennt man die Neigung der Galater, sich wieder unter
die Ordnung des Gesetzes und damit unter die Macht der »Weltgeister« zu begeben? Paulus nennt einen Beweis: »Tage haltet ihr und
Monate und Zeiten und Jahre.« Die Galater hatten angefangen bestimmte heilige Tage und Festzeiten zu halten. Vielleicht können wir
den Vers als Frage übersetzen (siehe Übersetzungsvariante); in solchem Fall wären die Galater der Gesetzlichkeit nur gewogen. Wahrscheinlicher jedoch hatten sie tatsächlich schon damit begonnen, wie
die Befürchtung des Paulus in Vers 11 vermuten lässt.

Es ist kein Zufall, dass die Aufzählung der in 1Mo 1,14 ähnlich ist:
»Und Gott sprach: Es werden Lichter an der Ausdehnung des Himmels, um den Tag von der Nacht zu scheiden und sie seien zu Zeichen
und zu[r Bestimmung von] Zeiten und Tagen und Jahren.« In der LXX
finden wir hier dieselben Worte für »Tage«, »Zeiten« und »Jahre« wie
in unserem Vers. So glauben wir, dass Paulus hier an die jüdischen
Feste denkt. Die besonderen »Tage« sind vor allem die Sabbathe (vergleiche Kol 2,16) und z.B. bestimmte Festtage (vergleiche Sach 7,5);
bei den Monaten geht es um die Neumondfeier, mit der der Monat
anfängt (4Mo 28,11-15; Jes 1,14); »Zeiten« sind Feste und hohe Zeiten, die länger als einen Tag dauerten, wie das Passahfest, das Fest der
Wochen und das Laubhüttenfest (3Mo 23). Bei den »Jahren« geht es
um die Neujahrsfeier (3Mo 23,24f; der siebente Monat des kultischen
Jahres war der erste Monat des bürgerlichen Jahres) und/oder um das
Sabbath- und das Jubeljahr (3Mo 25,4.10).[2] Kurz: Die Aufzählung des
Paulus schließt alle jüdischen Feiertage ein, keiner bleibt verschont.
Offenbar hatten die galatischen Christen bereits die gesamte jüdische
rituelle Ordnung übernommen.

Gleichzeitig kann es uns nicht entgangen sein, dass – wie wir aus
1Mo 1,14 sehen – unsere Zeitrechnung durch die Himmelskörper (Sonne und Mond) bestimmt wird und dass von alters her im Heidentum ein
enger Zusammenhang zwischen den Himmelskörpern und »göttlichen«
Mächten angenommen wird.[3] Wenn die *stoicheia* von Vers 9 tatsächlich
»Weltgeister« sind, fällt es schwer, die Verbindung zwischen diesen Geistern und der durch die Himmelskörper bestimmten Zeitrechnung in un-

serem Vers außer Betracht zu lassen. Wer sagt, die Zeitrechnung werde von den Himmelskörpern bestimmt, sagt nach heidnischer Vorstellung, die Zeitrechnung wird durch »göttliche« Mächte beherrscht, d. h. durch die »Weltgeister«. Dergleichen Auffassungen waren auch in bestimmte jüdisch-apokalyptische Kreise eingedrungen. Wir können es aus dem Text nicht beweisen, doch wenn die *stoicheia* die »Weltgeister« sind, ist es nicht undenkbar, dass die galatischen Heidenchristen schon deshalb leicht zu den jüdischen Feiertagen übergehen konnten, weil ihnen die von Himmelskörpern (lies: Himmelswesen) bestimmte Zeitrechnung von alters her vertraut war. Vielleicht will Paulus ihnen aber auch die Augen für diesen Zusammenhang öffnen.[4]

Ist diese Auslegung richtig, so macht sie noch besser verständlich, dass die Unterordnung unter das Gesetz eine *Zurückkehr* zu den »Weltgeistern« bedeutete. Ob es sich nun um heidnische oder um jüdische Feiertage unter dem Gesetz handelt, Paulus sieht sie beide von den »Weltgeistern« beherrscht. Gott gab die Torah und die war heilig, gerecht und gut (Röm 7,12). Auch die Torah-Vorschriften über die Festzeiten enthalten göttliche Weisheit; denken wir nur an das Passah, die Einsammlung der Erstlingsgarbe, das Wochen- und das Laubhüttenfest als Hinweis auf den Sühnetod Christi, auf Seine Auferstehung, auf die Ausgießung des Heiligen Geistes und auf das Messianische Friedensreich. Aber als Bestandteile einer pharisäischen Gesetzlichkeit, d. h. einer Ordnung, worin sich der Mensch aus eigener Kraft zu rechtfertigen trachtet, stehen selbst diese Feiertage unter der Herrschaft dämonischer Mächte. Dieser Unterschied ist von höchster Bedeutung (siehe Anhang 4).

Man sollte es der Mühe für wert achten zu erfahren, wie Paulus die strenge Gebundenheit vieler Christen an sogenannte christliche Feste beurteilen würde, nicht allein an Ostern und Pfingsten – wofür wenigstens noch ein biblisches Vorbild besteht –, sondern auch an Weihnachten. In einigen christlichen Kreisen ist es sogar gebräuchlich geworden, typisch jüdische Feste, wie das jüdische Neujahr, den großen Versöhnungstag und das Laubhüttenfest zu feiern. Ganz schweigen will ich von der gesetzlichen Haltung gegenüber dem Sonntag – der dann als die Entsprechung zum Sabbath gehalten und gefeiert wird – und von der zum Buß- und Erntedanktag. Da zeigt sich ein Eifer, als könne man sich auf eine direkte göttliche Offenbarung berufen. Werden nicht viele, die keine Glaubensgewissheit haben, aber solche Tage streng einhalten, um dadurch Gott zu gefallen, unter dasselbe Urteil des Paulus fallen?

Wir haben einander in dieser Sache nicht zu verurteilen; denn Paulus sagt: »Der eine hält einen Tag vor dem anderen, der andere aber hält jeden Tag [gleich]. Ein jeder aber sei in seinem Sinne völlig überzeugt. Wer den Tag achtet, achtet ihn [dem] Herrn. Und wer isst, isst [dem] Herrn, denn er danksagt Gott; und wer nicht isst, isst [dem] Herrn nicht und danksagt Gott« (Röm 14,5f). Allerdings müssen wir dabei bedenken, dass Paulus diejenigen, die Feiertage und Speisegesetze halten, die »Schwachen« nennt und die anderen die »Starken« ... Die »Schwachen« sind Christen jüdischer Abkunft, die ihre früheren Rituale (noch) nicht los sind; dies muss geduldig ertragen werden (vergleiche selbst Paulus Apg 16,3; 21,26; 1Kor 9,20). Aber dass Heiden sich freiwillig unter den Ritualismus *begeben*, muss verworfen werden.

4,11 Die Tatsache, dass die galatischen Heidenchristen begonnen hatten, die jüdischen Feiertage zu halten, erfüllt Paulus mit der Furcht, womöglich vergeblich an ihnen gearbeitet zu haben. Ja, es beginnt mit dem Halten besonderer Tage; aber es dauert nicht lange und die gesamte pharisäische Gesetzlichkeit wird mit Haut und Haaren verschlungen und diese Galater stehen auf dem Boden der Rechtfertigung aus Werken. Das bedeutet tatsächlich, dass ihnen am Ende Christus »nichts nützen« wird, d. h. sie sind allen Segens Christi beraubt (5,2.4). Zwischen beiden Ordnungen ist kein Kompromiss möglich. Wer sich konsequent unter die Ordnung des Gesetzes stellt, verliert damit die Segnungen der Ordnung des Glaubens. Luther erinnert hier an den Hund des Äsop, der ein Stück Fleisch im Maul hatte, es aber fallen ließ, als er durch dessen Schattenbild im Wasser verführt wurde, nach diesem zu schnappen. So vertauschen Christen, die sich unter die Gesetzlichkeit begeben, die Wirklichkeit mit dem Schatten (vergleiche Kol 2,16f).

Das bedeutet keinesfalls, es gäbe einen »Abfall der Heiligen«. Im Gegenteil, es bestätigt den »Abfall der *Un*heiligen, d. h. von Menschen, die sich als Christen darstellen, aber einen gottfeindlichen Weg beschreiten. Ihnen gilt das Evangelium nicht länger, es sei denn, Gottes Gnade bringt sie von diesem bösen Weg zurück, sonst gehen sie immer weiter und enden im ewigen Verderben. Darum muss die Warnung des Paulus hier in ihrer ganzen Wucht erfasst werden, so wie z. B. auch in Röm 8,17b (»... wenn wir tatsächlich mit Ihm leiden ...«) und Kol 1,23

(»… wenn ihr nämlich in dem Glauben bleibt, gegründet und fest und euch nicht abbewegen lasst von der Hoffnung des Evangeliums«). Dass diese Warnung des Paulus diese volle Kraft hat, wird dadurch unterstützt, dass Paulus in Gal 3,4 das Wort »vergeblich« benutzt (vergleiche auch »ungültig« in 2,21). Freilich ist Paulus durchaus nicht sicher, dass die Galater verloren gehen. Im Gegenteil, er drückt sich vorsichtig aus (»ob … nicht etwa«), und andernorts spricht er seine Hoffnung aus, es werde noch alles gut mit ihnen werden (vergleiche 3,4 Auslegung; siehe auch 1,11; 3,15.26.29; 4,6). Aus 5,2f gewinnen wir den Eindruck, dass sich die Galater noch nicht hatten beschneiden lassen. Es bestand begründete Hoffnung, dass sie rechtzeitig von dem Irrweg, den sie zu beschreiten begonnen hatten, zurückgebracht werden konnten.

Anmerkungen

1) »Kennen« in Gal 4,8 *eidotes*, aber in Röm 1,21 *gnontes*. Die Heiden haben keine innere, persönliche Erkenntnisbeziehung zu Gott (*oida*), allerdings besitzen sie eine gewisse objektive Gotteserkenntnis (*ginooskoo*). In Gal 4,9 steht auch *gnontes:* Die bekehrten Galater besitzen auch objektive Gotteserkenntnis, doch impliziert diese bei Bekehrten gleichzeitig eine innere, persönliche Beziehung. Darum fragen sich verschiedene Ausleger, ob Paulus hier zwischen *oida* und *ginooskoo* einen wesentlichen Bedeutungsunterschied sieht. Andere wieder legen diesen Unterschied beinahe umgekehrt wie oben aus: *oida* würde demnach »tatsächlich kennen« und *ginooskoo* »intim, persönlich kennen« bedeuten …

2) Nach Barton (angeführt bei Boice, S. 477) deutet die Bemerkung »Jahre« darauf hin, dass die Galater gerade dabei waren, ein Sabbathjahr zu feiern oder eben eins hinter sich hatten. Da auf 53–54 n. Chr. ein solches Sabbathjahr fiel, als Paulus nach Ephesus kam, muss der Galaterbrief dann oder kurz danach geschrieben sein. Das ist allerdings nur spekulativ, weil wir nicht einmal sicher wissen, ob sich »Jahre« hier (u. a.) auf das Sabbathjahr bezieht.

3) Dazu: mein Buch *De negende koning* (1996) mit vielen Schriftbelegen.

4) In diesem Zusammenhang ist interessant, dass »halten« hier nicht wie gewöhnlich *phylassoo*, sondern *paratèroo* heißt, das primär bedeutet: »genau achtgeben, sorgfältig wahrnehmen« (Mk 3,2; Lk 14,1: »lauern«; vergleiche Lk 17,20 *meta paratèrèseoos,* »dass man es wahrnehmen könnte«). Dem Halten der Zeiten liegt die sorgfältige Beobachtung der Himmelskörper zugrunde.

5) Das Wort »arbeiten« (gr. *kopiaoo*) in diesem Vers redet von schwerer, mühevoller Arbeit. Paulus braucht es oft, um die Härte christlicher Arbeit auszudrücken, die dem Arbeiter zu schaffen macht (vergleiche vor allem 1Kor 4,12; Phil 2,16; Kol 1,29; 1Tim 4,10; ferner Röm 16,6.12; 1Kor 15,10; 16,16; 1Thes 5,12; 1Tim 5,17; 2Tim 2,6; als Substantiv 6,17; 1Kor 2,8; 15,58; 2Kor 5,5; 10,15; 11,23.27; 1Thes 2,9; 3,5; 2Thes 3,8). Aufgrund unserer Auffassung, dass die Galater in Südgalatien wohnten (siehe Anhang 1), können wir auf Apg 13 und 14 verweisen, um einen Eindruck von den Arbeiten und Mühen zu erhalten, die Paulus ihretwegen auf sich genommen hatte.

2.2.7 Sorge um die Galater (4,12-20)

Übersetzung

12 Seid wie ich,
   weil auch ich [bin] wie ihr, Brüder;
   ich flehe euch an!
   Ihr habt mir kein Unrecht getan.
13 Ihr nun wisst, dass ich durch Schwachheit des Fleisches euch das
   erste Mal evangelisiert habe;
14 und eure Versuchung im Fleische habt ihr nicht verachtet noch
   ausgespieen,
   sondern wie einen Engel Gottes nahmt ihr mich an,
   [ja,] wie Christus Jesus.
15 Wie denn [war] eure Glückseligpreisung?
   Denn ich bezeuge euch,
   dass ihr, wenn möglich, eure Augen ausgerissen habend, mir
   gegeben hättet.
16 Also bin ich euer Feind geworden, euch die Wahrheit sagend?
17 Sie eifern um euch nicht gut,
   sondern sie wollen euch [von mir] trennen,
   damit ihr um sie eifert.
18 Nun [ist es] gut, immer zu eifern in [dem] Guten,
   und nicht nur, wenn ich bei euch bin,
19 meine Kinder,
   von denen ich wieder in Geburtswehen bin,
   bis Christus in euch gestaltet wird.
20 Ich nun wollte [wohl] jetzt bei euch meine Stimme verändern,
   weil ich ratlos über euch bin.

Übersetzungsvarianten

12 *Seid ... [bin]:* oder *Werdet ... [geworden bin].*
12 *ihr, Brüder; ich:* o. *ihr; Brüder, ich;* o. *ihr; Brüder [so] flehe ich euch
   an* oder *weil auch ich euch anflehe, wie ihr [mich anflehtet], Brüder.*

13 *durch:* oder *in.*

13 *das erste Mal* oder *früher* oder *im Anfang.*

14 *eure Versuchung (…) habt ihr nicht …* oder *was eure Versuchung betrifft, habt ihr [mich] nicht …*

14 *Engel:* oder *Bote.*

16 *sagend?:* oder *sagend!*

18 *zu eifern:* oder *mit Eifer gesucht zu werden.*

18-20 *… bei euch bin, meine Kinder (…) gestaltet wird. Ich nun wollte …* oder *Meine Kinder (…) gestaltet wird, ich nun wollte …*

19 *in euch:* oder *unter euch.*

Textvarianten

14 {B} *eure Versuchung:* ziemlich wichtige Textzeugen lesen *meine Versuchung* (siehe Elberfelder Übersetzung), aber das ist offensichtlich eine Vereinfachung der schwierigeren Lesart.

15 {A} *Wie:* weniger wichtige Textzeugen lesen *Was* (s. Elberf. Übers.).

15 {A} *[war]:* weniger wichtige Textzeugen lesen *war.*

17 {A} *wollen euch:* TR liest *wollen uns;* dann wäre zu lesen: *sie wollen uns [von euch] trennen.*

19 {B} *Kinder:* wichtige Textzeugen lesen *Kindlein* (siehe Elberfelder Übersetzung).

Grammatik

12 *Seid … [bin]:* Nach einigen: *Seid/Werdet [frei] … [gebunden war].* Aber es ist fraglich, ob ein Verb, das einen Gegensatz bildet und sich auf die Vergangenheit bezieht, weggelassen werden konnte (vergleiche Übersetzungsvariante).

12 *ich flehe euch an:* eig.: *von euch* (Gen. separativus), d.h. ich verlange von euch, dass ihr mir das schenkt.

12 *mir kein Unrecht:* doppelter Akkusativ, der erste ist das Objekt zu dem Verb (*getan*), der zweite gibt den Inhalt an.

12 *Ihr habt mir kein Unrecht getan:* Litotes (»Understatement«): »Ich hatte bei meinem Besuch keinen Grund, mich über euch zu beklagen«; d.h. Ich hatte allen Grund, mich über euch zu freuen.

13 *durch* (gr. *dia* + Akk.): *wegen einer Krankheit* (die mich zwang, längere Zeit bei euch zu bleiben); wenn *in* gemeint wäre (Elberfelder Übersetzung), würde *dia* eher mit dem Gen. verbunden sein.

13 *das erste Mal* (gr. *proteron*): 1Tim 1,13 verdeutlicht, dass diese Übersetzung wegen des Artikels nicht selbstverständlich anderen (*früher, am Anfang*) vorzuziehen ist (gegen Lightfoot, Rendall).

15 *eure Glückseligpreisung:* ein Gen. subj. (»ihr preist mich glückselig«) oder (wahrscheinlicher) ein Gen. obj. (»ihr preist euch selbst glückselig«).

15 *Denn ich (…) gegeben hättet:* Hyperbel (Stilfigur der Übertreibung).

15 *eure Augen:* die Voranstellung in dem Satz impliziert einen gewissen Nachdruck: *eure eigenen Augen.*

16 Der Vers wird meistens als rhetorische Frage aufgefasst, doch weil im NT Sätze, die mit gr. *hooste* (»also«) beginnen, niemals eine Frage einleiten, kann der Vers auch als Ausruf verstanden werden.

16 *bin … geworden:* Perf. (etwas in der Vergangenheit Geschehenes wirkt in die Gegenwart hinein), wodurch auch das Part. (*sagend*) wahrscheinlich als in der Vergangenheit geschehen betrachtet werden muss (kontra Elberfelder Übersetzung).

18 *eifern* (gr. *zélousthai*): oder Med.: *Eiferer-sein* oder Passiv: *mit Eifer gesucht werden, Eifer verdienen* (der Gegenstand des Eiferns sein).

18 *wenn ich bei (…) bin:* wörtl. *in dem Beisein mich* (gr. *en tooi pareinai me*) mit dem Inf. Präs. des Verbs (Durativ).

19 *meine Kinder:* oder eine Appos. zu *euch* (Vers 18) oder, wenn hier ein neuer Satz beginnt, ein Vokativ.

19 *von denen:* Mask., denn obwohl *Kinder* (gr. *tekna*) Neutrum ist, werden sie als »Personen« erfahren; eine sog. constructio ad sensum: eine Konstruktion, die den eigentlichen Sinn wiedergibt (nicht das grammatikalische, sondern das biologische Geschlecht).

20 *wollte [wohl]:* Irrealis; der Imperfekt drückt einen Wunsch aus, der wegen der implizierten Umstände unerfüllbar ist.

Auslegung

Mitten in den lehrmäßigen Auseinandersetzungen des Paulus – die übrigens immer einen ermahnenden Charakter tragen – ist dies ein unvermittelter und auffallend persönlicher und emotionaler Abschnitt.

Der lehrmäßige Inhalt ist gering; aber wie der Apostel sich auf die frühere enge Beziehung zu seinen geliebten galatischen Brüdern beruft, ist um so eindringlicher und steigert sich bis zu Vers 19: »meine Kinder, von denen ich aufs Neue in Geburtswehen bin, bis Christus in euch gestaltet wird.« Dieser Abschnitt gehört zu den bewegendsten in den paulinischen Briefen, u. a. wegen des innigen »meine Kinder«, das er nur hier verwendet.

4,12 Die Ausführungen des Paulus beginnen mit einem merkwürdigen Vergleich: »Seid [oder werdet] wie ich, weil auch [(geworden) bin] wie ihr, Brüder.« Wahrscheinlich ist damit gemeint, dass er, der frühere jüdische Pharisäer, zum Glauben an Christus gekommen war und sich von der Ordnung des Gesetzes abgewandt hatte. Damit war er *de facto* den »Sündern aus den Nationen« gleich geworden (vergleiche 2,15.17, Auslegung). Wegen seiner Furcht (Vers 11) fleht er die galatischen Heidenchristen an – »ich flehe euch an«-, sich nicht ihrerseits den Juden unter Gesetz gleich zu machen. »Werdet wie ich«, sagt Paulus, nämlich frei von der Ordnung des Gesetzes (vergleiche 5,1), denn in dieser Hinsicht bin ich durch meine Bekehrung genauso wie ihr geworden.

Andere Auslegungen von Vers 12 sagen inhaltlich folgendes: »Versetzt euch in meine Stellung ... denn ich habe mich in die eure versetzt«; oder: »Seid genauso offenherzig und wohlgesinnt gegen mich ... wie ich gegen euch«; oder: »Seid genauso frei wie ich nun bin, ... denn ich war einmal ebenso gebunden, wie ihr es jetzt seid« (aber siehe Grammatik); oder: »Seid wie ich, weil auch ich euch anflehe, so wie ihr [mich anflehtet], Brüder« (siehe Übersetzungsvariante) Diese Vorstellungen treffen aber m. E. nicht so gut den Sinn des Textes wie die erste Auslegung. Dabei kann offen bleiben, ob sich Paulus in seinem persönlichen Glaubensleben sehr wohl an die jüdischen Einsetzungen hielt, unter den Heiden sich aber diesen anpasste (1Kor 9,21) oder ob er auch in seinem persönlichen Leben diese Einsetzungen losgelassen hatte, das Halten derselben bei den jüdischen Christen als »Schwachheit« betrachtete und nur manchmal, um der Juden willen, dieser Schwachheit nachgab (vergleiche Apg 16,3; 21,26; 1Kor 9,20; siehe Gal 4,10).

Nach 1,11 und 3,15 braucht Paulus hier wieder die Anrede »Brüder«, wie er es in Gal 4 noch zweimal tut (Vers 28,31; siehe außerdem 5,11.13; 6,1.18).

Der Zusammenhang des ersten Teiles mit dem Schlusssatz – »Ihr habt mir kein Unrecht getan« – ist nicht sofort einsichtig. Einige sehen den Zusammenhang darin, dass Paulus den Galatern versichert, er fühle sich durch sie trotz ihrer Neigung, sich unter die Ordnung des Gesetzes zu begeben, nicht brüskiert (vielleicht hatten die Irrlehrer behauptet, der Protest des Paulus entspringe nur verletztem Stolz); es ging um etwas viel Tieferes als um eine Beleidigung des Apostels. Andere sehen in diesen Worten eine flehentliche Bitte: »So wie ihr mir bisher niemals Unrecht getan habt, tut das doch jetzt auch nicht, liebe Galater!« Wieder andere denken an einen entrüsteten Hinweis auf eine Behauptung der Galater: »Ihr habt mir kein Unrecht getan … ja, ja!«

Im Lichte der folgenden Verse verdient vielleicht die mittlere Auslegung den Vorzug (»Ihr habt mir kein Unrecht getan … bleibt dabei!«), doch ist auch die erste annehmbar (»Ihr habt *mir* kein *Unrecht* getan … Es geht um viel *mehr* und um etwas völlig *anderes* als das«). In beiden Fällen erscheint es sinnvoll, Vers 12a als einen Einschub zu betrachten und Vers 12b als den ersten Satz des Abschnitts von Vers 13-15.

4,13 Scheint Paulus schon am Ende von Vers 12 auf seine(n) Besuch(e) bei den Galatern hinzudeuten, so tut er das in unserem Vers noch viel deutlicher. Die Anfangsworte »Ihr nun wisst« sagen u. a., dass Paulus nicht auf Einzelheiten einzugehen brauchte, weil die Galater selbstverständlich wussten, unter welchen Umständen diese Besuche verlaufen waren. Das heißt entweder: Dies geschah »*in* körperlicher Schwäche« (Elberfelder Übersetzung und einige Ausleger) oder »*durch* Schwachheit des Fleisches«, d. h. als Folge von Schwachheit (= Krankheit) des Körpers.[1] Das letzte bedeutet: Wäre Paulus nicht krank geworden, hätte er den Galatern überhaupt nicht das Evangelium verkündigt. Er hatte nicht den Plan, sich bei ihnen aufzuhalten, sondern offenbar ein ganz anderes Ziel im Auge, das vielleicht viel weiter westlich lag. Nun wurde er aber krank und benötigte Zeit, sich wieder zu erholen, bevor er weiterreisen konnte. Während seines Aufenthalts bei den Galatern verkündigte er ihnen das Evangelium.

Aufgrund der Südgalatischen Theorie (siehe Anhang 1) müssen wir hier an Apg 13,13f denken: »… Paulus und seine Begleiter (…) kamen (…) nach Perge in Pamphylien (…) Sie aber zogen von Perge aus hindurch und kamen nach Antiochia in Pisidien.« Das ist ein Fußmarsch

über das Taurusgebirge auf eine Hochebene, die fast1100 Meter über
dem Meeresspiegel liegt. Die nicht näher beschriebene Krankheit kann
die Folge dieser mühsamen Reise gewesen sein. Einige haben vermutet, er habe sich im pamphylischen Flachland die Malaria oder in dem
kalten und rauen Bergland eine Entzündung der Atemwege oder ähnliches zugezogen. Einige haben aufgrund der Südgalatischen Theorie
an die Folgen der Steinigung in Lystra gedacht (Apg 14,19; vergleiche
2Tim 3,11), andere wegen Gal 4,14 (siehe dort) an Epilepsie oder gar
an einen Nervenzusammenbruch, andere wegen Vers 15 und 16 an ein
Augenleiden. Man hielt auch einen Zusammenhang mit dem »Dorn
für das Fleisch« aus 2Kor 12,7 für möglich.

Wenn wir übersetzen: »*in Schwachheit*«, brauchen wir überhaupt
nicht an eine Krankheit zu denken, die Paulus als Folge der Reise über-
fiel, sondern an eine chronische Krankheit, die immer wieder in Erscheinung trat und Paulus während seines (ersten[2]) Besuchs bei den
Galatern zu schaffen machte. Da uns der Text aber keine weiteren Hinweise gibt, sollten wir diese Spekulationen nur als solche betrachten.

4,14 Es ist sicher verständlich, dass verschiedene Textzeugen den läs-
tigen Ausdruck »eure Versuchung (in meinem Fleisch)« in »meine Versuchung« verändert haben. Das erste muss aber doch die richtige Lesart sein und bedeutet dann: »Versuchung für euch«: Die Krankheit in
seinem »Fleische« (oder Körper) war sicher für Paulus selbst eine Versuchung (vergleiche 2Kor 12,7-10); hier geht es aber darum, dass es
auch eine »Versuchung« für die Galater war. Dies kann heißen: Die
Krankheit des Paulus war so widerwärtig anzusehen, dass die Galater
in Versuchung hätten kommen können, ihn zu »verachten« oder »aus-
zuspeien«, wie unser Vers es nennt. Es mag sogar bedeuten, dass die
Galater diese Krankheit als Strafe der Götter auffassen konnten (vergleiche Hi 4,7; Lk 13,1-5; Joh 9,1-3; Apg 28,4) und dass sie daher versucht waren, ihn gering zu achten und ihm den Rücken zuzukehren.

Das Wort »ausspeien« kann bildlich aufzufassen sein: So wie man
ausspuckt, was »einem hochkommt«, so hätten die Galater sich vor
Paulus ekeln und ihm völlig den Rücken zukehren können. Einige
wollen hier an ein wörtliches »Ausspeien« denken, weil man im Altertum das Spucken als Abwehrmittel vor allem gegen dämonischen Eindruck machende Krankheiten ansah, wie Epilepsie (vergleiche auch
die Anwendung von Speichel gegen Krankheiten in Mk 8,23; Joh 9,6).

Durch das Spucken hätten sich die Galater danach der eventuellen Besessenheit des Paulus erwehren wollen. Andere weisen darauf hin, dass Paulus in 3,1 auf den »bösen Blick« anspielt, vor dem man sich durch Spucken beschirmte. Danach hätte Paulus gemeint: Die Irrlehrer haben euch »bezaubert«, dagegen hättet ihr ausspeien müssen; mir gegenüber aber habt ihr niemals Grund gefunden, das zu tun. Doch klingt das alles ziemlich spekulativ; es scheint sich eindeutiger um ein bildliches »Spucken« zu handeln (vergleiche Offb 3,16, obwohl dort ein anderes Wort gebraucht wird).

Es wäre ganz natürlich gewesen, wenn die Heiden in Galatien Paulus »verachtet« und »ausgespien« hätten. Aber offenbar war die Botschaft des Apostels so kräftig, dass sie ihn »wie einen Engel annahmen«, d. h. als einen Boten, der regelrecht von Gott gesandt war. Einige wollen hier an Apg 14,11 denken, wo die Menschen von Lystra Paulus und Barnabas als »Götter« betrachteten. Diese Menschen wandten sich aber kurz danach genau gegen die Apostel, wenn es auch möglich ist, dass sich später einige von ihnen bekehrt haben. Paulus wird hier aber eher an die Weise denken, wie ihn die Galater betrachtet hatten, als zwischen ihnen keine Missverständnisse mehr herrschten wie in Apg 14, sondern als sie die Botschaft verstanden und angenommen hatten. Paulus war für sie, was Mose für Aaron war (2Mo 4,16): wie Gott, ja, er war für sie wie Christus Jesus. Das klingt ziemlich übertrieben, beinahe blasphemisch. Hier ist aber nicht von zu tadelndem Verhalten die Rede: Die Galater führten einfach aus, was der Herr Jesus selbst Seine Jünger gelehrt hatte: »Wer euch aufnimmt, nimmt mich auf« (Mt 10,40; Joh 13,20) »wer euch hört, hört mich« (Lk 10,16).

Unwillkürlich denken wir noch einmal an 1,8 zurück: »Wenn auch wir oder wenn ein Engel aus [dem] Himmel <euch> etwas als Evangelium verkündigte, außer dem, was wir euch als Evangelium verkündigt haben, [der] sei verflucht!« Die Galater hatten einst Paulus als einen Engel vom Himmel angenommen. Und in der Tat stammte seine Botschaft direkt von Gott und von Christus Jesus. Wollten sie nun den Irrlehrern die gleiche Ehre gönnen? Sahen sie auch in ihnen Engel Gottes? Sie hatten die Botschaft des Paulus in Wahrheit als »angeordnet durch Engel« angenommen, so wie einst das Gesetz (3,19). Aber die »Engel«, denen sich die Galater jetzt übergeben wollten, waren niemand anderes als die dämonischen »Weltgeister« (3,9). Paulus selbst wurde durch einen »Engel Satans« geplagt (2Kor 12,7), aber die Gala-

ter hatten das durchschaut und in Paulus selbst einen »Engel Gottes«
gesehen. Ach, wollten sie nur dabei bleiben und nicht in die Schlingen
der falschen »Engel« geraten!

4,15 »Wie denn [war] eure Glückseligpreisung?« D.h.: »Worin prieset
ihr euch glückselig?« oder noch freier: »Ihr habt euch damals glückselig gepriesen; was ist davon übrig geblieben?« Vielleicht kann es auch
heißen: »Ihr habt *mich* damals glückselig gepriesen«; aber das ist nicht
so wahrscheinlich (siehe Grammatik). Als Paulus noch bei ihnen war,
hatten sich die Galater glücklich und zufrieden gefühlt, sie hatten sich
selbst zu solch einem Apostel und zu solcher Botschaft gratuliert. Sie
hielten sich durch das Evangelium für reich und gesegnet. Nun waren
sie den Irrlehrern in die Fänge geraten. Fühlten sie sich noch ebenso
glücklich mit dem Apostel und seinem Evangelium? Oder war nicht
viel davon übrig geblieben? Priesen sie sich nun schon genauso glückselig mit der neuen Lehre, die sie annehmen wollten?

Wie auch immer; als Paulus bei ihnen war, jubelten sie vor Glück
und waren so überschwänglich, dass sie, wenn es möglich gewesen wäre,
ihre Augen ausgerissen und sie dem Apostel gegeben hätten. Eine Reihe
von Auslegern hat gemeint, von diesem Ausdruck ableiten zu können,
dass die Plage des Paulus eine Augenkrankheit war. Aber die mitge-
teilten Argumente[3] sind doch viel zu schwach, um hier auch nur mit
einem Anschein von Sicherheit so sprechen zu können. Es ist sehr gut
möglich, dass Paulus hier im Bilde die tiefe Gewogenheit der Galater
beschreibt. Wer einen anderen liebhat, gibt gern das Kostbarste, was
er hat und seien es die eigenen Augen (vergleiche 5Mo 32,10; Ps 17,8;
Sach 2,8; Mt 5,29).

4,16 Dieser Vers kann sowohl als rhetorische Frage, als auch als Feststellung aufgefasst werden (siehe Grammatik). In beiden Fällen spricht
Paulus von sich als einem, der den Galatern zum »Feind« geworden
ist. Dies Wort kann zwei Bedeutungen haben: »Ich bin euer Feind«
bedeutet entweder: »Ich werde von euch gehasst und verachtet« (Passiv) oder: »Ich hasse und verachte euch« (Aktiv). Hier scheint es sich
um das Letzte zu handeln. Paulus suggeriert (aus Furcht oder ironisch?),
dass – weil er den Galatern die Wahrheit gesagt hat – sie ihn höchstwahrscheinlich als einen Feind betrachten werden, als einen, der sie
offensichtlich verabscheut.

Um die genaue Bedeutung zu verstehen müssen wir fragen, was Paulus hier mit dem Ausdruck »die Wahrheit sagen« meint. Es kann bedeuten: »jemand deutlich die Wahrheit sagen«, »jemand zurechtsetzen«, »die Leviten lesen«. Wenn jemand einem andern kräftig über den Mund fährt, kann der andere meinen, der erste habe eine Antipathie gegen ihn. Es kann aber auch bedeuten, dass Paulus hier von der Wahrheit des Evangeliums redet. Der Sinn dieses Verses ist dann die ironische Feststellung, dass Paulus, indem er den Galatern nicht die Lehren der Verführer, sondern die wahre Lehre des Evangeliums Christi vorgehalten hat, ihr Feind geworden ist. Wir müssen hierbei bedenken, dass das »die Wahrheit sagen« wahrscheinlich in die Vergangenheit gesetzt werden muss (siehe Grammatik). Also nicht wie die Elberfelder Übersetzung: »… weil ich euch die Wahrheit sage«, sondern: »… als ich euch die Wahrheit sagte«. Paulus redet also nicht von der Wahrheit, die er in seinem Brief mitteilt, sondern von der Wahrheit, die er ihnen damals verkündigte.

Wer der ersten Auslegung anhängt, meint, Paulus rede hier von seinem zweiten Besuch bei den Galatern, als er die Gefahr schon heraufziehen sah. Davon lesen wir aber in Apg nichts. Die Spekulation einiger Ausleger, Paulus habe schon in einem vorigen Brief seine Warnungen ausgesprochen, lassen wir hier völlig außer Acht. Wir bevorzugen die zweite Auslegung: Paulus hatte während seiner Besuche den Galatern etwas verkündigt, was die Irrlehrer jetzt als unwahr abwiesen. Dadurch erwuchs in den Galatern Argwohn gegen den Apostel, mussten sie doch glauben, Paulus hätte ihnen damals Unwahres gesagt, woraus sie annahmen, er sei ihr Feind gewesen.

Paulus war ihnen also ein Feind *geworden,* und zwar von dem Augenblick an, als sie anfingen zu meinen, die von ihm früher verkündete Wahrheit sei überhaupt nicht wahr gewesen. Er drückt sich absichtlich so aus, um damit durchklingen zu lassen, dass es in Wirklichkeit die Irrlehrer waren, die den Galatern Lügen verkündigen. In Vers 17 und noch deutlicher in 6,12f wird er die Verlogenheit der Irrlehrer, nicht allein ihrer Lehre, sondern auch ihrer Gesinnung, an den Pranger stellen. Und dass er selbst die Wahrheit verkündigte, unterstreicht er in 5,7: »Ihr lieft gut; wer hat euch aufgehalten, dass ihr <der> Wahrheit nicht gehorcht?«

4,17 Hier und auch später in 6,12f stellt Paulus die Irrlehrer in ihrem wahren Wesen bloß. Er fällt mit der Tür ins Haus mit seinem »Sie«, das er nicht näher umschreibt, doch wird aus dem Zusammenhang deutlich genug, dass er die Verführer meint. Sie »eifern« für die Galater, d.h.: Mit allem Eifer versuchen sie die galatischen Christen für ihren Standpunkt zu gewinnen. Dieser Eifer ist aber »nicht gut« (gr. *kalos*) und zwar in moralischem Sinn: Es ging um einen tadelnswerten, unehrenhaften und unehrlichen Eifer. Das galt nicht nur, weil ihre Lehre als solche falsch war, sondern weil auch falsche Motive bei ihnen eine Rolle spielten: »… sie wollen euch [von mir] trennen.« Sie versuchten nicht allein, die Galater zu ihrer Lehre hinüber zu ziehen, sondern zugleich einen Keil zwischen sie und den Apostel zu treiben. Das war an sich noch nicht das Schlimmste – es ging dem Apostel nicht um ihn selbst –, sondern das bedeutete auch: Sie trieben einen Keil zwischen die Galater und des Paulus *Botschaft* – und damit stand ein Keil zwischen ihnen und dem wahren Heil und allen geistlichen Segnungen in Christus.

Das Ziel der Irrlehrer bestand nicht nur darin, dass die Galater ihre Lehre übernehmen sollten; sie wurden auch gedrängt, ihre Nachfolger zu werden. Die falschen Lehrer »eiferten« (taten ihr Bestes) um die Galater, damit diese ihrerseits um diese Verführer »eifern« (ihr Bestes tun) möchten. Dazu gehörte nicht nur die Übernahme des gesetzlichen Lebensstils, sondern auch der Gehorsam gegenüber allen ihren Ge- und Verboten.

Das gr. Wort *zèloôo* kann »eifern« bedeuten im Sinne von eifrig bemüht sein; aber auch »eifersüchtig sein« im Sinne von »neiden«. Einige sehen diese letzte Bedeutung in unserem Vers (»sie sind eifersüchtig auf euch [eure Freiheit in Christus und eure Beziehung zu mir] … auf dass ihr eifersüchtig auf sie [und ihre Gesetzlichkeit] werden möchtet«). Die zwei Inhalte liegen übrigens nahe beieinander: »eifern um« jemand schließt u.a. ein, ernsthaft um einen Menschen besorgt zu sein und das Beste für ihn zu suchen; auf jemanden »eifersüchtig sein« bedeutet: neidisch über jemanden zu wachen, dass dessen Wohlwollen sich nicht anderen zuwendet und dass diese ihn nicht von der eifersüchtigen Person abziehen (vergleiche 2Kor 11,2 als deutliches Beispiel). Das ist eine positive Eifersucht, so wie von Gott häufig gesagt wird, Er sei ein eifersüchtiger Gott, der über Sein Volk wacht (2Mo 20,5; 34,14; 5Mo 4,24; 5,9; 6,15 usw.). Aber es gibt auch einen »Eifer«, der nicht gut ist, und darum geht es in unserem Vers.

Bei dem Wort »trennen« (gr. *ekkleioo,* »ausschließen«) denkt Paulus vielleicht an das Wort *synkleioo* (»einschließen«) aus 3,22f, aber dann als Gegenbeispiel. Die Schrift hat den natürlichen Menschen »eingeschlossen« unter die Sünde bzw. unter das Gesetz und das hat letztlich ein gutes Ziel: Dadurch wird sich der Mensch der einzigen Rettungsmöglichkeit bewusst, die es gibt, des Heils in Christus. Was aber die Irrlehrer vorhaben, ist das Gegenteil: Sie wollen den Menschen gerade von dem Heil »abtrennen«. Sie predigen zwar das Gesetz; aber sie tun das Gegenteil von dem, was das Gesetz bewirken sollte. Das Gesetz schließt ein, bis der Mensch das Heil in Christus erkennt; die Verführer schließen den Menschen wirkungsvoll von Christus aus.

4,18 Dies ist ein besonders schwieriger Vers, weil man sich fragen muss, wen Paulus hier als das Subjekt und wen als den Gegenstand des Eiferns bezeichnet: Wer »eifert« hier für wen? oder: Wer ist hier »eifersüchtig« auf wen? Außerdem: Was bedeutet der Schlusssatz: »nicht nur, wenn ich bei euch bin«?

Fangen wir mit dem an, was auf jeden Fall deutlich ist. »Eifern« an sich ist nicht falsch, wenn es »in [dem] Guten« ist. Die Irrlehrer eiferten »nicht gut« um die Galater (Vers 17) und genauso: Die Galater eiferten »nicht gut« um die Irrlehrer, weil es kein Eifer »in [dem] Guten« war; und ebenso: Paulus wünschte sehr, von den Galatern eifrig gesucht zu werden, wenn es nur ein »Eifern in [dem] Guten« war. »Gut« (gr. *kalos*) bedeutet auch hier wieder so viel wie »ehrbar, ehrlich«. Es ist gut, jemand mit ganzem Eifer zu suchen (oder: mit ganzem Eifer gesucht zu werden), wenn es auf ehrbare Weise geschieht, mit reinen Motiven und einem ehrbaren Ziel.

Dem »Eifern« kann man hier vier Bedeutungen zuerkennen:

(a) Das »Eifern« der Galater um die Irrlehrer (oder: das »Mit-Eifer-gesucht-werden« der Irrlehrer durch die Galater). Nach dieser Auffassung meint Paulus, keinerlei Problem mit dem »Eifern« der Galater für andere zu haben. Als er selbst bei ihnen war, hatten sie für ihn geeifert und weil er nicht neidisch ist, macht es ihm nichts aus, dass sie jetzt in seiner Abwesenheit um andere Lehrer »eifern«, wenn es nur mit christlicher Zielsetzung geschieht, in Übereinstimmung mit seiner Lehre.

(b) Das »Eifern« der Irrlehrer um die Galater (oder: das »Mit-Eifer-gesucht-Werden« der Galater durch die Irrlehrer). Nach dieser Auffassung sagt Paulus, er habe sie, als er bei ihnen war, mit Eifer gesucht und nun bereite es ihm keine Schmerzen, wenn jetzt, in seiner Abwesenheit, andere um sie eifern, wenn es sich nur um einen guten, sauberen Eifer handelt, der mit der Wahrheit übereinstimmt.

(c) Das »Eifern« der Galater um Paulus (oder: das »Mit-Eifer-gesucht-Werden« des Paulus durch die Galater). Nach dieser Auffassung erklärt Paulus, es sei gut, dass die Galater ihm gegenüber »Eifer« zeigen, wenn es nur mit guten Absichten geschieht. Als er bei ihnen war, hatten sie großen Eifer um ihn gezeigt; jetzt aber, wo er fort war, mussten sie ihren großen, guten und ehrsamen »Eifer« fortsetzen. Paulus will gern von den galatischen Christen eifrig gesucht werden, nicht nur damals, sondern auch jetzt in seiner Abwesenheit.

(d) Das »Eifern« des Paulus für die Galater (oder: das »Mit-Eifer-gesucht-Werden« der Galater durch Paulus). Diese Auffassung sieht einen Gegensatz zwischen Vers 17 und 18, wobei in beiden Fällen die Galater der Gegenstand des »Eiferns« sind. In Vers 17 führt Paulus aus, die Motive der Irrlehrer seien nicht ehrbar und sauber. In Vers 18 sagt er danach ausdrücklich, seine Zielsetzungen in Bezug auf die Galater dagegen seien gut, ehrlich und sauber. Das war nicht nur der Fall, als er bei ihnen war, denn seine Gefühle ihnen gegenüber hatten sich nicht verändert, was immer die Irrlehrer auch behaupten mochten. Oder, etwas weiter gefasst, macht es Paulus nichts aus, wer um die Galater »eifert«, ob er selbst oder die anderen, solange es nur mit sauberer Zielsetzung geschieht, wie es der Fall war, als er bei ihnen war und wie es nun sicher nicht mehr ist, seit die Verführer um die Galater »eifern«.

Es scheint nahe zu liegen, eine Auffassung zu wählen, bei der das »Eifern« (oder das »Eifrig-gesucht-Werden«) entweder an das »Eifern« von Vers 17a oder an das von 17b anschließt. Im ersten Fall würde Paulus das »Eifern« der Irrlehrer um die Galater meinen (siehe die beschriebene Auffassung [b]). Im zweiten Fall würde Paulus das »Eifern« der Galater um die Irrlehrer meinen (siehe Auffassung [b]). Vers 18 scheint aber auf ein »Eifern« hinzuweisen, das an der Reihe war, sowohl als Paulus bei den Galatern war, als auch beim Abfassen des Galaterbriefes. In diesem Fall geht es mehr um die Auffassungen (c) und (d). Auffassung (c) vernachlässigt die Tatsache, dass das Eifern der Galater um Paulus mehr zur Disposition steht als das Eifern des Paulus um die Galater. Auffassung (d) kann aber nicht ausgeschlossen werden, weil die Möglichkeit besteht, dass Paulus einen Gegensatz herausarbeiten möchte. Ich gebe dieser Auffassung einen leichten Vorzug und zwar im Zusammenhang mit Vers 19, der als eine nähere Beschreibung des Eifers des Paulus für die Galater angesehen werden kann.

4,19 Wir kommen jetzt zu zwei der bewegendsten Verse des Galaterbriefes, in denen der Apostel seine tiefsten Gefühle gegenüber den galatischen Christen preisgibt. Das erkennt man schon an der Anrede »meine Kinder«, die bei dem Apostel Johannes so häufig vorkommt, bei Paulus aber nahezu einmalig ist.[4] Die Galater waren Kinder Gottes; aber weil sie durch den Dienst des Paulus zum Glauben gekommen waren, waren sie in gewissem Sinn auch seine Kinder. Im Umgang mit diesem Bild, kann sich Paulus sowohl als Mutter als auch als Vater betrachten. So sagt er in 1Thes 2,7: »Wir sind in eurer Mitte zart gewesen, wie eine nährende Frau ihre eigenen Kinder pflegt«, und weiter in Vers 11: »Ihr wisst, wie wir jeden einzelnen von euch, wie ein Vater seine eigenen Kinder, ermahnt und getröstet (…) haben.« Manchmal nennt er sich einen »Zeuger« der Gläubigen, also einen Vater (1Kor 4,15; Phim 10), doch in unserem Vers redet er von »Geburtswehen«, als sei er die Mutter (vergleiche 4Mo 11,12).

Paulus war schon einmal wegen der Galater in »Geburtswehen« gewesen – damals, als er ihnen das Evangelium verkündigt hatte. Diese Verkündigung war mit vielen Verfolgungen einhergegangen (Apg 13,45.50; 14,2.4-6.19), doch ist hier noch stärker daran zu denken, wie Paulus mit ihnen gerungen hatte, bis sie sich Christus übergaben. Das passt besser zu der Tatsache, dass Paulus jetzt, wo sie in Gefahr standen aufzugeben und in die Netze der Irrlehrer zu geraten, »aufs Neue in Geburtswehen« durch sie kam. Zu diesen »Wehen« gehörten Furcht (5,12), Ratlosigkeit (4,20), Verwunderung (1,6), Entsetzen (3,1), Entrüstung (5,12) und alle anderen Gemütsbewegungen, die bei dem Bemühen entstehen, die Galater für das wahre Evangelium zurückzugewinnen.

Die letzte Zeile dieses Verses enthält eine bemerkenswerte Verkehrung des Bildes: In Vers 19a sind es die Galater, die neu von dem Apostel »geboren« werden müssen, doch in 19b ist es *Christus*, der *in* (*unter, bei*) den Galatern »gestaltet« wird. Paulus braucht hier nicht das Wort »gebären«, sondern »gestaltet werden«, doch auch dieses Wort weist auf die Entwicklung hin, die ein Embryo bis zum Baby im Mutterschoß erlebt. Genau genommen sind es also die Galater, in denen (oder in deren Mitte) Christus gebildet und von denen am Ende Christus »geboren« wird, doch die Geburtswehen dafür macht Paulus durch! »Christus gestalten« in (oder unter) den Galatern bedeutet, dass jeder einzelne Galater und auch die Gemeinschaft der Galater das Bild Christi immer deutlicher zeigt (vergleiche Kol 3,10); »Christus nimmt in uns Gestalt an« bedeutet eigentlich: »Wir erhalten die Gestalt Christi.«[5]

Indem sie sich den Lügen auslieferten, standen sie in Gefahr, Christus zu verlieren (vergleiche 5,2-4). Christus war für sie unter dem Gesetz geboren worden (Vers 5) und hatte sich für sie dahingegeben (1,4; 2,20), damit Er sie loskaufte von der Sklaverei der Welt, der Sünde, des Gesetzes und der Weltgeister. Das drohte nun im Bezug auf die Galater alles umsonst geschehen zu sein, weil sie in Gefahr standen, sich wieder unter das Gesetz und dadurch unter die Weltgeister zu stellen. Wenn Christus wieder in ihnen Gestalt gewönne, hieße das: Das Evangelium Christi würde sie neu mit Beschlag belegen und Er selbst könnte sie wieder losmachen von den Fesseln der Gesetzlichkeit und der Weltgeister.

4,20 Aus diesem Vers sieht man, wie hoffnungslos Paulus die Situation einschätzt. Er ist »ratlos« über die Galater. Außerdem fühlt er sich durch den Abstand, der ihn von den Galatern trennt, ohnmächtig etwas auszurichten. Nun muss es sein Brief tun, doch viel lieber hätte er persönlich versucht, die Galater zu überreden auf andere Gedanken zu kommen. Darum spricht er den Wunsch aus, in diesem Augenblick (»jetzt«) bei den Galatern zu sein und ihnen gegenüber »seine Stimme« zu »verändern«.

Was meint er mit dem Letzten? Einige haben vermutet, Paulus wünschte mit irgendeiner Himmels- oder Engelsstimme mit ihnen reden zu können, so dass die Galater wieder unmittelbar davon überzeugt wären, dass nicht die Irrlehrer, sondern er die Wahrheit Gottes redete. Aber das scheint wohl etwas übertrieben. Möglicherweise denkt er an die Vorteile des persönlichen Kontakts gegenüber einem so viel unpersönlicheren Brief. In einem Gespräch können Fragen gestellt und Gedanken direkt ausgetauscht werden. Er wünschte, bei den Galatern »einen anderen Ton anschlagen zu können«, als es in einem Brief möglich ist. Gute Eltern wissen, dass es manchmal nötig ist, in strengem

Ton mit einem Kind zu reden, wenn sie das auch nicht schön finden. Alle guten Eltern möchten so schnell wie möglich wieder in einer anderen Tonart mit ihren Kindern sprechen. So auch Paulus. Er ist jetzt gezwungen, ihnen im strengen Ton zu schreiben; aber er möchte persönlich bei ihnen sein, um sie zu überzeugen, damit er wieder freundlich mit ihnen reden kann. Leider geht das im Augenblick nicht, daher der harsche Ton (vergleiche 1Kor 4,21: »Was wollt ihr? soll ich mit der Rute zu euch kommen oder in Liebe und im Geiste der Sanftmut?«).

Anmerkungen

1) In Röm 6,19 finden wir fast den gleichen Ausdruck, allerdings mit dem Artikel bei »Schwachheit« und mit dem Poss. Pron. (»eures«): »wegen der Schwachheit eures Fleisches«, aber mit einer ganz anderen Bedeutung, d. h. es geht nicht um die Schwachheit des Körpers, sondern um die Nichtigkeit der menschlichen Natur. Die gr. Präp. *dia* + Akk. kann hier den Zustand angeben, in dem (oder die Umstände, unter denen) etwas geschieht, so könnte man auch »in leiblicher Schwachheit« sagen (aber Grammatik). In Röm 6,19 ist es deutlich »wegen«. In unserem Vers scheint es eher kausal (als Folge von) aufgefasst werden zu müssen, auch, weil dieser Satzteil vorangestellt ist und daher besonderen Nachdruck hat: »es war, weil ich durch Krankheit gezwungen wurde, mich bei euch aufzuhalten, dass ich euch das Evangelium verkündigte.«

2) Der Ausdruck »das erste Mal« in diesem Vers heißt gr. *to proteron*. Im klassischen Griechisch deutet dies die erste von zwei Gelegenheiten an, was heißen würde, Paulus habe die Galater beim Schreiben des Galaterbriefes schon zweimal besucht gehabt. Man hat hieraus ein Argument für die Süd- und auch für die Nordgalatientheorie ableiten wollen; aber aufgrund beider Theorien kann Paulus die betreffenden Gemeinden schon leicht zweimal besucht haben. Übrigens war in dem Koine-Griechisch diese enge Bedeutung längst abgeschliffen. Der Ausdruck bedeutete nur noch ganz gewöhnlich: »das erste Mal« oder »am Anfang« (siehe Übersetzungsvariante und Grammatik) (siehe Paulus in 2Kor 1,15: »vorher«; 1Tim 1,13: »zuvor«).

3) Andere Argumente: Paulus erkannte merkwürdigerweise den Hohenpriester nicht (Apg 23,2-5). Wenn er stark kurzsichtig war, wird dies (auch) sein wenig eindruckerweckendes äußeres Auftreten erklären können (2Kor 10,10). Der Überlieferung nach (siehe das apokryphe »Paulus und Thekla«) hatte Paulus »stechende Augen«, die auch durch seine Kurzsichtigkeit und andere Augenleiden erklärt werden können. Augenlei-

den waren im Altertum sehr verbreitet, besonders bei Leuten, die bei
dem schlechten Licht qualmender Öllampen oder rauchender Herdfeu-
er jahrelang hebräische Handschriften studiert hatten.

4) Siehe 1Jo 2,1: *teknia mou* (»meine Kindlein«, ein Ausdruck elterlicher
    Zuneigung), 1Jo 2,12.28; 3,7.18; 4,4; 5,21: nur *teknia* (»Kindlein«), 1Jo
    2,13,18: *paidia* (»kleine Kinder«), 3Jo 4: *ta ema tekna* (»meine Kinder«).
    Nur im letzten Fall braucht Johannes dasselbe Wort wie Paulus in 1Kor
    4,14 und Gal 4,19; es ist übrigens dasselbe Wort, was Johannes und Pau-
    lus für die »Kinder Gottes« gebrauchen. Der Ausdruck innigster Zunei-
    gung wird am ehesten erreicht in 1Kor 4,14: »... ich ermahne euch als
    meine geliebten Kinder«, wo wir den vergleichbaren Ausdruck *tekna mou*
    finden. Übrigens braucht Paulus dies Wort auch im Singular (*teknon*) für
    Einzelne, die durch ihn zum Glauben gekommen sind:1Kor 4,17; 1Tim
    1,2,18; 2Tim 1,2; 2,1; Tit 1,4; vergleiche Phil 2,22. Nur in 2Tim 2,1 steht
    teknon mou, »mein Kind«; in Phim 10 *to emouteknon,* mit der gleichen
    Bedeutung. In 2Tim 2,1 ist es genau so Anrede wie in Gal 4,19, nur steht
    es einmal im Plural und das andere Mal im Singular.

5) Vergleiche Röm 8,29 (»... hat er auch zuvorbestimmt, dem Bilde seines
    Sohnes gleichförmig zu sein«), wo »gleichförmig« (gr. *symmorphous*) ver-
    wandt ist mit »gestaltet wird« (*morphousthai*) in unserem Vers. Es ist
    Gottes Absicht, dass die Gläubigen sowohl stellungsmäßig als auch prak-
    tisch die gleiche »Gestalt« (oder innere Wesensart, *morphè,* stärker als
    schèma, die äußerliche Form) wie Christus tragen sollen; allerdings nicht,
    was Seine Gottheit betrifft, sondern so, wie Er als Mensch war (Er war
    »in der Gestalt Gottes« [*en morphèi theou*] und hat die »Gestalt eines
    Sklaven angenommen« [*en morphèi doulou*]; Phil 2,6f). Praktisch bedeu-
    tet das: »Wir alle nun, die wir mit unbedecktem Angesicht die Herrlich-
    keit [des] Herrn anschauen, werden nach demselben Bilde verwandelt
    von Herrlichkeit zu Herrlichkeit, als durch [den] Herrn, [den] Geist«
    (2Kor 3,18), wobei »wir werden verwandelt« wörtlich »wir werden um-
    gestaltet« (*metamorphoumetha*) bedeutet.

2.2.8 Das Beispiel von Hagar und Sara (4,21-31)

Übersetzung

21 Sagt mir, die [ihr] unter [dem] Gesetz sein wollt,
hört ihr nicht auf das Gesetz?

22 Denn es steht geschrieben, dass Abraham zwei Söhne hatte,
einen aus der Sklavin
und einen aus der Freien.

23 Aber jener aus der Sklavin ist nach [dem] Fleische geboren,
dieser aber aus der Freien durch [die] Verheißung;

24 welche Dinge sinnbildlich sind.
Denn diese [Frauen] sind Bündnisse:
eines zwar von [dem] Berg Sinai, zu Sklaverei gebärend, welches
ist Hagar.

25 Dies nun, Hagar, ist der Berg Sinai in Arabien;
dies nun entspricht dem jetzt [seienden] Jerusalem,
denn sie ist in Sklaverei mit ihren Kindern;

26 das Jerusalem droben aber ist frei,
welches unsere Mutter ist.

27 Denn es steht geschrieben:
»Sei fröhlich, Unfruchtbare, die nicht gebiert,
brich aus und jauchze, [du] die keine Geburtswehen hat;
denn viele [sind] der Kinder der Einsamen,
mehr als derer, die den Mann hat.«

28 Ihr nun, Brüder, nach [dem Vorbild] Isaaks seid ihr [der] Verheißung Kinder.

29 Aber so, wie damals der nach [dem] Fleisch Geborene
den nach [dem] Geist [Geborenen] verfolgte, so auch jetzt.

30 Aber was sagt die Schrift?
»Stoße die Sklavin und ihren Sohn hinaus;
denn keineswegs wird der Sohn der Sklavin erben mit dem Sohn
der Freien.«

31 Deshalb, Brüder, sind wir nicht Kinder einer Sklavin,
sondern einer Freien.

Übersetzungsvarianten

28 *nun:* oder *aber.*
31 *einer:* oder *(der).*

Textvarianten

23 {B} *[die] Verheißung:* weniger wichtige Textzeugen lesen *die Verhei-ßung.*

25 {D} *Dies nun, Hagar, ist (…) Sinai:* Andere lesen: *Denn dies, Hagar, ist (…) Sinai* und einige lesen: *Dies nun ist (…) Sinai* oder *Denn dies ist (…) Sinai.*

25 {A} *denn:* weniger wichtige Textzeugen lesen: *und.*

26 {B} *unsere: TR liest: unser aller* (Luther*)*.

28 {B} *Ihr (…) ihr:* TR liest: *Wir (…) wir (Luther).*

Grammatik

22 *hatte:* Aorist, einen bestimmten Augenblick der Vergangenheit an-deutend oder feststellend *(hatte) oder* den Beginn anzeigend *(be-gann zu haben, d.h. bekam).*

22 *die Sklavin (…) die Freie:* mit Art.: Hagar und Sara sind hier Proto-typen der Sklaverei bzw. der Freiheit.

22-24.26 der Ausdruck *der eine … der andere* wird in Vers 22 durch *einen … und einen* (gr. *hena … kai hena*) wiedergegeben, in Vers 23 durch *jener … dieser* (gr. *ho men … ho de*), in Vers 24.26 durch *ei-nes … das [Jerusalem] aber* (gr. *mia men … hè de*).

22.27 *es steht geschrieben:* siehe 3,10.13.

23 ist … *geboren:* Das Perfekt impliziert, dass dies Zitat aus dem AT (Vers 22) auch heute noch Bedeutung hat (vergleiche 3,18).

23 *durch:* (gr. *dia + Gen.*): *mittels* (Instrumentalis).

23 *[die] Verheißung:* mit Artikel (siehe Textvariante) deutet das auf die spezifische Verheißung an Abraham hin; ohne Artikel qualifiziert es die Zeugung des Isaak: Er war ein »Verheißungskind«.

24 *sinnbildlich* (gr. *allègoroumena*): Part. Präs. mit substantivischer Be-deutung: *Sinnbilder.*

25 *Dies nun, Hagar: Dies* ist eigentlich Neutrum: *Das* (soeben zitierte nämlich).

28 *[der] Verheißung Kinder:* Die Tatsache, dass *[der] Verheißung* vor *Kinder* steht, gibt dem einen besonderen Nachdruck, dies um so mehr, weil das diesem wiederum *nach Isaak* voransteht. Wegen des fehlenden Artikels kann man fast übersetzen: *genau wie Isaak seid ihr Verheißungskinder.*

29 *verfolgte:* Imperfekt, hier vielleicht mit der Bedeutungsnähe von: *wollte verfolgen*; der Spott von 1Mo 21,9 war dann der Vorbote von größerer Bedrückung.

Auslegung

In diesem Abschnitt geht Paulus wieder auf lehrmäßige Argumente ein. Und aufs Neue geht es dabei um AT-Schriftstellen, die mit der Person Abrahams zu tun haben. Wieder wendet er die Befragungsmethode an, wodurch er einen Appell an die Leser richtet, wie schon in 3,1-5. In Gal 3 war Paulus insbesondere auf den persönlichen Glauben Abrahams und auf die ihm gemachten Verheißungen Gottes eingegangen. Alle, die so glauben wie Abraham, sind Söhne und Erben Abrahams (3,7.29), ja Söhne Gottes (3,26; 4,6f). Jetzt geht Paulus näher auf die Frage der Sohnschaft ein. Die Irrlehrer legten, wie gesagt, großen Wert darauf, Söhne Abrahams zu sein, was sie vor allem in biologischem Sinn verstanden. Die geistliche Geschichte dieser Nachkommenschaft Abrahams lief über Isaak, Sinai und Jerusalem. Isaak und Jakob wurden die Verheißungen Abrahams wiederholt; ihren Nachkommen schenkte Gott das Gesetz und die geistliche Hauptstadt wurde Jerusalem. Darum verkündigten die Irrlehrer, dass, wenn die Heiden teilhaben wollten an dem Segen Abrahams, sie sich wie alle Söhne Abrahams beschneiden lassen müssten, dass sie wie alle Söhne Abrahams das Gesetz zu halten und wie alle Söhne Abrahams die geistliche Oberaufsicht Jerusalems anzuerkennen hätten.

Paulus interpretiert das völlig anders; er legt es typologisch aus. So zeigt er, dass die Irrlehrer nicht verstanden hatten, dass es zwei Sorten von Abrahamssöhnen gibt. Die eine Nachkommenslinie (die von Hagar und Ismael) repräsentiert die Ordnung des Gesetzes mit der geistlichen Sklaverei, die dazugehört, deren Mittelpunkt das irdische Jerusalem ist. Die andere (die von Sara und Isaak) repräsentiert die Ordnung der Verheißung mit der dazugehörenden geistlichen Freiheit, deren Mittelpunkt das himmlische Jerusalem ist.

Paulus ersetzt also die traditionelle Linie »Sara – Isaak – Sinai – irdisches Jerusalem« (die Linie, die von den Irrlehrern gepredigt wird) durch zwei Linien, auf die uns die Schrift selbst hinweist: (a) »Sara – Isaak – Zion – himmlisches Jerusalem« und (b) »Hagar – Ismael – Sinai – irdisches Jerusalem«. Dank der Predigt des Paulus gehörten die Galater jetzt zu der ersten Linie; als Folge der Irrlehre drohten sie zu der zweiten Linie hinüber zu wechseln.

4,21 Dieser Vers ist ein schönes Beispiel für den vielfältigen Gebrauch des Wortes »Gesetz« (siehe Anhang 4). In Vers 21a ist damit die Ordnung des Gesetzes oder, weil der Artikel fehlt, ein gesetzlicher Grundsatz in weiterem Sinn als Grundlage für Rechtfertigung und Errettung gemeint. In Vers 21b meint »das Gesetz« (mit Artikel) das »Buch des Gesetzes« (3,10), d.h. in weiterem Sinn den ganzen Pentateuch (vergleiche Lk 2,23; 10,26; Joh 1,45f; Röm 3,21b; 1Kor 9,9) und in noch weiterem Sinn das ganze AT (vergleiche Joh 10,34; 12,34; 15,25; Röm 3,19; 1Kor 14,21). Die zwei Bedeutungen hängen äußerst eng zusammen: Das Gesetz Moses – die Gesamtheit der Gebote und Einsetzungen, die Mose auf dem Sinai von Gott empfing – liegt eingebettet in die Geschehnisse, die auf die Gesetzgebung hinführten und die sie umgaben.

Paulus führt nun aus: Wenn ihr euch unter das Gesetz vom Sinai stellen wollt, dann hört auch auf das Gesetz in weiterem Sinn; denn erst im Lichte der Geschehnisse rund um das Gesetz wird der wahre Sinn des mosaischen Gesetzes deutlich. Paulus fordert die Galater auf, dem Gesetz zu lauschen, d.h. aufzumerken, was der Pentateuch zu sagen hat und darauf achtzugeben. Die ursprüngliche Bedeutung des Wortes Torah lautet »Unterweisung«. Mittels der Torah unterweist Gott Sein Volk in geistlichen Dingen. So will Paulus nun, dass die Galater auf die geistlichen Lektionen der Torah hören, genauer: auf die Geschichte Abrahams im 1. Buch Mose, dem ersten Buch der Torah.

Paulus tut das durch eine herausfordernde Frage: »Sagt mir (…) hört ihr nicht auf das Gesetz?« Darin liegt ein gewisser Verweis: Da ihr Galater weder auf den Apostel noch auf das Evangelium hören wollt, solltet ihr doch mindestens auf das Gesetz hören. Ja, wenn sie besser auf die Torah gehört hätten, wären sie den Irrlehrern nicht so leicht zum Opfer gefallen. Dieser Verweis ist allerdings nur dann rechtens, wenn Paulus ehrlicherweise von den Galatern erwarten konnte, dass sie selbst die Lehren aus 1. Mose hätten ziehen können, die er ihnen jetzt vorhält. Dieser Punkt ist von großer Bedeutung für die Frage, was wir von der Art und Weise zu halten haben, wie Paulus die Abrahamsgeschichte auslegt.

Erst kürzlich argumentierte Loonstra (S. 50f): »[Paulus] wendet hier eine jüdische Schriftauslegungs-Methode an, die nach unseren [!] Vorstellungen mehr über den Ausleger als über den Text sagt. Wir können diese Art des Umgangs mit einem Text bestenfalls als eine erbauliche, aber freie Assoziation würdigen. Für Paulus funktioniert sie aber als autoritatives Argument gegen das jüdische Erlösungsschema jener Tage, beginnt er doch seine Auseinandersetzungen mit den Worten: ›Sagt mir, die ihr unter Gesetz stehen wollt, hört ihr nicht auf das Gesetz?‹ Es ist nach seiner Überzeugung das Gesetz selbst (womit er die fünf Bücher Mose meint), das in der Geschichte von Hagar und Sara eine solche Lehre aufbietet.«

Nun, es gibt nur zwei Möglichkeiten: Entweder schreibt Paulus hier Wort Gottes und dann gibt er keine freien Assoziationen wieder, sondern tatsächlich eine autoritative Schlussfolgerung aus dem ersten Buch Mose oder »unsere« (!) Vorstellungen von Schriftauslegung sind maßgebend. Anders gesagt: Geht es hier nur um eine »eine jüdische Methode die Schrift auszulegen« und um »das jüdische Erlösungsschema jener Zeit« oder geht es um verantwortungsvolle Auslegung des 1. Buches Mose? Die Frage brennt umso mehr unter den Nägeln, als Loonstra zu Recht anmerkt, dass Paulus die Galater auf die Schrift selbst hinweist. Darum ist es viel zu schwach hier zu behaupten, Paulus habe den Irrlehrern in Galatien nur eine Kostprobe seiner eigenen (rabbinischen) Lehre erteilt. Nein, er macht eindringlich deutlich, dass, wenn die Galater gut »auf das Gesetz gehört« hätten, sie selbst darauf hätten kommen können, was Paulus hier aus 1. Mose ableitet – nicht weil diese oder jene jüdische Auslegung oder auch Paulus selbst etwas behaupten, sondern weil das Gesetz selbst es lehrt. Paulus macht unmissverständlich deutlich, dass seine Auslegung von 1. Mose in 1. Mose selbst beschlossen liegt.

Das braucht nicht zu bedeuten, dass dem Schreiber der Torah diese tiefere geistliche Bedeutung der Abrahams-Geschichte bewusst gewe-

sen wäre (vergleiche 1Petr 1,10f: Auch die Propheten durchschauten
nicht gänzlich, was sie aufschrieben). Und ganz gewiss bedeutet diese
tiefere geistliche Dimension nicht, dass diese die primäre, buchstäbliche und historische Bedeutung beeinträchtigen könnte oder wollte.
Derselbe Apostel, der im Galaterbrief über Abraham als einer durchaus historischen Figur spricht, weist uns gleichzeitig auf die tieferen,
geistlichen Lektionen seiner Geschichte hin.[1]

Der Appell des Paulus ist vergleichbar mit dem, was Jesus mehrmals den Pharisäern und Schriftgelehrten sagte: »… habt ihr nicht/nie-
mals gelesen …« (Mt 12,3.5; 19,4; 21,16.42; 22,31 + par.), womit niemals die Kenntnis von Schriftstellen allein gemeint ist, sondern gleichzeitig die Einsicht in deren Bedeutung. An verschiedenen Stellen geht
diese Einsicht über die erste, buchstäblich-historische Bedeutung des
Textes hinaus. Auf die gleiche Weise wie Paulus es hier tut und wie es in
Hebr 7 geschieht, appelliert der Herr an die Schriftgelehrten, zu begreifen, dass David in der Geschichte von den Schaubroten (Mt 12,3f)
ein Bild von Christus ist und dass es in Ps 8 letztlich um den Messias
geht. Und mit dem Ausdruck »der Gott Abrahams und der Gott Isaaks
und der Gott Jakobs« (Mt 22,31-33) beweist Er die Auferstehung.

4,22 Paulus beginnt mit dem bekannten »Es steht geschrieben«, das
so häufig einen Beweistext ankündigt und das auch Jesus und die Juden oft benutzt haben (Mt 2,5; 4,4.7.10; 11,10; 21,13; 26,31 + par.).
Der Ausdruck zeigt uns: Das, was Gott einmal seine Diener hat auf-
schreiben lassen, hat auch heute noch seine volle Gültigkeit (siehe
3,10.13 Gramm.)

Der Apostel ruft hier einige allgemein bekannte Tatsachen in Erinnerung. Abraham hatte (oder bekam; siehe Grammatik) zwei Söhne.
Wir wissen selbstverständlich, dass Abraham noch mehr Söhne hatte
(1Mo 25,1f), aber der Zusammenhang richtet sich deutlich auf Ismael
und Isaak. Der erste wurde von der Sklavin[2] Hagar geboren (1Mo
16,15f), der zweite vierzehn Jahre später von seiner Frau Sara (1Mo
21,1-5). Aber Ismael, der Sohn der Sklavin, konnte nicht der Sohn der
Verheißung sein; dieser musste notwendigerweise von der freien Sara
geboren werden (1Mo 17,19). Das macht Paulus in den folgenden Versen deutlich. Da Hagar Ägypterin war (1Mo 16,1; vergleiche 21,21),
hat sie vermutlich zu den Sklavinnen gehört, die der Pharao dem Abraham schenkte (1Mo 12,16).

Die soziale Stellung der Mutter bestimmte normalerweise den Status des Kindes (vergleiche 2Mo 21,4), es sei denn, sein Herr beschloss es anders. Ismael war von einer Sklavin geboren und befand sich grundsätzlich ebenfalls in Dienstbarkeit. Abraham hatte ihn aber vollkommen als Sohn angenommen. Als Gott über Abrahams Nachkommen redete, sagte Abraham selbst: »Möge doch Ismael vor deinem Angesicht leben!« (1Mo 17,18). Aber Ismael, der Sohn der Magd, konnte nicht der Sohn der Verheißung sein; das musste notwendigerweise der Sohn der freien Sara werden (1Mo 17,19). Dies macht Paulus in den folgenden Versen deutlich.

Wir haben in 3,7 schon gesehen, dass sich die Juden rühmten, Söhne Abrahams zu sein und dass Johannes der Täufer und der Herr Jesus ihnen das in gewisser Weise auch zuerkannten. Paulus macht in ähnlicher Weise deutlich, dass die Judaisten zwar Nachkommen Abrahams waren, doch hatten sie zu bedenken, dass Abraham zwei Söhne hatte. Wir werden im Zuge der Ausführungen sehen, dass der judaistische Jude, der *physisch* ein Isaakssohn ist, *geistlich* zu den Ismaelitern gehört und dass der christusgläubige Heide *physisch* kein Isaakssohn ist – als Araber ist er sogar ein Ismaelit –, aber *geistlich* gesprochen ist er das wohl.

4,23 Der Unterschied zwischen Ismael und Isaak bestand nicht nur darin, dass der eine der Sohn einer Sklavin und der andere ein Sohn einer Freien war. Der Unterschied ging viel weiter, wie durch das erste Wort »aber« angezeigt wird.[3] Der Unterschied war nicht durch die Mutter vorgegeben, sondern lag in der Art, wie sie geboren wurden. Der eine Sohn, der von der Sklavin, »war nach [dem] Fleisch geboren«; das bedeutet zunächst: Er war auf die gewöhnliche, natürliche Art der Fortpflanzung geboren (aber siehe unten). In 1Mo 16 war Abrahams Leib noch nicht »erstorben«. Ismael ging auf gewohnte Weise aus der Hagar hervor. Vierzehn Jahre später aber war Abrahams Leib »erstorben«. Isaak wurde aus der freien Sara »durch [die] Verheißung« geboren, kraft der besonderen Gnade, die Gott versprochen hatte (1Mo 17,19; 18,10).[4]

Das will nicht sagen, bei Isaaks Geburt sei kein Zeuger beteiligt (wie einige jüdische Ausleger behaupteten); Abraham war ganz bestimmt sein biologischer Vater. Aber es bedurfte der besonderen Gnade Gottes, dass es zu dieser Zeugung kam: »Durch [den] Glauben empfing er, obwohl Sara selbst unfruchtbar war [oder: auch, <mit der

unfruchtbaren> Sara sogar], Kraft zur Zeugung [wörtl.: Kraft zur Samenausschüttung] und [das] über [die] bestimmte Lebenszeit, weil er den für treu erachtete, der es verheißen hatte« (Hebr 11,11). Es ist ausgeführt worden, die gr. Konstruktion unseres Verses sei so beschaffen, dass nicht geleugnet wird, Isaak sei auch »nach [dem] Fleisch« geboren; aber *darüber hinaus* »durch [die] Verheißung«.

M. E. weist Paulus aber sehr deutlich nach, dass die Zeugung Isaaks mehr war als eine gewöhnliche, natürliche: Abraham und Sara waren unfruchtbar. Isaak war wirklich durch Abraham gezeugt und wirklich von Sara empfangen und geboren worden – aber das war alles zugleich ein göttliches Wunder, das Er verheißen hatte. »Mittels« der Verheißung, d. h. mittels der verheißenen kräftigen, gnädigen Wirksamkeit Gottes, wurde Isaak von Sara geboren.

Wir müssen noch etwas genauer auf den Unterschied Fleisch – Verheißung eingehen. Es ist unbefriedigend, die Bedeutung des Ausdrucks »nach [dem] Fleische« auf die natürliche Fortpflanzungsweise zu *beschränken*, weil doch Paulus in Vers 29 den »nach [dem] Fleische Geborenen« dem »nach [dem] Geist [Geborenen]« gegenüberstellt. Der Kontrast Fleisch – Geist wird in 5,16-24 stark entwickelt, wobei »Fleisch« die bekannte Bedeutung »sündige Natur« trägt. Wenn Paulus in Vers 29 das Fleisch dem Geist gegenüberstellt und dieser Unterschied genau dem zwischen Fleisch und Verheißung in unserem Vers entspricht, fällt es schwer, die negative Bedeutung von »Fleisch« hier außer Betracht zu lassen. Paulus geht hier auf diesen Punkt nicht näher ein, scheint aber doch suggerieren zu wollen, dass die Zeugung Ismaels eine »fleischliche« Tat war, nicht nur im biologischen, sondern auch im geistlichen Sinn.

Obwohl das in 1Mo nicht ausdrücklich gesagt wird, war Abrahams Verbindung mit Hagar in der Tat unleugbar eine Angelegenheit des Unglaubens (vergleiche 1Mo 16,2). Darum hat Gott die Zeugung Ismaels nicht mit der Verheißung verbinden wollen; der Sohn der Verheißung musste von Sara geboren werden (1Mo 17,18f). In Joh 1,12f finden wir einen ähnlichen Kontrast: »Allen, die Ihn angenommen haben, gab Er [das] Recht, Kinder Gottes zu werden, denen, die an Seinen Namen glauben; die nicht aus Blut, nicht aus [dem] Willen [des] Fleisches, nicht aus [dem] Willen eines Mannes, sondern aus Gott geboren sind.« In Ismaels Zeugung sehen wir den Willen des Fleisches und den Willen des Mannes; in Isaaks Zeugung sehen wir den Willen Gottes.

Auch einige Rabbiner verurteilten die Verbindung Abrahams mit Hagar; was das betrifft, werden auch die galatischen Irrlehrer nichts gegen die Ausführungen des Paulus einzuwenden gehabt haben. In seinem eigenen Leben demonstrierte Abraham die zwei Geisteshaltungen, die hier mit zwei »Bündnissen« beschrieben werden: Die eine ist die des Unglaubens, der eigenen fleischlichen Initiative, mit der Hoffnung, sie möge Gott gefallen – der Grundsatz der Gesetzeswerke –, die andere ist die des Glaubens, bei der man sich im Bewusstsein seines eigenen Unvermögens auf die Verheißung verlässt, auf die Gnade und Kraft Gottes.

4,24 Paulus nennt nun die bisher genannten Tatsachen »sinnbildlich«. In dem hier verwendeten gr. Wort *allègoroumena* erkennen wir das davon abgeleitete Wort »Allegorie«. Aber das heißt nicht, Paulus meine selbstverständlich dasselbe damit, was die Literaturwissenschaft darunter versteht. Wir sollten seinen Umgang mit dem AT lieber »typologisch« nennen. In einer Typologie wird die betreffende AT-Stelle als vollkommen historisch betrachtet; in einer Allegorie aber wird die historische Bedeutung des Textes durch die allegorische Bedeutung *ersetzt*.[5] In einer typologischen Auslegung eines Textes wird eine Übereinstimmung aufgezeigt zwischen der betreffenden Geschichte aus dem AT einerseits und der NT-Geschichte von Christus, Seinem Heilswerk und der Gemeinde andererseits.

Wie dem auch sei –, hier geht es darum, dass Paulus hier die geistliche Tiefendimension der Abrahamsgeschichte anbohrt. Diese Dimension mag durch den ersten Schreiber nicht bewusst *gemeint* sein; aber das bedeutet noch lange nicht, dass Paulus seine Auslegung in den Text *hineinliest* (siehe bei Vers 21). Die »Dinge«, die Paulus hier beschreibt, *sind* sinnbildlich, die beiden Frauen *sind* (d.h. *stellen vor*) zwei Bündnisse und werden von Paulus nicht nur als Sinnbilder *aufgefasst*.

Die eine Frau, Hagar, stellt den Bund vom Sinai vor. Die Beziehung, die zwischen Hagar und Sinai besteht, liegt in dem Schlüsselwort »Sklaverei«. Hagar war eine Sklavin (Vers 23f), die »zu Sklaverei gebiert«, d.h. deren Sohn, was Abraham auch immer beabsichtigt haben mag, doch nie wirklich der Dienstbarkeit entrinnen kann. Ebenso ist auch der Berg Sinai, d.h. die Ordnung, die auf dem Gesetz vom Sinai gegründet ist, eines, das »zu Sklaverei gebiert«, d.h.: alle, die unter die Ordnung des Gesetzes geraten, sind Sklaven dieser Ordnung.

Ein bemerkenswerter Punkt bei dieser sinnbildlichen Interpretation von Hagar ist allerdings, dass die Nachkommen Hagars im eigentlichen Sinn niemals zur Ordnung vom Sinai gehört haben, die buchstäblichen Nachkommen Saras aber sehr wohl!

Die zwei Frauen, Hagar und Sara, sind zwei Bündnisse. Der eine Bund wird hier genannt und in Vers 25 weiter beschrieben; der andere folgt erst in Vers 26. Paulus verliert also nicht den Faden seiner Ausführungen. Den einen Bund finden wir hier mit dem irdischen Jerusalem, das dem Jerusalem droben (Vers 26) gegenübersteht (siehe Grammatik). Im Gr. sind die Worte »diese [Frauen]«, »Bündnisse« und »dem Jerusalem« allesamt weiblich, wodurch der Zusammenhang noch deutlicher wird. Die Parallelen, die Paulus zieht, sind sehr genau, wie aus folgender Übersicht hervorgeht:

Alter Bund	Neuer Bund
Ismael	Isaak
Hagar	[Sara]
Sklaverei	Freiheit
Fleisch	Verheißung/Geist
Berg Sinai	[Berg Zion]
irdisches Jerusalem	himmlisches Jerusalem
Kinder der Sklavin	Kinder der Freien

In dieser Aufstellung sind die Unterschiede zusammengestellt, die wir in den Versen 21-31 finden. Zwei »Komponenten« werden in den Ausführungen des Paulus nur implizit angedeutet: der Name Sara als der freien Frau Abrahams und als Mutter Isaaks und der Berg Zion, der dem Berg Sinai gegenübersteht und worauf mit dem Zitat in Vers 27 hingewiesen wird. In Wirklichkeit wird hier der Bund mit Abraham auch nicht weiter behandelt; aber das hat Paulus schon in 3,15-18 getan. Anhand dieses Abschnittes (und eig. ganz Gal 3,1 – 4,7) können wir unserer Übersicht folgende Gegensätze zufügen:

Gesetz	Verheißung
Gesetzeswerke	Glaube
Verdienste	Gnade
Unmündigkeit	Sohnschaft
Weltgeister	Christus

Der Gedanke an die zwei Bündnisse war den Juden nicht unbekannt, allerdings jedoch in einem völlig anderem Sinn, als Paulus ihn hier vorstellt. Die Juden waren aufgrund vor allem von Jer 31 mit dem Gedanken an einen neuen Bund vertraut, der mit dem Hereinbrechen des messianischen Zeitalters kommen sollte. Was die Juden nicht verstanden, war erstens, dass dies messianische Zeitalter bereits angebrochen war und zweitens, dass dieser Bund keine Verlängerung des sinaitischen Bundes bildete, sondern in scharfem Kontrast zu diesem stand. Darum geriet der Jude, der noch am sinaitischen Bund festhielt, außerhalb der göttlichen Wege und der Heide, der durch den Glauben Teil am Bund der Verheißung erhalten hatte, stand näher bei Gott als der Jude unter dem Gesetz! Das war der Inhalt der Botschaft des Paulus, die den galatischen Irrlehrern außerordentlich ärgerlich gewesen sein muss.

Wer unter der Ordnung des Sinai steht, kann das Heil nicht verdienen, sondern befindet sich wegen seines sündigen Fleisches unter der Sklaverei des Gesetzes. Darin gleicht der Jude mehr Hagar und Ismael statt Sara und Isaak. Der Jude stammt physisch von Isaak ab, die Heiden nicht. Aber der Jude unter dem Gesetz fällt geistlich unter die Hagar-Ismael-Ordnung, während der gläubige Heide unter die Sara-Isaak-Ordnung fällt. In physischer Hinsicht steht der gesetzliche Jude näher bei Sara-Isaak; geistlicherweise steht der gläubige Heide näher bei Sara-Isaak.

4,25 Wie Vers 25a richtig zu lesen ist, ist sehr unklar (siehe Textvariante). Erstens ist es unklar, ob wir »nun« (gr. *de*) oder »denn« (gr. *gar*) lesen müssen; zweitens, ob »Hagar« zum Text gehört oder nicht. Diese zwei Fragen lassen vier mögliche Kombinationen zu, die auch alle vier in den Handschriften zu finden sind. Betrachten wir »Dies nun, Hagar« als die wahrscheinlich richtige Lesart, so kommen noch die Auslegungsprobleme hinzu. Das »Dies nun« kann dazu geführt haben, das folgende »Hagar« wegzulassen (vielleicht, weil der Abschreiber sonst »Sie nun, Hagar« erwartet hätte), trotzdem besteht hier keine Schwierigkeit: »Dies« bedeutet hier: »Das (soeben zitierte nämlich)« (siehe Grammatik).

Der Berg Sinai lag in »Arabien« (in weitestem Sinn, einschließlich der Sinaiwüste), womit Paulus möglicherweise darauf hinweisen wollte, dass der Sinai außerhalb des verheißenen Landes lag und zwar im

Lande der Beduinen, der leiblichen Nachkommen Ismaels, der »Araber«. In diesem Fall würde ein geografisch-biologischer Zusammenhang zwischen Hagar und dem Sinai bestehen.[6] Es bestehen aber Zweifel, ob die Galater ausreichende historische Kenntnisse besaßen, um diesen Zusammenhang erfassen zu können. Wahrscheinlich will Paulus nur sagen, dass die Sklavin Hagar den »zur Sklaverei gebärenden« Berg Sinai darstellt, der seinerseits dem gegenwärtigen, irdischen Jerusalem »entspricht«.

Auch das Wort »entsprechen« hat zu vielen Diskussionen Anlass gegeben. Man hat hier an die ursprüngliche Wortbedeutung denken wollen, was auch nicht auszuschließen ist,[7] aber die Bedeutung »entsprechen« ist völlig ausreichend. In Wirklichkeit drückt dies Verb dasselbe aus wie »sind« in Vers 24 (»diese [Frauen] *sind* zwei Bündnisse«) und wie »ist« in Vers 25a (»Dies nun, Hagar, *ist* [der] Berg Sinai in Arabien«), was auch »stellt vor, repräsentiert, entspricht« bedeutet. Etwas Ähnliches finden wir in 1Kor 10,4 (»der Fels aber *war* der Christus«, d.h., stellte Christus vor) und in Mt 26,26 (»dies *ist* mein Leib«, d.h. stellt meinen Leib vor).

Der Hagar/Sinai-Komplex »entspricht dem jetzt [seienden] Jerusalem«; denn jedes dieser drei Elemente drückt den Gedanken an Sklaverei aus; Hagar ist Sklavin, der Sinai ist der Berg der Gesetzesordnung, das die Menschen in Sklaverei hält und das jetzige Jerusalem, mit seinem Tempel und seiner Schriftgelehrsamkeit, ist als Zentrum des Judaismus *der* Repräsentant der Ordnung des Gesetzes. Sie ist daher »in Sklaverei mit ihren Kindern«, d.h. mit allen, die zu ihrer Ordnung gehören und ihre Rechtfertigung von Gesetzeswerken erwarten. Die buchstäbliche Dienstbarkeit der Hagar ist ein Bild der geistlichen Dienstbarkeit Israels unter dem Gesetz, das sowohl durch den Sinai als auch durch Jerusalem repräsentiert wird.

4,26 Es ist bemerkenswert, dass Paulus dem jetzigen Jerusalem – wörtl.: dem nun Jerusalem – nicht das zukünftige Jerusalem gegenüberstellt, sondern das »Jerusalem droben«, wörtlich: »das oben Jerusalem«. So ersetzt er eine Zeitangabe (»nun«) durch eine Ortsangabe (»droben«). Das ist aber weniger seltsam, als es zunächst erscheint; das »zukünftige Jerusalem« wäre nämlich ein doppeldeutiger Ausdruck. Man kann einerseits darunter das *irdische* Jerusalem verstehen, das befreit von sinaitischer Gesetzlichkeit die Hauptstadt des messianischen Friedensreiches sein wird,[8] andererseits auch das *himmlische* Jerusalem, als poetische Umschreibung der himmlischen »Hauptstadt« des messianischen Reiches, als Sitz der Gottesregierung.[9] Da nun aber das Reich Gottes schon gekommen ist (Mt 12,28 + par.; Mk 9,1; Lk 17,21) – sei es auch im Verborgenen, solange der König abwesend ist –, ist auch dies himmlische Jerusalem jetzt schon geistliche Realität.

Dies Jerusalem droben ist genau genommen also auch ein »nun-Jerusalem«. In Vers 25 bezeichnet Paulus aber mit dem »nun [seienden] Jerusalem« das irdische Jerusalem, das Zentrum des Judaismus. Sowohl das irdische als auch das himmlische Jerusalem sind genau betrachtet beide gegenwärtig und zukünftig; die Worte des Paulus aber lassen kein Missverständnis aufkommen. Das »nun [seiende] Jerusalem gehört nämlich zu einer Ordnung, deren Zeit abgelaufen ist, zu der Ordnung des Gesetzes vom Sinai. Das irdische Jerusalem des zukünftigen Zeitalters wird nicht mehr das Zentrum von Judaismus und Gesetzlichkeit, sondern eines bekehrten Israel sein. So betrachtet findet das gegenwärtige Jerusalem tatsächlich ein Ende. Die messianische Zukunft gehört dem »Jerusalem droben«, das nun schon Realität ist und im kommenden Zeitalter auch das irdische Jerusalem läutern und überstrahlen wird.

Das Jerusalem droben »ist unsere Mutter«, sagt Paulus zu den gläubigen Galatern. In der Bildersprache dieses Abschnitts sind nur zwei Mütter denkbar: Ein Mensch ist entweder das »Kind« der einen Mutter, Hagar/Sinai/irdisches Jerusalem oder der anderen: Sara/Zion/himmlisches Jerusalem. Das ist das gleiche, als wenn man sagt: Man gehört entweder zu der Ordnung der Gesetzeswerke, der Sklaverei, des Fleisches oder zu der Ordnung des Glaubens an Christus, der Freiheit des Geistes und der Verheißung Gottes. Insofern die Judaisten bereits Kinder Gottes waren, waren sie »unmündige« Kinder (Verse 1-3); das heißt in der hier verwendeten Bildersprache, sie sind Hagars Kinder. Juden und Heiden, die ihr Glaubensvertrauen auf Christus gesetzt haben, sind mündige Söhne Gottes (Verse 6f) und das bedeutet in diesem Bilde, die Kinder der richtigen Mutter zu sein.

Der Begriff »Mutter« fällt hier also mit der Ordnung zusammen, durch die man »geboren« und »aufgezogen« worden ist. Es war nicht zu leugnen, dass auch die Judaisten eine gewisse Beziehung zu dem Gott Israels hatten, ebenso wie Ismael für sich in Anspruch nehmen konnte, ein Sohn Abrahams zu sein. Aber Ismael hatte sozusagen nicht die richtige Mutter oder, anders ausgedrückt: Die Beziehung der Judaisten zu Gott war in die falsche Ordnung eingebettet.[10]

Es ist nicht korrekt zu sagen, das »Jerusalem droben« sei die christliche Gemeinde. Der römisch-katholische Gedanke an die Kirche als »Mutter« der Gläubigen (die »Mutterkirche«) liegt ganz und gar nicht im Blickfeld des Paulus. Auch ist dieses geistliche Jerusalem nicht einfach der Himmel als der Ort, wohin alle Gläubigen kommen und wohin sie jetzt schon gehören. Das »Jerusalem droben« ist in erster Linie ein Bild für eine Ordnung, die der jüdischen Ordnung gegenübersteht, deren Zentrum und Motor das irdische Jerusalem ist.

4,27 Um seine Ausführungen zu stützen, zitiert Paulus an dieser Stelle aus Jes 54,1 (nach der LXX, die ganz unwesentlich vom Hebräischen abweicht). Die hier angeführten Worte beziehen sich auf Zion, wie zu erkennen ist, wenn man Jes 54 im größeren Zusammenhang sieht (siehe 52,1f.7f) und noch deutlicher aus dem Vergleich mit Jes 49,14-23 und 66,7-11, wo wir den gleichen Gedanken an das einst kinderlose Zion finden, das aber bald reich an Kindern sein wird (vergleiche auch 62,1-5: Zion als Braut). Somit finden wir in den Darlegungen des Paulus implizit den Hinweis auf Zion, den Berg der Gnade, der dem Berg Sinai gegenübersteht, dem Berg des Gesetzes (vergleiche Hebr 12,22 mit den Versen 18-21). Was in Jes 54 unzweifelhaft über das *irdische* Zion geweissagt wurde, wird hier geistlich auf das *himmlische* Zion angewendet. Das ist weniger eigenartig als es scheint, weil im messianischen Friedensreich sowohl das irdische als auch das himmlische Zion teilhaben sollen an der Ordnung der Verheißung, der Gnade und des Glaubens. Das jetzige Zion unterscheidet sich genauso »himmelweit« von dem künftigen irdischen Zion, wie das jetzige irdische Zion sich von dem jetzigen und künftigen himmlischen Zion unterscheidet.

Das jetzige irdische Zion ist »unfruchtbar«: Es kann keine wirkliche Frucht für Gott hervorbringen. Alle, die sich ihm unterordnen, ihr Heil also aus eigenen Gesetzeswerken erwarten, bleiben unfruchtbar; dieses Zion kennt also keine Geburtswehen. Es weiß auch nichts von einer wirklichen Gottesbeziehung, darum ist sie die »Einsame«, d.h. eine von ihrem Mann verlassene Frau (vergleiche Jes 54,6f). In der buchstäblichen Auslegung von Jes 54 ist die von ihrem Mann verlassene, unfruchtbare Frau das Jerusalem während der babylonischen Gefangenschaft; während die, »die den Mann hat«, das Jerusalem vor der

Gefangenschaft war. Der Prophet verheißt, dass die Judäer aus der Gefangenschaft zurückkehren werden und dass das vorher »einsame« und »unfruchtbare« Zion danach mehr Kinder haben würde als das Zion vor der Gefangenschaft, das noch in Beziehung zu dem Gott Israels stand. Diese größere Anzahl von »Kindern« wird vor allem die Folge des gewaltigen Zustroms gläubiger Heiden in der Endzeit sein (siehe ausführlich Jes 55).

Die hier von Paulus vorgelegte Auslegung ist nicht buchstäblich zu verstehen; denn er spricht nicht über die Rückkehr Judas aus der babylonischen Gefangenschaft. Er gibt auch keine prophetische Auslegung; denn er behandelt ebenso wenig die künftige Wiederherstellung Israels in Jerusalem wie das messianische Friedensreich. Er macht von diesem Vers vielmehr eine *geistliche Anwendung*. Erstens suggeriert er hier offensichtlich eine Parallele zur unfruchtbaren Sara (1Mo 11,30; Röm 4,19; Hebr 11,11), die in »Lachen« ausbrach, als sie Isaak geboren hatte (1Mo 21,6f). Ihre Kinder sind – wenn man die christliche Gemeinde mit einbezieht – zahlreicher als die der Hagar, »die den Mann hat«.

Zweitens denkt Paulus offenbar an die Ordnungen, die von Hagar und Sara repräsentiert werden. Soll sich die geistliche Anwendung so nahe wie möglich an die buchstäbliche Bedeutung anschließen, dann wird der Judaismus (das »gegenwärtige Jerusalem«) dargestellt durch die Frau, die wohl »den Mann hat« – d. h. seit der Gesetzgebung auf dem Sinai mit Gott in Bundesbeziehung steht –, aber doch unfruchtbar ist wegen ihrer hochmütigen und eingebildeten Gesetzlichkeit und in Wahrheit diese Beziehung verspielte. Das Christentum (das »Jerusalem droben«) wird durch die »einsame« Frau dargestellt; das sind sowohl die gesetzlichen Juden als auch Heiden, die von Natur aus nicht mit Gott in Beziehung standen (Eph 2,11f). Sie alle werden jetzt, sofern sie an Christus glauben, mit Gott in Beziehung gebracht (vergleiche Ps 87). So wie Zion in Jes die »Frau«, die »Braut« Gottes ist (54,5f; 62,5), so ist die Gemeinde jetzt die »Frau«, die »Braut« Christi (2Kor 11,2; Eph 23,32). Im allerbuchstäblichsten Sinn ist die Anzahl der Christusgläubigen größer als die der gesetzlichen Juden. Schon in den Tagen des Paulus muss es für die gläubigen Juden ein Schock gewesen sein, dass sie sehr bald zahlenmäßig von den Gläubigen aus den Heiden übertroffen wurden. Es sollte dann nicht mehr lange dauern und die Heidenchristen übertrafen auch die nicht bekehrten Juden bei weitem an Zahl.[11]

4,28 Bildet dieser Vers eine Gegenüberstellung zu dem vorhergehenden oder gibt er nähere Ausführungen dazu? Denn im Gr. steht: »Ihr aber, Brüder«; wobei hinter dem »aber« die Spannung steckt, die in der Apologetik dieses ganzen Briefes liegt, sodass wir in diesem Zusammenhang das »ihr aber« nicht als Gegensatz, sondern als ein »ihr nun« auffassen dürfen. Paulus hat gerade eben ausgeführt, dass das Jerusalem droben »unsere Mutter« ist (Vers 26) und hat den Ausdruck »Kinder der Einsamen« (d.h. Jerusalem oder Zion) implizit auf die Christen angewendet (Vers 27). Er macht das nun explizit, indem er sagt: »Ihr nun, Brüder, nach [dem Vorbild von] Isaak seid ihr [der] Verheißung Kinder.« Im Grunde sagt er damit: Also, Brüder, die Kinder des Zions droben das seid ihr. Wie Isaak ein Kind der Verheißung war (Vers 23) und von einer unfruchtbaren Frau geboren wurde, die nie Geburtswehen gekannt hatte, so seid auch ihr Kinder der Verheißung und von dem himmlischen Zion geboren (vergleiche Joh 3,3: »von neuem [wörtl.: von oben her] geboren«).

Der Gedanke ist also: Ihr seid Kinder Abrahams, aber nicht über »Hagar«, der Sklavenordnung des Judaismus, sondern über »Sara«, der Ordnung der Freiheit, der Verheißung, des Geistes. Bei der Verheißung geht es selbstverständlich wieder um die dem Abraham gegebene Verheißung (3,14.16-19.21f.29) und zwar nicht nur um die Verheißung, Sara werde einen Sohn bekommen (vergleiche 4,23), sondern um den gesamten verheißenen Segen (3,8). Wenn die Galater »Verheißungskinder« (siehe Grammatik) sind, dann bedeutet das: Sie sind Erben des dem Abraham verheißenen Segens (3,29), so wie Isaak der Erbe des Segens Abrahams war. Alle geistlichen Nachkommen Abrahams sind »Kinder« – d.h. Teilhaber – des ihm verheißenen Segens. Geistlich gesprochen ist jeder Judaist, der auf dem Grundsatz der Rechtfertigung durch Gesetzeswerke beharrt, ein Nachkomme Hagars und Ismaels, auch wenn er vielleicht leiblich ein Nachkomme Saras und Isaaks ist. Jeder Christusgläubige, der von eigener Gesetzeserfüllung absieht und sich im Glauben Christus und Seinem Werk anvertraut, um dadurch gerechtfertigt zu werden, ist ein geistlicher Nachkomme Saras und Isaaks, mag er auch von Hause aus ein Heide sein.

4,29 Bis jetzt hat Paulus, außer einem kleinen Ausblick auf die zwei Jerusalems, nur über die Geburt Ismaels und Isaaks gesprochen. Nun aber erwähnt er noch ein weiteres Ereignis aus dem Leben der zwei

Söhne Abrahams. An dem Tag, als Isaak entwöhnt war, richtete Abraham ein Festmahl aus. Bei dieser Gelegenheit sah Sara, dass der vierzehn Jahre ältere Ismael »spottete«, das bedeutet offensichtlich: über Isaak (1Mo 21,8f; LXX und die Vulgata fügen dies hinzu). Ismael glich in dieser Hinsicht seiner Mutter (1Mo 16,4). Paulus drückt das so aus: »der nach [dem] Fleisch Geborene«, also Ismael, »verfolgte den nach [dem] Geist [Geborenen]«, also Isaak. »Spotten« und »verfolgen« scheint nicht wirklich dasselbe zu sein (siehe aber Grammatik).[12]

Paulus benutzt hier fast dieselben Ausdrücke wie in Vers 23 (siehe dort): Ismael »war nach [dem] Fleisch geboren«, Isaak war geboren »durch [die] Verheißung«. Anstelle von »durch [die] Verheißung« sagt er hier: »nach [dem] Geist«. Der Unterschied ist nicht so groß, wie es vielleicht aussieht. Es genügt nicht, wenn (durch die Kraft des Heiligen Geistes) eine Verheißung ausgesprochen wird, der zufolge ein Kind geboren wird, es bedarf außerdem der Kraft des Heiligen Geistes, um diese Verheißung wahr zu machen. Isaak war ein Kind der Verheißung – einer durch den Geist Gottes verwirklichten Verheißung. Bei Christen ist das noch einsichtiger. Welche Verheißungen Gott auch in Bezug auf uns ausgesprochen hat, alle werden durch die Kraft des Heiligen Geistes in die Tat umgesetzt. In Gal 3,6-9 ging es um die Verheißung der Rechtfertigung aus Glauben und um den Segen für Abraham und damit war die »Verheißung des Geistes« verbunden. Der Heilige Geist selbst ist den Gläubigen verheißen; aber genauso werden alle Verheißungen Gottes durch den Geist wahrgemacht (und zwar »in Christus«; 2Kor 1,19f).

Paulus zieht eine Parallele zwischen der Verfolgung Isaaks durch Ismael und dem, was »jetzt« geschieht. Er meint offenbar damit: So, wie Ismael den Isaak verfolgte, genauso verfolgen »jetzt« die nach dem Fleisch geborenen Judaisten die nach dem Geist geborenen Christusgläubigen. Paulus hatte sich früher als Pharisäer selbst daran beteiligt – siehe dasselbe Verb »verfolgen« in 1,13.23 –, es aber als Christ auch am eigenen Leibe erfahren (vergleiche 5,11; siehe auch 6,12). Die jüdischen Irrlehrer waren übrigens nur allzu gern bereit, unter den Heiden Bundesgenossen für ihre Christenverfolgung zu suchen. Aufgrund der Südgalatischen Theorie (siehe Anhang 1) finden wir auch Beispiele dafür in den galatischen Gemeinden (Apg 13,50; 14,2f.19). »Verfolgung« braucht übrigens nicht nur Unterdrückung, Gefangenschaft u. Ä. zu bedeuten; im weiteren Sinn des »Lästigfallens« gehören auch die Versuche der Irrlehrer dazu, die Galater zu verführen (vergleiche 1,7; 2,4; 3,1).

Die Verfolgung derer, die aus der Gnade leben wollen, durch solche, die auf der Grundlage der Eigengerechtigkeit stehen, ist in der gesamten Heiligen Schrift zu finden. Das beginnt mit Kain, der Gott die Früchte seiner eigenen Arbeit darbrachte und seinen Bruder Abel erschlug, (weil) der Gott aufgrund eines stellvertretenden Opfers nahte (1Mo 4). Und es endet mit dem großen Babylon, das überall in der Schrift den Grundsatz des eigenwilligen Gottesdienstes repräsentiert und »trunken« ist »vom Blut der Heiligen und vom Blut der Zeugen Jesu« (Offb 17,6). Jesus selbst beschuldigt die Pharisäer und Schriftgelehrten, dass sie das Blut der Gerechten vergießen »vom Blut Abels, des Gerechten, bis zum Blut Zacharias« (Mt 23,34f; siehe 2Chr 24,20f). Diese Verfolgung ist unvermeidlich, weil eine Religion, die von Gottes Gnade lebt, eine starke Anklage gegen eine Religion ist, die ihre eigene Gerechtigkeit aufbauen muss und per definitionem nicht dazu taugt (vergleiche die hasserfüllten Erwiderungen der Pharisäer in Joh 8,33.41).

4,30 Wie verlief die Verfolgung Isaaks durch Ismael? Paulus fragt: »Was sagt die Schrift?« Das bedeutet zuallererst: Was berichtet die Schrift darüber? Die Antwort ist, dass Sara Abraham bedrängte, Hagar und ihren Sohn auszustoßen, weil der Sohn der Sklavin nicht mit dem Sohn der Freien erben sollte (1Mo 21,10): »Treibe diese Magd und ihren Sohn hinaus; denn der Sohn dieser Magd soll nicht erben mit meinem Sohne, mit Isaak«). Der Ausdruck: »Was sagt die Schrift?« bedeutet aber auch: Was sagt Gott zu dieser Angelegenheit? (vergleiche 3,8.22). Und tatsächlich hat Gott Saras Worte bestätigt: »Lass es nicht übel sein in deinen Augen wegen des Knaben und wegen deiner Magd; was immer Sara zu dir sagt, höre auf ihre Stimme; denn in Isaak soll dir ein Same genannt werden« (1Mo 21,12).

Schon in der Abrahamsgeschichte wird also deutlich, dass Ismael und Isaak nicht in einem Zelt zusammen leben können; das bedeutet: Die Sklaverei der Gesetzlichkeit und die Freiheit des Geistes – die Ordnung des Gesetzes und die der Verheißung – können nicht nebeneinander »unter einem Dach« existieren. Das ist grundsätzlich unmöglich; aber es ist in der Praxis noch weniger möglich, weil die Sklaven der Gesetzlichkeit die durch Christus Befreiten verfolgen. Auf Gottes

Befehl werden die Ersteren hinausgetan. Gott verwirft nicht die Juden, sondern die judaistische Ordnung der Selbstrechtfertigung durch das Halten des Gesetzes. Christen können und dürfen allezeit mit den Juden in einen »Dialog« eintreten – wenn sie nur im Auge behalten, dass kein Dialog auf der Basis der Gleichheit zwischen der Ordnung des Gesetzes und der des Glaubens und der Gnade möglich ist. Die erste Ordnung soll »keineswegs erben« mit der zweiten Ordnung; den Segen zu ererben ist nur auf dem Wege der Verheißung, der Gnade und des Glaubens möglich.

Merke wohl: Innerhalb der Gemeinde können Juden und Heiden sehr wohl nebeneinander bestehen, auch im Sinne von Gleichberechtigung (Eph 2,14-22) – dann aber als geistliche Nachkommen Isaaks, nicht als Nachkommen Ismaels. Der nicht an Christus gläubige Jude ist nach Paulus ein »Ismaelit«; der christusgläubige Araber, ein leiblicher Ismaelit, ist wie jeder Christusgläubige, geistlich gesprochen ein »Isaakit«. Der nicht an Christus gläubige Jude hat wohl äußerliche Vorrechte (Röm 3,1f; 9,4f), aber geistlich gegenüber den Heiden keinerlei Vorteile. Die Tatsache, dass er von Natur ein Isaakit ist, bringt ihn Gott nicht näher. Wenn er aber im Glauben zu Christus kommt, wird er ein geistlicher Isaakit, genauso wie ein gläubiger Heide.

Vielleicht beabsichtigt Paulus eine buchstäbliche Anwendung dieses Verses, nämlich so, dass die Galater, genau wie Abraham, die Irrlehrer aus ihrer Mitte vertreiben sollten. Was Paulus bisher noch nicht gerade heraus hatte sagen dürfen oder wollen, kann er nun aufgrund dieser lehrmäßigen Erörterungen äußern: Christentum und Judaismus – wohlgemerkt, ich sage nicht: Heiden und Juden! – können nicht zusammen erben; Galater, jagt die Judaisten weg! Das bedeutet die definitive Beiseitesetzung des Judaismus als gesetzlicher Ordnung der Eigengerechtigkeit – aber nicht die Beiseitesetzung des Volkes der Juden als solchem, im Gegenteil!

4,31 Tatsächlich bedeuten die Verse 29 und 30 einen kleinen Einschub in den Ausführungen des Paulus. In diesem Schlussvers kehrt er zu seinem Hauptthema zurück. Abraham hatte zwei Sorten von Kindern: Nachkommen von der Sklavin Hagar und Kinder von der freien Frau Sara. Eigentlich sagt er: von *einer* Sklavin (gr. *paidiskè* ohne Artikel), als wollte er sagen, wir seien nicht Kinder welcher Sklavin auch immer, sondern der freien Frau, Sara. Das bedeutet geistlich: des Jerusalems

droben. Die Gläubigen gehören zu der Ordnung, die durch Verheißung und Glauben und durch die Freiheit des Geistes gekennzeichnet
ist, nicht durch irgendeine Ordnung »natürlichen« Gottesdienstes oder
der Gesetzesbeobachtung und Eigengerechtigkeit.

Paulus bietet hier eine Art Schlussfolgerung, die er mit dem zusam-
menfassenden »Deshalb« beginnt. Die Galater mussten begreifen, dass
sie durch den Glauben an Christus zu einer Ordnung gelangt waren,
die unter keinen Umständen mit dem Judaismus vermischt oder verbunden werden durfte. Gott selbst hatte die zwei geschieden (Vers 30).
Es ist bemerkenswert, dass Paulus hier wieder in der Wir-Form spricht;
was für die Galater galt, galt auch für ihn als Juden. Als er Christ geworden war, hatte er nicht aufgehört, Jude zu sein – aber er war seither
kein Judaist mehr. Auch in seinem Leben war keine Vermengung von
Judaismus und Christentum möglich und das galt ebenso für die galatischen Christen.

Die Irrlehrer hatten darauf gedrungen, dass, wenn sie, die Galater,
wahre Söhne Abrahams werden wollten, sie sich beschneiden lassen
und der Gesetzlichkeit unterwerfen mussten. »Aber«, so argumentiert
Paulus in diesem Abschnitt, »passt auf, es gibt zwei Arten von Abra-
hamskindern. Durch den Glauben an Christus *seid* ihr schon längst
(geistliche) Söhne Abrahams (3,7.29) und zwar durch die freie Frau,
Sara. Was die Irrlehrer von euch verlangen, ist der Übertritt von der
Sara-Linie in die Hagar-Linie. Wenn ihr dem Gehör leiht, *werdet* ihr
tatsächlich Söhne Abrahams, aber dann Söhne einer Sklavin. Wenn
ihr bei dem Evangelium bleibt, werdet ihr bleiben, was ihr seid, seitdem ihr gläubig wurdet: Söhne Abrahams in der Linie der freien Sara,
in der Linie der Verheißung und des Segens.«

Anmerkungen

1) Die von Paulus verwendete Typologie ist nicht gewagter als die, welche
   wir beispielsweise in Apg 7 finden. Loonstra sagt: »[Die Auslegung von
   1Mo 14 in Apg 7] passt in die alexandrinisch-jüdische Auslegungstraditi-
   on der Schrift. Aber dadurch wird sie für uns [!] nicht überzeugender«
   (S. 52). Mag nun die alexandrinische Methode der Exegese (vergleiche
   Loonstra, S. 103) 1Mo 14 auch auf die gleiche Weise auslegen, so ist das
   doch kein Argument gegen diese Auslegung, so sehr die alexandrinisch-
   jüdische Methode in vielen Punkten über das Ziel hinausgeschossen hat.

Loonstra scheint der Ansicht zu sein, die Schreiber des NT hätten eine Art »eisegese« (Hineinlegung statt »exegese« = Auslegung) betrieben, also eigentlich etwas getan, was man als Ausleger unter keinen Umständen machen darf. Demgegenüber stellen wir uns auf den Standpunkt, dass das AT neben seiner historisch-grammatischen Bedeutung auch eine geistliche Tiefendimension hat. Dabei spielt es nur eine geringe Rolle, ob man diese als prophetisch, eschatologisch, typologisch oder allegorisch betrachtet. Von entscheidender Bedeutung ist es, dass der Ausleger diese Tiefendimension im Text des AT wahrnimmt. Worte wie »im übertragenen Sinn« oder »assoziativ« sind hier ziemlich irreführend.

2) *paidiskè,* nicht das gewöhnliche *doulè,* »Sklavin, Dienstmagd« (Lk 1,38.48; Apg 2,18), sondern ein Wort, das von *pais* abgeleitet ist und »Kind«, aber auch »Knecht« bedeutet (Mt 8,6.8.13 + par.; 12,18; Lk 1,54.69; Apg 3,13.26; 4,25.27.30). *Paidiskè,* ursprünglich also »(junges) Mädchen« (so in LXX, z. B. Ruth), wird in der Elberfelder Übersetzung durchgehend mit »Magd« wiedergegeben (Mt 26,69 + par.; Lk 12,45; Joh 18,17; Apg 12,13; 16,16).

3) Gr. *alla,* nicht *de,* das »aber« bedeuten kann, jedoch auch »nun, nämlich«; wäre *de* verwendet, so wäre Vers 23 eine zusätzliche Auslegung und Ergänzung von Vers 22. Jetzt aber deutet Paulus mit *alla* eine Gegenüberstellung oder Betonung an: »Ja, darüber hinaus« oder »Nein, viel mehr noch«.

4) Es wurde argumentiert, dass nach 1Mo 16,10 auch Ismael in gewissem Sinn ein »Kind der Verheißung« war, wenn auch die Verheißung nach der Empfängnis gegeben wurde. Einige haben das sogar eine Inkonsequenz in den Ausführungen des Paulus genannt, weshalb er diese Argumentation im Römerbrief nicht mehr verwendete. Davon kann aber keine Rede sein. Gott hat später durch Isaak auch dem Esau Verheißungen zukommen lassen (1Mo 27,39f), aber weder Ismael noch Esau gab Gott *die* Verheißung des messianischen Segens. Die Linie der Verheißung geht über Isaak und Jakob.

5) Berühmte und berüchtigte Vorbilder für diese Auslegung sind im Altertum die jüdischen Schreiber Philo und Flavius Josephus und der christliche Denker Origines gewesen. Die Grundbedeutung von *allègoreoo* ist etwa: »sprechen [über etwas] in anderen [als gewohnten] Ausdrücken«. Paulus meint damit: In der Geschichte Abrahams werden geistliche Wahrheiten nicht in gewohnt-lehrmäßigen, sondern in historischen Ausdrücken dargestellt.

Auch das gr. *typos* bedeutet nicht dasselbe wie »Type«; in 1Kor 10,11 ist *typikoos* richtig mit »Vorbildern« wiedergegeben, nicht »als Type«, »Bild«. Was der Bedeutung von »Type«, »Bild« näherkommt, ist gerade das gr. Wort »*antitypon*« (»Gegenbild«; Apg 9,24; 1Petr 3,21).

6) Einige Ausleger haben geäußert, Paulus wolle sagen, Hagar repräsentiere »in Arabien«, also unter den Arabern, den Berg Sinai; wir sollten dann aber eher »wird genannt« als »ist« erwarten, ganz abgesehen davon, dass es keinerlei historischen Beweis dafür gibt, dass »Hagar« in der arabischen Welt den Sinai vorstellte. Andere (schon Chrysostomos) haben sogar gemeint, das Wort »Hagar« bedeute im Arabischen »Sinai«, wofür es aber auch keine Beweise gibt. Es ist auch inakzeptabel, hier unter »in Arabien« »auf Arabisch« zu verstehen. Paulus redet hier nicht von einem Berg Hagar, sondern von einer Sklavin Hagar. Ebenso wenig hat der Ausdruck »in Arabien« etwas mit des Paulus Verbleib in Arabien zu tun (1,17).

7) Das gr. *systoicheoo* (verwandt mit *stoicheia*, siehe 4,3.9) hängt zusammen mit dem Substantiv *systoichia,* das eine Reihe Soldaten, etwa beim Appell, angibt. Das Verb ist ebenfalls militärischen Ursprungs und bedeutet so viel wie »Gehören zur gleichen Abteilung wie …« In etwas erweitertem, abgeleitetem Sinn heißt das: »Gehören zu derselben Reihe, Gruppe, Kategorie wie …«, was in unserem Vers sehr gut passt. Hagar, Sinai und das gegenwärtige Jerusalem passen in die eine Reihe, Sara, Zion und das himmlische Jerusalem in die andere. Dieser Gedanke an die zwei Blöcke passt zu der Tabelle, die ich im Text gegeben habe, wo in jeder Reihe ein kontrastierendes Begriffspaar steht. Es ist dabei von größter Wichtigkeit, die beiden Blöcke säuberlich auseinander zu halten; Fung (S. 208f) widerlegt zu Recht einen Versuch Gastons, das gegenwärtige Jerusalem in dem Sara-Block unterzubringen!

8) Siehe Jes 2,1-5; 24,23; 27,12f; 33,20-22; 62,1-12; 65,18f; Jer 33,14-16, Hes 48,30-35; Dan 9,24; Joel 2,28-3,1.17-20; Mi 4,1-5; Zph 3,14-20; Sach 2,4f.10-12; 8,3-8.15.22; 12,1 – 13,1; 14,1-21.

9) Siehe Apg 12,22 (vergleiche 11,10.16; 13,14). Das himmlische Jerusalem (Offb 21,2.10) stimmt stark mit dem neuen Jerusalem von Offb 3,12 überein, doch besteht ein kleiner Unterschied, weil das erste mit »der Braut, der Frau des Lammes« verbunden wird (Offb 21,9), also mit der Gemeinde, die hier sowohl mit einer Stadt als auch mit einer Frau verglichen wird (so wie die große Babylon sowohl eine Frau als auch eine Stadt ist; Offb 17f). Das himmlische Jerusalem ist eher ein geistlicher Ort, das neue Jerusalem eine Gesellschaft von Menschen; aber das Letzte ist nicht von dem Ort zu trennen, wo diese in Ewigkeit verweilen wird und das ist das himmlische Jerusalem.

10) Das Beste, was von Ismael gesagt werden kann, ist, er sei »ein Wildesel von Mensch« (1Mo 16,12). Merkwürdig aber ist, dass auch Ismael nach 1Mo 25,14-16 zwölf Söhne hatte, die zwölf Fürsten wurden. Das AT suggeriert damit eine gewisse Parallelität zwischen Ismael und Israel; daraus wird noch deutlicher, dass Paulus zufolge Ismael ein Bild von Israel

nach dem Fleische – Israel unter dem Gesetz – ist. Wenn der Esel nicht durch das Lamm ausgelöst wird, ist er dem Tode verfallen (2Mo 13,13).

11) Es ist von großer Wichtigkeit, dass Paulus hier Jes 54,1 *anführt* und nicht *auslegt* (wie viele Ausleger gern möchten). Ohne weiter darauf einzugehen, weise ich darauf hin, dass in Jesaja *dasselbe* (buchstäbliche) Zion, das verworfen wurde, wiederhergestellt wird: Es geht um die buchstäbliche Wiederherstellung von Stadt, Volk, Land und Tempel. Zweitens: Im messianischen Friedensreich ist das buchstäbliche *wiederhergestellte* Jerusalem – nicht das judaistische Jerusalem, sondern das des neuen Bundes! – der Anziehungspunkt für die Völker (2,2-4). Die gläubigen Heiden werden zu dem wiederhergestellten Tempel in Jerusalem kommen (55,1-8). Es ist von größter Bedeutung, den Unterschied zwischen der Stellung der gläubigen Heiden im künftigen messianischen Friedensreich einerseits und der Stellung der christlichen Gemeinde andererseits zu erkennen (siehe ausführlich in meinem *Israel en de Kerk*).

12) Es wurde vermutet, der Apostel habe an eine jüdische Haggadah (Sage) gedacht, eine Erzählung, die sich an 1Mo 21 anschließt, der zufolge Ismael mit Isaak Streit anfing wegen des Erbes, indem er behauptete, als ältester Sohn der Erbe zu sein (vergleiche 1Mo 21,10; Gal 4,30). Nach diesem Streit ging er dieser Erzählung zufolge mit Isaak auf das Feld und während er so tat, als ziele er auf einen fernen Gegenstand, schoss er in Wirklichkeit seinen Pfeil auf Isaak ab. So bedrohte er die Freiheit und Sicherheit des kleinen Jungen.

2.3 Glaubenspraktische Argumentation

5,1 — 6,10

2.3.1 Christliche Freiheit (5,1-6)

Übersetzung

1 Für die Freiheit hat Christus uns freigemacht;
   steht denn fest und lasst euch nicht wieder unter ein Joch [der Sklaverei] binden.
2 Siehe, ich, Paulus, sage euch, dass, wenn ihr euch beschneiden lasst, Christus euch nichts nützen wird.
3 Ja, ich bezeuge noch mal jedem Menschen, der sich beschneiden lässt, dass er ein Schuldner ist, das ganze Gesetz zu tun.
4 Ihr seid außer der Wirkung Christi gestellt,
   die ihr durch [das] Gesetz gerechtfertigt werden [wollt];
   aus der Gnade seid ihr gefallen.
5 Denn *wir* erwarten durch [den] Geist aus Glauben [die] Hoffnung [der] Gerechtigkeit.
6 Denn in Christus Jesus vermag weder Beschneidung noch Vorhaut etwas,
   sondern Glaube, durch Liebe wirkend.

Übersetzungsvarianten

1 *Für:* oder *mit* (siehe Grammatik); in Anschluss an 4,31 kann man auch übersetzen: *Darum, Brüder, sind wir nicht einer Sklavin Kinder, sondern mit der Freiheit der Freien hat Christus uns freigemacht.*
6 *wirkend:* oder *gewirkt* (siehe Grammatik).

Textvarianten

1 {C} *Für die Freiheit hat Christus uns freigemacht; steht denn fest.* Andere Textzeugen lesen: *In der Freiheit, mit der Christus uns freigemacht hat, steht fest,* wobei *denn* hinter *Freiheit* oder hinter *steht* stehen oder weggelassen werden kann.

Grammatik

1 Asyndetischer Vers, d.h. nicht durch ein Bindewort an das Vorhergehende gekoppelt.

1 *Für die Freiheit:* gewöhnlich Dativ (ohne Präp.); kann ein Ziel oder eine Bestimmung andeuten (*für*), aber auch erklärend aufgefasst werden (*mit*): Christus hat uns mit der typisch christlichen Freiheit freigemacht, von der der Galaterbrief redet. Wenn Paulus ein Ziel hätte angeben wollen, so hätte er vielleicht eher *epi* (»für«, vergleiche Vers 13) oder *eis* (»zu«, vergleiche Röm 8,21) verwendet.

1 *steht ... fest* (gr. *stékete*): Präs., also ein Gebot zu fortdauernder Aktivität, in der der Christ niemals nachlassen darf.

1 *lasst euch ... binden* (gr. *enechesthe*): eig. Pass. (*werdet ... gebunden*), aber mit reflexiver Bedeutung: *lasst euch ...*

2 *wenn:* (gr. *ean* + Konj.): beschreibt eine Möglichkeit, keine Tatsache.

2 *ihr euch beschneiden lasst:* (gr. *peritemnésthe*): Pass. mit reflexiver Bedeutung (siehe Vers 1).

2 *euch nichts:* doppelter Akk., wovon der erste das Subjekt des Verbs (*nützen*), der zweite der Inhalt ist; im Deutschen steht ein Dat. und ein Akk.

3 *sich beschneiden lässt:* Präs. Pass., ev. *sich beschneiden lassen will* (oder: *danach trachtet*) (ein Präs. de conatu, d.h. das den Willen ausdrückt; das ist möglich, weil das Präs. ein Durativ ist, der mit dem tatsächlichen Ablauf der Handlung nichts zu tun hat); das Präs. drückt vielleicht auch aus: »wer das als gangbare Praxis annimmt oder einführt ... (oder: einführen will) «.

4 *seid außer der Wirkung Christi gestellt* (gr. *katérgéthéte*), *aus ... seid ... gefallen* (gr. *exepesate*): futurischer (proleptischer oder antizipierender) Aorist (nach einer zukünftigen Bedingung) d.h.: »wenn ihr euch beschneiden lasst, dann habt ihr Christus/die Gnade sofort verloren, dann habt ihr sie in Wirklichkeit schon verloren.«

4 *durch:* siehe 3,11. gr. *en* Instr.: *mit Hilfe von;* der Gedanke des *Rechtfertigens (Gerechtfertigtwerdens) durch* kann auch durch den Dativ wiedergegeben werden (z.B. Röm 3,24,28) oder durch gr. *ek* (»aus«) (z.B. Röm 5,1).

4 *gerechtfertigt werden [wollt]:* Präs. (siehe wie in Vers 3).

5 *Hoffnung [der] Gerechtigkeit:* wahrscheinlich kein Gen. qualitatis (*gerechte Hoffnung*) oder Gen. app. (*Hoffnung, nämlich Gerechtigkeit*), sondern ein Gen. subj. (d.h.: es ist die Gerechtigkeit, die hofft).

6 *wirkend* (gr. *energoumené*): Med. (weist auf das inwendige Wirken des menschlichen Gemüts; vergleiche das Aktiv in 2,8); die Form kann aber auch passivisch aufgefasst werden: *gewirkt* oder eventuell *wirksam gemacht.*

Auslegung

Noch einmal geht Paulus auf den radikalen Gegensatz von Glaube und Werke ein und auf den Unterschied zwischen der durch Christus geschenkten Freiheit des Glaubens einerseits und der Ordnung der Sklaverei der Gesetzeswerke andererseits. Schon eine so »unschuldig« anmutende Handlung wie die Beschneidung bedeutete den Übergang vom Christentum zum Judaismus und damit den radikalen Bruch mit der wahren Freiheit in Christus. Die dem Werk Christi entströmenden Segnungen gelten nur denen, die in der Freiheit des Glaubens und des Geistes und der Liebe stehen. Wer von der Ordnung des Glaubens zu der des Gesetzes übergeht, verspielt damit automatisch alle diese Segnungen. Wer ein »Hagarsohn« werden will, verspielt die Freiheit, die den Söhnen Saras zu eigen ist (4,21-31).

Darüber hinaus wird Gal 5 zeigen, worin das bedeutsamste Ziel der paulinischen Ausführungen hier liegt. Nach seiner historischen (Gal 1 und 2) und seiner lehrmäßigen Argumentation (Gal 3 und 4) kommt er zu der moralischen Beweisführung (Gal 5 und 6): zu der Frage der christlichen Lebenspraxis. Die Irrlehrer hatten ihn beschuldigt, seine »gesetzlose« Lehre müsse zu einem lockeren Lebensstil führen. Paulus lehrt das Gegenteil: Gerade der Glaube an Christus, praktiziert in der Kraft des Heiligen Geistes, leitet zu wahrem Gottesdienst. Christliche Freiheit ist keine Zügellosigkeit, sondern Dienstbarkeit und Unterwerfung unter »das Gesetz Christi« (6,2) – nicht als Heils*voraussetzung*, sondern als *Frucht* dieses Heils.

5,1 Einige Ausleger rechnen diesen Vers noch zu Gal 4,21-31; zusammen mit Vers 31 würde er dann eine Art Zusammenfassung und den Abschluss der Ausführungen des Paulus bilden, vielleicht sogar der gesamten bisherigen Darlegungen (von 2,14 oder gar 1,6 an). Da der Vers nicht mit einem Bindewort beginnt, steht er für sich (siehe Grammatik); Greijdanus behandelt ihn sogar als kleine selbstständige Perikope. Er kann daher sowohl als Abschluss des Vorhergehenden, als auch als Ausgangspunkt für das Folgende gelten (siehe auch 5,26). Der Vers erfüllt dann eine Art Brückenfunktion; denn das »steht denn fest« ist gleichzeitig die Einleitung zu den Ermahnungen von Gal 5. Übersetzt man, wie in der Übersetzungsvariante angegeben, so ist die Verbindung mit 4,31 noch viel stärker.

Paulus fasst zusammen, dass Christus uns frei gemacht hat, aber nicht einfach »Zur Freiheit hat uns Christus befreit« (Luther); denn dann lässt man den Artikel vor »Freiheit« unberücksichtigt. Es geht hier um die typisch christliche Freiheit, von der der Galaterbrief redet und durch die die Befreiung durch Christus gekennzeichnet ist (siehe Grammatik; vergleiche Elberfelder Übersetzung: »... Für die Freiheit hat Christus uns freigemacht«[1]). Die Freiheit, mit der uns Christus freigemacht hat, ist natürlich die Befreiung von der Macht der Schuld, der Sünde, des Todes und des Teufels, hier aber vor allem die Freiheit von der Ordnung des Gesetzes (vergleiche 3,13.22-26; 4,1-7) und der Status, in dem der Gläubige in Freiheit Christus in der Kraft des Geistes dient (vergleiche 5,16-26). Freiheit bedeutet tun zu dürfen, was man selbst gern will; *christliche* Freiheit bedeutet tun zu dürfen, was das *neue* Ich gern will (vergleiche 2,20: »Christus in mir«) und zwar durch die Kraft des Heiligen Geistes. Judaistische »Freiheit« bedeutet Gebundensein unter der Ordnung des Gesetzes als Weg zur Seligkeit; christliche Freiheit ist das Stehen unter dem »Gesetz der Freiheit« (Jak 1,25; 2,12; vergleiche Gal 6,2: das »Gesetz Christi«), das durch den Heiligen Geist *in* uns erfüllt wird (Röm 8,4).

Im Bezug auf die wahre christliche Freiheit müssen die Galater »fest stehen«, d. h. sie dürfen sich diese nicht von den Irrlehrern abnehmen lassen, sondern an der Freiheit in Christus festhalten, so wie Paulus sie verkündigte und an der sie durch den Glauben Anteil bekommen hatten. Die Befreiung war einzig und allein das souveräne Werk Christi gewesen; das Festhalten an dieser Befreiung als dem einzigen Weg zur Rechtfertigung und zum Leben mit Gott war eine Sache der Verantwortlichkeit der Gläubigen. Sie mussten »fest stehen«, »standhalten« wie ein Soldat an der Front (vergleiche Eph 6,14).

Der christlichen Freiheit steht das »Joch der Sklaverei« gegenüber, d. h. der Sklaverei unter der Ordnung des Gesetzes (vergleiche 4,1.3.7). Das Wort »Joch« klingt uns negativ in den Ohren, was aber auf die Juden der damaligen Zeit nicht zutrifft. Es scheint üblich gewesen zu sein, vom »Joch des Gesetzes« zu sprechen. Auch Petrus benutzt dies Wort in Apg 15,10: »... ein Joch auf den Hals der Jünger ... das weder unsere Väter noch wir zu tragen vermochten«, dann allerdings im negativen Sinn. So ist es nicht undenkbar, dass auch die Irrlehrer auf die Galater eingewirkt haben, »das Joch des Gesetzes« wieder auf ihre Hälse zu laden. Paulus aber zeigt ihnen, dass dies Gesetzes-Joch nichts anderes als ein Sklaven-Joch ist.[2]

Der arme Mensch, dessen Gerechtigkeit und Freiheit von seinen eigenen Werken abhängt und der sie daher nie erreichen wird, ist nichts anderes als ein Sklave dieser Ordnung. Man könnte die Gedanken des Paulus auch so wiedergeben: Hat Christus euch dafür frei gemacht? Hat Er euch aus dem einen Gefängnis befreit, um euch sofort in ein anderes Gefängnis zu führen? Die wahre christliche Befreiung wird durch die wahre Freiheit in Christus gekennzeichnet, nicht durch die Sklaverei des Gesetzes; durch einen emporgereckten Hals, nicht durch einen, der unter ein Joch gebückt ist. Wie konnten die Galater glauben, sie seien für die Sklaverei befreit?!

Bemerkenswert ist hier das Wort »wieder«. Die ursprünglich heidnischen Galater waren noch niemals unter dem Joch des Gesetzes gewesen. Doch Paulus sagt ihnen: »... lasst euch nicht wieder unter ein Joch der Sklaverei binden.« Offenbar bedeutet das Verfallen in den Judaismus für sie im Grunde einen Rückfall ins Heidentum. Wir sehen hier dasselbe, was Paulus in 4,9 dargelegt hat: Mit dem Judaismus dient man genauso den »Weltgeistern« wie im Heidentum; auch wenn die Galater dem Judaismus verfielen, so würden sie doch damit »wieder« zu den Weltgeistern zurückkehren. So auch hier: Sowohl der Heide als auch der Judaist befindet sich in der Sklaverei der Sünde (die für den Judaisten dazu noch die Sklaverei des Gesetzes enthielt). Wenn der Heidenchrist Judaist wird, kehrt er damit zur Sklaverei zurück.

5,2 Nachdrücklich und feierlich sagt der Apostel: »Siehe, ich, Paulus ...« und in Vers 3: »Ja, ich bezeuge ...«, um den Ernst seiner Worte zu unterstreichen und vielleicht auch, um die Galater an seine apostolische Autorität zu erinnern. Einige Ausleger meinen aufgrund bestimmter Hinweise (vergleiche Vers 11), es habe das Gerücht bestanden, dass auch Paulus mit den Irrlehrern nicht völlig uneins war. In Gal 5 widerspricht er dieser Meinung mit äußerstem Nachdruck. Vielleicht ist dies einer der Augenblicke, in denen Paulus seinem Schreiber die Feder aus der Hand nimmt und selbst einige Sätze schreibt (vergleiche 6,11; 1Kor 16,21). Diese Gewohnheit diente dem Zweck, die Briefe als authentisch erkennbar zu machen (2Thes 3,17; vergleiche 2,2).

Zuerst nennt Paulus hier die Beschneidung, als die konkrete Versuchung, der die Galater ausgesetzt waren (vergleiche 2,3). Die Irrlehrer trachteten sie dahin zu bringen, sich unter die Ordnung des Gesetzes zu stellen. Der allerwichtigste Beweis, dass ein Heide das wirklich tat, war die Unterwerfung unter den durchgreifenden und nicht wieder rückgängig zu machenden Ritus der Beschneidung. Offensichtlich hatten die galatischen Christen das noch nicht getan (siehe Grammatik), sich aber offenbar mit diesem Gedanken angefreundet; sie hielten ja auch die Festzeiten ein (4,10). Die Argumente der falschen Lehrer schienen so einleuchtend zu sein: 1Mo 17 ließ doch erkennen, dass man sich beschneiden lassen musste, um sich einen wahren Sohn Abrahams nennen zu dürfen. Nun hatte Paulus aber bisher im Galaterbrief ausgeführt, dass man allein aus Glauben ein wahrer Sohn Abrahams wird; und damit hatte er indirekt schon gezeigt, dass die Beschneidung dem nichts hinzufügt. Im Gegenteil, der Beschnittene, der nicht aus dem Glauben an Christus lebt, *ist* überhaupt kein wahrer Sohn Abrahams.

Der Christus-Gläubige, der sich beschneiden lässt, verlässt damit das Terrain der christlichen Segnungen und wechselt zur Ordnung des Gesetzes hinüber, das nun gerade keinerlei Segen darreichen kann. Wer sich beschneiden lässt, gibt damit zu erkennen, ein Sohn »Hagars« werden zu wollen; dadurch verspielt er die Freiheit, die den Söhnen der »Sara« zu eigen ist. Auf diese Weise wird Christus ihm weder etwas »nützen«, noch ihm auf ewig zum geistlichen Vorteil gereichen. Daher ist die Beschneidung in *diesem* Fall bei weitem kein unschuldiger Ritus.

An sich bedeutet diese Handlung selbstverständlich nichts Böses (vergleiche Vers 6); man kann sie aus medizinischen Gründen vollziehen oder um besseren Zugang zu den Juden zu finden (darum ließ Paulus selbst den Timotheus beschneiden, Apg 16,3; vergleiche die falsche Anklage in 21,21). Aber im Zusammenhang mit der in Galatien gepredigten Irrlehre war sie ein Symptom für eine radikale Veränderung der Position und ein Übergang von der Gnade zum Gesetz, der den Menschen des Segens Christi beraubt. Man erwirbt das Heil entweder durch Beschneidung und Gesetz oder durch Glauben an Christus; man kann nicht von jedem etwas haben. Der beschnittene Jude kann gewiss errettet werden, *wenn* er glaubt; wer aber als Beitrag zu seiner Errettung beschnitten werden will, verspielt sie gerade dadurch.

5,3 Hier unterstreicht Paulus, worum es ihm im Grunde geht. Wie ein Zeuge, der unter Eid vor dem Richter steht, erklärt er allen Menschen, jedem in seine eigene, individuelle Verantwortlichkeit hinein, dass, wer sich beschneiden lässt – in diesem Zusammenhang: als Heilsweg –, sich mit Haut und Haaren der gesamten Ordnung des Gesetzes ausliefert. Die Beschneidung ist nicht losgelöst zu bekommen, sie gehört zu dem Gesamt-»paket« des Gesetzes. Will man wirklich auf diesem Weg das Heil erreichen, muss man sich nicht nur beschneiden lassen, sondern *jeden* Bestandteil des Gesetzes minutiös erfüllen.

Die Irrlehrer haben möglicherweise den Galatern versichert, die Beschneidung, die Einhaltung des Kalenders (vergleiche 4,10) und wahrscheinlich auch die Beachtung der Speisegesetze (vergleiche 2,12) reiche aus, um sich einen wahren Sohn Abrahams nennen zu können. Wie auch immer: In jedem Fall versichert Paulus den Galatern, dass die Beschneidung die Verpflichtung zum Einhalten des gesamten Gesetzes mit sich brachte. Vielleicht waren die Galater in diesem Punkt unwissend, zumindest naiv. Darum war es nötig, sie mit den vollen Konsequenzen der von ihnen offensichtlich erwogenen Beschneidung zu konfrontieren. Sie hatten mit dem jüdischen Kalender begonnen, jetzt kam die Beschneidung und bald das ganze Gesetz.

Paulus verbindet diese Erklärung mit dem vorigen Vers durch das Wort »nochmal« und durch das Wortspiel im Gr. zwischen »nützen wird« (*oophelèsei*) und »Schuldner« (*opheiletès*). Cole versucht dieses Wortspiel wie folgt wiederzugeben: »Weit davon entfernt, dass Christus euch hilft, werdet ihr selbst hilflos mit den Krücken des Gesetzes dasitzen.« Auch hier gilt wieder: Es gibt nur das eine oder das andere: Entweder ihr nehmt den ganzen Christus an oder ihr nehmt die gesamte Ordnung des Gesetzes an. Einen Mittelweg gibt es nicht.

5,4 Dieser Vers zeigt uns, dass es sich in Vers 3 nicht um solche handelt, die das Gesetz als Frucht des neuen Lebens in Christus tun, etwa im Sinne von 6,2 oder Röm 8,4, sondern um solche, die dadurch gerechtfertigt werden wollen, gerechtfertigt also durch Gesetzeswerke (vergleiche 3,11). Eben das haben wir genannt: Sie haben sich unter die Ordnung des Gesetzes gestellt. Wer das tut, steht damit automa-

tisch nicht mehr unter der Ordnung des Glaubens. Das wird in diesem
Vers auf zweierlei Weise dargestellt: »Ihr habt keinen Anteil mehr an
Christus«, und: »Ihr seid aus der Gnade gefallen.«

Für die Beschreibung der ersten Folge »Ihr habt keinen Anteil mehr
an Christus«, gebraucht Paulus das Verb *katargoo*, das soviel bedeutet
wie kraftlos machen, zunichte machen, unwirksam machen.[3] In Röm
7,2.6 und in unserem Vers bedeutet es: Der Mensch hat sich selbst von
der Kraft und Wirksamkeit von etwas gelöst, für diesen Menschen ist
dieses Etwas »außer Wirkung gestellt«, dieses Etwas wirkt sich auf ihn
nicht mehr aus, hat für ihn weder Nutzen noch Kraft. In Röm 7,2.6 ist
das positiv: Der Gläubige ist »freigemacht« von dem Gesetz, d. h., er
ist aus der Verbindung mit dem Gesetz erlöst, außerhalb der Wirksamkeit des Gesetzes gestellt. In unserem Vers ist das negativ: Der Christ,
der Legalist wurde, ist damit aus der Verbindung mit Christus gelöst
und steht nun außerhalb Seiner Kraft und Wirksamkeit, außerhalb der
Wirksamkeit Seines Erlösungswerkes. Er beraubt sich selbst allen Segens in Christus.

Die zweite Folge des Übergangs zum Judaismus ist: »Aus der Gnade seid ihr gefallen.« Hier bedeutet »die Gnade« (man beachte den
Artikel) die Umschreibung für die gesamte Ordnung des Glaubens an
Christus. Wer zur Ordnung des Gesetzes übergeht, »fällt« damit aus
der Ordnung der Gnade in Christus. Diesen Gedanken an eine »Sphäre« oder einen »Bereich«, in dem man »stehen« oder aus dem man
»fallen« kann, finden wir auch in Röm 5,2 und 1Petr 5,12 (vergleiche
Gal 1,6). Entweder hat man die Rechtfertigung aus der Gnade Gottes
oder die Rechtfertigung aus Gesetzeswerken; beides kann man, wie
gesagt, nicht haben. Wer sie im Zweiten sucht, verliert das Erste. Die
zwei Ausdrücke in unserem Vers meinen also letztlich dasselbe: Wer
zum Judentum übergeht, gerät damit außerhalb der wirksamen Kraft
der Gnade Gottes und des Erlösungswerkes Christi.[4]

Wenn wir den Zusammenhang zwischen 1Mo 16 und 17 betrach-
ten, so sehen wir, dass die Bedeutung der dem Abraham und seinen
Nachkommen von Gott gebotenen Beschneidung gerade die völlige
Nutzlosigkeit des Fleisches enthielt (vergleiche Joh 6,63; Kol 2,11).
Um so bemerkenswerter ist es, dass der verblendete Teil Israels die
Beschneidung benutzte, um sich des Fleisches zu rühmen (vergleiche
Röm 2,17-29). Daher erschien es vielen Heidenchristen vorteilhaft, sich
beschneiden zu lassen. Man meinte, dabei zu »gewinnen«, während

Paulus erklärt, dass einem auf diesem Wege droht, alles zu verlieren. Gerade das, worüber die Beschneidung spricht – die Unbrauchbarkeit des Fleisches –, musste den Heidenchristen die Augen für die Tatsache öffnen, dass die Seligkeit daher völlig von Gottes Gnade abhing.

Sicher unnötigerweise möchten wir anmerken, dass dieser Vers keine Grundlage für die sog. Lehre vom Abfall der Heiligen bietet. Paulus setzt hier nicht das Errettetsein und dessen Verlust *nach*einander, sondern stellt die beiden Ordnungen *neben*einander. Wer zur Ordnung des Gesetzes übergeht, verlässt damit automatisch die Ordnung der Gnade. Wer konsequent versucht, durch Gesetzeswerke die Errettung zu erreichen, wird tatsächlich die Errettung niemals erlangen. Aber Paulus unterstellt nirgends, dass Gläubige, die wirklich innerlich, kraft Wiedergeburt und Glaubens, dieser Errettung teilhaftig geworden sind, diese Errettung immer noch verlieren könnten. Er führt uns aber sehr wohl die vollen Konsequenzen eines verkehrten Weges vor Augen: Wer den Weg der Rechtfertigung aus Gesetzeswerken konsequent bis zum Ende geht, landet im ewigen Verderben. Was Gott in Seiner Gnade tut, wenn es sich um einen wahren Gläubigen handelt, um ihn von seinem Irrweg zurückzubringen, ist eine ganz andere Sache. Wir dürfen die Gnade Gottes einerseits und die Verantwortlichkeit des Menschen für seine guten und bösen Wege andererseits niemals durcheinanderwerfen.

5,5 Das Vorhergehende wird von Paulus mit zwei neuen Aussagen verdeutlicht, die beide mit »denn« anfangen (die Verse 5 und 6). Als erstes stellt er das Los der von der Gnade zum Gesetz Hinübergewechselten dem Segen derer gegenüber, die bei der Gnade verharren und bei dem Glauben an Christus und bei der Wirksamkeit des Heiligen Geistes. Der Unterschied wird durch das betonte »*wir*« unterstrichen: »Denn *wir* erwarten durch [den] Geist aus Glauben [die] Hoffnung [der] Gerechtigkeit.« Erstens geschieht es durch den Geist, also nicht durch das Fleisch wie bei den pharisäischen Gesetzeshaltern (3,3) – weder durch das »Fleisch« im Sinne der sündigen Natur, noch durch das leibliche Fleisch, das der Judaist beschneiden will (5,4). Durch den Geist und aus Glauben wird der Mensch gerechtfertigt; genauso erwartet der gerechtfertigte Mensch durch den Geist und aus Glauben die Hoffnung der Gerechtigkeit.

Dieses »Erwarten« ist ein Wort, das Paulus gern im Zusammenhang mit der Wiederkunft Christi und den damit verbundenen Segnungen

gebraucht.[5] Schwieriger ist es zu sagen, *was* Paulus hier genau erwartet.
Das Erwarten einer »Hoffnung« (vergleiche Tit 2,13) wird häufig im
Sinne von »das, was man hofft« aufgefasst; das nun wird mit »Gerechtigkeit« für näher beschrieben gehalten. Dann würde es bedeuten: »die
gerechtfertigte Hoffnung« oder »die gehoffte Gerechtigkeit«, also: Dasjenige, worauf gehofft wird, ist Gerechtigkeit (siehe Grammatik). Wenn
wir so an die Sache herangehen, führt das zu großen Problemen. Man
wäre anzunehmen genötigt, die Gerechtigkeit, die dem Menschen in
der Rechtfertigung zuteil wird, hier als etwas Zukünftiges zu betrachten, während sie bei Paulus gerade immer ein gegenwärtiger Besitz ist.
Man könnte bei einer zukünftigen Gerechtigkeit an die erhoffte praktische Gerechtigkeit denken, der in der Lebensheiligung nachgestrebt
wird, wenn es in diesem Zusammenhang nicht ausdrücklich um die
stellungsmäßige Gerechtigkeit ginge (siehe Vers 4).

Es ist also viel besser, nicht an eine Gerechtigkeit zu denken, die
gehofft wird, sondern an eine Gerechtigkeit, die hofft (siehe Grammatik). Dank der Rechtfertigung aus Glauben ist die Gerechtigkeit der
gegenwärtige Besitz der Gläubigen; aber diese Gerechtigkeit beinhaltet
eine Dimension der Hoffnung. Wir *haben* die Gerechtigkeit, doch die
Gerechtigkeit impliziert noch andere Segnungen, die wir jetzt noch nicht
besitzen, die wir aber hoffnungsvoll erwarten: die völlige Errettung (vergleiche Röm 5,9f; 10,9f); zu ihr gehört die Erlösung unseres Leibes
(Röm 8,23-25), der vollkommene Genuss des ewigen Lebens (vergleiche Gal 4,29; Röm 5,18b), die ewige Herrlichkeit Gottes (vergleiche
Röm 5,1; 8,30), kurz gesagt: die ewige Glückseligkeit bei Christus.

Der Judaist lebt auch in Erwartung: Er hofft auf die Gerechtigkeit,
und zwar durch das Fleisch und aus Gesetzeswerken. Der Christ dagegen *hat* die Gerechtigkeit und zwar durch den Geist und aus Glauben.
Was er – ebenfalls durch den Geist und aus Glauben – erwartet, ist der
zukünftige Segen, der als eine Verheißung in dieser Gerechtigkeit beschlossen liegt. Der Judaist, der vergeblich auf die Gerechtigkeit hofft,
hofft noch viel vergeblicher auf das, was die Gerechtigkeit erhofft: die
ewige Glückseligkeit. Außerdem: Das Einzige, was der Judaist aufgrund
des Gesetzes zu erwarten hatte, war Rechtfertigung und ein langes
Leben auf dieser Erde, doch niemals die himmlische Herrlichkeit. Die
war unter der Ordnung des Gesetzes niemandem verheißen. Dass viele alttestamentliche Gläubige von der ewigen Glückseligkeit wussten,
beruhte nicht auf der Ordnung des Gesetzes, sondern weil der Glaube

durch den Heiligen Geist weit über die Ordnung des Gesetzes hinaus-
blickte. Das Gesetz verhieß nichts Derartiges. Der Christus-Gläubige
dagegen besitzt aus Glauben von Anfang an schon die Gerechtigkeit
und hat außerdem die Hoffnung der Gerechtigkeit vor sich.

5,6 Hier folgt eine zweite Erläuterung des Paulus, die er mit »Denn«
beginnt, einem »Denn«, das gleichzeitig die Aussage von Vers 5 erklärt. Nach der »Hoffnung [der] Gerechtigkeit« folgt hier »Glaube,
durch Liebe wirkend« – eine schöne Vereinigung der drei christlichen
Schlüsselbegriffe: Glaube, Hoffnung und Liebe.[6]

In Vers 2 hatte Paulus schon bemerkt, dass, wenn ein Heidenchrist
sich beschneiden lässt, es ihm keinerlei Nutzen bringt, ja, dass ihm
Christus nichts nützen wird. Das bedeutet aber nicht, dass dann z. B.
der Judenchrist gut daran täte, zu versuchen, seine Beschneidung un-
geschehen zu machen. In 1Kor 7,18 sagt der Apostel: »Ist jemand beschnitten berufen, so ziehe er keine Vorhaut; ist jemand in der Vorhaut berufen, so werde er nicht beschnitten«; und er fügt in Vers 19
ähnliche Worte wie in unserem Vers hinzu: »Die Beschneidung ist nichts
und die Vorhaut ist nichts, sondern [das] Halten der Gebote Gottes«
(vergleiche auch Gal 6,15). Ob man beschnitten ist oder nicht, ist, wenn
es um die Dinge Gottes geht, von keinerlei Bedeutung, genauso wenig
wie das Essen oder Nicht-Essen bestimmter (früher verbotener) Speisen (1Kor 8,8).

Wer sich daher beschneiden lassen will – oder genauso: wer seine
Beschneidung rückgängig machen möchte –, weil er meint, dadurch
Gott wohlgefälliger zu sein, der irrt sich sehr. Für solche, die »in Christus Jesus« sind, macht es nichts aus, ob sie die Vorhaut haben oder
nicht. Es kommt nicht auf ein äußerliches Zeichen am Fleische an,
sondern auf den Zustand des Herzens: auf den Glauben. Beschnittensein hat keine »Kraft« und bewirkt nichts, schon gar nicht die Rechtfertigung, von der in Vers 4 gesprochen wurde. Und umgekehrt: Das
Unbeschnitten-Sein hat ebenso nicht die geringste »Kraft«, sonst hätten die Heiden bei der Rechtfertigung den Juden gegenüber einen gewissen Vorteil. Das einzige, worauf es ankommt, ist der Glaube. Der
Mensch wird aus Glauben allein gerechtfertigt; ob man beschnitten ist
oder nicht, fügt dem weder etwas hinzu, noch nimmt es ihm etwas weg.

Bemerkenswert ist, dass Paulus hier nicht nur von »Glauben« spricht,
sondern von »Glauben, durch [d. h. im Geiste von] Liebe wirkend«.

Einfach ist der Ausdruck übrigens nicht, erstens weil nicht direkt deutlich ist, ob wir »wirkend« oder »gewirkt wurde« übersetzen müssen (siehe Grammatik). Geht es darum, dass sich der (rechtfertigende) Glaube in Liebe äußert oder meint Paulus damit, was er schon in 2,20 angedeutet hat: die Liebe Christi, die in uns den Glauben bewirkte? Verschiedene Ausleger halten das letzte für richtig,[7] doch, obwohl beides im Gr. möglich ist, plädieren wir für das Erstere. Erstens ist der Ausdruck »die Liebe«, die in uns den Glauben bewirken soll, doch sehr unbestimmt für das, was Paulus sagen will. Überdies ist der Gedanke, die Liebe Gottes oder Christi bewirke den Glauben in uns, dem NT unbekannt. Viel häufiger finden wir im NT, dass die Liebe in den Gläubigen eine Frucht des Glaubens ist (vergleiche Vers 22!). Nur ein wenig weiter in den Ausführungen des Paulus (Vers 13) geht es ebenfalls um die Liebe der Gläubigen untereinander. Am naheliegendsten scheint also folgende Lesung: »Glaube, der durch Liebe wirkt (oder wirksam ist)« oder: »sich durch Liebe äußert«.

Die Reihenfolge sieht also so aus: erst der rechtfertigende Glaube, dann die Liebe als Frucht dieses Glaubens. Glaube ist nicht nur eine intellektuelle Überzeugung, sondern etwas, das sich in praktischen Liebeswerken äußert (vergleiche 1Kor 13,2). Keinesfalls wird hier gesagt, die Liebe sei neben dem Glauben eine Voraussetzung für die Rechtfertigung. Die Rechtfertigung kommt nicht aus »Glauben und Liebe«, sondern »aus Glauben allein«, einem Glauben, der sich dann unter anderem durch praktische Liebesäußerungen beweist (vergleiche Jak 2,22). Man könnte auch sagen: Erst ist der rechtfertigende Glaube da, dann gießt Gott durch den Heiligen Geist die Liebe in unsere Herzen (Röm 5,1.5), dann strömt diese Liebe zu anderen aus. Es ist also nicht der Glaube *als solcher*, der durch Liebe wirkt, sondern der Glaube führt zur Einswerdung mit Christus in Seinem Tod und Seiner Auferstehung und dadurch zu einem neuen Leben in dem Gläubigen, zur Versiegelung mit dem Heiligen Geist; dies Leben nun ist es, das in der Kraft des Geistes durch Liebe wirkt (vergleiche 3,1-5.14; 5,16.18.22.25).

Die Irrlehrer behaupteten, die Rechtfertigungslehre des Paulus würde einen gesetzlosen, unmoralischen Lebensstil zur Folge haben; doch zeigt hier Paulus *ganz beiläufig,* dass der wahre Glaube, von dem er spricht, nicht an gesetzlosem Betragen zu erkennen ist, sondern an Liebestaten, die durch den Geist gewirkt werden. Die Liebe ist ja gerade die Erfüllung der Torah (vergleiche 6,2; Röm 13,10); das sich in praktischer Liebe äußernde Glaubensleben ist das wahre Christentum. Im Reiche Gottes geht es nicht um Essen und Trinken, auch nicht um Beschnitten- oder Unbeschnittensein – diese Dinge sind in Christus bedeutungslos –, sondern um Gerechtigkeit, Friede und Freude in [dem] Heiligen Geist (Röm 14,17).

Anmerkungen

1) So aufgefasst ist der Ausdruck »freimachen mit der Freiheit« vielleicht als Hebraismus zu betrachten, also als Intensivum (»sehr« oder »vollkommen freimachen«). Aber wieder wegen des Artikels (der sogar hinweisend aufgefasst werden kann: *diese* Freiheit, mit Bezug auf 4,31) scheint viel zu weit zu gehen, wenn man, wie Cole, »mit der Freiheit« nur als Betonung von »freigemacht« betrachtet: »Christus hat uns *richtig* freigemacht« (vergleiche Joh 8,36). Es geht nicht nur um »Freiheit«, sondern um »*die* (christliche) Freiheit«.

2) In 1Tim 6,1 spricht er von dem »Joch« der Sklaven, das diese buchstäblich zu tragen hatten und das dort auch eine negative Bedeutung hat. Positiv dagegen ist das »sanfte Joch«, von dem Christus spricht (Mt 11,30); das ist kein Joch der Sklaverei, obwohl die Christen Sklaven Christi geworden sind, sondern das der freiwilligen Nachfolge.

3) Siehe »unnütz machen« (Lk 13,7; eig. stärker: »entkräften, aussaugen«), »aufheben«, »(hin-)wegtun«, »zunichte machen« (Röm 3,3.31; 4,14; 6,6; 1Kor 1,28; 2,6; 6,13; 13,8.10.11; 15,24.26; 2Kor 3,7.11.13f; Gal 5,11; Eph 2,15; 2Thes 2,8; 2Tim 1,10; Hebr 2,14), »ungültig machen« (Gal 3,17). In den meisten Fällen hat das Verb die Bedeutung, dass der Gegenstand im absoluten Sinn seine Kraft und Wirksamkeit verloren hat. In unserem Vers und in Röm 7,2.6, wo das Wort mit der Präp. *apo* verbunden ist, bleiben Kraft und Wirksamkeit als solche intakt; gehen aber für die Person verloren, die einmal sehr wohl unter ihrem Einfluss stand (siehe Text). Das *apo* zeigt an, dass sie aus ihrem Wirksamkeitsbereich geraten ist.

4) Rendall erkennt einen Zusammenhang zwischen *ekpiptoo* »fallen aus« und *ekballoo* »ausstoßen«, in 4,30. Der Gedanke ist dann folgender: So wie der ungehorsame Sohn der Sklavin aus dem Hause Abrahams gestoßen wird, so auch der »Sohn«, wenn er tatsächlich in die Familie Hagars überläuft, also aus der Sphäre der göttlichen Gnade in Christus fällt.

5) Gr. *apekdechomai* (stärker als das gewöhnliche *ekdechomai*); siehe Röm 8,19.23.25; 1Kor 1,7; Phil 3,20; siehe auch Hebr 9,28.

6) Siehe ferner Röm 5,1-5; 1Kor 13,13; Eph 1,15.18; 4,2-5; Kol 1,4f; 1Thes 1,3; 5,8; Hebr 6,10-12; 10,22-24; 1Petr 1,3-8.

7) Besonders die römisch-katholische Exegese hat starken Nachdruck auf den *fides caritate formata* gelegt (Glauben, der durch die Liebe gebildet wird; vergleiche die Vulgata: *fides quae per caritatem operatur:* Glaube, der durch Liebe gewirkt wird), als ob die Liebe, d.h. die Liebes*werke* (!), dem Glauben vorangingen, zumindest aber mit dem Glauben »zusammenwirken« bei der Rechtfertigung (sog. Synergismus). Diese Auslegung dient zur Unterstützung des Gedankens, Rechtfertigung sei aus Glauben *und* Werken; doch ist dieser Gedanke dem NT fremd. Die gewöhnliche Bedeutung von *energeisthai* ist im NT medial, nicht passiv (vergleiche Röm 7,5; 2Kor 1,6; 4,12; Eph 3,20; 1Thes 2,13; 2Thes 2,7; Jak 5,16). Aber selbst wenn man das Passiv vorzieht, kann man nach einigen immer noch übersetzen: »durch Liebe wirksam gemacht«, was sich sachlich kaum von »durch Liebe wirkend« unterscheidet.

2.3.2 Die Umkehr der Galater (5,7-12)

Übersetzung

7 Ihr lieft gut; wer hat euch aufgehalten, um <der> Wahrheit nicht zu gehorchen?

8 Die Überredung ist nicht von dem, der euch ruft.

9 Ein wenig Sauerteig durchsäuert den ganzen Teig.

10 *Ich* vertraue auf euch in [dem] Herrn, dass ihr nicht anders gesinnt sein werdet;
er aber, der euch verwirrt, wird das Urteil tragen, wer es auch sei.

11 Ich aber, Brüder, wenn ich [die] Beschneidung noch predige, warum werde ich dann verfolgt?
Dann ist ja das Ärgernis des Kreuzes hinweggetan.
Ach, ließen sie, die euch aufwiegeln, sich doch verstümmeln!

Übersetzungsvarianten

8 *Die:* hier hinweisend: *Diese.*

12 *verstümmeln:* oder *entmannen,* vielleicht *abschneiden.*

Textvarianten

7 {A} *nicht zu gehorchen* (gr. *mè peithesthai*): einige Textzeugen fügen hinzu: *mèdeni peithesthe;* man müsste dann übersetzen: *Wer hat euch aufgehalten? Gehorcht niemand* (oder: *Werdet von niemand überredet;* vergleiche Vers 8 und Grammatik), *<der> Wahrheit nicht zu gehorchen.*

7 {D} *<der>:* das Textzeugnis ist betreffs seiner Einfügung unsicher.

9 *durchsäuert:* einige Textzeugen lesen: *verdirbt.*

Grammatik

7.8 *nicht gehorchen? Die Überredung...* (gr. *mè peithesthai? hè peismonè*):
Wortspiel: *peimonè* ist von *peithein*, »überreden«, abgeleitet, wovon
das Passiv (überredet werden) auch »glauben, gehorchen« bedeuten kann (vergleiche Vers 10: *pepoitha,* »ich glaube, vertraue«) (siehe auch Textvariante).

8 *ruft:* Part. Präs., hier fast zeitlos; es geht mehr um den rufenden
Gott, nicht um den Zeitpunkt des Rufens wie in 1,6 (Part. Aor.);
vielleicht: der Gott, der euch auch jetzt noch jeden Tag ruft.

10 *Ich vertraue:* Perf., eig.: *ich bin überzeugt/überredet* (siehe Vers 7.8).

11 *wenn ich ... predige:* gr. *ei* + Ind.: kein Irrealis; sondern eine von
den Widersachern behauptete Wirklichkeit: *Stellt euch vor, es wäre
wahr, dass ich noch [die] Beschneidung predige.*

11 *das Ärgernis des Kreuzes:* vielleicht Gen. Subjekt. oder Gen. causalis
(*das Ärgernis, das das Kreuz aufwirft*), aber besser erscheint der Gen.
appositivus: *das Ärgernis, nämlich das Kreuz.*

12 *Ach, ... doch:* (gr. *ophelon* + Fut.): Optativ, drückt einen erfüllbaren
(wenn auch nicht notwendigerweise ernstgemeinten) Wunsch aus.

12 *ließen sie ... sich verstümmeln:* möglicherweise Passiv, wahrscheinlich aber Medium, im Sinne von »sich (...) lassen«.

Auslegung

In den vorangegangenen Versen hat Paulus dargelegt, wie töricht es
wäre, wenn sich die Heidenchristen in Galatien beschneiden ließen.
Anstelle geistlich etwas zu gewinnen, würden sie allen Segen in Christus verspielen. Nach diesen Ausführungen folgt jetzt ein regelrechter
Appell an das Herz der Galater. Er versucht, sie in ihre frühere Stellung zurückzubringen, als sie das wahre Evangelium angenommen hatten (vergleiche 3,2; 4,9.14). In den vorigen Versen stand »ihr« dem
»wir« gegenüber; jetzt steht »der euch verwirrt« (Vers 10) dem »ich«
des Apostels Paulus gegenüber.

5,7 Um anzudeuten, dass die Galater früher geistlich besser dastan-
den als heute, braucht Paulus ein bekanntes Gleichnis: »Ihr lieft gut«,
d.h.: Ihr hieltet euch gut in der Rennbahn. Es geht hier nicht um den

christlichen »Wandel«, sondern um den Wettlauf (vergleiche 2,2, wo Paulus dies Bild auf sich anwendet). »Gut« in der Rennbahn zu laufen schließt unter anderem ein, ausreichend trainiert zu haben (1Kor 9,25), dass man keine Lasten mitschleppt, dass man das Auge auf das Ziel gerichtet hält (Hebr 12,1f) und dass man sich von nichts aufhalten lässt (vergleiche Apg 20,24; Phil 2,16; 3,14; 2Tim 4,7).

Die Galater hatten einen guten »Start hingelegt«. Wenn sie jetzt nicht mehr »gut« liefen, musste die Ursache diesmal darin liegen, dass jemand sie »aufgehalten« hat, so dass sie der Wahrheit nicht mehr gehorchten oder in der Gefahr standen, so zu handeln. Dies »aufhalten« (gr. *enkoptoo*) ist ein militärischer Begriff, der eigentlich bedeutet, jemand den Weg zu blockieren, ihm oder ihr ein »Hindernis« (*enkopé*) in den Weg zu legen. Vielleicht sieht Paulus hier die Irrlehrer als Mit-Rennläufer oder als Menschen an der Seitenlinie, die den Wettläufern die Hindernisse vor die Füße werfen.

»Der Wahrheit gehorchen« bedeutet hier, sich der Wahrheit unterwerfen (vergleiche Röm 10,16: »dem Evangelium gehorchen«) und zwar der Wahrheit betreffs der Rechtfertigung allein aus Glauben. Diese Wahrheit ist nicht nur eine »vernünftige Lehre«, die man »annimmt« oder auch nicht, sondern sie ist der Ausdruck des praktischen Christenlebens (»Wandel« oder »Wettlauf«), bei dem es auf Gehorsam ankommt. Die Wahrheit ist keine Sache der Beliebigkeit, bei der man, je nach Bedarf, etwas wegnimmt oder hinzufügt – beispielsweise die Beschneidung –, nein, man muss ihr bedingungslos gehorchen.

Die Frage »Wer?« ist genauso rhetorisch wie das »Wer hat euch bezaubert?« von 3,1. Paulus wusste sehr genau, wer die Irrlehrer waren, die die Galater »bezaubert« bzw. »blockiert« hatten. Er erkundigt sich also nicht nach deren Identität, sondern ruft entsetzt aus: »Wie ist es möglich, dass ihr es euch gefallen ließet, dass – wer auch immer – euch ein Ärgernis in den Weg legte?« So gut wie das »Bezaubern« aus 3,1 auf die geistlichen Mächte hinter den Irrlehrern hinzuweisen scheint, so deutlich muss die Antwort auf dies schlichte »Wer?« letztlich lauten: Satan.

5,8 Die Irrlehrer hatten die galatischen Christen durch ihre verschlagenen »Überredungen« »aufgehalten« (Vers 7). Das Wort »Überredungen« kann vielleicht auch als Passiv übersetzt werden: das »Überredetsein« der Galater, allerdings liegt hier der aktive Sinn näher. Die Galater waren »überredet«, aber der dahinter stehende »Überreder«

(der »Wer?« aus Vers 7) war in diesem Fall gewiss nicht »der, der euch ruft«, d. h. Christus (1,6) oder Gott in Christus (1,15). Auch hier würde man, wenn man einen Aussagesatz daraus macht, an Satan denken können: Die Überredung kommt letztlich aus ihm (vergleiche Vers 7).

Selbstverständlich wollten die galatischen Christen keinen Augenblick dem rufenden Gott widerstreben, im Gegenteil. Wenn sie sich »überreden« ließen, dann nur, weil sie die Irrlehrer als Abgesandte Gottes betrachteten. Aber Paulus widerspricht dem in diesem kurzen Satz. Einmal hatten sich die Galater durch den rufenden Gott überreden lassen und zwar durch das Evangelium, das Paulus ihnen gepredigt hatte. Jetzt ließen sie sich wieder überreden – aber diesmal ging die Überredung nicht von Gott aus wie beim ersten Mal. Und wer sich von einer anderen als der Stimme Gottes überreden lässt, lässt sich damit von Gott und Seiner Wahrheit abziehen.

Vers 8 wird mit Vers 7 durch ein Wortspiel verbunden (siehe Grammatik), das beide Verse auch mit Vers 10 verbindet. Der Versuch, dieses Wortspiel im Deutschen zur Geltung kommen zu lassen, würde etwa wie folgt aussehen: »Wer hat euch aufgehalten, um betreffs der Wahrheit überredet/überzeugt zu werden? Die Überredung, die der ›wer‹ anwendet – oder: euer jetziges Überredetsein – ist nicht aus dem, der euch beruft ... Ich aber bin in Bezug auf euch im Herrn überredet/überzeugt, dass ihr nicht anders gesinnt sein werdet ...«

5,9 Paulus beschreibt die verderbliche Wirksamkeit der betreffenden Irrlehrer mit einer Formulierung, die er auch in 1Kor 5,6 verwendet und die wahrscheinlich sprichwörtlichen Charakter trug: »Ein wenig Sauerteig durchsäuert den ganzen Teig«, d. h. es bedarf nur einer geringen Menge Sauerteigs, um den ganzen Teig zu durchsäuern, wie nur wenig Böses dazugehört, um eine ganze Gemeinschaft zu verderben. Es ist das Prinzip: »Kleine Ursache, große Wirkung«. Es scheint eine Kleinigkeit zu sein, sich beschneiden zu lassen, doch sind die Folgen unermesslich. Paulus sagt hier nicht, dass die Galater schon ganz »durchsäuert« waren, wohl aber, sie müssten sich bewusst sein, dass eine »Kleinigkeit« wie die Beschneidung am Ende zu ihrem völligen Verderben führen würde.

Vermutlich meint Paulus mit dem Sauerteig nicht in erster Linie die Irrlehrer selbst, als vielmehr deren Lehre, vergleichbar mit der Anwendung dieses Bildes durch Christus. Dieser warnte vor dem »Sauerteig der Pharisäer und Sadduzäer« (Mt 16,6.7), was Er dann später als die »Lehre der Pharisäer und Sadduzäer« auslegt (Vers 12). Oder er sagt: »Hütet euch vor dem Sauerteig der Pharisäer, welcher Heuchelei ist« (12,1). Dazu auch Mk 8,15: »Hütet euch vor dem Sauerteig der Pharisäer und dem Sauerteig des Herodes.« Allerdings ist es nicht sinnvoll, einen zu großen Unterschied zwischen Irrlehren und Irrlehrern zu machen. Wer nichts mit der Irrlehre zu tun haben will, muss die Irrlehrer meiden. »Böser Verkehr verdirbt gute Sitten« (1Kor 15,33).

In 2Tim 2 ermahnt Paulus sein Kind Timotheus nicht allein: »Jeder, der den Namen des Herrn nennt, stehe ab von der Ungerechtigkeit« (Vers 19), sondern auch, dass ein solcher sich »reinigt« von den »Gefäßen … zur Unehre« (Vers 21), eben den Irrlehrern. Das Wort »reinigen« ist dasselbe Wort, das Paulus für das »Ausfegen« des »alten Sauerteigs« in 1Kor 5,7 verwendet. Auch Johannes stellt die Verbindung zwischen Irrlehre und Irrlehrern her: »Wenn jemand zu euch kommt und diese Lehre nicht bringt, so nehmt ihn nicht ins Haus auf und grüßt ihn nicht. Denn wer ihn grüßt, nimmt teil an seinen bösen Werken« (2Joh 10.11). Es gibt nur einen erfolgreichen Weg, der Irrlehre aus dem Weg zu gehen: Geh dem Irrlehrer aus dem Weg! Wer meint, freundschaftlichen Umgang mit dem Irrlehrer pflegen zu können und gleichzeitig von der Irrlehre unbeeinflusst zu bleiben, leidet sicher an starker Selbstüberschätzung. Abgesehen davon ist ein solcher Umgang von Gott schlicht verboten.[1]

5,10 Paulus macht sich im Galaterbrief immer wieder große Sorgen um die bekehrten Galater; doch wenn es darauf ankommt, vertraut er darauf, dass mit ihnen alles noch in Ordnung kommen wird: *Ich vertraue auf euch in [dem] Herrn, dass ihr in nichts anders gesinnt sein werdet«* (wegen des Wortspiels in den Versen 7,8 und 10 siehe bei Vers 8). Das »Ich« habe ich hervorgehoben, weil es im Gegensatz zu dem zweiten Teil des Verses steht: »Er aber, der euch verwirrt, wird das Urteil tragen, wer er auch sei.« Dies bedeutet, dass Paulus bei allem Vertrauen, dass alles noch bei den Galatern in Ordnung kommt, die Sache äußerst ernst nimmt. Wenn auch am Ende die Galater aus den Netzen der Vogelfänger befreit werden mögen, so ist doch das listige Werk der Vogelfänger nicht weniger gefährlich und verwerflich.

»Gesinnt sein« deutet auf die »Gesinnung« einer Person (vergleiche das Verb in Phil 2,5), auf ihre Mentalität und die Ausrichtung ihres

Herzens hin, auf ihr Denken, Fühlen und Wollen. Hier bedeutet »nicht
anders gesinnt sein« offenbar so viel wie »nicht anders empfinden«.[2]
Paulus vertraut auf die Einsicht der Galater, dass die Lehre der Judaisten »nicht aus Gott« ist (Vers 8) und dass die Vorstellungen der Galater sich am Ende doch mit denen des Apostels treffen, d.h. dass sie
»aus der Wahrheit« sind (Vers 7) oder vielleicht: dass sie dem eben
Gesagten zustimmen. Dies »Vertrauen« des Paulus ist aber kein psy-
chologischer Trick, die Galater wieder auf seine Linie zu bringen; nein,
das Vertrauen gründet »in [dem] Herrn«, d.h. auf der von Ihm gestifteten Gemeinschaft der Heiligen und auf Seiner Kraft. Sein Gebet geht
dahin, der Herr möge sie durch Seinen Geist wieder von der Wahrheit
überzeugen. Menschlich gesprochen besteht Grund zu ernster Sorge
(vergleiche 4,11.20), aber »in [dem] Herrn« ist immer Grund zur Hoffnung.

Die Irrlehrer sind Leute, die unter den Gemeinden »Verwirrung«
stiften (vergleiche 1,7). Das steht dem von Christus gestifteten »Frieden« gegenüber (vergleiche Joh 14,27); aber der Begriff »Verwirrung«
ist natürlich relativ: Es hängt davon ab, ob man von göttlichen oder
menschlichen Maßstäben ausgeht. Auch Paulus selbst wurde mehrfach
vorgeworfen, Verwirrung zu stiften (vergleiche Apg 9,22; 16,20; 17,7;
19,23; 21,31). Menschen, die auf ihre heidnischen oder judaistischen
Ansichten angesprochen werden, werden den Boten Gottes genauso
bezichtigen, sie zu verwirren. Nicht »Verwirrung« als solche ist maßgebend – denn es gibt auch eine sehr heilsame Erschütterung und Unru-
he –, sondern ob diese Verwirrung auf Gott zu oder von Ihm wegführt.

Des Paulus Urteil über die Irrlehrer ist streng. Oder besser: Er rechnet damit, dass diese »das Urteil (Gottes) tragen, wer er auch sei« (vergleiche 1Kor 3,10-17).[3] Er spricht hier in der Einzahl; das scheint auf
einen besonderen Irrlehrer hinzuweisen, wie einige vermutet haben
(die manchmal an Jakobus oder gar an Petrus denken!), das muss aber
nicht der Fall sein. Vielleicht hat es einen leitenden Kopf gegeben,
aber das Wort des Paulus gilt jedem Irrlehrer persönlich, »wer er auch
sei«, ohne dass er unbedingt an einen von ihnen denkt. Darum benutzt
er in Vers 12 genauso gut die Mehrzahl. Das »wer er auch sei« bedeutet nicht, Paulus wisse nicht, wer die Irrlehrer sind oder wer der Irrlehrer ist, vielmehr gilt dies Wort jedem von ihnen, einerlei, wie hoch ihre
Stellung in den Gemeinden ist. Paulus sagt das also ohne Ansehen der
Person.

Schließlich liegt in Vers 10b auch eine Warnung an die Adresse der Galater selbst. Einerseits ist Paulus davon überzeugt, dass die Galater wieder zur Besinnung kommen. Andererseits: Jetzt waren die Galater noch »Verwirrte«, aber wenn sie auf diesem Wege weitergingen, würden sie auch »Verwirrer« werden und diese Worte wären auf die Dauer genauso auf sie selbst anzuwenden. Auch für sie würde »das Urteil« dann nicht ausbleiben. Dabei tut es nichts zur Sache, ob Paulus dabei an ein Gericht der göttlichen Vorsehung hier auf Erden denkt wie bei Ananias und Sapphira (Apg 5) oder an das Gericht vor dem Richterstuhl Gottes (Röm 14,10; 2Kor 5,10). Tatsache ist, dass Gott auf die eine oder die andere Weise den »Verwirrern« mit Seinem Gericht entgegentreten wird. Wenn Er das in Seiner Vorsehung auf Erden geschehen lässt, so ist das eigentlich ein Beweis Seiner Gnade; denn dann könnte das Gericht dazu führen, dass wenigstens »der Geist gerettet wird am Tag des Herrn Jesus« (vergleiche 1Kor 5,5).

5,11 In diesem Vers wendet sich Paulus offensichtlich gegen die Beschuldigungen, die von den Irrlehrern gegen ihn erhoben wurden, nämlich dass er selbst auch noch immer wieder die Beschneidung predigte, also verkündete, unbeschnittene Gläubige müssten sich beschneiden lassen. Die grammatische Form unterstreicht den Gedanken an die Anklage der Gegner (siehe Grammatik). Vor dem Kommen Christi war es selbstverständlich, dass den Heiden, die den Gott Israels annahmen, gepredigt wurde, sie müssten sich beschneiden lassen. Das könnte die Bedeutung des Wörtchens »noch« sein: auch jetzt noch, nach dem Kommen Christi. Vielleicht will Paulus aber auch sagen, dass er selbst vor seiner Bekehrung die Beschneidung gepredigt hatte. Die falsche Beschuldigung läge dann in der Behauptung, er habe auch nach seiner Bekehrung die Beschneidung gepredigt.

Die große Frage ist natürlich, wie es zu einer derartigen Beschuldigung kommen konnte. Man hat zahlreiche Vermutungen geäußert. Der eine meint, Paulus habe am Anfang seiner Wirksamkeit selbst noch die Beschneidung gepredigt. Ein anderer vermutet, es sei ein reines Missverständnis oder gar eine Lüge der Irrlehrer. Der nächste behauptet, die Zurechtweisung sei von radikal antinomianistischen Heidenchristen gekommen, also von Leuten, die noch viel schärfer als Paulus gegen alles vorgingen, was an das Jüdische erinnerte. Wieder andere vermuten, dass Paulus seinen Widersachern zufolge eine »geistliche«

Beschneidung predigte (vergleiche Röm 2,29; Kol 2,11), der dann ihrer Meinung nach die leibliche Beschneidung nur zu folgen hatte.

Abgesehen von der ersten Option (die einfach undenkbar ist), kann
jede dieser Erklärungen richtig sein, doch finden wir im NT dafür keine Belege; sie sind also alle rein spekulativ. Darum halte ich mich lieber an eine Erklärung, die sich sehr wohl an das NT anschließt und
zwar an die Tatsache, dass Paulus stets den Juden ein Jude sein wollte
(1Kor 9,20) und daher z.B. um der Juden willen den Halbjuden Timotheus beschnitt (Apg 16,3). Auch hat er sich im NT nie gegen das Beschneiden der Söhne von Judenchristen ausgesprochen, solange niemand in der Beschneidung ein heilsnotwendiges Werk sah (vergleiche
Apg 21,21; 1Kor 7,18). Nun kann man das allerdings kaum ein »Predigen« der Beschneidung nennen; doch können die Irrlehrer leicht die
Sache so hingedreht haben. Auf jeden Fall haben sie die galatischen
Christen, denen die Beschneidung Probleme bereitete, mit der Vorstellung beruhigt, Paulus habe auch seine Schwierigkeiten mit der Beschneidung, denn »er täte es selbst« und sie sei daher zumindest Bestandteil seiner Lehre.

Paulus widerlegt diese falsche Behauptung mit der Gegenfrage:
»Warum werde ich denn verfolgt?« Er wurde gerade deshalb von den
Judaisten verfolgt, weil er »das Kreuz« als den einzigen Weg zur Errettung predigte, unter Ausschluss allen fleischlichen Gottesdienstes, wozu
auch die Beschneidung gehört. Paulus führt aus, dass, wenn er, wie seine Widersacher behaupteten, doch noch Raum für die Beschneidung
ließ und damit einen Gottesdienst der Eigengerechtigkeit predigte, er
damit »das Ärgernis des Kreuzes hinweggetan« hätte, weil dieses gerade alle Eigengerechtigkeit ausschließt. »Hinwegtun« heißt hier »wirkungslos machen«, »seines Effekts berauben« (vergleiche Vers 4). Die
Predigt des Kreuzes Christi, in dem Gott radikal mit dem Fleisch abgerechnet hat, wird kraftlos gemacht, wenn man in ihr wieder Raum lässt
für eben dies Fleisch, dies »fromme Fleisch«, das durch religiöse Riten
und Gesetzeswerke selbst zu seiner Errettung beitragen möchte.

Das Wort für »Ärgernis«, im Gr. *skandalon* (wovon das Wort »Skan-
dal« abgeleitet ist), bedeutet ursprünglich »Falle« oder »Schlinge« zum
Tierefangen, eigentlich bedeutet es das Stöckchen, das die Falle offen
hält, bis ein Tier dagegen stößt. Abgesehen von Röm 11,9 hat das Wort
im NT immer die Bedeutung »Ärgernis«, »Veranlassung zum Straucheln«, zum Fallen in die eine oder andere Sünde; also auch »Verfüh-

rung zur Sünde«. In vielen Fällen geht es um eine bestimmte Sünde: das »Anstoßnehmen«, das »In-Widerspruch-Geraten«. Das Ärgernis ist dann etwas, was Abkehr, Widersetzlichkeit und Widerspruch provoziert. Wir sehen das deutlich in 1Kor 1,23, wenn es da auch mehr um die einen Juden zum Widerspruch reizende Vorstellung geht, dass er einen gekreuzigten Messias und Erlöser anzunehmen hat. In unserem Vers geht es um die einem Juden ärgerliche Vorstellung von einem Werk am Kreuz, das nicht allein die Sünden sühnt, sondern auch jeden Gottesdienst des Fleisches ausschließt. Was das Letzte betrifft, ist das Kreuz für die Heiden ein eben solches »Ärgernis«.

5,12 In diesem Vers geht Paulus wohl ziemlich weit in seiner Erregung. Er nennt die Irrlehrer (Mehrzahl! vergleiche Vers 10) »Aufwiegler«, ein noch stärkerer Ausdruck als »in Verwirrung bringen« von 1,7. In Apg 17,6 wird das Wort mit »aufwiegeln« übersetzt und in Apg 21,38 mit »eine Empörung machen«. Unter den Galatern hatten die falschen Lehrer »eine Empörung gestiftet« gegen das Evangelium Christi, indem sie versuchten, die Gläubigen zu bewegen, sich beschneiden zu lassen. Darum ruft der Apostel aus: »Ach, wenn sie sich doch selbst verstümmelten!« Die gewöhnliche Bedeutung des Wortes »verstümmeln« ist »abhacken, abschlagen, kappen« (Mk 9,45; Joh 18,10.26; Apg 27,32). In unserem Vers wird es meistens so verstanden, dass Paulus »entmannen«, »kastrieren« damit meint. Das ist aber kein gewöhnlicher Sarkasmus, der dem fleischlichen Wesen so naheliegt, sondern Äußerung einer tiefen (durch den Geist gewirkten) Entrüstung.

Manche Ausleger fassen dies Verb auch bildlich auf. Sie meinen, Paulus wünsche, die Irrlehrer würden von der Gemeinschaft der Heiligen »abgeschnitten«. Aber es scheint eher, als wolle der Apostel ausdrücklich ein Wortspiel anwenden: Wer schneiden will, soll es bei sich selbst machen. Das gibt auch dem »doch« (gr. *kai*) einen guten Sinn: Los doch! Dann doch ganz und gar; schneidet doch »alles« weg! In Phil 3,2 wendet Paulus ein ähnliches Wortspiel an, indem er die »Beschneidung« (gr. *peritomè*) eine »Zerschneidung« nennt (gr. *katatomè*, auch im Sinne eines Verstümmelns). Höchstens in dem Sinn könnte zwischen der buchstäblichen und der sinnbildlichen Auffassung ein gewisser Zusammenhang bestehen, dass ein kastrierter Israelit automatisch von der Gemeinschaft ausgeschlossen war (5Mo 23,2). Paulus könnte das dann auf die Beschneidung übertragen, weil auch ein Heidenchrist, der sich beschneiden ließ, sich damit außerhalb des Heils stellte.

Einige Ausleger haben hier eine Parallele zu dem Wort Jesu gesehen, dass Selbstverstümmelung besser ist, als sich selbst und anderen ein Ärgernis zu geben, besonders auch, weil, wie gesagt, in Mk 9,43-45 dasselbe Verb vorkommt. In diesem Fall würde Paulus meinen, die falschen Lehrer täten besser daran, sich kastrieren zu lassen, als ein Ärgernis für andere zu sein, indem sie diese überreden, sich beschneiden zu lassen und sich so vom wahren Weg des Heils abzukehren.[4] Das erscheint in diesem Zusammenhang ein wenig gesucht, doch scheint auch der Herr zu unterstellen, dass Beschneidung an sich eine gewisse Verstümmelung darstellt, weil Er in Joh 7,22f die Beschneidung dem »Gesundmachen« (buchst.: heilmachen) eines Menschen gegenüberstellt. *Be*schneiden ist *Weg*schneiden (vergleiche Kol 2,11); in diesem Sinn ist Kastration in der Tat nur graduell von der Beschneidung zu unterscheiden, wenn es darum geht, wie viel weggeschnitten wird.

Anmerkungen

1) Sauerteig scheint in der Schrift ausnahmslos ein Bild für das Böse zu sein; vergleiche 1Kor 5,8: »Sauerteig der Schlechtigkeit und Bosheit« gegenüber »Ungesäuertem der Lauterkeit und Wahrheit«. Mt 13,33, wo der Sauerteig oft positiv ausgelegt wird, bildet nicht unbedingt eine Ausnahme, wenn man Sauerteig hier in Parallele zu dem Lolch (Unkraut) in den Versen 24-30 und 37-43 interpretiert. Im AT hat der Sauerteig eine stets negative Bedeutung (siehe 2Mo 12,15.17-20.39; 13,3.6f; 23,15.18; 29,2.23; 34,18.25; 3Mo 2,4f.11; 6,16f; 7,12; 8,2.26; 10,12; 23,6; 4Mo 6,15.17.19; 9,11; 28,17; 5Mo 16,3f.8.16; Am 4,5; vergleiche 1Kor 5,7f). Es wäre dann doch merkwürdig, wenn Mt 13,33 das einzige Beispiel für eine positive Bedeutung des Sauerteigs abgäbe. Diejenigen, die daran festhalten, weisen auf die zwei Stellen im AT hin, wo gesäuertes Brot zum Gottesdienst zugelassen wird (3Mo 7,13; 23,17). Gesäuertes Brot ist aber kein Sauerteig, sondern Brot, in dem durch den Backprozess gerade die Wirksamkeit des Sauerteigs zum Stillstand gebracht wurde. In der Typologie des AT sind diese zwei Fälle von gesäuertem Brot Bilder von Gläubigen, während in den Bildern, die unmissverständlich auf Christus verweisen, stets von ungesäuertem Brot sprechen.

2) »Gesinnt sein« (gr. *phroneoo*) finden wir auch in Mt 16,23; Röm 8,5; Phil 3,15; 3,19; »Eines Sinnes sein« steht in Röm 12,16; 15,5; 2Kor 13,11; Phil

2,2; 4,2. In Röm 12,3; 1Kor 13,11; Phil 1,7 und 4,10 ist das Wort mit »denken« übersetzt. Von daher bedeutet es auch: »eine Meinung haben, einer Auffassung huldigen«, wie in Apg 28,22: »… welche Gesinnung du hast«, bedeutet wörtlich: »… was du bedenkst«. Diese Wiedergabe passt gut in unseren Text.

3) Cole weist darauf hin, dass das Wort für »tragen« (gr. *bastazoo*) dasselbe ist wie in Apg 15,10, wo Petrus das Gesetz ein »Joch auf dem Hals der Jünger« nennt, »das weder unsere Väter noch wir zu tragen vermochten« und das daher auch den Heidenchristen nicht aufgelegt werden sollte. Paulus sagt also damit: Der Heide, der unbedingt das Joch des Gesetzes als Weg zur Seligkeit »tragen« will, versieht sich ganz schrecklich: Er wird statt dessen das Gericht Gottes »tragen« müssen.

4) Einige Ausleger haben hier auch eine Parallele zu der Tempelkastration sehen wollen, die an den Priestern der Göttin Attis oder Cybele vollzogen wurde. Diese Parallele wird insbesondere von den Vertretern der »Nordgalatischen Theorie« hervorgehoben, weil das Zentrum dieses Götzendienstes im nordgalatischen Pessinus gelegen hat. Solche Vorstellung erscheint aber ziemlich spekulativ; die Galater waren nicht von Götzendienern bedroht, sondern von jüdischen Irrlehrern, die selbst auch nichts von Tempelkastration wissen wollten.

Andererseits: Vielleicht wollte Paulus gerade sagen, die Beschneidung der Heiden läge auf demselben niedrigen Niveau wie die sakrale Beschneidung unter den Heiden. In beiden Fällen sucht der Heide die Gunst der Gottheit zu erringen, indem er sich beschneiden lässt. Für die späteren römischen Kaiser bestand kein fundamentaler Unterschied zwischen Beschneidung und Kastration, so dass sie auch das Letztere verboten.

2.3.3 Das Liebesgesetz und der Geist (5,13-18)

Übersetzung

13 Denn *ihr* seid zur Freiheit berufen worden, Brüder;
allein, [gebraucht] die Freiheit nicht zu einem Anlass für das Fleisch,
sondern durch die Liebe dient einander.

14 Denn das ganze Gesetz ist in *einem* Wort erfüllt, in diesem:
»Du sollst deinen Nächsten lieben wie dich selbst.«

15 Wenn ihr aber einander beißt und fresst,
passt auf, [dass] ihr nicht voneinander verschlungen werdet.

16 Ich aber sage: durch [den] Geist wandelt,
und [die] Lust [des] Fleisches werdet ihr keineswegs vollbringen.

17 Denn das Fleisch gelüstet wider den Geist,
ja, der Geist wider das Fleisch;
denn diese stehen einander gegenüber,
damit ihr nicht tut, was ihr wollt.

18 Wenn ihr aber durch [den] Geist geleitet werdet,
seid ihr nicht mehr unter [dem] Gesetz.

Übersetzungsvarianten

13 *[gebraucht]* oder *[missbraucht]*.
16 *aber:* oder *jetzt*.
17 *damit:* oder *so dass*.

Textvarianten

14 {A} *ist ... erfüllt* (Perf.): weniger wichtige Textzeugen lesen *wird ... erfüllt* (Präs.)
17 {B} *denn diese:* weniger wichtige Textzeugen lesen *und diese*.

Grammatik

13 zur Freiheit: gr. *epi* + Dativ, weist auf Absicht und Folgen hin: *zu.*

13 *[gebraucht]:* konventionelle Ellipse.

14 *das ganze Gesetz* (gr. *ho pas nomos*): das Gesetz als Ganzes betrachtet, im Unterschied zu den einzelnen Geboten.

14 *ist … erfüllt:* Perf., hier: ein für allemal.

14 *in diesem:* »*Du sollst …*«, eig. »*in dem du sollst …*« (gr. *en tooi agapèseis*) als Einleitung zu einem AT-Zitat (vergleiche 4,25).

15 *fresst* (gr. *katesthiete*): Präs., das aber durch das Präfix *kata* vielleicht perfektisch gedacht ist im Sinne eines wiederholten Vollzuges: nicht unablässig »essen«, sondern immer wieder »gefressen haben«.

15 *ihr … verschlungen werdet:* Aor., Konj. Pass.: »passt auf, dass solch ein Augenblick des Verschlingens nicht hereinbricht«.

16 *wandelt:* Imp. Präs., d. h. »wandelt fortwährend« o. »immer wieder«.

16 *durch [den] Geist:* gewöhnlicher Dativ ohne Artikel; er drückt die Art und Weise aus, in dem etwas (hier »*wandeln*«) stattfindet.

16 *werdet ihr keineswegs vollbringen:* Das Verb steht im Aor. Konj.; zusammen mit dem *keineswegs* (gr. *ou mè*) stellt dies die stärkste Verneinung eines kommenden Geschehens dar.

18 *Wenn* (gr. *ei* + Ind.): keine hypothetische, sondern eine tatsächliche Voraussetzung: »Wenn ihr A tut – und das macht ihr als Christen natürlich –, dann folgt B«. In Verbindung mit dem Präs. (*ihr … geleitet werdet*), vielleicht so viel wie: *Solange ihr … geleitet werdet.*

Auslegung

In der Freiheit Stehen ist eine Sache; aber was bedeutet Leben in der Freiheit? Nach der christlichen Stellung behandelt Paulus die christliche Praxis. Das sehen wir häufiger (vergleiche Röm 12 – 16 mit 1 – 8; Eph 4 – 6 mit 1 – 3; Kol 3 – 4 mit 1 – 2). Der Gläubige begreift seine Stellung in Christus nicht wirklich, wenn er sie nicht praktiziert. Und er versteht den christlichen Lebenswandel nicht wirklich, wenn er nicht dessen Begründung in der christlichen Stellung kennt.

Wie in Röm 13,8-10 ist der Ausgangspunkt des Paulus die göttliche Liebe und wie in Röm 8 behandelt er den Lebenswandel unter dem Aspekt des Gegensatzes von Geist und Fleisch. Dabei ist es bemer-

kenswert, dass er das Gesetz zur Sprache bringt. Vorher hat Paulus
ausgeführt, dass wir das Gesetz nicht als Beitrag zu unserer Errettung
betrachten dürfen; das bedeutet aber nicht, dass wir mit dem Gesetz
»nichts mehr zu tun haben«. Die Forderung des Gesetzes wird durch
den Geist *in* uns erfüllt (Röm 8,4).

Indirekt scheint Paulus sich auch hier wieder an die Irrlehrer zu
wenden. Indem er nämlich den Nachdruck auf ein Leben in Liebe, in
der Kraft des Geistes, nicht des Fleisches, legt, macht er deutlich, dass
die christliche Freiheit alles andere als ein zügelloses Leben bedeutet.
Primär richtet er sich aber an die Galater selbst, die augenscheinlich
große Schwierigkeiten miteinander hatten, wobei sie sich »bissen« und
»fraßen« (Vers 15, vergleiche Vers 26). Es ist gut vorstellbar, dass es in
den galatischen Gemeinden drei Parteien gab: eine paulinische Partei
(Geistverwandte des Paulus), eine judaistische Partei (Anhänger der
Irrlehrer) und eine »liberale« Partei (d.h. eine mit zügellosen Auffassungen über die christliche Freiheit).

5,13 Gleich zu Anfang setzt sich Paulus wieder von den Irrlehrern ab,
indem er sie den Galatern gegenüberstellt. Die Aufwiegler (Vers 12)
riefen zu einem Leben unter der Sklaverei des Gesetzes auf; aber, sagt
Paulus: »*Ihr* seid zur Freiheit berufen, Brüder«, wobei der Nachdruck
auf dem »ihr« liegt.[1] Christus ist es, der uns gerufen hat (1,6) und zwar,
um frei zu sein: »Für die Freiheit hat Christus uns freigemacht« (5,1).
Wahre Freiheit bedeutet aber keine Zügellosigkeit; denn das wäre eine
falsche Freiheit, die nur zum »Deckmantel der Bosheit« taugt (1Petr
2,16). Wahre Freiheit ist nicht Freiheit des Fleisches; denn die ist nur
die Sklaverei der eigenen Leidenschaften und Lüste (vergleiche Vers
24). Nein, wahre Freiheit bedeutet Unterwerfung unter Christus (6,2)
(anstatt Autonomie und »Selbstbestimmung«), Selbstbeherrschung in
der Kraft des Geistes (5,22) (statt ungezügelter Begierden), aufopfern-
de Liebe gegen die, die uns umgeben (statt Egozentrik).

Die Freiheit darf nicht gebraucht (oder: missbraucht; im Gr. steht
kein Verb) werden »zu einem Anlass für das Fleisch«. Das Fleisch ist
hier die sündige Natur, die auch der Gläubige mit sich herumträgt (vergleiche ausführlicher 2,16.20; 3,3; 4,23 und auch 5,16-21).[2] Das Wort
für »Anlass« bedeutet eigentlich »Ausgangspunkt«, »Stützpunkt«, vor
allem im Sinn einer militärischen Operationsbasis (oder: Brückenkopf,
Sprungbrett). Hier bedeutet es so viel wie »Gelegenheit«, »Vorwand«

(vergleiche 2Kor 11,12). In Röm 7,8.11 verwendet Paulus dies Wort auf ähnliche Weise. Die Tatsache, in Christus frei zu sein, sollte der Christ nicht als Vorwand benutzen, seinem Fleisch freien Lauf zu lassen. Wie oft wird doch die »christliche Freiheit« tatsächlich als Vorwand für alle möglichen sündigen Vergnügungen und schädlichen Angewohnheiten gebraucht! Dem stellt Paulus gegenüber, dass wahre christliche Freiheit gerade die Unterwerfung des Fleisches unter die Kraft und Leitung des Heiligen Geistes bedeutet (Vers 16-18).

Das Fleisch denkt stets an sich selbst, an seine Leidenschaften und Lüste. Dort aber, wo der Geist die Oberhoheit erhält, wird das Herz auf den Dienst am Nächsten im Geist der Liebe gerichtet. Die wahre Liebe, die aus Gott ist, fordert nicht und sucht nicht den eigenen Vorteil (1Kor 13,5), sondern gibt und verschwendet sich für den Nächsten, wie Gott das in Christus für uns getan hat. Liebe ist der Ausgangspunkt des christlichen Lebenswandels, aber auch das Mittel, durch das wahres Dienen erst möglich wird. Paulus spricht hier nicht vom Dienen *aus* Liebe, sondern *durch* Liebe (vergleiche Vers 6). Dieses »Dienen« (gr. *douleuoo*) ist eigentlich der »Sklavendienst« und Paulus verwendet hier offensichtlich mit Absicht das Paradoxon: Wahre Freiheit heißt, sich zum Sklaven anderer zu machen.

Übrigens wird dabei nicht der *Wille* des anderen gegenüber dem eigenen Willen zum Maßstab genommen; denn dann verliert ein Mensch seine Freiheit wieder. Nein, es geht um das *freiwillige* Dienen am anderen, wobei der *Wille Gottes* oder *Christi* der Maßstab ist: »… [auch] ist der als Freier Berufene ein Sklave Christi. Ihr seid um einen Preis erkauft; werdet nicht der Menschen Sklaven« (1Kor 7,22.23). Christus ist auch darin das unerreichbare Vorbild (Lk 22,25-27; Joh 13,1-15; Phil 2,6-8; vergleiche: der Knecht des Herrn in Jes 42,1-3; 49,3; 50,4f).

5,14 Wenn die Galater so gern das Gesetz erfüllen wollten, dann sollten sie doch bedenken, dass die Liebe der eigentliche Sinn und Inhalt des Gesetzes ist (siehe ausführlich in Anhang 4). Die Galater sollen einander durch die Liebe dienen; denn das ganze Gesetz ist in dem Liebesgebot erfüllt. Die gr. Konstruktion lässt erkennen, dass Paulus hier das Gesetz als Ganzes meint (siehe Grammatik): Das Gesetz in diesem Sinne ist »in einem Wort erfüllt«. Hier steht nicht »Gebot«, sondern »Wort«, wie das AT eigentlich auch nicht von »zehn Gebo-

ten«, sondern von »zehn Worten« spricht (2Mo 34,28; 5Mo 4,13; 10,4).
Auch Jesus benutzt »Wort« und »Gebot« nebeneinander (Joh 14,15.
21.23f; 15,7,10).

Es steht hier, das Gesetz werde in *einem* Wort »erfüllt«. Das kann
heißen: »(praktisch) vollbracht« (vergleiche Vers 13; 6,2; Röm 8,4; 13,8),
aber auch bedeuten: »ausgedrückt, dargestellt, zusammengefasst«
(Cole: »hat ... ihren Höhepunkt, ihr Ziel erreicht«). Beides passt gut
in den Zusammenhang. In Röm 13,8f benutzt Paulus zwei verschiedene Worte für »erfüllen« und »zusammenfassen«. Der Sinn ist hier also,
dass der Mensch das Gesetz erfüllt, indem er den Nächsten liebt: »Du
sollst deinen Nächsten lieben wie dich selbst.« Das ist ein Wort, das
nicht erst im NT vorkommt, um den eigentlichen Inhalt des Gesetzes
anzugeben, sondern es kommt schon in 3Mo 19,8b vor. Auch die Juden zur Zeit des NT sahen in diesem Wort die Zusammenfassung und
den Höhepunkt des Gesetzes (Lk 10,27).

Heute wird in bestimmten psychologischen Kreisen viel Wesens darum gemacht, dass wir uns zunächst selbst liebhaben müssen, bevor wir
einen anderen lieben können; aber es steht hier kein Gebot, uns selbst
zu lieben. Es wird davon ausgegangen, dass der (psychisch normale)
Mensch sich selbst liebt, d.h. sich ohne Vorbehalte annimmt und mit
derselben Natürlichkeit, Innigkeit und Direktheit müssen wir unseren
Nächsten lieben. Der »Nächste« ist nicht nur mein Volksgenosse oder
Freund, sondern auch mein Feind (Mt 5,43f) oder auch jeder Mensch,
der mir über den Weg geschickt wird und der meine Liebe nötig hat
(Lk 10,30-37). Eine derartige Nächstenliebe ist nur in der Kraft des
Heiligen Geistes zu erbringen.

Natürlich will Paulus damit nicht sagen, das Gesetz umfasse nicht
auch die Beziehung zu Gott. Christus hat das Gesetz in *zwei* »Worten«
zusammengefasst: Gott über alles lieben und deinen Nächsten wie dich
selbst (Mt 22,36-40). Das weiß Paulus natürlich auch; auch er kennt
nicht nur die zweite Gesetzestafel, sondern ebenfalls die erste. Dass er
hier nur das zweite »Wort« nennt, geschieht einfach, weil er in diesem
Abschnitt von den Beziehungen der Galater zu ihren Mitmenschen,
vor allem den Mitgläubigen, spricht. Dasselbe tut er in Röm 13,9 und
Jesus in Mt 7,12. Freilich, Nächstenliebe setzt immer die Liebe zu Gott
voraus, ohne diese ist wahre Nächstenliebe überhaupt nicht möglich
(1Jo 4,20f; 5,2). Es geht hier nicht um zwei verschiedene Arten von
Liebe, sondern um ein und dieselbe Liebe. Daher wird das ganze Ge-

setz zusammengefasst in *einem* Gebot: das der Liebe. Mit diesem »Monolog« (Einwort) wird der »Dekalog« (Zehnwort) wiedergegeben.

5,15 Paulus unterstellt hier die Möglichkeit, die Galater könnten sich untereinander »beißen« und »fressen« (natürlich nur im bildlichen Sinn), doch würde er das nicht geäußert haben, wenn nicht tatsächlich die Gefahr dafür bestanden hätte. Wir wissen allerdings nichts über den Hintergrund dieser Bedrohung. Paulus kann kaum gemeint haben, die Galater dürften nicht über das Gesetz diskutieren; denn gerade das tut er angesichts der Irrlehrer im Galaterbrief selbst. Höchstens könnte er meinen, man dürfe dabei nicht persönlich werden, es müsse vielmehr immer nur um die Sache selbst gehen. Streitsucht ist ein Werk des Fleisches (Verse 20f.26). Selbst bei den ernstesten Konflikten in der Gemeinde und wenn es um die höchsten Werte geht, darf das Fleisch niemals wirksam werden. Einander im Bösen begegnen, führt unweigerlich zu »Opfern«, indem Menschen aus der Gemeinde fortlaufen oder gar in Nervenkliniken landen. Es ist das Gegenteil von dem gegenseitigen Dienst durch die Liebe (Vers 13).

Möglicherweise waren in Galatien eben solche Parteien entstanden wie in Korinth (siehe 1Kor 1,10-12; 3,4). Das hätten dann mindestens drei sein können. Erstens mag es dort eine Strömung gegeben haben, die als geistesverwandt mit Paulus bezeichnet werden könnte. Zweitens werden auch die Irrlehrer ihre Parteigänger unter den Galatern gesammelt haben: eine Partei von Judaisten, die der Beschneidung und dem Halten des mosaischen Gesetzes das Wort redeten. Drittens lässt sich eine »liberale« Strömung denken, bei der die christliche Freiheit falsch interpretiert und als Freibrief für ein weltliches Leben angesehen wurde, als »Anlass für das Fleisch« (Vers 13). Die Gegensätze zwischen diesen Parteien können tatsächlich so groß gewesen sein, dass man sich vorstellen kann, wie sie sich gegenseitig zugrunde richteten (vergleiche Vers 26).

Es scheint eine gewisse Steigerung in den verwendeten Verben zu liegen. Zunächst »beißen« (verwunden, dem anderen Schaden und Schmerzen zufügen), ein Wort, das gewöhnlich für Schlangen und andere Tiere angewendet wird.[3] Dann folgt das »Fressen« (einander nicht die Luft zum Atmen gönnen), das zusammen mit dem »Beißen« an wilde Tiere erinnert, ein Bild, das uns auch aus dem AT bekannt ist (z.B. Ps 35,25; 79,1.7; 80,14; 124,3; Spr 1,12; Jes 9,19; Jer 30,16), be-

sonders das Bild dreckiger Straßenköter, die sich vom Abfall ernähren
(vergleiche Ps 22,17.21; 59,7f.15f). Drittens »verschlingen« sie sich (einander nicht mehr ertragen können, im Hass auseinandergehen). Das
bedeutet wörtlich: Man bereitet sich gegenseitig ein solches Verderben, dass man nichts voneinander übriglässt. Verschiedene Völker kennen die alte Sage von den zwei miteinander kämpfenden Tieren
(Schlangen, Hunde, Katzen), die einander so rigoros verschlangen, dass
sie nichts als höchstens den Schwanz vom jeweils anderen übrig ließen,
wie wir es aus dem Gedicht über den Weltreisenden Roel kennen.
Obwohl Paulus nicht sagt, bei den Galatern sei es schon derart weit
gediehen, ist es deutlich, dass wo das Fleisch freies Spiel hat, es wohl
soweit kommen kann.

5,16 Paulus hat im Vorangehenden für die wahre christliche Freiheit
plädiert, gleichzeitig aber vor der zügellosen Interpretation dieser Freiheit gewarnt. Er hat sich dafür eingesetzt, dass wir einander durch die
Liebe dienen und auf die Gefahr hingewiesen, dass wir in eine Haltung von Hass und Neid geraten können. Dasselbe sagt er jetzt auf
eine andere Weise, indem er nämlich über das Verhältnis zwischen
Fleisch und Geist spricht (vergleiche vorher schon in 3,3). Wir haben
gesehen: Der alte Mensch wird durch das Fleisch, d. h. durch die sündige Natur, beherrscht, während über den neuen Menschen der Geist
regiert. Die neue Natur des Christen hat keine Kraft in sich selbst;
wenn sie nicht den Heiligen Geist hätte, würde das Fleisch nur allzu
bald wieder das Haupt erheben und sie ganz und gar unter seine Kontrolle bringen. Der Gläubige hat aber den Geist empfangen, der in
ihm die Kraftquelle bildet, durch die er nach Gottes Willen leben kann.
Es reicht aber nicht aus, den Geist empfangen zu haben; der Gläubige
steht in der Verantwortlichkeit, auch tatsächlich in der Kraft des Geistes zu »wandeln«. Das tut er, indem er nicht auf sich selbst vertraut,
sondern einzig auf Gott und Seinen Geist; außerdem muss er sich nahe
bei Gott halten, nahe bei Christus bleiben, indem er betet und das Wort
Gottes zu sich reden lässt und einen Geist der Abhängigkeit und des
Gehorsams entwickelt.

Entweder geht Paulus näher auf dies Thema ein – wir übersetzen
dann: »Ich sage jetzt.« Oder er will einen Kontrast zu Vers 15 bilden,
dann müssen wir übersetzen: »Ich aber sage«, wobei das »Sagen« hier
so viel wie »darauf hinweisen« bedeutet. Der Sinn ist also folgender:

»Ich will dies damit sagen: Durch [den] Geist wandelt.« Weil das »durch den Geist« vorangestellt ist, bekommt es besonderen Nachdruck. Paulus will damit deutlich machen, dass hierin das Geheimnis des christlichen Wandels liegt. Wer durch die (oder in der) Kraft des Geistes »wandelt« – wer sein Leben nach dem Geist einrichtet – hat keine Zeit mehr für die üblichen Werke des Fleisches. Das »ihr werdet« ist kein Gebot, sondern eine Tatsachenfeststellung. Wer durch den Geist mit Christus erfüllt ist, hat in seinem Herzen keinen Platz mehr für fleischliche Begierden. Der Versanfang ist also ein Auftrag und der Schluss eine Verheißung, die sich von selbst erfüllen wird, wenn der Gläubige den Auftrag ausführt. Gießt man Öl in ein mit Alkohol gefülltes Glas, so verdrängt das schwerere Öl (»des Geistes«) den Alkohol. Man braucht nur auf den Frühling zu warten, dann werden die jungen Eichenblätter (»die Frucht des Geistes«) die noch am Baum hängenden Herbstblätter abstoßen.

Das formale Ziel des Christenlebens ist also nicht das Vollbringen des Gesetzes, sondern das Wirken-lassen des Heiligen Geistes im praktischen Leben. Dann werden die »gerechten Forderungen des Gesetzes« als selbstverständliche Folge davon erfüllt werden *in* [nicht: durch] uns, »die nicht nach [dem] Fleische wandeln, sondern nach [dem] Geist« (Röm 8,4). Bemerkenswert ist es, dass, wenn Jeremia sagt, unter dem neuen Bund werde das *Gesetz* in die Herzen des Volkes Gottes geschrieben (31,31-34), Paulus unter Anspielung auf dies Wort sagt, *Christus* werde in unsere Herzen geschrieben, »nicht mit Tinte, sondern mit dem Geiste des lebendigen Gottes« (2Kor 3,4f). Das Gesetz zu vollbringen bedeutet also unter dem neuen Bund nichts anderes, als Christus darstellen durch die Kraft des Heiligen Geistes (vergleiche Anhang 4 und 5).

Eigentlich überflüssig zu bemerken: Die »Lust [des] Fleisches« bedeutet hier nicht (nur) das rein Leibliche, also die sexuelle Lust (siehe die Auslegung zu Vers 13). Mit »Fleisch« ist hier die gesamte menschliche, irdische Existenz – also Geist, Seele und Leib – gemeint und dann vom Standpunkt eines Menschen aus betrachtet, der nicht vom Geist beherrscht wird und so ein Opfer seiner Lüste ist. Das heißt, es geht hier genauso gut um die Begierden, die aus dem Denken, dem Wissen und Wollen des Menschen hervorkommen (vergleiche Kol 2,18), wie um sündige Begierden, die mit dem Instinkt- und Triebleben der Menschen zu tun haben. Der Geist (gr. *pneuma*) in diesem Vers ist also nicht der menschliche Geist, denn der kennt auch seine fleischlichen Begierden, sondern der Heilige Geist Gottes.

5,17 Das »Denn« mit dem dieser Vers beginnt, zeigt uns, dass Paulus jetzt näher erklärt, was er mit Vers 16 sagen wollte. Der Geist und das Fleisch »sind einander entgegengesetzt«; es sind zwei Mächte, die einander Widerstreitendes hervorbringen.[4] Wenn jemand durch den Geist wandelt, kann das Fleisch bei ihm nicht wirksam werden (Vers 16), denn »das Fleisch gelüstet wider den Geist, der Geist aber wider das Fleisch«. Trotz wiederholten Widerspruchs kann es keinem Zweifel unterliegen, dass Paulus nicht den menschlichen Geist, sondern den Heiligen Geist Gottes damit meint, genauso wie es in 3,3 und 6,8 und in Röm 8,4-9.12-14 der Fall ist.[5]

Unser sündiges Fleisch und der Heilige Geist in uns »gelüsten« gegeneinander; jedenfalls wird das Verb in Bezug auf das Fleisch gegenüber dem Geist angewandt, während es im zweiten Teil des Satzes weggelassen ist. Es liegt aber auf der Hand, auch hier »gelüsten« einzusetzen, allerdings haben einige eingewendet, »gelüsten« sei ein negativer Ausdruck, den man nicht auf den Heiligen Geist anwenden dürfe. Sie setzen dann z. B. »kämpfen« ein. Das ist aber unnötig; »gelüsten« braucht hier nichts weiter als »verlangen« zu bedeuten (siehe z. B. Lk 22,15; Phil 1,23) und zwar das »Verlangen«, den anderen zu überwinden. Das Fleisch versucht in dem Menschen, den Geist zu besiegen und der Geist versucht seinerseits das Übergewicht gegenüber dem Fleisch zu bekommen. So findet im Inneren des Gläubigen ein richtiger »Krieg« statt (vergleiche 1Petr 2,11), bei dem sich zwei Mächte gegenüberstehen, die jede für sich versucht, die Oberhand zu gewinnen.

Worum geht es in diesem Krieg? »Damit ihr nicht tut, was ihr wollt.« Statt »damit« (gr. *hina*) kann auch »sodass« gelesen werden und einige ziehen diese Lesart vor, weil die Übersetzung »damit« suggeriert, Geist und Fleisch hätten dasselbe Ziel vor Augen, nämlich dass der Gläubige nicht tut, was er will. Das macht aber keinen großen Unterschied; das »damit« kann in abgeschwächtem Sinn verstanden werden; denn es geht nur um den Einsatz in diesem Konflikt: entweder das eine oder das andere beherrscht uns. Es gibt nicht so etwas wie einen neutralen, freien oder gar autonomen menschlichen Willen, der beschließen kann, was der Mensch tut. Er kann niemals dem Fleisch-Geist-Konflikt entrinnen: entweder wird er vom Geist oder vom Fleisch geleitet; entweder wird das Begehren des Fleisches oder das Begehren des Geistes erfüllt. Es gibt keinen neutralen Mittelweg, kein neutrales Ich, das diesem Konflikt auszuweichen vermöchte, keinerlei »Eigen«willen, keine Wahlmöglichkeit, nach der man sich richten könnte.[6]

5,18 Vers 17 schien zu suggerieren, das individuelle Ich des Menschen sei ein willenloses Werkzeug, ein Spielball, der zwischen Fleisch und Geist hin und her fliegt. Eine derartige Vorstellung würde aber jede Eigenverantwortung des Menschen ausschließen. Man vergisst dann, dass es der Gläubige nicht nur mit dem Fleisch (der sündigen Natur) und dem in ihm wohnenden Heiligen Geist zu tun hat, sondern auch mit seiner neuen Natur. »Was aus dem Geist geboren ist, das ist Geist« (Joh 3,6), d. h. die neue Natur offenbart die Kennzeichen des Heiligen Geistes, aus dem sie hervorgekommen ist. Die Wiedergeburt wird schon im AT, in Hes 36,25-27 beschrieben: »Ich werde reines Wasser auf euch sprengen und ihr werdet rein sein; von allen euren Unreinigkeiten und von allen euren Götzen werde ich euch reinigen. Und ich werde euch ein neues Herz geben und einen neuen Geist in euer Inneres geben; und ich werde das steinerne Herz aus eurem Fleische wegnehmen und euch ein fleischernes Herz geben. Und ich werde meinen Geist in euer Inneres geben; und ich werde machen, dass ihr in meinen Satzungen wandelt und meine Rechte bewahrt und tut.«

Hier wird das, was gewöhnlich als die »neue Natur« (vergleiche 2Petr 1,4: »die göttliche Natur«) beschrieben wird, als ein »neues Herz« bezeichnet oder auch als ein »fleischernes Herz« oder als »ein neuer Geist«, dies Neue wird im Menschen durch »reines Wasser« bewirkt; das ist, was Jesus mit »geboren aus Wasser und Geist« umschreibt (Joh 3,5). Hes 36 fügt noch hinzu, dass der Gläubige nicht nur einen »neuen Geist« (die neue Natur) empfängt, sondern auch, dass der Heilige Geist kommt, um in ihm zu wohnen. Das sind zwei verschiedene Dinge. Die »neue Natur« ist die Natur (die Art, der Charakter) des »neuen Menschen« (Eph 2,15; 4,24; Kol 3,10f), das ist der durch Christus erlöste Mensch, der Wiedergeborene, der Gläubige, der das Verlangen hat, Gott zu gehorchen. In diesen Erlösten zieht der Heilige Geist ein als das Siegel auf dem Glauben dieses Menschen (Eph 1,13). Der Heilige Geist ist *nicht* die neue Natur, nicht der erneuerte »Geist« des wiedergeborenen Menschen, sondern eine göttliche Person, die in dem Gläubigen Wohnung macht (1Kor 6,19).

Der neue Mensch hat ein erneuertes, geheiligtes Verlangen, den
Willen Gottes zu tun, ihm fehlt dazu aber die Kraft. Diese Kraft gewinnt der neue Mensch aber aus dem Heiligen Geist, der bei ihm ein-
gezogen ist. Röm 7,7-26 beschreibt den Zustand des neuen Menschen,
der gern das Gute tun möchte, aber nicht die Kraftquelle dazu in einem anderen, nämlich dem Heiligen Geist, kennen gelernt hat. Röm 8
und Gal 5 beschreiben den neuen Menschen, der nicht nur danach
verlangt, das Gute zu tun, sondern der es durch die Kraft des Heiligen
Geistes tatsächlich fertigbringt. Die neue Natur *will* den Willen Gottes
tun, *kann* es aber nicht und *lässt* darum den Heiligen Geist in sich wirken. Und es ist der Heilige Geist, der das Gute in dem neuen Menschen und durch ihn tut. Durch den Geist geleitet werden bedeutet, in
der Kraft des Geistes die alte, sündige Natur nieder zu halten und die
Gebote Gottes zu erfüllen.[7]

All dies musste gesagt werden, um deutlich zu machen, dass der
neue Mensch kein Spielball zwischen Fleisch und Geist ist, sondern
von Natur aus die Werke des Fleisches hasst und danach verlangt, die
Frucht des Geistes hervorzubringen (vergleiche Vers 19-22). Darum
kann unser Vers sagen: »Wenn ihr aber durch [den] Geist geleitet werdet ...« Nichts *will* die neue Natur lieber; denn durch den Geist geleitet zu werden ist das Kennzeichen der wahren Söhne Gottes (Röm
8,14; vergleiche Lk 4,1). Das »werdet« bedeutet demnach gewiss nicht
nur Passivität, sondern das aktive Verlangen des neuen Menschen, sich
bewusst unter die Leitung des Geistes zu stellen. Paulus sagt uns also
zum Trost in diesem Vers: Macht euch keine Sorgen um den inneren
Konflikt zwischen Fleisch und Geist; denn wenn ihr euch daran gewöhnt, euch von dem Heiligen Geist leiten zu lassen, werdet ihr ganz
von selbst die Frucht des Geistes hervorbringen. »Durch den Geist
geleitet werden« unterscheidet sich nicht wesentlich vom »Wandeln in
[dem] Geist« (Vers 16). Die neue Natur beschließt selbst, ob sie durch
den Geist oder durch das Fleisch geleitet werden will – doch muss man
dabei sagen, dass auch ein solcher Beschluss nicht ohne den Geist
Gottes vollzogen wird: »Gott ist es, der in euch wirkt sowohl das Wollen als auch das Wirken« (Phil 2,13).

»Leiten« bedeutet nicht nur »den Weg weisen«. Das tut auch ein
Wegweiser, der aber selbst an seiner Stelle stehen bleibt. Ein Wegwei-
ser geht selbst nicht mit, ganz zu schweigen davon, dass er uns keine
Kraft zum Weitergehen geben kann. Nein, der Geist ist ein Anführer,

einer, der den Weg weist, der aber selbst mitgeht, voranschreitet und seinen Reisegenossen Kraft für die Reise gibt. Allerdings bedeutet »geleitet werden« auch nicht »getragen werden«, so, als sei alle Initiative und Verantwortung unsererseits ausgeschaltet. Im Gegenteil, es geht um *unseren* Wandel (siehe wieder Vers 16). *Wir* laufen, *wir* gehen jeden Schritt mit unseren eigenen Füßen, *wir* sind für jeden Schritt verantwortlich, den wir gehen. Doch *Er* zeigt die richtige Route an, wie es die Wolkensäule in der Wüste tat; *Er* unterstützt uns, wenn wir entmutigt oder schwach sind. *Er* ist unser Schutz, damit wir sicher das Endziel erreichen.

Das empfindliche Gleichgewicht zwischen seiner Leitung und unserer Verantwortung darf nach keiner Seite hin gestört werden. Wenn wir abweichen oder aufgeben, so ist das *unsere* Schuld, auch wenn Gott es zugelassen hat, um uns eine notwendige Lektion zu erteilen. Wenn wir das Ziel erreichen, so ist es *Seine* Gnade, auch wenn Gott es uns zurechnet – sonst könnte es nicht so etwas wie »Belohnung« für die Gläubigen geben (1Kor 3,14; Offb 22,12). Wenn wir Seinen Rat in den Wind schlagen, können wir das *Ihm* nicht übelnehmen; wenn wir fröhlich auf dem rechten Weg gehen, können wir *uns* das nicht als Verdienst anrechnen (obwohl Er das wohl tut – aber wir wissen: »Was eins der deinen Gutes wirkte, das ist durch deine Gnad' vollbracht«).

Die Schlusszeile unseres Verses ist bemerkenswert. Paulus sagt nicht: »Wenn ihr aber durch [den] Geist geleitet werdet, seid ihr nicht unter [dem] Fleisch«, sondern: »seid ihr nicht unter [dem] Gesetz«. Dadurch lässt Paulus erkennen, dass für ihn der Konflikt zwischen Glaube und Gesetz (siehe Vers 14) eng mit dem Konflikt zwischen Geist und Fleisch zusammenhängt. Nicht das Halten des Gesetzes ist die beste Bewahrung vor den Werken des Fleisches; denn der Mensch hat in sich nicht einmal die Kraft, das Gesetz zu vollbringen. Die pharisäische Gesetzesbetrachtung war gerade typisch fleischlich (vergleiche Phil 3,1-6, besonders Vers 3) und bestärkt gerade die Wirksamkeit des Fleisches (Röm 7,5.8-11). Das kommt nicht daher, weil das Gesetz nichts taugte, sondern weil der Mensch nichts taugt. Wenn wir Vers 16 mit Vers 18 verbinden, so sehen wir, dass das Sein unter dem Gesetz und das Vollbringen der Lüste des Fleisches zusammengehören.

Nicht die Leitung durch das Gesetz, sondern die Leitung durch den Geist ist der Weg des Christen. Der erste Weg fördert die Werke des Fleisches (Vers 19), der zweite Weg bringt die Frucht des Geistes her-

vor (Vers 22). Paulus sagt damit also: Wenn ihr durch den Geist geleitet werdet, zeigt sich darin, dass ihr zu einer völlig anderen Ordnung
als der des Gesetzes gehört, nämlich zu der des Glaubens. Wer durch
den Geist geleitet wird, hat nichts mehr mit den Werken des Fleisches
zu schaffen, ebenso wenig mit der Ordnung, durch die die Werke des
Fleisches nicht unterdrückt, sondern im Gegenteil noch befördert werden. Der Geist erfüllt in uns das Gesetz – doch wir sind nicht unter
dem Gesetz, sondern unter dem Geist.

Anmerkungen

1) Das »Denn« am Anfang hält hier – wie so oft – nur den Zusammenhang
   mit dem Vorangehenden aufrecht und könnte, wenn das Folgende dazu
   im Kontrast steht, im Deutschen besser mit »Aber« übersetzt werden.

2) Das Wort »Fleisch« (gr. *sarx*), wie es hier gemeint ist, suggeriert nicht
   notwendig, dass das NT den Leib als etwas Niedrigeres betrachtet. Eine
   solche Vorstellung stammt viel eher aus dem griechischen Dualismus mit
   dem niederen Körper und der höheren Seele bzw. dem Geist. Das
   »Fleisch« ist danach auch nicht das »Niedrigere« im Menschen, das mehr
   mit den Trieben und Instinkten des Leibes zu tun hat und weniger mit
   dem »höheren« Leben (denken, erkennen, wollen) des Geistes. Vielmehr
   kann mit »Fleisch« der ganze Mensch gemeint sein (siehe Mt 24,22; Lk
   3,6; Joh 1,14; Röm 3,20; 1Kor 1,29; Gal 2,16; 1Petr 1,24; vergleiche »Leib«
   in Röm 12,1). Im negativen Sinn ist »Fleisch« dann der *ganze* Mensch
   mit Geist, Seele und Leib, der unter der Macht der Sünde steht (vergleiche Röm 7,14) oder aber in dem Gläubigen das Sündenprinzip, das noch
   immer in ihm wohnt, selbst wenn er in Christus unter der Macht des
   Geistes steht. Dies bedeutet für die praktische Verantwortlichkeit des
   Gläubigen, dass er nicht dem Sündenprinzip, sondern dem Geist in ihm
   die Herrschaft überlassen muss.

3) Vielleicht hat hier der von Hause aus Aramäisch sprechende Paulus (vergleiche Phil 3,5) an den parallelen aramäischen Ausdruck *echal qartsè*
   gedacht, der »von etwas die Brocken essen« bedeutet, womit man das
   Kritiküben umschrieb.

4) Ich übersetze hier: »das Fleisch gelüstet wider den Geist, ja, (gr. *de*) der
   Geist wider das Fleisch«; das gr. *de* hat viele Bedeutungen: *und, aber,
   nämlich und* manchmal gibt es – wie m.E. hier – eine gewisse Steigerung
   an: *ja,* im Sinn von: *was noch mehr ist.* Siehe z.B. auch Tit 1,1: »Paulus,
   Sklave Gottes, ja, Apostel Jesu Christi«.

5) Der Kontext ist dabei übrigens stets von großer Bedeutung. So muss es deutlich sein, dass in 1Kor 5,5 und Hebr 12,9 das Fleisch dem menschlichen Geist gegenübersteht und auch in 1Kor 14,14-16 steht dem Verstand nicht der Heilige Geist, sondern der menschliche Geist gegenüber. Vergleiche auch 1Petr 3,18: »… getötet nach [dem] Fleische, aber lebendig gemacht nach [dem] Geiste«.

6) Diese Erklärung ist m. E. besser als die, bei dem »ihr« an das fleischliche Ich zu denken: Der Geist strebt nach der Herrschaft, damit das fleischliche Ich keine Chance bekommt. Bei solcher Erklärung würde der Schlusssatz nur an den zweiten Satz anschließen und nicht an den ersten; außerdem geht die Gegenüberstellung mit Vers 18 verloren. Bei der umgekehrten Erklärung ist das Ich dann auch gerade das gute, wiedergeborene Ich, das sich der Wirksamkeit des Fleisches nicht erwehren kann. In diesem Fall würde Gal 5 Röm 7 entsprechen (siehe besonders die Verse 15-17: »… was ich vollbringe, erkenne ich nicht; denn nicht, was ich will, tue ich, sondern was ich hasse, das übe ich aus. Wenn ich aber das, was ich nicht will, ausübe, so stimme ich dem Gesetz bei, dass es recht ist. Nun aber vollbringe nicht mehr ich dasselbe, sondern die in mir wohnende Sünde«). Gal 5 *unterscheidet sich* aber grundsätzlich von Röm 7 (kontra Boice, Ridderbos): dort muss das wiedergeborene Ich immer wieder dem Fleisch nachgeben, weil der Heilige Geist vollkommen außerhalb des Gesichtsfeldes bleibt, während hier das wiedergeborene Ich gerade durch den Geist über das Fleisch triumphiert.

7) Vergleiche das Vorbild Christi in Lk 4,1f: »Jesus aber, voll Heiligen Geistes, kehrte vom Jordan zurück und wurde durch den Geist in der Wüste vierzig Tage umhergeführt, indem er von dem Teufel versucht wurde.« Jesus ist hier der wahrhaftige Mensch (vergleiche damit die direkt vorangehenden Verse 3,23-38!) und der Sohn Gottes, weil Er durch den Heiligen Geist von Maria geboren wurde (1,35). Von Ihm erklärte der Vater kurz vor der Versuchung in der Wüste, Er sei Sein geliebter Sohn (3,22). Auch bei Ihm ist die Geistesleitung ein Kennzeichen der Sohnschaft (vergleiche Röm 8,14). Nicht Seine Gottheit steht hier im Vordergrund, sondern Sein abhängiges Menschsein, wie Er durch die Wüste des Lebens geführt wird, genau wie wir. Der einzige große Unterschied ist der, dass bei Ihm keine sündige Natur im Zaum gehalten werden musste.

2.3.4 Fleisch gegenüber dem Geist (5,19-26)

Übersetzung

19 Deutlich sind die Werke des Fleisches, welche sind:
   Hurerei, Unreinigkeit, Ausschweifung,
20 Götzendienst, Zauberei, Feindschaften,
   Hader, Eifersucht, Wutausbrüche,
   Parteiungen, Zwietrachten, Sekten,
21 Neidereien, <Morde>, Trunkenheiten, Gelage
   und ähnliche Dinge;
   welche Dinge ich euch vorhersage, wie ich vorhergesagt habe,
   dass die, welche solche Dinge betreiben, Gottes Reich nicht
   ererben werden.
22 Die Frucht des Geistes aber ist:
   Liebe, Freude, Friede,
   Langmut, Freundlichkeit, Gütigkeit,
   Treue, Sanftmut, Selbstbeherrschung.
23 Wider solche ist kein Gesetz.
24 Sie nun, [welche] Christi <Jesu> [sind],
   haben das Fleisch gekreuzigt mit den Leidenschaften und Lüsten.
25 Wenn wir durch [den] Geist leben,
   durch [den] Geist lasst uns Tritt fassen.
26 Lasst uns nicht Streber nach eitler Ehre sein,
   einander herausfordernd, einander beneidend.

Übersetzungsvarianten

20 *Parteiungen:* oder *Selbstsüchtigkeiten.*
21 *welche Dinge ich euch vorhersage, wie ich vorhergesagt habe:* oder
   weswegen ich euch warne, wie ich euch gewarnt habe (vergleiche Grammatik).
22 *Treue:* oder *Glaube.*

23 *Dinge:* oder *Personen* (siehe Grammatik).
26 *sein:* oder *werden.*
26 *herausfordernd:* oder *reizend.*

Textvarianten

19 {A} TR nennt vor *Hurerei* noch *Ehebruch.*
20 {A} *Hader:* TR liest *Hadereien.*
20 {B} *Eifersucht:* TR liest *Eifersüchte.*
21 {D} *<Morde>:* das Textzeugnis ist unsicher betreffs seiner Einfügung; möglicherweise ist das Wort zufällig hineingeraten durch Erinnerung an Röm 1,29.
23 {A} Einige Textzeugen fügen noch *Ausharren* oder *Keuschheit* hinzu.
24 {A} *<Jesus>:* das Textzeugnis ist betreffs seiner Einfügung unsicher.

Grammatik

20.21 *Zornigkeiten (…) Neidereien:* der Plural (in Übersetzungen oft unterdrückt) bedeutet hier konkrete Ausbrüche von Zorn und Neid.
21 *welche Dinge (…) solche Dinge* (gr. *ha … ta toiauta*): eine sog. Prolepsis: Der Hauptsatz nimmt das Subjekt des folgenden Nebensatzes vorweg (in der Übersetzung mit *wovon* glattzustreichen).
21 *vorhersage (…) vorhergesagt habe:* siehe Gramm. bei 1,9.
21 *betreiben:* Präs., was eine andauernde Handlung andeutet (eine »Lebenshaltung«).
21 *ererben werden:* Futur, drückt hier – wie oftmals – eine Sicherheit aus.
23 *solche …* (gr. *toon toioutoon*): 2. Person Plural, Neutrum (*solche Dinge*) oder Mask. (*solche Personen*).
24 *haben … gekreuzigt:* Aorist, also eine Tatsache, die einmal in der Vergangenheit stattgefunden hat; also nicht: *kreuzigen das Fleisch,* sondern: die Gläubigen *haben das getan,* als sie zum Glauben kamen.
25 Asyndetischer Vers, d.h. es gibt kein Bindewort, das ihn mit dem vorangehenden verbindet, wodurch er einen besonderen Nachdruck erhält.

25 *Wenn* (gr. *ei*): Feststellung einer Tatsache: *Weil es so ist, dass ...*
25 *durch [den] Geist:* siehe bei Vers 16.
26 *Lasst uns nicht ... sein:* Konj., der in der 1. Person Plural die Bedeutung eines Imperativs hat.

Auslegung

In diesen Versen stellt Paulus aufs Neue das Fleisch dem Geist gegenüber. Zunächst zählt er fünfzehn oder sechzehn »Werke des Fleisches« auf, danach die neunfache »Frucht des Geistes«. Wer durch das Fleisch lebt, kann nicht teilhaben am Reich Gottes; wer aber das Fleisch »gekreuzigt hat«, wer durch den Geist lebt und durch den Geist wandelt, der kann das wohl.

5,19 Es ist wohl »deutlich«, was die »Werke des Fleisches« sind, nicht in dem Sinn, dass alle diese Sünden in der Öffentlichkeit stattfinden, sondern dass es »deutlich« ist: diese Taten werden durch das Fleisch (die sündige Natur) hervorgebracht. Trotz dieser »Deutlichkeit« erscheint es Paulus gut, sie aufzuzählen. Je nachdem, ob »Morde« (Vers 21) in den Text gehört (siehe Textvariante), sind es fünfzehn oder sechzehn.[1] Die Liste ist natürlich nicht erschöpfend; der jüdische Denker Philo aus dem Anfang unserer Zeitrechnung nannte nicht weniger als 144 griechische Ausdrücke, mit denen Untugenden beschrieben wurden! Auch gibt es in der Liste deutliche Überschneidungen; so fällt es nicht leicht, Feindschaft von Zwietracht, Eifersucht von Abgunst oder Parteiung von Sekte zu unterscheiden. Mehr als die Hälfte der Wörter steht in der Mehrzahl (was nicht alle Übersetzungen weitergeben). Das ist sicher mehr als ein *Pluralis poeticus* (*»dichterische Mehrzahl«*) oder was man mit »Ausbrüche von ...?« (Feindschaft, Zorn usw.; siehe Grammatik) bezeichnen könnte. Wir müssen wahrscheinlich annehmen, dass Paulus hier keine willkürliche Liste anbietet, sondern dass die genannten Sünden tatsächlich unter den galatischen Christen vorkamen.

Noch eine Vorbemerkung: Viele heidnische Moralisten haben zu allen Zeiten, auch in den Tagen des Paulus, gleichartige und längere Sündenlisten aufgestellt. Der erste Unterschied zwischen der Bibel und diesen Moralisten ist der, dass Letztere solche Sünden als im Widerspruch zur menschlichen Natur betrachteten, während die Schrift sie als das

Produkt des Fleisches ansieht. Der zweite Unterschied liegt darin, dass einige Moralisten den entarteten Menschen als hoffnungslos abgeschrieben haben, während die Heilige Schrift deutlich macht, dass es keine Sünde in dieser Liste gibt, die nicht durch Gottes Gnade vergeben werden kann, wenn man sie ehrlich bereut und an das versöhnende Blut Christi glaubt. Wir lassen nun die Liste an uns Revue passieren, wobei wir jeden Ausdruck in der Einzahl darstellen (vergleiche ähnliche Listen in Mt 15,19; Mk 7,21f; Röm 1,29-31; 13,13; 1Kor 5,9-11; 6,10; 2Kor 12,20f; Eph 5,3-5; 1Tim 1,9f; 6,4f; 2Tim 3,1-4; Tit 3,3; 1Petr 4,3).

A. Sexuelle Sünden

In Anbetracht der völligen sexuellen Entartung der griechisch-römischen Kultur zur Zeit des Paulus, ist es kein Wunder, dass die Aufzählung von Sünden häufig mit sexuellen Sünden beginnt (Röm 1,24; 1Kor 6,9; Eph 5,3,5; Kol 3,5).

1. Hurerei: nicht allein im Sinn von Prostitution, sondern *jede* Unzucht, d.h. jeder sexuelle Verkehr außerhalb der Ehe, dazu gehören z.B. Ehebruch, Blutschande, vorehelicher Geschlechtsverkehr, Homosexualität, Pädophilie, Sodomie.

2. Unreinigkeit: Gemeinheit, Schlüpfrigkeit. »Hurerei« ist alle Sexualität außerhalb der Ehe, wie »sauber« die Beziehung zwischen den Parteien auch sonst sein mag. »Unreinigkeit« dagegen ist jede perverse Praxis in der Sexualität, auch wo diese in der Ehe stattfindet. (Das Wort wird auch für rituelle Unreinigkeit benutzt, aber das steht hier nicht zur Debatte.)

3. Ausschweifung: oder Zügellosigkeit, Schwelgerei, manchmal auch: Übermut. Da dies auf »Hurerei« und »Unreinigkeit« folgt (siehe die gleiche Verbindung wie in 2Kor 12,21!) bedeutet das hier wahrscheinlich: ausufernde sexuelle Beziehungen, in welcher Form auch immer: Mangel an Sittsamkeit, stark übertriebene Forderungen an den Partner, zu starke Fixierung auf Sex, unmoralisches Reden und Betragen.

5,20 B. Religiöse Sünden

»Hurerei« und »Götzendienst« werden häufig zusammen genannt, weil heidnische Gottesdienste oft mit kultischer Prostitution verbunden waren (Apg 15,20.29; 21,25; Röm 2,22; 1Kor 5,10f; 6,10; 10,7f; Eph 5,5; Kol 3,5; Offb 2,14.20; 9,20f; 21,8; 22,15); so folgt auch hier auf die sexuellen Sünden der Götzendienst.

4. Götzendienst: gr. *eidoololatria*, »Idolatrie«, Verehrung von »Idolen« (Götzen, eig.: Götzenbilder), das heißt: Verehrung von Geschöpfen anstelle des Schöpfers (Röm 1,25); in Wirklichkeit aber verehrt man dämonische Mächte, die sich hinter den Götzenbildern verbergen (5Mo 32,17; 1Kor 10,20; Offb 9,20). In weitestem Sinne ist Götzendienst die Verehrung von allem, was die Stelle Gottes und Christi einnimmt (vergleiche 1Sam 15,23; Kol 3,5; 1Jo 5,20f).

5. Zauberei: gr. *pharmakeia,* wovon das Wort »pharmazeutisch« abgeleitet wurde. Das Grundwort *pharmakon* weist auf die Verwendung getrockneter Kräuter als Medizin hin (»weiße Magie«), aber auch als Gift (»schwarze Magie«) und von daher: allgemein: »Magie«, »Zaubermittel«. Wer mit Kräutern und Zaubermitteln umzugehen wusste, stand bei den Heiden in hohem Ansehen (vergleiche Apg 8,9-11; 13,8-10; 19,19). Das römische Gesetz verbot diese Praktiken allerdings und die Christen verboten sie noch viel schärfer, weil Zauberei, okkulte Dinge im Allgemeinen, den Menschen mit der Dämonenwelt in Berührung bringen.

C. Soziale Sünden
C.I Streit

6. Feindschaften: Abkehr, ja Hass gegen eine bestimmte Person (z. B. Lk 23,12) und gegen andere Völker (z. B. Joh 4,9b; vergleiche Kol 3,11) oder gegen andere Klassen (z. B. Sklaven und Freie), die zu Streit, Trennung oder sogar zu Krieg führt.

7. Hader: nicht nur die eigentliche Tat der Uneinigkeit, sondern auch der streitsüchtige Geist, der die Uneinigkeit sucht. Der kommt »sogar« unter Christen vor (vergleiche Phil 1,15).

8. Eifersucht: gr. *zèlos* bedeutet eigentlich »Eifer« und hat als solcher vielfach eine positive Bedeutung. Aber häufig bedeutet das Wort im negativen Sinn »eifersüchtiges Streben«, einen auf den eigenen Vorteil gerichteten »Eifer«, der als solcher oftmals mit dem voranstehenden Wort verbunden ist (Röm 13,13; 1Kor 3,3; 2Kor 12,20). Es ist die Furcht das, was man hat, zu verlieren (man denke z. B. an den »eifersüchtigen Ehepartner«), während »Neid« (Nr.13) das Begehren nach dem einschließt, was der andere hat oder ist und was einem selbst fehlt.

9. Wut(-ausbrüche): Zorn, Ärger. gr. *thymos,* nicht *orgè,* dies ist der Zorn, bei dem das Gemüt gewöhnlich ruhiger bleibt, während *thymos* der Zorn ist, bei dem das Gemüt meistens stark bewegt ist (sowohl im positiven wie im negativen Sinn). Von daher kann die Mehrzahl *thymoi* gut mit »Wutausbrüchen« übersetzt werden.

C. II. Parteigeist

10. Parteiungen: gr. *eritheia* bedeutet entweder »Zank« und »Streit« oder nach einer anderen Auslegung: »Selbstsucht« und »Eigennutz«. Es wäre dann von *erithos,* »Mietling«, abgeleitet und hätte von da die Bedeutung erhalten: »auf Geld aussein« oder, weiter gefasst: »auf die Eigeninteressen drängen«, insbesondere: »auf ein hohes Amt«. Bei Paulus geht es bei diesem Wort immer um Parteien in der Gemeinde, die ihre eigenen Interessen vertreten (2Kor 12,20; Phil 1,17; 2,3), so dass »Parteigeist« die Bedeutung schön wiedergibt.

11. Zwietracht: oder »Zwiespalt, Uneinigkeit, Trennung« (vergleiche Röm 16,17). Das Wort hängt also eng mit dem vorangehenden und dem nachfolgenden zusammen; immer geht es um die fleischliche Gesinnung, die die Uneinigkeit in der Gemeinde anstiftet. Aber nicht jede Uneinigkeit ist ein Werk des Fleisches; wer die Wahrheit verkündigt und dadurch fleischliche Christen gegen sich aufbringt, hat indirekt und ungewollt auch Zwietracht gesät; davon ist hier aber selbstverständlich nicht die Rede.

12. Sekte: oder »Partei, parteiisch sein, Parteigeist«. Die Grundbedeutung des gr. *hairesis* ist »Wahl« und von daher: eine Gruppe, die eine »Wahl« getroffen hat für einen bestimmten Leiter und/oder für eine bestimmte Lebensweise und/oder bestimmte Auffassungen (vergleiche Apg 5,17; 15,5; 26,5, wo »Sekte« noch einigermaßen neutral aufgefasst wird). In der Gemeinde hat »Sekte« stets eine negative Bedeutung; es geht um die Parteien, die gegeneinander aufstehen und die Gemeinde auseinanderreißen (Apg 24,5.14; 28,22; 1Kor 11,19; 2Petr 2,1). Die »Sekte« ist danach eine Gruppe, die ihre Grenzen enger zieht als die Gemeinde und sich absetzt und sich über andersdenkende Christen erhebt. Wir haben unter den Galatern schon verschiedene »Sekten« vermutet, jede mit ihrem »Parteigeist«, jede sich höher als die anderen dünkend und im Streit untereinander.

5,21 C.III. Hass

13. Neid: oder »Abgunst«; ähnelt der »Eifersucht« (siehe oben), doch während jenes Wort auch eine positive Bedeutung hat, impliziert *phthonos immer* eine negative Haltung gegen den Mitmenschen, der etwas hat oder ist, was die neidische Person gern hätte oder wäre und was diese dem anderen missgönnt und ihn deshalb unterschwellig hasst.

<14. Mord>: Wenn dies Wort tatsächlich in den Text gehört (siehe Textvariante), schließt es bei dem unterschwelligen Hass an, der zu dem vorigen Ausdruck gehört. Das ist ein Hass, der sogar den Tod des anderen wünscht. Wie bei »Hader« (siehe oben) geht es hier nicht nur um die Tat des Tötens, sondern um mordlustige Gedanken (vergleiche Mt 5,21f).

D. Unmäßigkeit

14. bzw. 15. Trunkenheit: Nicht das Weintrinken an sich ist Sünde (vergleiche Mt 26,27f; Joh 2,10; 1Tim 5,23), sondern übermäßiges Trinken, wie Paulus mehrfach betont (Röm 13,13; 1Kor 5,11; 6,10). Unmäßigkeit ist außerdem gewöhnlich mit finsterem Nachtleben verbunden (1Thes 5,6f). Übermäßiger Alkoholgenuss passt zu einem Christen nicht (Eph 5,18), schon gar nicht zu einem Ältesten oder Diakon (1Tim 3,3.8; Tit 1,7).

15. bzw. 16. Gelage: oder »Prasserei, Orgie, Schwelgerei, Schlemmereien« (wie sie früher zu Bacchus' Ehren abgehalten wurden). Es ist klar, dass dieser Ausdruck sich mit dem vorangehenden überschneidet, jetzt mit dem Nachdruck auf die festlichen Mahlzeiten, bei denen der übermäßige Alkoholgenuss stattfand (vergleiche 1Petr 4,3). Die heutigen »Abendgesellschaften« oder »house parties« entsprechen wohl am deutlichsten der hier gemeinten Untugend.

Die darauf folgenden Ausdrücke »… welche Dinge« und »solche Dinge« zeigen, dass Paulus gewiss nicht eine erschöpfende Sündenliste aufstellen wollte. Er gab nur eine Auswahl, die allerdings für die galatischen Christen höchstwahrscheinlich sehr aktuell war und den Nagel auf den Kopf traf. An anderer Stelle (siehe die bei Vers 19 angeführten Schriftstellen) nennt das NT z.B. noch Diebstahl, Lügen, Gotteslästerung, Verleumdung, Betrug, List, Leichtsinnigkeit, Verräterei, Undankbarkeit, Ruchlosigkeit – und selbst dann ist die Liste noch nicht zu Ende.

Eins haben alle diese Sünden gemein: Wer sie »betreibt«, d.h. wer sie zu seiner Lebenspraxis macht, wird das Reich Gottes nicht ererben können (vergleiche 4,7). Das hatte Paulus den Galatern offenbar schon früher gesagt, als er bei ihnen war. Es geht hier nicht um Personen, die in Sünde fallen und darüber leidtragen, sondern um solche, die die Sünde zu ihrem durchgängigen Lebensstil gemacht haben. Paulus denkt hier offensichtlich an das Reich Gottes in seiner künftigen, herrlichen Form, wenn der König in Herrlichkeit erscheinen wird und nicht so sehr an das Reich Gottes in seiner gegenwärtigen, verborgenen Gestalt – verborgen, solange der König noch abwesend ist. Doch spielt das für die moralische Anwendbarkeit kaum eine Rolle. Denn für beide Gestalten des Reiches gilt: Wer die Sünde zu seiner Lebenspraxis macht, hat nicht wirklichen Anteil daran (vergleiche 1Kor 6,9-11; Eph 5,5). Nicht: Wer einmal in Sünde fällt, verliert Christus – kein Gedanke daran –, sondern: Wer fortwährend sündigt, zeigt damit schlicht an, dass er überhaupt keinen Anteil an Christus hat und ihn auch nie besaß.

Dass es um das Reich in seiner künftigen Form geht, wird durch das Wort »ererben« unterstrichen, das immer in Beziehung zu dem Segen Gottes steht, den Er erst in der Zukunft, bei der Wiederkehr Christi, schenken wird.[2] Zum »Ererben« gehört, dass man etwas empfängt, was vorher ein anderer besessen hat. Gott aber gibt das Erbteil »weg«, ohne selbst etwas zu verlieren; es ist und bleibt Sein Erbteil (Eph 1,18). Christus ist der Erbe aller Dinge (Hebr 1,2) und wir sind Seine Miterben (Röm 8,17). Manchmal wird das Bild vom Erben so weit durchgezogen, dass auch der Tod des Erblassers darin einbezogen wird (Hebr 9,15-17; siehe Gal 3,29); Christus ist dann der gestorbene Erblasser und gleichzeitig in Seiner Auferstehung der vornehmste Erbe.

Zuvor hatte Paulus klargestellt, dass man das Reich nicht durch *gute* Werke ererben kann; jetzt sagt er, dass das durch *böse* Werke schon ganz und gar nicht geht. Sicher können sich in die jetzige Gestalt des Reiches Gottes falsche Jünger einschleichen (vergleiche Mt 7,21-23; 13.24-20, 36-42; 25,1-30); aber sie haben nicht wirklich teil an dem Reich; der wahre Zugang ist nur durch die Wiedergeburt möglich (Joh 3,3.5). Oder im Bilde des Reiches ausgedrückt: Entscheidend ist, unter wessen Herrschaft man steht. Für den, der sich bewusst dem Fleisch ausliefert, ist kein Platz im Reiche Gottes (vergleiche 1Kor 15,50) und umgekehrt: Wer sich – kraft der Wiedergeburt und Leitung durch den Heiligen Geist – bewusst unter die Herrschaft Christi stellt, ist ein wahrer Bürger des Reiches Gottes.[3]

5,22 Den Werken des Fleisches stellt Paulus nun die Frucht des Geistes entgegen. Uns fällt natürlich sofort auf, dass der Mehrzahl in »Werke« (Vers 21) die Einzahl in »Frucht« gegenübergestellt wird. Bei »Werken« denken wir eher an konkrete Taten, obwohl diese nicht von der Gesinnung zu trennen sind, vor allem solche »Werke« wie Feindschaft und Neid. Bei »Frucht« denken wir eher an die innere Gesinntheit des Herzens, wenn auch diese nicht von deren konkreten Ergebnissen zu trennen ist: den *Erweisen* von Liebe, Freude, Friede usw. in konkreten Haltungen und Taten. Von den »Werken« des Fleisches sind viele zu nennen, die gar nicht zueinander passen und sich auch längst nicht alle zusammen in einer und derselben Person manifestieren. Dagegen gibt es nur *eine* »Frucht« des Geistes, deren neun Aspekte nicht »einzeln zu haben sind«. Jemand mag noch so liebevoll und froh sein; wenn er nicht langmütig und treu ist, ist eigentlich die ganze »Frucht« verdorben. Die neun Elemente sind nicht neun Juwelen, sondern neun Facetten des gleichen Juwels; oder, wenn man es im Plural sagen will: die Beeren einer einzigen Weintraube.

Noch ein Unterschied: Die »Werke des Fleisches« sind Werke von uns selbst; denn selbst wenn es um die »Gesetzeswerke« (2,16; 3,2.5.10) geht, ist es unser eigenes Fleisch, unsere eigene sündige Natur, die diese bösen Werke tut. Doch die »Frucht« ist die Frucht des Heiligen Geistes, die Er in und durch uns hervorbringt. Das geht, wie wir sahen, gewiss nicht ohne unsere Verantwortlichkeit und unsere aktive Teilnahme vor sich (vergleiche 2Petr 1,5-7); aber es ist doch die Frucht, die der Geist wirkt. Sie entstammt nicht dem Halten des Gesetzes aus eigener Kraft – denn Gesetzlichkeit ist selbst ein Werk des Fleisches –, nicht einmal aus der eigenen Kraft der neuen Natur, denn diese hat keine Kraft in sich selbst. Sie muss ausschließlich von dem Geist kommen. Insofern das Gesetz dabei eine Rolle spielt (siehe Vers 23), ist es der Geist, der in uns die Forderungen des Gesetzes erfüllt (Röm 8,4).

Die neun »Facetten« der Frucht des Geistes dürfen nicht mit den Gaben des Geistes verwechselt werden. Paulus rechnet unter die *charismata* (Gnadengaben) des Geistes u.a. den Glauben (1Kor 12,9), der in unserem Vers vorkommt (gr. *pistis* = Treue oder Glauben), dazu die Barmherzigkeit (Röm 12,8), die in unseren Vers gepasst hätte. Bei der Aufzählung der Gnadengaben aber geht es um Gaben, die der eine hat und ein anderer nicht; dann geht es um die Barmherzigkeit und den Glauben im engeren Sinne, so wie sie sich bei bestimmten Gläubigen bemerkbar machen. In unserem Vers aber geht es um eine Frucht, die sich bei allen Gläubigen offenbaren muss.

Auch geht es hier nicht um »Facetten«, die mit dem Geschenk des Heiligen Geistes automatisch mitgeschenkt wurden. Wer glaubt, empfängt den Heiligen Geist (Eph 1,13); in jedem wahren Gläubigen, der Heilsgewissheit hat, wohnt der Heilige Geist. Aber das Offenbaren der Frucht des Geistes ist eine Angelegenheit des geistlichen Wachstums und der Lebensheiligung. Leider ist es möglich, den Geist empfangen zu haben und doch fleischlich zu sein und so viele Werke des Fleisches zu offenbaren, dass die Frucht des Geistes kaum sichtbar wird (vergleiche »fleischlich« in Röm 7,14; 1Kor 3,1.3; 1Petr 2,11; siehe auch über das »Betrüben« und »Auslöschen« des Geistes in Eph 4,30; 1Thes 5,19).

A. Innerliche Vortrefflichkeit[4]

Jesus verbindet die drei hier zuerst genannten Tugenden in seinen Ausführungen im Obersaal miteinander: »meine Liebe« (Joh 15,9ff), »meine Freude« (Joh 15,11), »mein Friede« (Joh 14,17). Paulus verbindet sie direkt mit dem Heiligen Geist in Röm 5,5; 14,17. Auch Freude und Friede sind eng miteinander verbunden, weil das mit »Freude« (gr. *chara*) verwandte Wort »Gnade« (gr. *charis*) oft gemeinsam mit »Friede« bei den Briefanfängen des NT vorkommt.

1. Liebe: Wenn Paulus vorher schon so viel Nachdruck auf die Liebe gelegt hat (Vers 13f), so ist verständlich, dass er damit die Reihe beginnt. In Kol 3,12-14 ist die Liebe »das Band der Vollkommenheit«, das alle folgenden Tugenden umspannt. Liebe (gr. *agapè*) ist das Wesen Gottes selbst (1Joh 4,8.16), das er aber durch den Heiligen Geist in die Herzen der Gläubigen ausgegossen hat (Röm 5,5). Wenn eine Tugend den Christen kennzeichnen muss, dann ist es die Liebe (siehe bei Paulus u. a. Röm 14,15; 1Kor 8,1.13; 12,31; 13,13; 16,14.24; 2Kor 2,4.7f; Eph 1,15; 4,15; 5,2; Kol 2,2).

2. Freude: Das ist nicht die bekannte menschliche Freude an irdischen Dingen als solche, sondern eine Freude »im Herrn« (Phil 3,1; 4,4), eine Freude also, die das Herz auch dann empfinden kann, wenn die irdischen Umstände zu nichts als Kummer Anlass bieten (2Kor 6,10; 1Thes 5,16; vergleiche Phil 2,27f mit 3,1). Echte Freude ist »Freude in [dem] Heiligen Geist« (Röm 14,17; vergleiche Lk 10,21; 1Thes 1,6).

3. Friede: Zu dieser Tugend gehört ein innerer Zustand von Ruhe, Stille und Harmonie (vergleiche 1Kor 14,33) und wenn wir das hebräische *Schalom* mit einbeziehen, zählen dazu sogar Eigenschaften wie Ganzheit, Gesundheit, Glück, Wohlbefinden, Sicherheit, nicht nur für

sich selbst, sondern vor allem auch für die Beziehungen zu den Mitmenschen (Röm 12,18) und zu Gott, sowohl was die Stellung angeht
(Röm 5,1) als auch praktisch (Phil 4,6f). Auch der Friede hat wieder
direkt mit dem Geist zu tun; denn die »Einheit des Geistes« wird bewahrt »im Bande des Friedens« (Eph 4,3). In Röm 14,17; 15,13 wird
»Friede« auch mit dem Geist in Verbindung gebracht, zusammen mit
der »Freude«.

B. Wohlwollen gegenüber anderen

Die folgenden drei Kennzeichen haben alle mit dem geduldigen,
freundlichen, wohlwollenden Umgang gegenüber den Mitmenschen
zu tun. In 1Kor 13,4-7 finden wir auch, dass die Liebe langmütig und
gütig ist und alles erträgt. 2Kor 6,6.10 verbindet Liebe und Freude aus
der ersten Gruppe mit Langmut und Gütigkeit aus dieser zweiten.

4. Langmut: oder Duldsamkeit. Gott ist Liebe und Gott ist der Gott
des Friedens (Röm 15,33; 16,20; 2Kor 13,11; Phil 4,9; 1Thes 5,23) und
so ist auch die Langmut eine Eigenschaft Gottes (2Mo 34,6; 4Mo 14,18;
Ps 103,8; 145,8; Joe 2,13; Jon 4,2; Röm 2,4; 2Petr 3,9). Genau wie Er ist
der geistliche Gläubige voll Geduld und »langsam zum Zorn«, wartet
lange mit Strafe und Vergeltung (2Kor 6,6; Eph 4,1; Kol 3,12; 1Thes
5,14), ist aber auch geduldig und er harrt aus in Bedrückungen, die
andere ihm zufügen.

5. Freundlichkeit: oder Güte und Barmherzigkeit; in den eben genannten Stellen aus dem AT über die Langmut folgt stets: »groß an
Güte« (vergleiche Röm 2,4). Dies schließt immer eine freundliche,
wohlwollende, günstige Gesinnung dem anderen gegenüber ein. Vergleiche was Gott betrifft: Röm 11,22; Eph 2,7; Tit 3,4; was die Gläubigen betrifft: Lk 6,35; 2Kor 6,6; Eph 4,32; Kol 3,12; und im allgemeinen
Sinn: 1Kor 13,4.

6. Gütigkeit: Auch diese Eigenschaft (gr. *chrèstotès*[5]) bedeutet Wohl-
gesinntheit und Edelmut gegenüber anderen. Sie wird mit »gerecht«
verbunden (Röm 5,7; Eph 5,9). Sie gibt also, was recht und billig ist;
vergleiche Mt 20,4.13.15, wo die Gütigkeit des Herrn in dessen Freige-
bigkeit besteht im Gegensatz zu den neidischen Augen der ersten Arbeiter, die den letzten Arbeitern den Lohn missgönnen.

C. Andere moralische Eigenschaften

Auch diese betreffen letztlich die Beziehungen zu anderen, sogar die »Selbstbeherrschung«. Im NT geht es niemals um »Charakterbildung« als solcher, sondern immer um das Wohlergehen der anderen.

7. *Treue:* Man könnte eventuell hier, wie so oft im Galaterbrief »Glauben« übersetzen (siehe Luther), und sicher wird der seligmachende Glaube durch den Heiligen Geist im Herzen bewirkt (vergleiche Eph 2,8). In unserem Vers geht es aber um die Frucht des Geistes, die im praktischen Wandel gewirkt wird und, wie die anderen Eigenschaften, in erster Linie Bedeutung für unsere Beziehung zu den Mitmenschen hat. Daher bedeutet das gr. *pistis* hier eher »Treue«, »Vertrauenswürdigkeit«, »Aufrichtigkeit«, »Loyalität« in unserem Betragen gegenüber anderen Menschen. In Mt 23,23 steht das Wort neben »Barmherzigkeit« (vergleiche Hebr 2,17); siehe auch Röm 3,3 (die Treue Gottes) und Tit 2,10. Das Eigenschaftswort *pistos* ist das gewöhnliche Wort für »treu« (loyal, betraubar) im NT.

8. *Sanftmut:*[6] Das bedeutet nicht »Weichheit« im Sinne von schlapp, feige, charakterlos, ohne Saft und Kraft. Das gr. *pra-ytès* beschreibt gerade eine solche Sanftheit, Freundlichkeit, Niedrigkeit, Nachgiebigkeit, Friedsamkeit und Verträglichkeit, die mit innerer Kraft gepaart ist. Das sehen wir am deutlichsten an Jesus; vergleiche Mt 11,29; 21,5 mit Vers 12 und siehe auch den Zorn und die Traurigkeit in Mk 3,5. Auch bei Paulus sehen wir die Verbindung von Sanftmut und Strenge (1Kor 4,21; vergleiche 2Kor 10,1; siehe auch Gal 6,1). Diese geistliche Energie, die in Sanftmut eingehüllt ist, führt uns von selbst zu der letzten Eigenschaft.

9. *Selbstbeherrschung:* oder Mäßigkeit; das Vermögen, seine Begierden, Triebe u. Ä. unter Kontrolle zu halten, wie ein Sportler das lernen muss (1Kor 9,29) und wie es wichtig ist für die Ältesten (Tit 1,8) und für die Ehelosen (1Kor 7,9).[9] Bei dieser Eigenschaft geht es nicht um Askese als solcher, sondern um ein Mittel, ein höheres Ziel zu erreichen (vergleiche 1Kor 7,5; 9,25-27; Hebr 12,1f), nämlich, sich selbst anderen gegenüber in der Gewalt zu haben, damit wir im Bezug auf Gott und den Mitmenschen den Willen Gottes vollbringen (Apg 24,25).

5,23 In Vers 21 fügte Paulus »… und ähnliche Dinge« an, um zu zeigen, dass die Liste der Werke des Fleisches nicht erschöpfend war. Auf gleiche Weise spricht er hier von »solchen Dingen«, womit er andeutet, dass es neben diesen Tugenden noch eine ganze Reihe weiterer zu nennen gibt. So erwähnt 1Kor 13,13 neben Glauben und Liebe die Hoffnung, Eph 4,24 Gerechtigkeit und Heiligkeit und Kol 3,12 außer Güte, Milde und Langmut noch herzliches Erbarmen und Demut. So nennt Petrus in 2Petr 1,5-7 neben Glauben, Selbstbeherrschung und Bruderliebe noch Tugend, Erkenntnis, Ausharren und Gottseligkeit. Wahrscheinlich nennt Paulus in Vers 22 vor allem die Eigenschaften, die für die galatischen Gemeinden von besonderer Bedeutung waren.

Einige übersetzen hier »solche Dinge«, andere »solche Personen«; beides ist grammatisch möglich. Kein Gesetz[8] wendet sich gegen »solche Eigenschaften« und auch nicht gegen »solche Personen«, die diese Eigenschaften an den Tag legen. Das Wesen des Gesetzes liegt vor allem im Verbieten. Nur zwei der Zehn Gebote sind tatsächlich *Ge*bote, acht dagegen sind *Ver*bote. »... indem du dies weißt, dass für einen Gerechten das Gesetz nicht bestimmt ist, sondern für Gesetzlose und Zügellose, für Gottlose und Sünder, für Heillose und Ungöttliche, Vaterschläger und Mutterschläger, Menschenmörder, Hurer, Knabenschänder, Menschenräuber, Lügner, Meineidige und wenn etwas anderes der gesunden Lehre zuwider ist« (1Tim 1,9-10). Das Gesetz wendet sich also *gegen* diese Art Menschen, nicht gegen die Gerechten. In der Frucht des Geistes aber findet das Gesetz nichts, gegen das es sich wenden könnte. Im Gegenteil, wenn wir sagen, der Geist habe diese Frucht in uns gewirkt, so ist das gleichbedeutend mit der Aussage, der Geist habe die Forderung des Gesetzes in uns erfüllt (Röm 8,4).

Man könnte, einfach gesagt, Paulus so interpretieren: Solche Dinge, wie sie in Vers 22 aufgezählt werden, liegen einfach außerhalb des Gesetzes. Aber es ist möglich, dass Paulus sich aus rhetorischen Gründen gerade so ausdrückt. Einerseits scheint eine gewisse Ironie darin zu liegen: »Geht ruhig euren Gang; wenn ihr diese Dinge hervorbringt, so kann nichts schief gehen; dagegen kann das Gesetz nichts haben.« Andererseits könnte man auch von einem »Understatement« sprechen; »wider solche ... ist kein Gesetz« bedeutet dann: »Das ist gerade das, worum es dem Gesetz von Herzen geht«; wir sagen ja auch: »Gar nicht so schlecht!« und meinen meistens »sehr gut!« damit.

Wer sich an den *Buchstaben* des Gesetzes vom Sinai hält, wird – sollte er die Kraft dazu haben – in der Hauptsache höchstens die Werke des Fleisches vermeiden können, doch niemals die Frucht des Geistes von Vers 22 hervorbringen. Durch den *Geist* der ewigen Torah aber (siehe Anhang 4) *erfüllt* derjenige, der die Frucht des Geistes zeitigt, auch zugleich tatsächlich die Torah. Nur der Heilige Geist kann sowohl das eine wie das andere geben. Und wenn Er in uns wirksam wird, hat das Gesetz nicht nur nichts mehr anzuklagen, sondern Gottes Wille wird ausgeführt, wie er in der Torah offenbart ist.

5,24 Bis hierher hat Paulus dargelegt, dass Fleisch und Geist einander gegenüberstehen und dass das Fleisch böse Werke, der Geist aber kostbare Frucht hervorbringt. Jetzt stellt er fest, dass die Gläubigen – »die Christi sind« – das Fleisch gekreuzigt haben; so kann er denn in Vers 25 schlussfolgern, sie müssten darum auch durch den Geist wandeln. Dabei fällt uns in unserem Vers auf, dass er von einer vollendeten Tatsache ausgeht – »sie … *haben* das Fleisch gekreuzigt« (siehe Grammatik) –, in Vers 25 aber den Auftrag erteilt: »… lasst uns durch [den] Geist wandeln«. Hier stoßen wir wieder auf das Spannungsfeld zwischen göttlicher Heilstatsache einerseits und der Verantwortlichkeit des Gläubigen andererseits. Das Fleisch ist gekreuzigt, lasst uns dann auch dementsprechend wandeln! Paulus stellt hier die Kreuzigung des Fleisches als eine feststehende Heilstatsache hin, die doch zugleich ein Werk des Gläubigen ist. Natürlich ist es Gott, der unseren alten Menschen an das Kreuz Christi geschlagen und ihn dort ein für allemal gerichtet hat (vergleiche 2,20; Röm 6,6). Aber wenn ein Mensch zum Glauben kommt, anerkennt er dies Urteil Gottes über den alten Menschen und macht sich damit eins, so dass er auch selbst im Glauben das Gericht des Kreuzes über sein eigenes Fleisch vollzogen hat.

Das Fleisch wird hier näher beschrieben: Es ist das Fleisch »mit den Leidenschaften und Lüsten«. Es geht hier nicht darum, dass die Leidenschaften und Lüste an sich etwas Verkehrtes wären, sie sind es nur dann, wenn sie aus dem Fleisch kommen; wenn sie also »Werke des Fleisches« sind (vergleiche Röm 7,5: »Als wir im Fleische waren, wirkten die Leidenschaften der Sünden, die durch das Gesetz sind, in unseren Gliedern, um dem Tode Frucht zu bringen«). Die Leidenschaften und Lüste kommen aus unserem eigenen sündigen Fleisch hervor oder sie werden durch den Geist in dem neuen Menschen gewirkt.[9]

Bei seiner Bekehrung macht sich der Mensch, wie gesagt, eins mit Gottes Gericht über das Fleisch; doch hat der Gläubige diese Verurteilung seines Fleisches in seinem Glaubensleben immer wieder praktisch wahrzumachen. Das bedeutet konkret: Jedesmal, wenn das Fleisch doch wieder in sündigen Begierden und Lüsten wirksam geworden ist, muss man diese verurteilen und unter das Kreuz Christi bringen und anerkennen, dass Christus auch für diese Sünden leiden und sterben musste. So lehrt Paulus das auch in Röm 8,13 («... wenn ihr aber durch [den] Geist die Handlungen des Leibes tötet, so werdet ihr leben«) und in Kol 3,5 (»Tötet nun eure Glieder, die auf der Erde sind: Hurerei, Unreinigkeit, Leidenschaft, böse Lust« usw.). Wenn Paulus von der Tatsachenfeststellung in Vers 24 zu dem Gebot in Vers 25 übergeht, so bedeutet dies: Ihr *habt* das Fleisch grundsätzlich gekreuzigt, als ihr zum Glauben kamt, aber wo es sich doch wieder zeigt, müsst ihr diese Auswirkungen durch die Kraft des Geistes aufs Neue in den Tod geben und gute Frucht des Geistes hervorbringen.

5,25 Nun folgt also der Auftrag, auf den wir beim vorigen Vers schon hinwiesen – ein Auftrag, in den sich der Apostel einschließt (»wir«). Wenn wir uns im Glauben mit dem Kreuzestod Christi einsgemacht haben, wenn wir gelernt haben, unser Fleisch für gekreuzigt zu halten, wenn wir gelernt haben, sofern wir jetzt leben, durch den Geist zu leben, dann sollten wir auch durch den Geist »Tritt fassen«. Die korrekte Übersetzung: »Wenn wir durch [den] Geist leben, durch [den] Geist lasst uns auch Tritt fassen«, legt den Nachdruck auf den Geist und auch auf die Beziehung zwischen »leben« und »Tritt fassen«. Das bedeutet: Wenn das Erste wahr ist, dann beweist das durch das Zweite. Durch den Wandel im Geist wird deutlich, dass ein Mensch im Geist lebt.

Dass wir durch den Geist »leben«, wird hier als feststehende Tatsache hingestellt (siehe Grammatik), d. h. ein Mensch, der durch Glauben das Leben aus Gott empfangen hat, hat es durch den Geist empfangen bzw. er lebt durch den Geist. Damit sagt er auf andere Weise, was in 2,20 steht: »Christus lebt in mir.« Dies muss dann aber in der Folgezeit wahrgemacht werden. Das ist ein Grundsatz, dem wir bei Paulus auf Schritt und Tritt begegnen: Mache wahr, was du bist oder sogar: sei, was du bist! Viele Christen haben das eine oder das andere vernachlässigt: Sie heben die Sicherheit der Stellung als Christen hervor – als müsste sich diese nicht beweisen durch die christliche Praxis (vergleiche Jak 2,14-26) – oder sie betonen die christliche Praxis und weil die oft so miserabel aussieht, ziehen sie die christliche Stellung in Zweifel. Paulus verfällt nicht in diese Extreme.

Aus Vers 24 ergibt sich: Wenn wir das Fleisch im Glauben gekreuzigt haben, müssen wir alle Auswirkungen des Fleisches, die seit unserer Bekehrung aufgetreten sind, in denselben Kreuzestod Christi geben. Auf die gleiche Weise sagt Paulus jetzt: Wenn wir mit Christus gestorben sind, also nicht mehr das Leben des alten Menschen führen, sondern das des neuen in der Kraft des Heiligen Geistes, dann sollten wir auch dementsprechend »Schritt halten«. Wenn der Geist die Quelle des neuen, von Gott erhaltenen Lebens ist, dann sollte es auch von nun an die Quelle unserer Taten sein. Mit anderen Worten: Lasst uns nicht mehr die Werke des Fleisches ausführen, sondern die Frucht des Geistes hervorbringen![10]

5,26 Wie aktuell diese Ermahnungen des Paulus sind, wird noch einmal an diesem Vers deutlich, der direkt an Vers 15 anschließt: »Wenn ihr aber einander beißt und fresst, passt auf, [dass] ihr nicht von einander verschlungen werdet.« Durch den Geist wandeln, bedeutet, die Frucht des Geistes hervorbringen; aber durch das Fleisch wandeln, bedeutet, die Werke des Fleisches tun. Zu diesen Werken gehört u.a. die Abgunst (oder Neid), ein Wort, das wir hier in dem Verb »beneiden« wiederfinden. Auch das Streben nach eitler Ehre[11] und das »einander reizen« (oder: herausfordern, aufhetzen) sind Werke des Fleisches, die offensichtlich bei den Galatern vorkamen.

Man kann hier »Lasst uns … sein« auch mit »Lasst uns … werden« übersetzen; wenn Paulus Letzteres meint, drückt er sich milder als im ersten Fall aus. Er beschuldigt die Galater dann nicht, sondern macht sie nur auf eine drohende Gefahr in ihrer Mitte aufmerksam.

Es ist nicht unmöglich, aber auch nicht sicher, dass Paulus mit den zwei Verben »reizen« und »beneiden« zwei Parteien unter den Galatern im Sinn hat, nämlich die »Liberalen«, die die christliche Freiheit fleischlich auffassten (Vers 13) und Judaisten, die die christliche Freiheit in ihre Gesetzlichkeit einsperren wollten (vergleiche Vers 1). Man kann sich vorstellen, dass die liberalen ihre gesetzlichen Brüder mit ihren fleischlichen Taten sogenannter Freiheit »reizten« (herausforderten, aufhetzten). Ebenso gut kann man sich vorstellen, dass die Judaisten ihre »liberalen« Brüder zwar öffentlich verurteilten, sie in ihrem Herzen aber »beneideten«, weil ihr Fleisch sich gern dieselben Freiheiten erlaubt hätte.

Man kann aber auch beide Verben auf alle galatischen Christen anwenden. In jedem Fall standen beide Parteien in der Gefahr »eitler Ehre«: Die »Liberalen« rühmten sich ihrer Freiheitsidee und die Judaisten ihrer fleischlichen Gesetzlichkeit. Es sind oft die gleichen Menschen, die sich einerseits dessen rühmen, was sie haben – oder zu haben meinen – und damit andere reizen, die andererseits andere um das beneiden, was die haben und was ihnen selbst fehlt. Für beide Parteien hat Paulus die gleiche Lösung: Den Werken des Fleisches – ob liberal oder gesetzlich, ist einerlei – stellt er den Wandel durch den Geist gegenüber (Vers 25).[12]

Einige erblicken aber in diesem Vers eher die Einleitung zu dem Folgenden (6,1-10) als den Abschluss des Vorhergehenden. Wir können sagen: Dies ist wie 5,1 ein Übergangsvers. Die »Wir«-Form unseres Verses passt allerdings besser zu Vers 25 als zu dem »ihr« in 6,1, während die Einleitung »Brüder« in 6,1 ebenfalls einen Neubeginn suggeriert.

Anmerkungen

1) Wer etwas von Zahlensymbolik hält, kann Parallelen zu der neunfältigen Frucht des Geistes in Vers 22 finden. Zu 3 x 3 passt einerseits die Zahl 15 = 3 x 5 (wobei man allerdings fragen muss, was 3 und 5 mit dem Geist bzw. mit dem Fleisch zu tun haben), andererseits besteht die Zahl 16 aus 4 x 4 (sowohl 9 als 16 sind Quadrate). Die »Schönheit« der zwei Quadrate mag einen Abschreiber bewogen haben, eine sechzehnte Untugend eingefügt zu haben.

2) Siehe 3,29; 4,1.7; Mt 5,5; 19,29; 25,34; Mk 10,17; Lk 10,25; 18,18; Apg 20,32; 26,18; Röm 3,13f; 8,17; 1Kor 6,9f; 15,50; Eph 1,11.14.18; 3,6; 5,5; Kol 1,12; 3,24; Tit 3,7; Hebr 1,14; 6,12.17; 9,15; 11,7.9; Jak 2,5; 1Petr 1,4; 3,7; 5,3; Offb 21,7.

3) Stimmt es, dass das Reich (Gottes) bei Paulus kein »vorherrschender Begriff« ist (Boice, Cole)? Er verwendet diesen Begriff nicht nur häufig in seinen Briefen (Röm 14,17; 1Kor 4,20; 6,9; 15,24.50; Kol 1,13; 4,11; 1Thes 2,12; 2Thes 1,5; 2Tim 4,1; 2Tim 4,18), sondern er spricht auch selbst darüber: »… ihr alle, unter welchen ich, das Reich [Gottes] predigend, umhergegangen bin …« (Apg 20,25) und er und Barnabas »ermahnten [die Gläubigen] … dass wir durch viele Trübsale in das Reich Gottes eingehen müssen« (14,22). In Ephesus sprach er »freimütig drei Monate lang, indem er sich unterredete und sie von den Dingen des Reiches Gottes überzeugte« (19,8), während er in Rom »das Reich Gottes bezeugte« (28,23). Das Reich, das Gott Christus anvertraut hat, impliziert dessen Herrschaft über alle Menschen und alle Dinge und dass die Gläubigen sich dieser »Herr«schaft (seiner Autorität als Herr) freiwillig

unterwerfen. Bedeutet das nicht, dass überall, wo Paulus diese Autorität des Herrn über uns zur Sprache bringt oder Jesus selbst als Herrn beschreibt, er im Grunde auch vom Reich Gottes spricht? Vergleiche Röm 14,6-9 mit Vers 17f oder 1Kor 4,4f mit Vers 20 oder Kol 1,10 mit Vers 13 usw.

4) Die Einteilung der neun Tugenden in drei Dreiergruppen muss nicht als zu bindend betrachtet werden; eine strikte Einteilung scheint nicht möglich zu sein. Die drei Gruppen überschneiden sich; sowohl Liebe als Sanftmut haben mit unserer Beziehung zum Mitmenschen zu tun. Allerdings ist die erste Gruppe am einfachsten von den anderen zu unterscheiden. Die bekannte Einteilung in Beziehung zu Gott (1-3), zu dem Mitmenschen (4-6) und zu sich selbst (7-9) ist unhaltbar, weil die Liebe und selbst die Selbstbeherrschung nicht von der Beziehung zum Mitmenschen zu trennen sind. Rendall meint, *alle* neun Eigenschaften deuteten auf die Beziehung zum Mitmenschen hin. Hendriksen sieht in den ersten drei fundamentale moralische Eigenschaften, in den zweiten drei die Beziehung zum Nächsten und in den letzten drei die Beziehung sowohl zu Gott als auch zum Nächsten als auch zu sich selbst.

5) Gr. *chrèstos* = gut, milde, wohlwollend. Einige antike Schreiber reden von Christus (»Gesalbter«) als von Chrestos (»der Gute«). So sagt Sueton: »Weil die Juden dauernd auf Anstiften von Chrestus Aufruhr anzettelten, hat er sie aus Rom vertrieben« (*Leben des Claudius* 25.4). Auch die Einwohner von Antiochia verdarben den Namen Christus in Chrestus; denn so lesen manche Handschriften in Apg 11,26 nicht *christianoi* (»Christen«), sondern *chrestianoi*. Vielleicht beabsichtigten sie durch ein Wortspiel die Anhänger dieser neuen Sekte nicht nur als »Nachfolger des Christus« zu kennzeichnen, sondern ihnen auch anzuhängen, dass sie sich – nach Ansicht der Antiochier – für »etwas Besseres« hielten.

6) In vielen Versionen werden die letzten beiden Tugenden dem Vers 23 zugerechnet.

7) Wenn das Wort hier vor allem die Kontrolle über die sexuellen Triebe meint, so würde diese Tugend ein Gegengewicht zu der Hurerei, Unreinheit und Zügellosigkeit von Vers 19 bilden.

8) Man achte auf das Fehlen des Artikels; es scheint also nicht allein um das Gesetz Moses zu gehen; denn kein Gesetz wendet sich gegen so etwas wie die Frucht des Geistes. Doch dürfte Paulus im Rahmen des Galaterbriefes vor allem an das Gesetz vom Sinai denken; man kann dann übersetzen: »Gegen solche Dinge ist [das] Gesetz nicht.«

9) Nach Ridderbos sind die Leidenschaften das, was im Menschen wirksam ist, während die Begierden dasjenige sind, worin sich die Leidenschaften offenbaren. Nach Fung dagegen bilden die Begierden eine innerlich treibende Kraft, während die Leidenschaften mehr die Emotionen sind, die

dadurch in unserem Betragen sichtbar werden. Vielleicht sind die beiden Worte hier mehr oder weniger Synonyme. Man könnte sie als ein sog. Hendiadyoin übersetzen: »leidenschaftliche Begierden« (vergleiche Cole).

10) Hier steht nicht wie in Vers 16 das Wort *peripateoo,* obwohl es in der Elberfelder Übersetzung und in der Lutherübersetzung hier wie dort mit »wandeln« übersetzt ist, sondern *stoicheoo,* wie in 6,16 (vergleiche Röm 4,12; Phil 3,16). Das erste heißt einfach »umhergehen«; aber *stoicheoo* ist verwandt mit *stoicheia* in 4,3.9 und bedeutet so viel wie »in einer Reihe laufen«, »Tritt fassen«; es bedeutet vielleicht: »mit dem Geist Schritt halten«; (vergleiche NIV: »keep in the step with the Spirit«; vergleiche Elberfelder Übersetzung Phil 3,16: »in denselben Fußstapfen wandeln«, wörtlich: »in denselben *stoichein*«). Der Unterschied zwischen den beiden Verben und der Unterschied zu »geleitet werden« (Vers 18) ist aber nicht groß.

11) »Streber nach eitler Ehre« ist im Gr. ein Wort: *kenodoxos* (*kenos* = leer, *doxa* = Ehre), verwandt mit *kenodoxia,* »eitler Ruhm«, in Phil 2,3. Es geht darum, dass man sich einer Sache rühmt, die, selbst wenn der Rühmende sie tatsächlich besitzt – was durchaus nicht der Fall zu sein braucht –, keinerlei Wert hat. In gewöhnlichem Deutsch würde man von einem »Prahlhans« sprechen.

12) Die zwei hier angedeuteten Parteien entsprechen in gewisser Weise den »Starken« und den »Schwachen« aus Röm 14 (Fung), nur müssen wir dabei bedenken, dass sich Paulus zu den »Starken« rechnet und gleichzeitig darauf dringt, die »Schwachen« anzunehmen. Die »Liberalen« im Galaterbrief aber sind nicht geistlich – und darum nicht wirklich »stark« –, sondern fleischlich und die Judaisten sind nicht »schwach«, sondern Verführer. Darum verurteilt Paulus hier beide Parteien, während er im Römerbrief beide annimmt.

2.3.5 Einander die Lasten tragen (6,1-5)

Übersetzung

1 Brüder, selbst wenn ein Mensch von irgendeinem Fehltritt
  überfallen wird,
  bringt *ihr*, die Geistlichen, einen solchen zurecht im Geiste [der]
  Sanftmut,
  auf dich selbst sehend, damit auch du nicht versucht wirst.
2 Traget einander die Lasten
  und so werdet ihr das Gesetz Christi erfüllen.
3 Denn wenn jemand meint, etwas zu sein – nichts seiend –,
  täuscht er sich selbst.
4 Ein jeder aber prüfe sein eigenes Werk
  und dann wird er für sich selbst allein den Ruhm haben
  und nicht im Bezug auf einen anderen;
5 denn ein jeder wird seine eigene Bürde tragen.

Übersetzungsvarianten

1 *zurechtbringen:* eig. so viel wie *in Ordnung bringen.*
1 *auf … siehst:* oder *achtgebend [auf].*

Textvarianten

2 {C} *so werdet ihr (…) erfüllen:* wichtige Textzeugen lesen *so erfüllt …*
  (siehe Elberfelder Übersetzung).

Grammatik

1 *selbst wenn* (gr. *ean kai*): wörtl.: *wenn auch*, aber das *kai* zeigt eine

Bedingung an: *auch wenn, selbst im Falle dass* (eine Möglichkeit wird eingeräumt).

4.5.8 *sein eigenes Werk (…) seine eigene Bürde (…) sein eigenes Fleisch* (gr.: *to ergon heautou … to idion phortion … eis tè sarka heautou*). *Eigen* wird in den Versen 4 und 8 durch *heautou*, d. h. *von ihm selbst* ausgedrückt, in Vers 5 durch *idion*, d. h. *eigen*.

5 *wird … tragen:* Futur, das hier eine Sicherheit ausdrückt; beinahe so viel wie: *muss tragen.*

Auslegung

Hier beginnt ein neues Kapitel; aber Paulus setzt seine in 5,1 begonnene glaubenspraktische Argumentation noch weiter fort. Sowohl gegenüber Judaisten als auch »Liberalen« ist es wichtig, das wahre Christentum darzustellen. Nachdem Paulus einige Grundprinzipien des Wandels durch den Geist dargelegt hatte, folgen jetzt einige spezifische Ermahnungen, die vielleicht mit den Worten aus 6,2 zusammengefasst werden können: »Tragt einander die Lasten.« Die Frucht des Geistes ist nichts Nebelhaftes, nichts Mystisches, sondern sehr handfest und praktisch. Es geht um so alltägliche Dinge wie den Umgang mit gestrauchelten Mitgläubigen (Vers 1), um den Einsatz füreinander (Vers 2) und um Selbstkritik (Vers 3-5).

6,1 In diesem Vers ist von »den Geistlichen« die Rede (s. u.). Der »geistliche« Mensch ist der Mensch, der durch den Geist geleitet wird oder »mit dem Geist Tritt fasst« (5,16.25). Dass er geistlich ist, beweist er durch *Vermeidung* der Werke des Fleisches wie Streit, Neid, Wut, Parteigeist, Zwietracht, Abgunst und dergleichen, indem er die Frucht des Geistes *zeigt* wie Liebe, Langmut, Freundlichkeit, Gütigkeit, Sanftmut, Selbstbeherrschung und dergleichen (5,20-22). In unserem Vers wird das nun auf den besonderen Fall angewendet, dass ein Mitmensch »von einem Fehltritt überfallen wird«, worin der auch immer liegen mag. Bei diesem Mitmenschen muss es sich um einen gefallenen Bruder oder um eine Schwester handeln. Gerade hier spricht Paulus die galatischen Christen wieder als »Brüder« an (vergleiche 1,11; 3,15; 4,12.28.31; 5,11.13; 6,18), vielleicht um sie an ihre geistlichen Familienbande zu erinnern (siehe 1,2), auch im Bezug auf gefallene Geschwister.

Paulus spricht hier nur von dem gefallenen Mitgläubigen, der durch einen Fehltritt »überfallen« wurde. Es geht hier also nicht um den (wahren oder falschen) Christen, der bewusst in der Sünde lebt, also eine anhaltende sündige Lebensweise zeigt; für einen solchen gibt es, wenn er auf frischer Tat ertappt wird, nur Gemeindezucht (vergleiche Mt 18,17; Röm 16,17; 1Kor 5,11.13; 2Thes 3,14; Tit 3,10f). Nein, hier geht es um den Christen, der durch Unachtsamkeit in Sünde gefallen ist. Einige vermuten, dass Paulus hier besonders an die Judaisten und an die zum Judaismus neigenden Geschwister denkt; doch ist diese Einschränkung im Widerspruch zu dem Wort »irgendeinen«; es geht um die Arbeit des »Zurückbringens«, einerlei, worin der Fehltritt besteht.

Wir sprachen über ein »Fallen in Sünde«; aber Paulus braucht eigentlich einen stärkeren Ausdruck. »Überfallen« ist stärker als »gefallen«; er weist hin auf die Macht der Sünde, die auf der Lauer liegt, um zuzuschlagen (vergleiche 1Mo 4,7), ehe der Gläubige sich recht versieht.[1] Ein Gläubiger, der einem Überraschungsangriff der Sünde erlag, ist darüber gewöhnlich entsetzt und verdient unser Mitleid und unsere Hilfe. Es geht nicht darum, die *Sünde* zu verharmlosen – die muss ja gerade bereut und bekannt werden –, sondern darum, den *Sünder* zurecht zu bringen.

Das Wort, das Paulus hier für »Fehltritt« benutzt, gr. *paraptooma*, bedeutet so viel wie »Fall«, »Straucheln«.[2] Das Wort passt gut in die Terminologie von 5,16 (»wandeln«) und 5,25 (»Tritt fassen«, »Spur halten«). Ein »Fehltritt« ist dann ein Abweichen von der richtigen Spur. Der Gläubige, der durch den Geist lebt, aber den Werken des Fleisches nachgibt und daher nicht mehr mit dem Geist Schritt hält, kommt von der guten Spur ab; er liegt am Wegesrand. Das bedeutet konkret: Bei einem solchen Christen hat sich ein Werk des Fleisches (oder auch mehrere) offenbart (5,20f). Um in der Bildsprache zu bleiben: Er ist durch Räuber überfallen worden und liegt beraubt und zerschlagen neben dem richtigen Weg (vergleiche Lk 10,30). Natürlich liegt das nicht außerhalb seiner Verantwortlichkeit; wäre er wachsamer gewesen, hätte ihn die Sünde nicht überfallen können. Aber leider geschehen solche Dinge doch, wenn ein Gläubiger einen Augenblick lang nicht wachsam ist. Das ist vielleicht mit den Worten gemeint: »selbst wenn«. Auch wenn es für einen Christen *normal* ist, dass er durch den Geist wandelt, kommen Fehltritte vor (vergleiche Jak 3,2: »wir alle straucheln oft«). Aber »selbst wenn« es geschehen ist, muss der Übertreter wiederhergestellt werden. So beschreibt auch Johannes das Normale und den Ausnahmefall: »… ich schreibe euch dieses, auf dass ihr nicht sündigt; und wenn jemand gesündigt hat …« (1Joh 2,1).

Eine Sache ist es, dass der Gläubige sehr darauf achtet, nicht in die Werke des Fleisches zu fallen, sondern mit dem Geist Schritt zu halten. Und es ist eine ganz andere Sache, wie wir mit Geschwistern umgehen sollen, die sehr wohl aus der Spur geraten sind. Wer selbst geistlich ist, d. h. durch den Geist geleitet wird, bleibt nicht nur selbst in der Spur, sondern weiß auch, wie er den abgewichenen Mitgläubigen wieder auf die rechte Bahn bringt. Umgekehrt: Wenn jemand fleischlich ist, so kann das an seinen fleischlichen Werken zu sehen sein, es kann aber auch an dem fleischlichen Verhalten zu erkennen sein, das er dem gefallenen Bruder gegenüber an den Tag legt.

Wie gesagt, scheint das »selbst wenn« anzuzeigen, dass Fehltritte nicht zur »normalen« christlichen Praxis gehören, d. h. sie entsprechen nicht der Norm (wenn ihr Auftreten auch leider sehr »normal« ist, im Sinne von häufigem Vorkommen). Die »normalen« Christen sind die geistlichen Christen, in denen der Geist regiert; aber leider gibt es auch fleischliche Christen, in denen das Fleisch die Vorherrschaft hat (Röm 7,14; 1Kor 2,13-15; 3,1.3; 14,37; vergleiche 2Kor 1,12; 10,4; 1Petr 2,11; 2Petr 2,18). Einem Gläubigen, der von einem Fehltritt überfallen wurde, kann von einem fleischlichen Mitgläubigen nicht richtig geholfen werden; denn dieser wird ihn entweder wegen seiner Sünde verhöhnen, Schadenfreude empfinden und ihn kränken (vielleicht hinter scheinbarer eigener Heiligkeit versteckt) oder er wird die Sünde des gefallenen Bruders oder der Schwester verniedlichen (vielleicht unter dem Schein von Bruderliebe). In beiden Fällen versperrt ein solcher den Weg zur Wiederherstellung. Wenn Paulus die Galater mit »ihr, die Geistlichen« anredet, so braucht das weder Ironie noch Schmeichelei zu sein, wie manchmal unterstellt wird, nein, er schließt sich einfach der »Selbstverständlichkeit« von 5,16.18.25 an: Der »normale« Christ ist ein geistlicher Christ. Möchte man (begreiflicherweise) davon ausgehen, dass bestimmt nicht alle Galater geistlich waren – wozu hätte Paulus dann den Galaterbrief geschrieben!? – dann kann man den Ausdruck ruhig in diesem Sinn lesen: »Ihr, sofern ihr geistlich seid …«.

Das »Zurechtbringen« (gr. *katartizoo*) bedeutet so viel wie »in Ordnung bringen«, »in den alten Zustand zurückversetzen, instandsetzen«; die griechischen Ärzte brauchten dies Wort, um das Richten eines Knochens zu benennen (siehe Elberfelder Übersetzung, Fußnote zu 1Kor 1,10). Auch hier denken wir unwillkürlich wieder an das Bild von der richtigen Spur und dass man vom Weg abkommen kann. »Zurecht-bringen« ist dann das »Wieder-auf-die-Bahn-Bringen« oder, moderner ausgedrückt: Man stellt den Wagen wieder auf die Gleise. Es wird hier nicht näher beschrieben, *wie* das zu geschehen hat; dafür hatte der Herr schon in Mt 18,15-17 wichtige Belehrungen erteilt: »Wenn aber dein Bruder wider dich sündigt, so gehe hin, überführe ihn zwischen dir und ihm allein. Wenn er auf dich hört, so hast du deinen Bruder gewonnen. Wenn er aber nicht hört, so nimm noch einen oder zwei mit dir, damit aus zweier oder dreier Zeugen Mund jede Sache bestätigt werde. Wenn er aber nicht auf sie hören wird, so sage es der Versammlung; wenn er aber auch auf die Versammlung nicht hören wird, so sei er dir wie der Heide und der Zöllner.« Hier wird tatsächlich auch das Misslingen der Bemühungen angesprochen, worauf dann Gemeindezucht zu folgen hat. Aber das Ziel der Anstrengungen wird doch sehr deutlich: »… wenn er auf dich hört, hast du deinen Bruder gewonnen«, d. h. wenn er seine Sünde einsieht, bereut und bekennt, ist der Bruder wiederhergestellt (vergleiche Jak 5,19f: »Meine Brüder, wenn jemand unter euch von der Wahrheit abirrt und es führt ihn jemand zurück, so wisse er, dass der, welcher einen Sünder von der Verirrung seines Weges zurückführt, eine Seele vom Tode erretten und eine Menge von Sünden bedecken wird«).

Wie gesagt: Nicht jeder Christ kann einen Mitchristen wieder zurechtbringen. Es werden drei Bedingungen genannt, wobei gesagt werden muss, dass die erste ganz von selbst die beiden anderen einschließt: (a) geistlich sein, (b) einen »Geist der Sanftmut« haben, (c) »auf sich selbst sehen (oder: auf sich aufpassen), damit man nicht selbst versucht wird«. Dass Sanftmut zur geistlichen Gesinnung gehört, versteht sich von selbst: geistlich sein heißt, mit dem Geist Schritt halten und Sanftmut ist eine Frucht des Geistes (5,22). Der echt Gesetzliche ist niemals sanftmütig, sondern erbarmungslos und hartherzig (vergleiche 5,15.20f.26). Wir haben aber auch gesehen, dass Sanftmut nicht Weichheit und Kraftlosigkeit bedeutet, sondern gerade Freundlichkeit, gepaart mit innerer Stärke. Ein wirklich geistliches »Zurechtbringen« erfordert stets genauso viel Zartheit gegenüber dem Übertreter wie Entschiedenheit gegenüber der Übertretung. Ein »Geist« der Sanftmut äußert sich in einer freundlichen, einfühlsamen und behutsamen »Haltung«.

Bemerkenswert ist, dass Paulus bei der letzten Voraussetzung zur Einzahl übergeht (in 4,6f fanden wir das gleiche). Dadurch wird die Ermahnung plötzlich ganz persönlich. Jeder Gläubige muss sich die Frage stellen, ob er zu »den Geistlichen« gehört, also zu denen, die andere von ihren Fehltritten zurechtbringen können, ohne selbst in Fehltritte zu verfallen. Vielleicht meint Paulus damit ausdrücklich, dass die Beschäftigung mit anderer Leute Sünden auch bei uns die Versuchung zur Sünde weckt, d. h. die Verführungskraft, die die Sünde auf den Übertreter ausgeübt hat – einerlei um welche Sünde es sich handelt –, kann auch den Seelsorger umgarnen. Der Seelsorger ist nicht besser als der Übertreter, wenn dieser einen Fehltritt begangen hat, warum sollte der Seelsorger dagegen gefeit sein (1Kor 10,12f)? Der Übertreter ist tatsächlich durch den Fehltritt *überfallen* worden; aber der Seelsorger kann *versucht* werden, wenn er sich bewusst mit dem Übertreter und damit auch mit dessen Fehltritt beschäftigt. Das erfordert besondere geistliche Wachsamkeit.

6,2 Es ist sehr gut möglich, dass der Auftrag »Traget einander die Lasten« noch mit dem vorigen Vers zusammenhängt. Das Niedergedrücktsein durch den Fehltritt ist dann eine »Last«, die der geistliche, sanftmütige Mitgläubige dem Übertreter tragen hilft, indem er ihn auf den Weg der Einsicht, der Reue und des Bekenntnisses führt, damit die Gemeinschaft mit Gott und den Mitgläubigen wiederhergestellt wird. Doch liegt es vielleicht näher, in unserem Vers einen allgemeineren Auftrag zu erkennen. Es gibt viele verschiedene »Lasten«, die von Gläubigen getragen werden müssen. Übrigens umschließt auch das Erfüllen des Gesetzes Christi weit mehr, als die Lasten von Vers 1 zu tragen. Wir können hier vielleicht an Röm 15,1 denken – »Wir aber, die Starken, sind schuldig, die Schwachheiten der Schwachen zu tragen und nicht uns selbst zu gefallen« – obwohl es dort im Kontext auch wieder um ganz bestimmte Schwachheiten geht.

Jede Mühe, jedes Leiden, jeder Mahlsand des Zweifels, in dem einer gefangen sitzt, jede Versuchung, jede Mutlosigkeit (wegen Sünden oder Widerwärtigkeiten), jeder Konflikt, jede Angst, jede Frustration bildet eine solche »Last«. Es ist nicht unsere Aufgabe, Mitgläubigen solche Lasten aufzuerlegen und ihnen das Leben schwer zu machen (vergleiche Lk 11,46), sondern uns vielmehr mit ihnen in solchen Beschwernissen und Belastungen einzumachen (vergleiche Mt 11,28), sie zu trösten und zu ermutigen, sie den Zweifeln zu entreißen, sie aus der Versuchung zu führen, ihnen zu helfen, Lösungen für ihre Konflikte zu finden oder sie zu lehren, damit leben zu können und mit ihren Ängsten und Frustrationen umzugehen. Die Kraft einer christlichen Gemeinschaft zeigt sich unter anderem darin, in welchem Maße die Glieder fähig sind, einander die Mühsal abzufühlen und tragen zu helfen.[3]

Paulus sagt eigentlich: »Gegenseitig die Lasten tragt«; indem er »die Lasten« voranstellt, erhalten sie einen besonderen Nachdruck. Der Apostel lenkt die Aufmerksamkeit auf die Tatsache, dass es in der Gemeinde solche Belastungen gibt und dass wir Augen und Herzen dafür offen halten müssen. In Mt 11,28 ist es Christus selbst, der die Lasten anderer auf sich nimmt; in Ps 37,5 und 55,23 (vergleiche 1Petr 5,7) ist es Gott, auf den wir unsere Lasten »wälzen« oder »werfen« dürfen; und in dem Gläubigen ist es die Frucht des Geistes, Acht auf den anderen zu haben, um ihm die Lasten abzunehmen. Hier steht besonders das erste Element der Frucht im Vordergrund: die Liebe; denn die Liebe ist die Erfüllung des Gesetzes (5,13f; Röm 13,8; Jak 2,8).

Es ist bemerkenswert, dass Paulus hier über »das Gesetz Christi« spricht. Erstens deutet er damit an, dass der Gläubige der Autorität Christi unterworfen ist; vergleiche 1Kor 9,21: »... wiewohl ich selbst nicht ohne Gesetz (ein Wort: *anomos)* vor Gott bin, sondern Christus gesetzesmäßig unterworfen (ein Wort: *ennomos*)«. Zweitens ist es Christus, der das Gesetz »erfüllt« (zur Vollendung gebracht) hat; siehe Mt 5,17: »Wähnet nicht, dass ich gekommen sei, das Gesetz und die Propheten aufzulösen; ich bin nicht gekommen, aufzulösen, sondern zu erfüllen.« Drittens ist es Christus, der die wahre Tiefe der Torah ans Licht gebracht hat, sowohl in der Bergpredigt (Mt 5,21-48) als auch in Seinem neuen Liebesgebot in Joh 13,34: »Ein neues Gebot gebe ich euch, dass ihr einander liebet, auf dass, wie ich euch geliebt habe, auch *ihr* einander liebet« (siehe auch Joh 15,12.17; 1Joh 3,23). Viertens ist Christus selbst der Inhalt der Torah; das Gesetz ins Herz schreiben (Jer 31,33), heißt Christus ins Herz schreiben (2Kor 3,2f).

Derselbe Paulus, der sich so hartnäckig gegen solche gewehrt hat, die sich aufs Neue unter die Ordnung des Gesetzes stellen wollen, erklärt jetzt, dass derjenige, der die Frucht des Geistes hervorbringt, damit das Gesetz Christi (vergleiche 5,13f.22f; Röm 8,4), ja Christus selbst darstellt (vergleiche 3,27; Röm 13,14; Kol 3,9-11). Der Gläubige ist nicht (mehr) unter dem Gesetz des Sinai als *Weg zum Heil,* sondern er ist unter dem Gesetz Christi als *Frucht des Heils.* Damit sagt Paulus: Wenn ihr denn beschließt, euch unter ein Gesetz zu stellen, dann doch unter das Gesetz Christi. Wenn ihr denn beschließt, Lasten aufzuerlegen (vergleiche Lk 11,46), dann legt *euch selbst* die Lasten *anderer* auf. Siehe ferner Anhang 4, wo ausführlich über dies Thema gesprochen wird.

6,3 Das »Denn«, mit dem unser Vers beginnt, liefert weitere Gründe für Vers 2, vielleicht auch für Vers 1: Einer geistlichen Gesinnung der Sanftmut, des Mitgefühls, der Wärme und der Demut stehen geistlicher Hochmut und Aufgeblasenheit gegenüber. Menschen, die davon befallen sind, fühlen sich augenscheinlich zu erhaben über ihre gefallenen und belasteten Mitgläubigen, um ihnen helfen zu können und zu wollen. Sie meinen »etwas zu sein«, wo sie doch »nichts« sind (»meinen« kontrastiert hier mit »sein«, »etwas« mit »nichts«). In 2,6 finden wir denselben Ausdruck, nur sind es da andere, die meinen, jemand sei etwas, während hier der »Jemand« von sich selbst meint, etwas zu sein. Auch darum ist er gerade »nichts«. Paulus will nicht damit sagen, alle Gläubigen seien »nichts« – obwohl sie das außerhalb der Gnade tatsächlich sind (vergleiche 1Kor 4,7; 15,10) –, sondern dass solche, die meinen, etwas Besonderes zu sein, gerade deshalb ganz und gar nichts Besonderes sind. »Nichts sein« bedeutet hier also so viel wie: nicht das sein, was man zu sein meint, sondern noch weniger als das; denn durch die Aufgeblasenheit ist man noch weit weniger zu der geistlichen Aufgabe von Vers 1f befähigt.

Ein solcher »täuscht« sich selbst. Das gr. Wort *phrenapataoo* ist stärker als das gewöhnliche *apataoo* und bedeutet eigentlich »das Denken betrügen«. Jemand, der sich selbst täuscht, hat völlig falsche und unbegründete Ansichten und Gedanken über sich. Er bildet sich ein, etwas zu sein, was er nicht ist und ist dadurch noch weniger wert als sonst. Er ist nicht in der Lage, gefallene Mitgläubige zurechtzubringen oder die Lasten von Mitgläubigen zu tragen. Würde er ein wenig geringer von sich denken (vergleiche Vers 1: »… indem du auf dich selbst siehst«), so könnte er seinem Mitgläubigen eher helfen (vergleiche Röm 12,3). Wenn sie nur zur Einsicht kämen, aus sich selbst »nichts« zu sein, könnten sie durch die Kraft des Geistes »etwas« werden, nämlich brauchbar für den Herrn.

6,4 Vers 1 und 2 reden von geistlichen, Vers 3 spricht von fleischlichen Christen. Wie kann man wissen, wozu man gehört? Dieser Vers gibt die Antwort: indem man sein eigenes Werk prüft. Die Bedeutung des Verbs ist »auf die Probe stellen«, »testen«, so wie man die Qualität des Edelmetalls im Feuer erprobt oder wie man ein Werkzeug durch den Gebrauch prüft. An anderer Stelle lesen wir, dass Gott uns »prüft«, sei es in der gegenwärtigen Zeit, etwa durch Versuchungen (1Petr 1,7) oder bald vor dem Richterstuhl (1Kor 3,13). Dieser letzte Vers sagt: »... welcherlei das Werk eines jeden ist, wird das Feuer bewähren«. Aber dann folgt gleichzeitig die Endabrechnung. In unserem Vers geht es aber darum, dass jeder jetzt schon sein eigenes Werk prüft, damit er noch Gelegenheit hat, sein Werk zu verbessern, bevor er vor dem Richterstuhl erscheinen muss. An anderer Stelle (1Kor 11,27f) gibt Paulus diesen Auftrag mehr im Hinblick auf unsere Gesinnung, hier mehr im Blick auf unsere Taten. Der Nachdruck liegt auf »Werk«, weil dies vorangestellt ist. Wörtlich heißt es: »Aber das Werk seiner selbst prüfe [ein] jeglicher.«

Das Wort »Werk« bedeutet nicht, dass Paulus ein bestimmtes Werk vor Augen hätte, sondern beschreibt die Gesamtheit aller Taten und Verhaltensweisen eines Menschen im weitesten Sinne (vergleiche Röm 2,7; 1Kor 3,13-15; 2Kor 9,8; Kol 1,10; 3,17; 1Thes 1,3; 2Thes 1,11; 2,17 usw.). Wir erwarten vielleicht, Paulus würde sagen, dass, wenn jemand sein eigenes Werk prüft, er sich darin nicht zu rühmen hätte (vergleiche Röm 11,18; 1Kor 1,29.31; 4,7; 5,6; Eph 2,9). Aber das meint er nicht. Es geht ihm darum, dass, wenn ein Mensch schon ein wenig Anlass zum Ruhm in seinem eigenen Werk findet – und warum sollte das unmöglich sein, solange es auf geistliche Weise geschieht (Röm 15,17; 1Kor 9,15; 15,31; 2Kor 1,12.14; 7,4; 11,30; Phil 2,16; 1Thes 2,19)? –, er diesen Ruhm für sich allein haben wird und nicht für andere. Mit anderen Worten: Jeder ist verantwortlich für sein eigenes Werk und nicht für das von anderen. Vielleicht fühlt einer sich erhaben über den Mitgläubigen, der von einem Fehltritt überfallen wurde. Vielleicht hält er sich für zu gut, um die Lasten anderer zu tragen. Ein solcher sollte wohl bedenken, dass er für die Fehltritte der anderen keine Verantwortung trägt, wohl aber für das Maß, nach dem er versucht oder unterlassen hat, den Übertreter zurechtzubringen. Er ist nicht für die Lasten anderer verantwortlich, wohl aber für das Maß seiner Bemühungen, diese Lasten tragen zu helfen. Das ist *sein eigenes* Werk; dazu kommen noch viele andere Verantwortlichkeiten, für die er einmal Rechenschaft ablegen muss.

Um das richtig zu verstehen, ist Vers 3 sehr wichtig. Jemand kann meinen, etwas zu sein, natürlich: etwas mehr zu sein als die Personen, von denen Vers 1 spricht. Aber hat er recht? Sind wir, wenn wir bei uns anfangen, nicht alle miteinander »nichts«, abgesehen von dem, was wir durch Gottes Gnade sein dürfen? Und weiter: Lass ihn doch sein eigenes Werk betrachten! Vielleicht vergleicht er sein Werk mit dem Fehltritt des Übertreters und meint, gut dabei abzuschneiden. Vielleicht meint er, damit im Vergleich zu dem anderen »Ruhm« zu haben; denn unbewusst vergleicht man sich nur da, wo man besser zu sein meint. Doch vor dem Richterstuhl Gottes wird es nicht um die Frage gehen, ob wir es *besser*, sondern ob wir es *gut* gemacht haben. Es ist typisch für den Judaisten, dass er hier strauchelt: »O Gott, ich danke dir, dass ich nicht bin wie die übrigen der Menschen, Räuber, Ungerechte, Ehebrecher oder auch wie dieser Zöllner« (Lk 18,11). Nein, die Frage wird lauten, welches *eigene* Werk wir vorweisen können – und das wird dann erheblich mehr sein müssen, als der Schein äußerlicher sinaitischer Verpflichtungen (Lk 18,12).

6,5 Natürlich ist es auch denkbar, dass sich ein Gläubiger gerade im umgekehrten Sinn mit anderen vergleicht, nicht wie bei 6,4 ausgeführt, sondern so, dass er stets den Eindruck hat, den Kürzeren zu ziehen. Auch dann hat Vers 4 seine Bedeutung. Jeder Gläubige hat vom Herrn seine Aufgabe empfangen und ist dafür verantwortlich. Es kann sehr in die Irre leiten, wenn wir uns mit Gläubigen vergleichen, die eine völlig andere Berufung empfangen haben und eine ganz andere Aufgabe erledigen müssen. Wichtig ist, sich daran zu erinnern, dass jeder Gläubige seine eigene »Bürde« vom Herrn auferlegt bekommen hat: seine eigene Aufgabe, seine eigene Verpflichtung, seine eigenen Verantwortlichkeiten. Das bedeutet hier z. B. ganz konkret, dass der Judaist sich vor dem Richterstuhl Gottes niemals dessen rühmen können wird, was Paulus durch den Geist unter den Galatern bewirken konnte.

Dieser Vers zieht nun den Schluss, der schon in Vers 4 steckte: »Denn ein jeder wird seine eigene Bürde tragen.« In Vers 2 fanden wir ein ähnliches Wort, das mit »Last« übersetzt wurde;[4] aber schon aus der Übersetzung geht hervor, dass es sich hier um einen gegensätzlichen Gedanken handelt: Vers 2 sagt uns, wir sollten *einander* die Lasten tragen, unser Vers sagt uns, jeder habe seine *eigene* Bürde zu tragen. In Vers 2 geht es um die Mühen und Sorgen des Lebens, die wir miteinander teilen können; in unserem Vers geht es darum, dass jeder seine eigenen Pflichten und seine Verantwortung hat, die er nicht auf andere abwälzen kann. Wenn ein Mensch vor dem Richterstuhl Gottes steht, wird er sich nicht hinter Eltern, Ehepartnern oder Gemeindeältesten verstecken können. Ihm wird das Argument, andere hätten noch viel schlechter abgeschnitten als er selbst, nichts helfen (vergleiche wieder Vers 1). Wenn andere ihre Pflichten nicht oder nicht ausreichend erfüllen, ist das für mich keine Entschuldigung; ich werde meine eigene Bürde tragen müssen.

Anmerkungen

1) Andere fassen das gr. Wort *prolambano* in der passiven Form auf, in dem Sinn von »ertappt werden«, aber diese Bedeutung scheint doch zu wenig dokumentiert zu sein.

2) *Paraptooma* ist von *parapiptoo* abgeleitet, das in Hebr 6,6 mit »abfallen« übersetzt ist und auch wörtlich so viel bedeutet wie »zur Seite fallen«, auch »über etwas hinfallen«.

3) Das Wort »tragen« (gr. *bastazoo*) kommt viermal im Galaterbrief vor. In 5,10 muss der Judaist sein Urteil tragen, in 6,5 muss jeder seine eigene Bürde tragen und in 6,17 trägt Paulus die Malzeichen Jesu. Gewöhnlich steckt in dem Wort die Vorstellung von etwas sehr mühsam zu Tragendem.

4) Das gr. Wort für »Bürde« ist *phortion,* »Fracht« (»Ladung« in Apg 27,10), die »Bürde«, die ein Lastträger oder ein Soldat auf dem Marsch trägt. Es ist ein anderes Wort als das für »Last« (gr. *baros*) in Vers 2, obwohl die Authotized Version, das »New Testament« (J. N. Darby) und die Elberfelder Übersetzung hier dasselbe Wort haben. *Baros* ist also eine abnormale, eine schwere, drückende Last, eine Mühsal, die der eine Gläubige zu tragen hat und der andere nicht oder wenigstens in geringerem Maße, die man aber mit anderen teilen kann. *Phortion* dagegen ist eine normale Aufgabe, die *jeder* Gläubige auferlegt bekommt und die er nicht mit anderen teilen kann (also Mt 11,30: »Bürde«).

2.3.6 Säen und ernten (6,6-10)

Übersetzung

6 Und lasse den [in] dem Wort Unterwiesenen dem Unterweisen-
den in allen guten Dingen mitteilen.
7 Irret euch nicht, Gott lässt sich nicht spotten.
Denn was ein Mensch sät, das wird er auch ernten;
8 denn wer für sein eigenes Fleisch sät, wird aus dem Fleisch
Verderben ernten;
wer aber sät für den Geist,
wird aus dem Geist ewiges Leben ernten.
9 Lasst uns aber das Gute tuend nicht entmutigt werden;
denn zu gelegener Zeit werden wir ernten, nicht ermattend.
10 Lasst uns deshalb, wenn wir Gelegenheit haben,
das Gute wirken gegen alle,
am meisten aber gegen die Hausgenossen des Glaubens.

Übersetzungsvarianten

9 *aber:* oder *daher.*
10 *wenn:* oder *während*; vielleicht *nach Maßgabe* oder *solange* (siehe
Textvariante)

Textvarianten

10 {B} *haben:* die bedeutendsten Textzeugen lesen den Indikativ *echo-*
men (*hoos* bedeutet dann »wann, wenn, während«), einige aber den
Konjunktiv *echoomen* (*hoos* bedeutet dann »demnach, nach Maßgabe, solange wie«).

Grammatik

6 *in [dem] Wort:* eig. Akk., ohne Art., abgeleitet von dem aktiven »das

Wort lehren« und hier unverändert ins Passiv als Akk. resp. übernommen.

6 *in allen guten [Dingen] mitteilen:* (gr. *en pasin agathois*): ohne Art.,
d. h. nicht alle guten [Dinge] aufs Ganze gesehen, sondern in allen
guten [Dingen], die zur Verfügung stehen.

8 *sein eigenes Fleisch:* siehe bei Vers 4.

9 *Lasst uns aber, das Gute tuend, nicht entmutigt werden:* Bei einem
Verb wie *entmutigt werden,* kann das dazugehörende Part. (»tuend«)
im Deutschen als Inf. übersetzt werden: nicht entmutigt werden,
Gutes zu tun.

9 *nicht ermattend* (gr. *mè* + Part. Präs.): gewöhnlich als Bedingung
aufgefasst: *wenn wir nicht ermatten*; es kann aber auch adverbial verstanden werden: *werden wir unermüdlich (arbeitend) ernten* (siehe
Luther).

10 *wenn wir Gelegenheit haben* (gr. *hoos kairon echomen*): *hoos* + Ind.
Präs. = wann, wenn. Müssen wir es konjunktivisch lesen (*echoomen*) (siehe Textvariante), würden wir *hoos an* erwarten; doch kann
in solchen Fällen das *an* wohl auch einmal weggelassen werden.

Auslegung

In diesem Abschnitt finden wir die sechste und letzte Gruppe praktischer Belehrungen im Hinblick auf die typischen Probleme der Galater.
Wie im vorigen Abschnitt kann auch hier ein Wort aus diesen Versen als
Überschrift dienen: »das Gute tuend« (Vers 9) und zwar nach den Grundsätzen des Säens und Erntens (Vers 8). Vers 6 spricht über Gutestun in
finanzieller Hinsicht und einige Ausleger meinen, dass Paulus auch in
den Versen 7-10 vor allem an materielles Gutestun denkt. Jedenfalls ist
der finanzielle Aspekt bei dem Gutestun von Vers 9 und 10 nicht ausgeschlossen. So finden wir: (a) finanzielle Unterstützung derer, die mit
dem Wort dienen (Vers 6), (b) unsere Lebenspraxis (einschließlich des
Umgangs mit dem Geld), um für den Geist und nicht für das Fleisch zu
säen (Vers 8 und 9) und (c) Wohltun (inklusive finanzieller Unterstützung) an Mitmenschen, vor allem an den Mitgläubigen (Vers 10).

6,6 Obwohl dieser Vers mit »Und« (gr. *de*) anfängt und er daher direkt an das Vorhergehende anzuschließen scheint – einige übersetzen

daher auch »Aber« –, lassen viele Ausleger hier einen neuen Abschnitt beginnen. Allerdings ließe sich vermuten, dass Paulus hier eine Ge-genüberstellung zu Vers 5 im Sinn hat (»jeder muss zwar seine eigene Bürde tragen, doch befreit uns das nicht von der Verpflichtung, unsere Lehrer zu unterstützen«), was aber etwas weit hergeholt wäre. Wenn man eine Verbindung will, dann eher mit Vers 2: Das Tragen der Las-ten der Mitchristen bedeutet unter anderem, die Lehrer finanziell zu unterstützen. Was diesen »Lehrer« ausmacht, wird deutlich erklärt: der das Wort lehrt. Während Paulus sonst »Lehrer« sagt (1Kor 12,28; Eph 4,11), gebraucht er hier ein Wort für »unterweisen«[1], das wir an ande-ren Stellen für ähnliche Aufgaben finden (Lk 1,4; Apg 18,25; Röm 2,18; 1Kor 14,19). Das Wort unterweisen heißt (a) die Schrift (damals das AT) unterrichten (2Tim 3,16.17), (b) das Wort der Apostel weiterge-ben und auslegen (1Kor 2,13; 1Thes 2,13), kurz: die gesamte Glau-benswahrheit lehren.

Der Ausdruck »in allen guten Dingen« darf nicht absolut aufge-fasst werden (siehe Grammatik), sondern bedeutet, dass der unterwie-sene Gläubige seinen Lehrer an allem Guten teilhaben lassen muss, das ihm zu Gebote steht. »Mitteilen« (gr. *koinooneoo*) ist von dem be-kannten Wort *koinoonia* (Gemeinschaft) abgeleitet. Es ist also nicht ein bloßes »Geben«, sondern ein »Teilhaben-lassen« eines anderen an den materiellen Mitteln, über die man verfügt. Die »guten Dinge« sind also dasselbe wie die »leiblichen« oder »fleischlichen« Dinge von Röm 15,27 und 1Kor 9,11.

Diese materiellen Gaben sind hier kein »Gnadenbrot«; nein, der Diener des Herrn – Lehrer, Evangelist, Ältester – hat ein *Recht* auf diese Gaben, wie Paulus an anderer Stelle ausführlicher sehen lässt (1Kor 9,4-14; 1Tim 5,17,18; vergleiche Lk 10,7). Dass der Diener un-ter bestimmten Umständen freiwillig auf dies Recht verzichtet, ist sei-ne Sache (Apg 20,33-35; 1Kor 9,12.15-18; 2Kor 11,7-12; Phil 4,10-18; 1Thes 2.5-9; 2Thes 3,8.9); derjenige, der von dem Diener profitiert, darf sich nie dahinter verstecken, sondern steht beständig in dieser Pflicht. Hierbei wird unausgesprochen unterstellt, dass der Lehrer na-türlich so viel Zeit in seinen Unterricht investiert, dass er nur unzurei-chend für seine Bedürfnisse sorgen kann und daher auf seine »Schü-ler« angewiesen ist. Ganz gewiss, so wie in Galatien, wo die Gemein-den von Streit und Parteiungen bedroht waren (5,20), bestand große Gefahr, dass gute und loyale Lehrer zu kurz kamen.

6,7 Paulus bringt hier die allseits bekannte Regel vom Säen und Ernten ins Spiel, die z.B. zahllosen Ermahnungen in Sprüche zugrunde
liegt (siehe ausdrücklich11,28; 22,8; vergleiche Jak 4,8; Hes 8,7;
10,12.13). Dieses Bild schließt an das von der »Frucht« in 5,22 an, mit
dem Unterschied, dass die »Frucht des Geistes« jetzt ist und die »Ernte« später. Die Menschen müssen mit den Folgen ihrer Taten rechnen.
Wenn wir bestimmte Dinge tun oder sagen, so müssen wir die Verantwortung für die daraus resultierenden Folgen auf uns nehmen, vor allem, wenn die Folgen vorhersehbar sind. Diese Regel wird gleich in
Vers 8 näher erklärt: Werke des Fleisches führen am Ende zu ewigem
Verderben; die Frucht des Geistes aber bringt uns schließlich ewiges
Leben ein. Damit sind wir wieder bei dem Konflikt zwischen Fleisch
und Geist (5,16-26).

Zur Einleitung sagt Paulus: »Irret euch nicht« – ein Wort, das wir
mehrfach von ihm hören (1Kor 6,10; 15,33; Jak 1,16). Es bedeutet so
viel wie: »Betrügt euch nicht selbst, täuscht euch nicht über das, was
ich hier sage; lasst den vollen Ernst zu euch durchdringen! Nehmt meine
Ermahnungen nicht leicht!« Um das zu unterstreichen, folgt: »Gott
lässt sich nicht spotten.« Das klingt ziemlich scharf gegenüber Gläubigen. Wie könnte ein Christ auf den Gedanken kommen, sich spotten-
derweise über Gott zu äußern? Oder, um an die wörtliche Bedeutung
des Wortes anzuschließen:[2] Wie könnte ein Christ jemals Gott gegenüber »die Nase hochheben«? Nein, das geschieht sicher nicht – aber
ein Christ kann Gott wohl indirekt, durch seine gesamte Lebenshaltung, verspotten. Wenn er aus dem Fleisch heraus lebt, ist das eine
Verhöhnung Gottes. Der Christ meint das vielleicht nicht so; doch Gott
fasst das in dieser Weise auf. Gott ist ein heiliger Gott, der fleischliche
Lebensführung von solchen, die Christen sein wollen, sehr ernst nimmt.[3]

Es ist gut denkbar, dass Paulus hier den Gedanken von Vers 6 fortsetzt. Auf jeden Fall wird diese Auslegung durch den Paralleltext aus
2Kor 9,6 unterstützt: (»Wer sparsam sät, wird auch sparsam ernten und
wer segensreich sät, wird auch segensreich ernten«). Auch dort geht es
um Geldangelegenheiten: Wer reichlich gibt, wird reichlich empfangen. Ein Christ kann sehr fromm leben, aber ausgerechnet im Umgang
mit seinem Portmonee ganz fleischlich sein. Wer seinen Lehrer unterstützt, ehrt damit den, der den Lehrer gesandt hat; wer dagegen den
Lehrer finanziell kurz hält, tut das mit Gott. Darin sollten die Leser
sich nicht täuschen! Der Versuch, das Christentum möglichst billig zu

gestalten, heißt Gott zu verspotten. Ein solcher muss die Folgen seines Handelns tragen: »Denn was der Mensch sät, das wird er auch ernten.« Wer viel in die Sache Gottes investiert, wird viel Segen ernten; wer wenig investiert, wird danach ärmlich dastehen.

6,8 Die allgemeine Regel aus Vers 7 wird jetzt auf den Sonderfall angewendet, und zwar im Rahmen des Konflikts zwischen Fleisch und Geist (5,16-26). Es gibt ein Säen »für das Fleisch« (im Galaterbrief vor allem durch ein Zurückkehren unter die Ordnung des Gesetzes) und ein Säen »für den Geist«. Die Frage ist, was die Präposition »für« (gr. *eis*) hier bedeutet. Einige Ausleger wollen das Bild konsequent durchziehen und fassen *eis* als »in« auf, mit dem Gedanken: »in den Acker des ...« Der eine sät in den Acker seines eigenen Fleisches, der andere in den Acker des Geistes. Das scheint von Mk 4,18 unterstützt zu werden, wo in dem Ausdruck »unter die Dornen« das »unter« im Grundtext *eis* heißt. Es würde dann ein Unterschied zu Vers 7 entstehen; denn da geht es um die Frage, *was* gesät wird: Wer z. B. Gerste sät, wird Gerste ernten. In unserem Vers aber geht es um die Frage, *wohin* gesät wird: Der erste Acker liefert eine andere Ernte als der zweite.

In dem Letzten liegt aber die Schwierigkeit. Wie könnte eine konsequente Anwendung des Bildes beinhalten, dass der eine Acker eine andere Ernte erbringt als der andere? Ein guter Acker liefert eine bessere Ernte als ein schlechter (vergleiche das ganze Gleichnis in Mk 4,3-8.14-20), aber nicht eine völlig andere Ernte. Andere Ausleger meinen daher, dass Paulus hier kein konsequent durchgeführtes Gleichnis bieten wollte und die Ausdrücke »säen« und »ernten« bildlich gebraucht. »Für« bedeutet dann: »zum Nutzen von«, d. h. um seinem eigenen Fleisch bzw. Gott zu gefallen. »Für das Fleisch/den Geist säen« bedeutet dann: es auf eine solche Lebensweise anlegen, durch die man dem Fleisch bzw. Gott gefällt. Ein Mensch wandelt entweder durch das Fleisch oder durch den Geist, wird geleitet durch das Fleisch oder durch den Geist, läuft in der Spur des Fleisches oder des Geistes (5,16.18.25). Das erste führt zum »Verderben«, das zweite zum »ewigen Leben«.

Da nun »Verderben« hier dem »ewigen Leben« gegenübersteht, liegt es auf der Hand, an dieser Stelle dem Wort »Verderben« seine weitestgehende Bedeutung zu geben. Es geht um mehr als um den moralischen und/oder (bei bestimmten Sünden) physischen Verfall auf der

Erde, es geht um das »ewige Verderben«, so wie in Dan 12,2 »ewige
Schande« dem »ewigen Leben« gegenübersteht und wie in Mt 25,41.46
das »ewige Feuer« und die »ewige Pein« gegenübergestellt werden. Was
ein Mensch während seines Erdenlebens sät, hat ewige Konsequenzen;
siehe Vers 9: »zu gelegener Zeit« (vergleiche 2Kor 5,10: »Wir müssen
alle vor dem Richterstuhl des Christus offenbar werden, auf dass ein
jeder empfange, was er in dem Leibe getan, nachdem er gehandelt hat,
es sei gut oder böse«). Natürlich bedeutet das nicht, dass die ewige
Bestimmung des Menschen *allein* von seinen guten bzw. schlechten
Werken abhängig wäre, ist doch ein guter Wandel nur nach Wiedergeburt und Glauben und durch die Kraft des Heiligen Geistes möglich.

So wie das Säen »für das Fleisch bzw. für den Geist« ist, so ist das
Ernten »aus dem Fleisch bzw. Geist«.[5] Wer zur Befriedigung seines
eigenen Fleisches sät, wird feststellen müssen, dass dies selbe Fleisch
das ewige Verderben »produziert«. Wer ein Löwenbaby füttert, wird
eines Tages von dem erwachsenen Löwen umgebracht werden. Der
»Löwe« steckt in dem Menschen, er ist sein eigentliches Ich. D. h. man
braucht gar nichts dafür zu tun, um von dem »Löwen« getötet zu werden. Wer nicht von neuem geboren ist, wird ganz von selbst für sein
eigenes Fleisch säen und ganz von selbst aus dem Fleisch das Verderben ernten. Mit dem Geist liegen die Dinge anders; es steht hier nicht:
»*sein* Geist«. Der Geist ist eine andere Person als der Gläubige, so dass,
wenn er aus dem Geist ewiges Leben erntet, dies niemals etwas ist, was
er sich selbst zu danken hätte, sondern der anderen Person, die in ihm
wohnt.

»Ewiges Leben« ist bei Paulus gewöhnlich eine zukünftige Angelegenheit (Röm 2,7; 5,21; 6,22f; Tit 1,2; 3,7), doch ist das nicht immer
vollkommen deutlich (1Tim 1,16; 6,12). Bei Johannes ist das ewige Leben aus dem Himmel zu uns gekommen, in einer Person, die sich uns
mitteilt (1Joh 1,2f; 5,20), so dass jetzt schon gesagt werden kann, dass
Er den Gläubigen das ewige Leben »gibt« (Joh 10,28; 1Jo 5,11) und
dass sie es jetzt schon »haben« (Joh 3,15f.36; 5,24; 6,40.47.54). Doch
kennt auch Johannes die zukünftige Dimension des ewigen Lebens, die
er in einem Bild beschreibt, das unserem Vers ähnlich ist: »Der da erntet, empfängt Lohn und sammelt Frucht zum ewigen Leben, auf dass
beide, der da sät und der da erntet, zugleich sich freuen« (Joh 4,36). Bei
Paulus ist diese Dimension viel deutlicher; für ihn wird das ewige Leben
erst volle Wirklichkeit in der himmlischen Glückseligkeit mit Christus

(vergleiche Kol 3,3), also nach dessen Wiederkunft. Doch kennt Paulus auch die Möglichkeit, einen Vorgeschmack dieses ewigen Lebens zu haben: »Ergreife das ewige Leben, zu welchem du berufen worden bist« (1Tim 6,12), d. h.: »Lege im Glauben die Hand darauf« (vergleiche Vers 19: »… auf dass sie das wirkliche Leben ergreifen«).

6,9 Das Bindewort »aber« (gr. *de*) zeigt hier vielleicht einen Gegensatz zu dem Vorangehenden an: Wer für den Geist sät, wird aus dem Geist ernten, *aber* dabei dürfen wir nicht mutlos werden.[6] Möglicherweise ist dies Wort aber auch nur, wie so oft, ein Überleitungswort, das hier mit »also« übersetzt werden könnte, schließt doch der hier von Paulus entfaltete Gedanke direkt an das Vorhergehende an. »Das Gute tun« ist hier nicht vom »Säen für den Geist« in Vers 8 zu unterscheiden. Es kann sein, dass Paulus hier noch immer (in Anschluss an Vers 6) an das materielle Gutestun denkt, woran auch Vers 10 denken lässt. Aber auch dann darf dieser Ausdruck in breitem moralischen Sinn angewendet werden: Wir dürfen im Gutestun nicht entmutigt werden oder: nicht müde werden, Gutes zu tun (siehe Grammatik).

Menschen werden u. a. entmutigt, wenn sie sehnlich nach etwas verlangen, das aber nicht eintreffen will. Wer für den Geist sät, darf wissen, dass er aus dem Geist ernten wird; doch findet das Ernten letzten Endes erst vor dem Richterstuhl Gottes statt. Solange der Gläubige auf der Erde ist, kann er das Gefühl bekommen, all sein Säen bringe kaum ein Ergebnis. Wer nur Widerwärtigkeiten und Drangsal erfährt, verliert allmählich die Ernte aus den Augen. »Wer auf den Wind achtet, der wird nicht säen und wer auf die Wolken sieht, wird nicht ernten« (Pred 11,4). Eine solche zweifelnde, schnell entmutigte Haltung ist verständlich, aber falsch. Der Gläubige muss daran festhalten, dass die Ernte wirklich kommt, allerdings erst zu »gelegener Zeit«, d. h. zu der von Gott bestimmten Frist (gr. *kairos*); in diesem Fall ist das der Zeitpunkt unserer Offenbarung vor dem Richterstuhl Gottes, wenn der Lohn ausgeteilt wird (Röm 2,5-8; 14,10-12; 2Kor 5,10).

Der Lohn gilt aber nur denen, die nicht »ermatten«; wenigstens fassen die meisten Ausleger und Übersetzer den Ausdruck »nicht ermattend« als Voraussetzung auf (siehe Grammatik). Mit anderen Worten: Lasst uns nicht entmutigt werden; denn wenn wir ermatten, werden wir nichts oder nur wenig ernten. Wenn wir aber im Gutestun ausharren, d. h. im Säen für den Geist, d. h. indem wir wandeln und geführt werden durch den Heiligen Geist, werden wir am Ende eine reiche Ernte einfahren. Beachte wieder das »wir«: Der Apostel schließt sich damit ein. Auch er könnte in seiner Arbeit z.B. bei den Galatern entmutigt werden und ermatten.

6,10 Das »deshalb« in diesem Vers zeigt an, dass es hier um eine Folgerung aus Vers 9, eventuell aus den Versen 7 bis 9 geht. Mit einer Variation auf Pred 3: Alles hat seine bestimmte Zeit; Säen hat seine Zeit und Ernten hat seine Zeit. Wir sollten deshalb, solange die Zeit des Säens ist – und eine Zeit, in der das Gesäte gepflegt wird bis zur Erntezeit –, nicht entmutigt werden oder ermatten, sondern allen Gutes tun. Dieser Gedanke an die »richtige Zeit« oder »gelegene Zeit« wird im Gr. durch *kairos* ausgedrückt. Wir finden das Wort in Vers 9, wo es sich auf die Zukunft bezieht – der Lohn wird zur rechten Zeit kommen –, während er in unserem Vers für die Gegenwart gilt: »Wenn (oder: während) wir Gelegenheit haben« (vergleiche Eph 5,16: »… die gelegene Zeit auskaufend«). Wenn wir jetzt die *Gelegenheit* wahrnehmen, das Gute zu tun, d.h. für den Geist zu säen, werden wir bei *Gelegenheit* aus dem Geist ernten.

»Das Gute wirken«[7] ist hier nicht auf die Haltung von Gläubigen gegenüber Mitgläubigen beschränkt, schon gar nicht gegenüber den Dienern des Wortes (Vers 6), sondern erstreckt sich auf »alle«, d.h. auf alle Menschen. Es gibt noch einige ähnliche Ermahnungen im Bezug auf das Betragen der Gläubigen gegenüber allen Menschen (u.a. Röm 12,17f; 13,7; Phil 4,5; 1Thes 5,15; 1Tim 2,1; Tit 3,2). Doch wird eine Einschränkung angefügt: »… am meisten aber gegen die Hausgenossen des Glaubens«. Hier möchte man an 1Tim 4,10 denken: »… (der) lebendige Gott (…) der ein Erhalter aller Menschen ist, besonders [der] Gläubigen«. So wie Gott eine Beziehung zu allen Menschen hat, vor allem aber zu Seinen Kindern, so ist es selbstverständlich, dass auch die Gläubigen, die ebenso eine Beziehung zu allen Menschen haben, zuallererst ihren Geschwistern Gutes tun. Ganz allgemein gesagt: Das Gebot der Nächstenliebe (3Mo 19,18) erhält im NT in besonderer Weise die Gestalt der Bruderliebe (Joh 13,34; 1Jo 2,9-11; 3,10-17; 4,20f).

Die Mitgläubigen werden hier auf ganz besondere Weise beschrieben; sie sind »die Hausgenossen des Glaubens«. Der Artikel vor »Glaubens« zeigt in diesem Fall, dass es um die objektive Glaubenswahrheit geht (vergleiche 3,23.25); es geht hier also um die durch das Evangelium, die christliche Wahrheit, gekennzeichnete Gemeinschaft, kurz: um das Christentum. Das »Haus« des Christentums ist die Christenheit. Diese christliche Gemeinschaft wird hier wie an anderen Stellen mit einem »Haus« verglichen. Das Wort »Hausgenosse« (gr. *oikeios*) finden wir im buchstäblichen Sinn in 1Tim 5,8 und im übertragenen Sinn ferner noch in Eph 2,19: »Hausgenossen Gottes«. Mehrmals wird die Gemeinde Gottes mit einem »Haus« verglichen, sowohl im Sinne einer Familie als auch einer Wohnung (1Tim 3,5.15; 2Tim 2,20; Hebr 3,6; 10,21; 1Petr 2,5; 4,17).

Für den zu Christus bekehrten Juden sind seine »Hausgenossen« nicht mehr in erster Linie seine Mitisraeliten als solche (bekehrt oder unbekehrt), sondern seine Mitchristen. Dasselbe gilt für den bekehrten Heiden: Seine »Familienmitglieder« sind die Christen, ganz gleich, aus welchem Volk, viel mehr als seine natürlichen Angehörigen. Besonders wenn wir Vers 6 einbeziehen, bedeutet das – vor allem bei eingeschränkten Mitteln: Die Mitchristen rangieren bei unserer finanziellen Unterstützung vor unseren natürlichen Familienmitgliedern. Umgekehrt darf ein Christ von seinen Mitchristen eher Hilfe erwarten als von seinen unbekehrten Verwandten, für die er immerhin als ein Abgefallener gilt. Sicher, in Zeiten von Armut und Mangel war es besonders wichtig, dass die Christen verstanden, wie sie ihre Prioritäten zu setzen hatten. Beachte aber: Die Nichtchristen dürfen nicht leer ausgehen. Die Christen sollen *an allen* das Gute wirken, aber um so mehr an den Mitchristen.

Anmerkungen

1) Gr. *katècheoo,* das wir von »Katechese« und »Katechismus« kennen. Schon bald nach der apostolischen Zeit bezeichnete dieses Wort den geregelten Unterricht der »Katechumenen«, das waren die Menschen, die vor ihrer Taufe unterrichtet werden mussten. Aufgrund unseres Verses ist viel über die Frage spekuliert worden, inwieweit schon in den Tagen des Paulus der Keim zu solch einem geregelten Lehrsystem bestand mit festen Dienern, die teilzeitlich oder vollzeitlich an dieser Ausbildung mitwirkten. Unser Text gibt dazu keine nähere Auskunft; aber es scheint doch sehr unwahrscheinlich zu sein, dass zu so einem frühen Zeitpunkt – der Galaterbrief ist einer der ältesten Briefe – auch nur der Anfang einer solche Einrichtung bestanden haben sollte.

2) Das gr. Wort *myktèrizoo,* »spotten«, ist von *myktèr,* »Nase«, abgeleitet. Ursprünglich bedeutete das, »an Nasenbluten leiden«, später bekam es die bildliche Bedeutung »(vor jemand) die Nase hochheben« im Sinne von »(jemand) verächtlich behandeln«. Ein verwandtes Verb, *ekmyktèrizoo,* mit der ein wenig verstärkenden Vorsilbe *ek,* kommt in Lk 16,14 und 23,35 vor, wo auf Ps 22,8 angespielt wird. Immer geht es darum, dass der Gerechte von Ungerechten verspottet wird.

3) Im Gr. fehlt der Artikel vor »Gott«; dadurch scheint es, als gehe es nicht in erster Linie um Seine Person, sondern um Seine Wesensart. Gottes Wesen ist so beschaffen, dass Er es nicht hinnehmen kann, wenn Menschen fleischlich leben.

4) Siehe 2Thes 1,9, wo wir übrigens ein anderes gr. Wort finden (*olethros*). In unserem Vers heißt es *phthora,* das »Vergänglichkeit« bedeutet (z.B. Röm 8,21; 1Kor 15,42.50) und moralisches »Verderben«, wie es jetzt in der Welt herrscht (2Petr 1,4; 2,9), während 2Petr 2,12b wahrscheinlich auf ewiges Verderben hindeutet, wie in unserem Vers.

5) Beachte die straffe Form dieses Verses:
Wer sät für sein eigenes Fleisch, der erntet aus dem Fleisch Verderben, wer sät für den Geist, der erntet aus dem Geist ewiges Leben.
Die beiden Satzteile sind völlig gleich aufgebaut, wobei jeder Satzteil chiasmisch ist, d.h. eine a-b-b-a-Form hat, wie wir es in 5,25 bereits gefunden haben.

6) »Entmutigt werden« heißt im Gr. *enkakeoo,* worin das Wort *kakos,* »schlecht« steckt, so dass dies Wort ursprünglich so viel bedeutete wie »zurückschrecken vor dem Übel«, nämlich dem Unheil (außerhalb der Bibel wird dies Verb für die Ängste einer gebärenden Frau verwendet: »fürchten, verzagen«). Es ist möglich, dass Paulus hier den Unterschied zwischen »dem Guten« und »dem Bösen« im Auge hat, wie in 2Thes 3,13: »Ihr aber, Brüder, ermattet nicht in eurem Gutestun« (gr. *kalopoiountes;* unser Vers: *to kalon poiountes,* wörtl. »das Schöne Tuende«). Auch entmutigt zu sein, indem man dem Bösen nachgibt, kann eine Form der Sünde sein. Die Bedeutung stimmt sehr mit der von »ermatten« (gr. *ekluomai*) in diesem Vers und in Hebr 12,3.5 überein. Es handelt sich aber um ein völlig anderes Wort und kommt von »loslösen« und suggeriert das Bild vom Lösen eines Gürtels. Der Bauer im Orient umgürtete sich, wenn er mit der Arbeit begann und löste den Gürtel, wenn er mit der Arbeit aufhörte. »Ermatten« ist dann das Aufhören mit der Arbeit, weil man entmutigt ist. Wenn der entmutigte Bauer nicht mehr auf seinem Acker arbeitet, erhält er keine gute Ernte. Rendall meint (ein wenig spekulativ), einen Unterschied zwischen »entmutigt werden« und »ermatten« zu sehen: Das erste würde auf Landarbeiter hinweisen, die ihre Arbeit hinschleppen, weil sie durch die Länge der Arbeit müde wurden,

während das andere die Schnitter beschreibt, die durch Hitze und Er-
schöpfung übermannt sind.

7) »Das Gute wirken« ist nicht genau dasselbe wie in Vers 9; da ist »das
Gute« gr. *to kalon*, das eigentlich »das Schöne« bedeutet, das, was in sich
selbst vortrefflich ist (vergleiche Anmerkung 6). Hier heißt es im Gr.
agathon, das mehr »das Gute« im Sinne des Nützlichen, Heilsamen beschreibt. Es ist aber ganz sicher nicht immer möglich, beide Worte scharf
zu trennen und wir sollten gut daran tun, hier keine weitergehenden
Schlüsse aus der Verwendung der beiden unterschiedlichen Worte zu ziehen. Trotzdem stellen wir fest, dass in Vers 9 über »das Gutestun« an sich
gesprochen wird und in unserem Vers sollen wir »das Gute wirken *gegen
alle*«, wodurch tatsächlich mehr die positiven Auswirkungen des Guten
in den Blick gerückt werden.

Teil 3

SCHLUSS
6,10–18

3.1 Paulus rühmt sich des Kreuzes (6,11-16)

Übersetzung

11 Seht, mit welch großen Buchstaben ich euch geschrieben habe mit meiner Hand!

12 So viele in [dem] Fleische ein schönes Gesicht zeigen wollen,
die nötigen euch, beschnitten zu werden,
nur damit sie um des Kreuzes Christi willen nicht verfolgt werden.

13 Denn auch die beschnitten Werdenden, sie selbst halten [das] Gesetz nicht,
sondern sie wollen, dass ihr beschnitten werdet,
damit sie sich eures Fleisches rühmen.

14 Mir aber geschehe es nicht, mich zu rühmen, als nur des Kreuzes unseres Herrn Jesus Christus,
durch welches mir [die] Welt gekreuzigt ist und ich [der] Welt.

15 Denn weder Beschneidung ist etwas, noch Vorhaut,
sondern eine neue Schöpfung.

16 Und so viele nach dieser Richtschnur Tritt fassen werden,
Friede über sie und Barmherzigkeit und über den Israel Gottes!

Übersetzungsvarianten

11 *mit welch großen Buchstaben:* oder *welch einen langen Brief.*
13 *die beschnitten Werdenden:* oder *die Beschneider* (siehe Grammatik).
14 *durch welches:* oder *durch welchen.*
15 *neue Schöpfung* oder *neues Geschöpf.*
16 *und:* oder *und zwar.*

Textvarianten

13 {C} *beschnitten Werdende:* wichtige Textzeugen lesen *Beschnitten-seiende.*

15 {A} *Denn weder (...) ist:* TR liest *Denn in Christus Jesus ist (...)*
(siehe Luther), vermutlich unter Einfluss von 5,6.

15 {A} *ist etwas:* TR liest *hat irgendwelche Kraft.*

Grammatik

11 *geschrieben habe:* oder *schreibe* (Aorist des Briefstils); der Autor
braucht die Vergangenheit, wenn er sich in die Zeit versetzt, in der
der Empfänger den Brief liest.

12 *nötigen:* eig. ein Präsenz, das den Willen ausdrückt *[wollen] nötigen.*

12 *um des Kreuzes:* im Gr. gewöhnlicher Dativ, der hier einen Grund
angibt (kontra Rendall, der übersetzt: *mit dem Kreuz*).

13 *beschnitten Werdenden* (gr. *peritemnomenoi*): Passiv, ev. Medium und
dann möglicherweise begründend: *Beschneider* (Mehrzahl).

16 *und* (gr. *kai*): hier additiv (*plus*) oder näher beschreibend (*und zwar*).

Auslegung

Paulus beginnt mit seinem Schlusswort, das aber nicht allgemeiner Natur ist, sondern worin er noch einmal auf die Frage der Beschneidung
zurückkommt. Noch einmal stellt er in aller Schärfe den Konflikt vor
Augen: Wenn es ums Rühmen geht, was wählen wir? Rühmen wir uns
der Beschneidung und damit des Fleisches? Oder rühmen wir uns des
Kreuzes Christi und der neuen Schöpfung, die daraus hervorkommt?
Für Paulus ist das keine Frage.

6,11 Die Frage bei diesem Vers heißt: Ist das gr. Wort *grammata* ein
Mehrzahlwort, das hier »Buchstaben« bedeutet oder müsste es »Brief«
heißen (siehe Übersetzungsvariante).[1] Die Bedenken bei der Übersetzung »welch einen langen Brief« sind erstens, dass das Wort nicht im
Akkusativ, sondern im Dativ steht (den man hier durch die Präposition
»mit« anzeigt); zweitens: Überall, wo Paulus sonst das Wort »Brief« verwendet, schreibt er *epistolè* (Röm 16,22; 1Kor 5,9; 16,3; 2Kor 3,1-3; 7,8;
10,9-11; Kol 4,16; 1Thes 5,27; 2Thes 2,2,15; 3,14,17), wobei in 2Kor
3,1-3.6f. »Brief« (*epistolè*) neben »Buchstaben« (*grammata*) steht. Drittens ist der Galaterbrief nicht besonders lang im Vergleich zu Röm, 1Kor

und 2Kor. Viertens: Wenn Paulus durchweg seine Briefe einem Sekretär diktierte (Röm 16,22) und höchstens ein persönliches Grußwort anfügte (1Kor 16,21; Kol 4,18; 2Thes 3,17), liegt es näher, dass er nur diese letzten Verse selbst schrieb, als den ganzen Galaterbrief. Fünftens: Hätte Paulus den ganzen Galaterbrief geschrieben, hätte er vermutlich schon viel früher auf diese außergewöhnliche Tatsache hingewiesen.

Anstelle von »geschrieben habe« könnten wir eher übersetzen: »Ich schreibe«, denn die Verbform kann hier sehr wohl diese Bedeutung haben (siehe Grammatik).[2] Paulus hat offensichtlich die letzten Verse des Galaterbriefes selbst geschrieben, was wir nicht mehr nachweisen können, weil die ursprüngliche Handschrift verlorengegangen ist. Paulus schreibt »mit großen Buchstaben«, d. h. mit deutlich größeren Buchstaben als sein Sekretär in dem Vorangehenden. Paulus tut das, um (1) seine Handschrift besser sichtbar zu machen – vielleicht schrieb er sog. »Unzialen« oder Großbuchstaben, während das Übrige in Kleinbuchstaben geschrieben war oder aber er hatte einfach eine große Handschrift – oder (2) weil er nur mühsam kleiner schreiben konnte und das wieder entweder (a) wegen seiner von der Handarbeit und/oder von den Entbehrungen deformierten Hände oder (b) wegen eines möglichen Augenleidens (siehe bei 4,15).

Ein solcher eigenhändiger Gruß machte die Handschrift sehr wertvoll. Das wird zur Folge gehabt haben, dass man nicht unmittelbar eine Anzahl Kopien für die verschiedenen galatischen Gemeinden herstellte, sondern dass man die ursprüngliche Handschrift von Gemeinde zu Gemeinde weiterreichte. Die Tatsache, dass Paulus die letzten Verse eigenhändig schrieb, macht es verständlich, dass er noch einmal auf sein Hauptthema zurückkommt. Um so bemerkenswerter ist es, dass alle ursprünglichen Handschriften verloren gegangen sind, höchstwahrscheinlich nicht so sehr aus Nachlässigkeit, als durch Diebstahl oder Böswilligkeit. Auf jeden Fall müssen wir Gottes Hand darin sehen, die dafür sorgte, dass mit diesen Handschriften nicht das gleiche wie einst mit der ehernen Schlange geschehen ist (2Kö 18,4).

6,12 Eben schrieb Paulus über seine »großen Buchstaben«, die vielleicht nicht allzu gerade, sondern ein wenig zittrig und unregelmäßig aussahen. Das ist möglicherweise der Grund, weshalb er nun im Gegensatz dazu von denen spricht, die »in [dem] Fleisch ein schönes Gesicht zeigen wollen«. »Ein schönes Gesicht zeigen« ist im Gr. ein Wort (*euprosoopeoo, eu* = »schön«, *prosoopon* = »Gesicht«; vergleiche die Elberfelder Übersetzung: »wohl angesehen sein«, Luther: »ein Ansehen haben«). Die Irrlehrer wollen sich den Galatern so gut wie möglich vorstellen, um sie für sich zu gewinnen. Sie geben diese »Show« »in [dem] Fleisch«. Das ist hier mehr in der »neutralen« Bedeutung zu sehen: nach außen hin, nach dem, was die Mitmenschen von ihnen zu sehen bekommen; aber die moralische Bedeutung (»sündige Natur«) ist nicht davon zu trennen (vergleiche Vers 13b).[3]

Mit ihrem »schönen Gesicht« sind die Irrlehrer darauf aus, dass sich die Galater beschneiden lassen; sie wollen sie sogar dazu »nötigen« (siehe Grammatik). Sie handeln so, »nur damit sie um des Kreuzes Christi willen nicht verfolgt werden«. Das »nur« muss man aber nicht allzu buchstäblich auffassen; denn Paulus nennt noch zwei weitere Gründe: »Sie wollen in [dem] Fleisch ein schönes Gesicht zeigen« und »... damit sie sich eures Fleisches rühmen« (Vers 13b). Aber Letzteres ist der übergreifende Grund, worauf Paulus besonderen Nachdruck legt. Es ist möglich, dass es sich hier um ein Motiv handelt, dessen sich die Judaisten selbst nicht bewusst sind, das Paulus aber als den tatsächlichen Hintergrund all ihres Handelns bloßlegt.

Möglicherweise haben die Judaisten mit großem Respekt über das Kreuz Christi gesprochen, ohne zu begreifen, dass dieses Kreuzeswerk Christi die Rechtfertigung aus Glauben allein einschließt und daher all ihr Predigen von der Beschneidung und von Gesetzeswerken abtut und verurteilt (siehe 5,11). In dieser Hinsicht sind sie »Feinde des Kreuzes Christi« (vergleiche Phil 3,18). Wer die Botschaft von Gesetz und Beschneidung bringt, hat nicht zu fürchten, von den nichtchristlichen Juden verfolgt zu werden, wie Paulus verfolgt wurde, der die Rechtfertigung allein aus Glauben predigte und damit die gesamte Ordnung des Gesetzes beiseite schob (vergleiche Vers 17). Wer als Jude Christ sein will und doch wegen seines Christseins nicht Verfolgung leiden mag, strebt nach einem Kompromiss, bei dem Jesus und Sein Kreuz (scheinbar) ihren Platz behalten, aber auch das Gesetz und die Beschneidung voll zur Geltung kommen.

Für Paulus ist ein solcher Kompromiss undenkbar; das Kreuz Christi lässt den Werken des Fleisches keinerlei Raum, nicht einmal denen des frommen Fleisches, also auch nicht denen des Judaismus. Das ist heute noch genauso. Die Welt akzeptiert traditionelle Frömmigkeit, einerlei, ob im Judaismus oder im üblichen Christentum, wenn nur der natürliche Mensch unangetastet bleibt; aber das Kreuz akzeptiert sie nicht, weil dieses gerade den natürlichen Menschen ganz und gar beiseite setzt (siehe Vers 14). In diesem Punkt stimmen derlei Formen des Christentums mit allen anderen Religionen überein.

6,13 Dieser Vers beginnt mit einer Aussage, die zu heftigen Diskussionen Anlass gegeben hat; sie lautet, etwas freier wiedergegeben: »Denn selbst diejenigen, die beschnitten werden, halten das Gesetz selber nicht.« Man hat daraus ableiten wollen, dass die Irrlehrer in Galatien Menschen waren, die auch für sich selbst das Gesetz als Lebensgrundlage ablehnten; aber das ist nicht, was hier steht. Paulus sagt nicht, die neu Beschnittenen würden das Gesetz »abweisen« oder »beiseite setzen« (vergleiche 2,21), sondern dass sie es nicht »hielten«. Das bedeutet: Sie waren völlig außerstande, die auf sich geladene Verpflichtung der Gesetzeserfüllung einzuhalten. In 5,3 hatte Paulus gesagt: »Ich bezeuge nochmal jedem Menschen, der sich beschneiden lässt, dass er ein Schuldner ist, das ganze Gesetz zu erfüllen«. Jetzt sagt er, dass die neu Beschnittenen geistlich dazu überhaupt nicht in der Lage waren, was aus ihrer Lebensführung auch nur allzu deutlich erkennbar war. Nicht nur die Irrlehrer, sondern auch die neu Beschnittenen versuchten, den Galatern sowohl die Beschneidung als auch das Gesetz aufzuerlegen, während deutlich wurde, dass sie selbst es nicht im ganzen Umfang halten konnten.

Die Frage ist allerdings, ob die Irrlehrer und die neu Beschnittenen hier unterschieden werden oder ob mit den »beschnitten Werdenden« nicht einfach die gesamte Partei der Beschneider gemeint ist (vergleiche Übersetzungsvariante und Grammatik: »die Beschneider«). Es ist die Partei, die in Vers 12 und hier darauf dringt, dass die Galater beschnitten werden. Es geht hier also wahrscheinlich nicht um Heiden, die sich beschneiden lassen, wie in 5,3, sondern um die judaistischen Beschnittenen und Beschneider, also um solche, die die Beschneidung propagieren. Der Vorteil, es so zu verstehen, ist der, dass wir für Vers 12 und 13 ein gemeinsames Subjekt haben, nämlich die Irrlehrer.

Die Judaisten wollen, dass die galatischen Christen beschnitten werden, um sich des Fleisches dieser Christen rühmen zu können. Das »Fleisch« wird sich hier in erster Linie auf das beschnittene Fleisch beziehen (vergleiche Anm. 3); d.h. die Irrlehrer wollen sich rühmen, das Fleisch der Galater beschnitten zu haben; doch kann man den Gedanken, »Fleisch« als die sündige Natur zu betrachten, davon nicht lösen. Sich der Anzahl derer zu rühmen, die man zur Beschneidung überreden konnte, ist nichts anderes als das pharisäische Rühmen des frommen Fleisches. Die Judaisten sind Trophäenjäger (vergleiche Mt 23,15), die sich durch eben das Fleisch leiten lassen, für das Christus am Kreuz das Gericht getragen hat (Vers 12b). Sie unterscheiden sich nur wenig von den christlichen Trophäenjägern auf den Missionsfeldern, die sich der Anzahl ihrer Täuflinge rühmen. Das ist dasselbe Fleisch wie bei der Beschneidungspartei in unserem Vers, das sich seines Eifers für das Gesetz rühmen möchte, während es dies Gesetz nicht hält.

6,14 Paulus nimmt eine völlig andere Haltung ein als die Judaisten. Ihnen gegenüber hätte er sich des Nichtbeschneidens rühmen können, wobei er jedoch selbst ein beschnittener Jude war und blieb. Allerdings hatte nicht nur die Beschneidung keinerlei Vorteil gegenüber dem Unbeschnittensein, sondern auch umgekehrt. Nein, Paulus erhebt sich über diese ganze Frage, ob oder ob nicht. Er hat etwas ganz anderes zum Rühmen. Die Judaisten wollen sich des beschnittenen Fleisches der galatischen Christen rühmen, noch mehr: nicht nur der Beschneidung, sondern der ganzen Ordnung des Gesetzes. Dagegen sagt Paulus noch einmal, es läge ihm fern, sich zu rühmen wegen irgendetwas anderem »als nur des Kreuzes unseres Herrn Jesus Christus«.[4] Um die Bedeutung dieses Ausspruchs zu verstehen, verweisen wir wieder nach 5,1 und 6,12.

An sich schon stellen das Kreuz und ein Gekreuzigter eine große Schande und einen Anstoß dar; aber im Galaterbrief geht es vor allem darum, dass das Kreuz das Fleisch radikal verurteilt und dass es der Weg zur Rechtfertigung allein aus Glauben ist. Damit rechnet es völlig mit der Ordnung des Gesetzes ab, ja mit jeder Ordnung, die dem Fleisch Raum gibt. Einerseits erniedrigt daher das Kreuz zutiefst, nicht nur, weil ein Gekreuzigter an sich etwas Schändliches ist, sondern vor allem, weil das Kreuz für mein Fleisch nichts übriglässt, auch nicht für mein allerfrömmstes Fleisch. Andererseits ist daher dasselbe Kreuz für den Gläubigen, der diese Wahrheit begriffen hat und gleichzeitig das Kreuz als seine einzige Grundlage vor Gott anerkennt, der Anlass zu höchstem Ruhm.

Der Judaist rühmt sich seines frommen Fleisches und damit seiner selbst; der Christ rühmt sich des Kreuzes Christi und damit des Herrn

Jesus selbst. Der Judaist rühmt sich der Rechtfertigung aus Werken; der Christ rühmt sich der Rechtfertigung aus Glauben durch das Blut Christi. »Das Kreuz« steht hier für die gesamte Ordnung des Glaubens; mehr noch: Es geht Paulus nicht nur um diese Ordnung, sondern um die Person, die den Mittelpunkt dieser Ordnung ausmacht.[5] Paulus sieht hier das Kreuz Christi zwischen sich und der Welt stehen. Für ihn hat die Welt als Ordnung der Sünde und des Satans grundsätzlich am Kreuz Christi ihr Ende gefunden, genauso wie Paulus seinerseits für die Welt in Wirklichkeit ein Gekreuzigter geworden ist. Die Welt ist alles, dessen sich der natürliche Mensch rühmen kann (1Kor 1,18-21; 3,19; 1Jo 2,16); im Zusammenhang des Galaterbriefes werden wir dabei vor allem an die fromme Welt denken müssen. Darin hatte sich das frühere Leben des Paulus abgespielt (Phil 3,3-9) und dazu gehörte auch die Ordnung des Gesetzes; vergleiche, was dazu bei 4,3 über »die Elemente der Welt« im Sinne von »Gesetzlichkeit« gesagt wurde. Wer, was den alten Menschen betrifft, am Kreuz Christi zu Ende gekommen ist, hat mit dieser frommen Welt, die sich des frommen Fleisches rühmt, radikal abgerechnet. Aber gleichzeitig will dieselbe fromme Welt ihrerseits nichts von dem konsequenten Christen wissen, ja, dieser wird »um des Kreuzes Christi willen verfolgt«, wie wir aus Vers 12 folgern können.

Die Ordnung des Gesetzes und die Ordnung des Glaubens, mit den jeweils zu diesen Ordnungen gehörenden Menschen, bilden zwei »Welten«, zwischen denen das Kreuz Christi für immer eine Scheidewand bildet. Für denjenigen, der zur Herrschaft des Glaubens an Christus gehört, ist die fromme Welt erledigt; für denjenigen, der noch der frommen Welt angehört, ist der Christ, der mit dieser Ordnung gebrochen hat, ebenfalls erledigt. Paulus spricht hier also nicht nur von sich persönlich, obwohl er sich als Beispiel nennt. Es geht hier nicht um seine subjektive Erfahrung, sondern um eine objektive Tatsache: Zwischen den beiden Ordnungen gähnt eine unüberbrückbare Kluft, die durch das Kreuz Christi entstanden ist. Oder, genauer ausgedrückt: Erst das Kreuzeswerk Christi hat die neue »Welt« der Rechtfertigung allein aus Glauben ins Dasein gerufen. Für Paulus persönlich war die Scheidung gekommen, als er, der Pharisäer, aufgrund des Kreuzes Christi in die neue Lebenssphäre einging, in der er sich nur noch des Kreuzes rühmen kann und nicht mehr all der Dinge, die zu seinem früheren Leben als Judaist gehört hatten.

Auffallend ist hier der vollständige Name Jesu. Als der Herr ist Er derjenige, der alle Autorität über den Gläubigen hat, wie es auch in dem Ausdruck »das Gesetz Christi« anklingt (Vers 2). Als Jesus war Er der niedrige, gehorsame Mensch auf Erden, der als solcher das Vorbild für den Wandel des Gläubigen ist (z. B. »geleitet durch den Geist«: Lk 4,1 und Gal 5,18). Als Christus, der »Gesalbte«, ist Er derjenige, auf den als Gegenstand der Freude und des Wohlgefallens Gottes der Heilige Geist ausgegossen ist (vergleiche Ps 89,20f; Jes 42,1). Paulus spricht in diesem Vers ganz persönlich über seine Beziehung zu Ihm und zu Seinem Kreuz; aber er verbindet sich gleichzeitig mit allen Gläubigen, indem er von »unserem Herrn Jesus Christus« spricht.

6,15 Dieser Vers ist so ähnlich wie 5,6: »Denn in Christus Jesus vermag weder Beschneidung noch Vorhaut etwas, sondern der Glaube, durch Liebe wirkend.« Der Unterschied liegt in dem, was dort dem Beschnittensein und dem Unbeschnittensein gegenübergestellt wird: die christliche *Praxis*, während es hier die christliche *Stellung* ist. Für das praktische Christenleben macht es nichts aus, ob man beschnitten oder unbeschnitten ist. Jetzt fügt der Apostel hinzu, dass es für die Stellung, die man aufgrund von Wiedergeburt und Glauben einnimmt, auch nichts ausmacht. Diese Stellung wird hier als »neue Schöpfung« beschrieben; man könnte auch übersetzen: »ein neues Geschöpf« (Luther: »eine neue Kreatur«); aber vielleicht betrachtet man hier den Gläubigen besser als Erstling einer völlig neuen Schöpfung, des neuen Himmels und der neuen Erde (vergleiche Eph 2,10; Jak 1,18; 2Petr 3,13; Offb 21,1.5).[6]

Diesen Ausdruck finden wir auch in 2Kor 5,17: »Wenn jemand in Christus ist, da ist eine neue Schöpfung; das Alte ist vergangen, siehe, <alles> ist neu geworden.« Im Galaterbrief liegt der Nachdruck (a) auf der neuen »Richtschnur«, die dieser neuen Schöpfung eigen ist (Vers 16), auf dem »Gesetz Christi« (Vers 2), während in 2Kor 5 der Nachdruck (b) auf den neuen Beziehungen liegt, die der neuen Schöpfung eigen sind (siehe Vers 16). Wir können daneben auch den Ausdruck von »dem neuen Menschen« stellen, der in Eph 4,20-24 (c) verbunden wird mit einer neuen Moral und in Kol 3,9-11 (d) mit einem neuen Vorbild, Christus. »Jenseits« des Kreuzes Christi liegt eine ganz andere »Welt«, die sich, von der alten »Welt« aus betrachtet (sei sie nun fromm oder liederlich), als eine vollkommene Neuordnung, als

Neuschöpfung darstellt. Am Ende wird die ganze alte Welt, die durch das Kreuz schon grundsätzlich beiseite gesetzt wurde, tatsächlich abgeschafft. Der Gläubige aber ist jetzt schon als Erstling Teilhaber an der neuen Welt Gottes. Das ist die Welt, deren er sich rühmt; die ganze Frage um das Beschneiden oder Nicht-Beschneiden ist dabei bedeutungslos geworden.

6,16 Das, was Paulus in den Versen 14 und 15 festgestellt hat, fasst er nun in »dieser Richtschnur« zusammen und spricht von allen, die »nach dieser Richtschnur Tritt fassen werden« oder die »mit diesem Maßstab Schritt halten« oder die »nach dieser Regel einhergehen« (Luther). Das Verb *stoicheoo*, übersetzt mit »Schritt halten«, haben wir schon bei 5,25 besprochen (siehe dort Anm. 9). Das gr. Wort für »Richtschnur«, *kanoon*, ist ein »Maßstab«,[7] in diesem Fall ein »Maßstab« für das Christenleben. Das heißt: Der Maßstab für wahre Christen ist auf das Kreuz Christi gegründet (Vers 14) und befasst sich nicht mit der Frage, ob ein Mensch beschnitten ist oder nicht (Vers 15), sondern ob er eine neue Schöpfung ist. Oder, anders gesagt: Die »Richtschnur« für das Christenleben ergibt sich nicht daraus, dass jemand eine beschnittene Vorhaut hat oder nicht, sondern dass sein Herz beschnitten ist (vergleiche 5Mo 10,16; 30,6; Jer 4,4; Röm 2,29). Das ist allerdings etwas ganz anderes, als dass jemand »wandelt (*stoicheoo*) im Halten des Gesetzes«, wie es die Judaisten von Paulus erwarteten (Apg 21,24).

Über alle, die nach den Grundsätzen der neuen Schöpfung wandeln, spricht Paulus aus: »Friede über sie und Barmherzigkeit«. Meistens werden uns diese beiden Worte in umgekehrter Reihenfolge mitgeteilt und dann nicht am Ende, sondern am Anfang eines Briefes (1Tim 1,2; 2Tim 1,2; 2Jo 3; Jud 2, in den ersten drei Stellen wird »Gnade« vorangestellt, in der vierten folgt »Liebe«). Die andere Reihenfolge scheint verständlicher, weil ein Mensch erst Barmherzigkeit empfangen muss, bevor er Frieden haben kann; aber auch im praktischen Sinn haben wir neben Ruhe für die Seele auch täglich Gottes Barmherzigkeit nötig. Barmherzigkeit ist die besondere Wirksamkeit der Gnade Gottes (Annahme, Mitleid, Erbarmen), die Menschen in elenden Verhältnissen zuteil wird. Friede ist der Status von Ruhe, Harmonie, Ganzheit, Wohlbefinden als Folge davon (siehe 1,3; 5,22).

Eigenartig ist der Zusatz: »… und über den Israel Gottes«, über den viel diskutiert worden ist. Die Formulierung erinnert an Ps 125,5 und 128,6: »Wohlfahrt über Israel!« Uralte jüdische Tradition kennt einen Segensspruch (den neunzehnten Segen, der dem nachchristlichen *Schemoneh Esre,* den achtzehn Bitten, angefügt wurde), die als solche dem Paulus vielleicht bekannt waren: »Friede ... und Barmherzigkeit über uns und über Dein ganzes Volk Israel.« Die große Frage ist nun, wie sich »der Israel Gottes« zu den vorher in dem Vers genannten »sie« verhält. Was das betrifft, gibt es mindestens vier Möglichkeiten:

(a) Unter »dem Israel Gottes« wird das ethnische, natürliche Volk Israel verstanden. An sich ist es gut, diesem Volk Frieden zu wünschen (vergleiche z. B. Ps 122,6: »Bittet um die Wohlfahrt Jerusalems«), aber schon der Zusatz »Gottes« macht es unwahrscheinlich, dass Paulus an das Volk gedacht hat, dessen größter Teil unbekehrt war und daher mit der Richtschnur des neuen Lebens nicht »Schritt hielt«. Es widerspräche auch dem Tenor des Galaterbriefes, wenn er jetzt plötzlich dieses Israel in seinem Segenswunsch mit den Christen auf eine Ebene stellte, die doch zur neuen Schöpfung gehören.

(b) Unter »dem Israel Gottes« wird das ethnische Volk Israel verstanden, wie es gleich nach der Wiederkunft Christi zur Bekehrung kommt und in das messianische Friedensreich eingehen wird (Röm 11,26; vergleiche Jes 45,25: »In dem HERRN wird gerechtfertigt werden und sich rühmen aller Same Israels« und 60,21: »Dein Volk, alle werden Gerechte sein«). Diese Auslegung ist nicht völlig auszuschließen, obwohl es einigermaßen seltsam erscheint, dass Paulus hier neben den mit »sie« angedeuteten Gläubigen der gegenwärtigen Zeit, einem zukünftigen Volk Frieden wünscht.

(c) Das letzte »und« wird vielfach erklärend aufgefasst, d.h. in der Bedeutung von »und zwar«, »nämlich« (siehe Grammatik). Paulus würde danach sagen wollen: *Alle* Christen, sowohl jüdischer als heidnischer Herkunft, bilden das »wahre Israel Gottes«. Nun kann das Wort »und« tatsächlich diese Bedeutung haben, doch weist dann der Kontext in ungezwungener Weise auf eine solche Auslegung hin. In diesem Fall aber wirkt eine solche Deutung gewollt, auch wegen des direkt vorangehenden »und«, das im üblichen Sinn gebraucht wird. Es ist daher natürlicher, das »und« als gewöhnliches Bindewort aufzufassen: »Friede und Barmherzigkeit über (1) sie und über (2) den Israel Gottes«. Einige, die dies so annehmen, möchten doch unter *beiden* Begriffen die eine Gemeinde aus jüdischen und Heidenchristen verstehen;

allerdings erscheint es merkwürdig, wenn man jemand unterstellt, er würde sagen: »Friede über A und B«, wenn er mit A und B dieselbe Gruppe meint.

(d) Unter »dem Israel Gottes« wird der Teil des ethnischen Volkes Israel verstanden, der an Christus glaubt, im Sinne von Röm 11,5: »Also ist nun auch in der jetzigen Zeit ein Überrest nach [der] Wahl [der] Gnade.« Eine Schwierigkeit bei dieser Auffassung liegt darin, dass mit dem früheren »sie« schon *alle* Christen gemeint sind, sowohl aus den Juden als auch aus den Heiden und dass es eigenartig wäre, würde nachträglich ein Teil dieser Versammlung getrennt betrachtet werden. Das ist m. E. aber kein unüberwindliches Problem. Gegenüber den Judaisten dachte Paulus in erster Linie an die Heidenchristen, die in der Gefahr standen, ihnen in die Hände zu fallen (die »Vorhaut«-Gruppe in Vers 15). Er wünscht ihnen Frieden, wenn sie nicht in die Schlingen der Beschneidung fallen, sondern (weiterhin) nach der Regel der neuen Schöpfung wandeln. Im Weiteren betont er aber, dass auch unter den Israeliten welche nach dieser Regel wandeln und keinen Heilswert mehr an ihr Beschnittensein knüpfen (die »Beschneidungs«-Gruppe in Vers 15). Das ist der treue Überrest Israels, das wahre Israel Gottes. Dies eigentliche »Israel« ist eine Teilversammlung des ethnischen Israel; (vergleiche Röm 9,6: »Nicht alle, die aus Israel sind, diese sind Israel«). Es ist wichtig, dass Paulus diese Gruppe hier noch einmal besonders erwähnt, weil dieser Überrest so leicht mit den Judaisten auf einen Haufen geworfen werden kann. Paulus selbst gehört zu diesem »Israel Gottes«, der beschnitten wurde, sich darum aber nicht über die Heidenchristen erhebt.

Auffassung (c) ist die traditionelle Auffassung, die mit anderen Schriftstellen untermauert wird.[8] Im Galaterbrief selbst ist vor allem 3,29 von Bedeutung (obwohl »Abrahams Same« nicht ohne weiteres dasselbe wie Israel ist) und 4,21-31 (obwohl die typologische Bedeutung Isaaks nicht beinhaltet, dass die Gemeinde »Israel« ist). Am weitesten geht Phil 3,3: »Wir sind die Beschneidung«, d. h. das wahre Volk der Beschnittenen (vergleiche Röm 2,29). Wenn »die Beschneidung« das gleiche bedeutet wie »Israel« (Apg 10,45; 11,2; Röm 3,30; 4,9.12; 15,8; Gal 2,7-9.12; Kol 3,11; 4,11; Tit 1,10; stets buchstäblich: »[die] Beschneidung«), dann bedeutet »wir sind die Beschneidung« tatsächlich dasselbe wie »wir sind das wahre Israel«. Im Allgemeinen aber scheint es Paulus vermeiden zu wollen, die Gemeinde direkt das »wahre Israel« oder »den Israel Gottes« zu nennen, um diese Begriffe nicht von dem ethnischen Israel zu trennen und damit die Pläne, die Gott noch mit diesem Israel hat (Röm 9–11), für ungültig zu erklären. Das bedeutet aber nicht, dass unser Vers keine Ausnahme bilden könnte, solange man ihn nicht mit irgendeiner Form der »Ersetzungstheologie« (die Kirche hat die Stelle Israels eingenommen) verbindet. Die Gemeinde ist zur Zeit Gottes Volk auf der Erde; das bedeutet aber nicht, Gott habe für das ethnische Israel keine geistliche Zukunft mehr vorgesehen.

Aus sprachkundlichen Gründen würde ich Auffassung (d) vorziehen, ohne (c) auszuschließen. Der Unterschied zwischen den beiden Auffassungen liegt darin, dass in (c) die Heidenchristen wohl und in (d) nicht in »dem Israel Gottes« beschlossen liegen. Die wichtige Übereinstimmung liegt darin, dass sowohl in (c) als auch in (d) jedenfalls die Judaisten, die sich so sehr ihres Judeseins rühmen, von dem wahren »Israel Gottes« ausgeschlossen sind. Diejenigen (aus den Juden oder aus jüdischen und Heidenchristen), die nach der Regel des Kreuzes Christi und der neuen Schöpfung wandeln, sind der wahre Israel Gottes. Der Heide, der mit dieser Regel »Schritt hält«, ist wahrhaftiger ein »Sohn Abrahams«, als der ethnische Jude, der dem Judaismus anhängt.

Anmerkungen

1) Gr. *gramma* (Sing.) bedeutet »Buchstabe« (Röm 2,27.29; 7,6; 2Kor 3,6f; vergleiche Joh 7,15: »Gelehrsamkeit besitzen« = (wörtl.) »Buchstaben kennen«; Apg 26,24: »die große Gelehrsamkeit« = (wörtl.) »die vielen Buchstaben«; vergleiche unser: Buchstabenmensch). Das Wort kann auch »das Geschriebene«, »Schrift« bedeuten und kommt dann meistens im Plural vor. Es bedeutet dann: »Brief« (Apg 28,21), »Schuldbekenntnis« (Lk 16,6f), »Schrif*ten* (Plural! Joh 5,47; 2Tim 3,15). Der Plural *grammata* kann also bedeuten (a) »Buchstaben«, (b) »Brief«, (c) »Schriften«. Für unseren Vers kommen (a) und (b) in Frage.

2) Dieser epistolare Aorist (siehe Grammatik) hat oft zu Verwirrung geführt: Weist diese Form auf Vorangegangenes in demselben Brief (Röm 15,15; 16,22; 1Kor 9,15; Phim 19,21) oder auf einen früheren Brief (1Kor 5,9,11?2Kor 2,3f.9? Eph 3,3)? Im ersten Fall: Kann dann dieser Aorist auch auf etwas *Folgendes* hinweisen, wie wir in Gal 6,11f unterstellen?

Würde Paulus an dieser Stelle nicht eher das Präsenz gebraucht haben wie in 1,20; 1Kor 4,14; 14,37; 2Kor 13,10; 1Tim 3,14f und besonders in 2Thes 3,17, wo wir einen vergleichbaren Gruß finden? Nicht unbedingt; diese Texte beweisen nicht, dass Paulus auch das Vorangehende geschrieben haben muss (was dann für die Übersetzung »welch einen langen Brief« spräche). Paulus kann sich hier auch einfach in die Lage der Empfänger versetzt haben, die alle Verse als bereits geschrieben in Händen haben würden.

3) Es gibt noch eine dritte Möglichkeit: »Fleisch« wird manchmal als Euphemismus für das männliche Glied verwendet, was für das hebr. *basar* noch weit mehr gilt (siehe u. a. 1Mo 17,11.13f; 2Mo 28,42; 3Mo 15,2f.7; Hes 16,26; 23,20; 44,7). Wir könnten hier dann etwa lesen: »von der Beschneidung des Fleisches eine schöne Veranstaltung machen«. Diese Bedeutung gilt dann auch für Vers 13: Für die Heiden ist die Beschneidung eine Verunstaltung des Fleisches wie etwa eine Tätowierung; doch für die Judaisten bedeutete jedes beschnittene »Fleisch« ein »Schauspiel«, auf das man stolz war (selbstverständlich nicht im exhibitionistischen Sinn verstanden).

4) Der Ausdruck »Das niemals!« in 2,17 und 3,21 (gr. *mè genoito*, wörtl.: »Nicht möge es werden!«) ist hier Teil eines längeren Satzes: »Mir aber geschehe es nicht, mich zu rühmen als …«; vergleiche Elberfelder Übersetzung: »Von mir aber sei es ferne …«. Der Ausdruck hat die Kraft von etwas, das die Mitte hält zwischen einem Gebet und einem Fluch und kommt als solcher auch im AT vor (vergleiche Jos 22,29; 24,16 LXX).

5) Das bedeutet übrigens nicht, wir müssten das gr. *di' hou* hier mit »durch den« übersetzen (siehe Elberfelder Übersetzung, auch Fußnote); »wodurch« scheint besser zu sein, weil Christus derjenige ist, *mit* dem, nicht so sehr *durch* den wir gekreuzigt sind. Das Kreuz ist das Mittel, durch das wir gekreuzigt worden sind. Ob wir aber lesen, dass durch das Kreuz Christi oder durch den gekreuzigten Christus »für mich [die] Welt gekreuzigt ist und ich für [die] Welt«, macht inhaltlich keinen Unterschied.

6) Das gr. *ktisis* bedeutet so viel wie »Schöpfung« im Sinn der Schöpfungstat (Röm 1,20) und das Ergebnis dieser Tat, also »das Geschaffene« (u.a. Kol 1,15.23) oder »Geschöpf« (z. B. Röm 8,39). Für die letzte Bedeutung wird auch gr. *ktisma* verwendet (u. a. 1Tim 4,4).

7) Das gr. *kanoon* kommt ursprünglich von dem hebr. *qaneh*, das »(Schilf)rohr« bedeutet. Ein solches Rohr wurde als »Messrute« benutzt (Hes 40,3); und dadurch erhielt das Wort auch seine Bedeutung als »Maßstab, Standard«. In dieser Bedeutung (»Richtschnur«) findet es sich auch im NT außer in unserem Vers noch in Phil 3,16 (TR; Elberfelder Übersetzung: »in denselben Fußtapfen wandeln«); in 2Kor 10,13.15f steht es in der Bedeutung von »etwas, das (mit dem Messrohr) abgemessen ist«,

von daher »Arbeitsfeld« (Elberfelder Übersetzung: »Wirkungskreis«).
Seit dem zweiten Jahrhundert erhielt *kanoon* die Bedeutung von »Glaubensregel«. Origines nannte die Schriften den *kanoon* im Sinne einer
»Regel für Glauben und Leben«. Erst in der Zeit des Athanasius (viertes
Jahrhundert) fing man an, das Wort so zu gebrauchen, wie wir es heute
immer noch tun (»Kanon«), nämlich als »die Liste der Bücher mit göttlicher Autorität«. In der ersten, aktiven Bedeutung ist ein Bibelbuch »kanonisch«, weil es einen bestimmenden »Maßstab« für das Glaubensleben darstellt; im zweiten, passiven Sinn ist es »kanonisch«, weil es dem
»Maßstab« entspricht, der darüber entscheidet, ob ein Buch göttlich inspiriert ist.

8) Einige angeführte Schriftstellen sind nicht relevant, wie Röm 9,6 (dieser
Vers *schränkt* die Bedeutung des Wortes »Israel« *ein*, anstatt sie auszudehnen); 11,16-24 (der Ölbaum ist nicht ohne weiteres mit Israel identisch; siehe mein *Israel en de Kerk*); 11,26 (wenn man von der unrichtigen
Vorstellung ausgeht, hier handle es sich um ein »geistliches Israel«); 1Kor
10,18 (»Israel nach dem Fleisch« impliziert nicht notwendigerweise, dass
die Gemeinde das »Israel nach dem Geist« sei); Kol 2,11 (eine geistliche
Beschneidung impliziert nicht notwendigerweise, die Gemeinde sei das
geistliche Israel).

3.2 Schlussermahnung und Segenswunsch (6,17-18)

Übersetzung

17 Übrigens, mache mir niemand Mühe,
denn *ich*, die Mahlzeichen Christi trage ich in meinem Leibe.
18 Die Gnade unseres Herrn Jesus Christus [sei] mit eurem Geiste,
Brüder!
Amen.

Übersetzungsvarianten

17 *Übrigens:* oder *Hinfort* (siehe Grammatik).
17 *in:* oder *auf.*

Textvarianten

17 {A} *Jesus:* andere Textzeugen lesen *Christus oder des Herrn Jesus* (siehe Elberfelder Übersetzung) oder *des Herrn Jesus Christus* oder *unseres Herrn Jesus Christus.*
18 {A} *Amen:* Einige Textzeugen lassen dies weg.
18 {A} Einige Textzeugen geben als Unterschrift *An [die] Galater,* eventuell mit der Zufügung *fertig* oder *vollendet* oder gar *An die Galater, geschrieben aus Rom* (so TR), was ganz bestimmt falsch ist.

Grammatik

17 *Übrigens* (gr. *tou loipou*): vielleicht Gen. der Zeit, in der etwas geschieht; so muss hier gr. *chronou (Zeit)* mitgedacht werden: *für die übrige Zeit,* d.h. *hinfort* (so auch der Akk. *to loipon* in 1Kor 7,29: *übrigens* oder *hinfort*).

Auslegung

Wir kommen zu den Schlussworten des Galaterbriefes, die einen letzten bemerkenswerten Appell an die Galater enthalten, bei dem Paulus
sogar auf die Narben in seinem Fleisch hinweist. Der Galaterbrief endet mit einem kurzen Segenswunsch.

6,17 Der Ausdruck, mit dem dieser Vers beginnt, kann einen gewöhnlichen Übergang zu einem neuen Thema andeuten (»übrigens«) oder
er zeigt die Zeit an, in der etwas geschieht (siehe Grammatik: »hinfort«, »in der verbleibenden Zeit«). Paulus will in Zukunft davor verschont bleiben, dass ihm Mühe gemacht wird.[1] Es waren natürlich die
Judaisten gewesen, die ihm Mühe bereitet hatten. Doch wird sie Paulus hier nicht in seinen Appell mit einbezogen haben, weil diese ihm
auch weiterhin Schwierigkeiten machen würden, trotz seiner Wünsche.
Außerdem schreibt er hier an die galatischen Christen und wird in erster Linie an sie gedacht haben. Weil sie den Irrlehrern Gehör geschenkt
hatten, waren sie auch dem Apostel zur Mühsal geworden. Hätten sie
das Evangelium tapferer festgehalten und sich nicht teilweise von den
Irrlehrern mitschleppen lassen, wäre Paulus nicht »ratlos« (4,20) ihretwegen gewesen und hätte ihnen keinen Brief zu schreiben brauchen.
Jetzt musste endlich Schluss sein mit den Mühen, die sie ihm bereitet
hatten. Diese Art »Arbeit«, die er mit ihnen hatte, absorbierte so viel
kostbare Zeit und Energie, die in nützlicherer »Arbeit« hätten angewendet werden können, nämlich in dem normalen Dienst des Apostels (vergleiche Lk 13,7).

Das bedeutet natürlich nicht, die Gläubigen dürften ihm keine Fragen mehr stellen über die lehrmäßigen Aspekte der judaistischen Herausforderung oder ihn nicht warnen, wenn die Probleme wieder auftreten würden. Im Gegenteil, dann sollten sie den Apostel so schnell
wie möglich warnen, damit er gegen die Irrlehrer zu Felde ziehen konnte. Paulus sagt nicht: »Ich will nichts mehr davon hören«, sondern er
meint: »Ich will nicht, dass ihr euch noch einmal mitschleppen lasst!«
Sein Motiv ist dabei: »Ich habe schon genug Malzeichen Jesu an meinem Leibe.« Die Schwierigkeiten, die sie ihm bereiteten, indem sie
vom Evangelium abwichen, bereiteten sie einem, der für das Evangelium schwere Prüfungen erduldet hatte.

Damit redet Paulus noch einmal zum Herzen der Galater; er verweist auf den eklatanten Unterschied zwischen sich und den Irrleh-

rern. Diesen Unterschied unterstreicht er durch den starken Nachdruck, den er auf das »ich« legt: »Im Gegensatz zu den Judaisten trage[2] *ich* die Malzeichen Jesu in (oder: an) meinem Leibe« (also nicht inwendig, sondern außen). Der Unterschied ist einerseits, dass die Judaisten keine Narben als Ergebnis von Verfolgungen an ihrem Leibe trugen, weil sie ja gerade diese Leiden vermieden (5,11; 6,12). Andererseits trugen die Judaisten auch ein »Malzeichen« an ihrem Leibe, nur war das nicht »das Malzeichen Jesu«, sondern das der Beschneidung. *Sie* rühmten sich dieses Zeichens (Vers 13), doch Paulus rühmt sich der Zeichen seiner Leiden für Christus (vergleiche Vers 14).[3] Das waren die Narben, als Folgen all dessen, was er für seinen Herrn gelitten hatte; da denkt man vor allem an die Geißelungen und die Steinigung (2Kor 6,5; 11,23-25). Aufgrund der Südgalatischen Theorie (siehe Anhang 1) würde Paulus die Galater an dieser Stelle an die Narben erinnern können, die die Steinigung in Lystra hinterlassen hatte (Apg 14,19; vergleiche 2Tim 3,11).

Bemerkenswert ist, dass Paulus diese Narben als die »Malzeichen Jesu« bezeichnet. Das bedeutet in erster Linie, dass es Malzeichen sind, die Paulus als Folge der Leiden für Jesus empfangen hatte. Man hat dabei auch darauf hingewiesen, dass das Wort *stigmata* für die Brandzeichen benutzt wurde, die man Tempel- und Hausklaven beibrachte, um anzuzeigen, wer ihr Herr war oder die sich Soldaten selbst zufügten, indem sie den Namen ihres geliebten Feldherrn in ihr eigenes Fleisch einbrannten. Auch wurde auf Hes 9,4 verwiesen, wo an die Treuen ein Zeichen angebracht wird, um sie zu bewahren (vergleiche Offb 7,3; 9,4). All diese Bedeutungen sind hier wahrscheinlich zutreffend. Die Narben, die Paulus um Jesu willen empfangen hatte, zeigen seine besondere Beziehung zu Jesus als seinem Herrn und Gebieter an und bedeuteten zugleich, dass er sich bei Dem geborgen weiß, der ihm durch alle Geißelungen und sogar durch die Steinigung hindurchgeholfen hatte.

Als letzte Möglichkeit dürfen wir auch daran denken, dass es tatsächlich auch die Malzeichen Jesu sind, in dem Sinn, dass Paulus nicht allein *für* Ihn, sondern auch *mit* Ihm gelitten hatte, Seine Leiden mit Ihm teilte. Das betrifft selbstverständlich nicht das versöhnende Leiden; denn das hat der Herr ganz allein erduldet. Aber die Leiden, die Gottes Dienern von Seiten der bösen Welt widerfahren, teilen sie mit ihrem Herrn (vgl. bei Paulus: Röm 8,17; 2Kor 1,5; 4,10; Phil 3,10; Kol 1,24; 2Tim 2,12; ferner u. a. Mt 5,11; Joh 15,18 – 16,4; 1Petr 3,17f; 4,13).

6,18 Der Abschluss ist bei den Paulusbriefen ziemlich gleichförmig, obwohl er in diesem Fall noch kürzer ist als in den anderen Briefen. Das ist möglicherweise auch wieder ein Hinweis auf die gespannte Beziehung zwischen Paulus und den galatischen Christen, wie er auch den Brief nicht mit Danksagung und Lob begann (siehe 1,6). Andererseits: Noch einmal spricht Paulus diese Christen als »Brüder« an (vergleiche 1,11; 3,15; 4,12.28.31; 5,11.13; 6,1), um sie noch ein letztes Mal seiner Gewogenheit und seines Vertrauens zu vergewissern – trotz seiner Verzweiflung (4,20) –, dass alles noch gut werden wird (vergleiche 5,10). Dies wird durch das abschließende »Amen« unterstrichen (»so sei es« oder »das ist wahr/sicher«).

Stets ist in den Briefschlüssen des Paulus die »Gnade« das Subjekt des Satzes, als Ausdruck der ganzen segensreichen Wohlgesonnenheit und des Wohlwollens Gottes in Christus. Diese Gnade kommt entweder ohne nähere Beschreibung vor oder es ist die Gnade des (oder: unseres) Herrn Jesus (Christus) (Röm, 1Kor, Phil, 1Thes, 2Thes, Phim; in der ausführlichsten Form in 2Kor 13,13). Diese Gnade sei mit »euch« oder mit »eurem Geist« (Phil, 2Tim, Phim), was kein großer Unterschied ist. »Geist« ist in diesem Zusammenhang ungefähr dasselbe wie »Seele« oder »Herz« und beschreibt das tiefste Innere des Menschen. Wenn »meine Seele/mein Geist« in Wirklichkeit oft »ich« oder »mir/mich« bedeutet (Lk 1,46f; 23,46; Apg 7,59; 1Kor 16,18), wird »mit eurem Geiste« auch ungefähr bedeuten »mit euch«. Es wird höchstens mehr Nachdruck auf das Innerliche gelegt, wo der Heilige Geist wirkt (vergleiche 4,6), möglicherweise im Gegensatz zu dem Rühmen im Fleisch (Vers 13) der Judaisten. Auf dieselbe Weise bedeutet »die Gnade des Herrn Jesu sei mit euch« auch nichts anderes als »der Herr sei mit euch mit seiner Gnade« (vergleiche »Herr« als Subjekt des Satzes in 2Thes 3,16; 2Tim 4,22).

Der Segenswunsch des Paulus bedeutet also, dass der Herr mit Seiner Gnade das Innerste der galatischen Christen erfüllen möge. Damit schließt sich der Kreis, denn mit einem solchen Wunsch hatte Paulus auch begonnen: »Gnade [sei] euch und Friede von Gott [dem] Vater unseres Herrn Jesus Christus« (1,3; siehe dort). Am Ende des Galaterbriefes hat diese Gnade sehr viel mehr Inhalt bekommen: Sie steht dem Zwang des Gesetzes gegenüber, den die Irrlehrer den Galatern auferlegen wollten, und der Beschneidung, die sie als Heilsweg anpriesen. Der Weg, den Paulus statt dessen wies, war kein gemütlicher;

die Malzeichen an seinem eigenen Leibe waren der Beweis dafür. Aber es war der Weg, auf dem die Galater, trotz Leiden und Verfolgungen, die Gnade des Herrn erfahren würden. Hier steht wieder der volle Name: »unser Herr Jesus Christus«, das ist, anders ausgedrückt: unser erhabener Gebieter, unser demütiges Vorbild und der Gesalbte, an dem Gott all Sein Wohlgefallen hat (Vers 14).

Anmerkungen

1) Gr. *kopous parechoo,* »Mühe machen« (Mt 26,10; Mk 14,6; Lk 11,7). Das von *kopos* (»Mühe«) abgeleitete *kopiaoo* (»arbeiten«) ist in 4,11 zu finden, wobei der Gedanke an »mühevolles Plagen« das gemeinsame Element ist. Gewöhnlich bedeutet bei Paulus *kopos* die normale »Arbeit« eines Dieners Christi (1Kor 3,8; 15,58; 2Kor 10,15; 1Thes 1,3; 3,5), manchmal mit dem besonderen Unterton »mühevoller Plage« (2Kor 6,5; 11,23.27; 1Thes 2,9; 2Thes 3,8 [in den beiden letzten Stellen steht für »Mühe« ein anderes Wort]). Von dieser »Mühe« wünschte sich Paulus niemals verschont zu bleiben, wohl aber von der »Mühe«, die seiner Seele durch abirrende Gläubige bereitet wurde (vergleiche 2Kor 11,27 mit Vers 28).

2) »Tragen« ist gr. *bastazoo*, genau wie in 5,10 und 6,2.5 (siehe dort). Dies Tragen enthält ein Element der Mühe, so, wie wenn man eine schwere Last trägt (siehe Anm. 3 zu Vers 2). Auch die Malzeichen Christi trägt ein Gläubiger nicht leichthin.

3) »Malzeichen« (gr. *stigmata*), wovon unser Wort »stigmatisieren« abgeleitet ist. In der Kirchengeschichte ist das Wort auch auf »Heilige« angewandt worden, die zu bestimmten Gelegenheiten an ihrem Leibe die Wunden von Christi Stirn, Händen, Füßen und/oder von Seiner Seite zeigten, wie Franz von Assisi (1182–1226) und Theresa Neumann (1898–1962). Aber selbst römisch-katholische Theologen haben zugegeben, dass diese »stigmata« nichts mit unserem Vers zu tun haben.

Ginge es um religiöse Heiden, würden wir bei diesen »Malzeichen« ohne weiteres an Tätowierungen denken. So spricht z. B. Herodot von »geweihten Malzeichen« (*stigmata hiera*), dabei handelte es sich wahrscheinlich um den Namen des Tempels oder des betreffenden Gottes, der den Tempelsklaven eingebrannt wurde (*Historien 2,113*). Die Galater kannten vielleicht diese heiligen Zeichen aus ihren früheren Götzentempeln. Bei Paulus ist es aber undenkbar, dass er sich etwa ein Kreuz oder den Namen Jesu oder ein anderes christliches Symbol auf seinen Körper hätte tätowieren lassen, zumal das einem Juden verboten war (3Mo 19,28; 21,5; 5Mo 14,1; Jer 16,6).

Anhänge

Anhang 1:
Wer sind die »Galater«?

Wer ist im Galaterbrief eigentlich mit den »Galatern« gemeint? Diese Unklarheit über die Adressaten hängt direkt mit zwei weiteren Fragen zusammen: Wann wurde der Brief geschrieben und aus welchem konkreten Anlass oder aus welchen konkreten Anlässen? (siehe Anhang 2). Die Probleme rund um diese Fragen sind übrigens erst im 19. Jahrhundert aufgekommen. Seit alters schienen die Antworten auf diese Fragen völlig geklärt zu sein. Man lokalisierte die *Landschaft* Galatien in dem nördlichen Teil der römischen *Provinz* Galatien. (Diese Provinz war viel größer als die traditionelle Landschaft gleichen Namens.) Während seiner zweiten Missionsreise soll Paulus in dieser Gegend Gemeinden gegründet haben, so wie es in Apg 16,6 beschrieben wird (vergleiche 18,23). Der Galaterbrief wäre danach gegen Ende der zweiten oder während der dritten Missionsreise geschrieben, möglicherweise um die Mitte der fünfziger Jahre. Aber, so allgemein diese Betrachtungsweise früher war, so stark wird sie jetzt bestritten.

Gewöhnlich umschreibt man die traditionelle Auffassung als die *Nordgalatische Theorie*, weil ihr zufolge die im Galaterbrief gemeinten Gemeinden im Norden der römischen Provinz Galatien lagen. Viele Ausleger stellen dieser Ansicht die *Südgalatische Theorie* entgegen, der zufolge die betreffenden Gemeinden im Süden der römischen Provinz Galatien zu suchen sind. Dieser Teil der Provinz umfasst Landschaften wie Pisidien und Lykaonien; die im Galaterbrief angesprochenen Gemeinden wären danach (u. a.?) die in dem pisidischen Antiochien und in dem lykaonischen Ikonium, in Lystra und Derbe (Apg 13,14; 14,1.6). Der Nordgalatischen Theorie zufolge kann der Galaterbrief erst nach Apg 16,6 geschrieben worden sein, weil die betreffenden Gemeinden erst während der zweiten Reise gegründet wurden. Nun stecken aber in der Südgalatischen Theorie zwei Schwierigkeiten: Der Galaterbrief kann auch in diesem Fall während der dritten Missionsreise geschrieben worden sein, doch ebenso gut während der ersten Missionsreise und zwar aus dem syrischen Antiochia (siehe Apg 14,26-28). Diese Datierungsfrage hängt mit der Frage zusammen, ob sich Gal 2,1-10 auf Apg 15 oder auf Apg 11,30 bezieht (wir werden dies kurz so schreiben: Gal 2 = Apg 15 oder Gal 2 = Apg 11).

Zusammenfassend können wir 4 Hauptauffassungen unterscheiden:

I. Der Galaterbrief wurde an *nordgalatische* Gemeinden geschrieben und also *nach* Apg 15, wobei Gal 2 = Apg 11 (nach Calvin u.a.).

II. Der Galaterbrief wurde an *nordgalatische* Gemeinden geschrieben und also *nach* Apg 15, wobei Gal 2 = Apg 15 (nach Lightfoot u.a.).

III. Der Galaterbrief wurde an *südgalatische* Gemeinden geschrieben und zwar *nach* Apg 15 (Gal 2 = Apg 15) (nach Boice u.a.).

IV. Der Galaterbrief wurde an *südgalatische* Gemeinden geschrieben und zwar *vor* Apg 15 (Gal 2 = Apg 11) (nach Ramsey u.a.).

In § 2 werden wir auf die Frage nach den Adressaten eingehen und in § 3 auf die Datierungsfrage.

Die Nordgalatische Theorie

Die traditionellen Argumente für die *Nordgalatische Theorie* wurden vor allem durch den anglikanischen Bischof J.B. Lightfoot dargestellt und können wie folgt zusammengefasst werden:

(1) »Galatien« ist im eigentlichen, geografischen Sinn das Gebiet der Galater, eines keltischen Volksstammes, der sich dort seit dem dritten Jahrhundert v. Chr. niedergelassen hatte. Das Wort Galatien ist mit dem Wort Gallien (Südfrankreich) verwandt, das nach dem gleichen Volksstamm der Gallier oder Kelten (gr. *Galatai*) benannt wurde. (Einige vermuten, dass in 2Tim 4,10 mit »Galatien« als Reiseziel des Creszens, Gallien, gemeint ist.) In Anbetracht dessen, dass Lukas nicht die römischen Provinznamen benutzt, sondern die traditionellen geografischen Namen (Phrygien, Pamphylien, Lykaonien usw.) darf man annehmen, dass er auch mit »Galatien« die geografische Landschaft meint, also den nördlichen Teil der römischen *Provinz* Galatien. Die wichtigsten Städte hier waren Pessinus, Ankyra und Tavium, wo man aufgrund dieser Theorie vor allem die galatischen Gemeinde er-

warten müsste. Die Orte im südlichen Teil dieser Provinz wie Antiochia, Ikonium, Lystra und Derbe werden in der Apg niemals als »galatisch« bezeichnet (Apg 13,14; 14,6).

Es scheint in der Tat auf der Hand zu liegen, dass auch Paulus im Galaterbrief den Namen »Galater« in demselben traditionellen Sinn gebraucht, ein strikter Beweis ist das natürlich nicht (siehe unter Punkt c). Außerdem: Auch Lukas benutzt gelegentlich römische Provinznamen. So berichtet er in Apg 16,12, dass Philippi in (der römischen Provinz) Makedonien lag, obwohl sich diese Stadt nicht in der Landschaft Makedonien, sondern in Thrakien befand.

2) Die negativen Kennzeichen der Adressaten im Galaterbrief wie Hitzköpfigkeit, Unberechenbarkeit (siehe besonders 5,19-21) passen gut mit dem zusammen, was wir von den Galliern in der Landschaft Galatien wissen.

– Allerdings ist dies kaum ein echter Beweis, weil die genannten negativen Kennzeichen so allgemein menschlich sind, dass sie auf viele weitere Völkerschaften zutreffen würden.

(3) Obwohl es nicht ausdrücklich gesagt wird, scheint Apg 16,6 im Zusammenhang mit 18,23 zu suggerieren, dass Paulus in der traditionellen Landschaft Galatien Gemeinden gegründet hat.

– Dies ist aber kein echtes Argument, ja selbst wenn sich alle darin einig wären, dass Paulus in Nordgalatien Gemeinden gegründet hat (was bestimmt nicht der Fall ist!), so bewiese das doch nicht, dass er sich im Galaterbrief an diese Gemeinden wendet. Übrigens spricht Apg 18,23 nur von »Jüngern«, nicht von »Gemeinden«.

(4) Paulus impliziert im Galaterbrief, dass die galatischen Christen (fast) alle aus den Heiden stammten. Das passt gut zu der Situation in Nordgalatien, aber weniger gut zu der in Südgalatien, wo viele Juden wohnten.

– Dem steht entgegen, dass wir nicht wissen (können), wie viele südgalatische Juden zu der Zeit Christen wurden.

Die Südgalatische Theorie

Im Folgenden wird die Frage untersucht, über welche besseren Argumente die *Südgalatische Theorie* zu verfügen meint. Die wichtigsten, wie sie vor allem W. M. Ramsay dargestellt hat sind diese:

(a) Selbst wenn die Apg zu suggerieren scheint, in Nordgalatien seien Gemeinden entstanden, so ist es immer noch eigenartig, dass einerseits die Apg kaum etwas oder nichts über diese Gemeinden vermeldet, während ihnen Paulus andererseits einen so wichtigen Brief schreibt, weil offenbar ein ernster Meinungsunterschied aufgetreten war. Man sollte es daher für wahrscheinlicher halten, der Galaterbrief richte sich an Gemeinden, über die auch in der Apg relativ viel bekannt gemacht wird.

– Das ist natürlich nur relativ zu sehen; Lukas überschlägt eine Reihe von Aspekten, die in den Paulusbriefen von großer Bedeutung zu sein scheinen.

(b) Nach 4,13 hatte Paulus die Galater das erste Mal »in leiblicher Schwachheit« besucht. Nordgalatien war äußerst umständlich zu bereisen und daher, so meinen einige, erscheint es einleuchtender, in einer Periode körperlicher Schwäche eher die Südgalatischen als die nordgalatischen Gemeinden zu besuchen. Außerdem wird angemerkt, dass keine der Hauptstraßen in Kleinasien durch Nordgalatien führte. Wollte Paulus diese Gegend aber doch unbedingt besuchen, so wäre er sicher nicht von Lystra aus aufgebrochen (Apg 16,1.6). Aber warum *sollte* Paulus nach Nordgalatien wollen? Aus der Apg erhalten wir viel eher den Eindruck, dass Paulus seine evangelistische Arbeit vielmehr auf die Hauptreiserouten und die wichtigsten kulturellen Zentren des römischen Reiches konzentrierte. Dazu gehörte wohl Süd-, nicht aber Nordgalatien.

– Man könnte eventuell annehmen, dass die Schwäche des Paulus *eine Folge* der Schwierigkeiten der Reise war, doch ist dem Reiserouten-Argument schwerlich zu widersprechen. Stärker noch: Tatsächlich wissen wir nicht einmal sicher, ob Paulus jemals in Nordgalatien gewesen ist. Es sieht aus, als ob Paulus auf seiner zweiten Missionsreise von Südgalatien aus die römische Hauptstraße benutzte, die von Syrien nach Griechenland führte. Die Annahme, Paulus hätte auf dieser Reise auch das ungastliche Nordgalatien besucht, würde einen Umweg (zu Fuß) von 500 Kilometern bedeuten! Auch während seiner dritten Reise folgte Paulus offensichtlich der Hauptreiseroute von Antiochia nach Ephesus, sodass die Jünger, die er in 18,23 stärkte, entlang dieser Route gesucht werden müssen. Nach dieser Auslegung könnten wir dann Apg 16,6 am besten so übersetzen: »das phrygisch-galatische Land«, d. h. der phrygische Teil der römischen Provinz Galatien.

(c) Mag Lukas auch die traditionellen geografischen Namen verwenden (siehe oben Punkt 1), Paulus scheint die römischen Provinznamen vorzuziehen: Achaja, Asia, Macedonia u. a. und wenn er also – so führt man aus – von Galatien spricht, meint er vermutlich eher die römische Provinz dieses Namens, zu der auch die südgalatischen Gemeinden gehörten.

– Auch dies ist nur relativ; denn in 1,21 spricht Paulus von Syrien und Cilicien, was traditionelle Landschaften waren, die zusammen eine römische Provinz bildeten.

(d) Die Gemeinden Südgalatiens befanden sich in verschiedenen geografischen *Landschaften* (Pisidien, Lykaonien) und daher war es sehr praktisch, wenn man sie mit einem Namen, dem römischen Provinznamen »Galatisch«, zusammenfassen konnte. Über dies darf angenommen werden, dass die Bewohner Südgalatiens stolz auf einen Titel waren, der das römische Bürgerrecht umschloss.

– Das sind natürlich keine zwingenden Argumente für die Südgalatische Theorie; höchstens indirekte Stützen.

(e) In 2,1.9.13 wird Barnabas dreimal genannt. Das weist doch wohl stark darauf hin, dass Barnabas den Galatern bekannt war. Aus der Apg sehen wir aber, dass Barnabas Paulus wohl auf der ersten Missionsreise nach Südgalatien begleitete, aber nicht während seiner zweiten und dritten Missionsreise nach Nordgalatien. Vers 13 (»selbst Barnabas«) scheint sogar bei den Galatern eine gewisse Kenntnis des Charakters des Barnabas vorauszusetzen.

– Dies ist sicher ein sehr starkes Argument. Ihm steht zwar entgegen, dass Barnabas auch in 1Kor 9,6 erwähnt wird, obwohl er Paulus doch nie bei dessen Besuchen in Korinth begleitet hat. Paulus lässt aber nicht den Eindruck entstehen, Barnabas sei den Korinthern bekannt, wie hier bei den Galatern.

(f) Nach 1Kor 16,1 nahmen die galatischen Gemeinden auch teil an der Sammlung für die armen Gläubigen in Judäa. Zu der Reisegesellschaft des Paulus gehörte aber nach Apg 20,4f kein Vertreter der nordgalatischen, wohl aber südgalatischen Gemeinden, nämlich Gajus von Derbe und Timotheus von Lystra.

– Auch dies Argument muss etwas relativiert werden; denn es werden auch keine Vertreter z. B. aus Korinth oder Philippi genannt, es sei denn, man betrachtet Titus (1Kor 16,3; 2Kor 8,16f) bzw. Lukas (vergleiche »wir« in Apg 20,5) als solche.

(g) Eine interessante Besonderheit wie der »Engel Gottes« in 4,14 kann aufgrund der Südgalatischen Theorie aus Apg 14,12 gut erklärt werden, wo Paulus und Barnabas als herabgestiegene Götter angesehen werden. Genauso können die »Malzeichen Jesu« (6,17) gut mit der Steinigung des Paulus in Lystra erklärt werden. (Apg 14,19).

– Tatsächlich finden solche Details in der Nordgalatischen Theorie keine Erklärung, trotzdem ist das selbstverständlich höchstens eine indirekte Unterstützung der Südgalatischen Theorie, kein Beweis.

(h) In 2,5 legt Paulus dar, dass er in dem Jerusalemer Konflikt über die Beschneidung nicht vor seinen Widersachern gewichen sei, »auf dass die Wahrheit des Evangeliums *bei euch* verbliebe«. Letztes scheint darauf hinzudeuten, dass die galatischen Gemeinden während der Kontroverse schon bestanden. Es muss sich dann um südgalatische Gemeinden gehandelt haben; denn die nordgalatischen Gemeinden entstanden erst nach dem Konflikt.

– Man könnte einwerfen, das »euch« möchte sich ganz allgemein auf alle Gläubigen aus den Nationen beziehen; doch ist das bei einer so spezifischen Beschreibung wie in Gal 2 ein ziemlich schwaches Argument.

(i) Das Auftreten der judaistischen Irrlehrer, die Paulus auf dem Fuße folgten und sein Werk in den »galatischen« Gemeinden unterminierten, ist (1) viel leichter vorstellbar in dem nahegelegenen Südgalatien, als in dem fernen, unzugänglichen Nordgalatien, wie auch (2) vor der apostolischen Versammlung von Apg 15, als danach. Auf jeden Fall wissen wir, dass in Südgalatien tatsächlich Judaisten aktiv geworden waren und gerade das war der Anlass zu der Versammlung von Apg 15.

Erwägt man alle Argumente sorgfältig, kann gewiss keine der beiden Theorien für *bewiesen* gelten; trotzdem scheint sich die Waage deutlich in Richtung der Südgalatischen Theorie zu neigen. Diese Wahl spielt auch bei der Datierung eine Rolle, besonders bei der Frage, ob Gal 2 = Apg 15 ist. Tauchen nämlich Argumente dafür auf, dass Gal 2 = Apg 11 ist, so ist das eine zusätzliche Schwierigkeit für die Nordgalatische Theorie (siehe Anhang 2). Aber auch, wenn – wie es die traditionelle Auffassung will – Gal 2 = Apg 15 ist, scheinen die Argumente für die Südgalatische Theorie besser zu sein als die für die Nordgalatische.

Anhang 2:
Die Datierung des Galaterbriefes

Aufgrund der Nordgalatischen Theorie (siehe Anhang 1) ist global gesprochen nur eine Datierung möglich und zwar nach dem Besuch des Paulus in Nordgalatien (Apg 16,6). Dabei ist wichtig, wie man den Ausdruck »das erste Mal« (gr. *proteron*) in 4,13 auslegt. Wenn dies beinhalten soll, dass Barnabas noch (mindestens) ein zweites Mal die nordgalatischen Gemeinden besucht hat, dann muss der Galaterbrief nach Apg 18,23 geschrieben worden sein, vielleicht in Ephesus oder kurz danach. Aber *to proteron* kann auch als »im Anfang« aufgefasst werden und dann kann der Galaterbrief schon zwischen Apg 16,6 und 18,23 geschrieben sein. Das Wort »schnell« in 1,6 könnte dann besagen, dass der Galaterbrief schon kurze Zeit nach Apg 16,6 geschrieben wurde. »Schnell« kann aber auch heißen: schnell nach dem Auftreten der Irrlehrer.

Aufgrund der Südgalatischen Theorie sind zwei Auslegungen möglich. (a) Fasst man das *to proteron* als »das erste Mal« auf, so unterstellt Der Galaterbrief noch einen zweiten Besuch, der dann in Apg 16 gesucht werden muss. Genau wie es in der Nordgalatischen Theorie geschieht, muss dann angenommen werden, der Galaterbrief sei während der dritten Missionsreise geschrieben worden. (b) Wenn man den unterstellten zweiten Besuch aber mit Apg 14,21 verbindet und wenn man *proteron* als »im Anfang« auffasst, kann der Galaterbrief schon von Antiochia geschrieben worden sein (Apg 14,26-28) oder auf der Reise nach Jerusalem (Apg 15,3). Der ersten Auslegung zufolge (a) wurde der Galaterbrief nach, der zweiten zufolge (b) vor der Apostelversammlung (Apg 15) geschrieben. Die große Frage ist dann auch, ob 2,10 mit Apg 15 in Verbindung gebracht werden muss – in diesem Fall ist der Galaterbrief nach Apg 15 geschrieben – oder mit einem viel früheren Besuch in Jerusalem; in diesem Fall kann der Galaterbrief auch (kurz) vor Apg 15 geschrieben worden sein. Mit anderen Worten: Ist Gal 2 = Apg 15 (wie es die traditionelle Auslegung will) oder ein anderer Besuch (also Gal 2 = Apg 11)?

Wir werden diese zwei Standpunkte nun näher beschreiben. Dabei überschlage ich die Deutung, Apg 11 und Apg 15 bezögen sich auf *denselben* Besuch des Paulus, wie einige wollen. Ihrer Meinung zufolge soll Lukas die Quellen durcheinander gebracht und daher zu Unrecht von zwei Besuchen berichtet haben. Vom bibeltreuen Standpunkt aus sind wir der Überzeugung, dass der inspirierte Schreiber – der sich in vielen Fällen als ausgezeichneter Historiker erweist – doch wohl die Geschehnisse richtig auseinanderhält. Die genannte Deutung ist reine Spekulation.

Gal 2 = Apg 11

So selbstverständlich wie die Nordgalatische Theorie traditionell war, so selbstverständlich wurde angenommen, dass Gal 2 = Apg 15 sei. Doch wurden ziemlich viele Bedenken gegen diese Sichtweise angeführt.

(1) Das Wörtchen »wieder« in 2,1 legt nahe, dass es sich um einen zweiten Besuch handelt, also nach dem von 1,18. Nun, in Apg findet der zweite Besuch des Paulus nicht in Apg 15, sondern in Apg 11,30 statt, nach dem von 9,26-29.

– Es ist natürlich immer möglich zu unterstellen, wie einige es tun, Paulus habe in seinem Bericht in Gal 1 und 2 seinen kurzen Besuch von Apg 11,30 übergangen.

(2) Es bestehen einige auffallende Unterschiede zwischen Apg 15 und Gal 1 und 2. In Apg 15 ist die Rede von einer mehr offiziellen Besprechung, an der sowohl Paulus und Barnabas als auch die ganze Gemeinde beteiligt waren, während es sich in Gal 2 mehr um eine persönliche Unterhaltung zwischen den Führern zu handeln scheint.

– Man kann unterstellen, dass es sich um den gleichen Besuch handelt, an dem sowohl persönliche Unterhaltungen als auch gemeinsame Besprechungen stattfanden. Es ist nicht unbedingt verwunderlich, dass Paulus – wenn der Galaterbrief mit Apg 15 zusammenfällt – nicht auf die formellen Besprechungen verweist; denn die kannten die Galater bereits (Apg 16,4). Im Galaterbrief geht es gerade um die Kontakte, die zwischen Paulus und den Zwölfen in Jerusalem bestanden hatten – hatten diese ihm sein Apostelamt anvertraut oder nicht? – ein Punkt, der in Apg 15 nicht hervorgehoben wird.

(3) Wenn die Führer in Jerusalem Paulus bitten, die Armen nicht zu vergessen (2,10), so passt das prächtig in den Bericht von Apg 11,30, wo Paulus und Barnabas ja gerade wegen der notleidenden jüdischen

Christen nach Jerusalem gekommen waren. In Apg 15 fehlt der Hinweis auf die Armen.

– Ausschlaggebend ist das natürlich nicht; warum sollte die Ermahnung nicht auch noch in Apg 15 genauso gut ihre Berechtigung gehabt haben? Die jüdischen Christen blieben arm, wie wir aus der großen Kollekte wissen, von der in Röm 15, 1Kor 16 und 2Kor 8,9 die Rede ist.

(4) In Gal 2 fehlen in auffälliger Weise die während des Apostelkonzils von Apg 15 gefassten Beschlüsse, während man doch erwarten müßte, dass Paulus auf sie verweist, falls der Galaterbrief mit Apg 15 zusammenfällt.

– Dem wird aber entgegengehalten, dass (a) die Galater diese Beschlüsse schon kannten (siehe oben). (b) Paulus betont in Gal 1 und 2 gerade seine Selbständigkeit gegenüber den Jerusalemer Aposteln und will sich daher nicht hinter formalen Beschlüssen verstecken, sondern sich vielmehr auf christliche Grundsätze berufen. (c) Diese Beschlüsse sind nach Meinung einiger Ausleger weniger wichtig, als andere annehmen: Möglicherweise sollen sie nur für begrenzte Zeit etwaigen Schwierigkeiten zwischen jungbekehrten Juden und Heiden zuvorkommen. (d) Genau genommen handelten die Beschlüsse überhaupt nicht von dem Problem der galatischen Christen, nämlich: Müssen Gläubige aus den Heiden sich beschneiden lassen?

(5) Es erscheint nahezu undenkbar, dass Petrus sich nach dem Apostelkonzil von Apg 15 noch so verhalten würde, wie es in Gal 2,11-14 beschrieben wird.

– Es erscheint in der Tat schwer vorstellbar, dass zu einem so späten Zeitpunkt wie Apg 15 nicht auch diese verwandte Frage gelöst gewesen wäre und zu allgemeinen Richtlinien geführt hätte. Man äußerte die Ansicht, 2,11-14 habe sich vor 2,1-10 abgespielt, nur reimt sich das schlecht auf die Eröffnungsworte von 2,11: »Als aber Kephas nach Antiochia kam …«.

Gal 2 = Apg 15

Trotz der guten Argumente für die »Gal 2 = Apg 11«-Theorie gibt es noch eine Reihe guter Argumente für die traditionelle »Gal 2 = Apg 15«-Theorie.

(a) Apg 11,30 spricht nur von den »Ältesten« in Jerusalem, so als hätten Paulus und Barnabas während dieses Besuches kaum oder gar nicht mit den Aposteln gesprochen. Die Apostel können schwerlich zu diesen Ältesten gerechnet werden, weil diese zwei Gruppen in Apg 15,2.4.6.22f und 16,4 deutlich unterschieden werden. Dagegen zeigen sowohl Gal 2 als auch Apg 15, dass Paulus in Jerusalem mit den Aposteln zusammentraf.

– Andererseits erscheint es schwer vorstellbar, Paulus habe während seines Besuches von Apg 11 die Apostel überhaupt nicht gesehen. Es kann sein, dass in Apg 11,30 nur die Ältesten erwähnt werden, weil diese mit der Verwaltung der Almosen betraut waren (Apg 6) oder dass die Apostel abwesend waren.

(b) Paulus und Barnabas nahmen bei dem Besuch von Gal 2 Titus mit. Das passt besser zu Apg 15; denn Apg 11,30 spricht allein von Paulus und Barnabas, während Apg 15,2 zumindest eine größere Gruppe unterstellt: »Paulus und Barnabas und einige andere«, wozu auch Titus gehört haben kann.

– Ausgeschlossen ist eine Begleitung durch Titus in Apg 11 natürlich nicht. Er war einfach nicht wichtig genug, um in Apg 11 oder in Apg 15 erwähnt zu werden.

(c) Es ist unwahrscheinlich, dass die »falschen Brüder« von 2,4 schon bei dem Besuch von Apg 11 eine Rolle gespielt haben.

– Es gibt die Ansicht, Paulus habe in 2,3-5 auf ein Geschehen verwiesen, das nach seinem Jerusalembesuch stattfand, was aber doch ziemlich weit hergeholt erscheint.

(d) Nach 2,7-10 anerkannten die Führer in Jerusalem Paulus als Apostel der Unbeschnittenen an. Nun fällt es aber schwer anzunehmen, diese Anerkennung habe schon in Apg 11 stattgefunden. Wie konnte Paulus schon *vor* der ersten Missionsreise das Evangelium »vorlegen, das ich unter den Nationen predige« (Vers 2) und wie konnten die Führer einsehen, dass Paulus »das Evangelium der Vorhaut anvertraut« war (Vers 7)?

– Andererseits empfing Paulus seine Apostelschaft schon bei seiner Bekehrung und begann sofort in Damaskus zu predigen (1,15-17). Auch an sein Predigen in Antiochia kann gedacht werden (Apg 11,25f; vergleiche Gal 1,23-25) und vielleicht hatte Paulus schon kürzere Reisen zu den Heiden gemacht, von denen Apg schweigt.

(e) Das Thema der Besprechungen in Gal 2 hat große Ähnlichkeit mit dem von Apg 15, nämlich, ob Gläubige aus den Heiden beschnitten werden sollen oder nicht. Auch die Art der Besprechungen ist die gleiche, nämlich eine lange und harte Debatte.

– Andere Ausleger haben gerade das heruntergespielt, weil in Gal 2 die Frage der Beschneidung selbst nicht aufgeworfen wird; auch ist nicht von einer harten Debatte die Rede; wir bekommen eher den Eindruck von freundlicher Atmosphäre und zügigen Gesprächen. Doch das kann auch die Gespräche zwischen Paulus und den Zwölfen betreffen, die nach der eigentlichen anstrengenden Versammlung von Apg 15,6-21 stattfanden.

(f) Die Zeitabschnitte, die Paulus in 1,18 (»drei Jahre«) und 2,1 (»vierzehn Jahre«) nennt, passen besser zu Gal 2 = Apg 15 als zu Gal 2 = Apg 11.

– Das wird von anderen angezweifelt; ja, die Datierungsprobleme sind so groß, dass keine einzige definitive Schlussfolgerung möglich ist. Wir können höchstens vermuten, in welchem Jahr Paulus zur Bekehrung kam – und diese Vermutung hängt wieder mit dem genauen Jahr der Kreuzigung zusammen: 30 oder 33 – wozu noch die Schwierigkeit kommt, ob die 14 Jahre von 2,1 von der Bekehrung des Paulus an zu rechnen sind oder ob sein erster Besuch in Jerusalem der Ausgangspunkt ist (siehe bei 2,1).

Es ist nicht einfach, sich zwischen den beiden vorhandenen Alternativen zu entscheiden: Gal 2 = Apg 11 oder Gal 2 = Apg 15. Unter Abwägung aller Informationen neige ich ein wenig mehr zu der zweiten Erklärung. Das hat auch Konsequenzen für die Frage, wann die gesetzlichen Irrlehrer in den galatischen Gemeinden auftraten. Paulus wird sicher schnell davon gehört und unmittelbar darauf den Galaterbrief geschrieben haben. Darum liegt es näher, genauso wie Gal 2 = Apg 15 besagt, auch das Auftreten der Irrlehrer nach Apg 15 zu datieren.

Anhang 3:
Rechtfertigung aus Glauben

Die Gerechtigkeit Gottes

Die Frage der Rechtfertigung (oder Gerechtmachung) aus Glauben, die in der Reformation eine so zentrale Rolle gespielt hat, kann nur von Gottes eigener Gerechtigkeit her angegangen werden. Gott ist der gerechte Gott und Seine Taten sind gerecht – das ist eine viele Male in der Schrift bezeugte Tatsache. Siehe »gerecht« als Attribut Gottes z. B. in 2Mo 9,27; 5Mo 32,4; 2Chr 12,6; Esr 9,15; Nah 9,8; Ps 7,10.12; 11,7; 112,4; 116,5; 119,137; 129,4; 145,17; Kla 1,18; Dan 9,14; Zph 3,5; Joh 17,25; Röm 3,26; 2Tim 4,8; 1Jo 1,9; 2,29; 3,7; Offb 16,5. Das bedeutet: Gott ist derjenige, der »unfehlbar konsequent in der normativen Selbstbestimmung Seines eigenen Wesens ist und der unwandelbar treu zu der Erfüllung Seiner Verheißungen und Bündnisübereinkünfte steht« (Schrenk, 1964:185). »Normative Selbstbestimmung« bedeutet hier, dass Gott selbst die Norm für Sein eigenes Handeln ist und natürlich nicht, dass Gott unter einer anderen, von außen zu Ihm kommenden Norm stünde (S. 195). Wenn daher »gerecht« im hebr. Sinn (*tzèdek*) den Status einer Person beschreibt, die einem Gesetz entspricht (nach Bavinck, 1930, II:189f), ist es besonders wichtig, dies zu betonen, weil Gott über alle Gesetze und Normen erhaben ist, außer denen, die Er sich selbst auferlegt (und auch Letzteres ist nur bildlich aufzufassen!).

Von äußerster Wichtigkeit ist die Einsicht in den biblischen Zusammenhang zwischen Gottes Gerechtigkeit und Seiner Bündnistreue, wie sie in Schrenks obiger Beschreibung dargestellt ist. Und das deshalb, weil schon der späte Judaismus (vergleiche Eichroth, 1933:126) und die Apologeten (Justinus der Märtyrer) zu einseitig die Gerechtigkeit Gottes als »zuteilende« Gerechtigkeit betrachteten (vergleiche Pannenberg, 1971:339; 1988:469f). Dies ist Gerechtigkeit im aristotelischen Sinn: Gott ist der Oberrichter, der jedem »zuteilt«, was ihm zukommt. Die gleiche Auffassung finden wir auch im römischen Recht: Der römische Jurist Ulpianus sprach rund 200 Jahre n. Chr. von dem *ius suum cuique tribuendi*, was bedeutet, das Recht beinhalte, jedem das ihm

Zukommende zu geben. Diese einseitige Auffassung von der Gerechtigkeit hat die Theologie Augustins und der Scholastiker stark beeinflusst. Thomas von Aquin behauptete, man könne Gottes Gerechtigkeit daran erkennen, dass Er jedem nach seinen Verdiensten gebe.

Eben diese Auffassung bereitete Luther in seinen frühen Jahren so große Schwierigkeiten. Die Reformation begann mit einem Mann, der entdeckte, dass Gottes Gerechtigkeit *nicht* allein beinhaltet, dass Gott jedem das Seine gibt, sondern dass sie primär bedeutet, dass Gott selbst *gerecht handelt* gemäß den Verheißungen des Evangeliums (vergleiche Van Genderen, 1992:180ff). Die frühprotestantischen Theologen aber (z. B. Joh. Gerhard, ein wichtiger Vertreter der deutschen lutherischen Orthodoxie) übernahmen schnell wieder die alte Auffassung. Doch hatten selbst einige der Kirchenväter (z. B. Ambrosiaster) schon den Schlüssel zu Gottes Gerechtigkeit gesehen, besonders im Römerbrief. In der »Gerechtigkeit Gottes« (*dikaiosyne theou*, z. B. Röm 1,17) ist der Gen. nicht ein Gen. auctoris, so wie Augustinus und viele nach ihm glaubten (also eine Gerechtigkeit, die von Gott *herstammt*); denn dann würde diese Gerechtigkeit am Ende die Gerechtigkeit des (gläubigen) *Menschen* sein. Nein, es geht hier um einen Gen. subj., d. h., es ist Gottes *eigene* Gerechtigkeit, die im Evangelium offenbart wird, genauso wie parallel dazu, (a) Gottes *eigener* Zorn an den Ungläubigen offenbart wird (Vers 18) und (b) Gott Seine *eigene* Gerechtigkeit an den Gottlosen erweist (3,5). Neben der richtenden Gerechtigkeit über den unbußfertigen Gottlosen gibt es die barmherzige Gerechtigkeit, der zufolge Gott dem Sünder Seine Verheißungen aufgrund des Erlösungswerkes Christi einhält (vergleiche Röm 3,26; 1Joh 1,9) (vergleiche u. a. Weber, 1955:473-484; Wentsel, 1987:414-428).

Dies wird durch AT-Beispiele unterstrichen, vor allem in Jes, wo sich Gottes Gerechtigkeit gerade in Seinen Erlösungstaten offenbart (Ps 31,2; 98,1f; Jes 46,13; 51,5-8; 54,17; 56,1; 61,10f). Es geht im Römerbrief daher nicht um die Gerechtigkeit, die von Gott ausgeht (wie z. B. bei Meyer) oder die vor Gott gilt (z. B. Luther, Philippi) oder die Gott gutheißt (z. B. Calvin) (siehe Murray, 1959:30). Es handelt sich um Gerechtigkeit, die zu Gottes Wesen gehört, um eine göttliche Eigenschaft. Röm 1,17 verweist auf etwas von *Gott selbst*, das geoffenbart wird.

»Gerechtigkeit«, »gerechtfertigt sein«, beinhaltet eine Beziehung (vergleiche Eichroth, 1933:121ff). Genauso wie ein Mensch gerecht ist, wenn er gewissen Anforderungen entspricht, die ein anderer aufgrund seiner Beziehung an ihn stellt, so besteht auch Gottes Gerechtigkeit in erster Linie aus Seiner Bundestreue gegen Sein Volk. Erst wenn man verstanden hat, dass es bei Gottes Gerechtigkeit zuallererst um Sein eigenes Gerecht-*Sein* geht, kann man von gerechtem Handeln sprechen, wenn Er die gottlosen und unbußfertigen Sünder verurteilt (Gerechtigkeit *in malam partem*) oder wenn Er bußfertige und gläubige Sünder erlöst (Gerechtigkeit *in bonam partem*). Bavinck (1930, II:192-194) gibt dafür die Bibelstellen, die für solche Theologen wichtig sind, die den Gedanken an eine vergeltende göttliche Gerechtigkeit ablehnen.

Rechtfertigung

Diese Gerechtigkeit ist das spezielle Thema der Lehre des Paulus von der Rechtfertigung; im Römerbrief wird sie explizit genannt, im Galaterbrief implizit vorausgesetzt. Im Gegensatz zu Murray (1959:30) möchte ich den Nachdruck auf das juristische Element in dieser »Gerechtigkeit« legen. (Anstelle von »juristisch« braucht die Theologie gewöhnlich den Ausdruck »forensisch«, von lat. *forum, »Gerichtsplatz«.*) So sehr die Gerechtigkeit Gottes auch über das rein Juristische hinausgehen mag – und das ist sicher der Fall –, so darf man doch den juristischen Aspekt nicht vernachlässigen oder z. B. durch den »moralischen Aspekt« der Rechtfertigung überspielen. Es ist nicht nur eine Frage der Gnade Gottes, es ist auch juristisch gerecht, dass Gott bußfertige und glaubende Sünder rechtfertigt, weil Er das juristisch dem Erlösungswerk Christi »schuldig« ist (vergleiche Röm 3,25f; 1Jo 1,9).

Natürlich ist das eine metaphorische Sprechweise; Gottes Gerechtigkeit kann nicht in menschliche Begriffe wie »Recht« und »forensisch« eingefangen werden. Andererseits ist es aber auch nicht möglich, über Gottes Gerechtigkeit und über die Rechtfertigung des Gottlosen anders als in primär forensischen Begriffen zu reden. Die Bibel selbst macht es uns vor, indem sie über diese Dinge in menschlich-juristischen Ausdrücken wie Verdammnis, Freispruch u. Ä. spricht, die hier, das Menschliche übersteigend, auf das göttliche Recht *hindeuten*. Wenn wir versuchen, die Lehre von der Gerechtigkeit aus Glauben in rein juristischen Begriffen einzufangen – wie es seit der Scholastik nur allzu oft unternommen wurde –, fahren wir uns ganz schnell fest. Ein

Begriff wie »juristisch schuldig« könnte dann sehr leicht missverstanden werden, so, als ob Gott unter einem Gesetz stünde, dem Er zu gehorchen hätte. In Wirklichkeit hat Er stets Seine »Verpflichtungen« notwendigerweise sich selbst auferlegt. Ein Ausdruck wie »schuldigsein« muss in diesem Licht verstanden werden, nicht im strikt menschlich-forensischen Sinn.[1]

Bei der »Rechtfertigung« des Menschen geht es um die uralte Hiobsfrage: »Wie könnte ein Mensch gerecht sein vor Gott?« (9,2; vergleiche 25,4). Die Antwort fällt zunächst erst einmal negativ aus; denn der Mensch kann keine »Gerechtigkeit haben, die aus [dem] Gesetz ist« (Phil 3,9), d. h., keine Gerechtigkeit aufgrund von (a) Leistungen *aus eigener Kraft* und (b) irgendeines *guten Werkes*, das (c) vom *Sinai-Gesetz* oder von welchem auch immer, gefordert wurde. Nur eine solche menschliche Gerechtigkeit gilt vor Gott, »die durch [den] Glauben an Christus ist – die Gerechtigkeit aus Gott durch den Glauben« (Phil 3,9). Nur die Gerechtigkeit in dem Menschen, die »aus Gott« ist, zählt vor Gott. Diese »Gerechtigkeit *aus* Gott« muss scharf von der zuvor erwähnten »Gerechtigkeit Gottes« unterschieden werden. Das Erste ist ein Zustand der Gerechtigkeit, das Endergebnis des Wirkens Gottes für und an einem Menschen als Widerschein der göttlichen Gerechtigkeit. Es ist eine Gerechtigkeit des gläubigen Menschen, die von Gott herkommt aufgrund des Glaubens an Christus (vergleiche Röm 4,11: »Gerechtigkeit des Glaubens«). Das andere ist die Gerechtigkeit Gottes selbst, aufgrund derer Er den Menschen für gerecht erklärt. Es besteht also sowohl ein deutlicher Unterschied als auch ein enger Zusammenhang zwischen den beiden: »Gottes Gerechtigkeit [kommt] durch Glauben an Jesus Christus gegen alle und auf alle, die da glauben (…) zur Erweisung seiner Gerechtigkeit in der jetzigen Zeit, dass er gerecht sei und den rechtfertige, der des Glaubens an Jesus ist« (Röm 3,22.26). Die *Gerechtigkeit Gottes* schenkt dem Menschen eine Gerechtigkeit *aus* Gott.

Diese gleiche Stelle macht auch deutlich, wieso es *gerecht* vor Gott sein kann, den *Gottlosen* gerecht zu sprechen (Röm 4,5!). Die Antwort lautet: Gott ist darin gerecht, weil Er eine gerechte Grundlage für Sein Handeln in dem Blute Christi (Vers 25; vergleiche 5,9) und in der Auferweckung Christi hat (4,25 – 5,1). Das Erste, das Blut Christi, ist die Basis für alle Vergebung der Sünden für jeden, der sich auf dies Blut beruft. Das Zweite, die Auferweckung Christi, ist die Basis für die Einswerdung des Gläubigen mit dem gestorbenen und auferweckten Herrn. Das Erste nimmt die *Sünden* weg, weil diese durch Christi Blut ausgetilgt wurden; das Zweite geht noch viel weiter: Es nimmt den *alten Menschen* fort, weil dieser im Tode Christi sein Ende gefunden hat, und ersetzt ihn durch den *neuen Menschen*, der vor Gott wohlgefällig ist in Christus (6,1-11).

Der gestorbene und auferweckte Christus ist »gerechtfertigt von der Sünde«, d. h., Er hat für immer mit dem Sündenproblem abgerechnet; so hat auch jeder, der in Christus ist, im *juristischen Sinn* nichts mehr mit dem Sündenproblem zu tun (vergleiche Hebr 9,28). Die Sünde lebt zwar noch in ihm; aber er selbst (der »alte Mensch«, d.h. der Mensch als von der Sünde beherrscht) lebt nicht mehr (Gal 2,19f); er ist der Sünde gestorben, die Sünde herrscht nicht mehr über »ihn«, d.h. über den »neuen Menschen« (Röm 6,5-14). Dieser »neue Mensch« ist »nach Gott geschaffen (…) in wahrhaftiger Gerechtigkeit und Heiligkeit« (Eph 4,24). »Rechtfertigen« heißt (a) »gerecht *machen*« – nun denn, Gott hat aus dem Gottlosen einen neuen Menschen gemacht, der in Gerechtigkeit geschaffen wurde. »Rechtfertigen« heißt aber auch (b) »für gerecht *erklären*« – nun, von diesem »neuen Menschen« in Christus, dem keine Sünden mehr zugerechnet werden können, der nicht von der Macht der Sünde beherrscht wird, ja der in Christus wahrhaftig und heilig ist, kann Gott nichts anderes erklären, als was dieser Mensch in Christus tatsächlich ist: Du bist gerecht.

Tatsächlich kann »rechtfertigen« (*dikaioöo*) im NT außer »jemanden gerecht *machen*« auch bedeuten: »erklären, dass jemand gerecht *ist*« (vergleiche Mt 11,19; Lk 7,29.35; 10,29; 16,15 [»selbst rechtfertigen« = *dikaioöo*]; Röm 3,4; 1Kor 4,4; 1Tim 3,16; Jak 2,21.24f). So gut wie Paulus sagen kann, dass Gott die Gottlosen rechtfertigt, d. h. gerecht *macht* (Röm 4,5), so sicher gilt, dass Gott den neuen Menschen in Christus für gerecht *erklärt*, d. h.: Er erklärt, was dieser auch wirklich ist: ein Gerechter. »Rechtfertigung« ist also keine *Pro-forma*-Erklärung, ein Mensch sei »gerechtfertigt«, während wir wissen, dass der Mensch »eigentlich« noch gar nicht so sehr gerecht ist. Wer so redet, begreift die Bedeutung der christlichen Stellung nicht. Der neue Mensch ist wahrhaftig gerechtfertigt und heilig – nur *wir* leben nicht immer so sehr gerecht und heilig, weil wir nicht zu jeder Zeit die Kennzeichen des neuen Menschen offenbaren, sondern so töricht sind, das Fleisch in uns wieder wirksam werden zu lassen.

Bemerkenswert ist, dass es nicht in erster Linie die Liebe Gottes, sondern Seine Gerechtigkeit ist, die den Sünder rechtfertigt. Heutzutage wird in der Evangeliumsverkündigung viel über die Liebe Gottes gesprochen und das ist natürlich wunderbar; doch ist es auffallend, dass Paulus das in seinen Predigten in Apg niemals tut. Der Sünder fürchtet sich auch nicht vor der Liebe Gottes, sondern vor der göttlichen Gerechtigkeit; denn die Gerechtigkeit Gottes ist es, die ihn verurteilt. Auch bei der Rechtfertigung des Sünders ist die Gerechtigkeit Gottes richtend wirksam; sie verurteilt aber nicht den Sünder selbst, sondern Christus, der am Kreuz die Stelle des bußfertigen Sünders eingenommen hat. Die Folge ist, dass Gott jetzt Seine Gerechtigkeit erweist oder zeigt, dass Er gerecht ist, indem Er den, der an Jesus glaubt, für gerecht erklärt (Röm 3,26).

Sicher ist es so, dass gerade die Liebe Gottes den Sünder demütig machen und zum Eingeständnis seiner Schuld bringen kann. Aber das gibt ihm keine neue Grundlage, auf der er vor Gott stehen kann. Die Liebe Gottes kann ihn *zerbrechen*, aber nur die Gerechtigkeit Gottes kann ihn *aufbauen*; denn diese verschafft ihm die rechtmäßige Grundlage für einen neuen Menschen. Vergebung entströmt der unendlichen Liebe und Barmherzigkeit Gottes gegenüber dem Sünder; Rechtfertigung ist der Freispruch aufgrund eines gerechten Gerichtes Gottes. Das Herz des reuevollen Sünders verlangt nach der Liebe Gottes und nach Seiner Vergebung, das Gewissen des Sünders verlangt nach der Gerechtigkeit Gottes und nach Seinem rechtmäßigen Freispruch. Durch das Blut Christi besitzt er beides: Er besitzt die Vergebung, die Gottes Liebe ihm schenkt und das verleiht ihm Trost und Freude; und er besitzt den Freispruch, den Gottes Gerechtigkeit ihm schenkt und das gibt ihm völlige Ruhe im Blick auf das kommende Gericht. In 1Jo 4,17 haben wir beides: »Hierin ist die Liebe Gottes mit uns vollendet worden, damit wir Freimütigkeit haben am Tage des Gerichts, dass, gleichwie er ist, auch wir sind in dieser Welt.« Hier wird noch dies Neue hinzugefügt: *»Ich bin wie Er ist«*; oder in der Sprache des Galaterbriefes: »Ich bin mit Christus gekreuzigt und nicht mehr lebe ich [oder: ich nun lebe, nicht mehr ich], sondern Christus lebt in mir« (2,20).

Worin liegt also der Grund, dass Gott *gerecht* ist, wenn Er den an Christus glaubenden Sünder für *gerecht* erklärt? Die Antwort lautet: Weil Er eine bestimmte »Verpflichtung« einem bestimmten Verdienst gegenüber hat. Ich wiederhole, dass wir solche Formulierungen nicht

im strikt menschlich-juristischen oder -ethischen Sinn auffassen dürfen; sie können nur dazu dienen, mit menschlichen Worten auf etwas
zu verweisen, was alles Menschliche weit übersteigt. So steht es auch
mit der »Verpflichtung« Gottes gegenüber dem Kreuzesverdienst Christi, das in Seinem Sühnetod und Seiner Auferstehung liegt. In *menschlich*-juristischer Sprache wird hier die *göttliche* Wahrheit gezeigt, dass
Gott ohne Ausnahme *jeden* rechtfertigt, der in wahrer Reue kommt
und im Glauben die Kreuzesverdienste Christi für sich in Anspruch
nimmt. Das Wort »Verpflichtung« muss auch insofern relativiert werden, dass Gott hier nichts auferlegt wird; ja, Er selbst ist es, der die
Initiative bei der Opfertat Christi ergriffen hat. Darum glauben wir
nicht nur an Christus, sondern auch an Gott, »der Jesus, unseren Herrn,
aus den Toten auferweckt hat, welcher unserer Übertretungen wegen
dahingegeben und unserer *Rechtfertigung* wegen auferweckt worden
ist« (Röm 4,24f). Es ist *Gott,* »der doch seines eigenen Sohnes nicht
geschont, sondern ihn für uns alle hingegeben hat« (Röm 8,32). Es ist
Gott, ja »die Herrlichkeit des Vaters« selbst, durch die »Christus aus
den Toten auferweckt worden ist« (6,4).

Das Zurechnen der Gerechtigkeit

In Röm 4 begegnen wir zweimal dem Ausdruck »Gerechtigkeit zurechnen« (Verse 6 und 11) und siebenmal dem Ausdruck »[den Glauben]
zur Gerechtigkeit rechnen« (Verse 3.5.9f.22-24). Diesen zweiten Ausdruck finden wir auch in Gal 3,6 (»Gleichwie Abraham Gott glaubte
und es wurde ihm zur Gerechtigkeit gerechnet«) und in Jak 2,23, immer mit dem Hinweis auf 1Mo 15,6: »Und er glaubte dem HERRN;
und er rechnete es ihm zur Gerechtigkeit.« Dieser Ausdruck bedeutet
nicht, dass der Wert (oder Kraft und Inhalt) des Glaubens an sich jemand zur Gerechtigkeit gerechnet werden könnte. Ja, wenn die Glau-
benstat als solche jemand als Gerechtigkeit angerechnet wird, käme
dies einem Verdienst des Menschen selbst gleich; dann wäre die Rechtfertigung doch aufgrund guter menschlicher Werke, während unsere
Gerechtigkeit im Gegensatz dazu »aus Gott« ist. Der Ausdruck muss
also bedeuten, dass jemand von Gott als gerecht betrachtet wird aufgrund dessen, was er glaubt. Nicht der Glaube ist der Grund der Rechtfertigung, sondern die Gerechtigkeit und die Gnade Gottes und das

Blut und der Kreuzestod Christi, wie uns an anderen Stellen des Römerbriefes und des Galaterbriefes ausführlich dargestellt wird.

Auch der Begriff »Gerechtigkeit zurechnen« kann leicht falsch verstanden werden und ist auch durch die Jahrhunderte hin immer wieder falsch verstanden worden. Er bedeutet, wie gesagt, nicht, dass der Glaube selbst die Gerechtigkeit des Gläubigen ausmacht – so, als läge der Grund unserer Rechtfertigung doch in *uns* –, allerdings geht es hier ganz bestimmt auch nicht um eine Gerechtigkeit, die von außen auf jemand übertragen wird. Der Ausdruck bedeutet: jemand *selbst* »Gerechtigkeit zurechnen« aufgrund dessen, was er glaubt. Wenn Phil 3,9 von einer »Gerechtigkeit aus Gott« spricht, bedeutet das ebenso wenig eine Gerechtigkeit, die aus dem Wesen Gottes auf den Menschen überschrieben wird, sondern eine Gerechtigkeit, die durch die Wirksamkeit des Geistes Gottes in dem bußfertigen und gläubigen und mit dem auferstandenen Christus einsgemachten Menschen als vorhanden erklärt wird.

»Gerechtigkeit zurechnen« ist also nichts anderes, als »vor Gott für gerecht erklären« und gewiss nicht die Übertragung einer Gerechtigkeit von außen auf den Menschen. Es ist unbegreiflich, wie dies so oft missverstanden wurde, ist doch die Parallele in Röm 4,8 völlig deutlich: »Glückselig der Mann, dem der Herr Sünde nicht zurechnet« (vergleiche Ps 32,1: »Glückselig der, dessen Übertretung vergeben, dessen Sünde zugedeckt ist«; vergleiche auch 106,31). Es kann doch kein Zweifel daran bestehen, dass das Zurechnen von *Un*gerechtigkeit hier nicht bedeuten kann, eine Ungerechtigkeit werde von außen auf jemand übertragen. Hier wird einfach erklärt, dass jemand Ungerechtigkeit hat oder ungerecht ist. Genauso muss dann auch der parallele Ausdruck »Gerechtigkeit zurechnen« ausgelegt werden, nämlich: erklären, dass jemand Gerechtigkeit hat oder gerecht ist.

»Gerechtigkeit zurechnen« bedeutet also nicht, Gott würde uns Seine Gerechtigkeit schenken. Nirgends sagt die Schrift, dass Gott *Seine* Gerechtigkeit auf uns überträgt, wohl aber, dass Er uns kraft *Seiner* Gerechtigkeit für gerecht erklärt (Röm 3,26). Rechtfertigung ist im NT niemals die Übertragung der Gerechtigkeit eines anderen (auch Gottes nicht) auf uns. Dies muss genauso gegenüber der Lehre betont werden, die die Rechtfertigung darin zu erkennen meint, dass uns die *Gerechtigkeit Christi* zugerechnet wird. Der Gedanke ist dann folgender: Die einzige Gerechtigkeit, die vor Gott dem Gesetz entspricht, ist

die Gerechtigkeit Christi; denn Er hat für mich vollkommen die Gerechtigkeit des Gesetzes erfüllt; ich habe nicht nur Vergebung für meine Gesetzesübertretungen nötig, ich habe vollkommenen Gehorsam
(nämlich gegenüber dem Gesetz Gottes) nötig; den habe ich nicht, doch
wird mir der durch die aktive Gerechtigkeit (oder: den Gehorsam)
Christi zugerechnet; darin besteht meine Rechtfertigung.[2]

Diesen Standpunkt kleidet das Niederländische Glaubensbekennt-
nis in Worte (und innerhalb des Luthertums die Schmalkaldischen Artikel der Augsburger Konfession). In Art. 22 lesen wir z. B.: »Jesus Christus ist unsere Gerechtigkeit, weil Er uns alle Seine Verdienste und all
Seine Werke zurechnet, die Er für uns an unserer Stelle getan hat.«
Interessant ist, dass in älteren dogmatischen Studien, besonders in denen von G. C. Berkouwer (1949) und in zeitgenössischen bibeltreu-re-
formierten Dogmatiken, wie in den von J. A. Heyns (1988:311-315) und
G. J. Spykman (1992:490-495) beinahe nichts zu finden ist von dem
Gedanken, die Rechtfertigung (unter anderem) beinhalte ein Übertragen der Gerechtigkeit – im Sinne einer Gesetzeserfüllung – von
Christus auf den bußfertigen Sünder. Dem, was Heyns und Spykman
schreiben, kann ich beinahe vollständig zustimmen! Um ein Reformierter sein zu können, ist es offenbar *nicht* nötig zu glauben, dass »die
Gerechtigkeit, die an den Gehorsam zum Gesetz gebunden ist, durch
Christus erworben wurde und in der Rechtfertigung einem Sünder zugerechnet wird« (Velema, 1992:557)![3] Und sogar Bavinck (1939) tippt
in seiner sehr ausführlichen Behandlung diese Frage nur einen Augenblick lang an, wenn er sagt: »Die Rechtfertigung (…) umfasst doch
noch mehr als nur die Vergebung. Denn Christus hat (…) für uns das
Gesetz gehalten und das ewige Leben erworben (…). Ältere Theologen bezeichneten häufig die Zurechnung der Gerechtigkeit Christi als
den zweiten Teil der Rechtfertigung. Obwohl das nicht ganz unrichtig
ist, wenn hier unter der zugerechneten Gerechtigkeit Christi Sein akti-
ver Gehorsam verstanden wird (…), [wäre es besser], die Rechtfertigung als die Zurechnung des Gesamtgehorsams Christi zu umschreiben« (IV:208).[4]

Die Kernfrage ist hier: Beruht die Rechtfertigung tatsächlich (teilweise) auf der Zurechnung der Gesetzeserfüllung Christi auf Erden?
Meine Antwort ist unzweideutig: Diese Anschauung finden wir im NT
nicht. Selbst der einfachste Gläubige kann sich die Frage stellen: Wo
lese ich in der Schrift etwas, das auch nur einigermaßen in die Rich-

tung zielt, dass mir die Gesetzeserfüllung Christi zugerechnet würde oder dass Gott mir die Gerechtigkeit Christi schenkte? Wo lese ich überhaupt von der Gerechtigkeit Christi (außer in 2Petr 1,1 in einem völlig anderen Zusammenhang)? Selbstverständlich sind solche Fragen noch keine Widerlegung; aber es muss uns doch immer nachdenklich stimmen, wenn bestimmte Ausdrücke, die in einer theologischen Theorie eine zentrale Rolle spielen, in der Schrift überhaupt nicht vorkommen, nicht einmal indirekt.

Nun ist es tatsächlich so, dass Paulus sagt: »Christus Jesus, der uns geworden ist: (...) Gerechtigkeit« (1Kor 1,30). Allerdings, die Gerechtigkeit, die wir aus Glauben durch Gottes Gnade besitzen, ist gegründet auf dem, was Christus war und ist und was Er am Kreuz für uns vollbracht hat. Und tatsächlich hat Paulus gesagt: »Also nun, wie es durch *eine* Übertretung gegen alle Menschen zur Verdammnis [gereichte], so auch durch *eine* Gerechtigkeit gegen alle Menschen zur Rechtfertigung des Lebens. Denn gleichwie durch des *einen* Menschen Ungehorsam die Vielen in die Stellung von Sündern gesetzt worden sind, so werden auch die Vielen in die Stellung von Gerechten gesetzt werden« (Röm 5,18f). Wenn hier bei »Gerechtigkeit« und »Gehorsam« an das Erlösungswerk Christi gedacht wird, brauchen wir keine großen Probleme mit der Feststellung zu haben, dass Gott den Menschen rechtfertigt, indem Er ihm die Gerechtigkeit Christi (im Sinne der Folgen Seines Erlösungswerkes) schenkt. Aber die Vorstellung, diese »Gerechtigkeit« und dieser »Gehorsam« Christi seien Gesetzeserfüllung, führt zu großen Schwierigkeiten. Wenn Velema in einem Atemzug sagt: »(...) Christus, der den Forderungen des Gesetzes entsprach. Er hat den Fluch des Gesetzes an sich vollziehen lassen (...)« (555), dann redet er doch über zwei wesentlich verschiedene Dinge! Christus »hat, an dem, was er *litt*, den Gehorsam gelernt« (Hebr 5,8); Er war »gehorsam *bis zum Tode*, ja, zum Tode am Kreuz« (Phil 2,8). Aber welcher Zusammenhang besteht zwischen diesem Gehorsam Christi und der Tatsache, dass Er als treuer Jude das Gesetz erfüllte? Es waren Christi Leiden, Sein Blutvergießen, Seine Selbstübergabe in den Tod, die die Grundlage für die Rechtfertigung des Gottlosen bilden. Was hat das mit dem Gesetz zu tun?

Christus trug den Fluch, der die Konsequenz *meiner* Gesetzesbrecherei war – dieser Zusammenhang ist selbstverständlich. Aber Sein Fluchtragen auf Golgatha – und nur da! (Gal 3,13) – ist etwas wesentlich anderes als Seine Gesetzeserfüllung während Seines Lebens. Wenn Bavinck die Einheit von Christi »aktivem« und »passivem« Gehorsam als Grundlage der Rechtfertigung betont, wo bleibt dann die *Gegenüberstellung* von Christi Gesetzeserfüllung und dem, dass Er den Fluch des Gesetzes getragen hat? Darf man sagen: Christus erfüllte das Gesetz bis zum Tode, ja, bis zum Kreuzestode? Welches Gesetz forderte denn den Tod dieses Gerechten? Der Gehorsam Christi wird in Röm 5,19 ausdrücklich dem Gesetz gegenübergestellt und steht zu ihm in Widerspruch (Vers 20). Vom traditionell-reformierten Standpunkt aus ist unsere Gerechtigkeit am Ende doch wieder eine »Gerechtigkeit, die aus [dem] Gesetz ist«, nl. die Gerechtigkeit, die Christus uns durch Seine vollkommene Gesetzeserfüllung erworben hat.

Man findet bei Paulus nicht die Spur von einer Vorstellung, dass, weil wir die Gerechtigkeit des Gesetzes nicht erreichen konnten, Christus diese uns erworben und geschenkt hätte. Im Gegenteil geht es bei Paulus darum, dass unsere Gerechtigkeit gerade ganz und gar nicht eine »Gerechtigkeit aus [dem] Gesetz« ist, völlig einerlei, worauf das Gesetz beruht, sondern dass sie eine Gerechtigkeit aus dem Glauben ist (vergleiche Röm 10,5-8). Darum sagt Paulus: »Jetzt aber ist, ohne Gesetz (*chora nomou*), Gerechtigkeit geoffenbart worden« (Röm 3,21), d. h. prinzipiell außerhalb jeglichen Gesetzes oder außerhalb der gesamten Gesetzesordnung. Das Gesetz hat mit unserer Rechtfertigung überhaupt nichts mehr zu tun. Wir sind »Ungerechte« geworden, weil wir Gesetzesbrecher sind; wir werden gerechtfertigt, nicht durch »Zurechnung« der Gesetzeserfüllung Christi, sondern außerhalb jeglichen Gesetzesgrundsatzes (vergleiche Anhang 4). Nicht das Gesetz ist die Grundlage und der Maßstab für unsere Gerechtigkeit in Christus, sondern die Herrlichkeit Gottes selbst (vergleiche Röm 3,23f).

Um es kurz zu machen: (a) »jemand Gerechtigkeit zurechnen« ist bei Paulus niemals »Fremdgerechtigkeit« (*iustitia aliena*), die dem bußfertigen Sünder überschrieben wird, sondern »jemand für gerecht rechnen«. (b) Wenn meine Gerechtigkeit als Gläubiger wesensmäßig die »aktive Gerechtigkeit Christi« ist, d. h. Seine vollkommene Gesetzeserfüllung, dann habe ich in Wirklichkeit noch immer im Grunde nichts anderes, als eine »Gerechtigkeit aus [dem] Gesetz«, nicht eine »Gerechtigkeit aus Gott« (Phil 3,9),[5] und (c) besteht dann diese Gerechtigkeit nur aus dem, was ich hätte tun müssen (»Tue dies und du wirst leben«) *und weiter nichts.* Eine Gerechtigkeit aus [dem] Gesetz impliziert dann nicht mehr die Einswerdung mit dem auferweckten Christus (Röm 6,7), die Herrlichkeit Gottes (3,23f; 5,1f) und das ewige Leben (5,21; vergleiche Gal 6,8), genauso wenig wie Adam in seinem unschuldigen Zustand diese Dinge besaß. (d) Ebenso wenig verstehe ich dann, dass wir »gerechtfertigt durch sein Blut« sind (Röm 5,9), d.h. ich verstehe wohl, dass durch Sein Blut meine Ungerechtigkeiten ausgetilgt sind – und dass Er durch Seinen Tod den Fluch des Gesetzes getragen hat –, aber ich verstehe nicht, was Sein Blut mit der Zurechnung Seiner Gesetzeserfüllung zu tun hat oder was die Gesetzeserfüllung während Seines Lebens mit Seinem Sterben für meine Gesetzesübertretungen zu tun hat.

Dies ist es, was ich bei Paulus gelernt habe: Christus hat nicht eine menschliche, gesetzliche Gerechtigkeit für mich erworben, sondern Gott hat auf dem Kreuz an dem sterbenden Christus meinen alten Menschen radikal gerichtet; den neuen Menschen hat Er mit dem auferstandenen Christus einsgemacht und diesen neuen (sünd- und schuldlosen) Menschen in Christus »gerechterweise« für gerecht erklärt und ihn in die Sphäre von Gottes eigener Gerechtigkeit und Herrlichkeit versetzt. In diesem Sinn verstehe ich z.B. 2Kor 5,21: »Den, der Sünde nicht kannte, hat er für uns zur Sünde gemacht, auf dass wir Gottes Gerechtigkeit würden in ihm«, d.h. in Christus, dem verherrlichten Menschen im Himmel, der jetzt meine Gerechtigkeit ist (1Kor 1,30). Auf den alten Menschen wird nicht eine »fremde« Gerechtigkeit übertragen, die er selbst nicht hervorbringen konnte – das wäre indirekt eine Verbesserung des alten Menschen –, sondern Gott hat mit dem alten Menschen als solchem vollständig abgerechnet und ihn durch den neuen Menschen ersetzt (vergleiche meinen Kommentar zu Gal 2,20). Das ist allerdings etwas völlig anderes, als was Calvin sagt: »(…) werden auch unsere Werke vor GOTT als gerecht angesehen, darum nl., weil alles, was an unseren Werken unvollkommen ist, durch das Blut des CHRISTUS ausgetilgt wird« (siehe Anm. 3). Es geht nicht um »Unvollkommenheiten« in unseren früheren Werken, nein, *alle* Werke des natürlichen Menschen sind vor Gott böse. Es geht bei der Rechtfertigung nicht nur um die Vergebung der Sünden, sondern um die völlige Beiseitestellung des alten Menschen (siehe bei Gal 5,24; 6,14).

Natürlich bedeutet das nicht, das (gesetzestreue) Leben Christi hätte *nichts* mit meiner Rechtfertigung zu tun, im Gegenteil. Es ist gerade besonders wichtig, dass derjenige, »der keine Sünde kannte«, »für uns zur Sünde gemacht« wurde. Aber: Nicht Sein Leben unter dem Gesetz, sondern Sein Tod am Kreuz war die Grundlage meiner Rechtfertigung. Das Halten des Gesetzes brachte höchstens eine menschliche Gerechtigkeit für den ersten Adam (Röm 2,13); aber ich bin in dem letzten Adam und was ich nun habe, ist Gerechtigkeit in dem letzten Adam, eine Gerechtigkeit, die aus Gott ist, nicht aus dem Menschen; aus Glauben, nicht aus Gesetzeswerken, einerlei, wer sie vollbracht hätte. Das Gesetz verschafft mir keine Gerechtigkeit, auch nicht via Christus. Das Gesetz kann nur eins tun und das ist: mir den Tod bringen; aber diesen Tod starb ich in Christus und was ich jetzt lebe, lebe ich nur durch und in Ihm (vergleiche Gal 2,20). Christus wurde »geboren unter Gesetz, auf dass er die [welche] unter Gesetz [waren], loskaufte« (4,4f), nicht *weil* Er das Gesetz für sie *hielt* – obwohl Seine eigene vollkommene Gesetzeserfüllung dazu beitrug, dass er das Erlösungswerk vollbrachte –, sondern weil Er für sie zum Fluch gemacht wurde und sie vom Fluch des Gesetzes freikaufte (3,13). Nirgends macht Paulus auch nur die kleinste Andeutung, dass Christi Gesetzeserfüllung direkt zu meinem Heil beigetragen hätte. Dass »durch Gesetz niemand vor Gott gerechtfertigt wird, ist offenbar« (3,11) – auch nicht der Gläubige durch die Gesetzeserfüllung eines anderen.[6]

Anmerkungen

1) Die scholastischen Ausarbeitungen der Lehre von der Rechtfertigung haben zu folgenden Unterscheidungen geführt: forensische und ethische Rechtfertigung, analytische und synthetische Rechtfertigung, aktive und passive Rechtfertigung. Daneben steht einer »eingeflossenen« (*infusa*) eine »zugerechnete« (*imputata*) Rechtfertigung gegenüber usw. Außerdem diskutierte man über die Frage, ob die Rechtfertigung in Gottes ewigem Ratschluss stattfand oder während des Versöhnungswerkes Christi und/oder während der Wiedergeburt, vor, während und nach dem Glauben usw., usw. Auch ohne diese technischen Detaillierungen kann die Lehre von der Rechtfertigung glücklicherweise in ihrer biblischen Grundform behandelt und verstanden werden.

2) Als Beispiel für diesen Standpunkt möchte ich am liebsten aus Calvins *Institutio* (Teil III, vor allem §11) zitieren; aber der Kürze halber benutze ich seinen Römerkommentar (1950:112f): »An erster Stelle ist es nötig, anzumerken, dass die Sache unserer Rechtfertigung nicht dem mensch-

lichen Urteil unterliegt, sondern dem Richterstuhl *Gottes,* wo nichts für Gerechtigkeit gerechnet wird als der vollkommene und gänzliche Gehorsam gegen das Gesetz, welches aus den Verheißungen und Drohungen deutlich offenbar wird. Und weil es nun so ist, dass kein Mensch gefunden wird, der zu solcher vollkommenen Heiligkeit aufgestiegen ist, so folgt daraus, dass alle in sich selbst dieser Gerechtigkeit ermangeln. Zweitens ist es nötig, dass *Christus* hinzukomme, der, weil Er der einzige Gerechte ist, auch uns gerecht macht, indem Er Seine Gerechtigkeit auf uns überträgt. So wird es deutlich, dass die Gerechtigkeit des Glaubens die Gerechtigkeit *Christi* ist. (…) Nachdem wir an *Christus* Anteil empfangen haben, sind wir nicht allein selbst gerecht, sondern werden auch unsere Werke vor *Gott* für gerecht erachtet, darum nämlich, weil alles, was darin unvollkommen ist, durch das Blut *Christi* ausgelöscht wird«.

3) Nach den vielen guten und schönen Dingen, die ein bibeltreuer Autor wie W. H. Velema in seinen Abhandlungen über die Rechtfertigung (1992:552-586) zu diesem Thema sagt, muss ich doch gegen folgende Aussagen Stellung beziehen: »Rechtfertigen bedeutet in den Paulusbriefen immer: *für gerecht erklären durch die Zurechnung der durch Christus mit Seinem Opfer erworbenen Gerechtigkeit.* Weil nun das Rechtfertigen dasselbe ist wie das Zur-Gerechtigkeit-Rechnen und auch immer darin besteht (…), [geschieht] das Für-gerecht-erklären durch das Zurechnen einer fremden Gerechtigkeit« (555-557).

4) Es muss aber hinzugefügt werden, dass Bavinck andernorts (1930, III:364f, 384, 397) sehr ausführlich auf die Einheit eingeht zwischen Christi aktivem Gehorsam (während Seines Lebens) und Seinem passiven Gehorsam (während Seines Kreuzesleidens) und auf die Notwendigkeit dieses ganzheitlichen Gehorsams für die Versöhnung. Die Behandlung dieser Frage würde hier viel zu weit führen.

5) Nur insoweit, als meine Gerechtigkeit »aus Gott« ist, kann ich tatsächlich von »fremder« Gerechtigkeit sprechen, nl. von Gerechtigkeit, die nicht aus mir, sondern aus einem anderen kommt. Gott und das Werk Christi sind der Ursprung dieser Gerechtigkeit; aber das ist etwas ganz anderes, als dass die Gerechtigkeit Gottes oder Christi auf mich überschrieben wird.

6) Der hier entfaltete Standpunkt ist keine neue Erfindung. Schon Anselmus von Canterbury lehrte, dass die Genugtuung Christi allein in Seinem Leiden und Sterben bestand. Bei den frühen Protestanten finden wir diesen Standpunkt z. B. unter den Taufgesinnten und den Herrnhutern und auch bei reformierten Theologen. Ursinus und Olevianus neigten dazu, besonders Joh. Piscator legte großen Nachdruck darauf. Er wurde unter anderen von Joh. Bogermann bestätigt. Jac. Alting meinte sogar – m. E. zu Recht –, dass das versöhnende, stellvertretende Leiden

Christi auf die drei Stunden der Finsternis beschränkt war. Dieser Standpunkt ist keinesfalls eine Verkennung des aktiven Gehorsams Christi oder Seines Leidens, das Er während Seines Lebens erfuhr; im Gegenteil – damit wird nur bestritten, dass die Leiden vor dem Kreuz stellvertretenden und versöhnenden Charakter trugen.

Anhang 4:
Stellung und Bedeutung des Gesetzes[1]

Grundbedeutungen

Das gr. Wort für »Gesetz«, *nomos* (vergleiche »-nom« in Worten wie Ökonom, Astronom, autonom, Metronom) bedeutet:

a) Jedwedes Gesetz (Röm 3,27: »welches Gesetz?«) oder eine bestimmte Gesetzesvorschrift (Röm 7,2: »die Frau ist durchs Gesetz an ihren Mann gebunden«; hier vielleicht das römische Recht?), also ein Gesetz aus vielen.

b) Eine »Gesetzmäßigkeit« (Norm, Regel, Grundsatz) (Hebr 7,16); vor allem in Röm 7,21-26: »Also finde ich eine Gesetz(-mäßigkeit) für mich, der ich das Gute tun will: dass das Böse bei mir vorhanden ist. Denn ich habe Wohlgefallen an dem Gesetz Gottes [= *(e)*] nach dem inneren Menschen; aber ich sehe eine andere Gesetz(-mäßigkeit) in meinen Gliedern, die der Gesetz(-mäßigkeit) meines Sinnes widerstreitet und mich in Gefangenschaft bringt unter die Gesetz(-mäßigkeit) der Sünde, die in meinen Gliedern ist. (…) Also nun diene ich selbst mit dem Sinne Gottes Gesetz [= *(e)*], mit dem Fleische aber der Sünde Gesetz(-mäßigkeit).« Hier steht die Gesetz(-mäßigkeit) der Sünde der Gesetz(-mäßigkeit) des durch die Wiedergeburt erneuerten Denkens des Paulus gegenüber.

(c) Das Gesetz, das Gott dem Mose auf dem Sinai gab (Gal 3,17,19), häufig das »Gesetz Moses« genannt (z. B. Hebr 10,28) oder »das väterliche Gesetz« (Apg 22,2) oder »das Gesetz des Herrn« (Lk 2,23f.39).[2]

(d) Die Ordnung des Gesetzes, d. h. das System, das als Grundlage für Rechtfertigung und Errettung Gesetzeswerke fordert (Gal 2,16. 19.21; 3,2.5.10-13.17-19.21.23f; 4,4f.21; 5,3f.18.23; 6,13) und das daher ein Dienst des Todes und des Gerichts ist (2Kor 3,7.9), eine Ordnung, die Zorn bewirkt (Röm 4,15), die Fluch bringt, weil niemand das Gesetz erfüllen kann (Gal 3,10), eine Ordnung der Feindschaft, weil sie die Juden und Heiden voneinander scheidet (Eph 2,15), eine Ordnung, die als Schuldbrief gegen uns zeugte und uns durch ihre Bestimmungen entgegenstand (Kol 2,14).

(e) Das Gesetz in mehr geistlichem Sinn: die autoritative und normative Gottesoffenbarung, die hinter dem Gesetz vom Sinai steckt:
Die Hauptsumme des Gesetzes (Mt 22,36-40 + par.), d.h. das Gesetz
der Liebe (Röm 13,10; Gal 5,14), das Gesetz des Christus (Gal 6,2;
vergleiche 1Kor 9,21), das Gesetz Gottes (Röm 7,22.26; vergleiche Vers
12; 8,7), das Gesetz [des] Glaubens (Röm 3,27), das königliche Gesetz
(Jak 2,8), das Gesetz der Freiheit (Jak 1,25; 2,12).

Das gr. Wort *nomos* ist von *nemoo* abgeleitet, das »zuteilen« bedeutet, und will daher das beschreiben, was einem »zugewiesen« wurde, was ihm zukommt. Unser Wort »Gesetz«, von »setzen«, »einsetzen«, bringt das gut zum Ausdruck. Das niederländische Wort für »Gesetz« *wet* (abgeleitet von »weten« = »wissen«) hängt etymologisch mit
»Weisheit« und »Wissenschaft« zusammen und steht dem hebr. Äquivalent *torah* näher, das vielen zufolge von *jarah*, »unterweisen«, abgeleitet ist und ursprünglich »Unterweisung« bedeutete; (vergleiche Bu-
bers Übersetzung Weisung). Die *Torah* ist also das, was uns »wissen«
lässt, was uns den Weg »weist«, was uns »weise« macht. Die *Torah* im
Sinne göttlicher Unterweisung sehen wir z.B. in Ps 1,2 (»Glückselig
der Mann, der [...] seine Lust hat am Gesetz des HERRN und über
sein Gesetz sinnt Tag und Nacht!«) und 94,12: (»Glückselig der Mann,
den du züchtigst, HERR und den du belehrst aus deinem Gesetz«).
So betrachtet ist die *Torah* auch die Offenbarung der Gedanken Gottes. Wir sehen das z.B. in Jes 2,3 (»Denn von Zion wird das Gesetz
ausgehen und das Wort des HERRN von Jerusalem«) und 5,24, wo
einige »Offenbarung« statt »Gesetz« haben. Die Bedeutung »Offenbarung des göttlichen Willens« ist vor allem da offenkundig, wo es
um Gottes *Torah* an alle Völker geht, die das Gesetz vom Sinai nicht
kennen (Jes 2,2-4; 42,3-7; 51,4-9).

In der Tat: Gottes Gesetz bzw. Gottes Offenbarung ist stets die Enthüllung Seines *Willens,* ob es sich dabei um Seinen Schöpferwillen –
die »Naturgesetze« und das Gesetz für den ersten Menschen – handelt
oder ob es um die Erlösung geht: die Norm für den neuen Menschen
in Christus.

In Ps 19 finden wir nur eine Offenbarung Gottes: Ob es um die
Gesetzesordnung der Natur oder des Menschenlebens geht, immer haben wir es mit *einem* göttlichen Gesetz zu tun, mit *einer* göttlichen Offenbarung. Das wird auch ganz deutlich in dem alphabetischen Ps 119,
worin die Verse 89-96 alle mit *lamed* anfangen. Diese Gruppe beginnt,

indem sie sehr deutlich über die kosmische Weltordnung spricht (Vers 89-91), dann aber zu dem normativen Gesetz Moses übergeht, vor allem zu den Zehn Geboten. Das kosmische und das sinaitische Gesetz bilden *ein* Gesetz, *eine* Offenbarung Gottes.

Mit Ps 119,89 begegnen wir einem weiteren Begriff, der in diesem Zusammenhang wichtig ist: *dabar,* »Wort«. Gottes Gesetzeswille manifestiert sich stets in Seinem Wort und umgekehrt ist Sein Wort immer ein »Willenswort«. Das Gesetz ist Gottes Wort, genauso wie Seine Offenbarung immer Sein Wort ist.

Die Schöpfung ist durch Sein Wort hervorgebracht und darum eine Manifestation Seines Schöpferwortes. Gott offenbart sich immer unveränderlich durch *Sprechen.* In 1Mo 1 ist Er nicht sichtbar, aber hörbar durch Sein Schöpfungswort. Gott wird auf dem Sinai nicht sichtbar, aber hörbar durch Sein Sprechen (2Mo 19,9) und offenbart auf diese Weise Seinem Volk Seinen Willen. Auf dem Sinai offenbarte Er Seinen Willen für das Menschenleben in »zehn Worten« (2Mo 34,28; 5Mo 4,13; 10,4), das sind zehn verschiedene Offenbarungen Gottes. Bei diesen »zehn Worten« haben wir es auch wieder nicht nur mit »Gesetz«, sondern mit »Gottesoffenbarung« zu tun. Das wird deutlich (a) durch die Eröffnungsworte (oft betrachtet man diese als das erste der »zehn Worte«!), worin sich Gott vorstellt oder offenbart, indem Er erklärt, wer Er ist: »Ich bin der HERR, dein Gott, der ich dich herausgeführt habe aus dem Lande Ägypten, aus dem Hause der Knechtschaft« (2Mo 20,2); und (b) aus der Art und Weise des Gesetzes, das den Menschen zu einer Heiligkeit aufruft, die zunächst in Gott selbst geoffenbart gewesen ist: »Ich bin der HERR, euer Gott; so heiligt euch und seid heilig; denn ich bin heilig« (3Mo 11,44; 19,2; 20,7f; vergleiche 1Petr 1,16).

Die Worte »Offenbarung«, »Gesetz« und »Wort« hängen also eng miteinander zusammen. Gott offenbart sich in der Natur in den kosmischen Gesetzen, d.h. in Seinem Schöpfer- und Erhalterwort (Röm 1,19f; Hebr 1,3), Er offenbart sich auch in Seinem Erlösungswort (Röm 3,21f; 2Tim 1,9f), dem fleischgewordenen Wort (Mt 16,17; Joh 2,11; 1Tim 3,16; Hebr 9,26; 1Petr 1,20; 1Jo 3,5.8), dem schriftgewordenen Wort (1Kor 2,10-13; Eph 3,5; 2Tim 3,16; 2Petr 1,20f) dem gepredigten Wort (Kol 4,4; 1Thes 2,13). Im Anhang 5 werden wir noch einen anderen Ausdruck betrachten, der zu dieser Gruppe (»Offenbarung«, »Gesetz«, »Wort«) gehört, nämlich den Ausdruck »Bündnis«.

Das Gesetz Moses und das Gesetz Christi

Im Zusammenhang mit dem Galaterbrief interessieren uns vor allem die Bedeutungen (d) und (e), also das Gesetz Moses und das Gesetz Christi. Betrachten wir daher einige der zwischen ihnen bestehenden Unterschiede:

(1) Das Gesetz Moses und das Gesetz Christi unterscheiden sich in erster Linie dadurch, dass sie völlig unterschiedliche *Ordnungen* zum Inhalt haben, eine andere »Einteilung«, eine andere »Wertung der Dinge« beschreiben. Das Gesetz Moses liegt in einem System eingebettet, das Gesetzeswerke als Grundlage der Rechtfertigung erfordert und das daher eine Ordnung ist, die Fluch bringt, weil niemand das Gesetz erfüllen kann. Es ist ein Gesetz, das sich an das *Fleisch* richtet und nur beweisen kann, dass das Fleisch Gottes Willen nicht tun kann (Apg 15,10; Röm 7,12-16; 8,3.7f). Es ist ein Gesetz der *Sklaverei*, weil es ununterbrochen Taten fordert, die dem Fleisch zuwider sind, die unserer alten Natur nicht gefallen (Röm 6,12-23). Die Ordnung des Gesetzes ist jetzt zu Ende: Sie wurde in Christus erfüllt und hat in ihm ihren Abschluss gefunden (Joh 1,17). Von *diesem Gesetz* als der auferlegten, aber unerfüllbaren Voraussetzung der Errettung sind wir freigemacht (Röm 6,14f; 7,4-6; Gal 2,19; 4,5; 5,18).

Das Gesetz Christi dagegen ist eingebettet in eine Ordnung, in der Rechtfertigung gegründet ist auf die Gnade Gottes und den Kreuzestod und auf das Blut Christi, was der bußfertige Sünder im Glauben annehmen muss. Es ist ein Gesetz, das sich an das neue Leben in einem versöhnten Menschen richtet und das er in der Kraft des *Heiligen Geistes* vollbringt (Röm 8,3-9; Gal 5,16-23). Es ist das Gesetz der *Freiheit* (Jak 1,25; 2,12), weil es fortgesetzt Taten fordert, die der neue Mensch auch gerne will, die von seiner neuen Natur von ganzem Herzen verlangt werden. Der neue Mensch ist buchstäblich frei, zu tun, was er will; denn die neue Natur will nichts lieber, als Gott dienen und Seine Gebote halten. Die neue Natur hat »Wohlgefallen an dem Gesetz Gottes nach dem inneren Menschen« und dient »mit dem [wiedergeborenen] Sinn Gottes Gesetz« (Röm 7,22.25).

Das verstand auch schon der wiedergeborene Mensch des AT: »Das Gesetz des HERRN ist vollkommen, erquickend die Seele (...). Die Vorschriften des HERRN sind richtig, erfreuend das Herz; das Gebot des HERRN ist lauter, erleuchtend die Augen (...). Die Rechte des

HERRN sind Wahrheit; sie sind gerecht allesamt; sie, die köstlicher sind als Gold und viel gediegenes Gold und süßer als Honig und Honigseim« (Ps 19,8-11). Und natürlich besonders im Ps 119: »Ich habe meine Wonne an deinem Gesetz (…). Besser ist mir das Gesetz deines Mundes als Tausende von Gold und Silber (…) dein Gesetz ist meine Wonne (…). Wäre nicht dein Gesetz meine Wonne gewesen, dann würde ich umgekommen sein in meinem Elende (…). Wie liebe ich dein Gesetz! Es ist mein Sinnen den ganzen Tag. Weiser als meine Feinde machen mich deine Gebote; denn immer sind sie bei mir. Ich bin verständiger als alle meine Lehrer; denn deine Zeugnisse sind mein Sinnen. Mehr Einsicht habe ich als die Alten; denn deine Vorschriften habe ich bewahrt. Von jedem bösen Pfade habe ich meine Füße zurückgehalten, damit ich dein Wort bewahre. Nicht bin ich von deinen Rechten gewichen; denn du, du hast mich unterwiesen. Wie süß sind meinem Gaumen deine Worte, mehr als Honig meinem Munde! Aus deinen Vorschriften empfange ich Einsicht; darum hasse ich jeden Lügenpfad. Dein Wort ist Leuchte meinem Fuße und Licht für meinen Pfad. (…) Mein Leben ist stets in Gefahr; aber dein Gesetz habe ich nicht vergessen. Die Gesetzlosen haben mir eine Schlinge gelegt; aber von deinen Vorschriften bin ich nicht abgeirrt. Deine Zeugnisse habe ich mir als Erbteil genommen auf ewig; denn meines Herzens Freude sind sie. Ich habe mein Herz geneigt, deine Satzungen zu tun ewiglich, bis ans Ende. Die Doppelherzigen hasse ich und ich liebe dein Gesetz. (…) Angst und Bedrängnis haben mich erreicht; deine Gebote sind meine Wonne. Sieh, dass ich deine Vorschriften liebhabe. Ich freue mich über dein Gesetz wie einer, der große Beute findet. Lüge hasse und verabscheue ich; ich liebe dein Gesetz. Siebenmal des Tages lobe ich dich um der Rechte deiner Gerechtigkeit willen. Große Wohlfahrt haben die, die dein Gesetz lieben und kein Fallen gibt es für sie. Ich habe auf deine Rettung gewartet, HERR; und deine Gebote habe ich getan. Meine Seele hat deine Zeugnisse bewahrt und ich liebe sie sehr. (…) Meine Lippen sollen dein Lob hervorströmen lassen, wenn du mich gelehrt hast deine Satzungen. Meine Zunge soll laut reden von deinem Worte; denn all deine Gebote sind Gerechtigkeit. Lass deine Hand mir zur Hilfe kommen! Denn ich habe deine Vorschriften erwählt. Ich sehne mich nach deiner Rettung, HERR und dein Gesetz ist meine Wonne« (Verse 70.72.77.92.97-105.109-113.143.159.162-167.171-174).

(2) Weil das Gesetz Moses bzw. das Gesetz Christi jeweils innerhalb einer völlig anderen Ordnung wirksam ist, sind sie auch unterschiedlich formuliert. Wie berühmt und beliebt die Zehn Gebote auch sein mögen, so sind sie doch zur Hauptsache negativer Natur (achtmal: »Du sollst nicht …«), weil sie ihrem Wesen nach auf den Sünder gerichtet sind. Einem *fleischlichen* Volk diente das Gesetz Moses als Spiegel, um ihm zu beweisen, dass es Gottes Gesetz nicht erfüllen konnte, auch wenn dies Gesetz in seiner elementarsten, meistens negativen Form zu dem Volk käme. Selbst in seiner *buchstäblichen* Bedeutung kann der natürliche Mensch z. B. das Gebot »Du sollst nicht töten« oder »Du sollst nicht ehebrechen« nicht halten, ganz zu schweigen von der *geistlichen*, viel tiefer gehenden Bedeutung (siehe weiter unten); und selbst wenn der Mensch – wenigstens nach eigenem Verständnis – neun der Gebote erfüllt haben sollte, dann würde die Übertretung des einen Gebotes ausreichen, ihn des ganzen Gesetzes schuldig sein zu lassen (Jak 2,10).

So bedeutet dieses eigentlich so einfache Gesetz – Gottes Gesetz in »Miniaturausgabe« – für den natürlichen Menschen schon ein unmöglich zu tragendes Joch. Dem steht das Gesetz Christi gegenüber, das unendlich viel reicher und tiefer ist als die zeitgebundene und sehr beschränkte Form des sinaitischen Gesetzes in Gestalt der Zehn Gebote; und doch ist dies Gesetz für den neuen, vom Heiligen Geist geleiteten Menschen »nicht schwer« (1Jo 5,3)! Objektiv betrachtet fordert das Gesetz Christi unendlich viel mehr; es ist »schwerer« als das Gesetz Moses. Dem alten Menschen ist die Erfüllung des Gesetzes *Moses* eine Unmöglichkeit und für den neuen Menschen, der durch den Heiligen Geist geleitet wird, ist das Gesetz *Christi* »nicht schwer«. Für ein Baby ist es unmöglich, ein Kilogramm aufzuheben; aber für einen starken Mann ist ein Vielfaches davon »nicht schwer«.

Es besteht also ein deutlicher Unterschied zwischen dem Gesetz Moses und dem Gesetz Christi. Aber ebenso deutlich ist, dass es sich nicht um einen grundsätzlichen Unterschied handelt. Das erkennen wir schon daran, dass Christus das sinaitische Gesetz nicht »auflöst«; Er »erfüllt« es vielmehr, führt es zu seiner von Gott bestimmten *Fülle* zurück. Das ist die Kernbotschaft der Bergpredigt: »Wähnt nicht, dass ich gekommen sei, das Gesetz oder die Propheten aufzulösen; ich bin nicht gekommen aufzulösen, sondern zu erfüllen« (Mt 5,17). Dies »Erfüllen«

bedeutet nicht nur, dass Er es in Seinem menschlichen Leben persönlich ganz und gar hielt und die Prophezeiungen des AT »erfüllte« (vergleiche Vers 18), sondern vor allem: Er »breitete es aus«, Er »vertiefte es« (vergleiche 7,12; 22,40), um so das (beschränkte, zeitgebundene) Gesetz Moses *zu erheben* und es *aufgehen zu lassen* in das Gesetz Christi. Der Herr Jesus hat in der Bergpredigt kein einziges Gebot Moses wirklich abgeschafft (wenn es auch manchmal so scheint), sondern was Er tut ist dies: (a) Er stellt die Zufügungen und Verdrehungen der »Alten« (der Tradition), durch die der tiefe Sinn der Torah verdunkelt wurde, an den Pranger, und (b) Er bringt den tieferen und moralischen Inhalt der Torah ans Licht (siehe Gal 1,14).

Dieser tiefere Inhalt des Gesetzes wird durch *ein* Wort zusammengefasst: die Liebe. Die Liebe, die göttliche *agapè,* ist sowohl die »Summe« (Zusammenfassung) als auch die »Erfüllung« (Hauptinhalt) des Gesetzes. Das hat der Herr Jesus selbst schon deutlich gemacht (Mt 22,34-40) und das ist auch die Botschaft der Apostel (Röm 13,8-10; Gal 5,13f; Jak 2,8). Darum ist der Inhalt des »neuen Gebotes« bei Johannes (Joh 13,34; 1Jo 2,7f; 2Jo 6) kurz gesagt die Liebe und gar nichts anderes. Es wird mehrfach über Gottes »Gebote« für die Christen gesprochen (Joh 14,15.21; 15,10; 1Jo 2,3f; 3,22.24; 5,2ff; 2Jo 6); aber nirgends werden sie aufgezählt. Das ist auch nicht nötig, weil sie nichts anderes sind als die Ergebnisse des *einen* neuen Gebotes: des Liebesgebotes. In diesem einen Gebot liegt das Wesen des Gesetzes beschlossen, weil Gott selbst Liebe ist. In Christus hat diese Liebe Gottes auf vollkommene Weise Gestalt angenommen, sowohl in Seiner Person als auch in Seinem Werk; und in den Gläubigen gewinnt die Liebe Gottes Gestalt, wenn sie Seine Gebote – das heißt: Sein Liebesgebot – erfüllen. Das kann nur die in uns wohnende Gottesliebe bewirken (1Jo 2,5.15; 3,17; 4,7f.12.16; 5,3).

Gäbe es schon eine Gerechtigkeit aus Gesetzeswerken (des Gesetzes vom Sinai), dann diente deren Erfüllung nur zu meiner eigenen Erhebung. In der Liebe aber (nach dem Gesetz Christi) verschwinde ich, um ganz für den anderen da zu sein und besonders für den einen anderen. Christus erfüllte das Gesetz vom Sinai; aber in Seiner liebevollen Selbsthingabe am Kreuz ging Er weit über das hinaus, was das Gesetz vom Sinai forderte. Als Er sagte: »Darum liebt mich mein Vater, weil ich mein Leben lasse, auf dass ich es wieder nehme. Niemand nimmt es von mir, sondern ich lasse es von mir selbst. Ich habe Gewalt, es zu lassen und habe Gewalt, es wiederzunehmen. Dieses Gebot habe ich von meinem Vater empfangen« (Joh 10,17f) – von welchem Gebot redet Er da?? Wenn Er sagt: »Denn ich habe nicht aus mir selbst geredet, sondern der Vater, der mich gesandt hat, *er* hat mir ein Gebot gegeben, was ich sagen und was ich reden soll; und ich weiß, dass Sein Gebot ewiges Leben ist. Was ich nun rede, rede ich also, wie mir der Vater gesagt hat« (Joh 12,49f) – finden wir dies Gebot im Gesetz Moses?? Nein, Christus vollbrachte das Gesetz vom Sinai; aber darüber hinaus kannte er ein »Gesetz« – das von dem Vater –, das über das Gesetz Moses hinausgeht. So übersteigt auch für uns das Gesetz Christi das Gesetz Moses bei weitem.

Einige Beispiele können den gewaltigen Unterschied zwischen dem Gesetz Moses und dem Gesetz Christi schnell verdeutlichen. Einerseits ist das Gesetz Christi viel *strenger,* aber andererseits auch viel *freundlicher* als das Gesetz Moses. Ich nenne sechs Beispiele aus den Zehn Geboten und mache jedesmal auf drei Dinge aufmerksam: In dem Gesetz Christi wird das negative Gebot (1) einerseits noch sehr verschärft, (2) andererseits verändert es sich in ein positives Gebot, wobei (3) Christus das große Vorbild ist:

(a) *Du sollst keine anderen Götter haben neben mir*. Schon im AT wird es deutlich, dass *alles* Abgötterei ist, was man an Gottes Stelle setzt und Ihm damit die Ehre raubt: »Wie Sünde der Wahrsagerei ist Widerspenstigkeit und der Eigenwille wie Abgötterei und Götzendienst« (1Sam 15,23). So bezeugt auch Paulus: Denn dies wisst und erkennt ihr, dass kein Hurer oder Unreiner oder Habsüchtiger (welcher ein Götzendiener ist) ein Erbteil hat in dem Reiche Christi und Gottes« (Eph 5,5). »Tötet nun eure Glieder, die auf der Erde sind: Hurerei, Unreinigkeit, Leidenschaft, böse Lust und Habsucht, welche Götzendienst ist« (Kol 3,5). Schon bei Mose bekommt dies *Verbot* den hohen positiven Inhalt in 5Mo 6,5: »Du sollst den HERRN, deinen Gott, lieben mit deinem ganzen Herzen und mit deiner ganzen Seele und mit deiner ganzen Kraft.« Im NT wird aus diesem dreifachen »ganz« sogar ein vierfaches: »Du sollst den Herrn, deinen Gott, lieben aus deinem ganzen Herzen und mit deiner ganzen Seele und mit deiner ganzen Kraft und mit deinem ganzen Verstande« (Lk 10,27). Dieses »ganz« schließt nicht nur jegliche Verehrung anderer Götter aus, sondern gibt dem Gebot den positiven Inhalt der Liebe zu Gott. In dieser Liebe ist Christus das vollkommene Vorbild der Selbstentäußerung, das ich mit dem Typos des »ewigen Sklaven« in 2Mo 21,5f. verdeutlichen möchte: »Wenn aber der Knecht etwa sagt: Ich liebe meinen Herrn, mein Weib und meine Kinder, ich will nicht frei ausgehen, so soll sein Herr ihn vor die Richter bringen und ihn an die Tür oder an die Pfosten stellen und sein Herr soll ihm sein Ohr mit einer Pfrieme durchbohren; und er soll ihm dienen auf ewig.«

(b) *Du sollst den Namen des HERRN, deines Gottes, nicht zu Eitlem aussprechen.* Auch dies ist eines der acht negativen Gebote (also ein *Verbot*), das von Christus zunächst sehr verschärft wird: »Wiederum habt ihr gehört, dass zu den Alten gesagt ist: Du sollst nicht fälschlich schwören, du sollst aber dem Herrn deine Eide halten [3Mo 19,12]. Ich aber sage euch: Schwört überhaupt nicht; weder bei dem Himmel, denn er ist Gottes Thron; noch bei der Erde, denn sie ist seiner Füße Schemel; noch bei Jerusalem, denn sie ist des großen Königs Stadt; noch sollst du bei deinem Haupte schwören, denn du vermagst nicht, *ein* Haar weiß oder schwarz zu machen« (Mt 5,33-36). Dem stellt Er dann aber sofort einen positiven Inhalt des Gebotes gegenüber: »Es sei aber eure Rede: Ja, ja; nein, nein; was aber mehr ist als dieses, ist aus dem Bösen« (Vers 37). Der Gläubige muss es nicht nötig haben, seinen Worten durch Eidesbeteuerungen Kraft zu verleihen, weil er für durch und durch zuverlässig gilt. Die Treue gehört zu den »wichtigeren Dingen des Gesetzes« wie das Gericht und die Barmherzigkeit (Mt 23,23, Treue und Glaube: im Gr. dasselbe Wort, d.Ü.) und ist eine Frucht des Heiligen Geistes (Gal 5,22). »Einen zuverlässigen Mann, wer wird ihn finden?« (Spr 20,6). Die Antwort ist: Christus. »Der Herr ist treu« (2Thes 3,3), »ein barmherziger und treuer Hoherpriester« (Hebr 2,17), »Jesus, der treu ist dem, der ihn bestellt hat« (Hebr 3,2).

(c) *Du sollst nicht töten.* Im alten Bund ist auch dies ein negatives Gebot (also ein Verbot) und nicht einmal das konnte der natürliche Mensch halten. Unter dem neuen Bund wird dies Gebot einerseits viel strenger aufgefasst: selbst Hass und Verachtung des Mitmenschen werden in dem Gesetz Christi als »Totschlag« betrachtet (Mt 5,22). Andererseits wird das *Verbot* des Gesetzes von Christus in ein positives Gebot verwandelt: »Hieran haben wir die Liebe erkannt, dass er für uns sein Leben dargelegt hat; auch *wir* sind schuldig, für die Brüder das Leben darzulegen« (1Jo 3,16). Also nicht nur darf man dem anderen nicht das Leben nehmen, sondern man muss sein eigenes Leben für den anderen einsetzen. Hier ist Christus das große Vorbild; denn Er hat Sein Leben für Seine Freunde hingegeben (Joh 15,13; vergleiche 10,11; Gal 2,20; Eph 5,2).

(d) *Du sollst nicht ehebrechen.* Wieder ein negatives Gebot, das in dem Gesetz Christi noch eine deutliche Verschärfung erfährt: selbst ehebrecherische Gedanken werden schon als »Ehebruch« gewertet (Mt 5,28)! Außerdem wird dieses *Verbot* im neuen Bund in ein positives Gebot verändert: »Ihr Männer, liebt eure Weiber, gleichwie auch der Christus die Versammlung geliebt und sich selbst für sie hingegeben hat« (Eph 5,25). Also nicht nur: Ihr dürft eure Frau nicht betrügen, sondern: Ihr müsst euren Frauen die allerhöchste Liebe beweisen, eine Liebe bis zum Tod. Auch hier ist Christus das große Vorbild; denn Er ist buchstäblich für Seine »Frau« in den Tod gegangen, wie dieser Vers uns zeigt.

(e) *Du sollst nicht stehlen.* Wieder ein negatives Gebot, das auch schon im zehnten Gebot »Du sollst nicht begehren ...« verschärft wird: d. h. selbst das verborgene Begehren nach dem Besitz des Nächsten ist im Grunde schon Diebstahl. Unter dem neuen Bund wird dies *Verbot* wieder in ein positives Gebot verändert: »Wer gestohlen hat, stehle nicht mehr, sondern arbeite vielmehr und wirke mit seinen Händen das Gute, auf dass er dem Dürftigen mitzuteilen habe« (Eph 4,28). Also nicht nur: Du darfst den anderen nicht bestehlen; sondern: Du musst so viel wie möglich mit dem anderen teilen (vergleiche 1Jo 3,17). Auch hier wieder ist Christus das große Vorbild; denn Er ist als Beispiel für unsere Opferbereitschaft »arm geworden, auf dass *ihr* durch *seine* Armut reich würdet« (2Kor 8,9).

(f) *Du sollst kein falsches Zeugnis ablegen wider deinen Nächsten.* Dies negative Verbot wird in der Schrift in dem Sinn verschärft, dass wir nicht nur keine unwahren Dinge anderen gegenüber äußern dürfen, sondern auch keine »wahren«, wenn es in unaufrichtiger Gesinnung geschieht. Gott hat »Wohlgefallen an Aufrichtigkeit« (2Chr 29,17). Daraus geht dann von selbst die positive Form dieses Gebots im neuen Bund hervor: »Deshalb, da ihr die Lüge abgelegt habt, redet Wahrheit, ein jeder mit seinem Nächsten, denn wir sind Glieder voneinander« (Eph 4,25). Also nicht nur: Du darfst den anderen nicht belügen, sondern: Du musst dem anderen mit der Wahrheit dienen, gerade wegen der tiefen Liebesverbindung, die zwischen den Gliedern des Leibes Christi besteht. Auch hier ist Christus das große Vorbild; denn Er kam, um für die Wahrheit zu zeugen und Er tat es (aus Liebe zu uns) selbst vor Seinen Richtern, ja bis zum Tod (Joh 18,37).

Der Apostel Paulus fasst es so zusammen: »Seid niemand irgend etwas schuldig, als nur einander zu lieben; denn wer den anderen liebt, hat das Gesetz erfüllt. Denn das: ›Du sollst nicht ehebrechen, du sollst nicht töten, du sollst nicht stehlen, lass dich nicht gelüsten‹ und wenn es ein anderes Gebot gibt, ist in diesem Worte zusammengefasst: ›Du sollst deinen Nächsten lieben wie dich selbst.‹ Die Liebe tut dem Nächsten nichts Böses. So ist nun die Liebe die Summe des Gesetzes« (Röm 13,8-10). »Durch die Liebe dienet einander. Denn das ganze Gesetz ist in *einem* Wort erfüllt, in dem: ›Du sollst deinen Nächsten lieben wie dich selbst‹ (Gal 5,13f). »Einer trage des anderen Lasten und also erfüllt das Gesetz des Christus« (Gal 6,2). Und Jakobus redet von dem »vollkommenen Gesetz, dem der Freiheit« (1,25): »Wenn ihr wirklich das königliche Gesetz erfüllt nach der Schrift: »Du sollst deinen Nächsten lieben wie dich selbst«, so tut ihr wohl« (2,8; vergleiche 9-12).

Die göttliche Liebe ist also der Sinn – »die Summe«, »die Erfüllung« – des Gesetzes (Mt 22,43-40; Röm 13,8-10; Gal 5,13f; Jak 2,8). Das Gesetz in seinem göttlich-ewigen Sinn ist die Einheit und Gesamtheit aller Gesetze für das irdisch-zeitliche Leben. So ist auch die Liebe in ihrem göttlich-ewigen Sinn die Einheit und Gesamtheit aller irdisch-zeitlichen Ausformungen der Liebe, sei es nun Gatten- und Elternliebe, Vaterlandsliebe, Bruderliebe usw. In dem einen Liebesgebot ist das ganze Wesen des Gesetzes offenbart; denn Gott ist Liebe. Das ist es, was Augustinus mit seinem bekannten *dilige et quod vis fac* sagt (»liebe – und dann tu, was du willst!«); denn wer das Liebesgesetz hält, gehorcht allen Geboten. Daher können wir sagen, dass Gottes Wesen – Weisheit, Kraft, Liebe, Licht (vergleiche 1Jo 1,5; 4,8.16) – in der Torah geoffenbart wird. Dasselbe kann von Christus gesagt werden. Er ist das Bild Gottes (2Kor 4,4; Kol 1,15), »der Abglanz Seiner Herrlichkeit und der Abdruck Seines Wesens« (Hebr 1,3). Und darum ist Er die Torah, der Logos, der auf vollkommene Weise von Gott ausgegangen und darum Gott *ist.* In Christus hat die Liebe Gottes vollkommen Gestalt angenommen, sowohl in Seiner Person als auch in Seinem Werk. Und in den Christen gewinnt die Liebe Gottes Gestalt, wenn sie Christus nachfolgen, d. h. Seine Gebote halten, die im Liebesgebot zusammengefasst sind. Das ist aber nur möglich, wenn Gottes Liebe in ihnen wohnt (1Jo 2,5; 3,17; 4,7f; 12,16; 5,3; vergleiche Röm 5,5).

Diesem Zusammenhang zwischen Christus und dem Gesetz müssen wir noch genauere Aufmerksamkeit schenken.

Die ewige Torah

Wenn es um das Gesetz Christi geht, ist also Christus selbst Sinn und Inhalt dieses Gesetzes. Das Gesetz Christi ist nichts *anderes* als das Gesetz Moses, nur dessen tiefe und reiche Entfaltung, wie Christus selbst es in der Bergpredigt ausgeführt hat. Dort entfaltet Er aufs Tiefste und Reichste die ewige Torah, so, wie nur der große Gesetzesgelehrte, Christus, dies tun kann – *Er, der selbst die ewige Torah ist*. Es besteht eine tiefe Verbindung zwischen Christus und dem Gesetz Christi.

Weiter oben habe ich im Zusammenhang mit diesem Thema schon verschiedene wichtige Ausdrücke miteinander verknüpft: Gottes *Gesetz*, Gottes *Wille*, Gottes *Wort* oder *Gesetzes-* oder *Testamentswort*. Das Gesetz ist Gottes Wort, genauso wie Seine Offenbarung Sein Wort ist. Gott offenbart sich durch *Sprechen*. So wird auch das *Gesetz* vom Sinai, in dem sich Gott offenbart (vergleiche 2Mo 20,2), wie schon gesagt, *»zehn Worte«* genannt (2Mo 34,28; 5Mo 4,13; 10,4). Es sind also zehn Offenbarungssprüche Gottes, die zusammen das erste ausdrückliche Bundestestament Gottes an Israel bilden. Die Schöpfung und die Aussprüche Gottes und die Schrift bilden Manifestationen des ewigen Gotteswortes, des ewigen Logos und der ewigen Torah, die sich alle vereinen in der Person Christi.

In ihrer vollen Bedeutung, wie sie in Ihm als dem ewigen Wort zum Ausdruck kommt (Joh 1,1-3), ist das Gesetz die *ewige* Torah; es ist Gottes *eigenes Wort,* so göttlich wie alle Seine Aussprüche, Handlungen und Kräfte (vergleiche 2Petr 1,3), sie gehören also zu Ihm und gehen von Ihm aus. Es ist bemerkenswert, wie eng in der Schrift dieses Gesetz mit Christus verbunden wird. Gott ist in Christus der Gesetzgeber der geschaffenen Wirklichkeit; aber es geht noch weiter. Christus, als der Sohn Gottes, ist nicht nur der Gesetzgeber; als Gott-Mensch *ist* Er auf einem höheren Glaubensniveau der Sinn des Gesetzes, auf dem Niveau nämlich, wo zwischen der Torah des AT und dem Logos des NT ein Zusammenhang erkannt wird und der ist Christus, »Gottes Kraft und Gottes Weisheit« (1Kor 1,24), »... in welchem verborgen sind alle Schätze der Weisheit und der Erkenntnis« (Kol 2,2f).

Nach Joh 1,3 besteht die Schöpfung durch den Logos, »das Wort«. Der Logos ist keine intellektuelle Ratio im klassischen Sinn (wie das abgeleitete Wort »Logik« vermuten lässt), sondern der Wesensausdruck Gottes. Der Logos spricht. Das göttliche Gesetz hat allzeit Wort-Charakter, genauso wie Sein Wort stets Gesetzes-Charakter hat. Sein

Gesetz ist Sprechen, Seine Torah (»Unterweisung«) ist Logos (»Wort«). Gott *spricht,* um zu erschaffen (Ps 33,9), Er *spricht* um zu erhalten (Hebr 1,3), Er *spricht,* um zu erlösen (Eph 1,13a). Anders gesagt: Gott drückt sich in Seinem Wort aus und dieses Wort ist Christus. Gott »drückt sich in Christus aus« (Er offenbart sich in Ihm). Darum *ist* Christus der ewige Logos; denn in Ihm hat sich Gott vollkommen ausgedrückt und offenbart. Christus *ist* die Offenbarung von Gottes Wort und Werk.

Aber Wort und Gesetz sind eng miteinander verbunden: Gottes Wort ist Gesetz, Gottes Gesetz ist Wort. Darum *ist* Christus in demselben Sinn die ewige Torah. Der ewige Logos ist die ewige Torah. Christus selbst sagt, dass der Logos (das Wort) Gottes immer auch Gebot Gottes ist.[3] In Christus, dem einen Logos, sind alle Ansprüche (»Gebote«) Gottes in Bezug auf die Schöpfung offenbart.

Das ist nicht so einfach zu verstehen, weil das Gesetz in seiner göttlichen, ewigen Fülle tatsächlich *eins* ist, aber in seiner Vielgestaltigkeit innerhalb unserer zeitlichen Wirklichkeit viele verschiedene Gebote umfasst. So besteht der eine, ewige *Logos* innerhalb der irdischen, zeitlichen Wirklichkeit aus vielen unterschiedlichen *Logoi* (Aussprüche Gottes; vergleiche z. B. *logos* und *logoi* in Joh 14,23f). Wir können »das Wort« nur in den vielen »Worten« hören, die Gott oder Christus an uns richtet. Und so manifestiert sich die eine, ewige Torah auf dem Sinai auch in »Zehn Worten«: Das waren unterschiedliche Gebote für das zeitliche Leben, die den vielen Farben gleichen, in die das weiße Licht der einen ewigen Torah, des ewigen Logos, auseinanderbricht. Wir verfallen leicht in den Denkfehler, *dies* sei das Gesetz: die Zusammenfassung aller Gesetze. Doch steigt das Gesetz in seiner ewigen Gestalt weit über die Sinaitische Ausformung hinaus und sogar über dessen Erneuerung durch Christus in der Bergpredigt.

In dieser göttlichen, ewigen Gestalt ist das Gesetz »das Gesetz des Christus« (Gal 6,2) in seiner höchsten Bedeutung. Christus ist der Inhalt und die Erfüllung des Gesetzes. Wie gesagt: Er schafft das sinaitische Gesetz nicht ab, sondern »erfüllt« es, bringt es zu seiner von Gott bestimmten ewigen Fülle zurück (Mt 5,17). Auch so, wie das Gesetz in der Bergpredigt ausgelegt wird, bleibt es Gesetz in einer irdisch-zeitlichen Gestalt, mag diese auch viel höher sein als die vom Sinai. Das ewige Gesetz Christi übersteigt auch die höchsten zeitlichen Gebote Christi. Christus ist der *telos* des Gesetzes (Röm 10,4), d. h. dessen Sinn und Ziel, sein tiefster Inhalt und seine Bestimmung und gleichzeitig das Ende der begrenzten sinaitischen Gestalt des Gesetzes, das in Ihm seine höhere Erfüllung findet. Wenn Joh 1 gleich am Anfang sagt: »Das Wort war *bei* Gott (gr. *pros:* »gegenüber«, von Angesicht zu Angesicht, in intimer Gemeinschaft mit Gott), dann scheint das deutlich auf Spr 8,30f zu verweisen, wo die ewige *Chokma* (»Weisheit«) ein »Künstler« oder »Werkmeister« genannt wird (siehe Elberfelder Übersetzung, Fußnote),[4] der von sich sagt: »(Ich) war Tag für Tag seine Wonne, vor ihm mich ergötzend allezeit, mich ergötzend auf dem bewohnten Teile seiner Erde; und meine Wonne war bei den Menschenkindern.« Diese Weisheit ist Gottes Schöpfungsweisheit, nicht allein die Weisheit, *durch die* Er alles geschaffen hat, sondern auch die Weisheit (die Torah), die für die geschaffene Wirklichkeit *Gültigkeit hat.* In Spr 8 sehen wir Gottes Weisheit in den Werken Seiner *Hände,* in Joh 1 ist es in Wirklichkeit Christus, der als das Wort aus dem *Munde* Gottes ausgeht. Alle Dinge wurden durch Gottes Weisheit geschaffen, durch Gottes Wort. Die Chokma ist also die Weisheit, die sich in den Schöpfungsordnungen offenbart.

Die Lehre aus Spr 8 ist, dass dieselbe Weisheit, die Gott auf die Erschaffung des Weltalls angewandt hat, von den Menschen auf das praktische Leben angewendet werden muss.[5] Ein und dieselbe Weisheit Gottes gilt für die Himmelskörper, für leblose Dinge, für Pflanzen und Tiere einerseits und für das praktische Leben der Menschen andererseits, sowohl im individuellen als auch im sozialen und politischen Leben. Das ist genauso, als wenn man sagt: Das eine Gesetz (Torah) Gottes gilt sowohl für den Kosmos als auch für den Menschen. Alle Naturgesetze und alle für das Menschenleben gültigen Gesetze gehen auf die eine Torah Gottes zurück. Das macht einmal mehr deutlich, dass die Torah nicht erst auf dem Sinai begann, sondern sie »datiert« von vor Grundlegung der Welt, weil sie die ewige Weisheit und der ewige Logos Gottes ist.[6]

Die Schönheit dieser Vorstellung liegt darin, dass das Gesetz nicht diese oder jene trockene juristische Regelung Gottes ist. Wie häufig ist die Lehre von den Schöpfungsordnungen als eine solche dürre Jurisprudenz vorgestellt worden![7] Nein, in jedem göttlichen Gebot, sei es ein Naturgesetz oder eine Verhaltensnorm für das menschliche Leben, bewundern wir nichts Geringeres als Gottes ewige Weisheit, die Entfaltung der ewigen Torah, das Händewerk des ewigen Logos. Die Torah ist die Verkörperung der ewigen Weisheit Gottes und Seiner Liebe zu und Seiner Freude an Seiner Schöpfung. Die Torah/Chokma ist selbst der Gegenstand der tiefsten göttlichen Zuneigung und wird als solche daher auch als Person beschrieben. Diese Personifikation ist aber kein literarisches Stilmittel, sondern verweist tatsächlich auf eine Person: Christus, den Sohn Gottes.[8] Die Weisheit Gottes ist die ewige Torah, der Logos »bei« (in Gemeinschaft mit) Gott, der »Sohn im Schoße des Vaters« (Joh 1,38),[9] der »Engel« (Bote, Vergegenwärtiger, Ausdruck) des Herrn. Christus ist der fleischgewordene Logos (Joh 1,14), die fleischgewordene Torah (vergleiche Ps 40,9; Mt 5,17; Gal 6,2), die fleischgewordene Weisheit (1Kor 1,24.30; Kol 2,2f), die fleischgewordene Liebe (1Jo 4,8,16; 5,20: Christus ist Gott, Gott ist Liebe).

Anmerkungen

1) Teile aus dem Text dieses Anhangs habe ich schon früher veröffentlicht in meinem *Godsverlichting* (1994) und in meinem *Het koninkrijk Gods en de staat* (1995).

2) Häufig wird dabei insbesondere an das *geschriebene* Gesetz Moses gedacht, womit dann in erweitertem Sinn der ganze Pentateuch gemeint ist (Lk 2,23; 10,26; Joh 1,45; 1Kor 9,9; vor allem Gal 4,21b und an den Ausdruck »das Gesetz und die Propheten«, z. B. Joh 1,46; Röm 3,21b; siehe auch Gal 3,10: »das Buch des Gesetzes«, vergleiche 5Mo 27,26). In noch weiterem Sinn kann sogar das ganze AT gemeint sein (Joh 10,34; 12,34; 15,25; Röm 3,19; 1Kor 14,21, wo stets auf »das Gesetz« verwiesen, aber aus den Psalmen und Propheten zitiert wird; vergleiche Mt 5,18; Lk 16,17).

3) Vergleiche Joh 14,21 (»meine Gebote«) in Parallele zu Vers 23 (»mein Wort«, *logos*) und vergleiche 12,49f (Gottes *Gebot* ist ewiges Leben), in Parallele zu 1Jo 1,1f; 5,20 (Christus selbst ist das ewige Leben).

4) Gemäß der LXX und der Vulgata (also anders als in den uns vertrauten Übersetzungen: »Schoßkind« [Elberfelder Übersetzung], »Liebling« [Luther]). Wenn das richtig ist, impliziert dieser Ausdruck, dass Gott der große Architekt des Weltalls ist und Christus, als die Weisheit Gottes, der ausführende Baumeister. In Ihm, durch Ihn und zu Ihm ist alles geschaffen (Kol 1,16). Eine rabbinische Auslegung (Midrasch rabba) von 1Mo 1,1 sagt: »Durch den Erstgeborenen schuf Gott den Himmel und die Erde und der Erstgeborene ist niemand anderes als die Torah« und nennt sie Gottes Bauwerkzeug, womit oder den Plan, wonach Er das All erschaffen hat.

5) Vergleiche Spr 3, da ist von praktischer Weisheit die Rede, die auf der Furcht des Herrn gegründet ist und die Segen über den Weg des Gläubi-

gen bringt. Mitten in diesem Kapitel spricht Vers 19f parallel zu dieser Weisheit für das praktische Leben über die Weisheit, mit der Gott die Welt erschaffen hat. Gottes Weisheit manifestiert sich in der *Anwendung* Seiner Torah (im vollsten Sinne, also einschließlich der kosmischen Gesetze und Ordnungen); die Weisheit des Menschen manifestiert sich im *Halten* der Torah.

6) Das apokryphe Buch Sirach (Kapitel 24) bringt diesen Gedanken prächtig zum Ausdruck. Es bietet eine ähnliche Beschreibung der ewigen Weisheit Gottes und lässt diese Weisheit auslegen, wie ihr in Gestalt des Bundesbuches vom Sinai unter dem Volk Israel ein Platz zugeteilt worden war. Die Torah wird hier als vor der Grundlegung der Welt schon bestehend beschrieben. Sirach sagt, dass alle Dinge durch die Weisheit der Torah geschaffen wurden, dass durch sie das ganze menschliche Leben aufrecht erhalten wird und dass sie innerhalb der zeitlichen Wirklichkeit einen Platz in ihrer sinaitischen Gestalt erhalten hat (Sirach 1,4; Weisheit 7,22.25f).

7) Ein treffendes Beispiel ist Emil Brunner in seinem *Die Gebote und die Ordnungen* (1933). Zwar kennt auch er den Gedanken, in den Schöpfungsordnungen den Ausdruck »der allgemeinen Gnade« Gottes zu sehen, wertet diese aber ab, indem er sie als dialektische Antithese zum göttlichen Liebesgebot betrachtet, das er *das Gebot der Stunde* nennt. Völlig befangen im lutherisch-scholastischen Schema von Gesetz und Evangelium und von Schöpfung und Neuschöpfung, werden die Schöpfungsordnungen (als zum »Gesetz« gehörend) wegen ihres »allgemeinen Charakters« als hart und lieblos betrachtet; sie regieren nur über die sündige »Natur«. Dies starre Gesetz muss von dem evangelischen Liebesgesetz durchbrochen werden, das keine allgemeine Regel kennt, als nur das oben erwähnte »Gebot der Stunde«. So mag die Ehe als Schöpfungsordnung unverbrüchlich sein; aber als »Gesetz« kommt in dieser Ordnung nicht Gottes »eigentlicher« Wille zur Geltung. Letzterer manifestiert sich nur in dem Liebesgesetz, das die allgemeine, starre Ordnung durchbricht und Ehescheidung möglich macht.

8) Ich halte diese Identifikation mit allem Nachdruck aufrecht, trotz der Bedenken so mancher Exegeten, wie etwa der von Ridderbos in seinem Kolosser-Kommentar. Ein wichtiger Vertreter dieser Identifikation ist H. Windisch in *Neutestamentliche Studien* (1914).

9) Einer jüdischen Tradition zufolge lag die Torah vor der Erschaffung der Welt im Schoße Gottes, während Gott auf dem Thron Seiner Herrlichkeit saß. Andere ähnliche Traditionen berichten, Gott habe sie Seine »Tochter« genannt (das Wort Torah ist weiblich, wie auch Chokma) und dass Gott die Welt durch den Erstgeborenen, das ist die Torah, schuf, dass ihre Worte für die Welt Leben bedeuten (vergleiche Spr 8,35; 5Mo

32,47) und dass sie Licht für die Welt und voller Wahrheit ist. Ebenso ist Christus der eingeborene Sohn vom Vater, der Erstgeborene, das Leben der Welt, das Licht der Menschen, »voller Gnade und Wahrheit« (Joh 1,1-4.16-18; 6,33.51; Röm 8,29; Hebr 1,6).

Anhang 5:
Stellung und Bedeutung des Bundes

Einleitende Bemerkungen[1]

Die allgemeinen Kennzeichen eines *Bundes* im biblischen Sinn, den Gott mit Menschen schließt, sind folgende:

1) Er ist eine *Beziehung*, gekennzeichnet durch einen *Vertrag* (einen Pakt, eine Übereinkunft).
2) Immer sind zwei *Parteien* betroffen: auf der einen Seite Gott, auf der anderen ein Mensch (eventuell mit seinen Nachkommen) oder eine bestimmte Gruppe von Menschen.
3) Beide Parteien haben *Verpflichtungen*, denen sie nachkommen müssen.
4) Es ist stets Gott, der die *Initiative* zu einem Bund ergreift, niemals der Mensch.
5) Gott nimmt die »Verpflichtungen« *freiwillig* auf sich, dem Menschen werden sie *auferlegt*.
6) Der Mensch muss zuallererst seinen Verpflichtungen, d. h. den Voraussetzungen, unter denen er mit Gott in einem Bund leben kann, *nachkommen*.
7) Darauf kommt Gott Seinen »Verpflichtungen« nach (das sind Seine *Verheißungen*: Gemeinschaft mit Gott, Segnungen für den Menschen), die Er auf sich genommen hat.

Was es mit diesen Kennzeichen auf sich hat, wird verdeutlicht durch das gr. Wort für »Bund«; es ist nicht das gewöhnliche Wort *synthèkè*, das mehr die Übereinkunft zwischen zwei gleichwertigen Partnern suggeriert, sondern *diathèkè*. Dieses Wort bedeutet wörtlich: »das, was gesetzt (geregelt, beschlossen) wird zwischen (zwei Parteien)«. Im klassischen Gr. hat es die Bedeutung von einem »Beschluss, vor allem durch ein Testament« oder kurz »Testament, Beschluss, Übereinkunft, Vertrag, Bund«. Im Gr. der Zeit des NT bedeutete dies Wort ausschließlich »Testament, letzte Willensbekundung«. In Hebr 9,16f wie auch in

Gal 3,15 ist dies von großer Bedeutung, weil es sich in beiden Stellen nicht um einen »Bund« im üblichen Sinne handelt, der also auf Initiative beider Parteien geschlossen wurde, sondern um eine Willensbekundung, die von einer Partei ausgeht und bindende Kraft hat.

In der LXX haben sich die Übersetzer für die Wiedergabe des hebr. Wortes *berit* (»Bund«) offenbar bewusst nicht für *synthèkè*, sondern für *diathèkè* entschieden. Ganz sicher taten sie das in dem Bewusstsein, dass ein Bund zwischen Gott und Menschen niemals ein gegenseitiges Übereinkommen zwischen zwei gleichwertigen Parteien ist, sondern im Gegenteil immer eine Willensbekundung einer Partei (hier: Gott) zugunsten einer anderen Partei (hier: der Mensch). Darum spricht Gal 3,17 von »einem vorher von Gott bestätigten Bund« und vergleicht ihn mit »eines Menschen Bund [= Testament], der bestätigt ist« (Vers 15). So wie ein Mensch in einem Testament Anordnungen für andere trifft, so hat Gott in dem durch Ihn bestätigten Bund für andere Anordnungen getroffen. Vergleiche auch Apg 7,8: »Er *gab* ihm [= Abraham] den Bund der Beschneidung.« Natürlich konnten die LXX-Übersetzer nicht leugnen, dass in dem Wort *diathèkè* auch enthalten ist, dass eine solche *diathèkè* erst nach dem Tode des Erblassers in Kraft tritt. Dieses Element kommt Paulus in Gal 3 und dem Hebr-Schreiber in Hebr 9 sehr gelegen: Gottes *diathèkè* wird aufgrund des Todes Christi wirksam, der sowohl Erblasser als auch Hoherpriester und Opfer ist. Allerdings war auch im AT eine *diathèkè* stets auf den Tod eines Opfertieres gegründet (siehe die folgenden Beispiele; vergleiche Hebr 9,18).

Die Bündnisse

In der Bibel wird von vielen solchen Bündnissen gesprochen und von mindestens sieben Bündnispartnern: Noah (1Mo 9), Abram (1Mo 15) und Abraham (1Mo 17), Israel am Sinai (2Mo 24+34) und im Ostjordanland (5Mo 29), Levi (Mal 2,4f), Pinehas (4Mo 25), David (2Sam 23,5; 2Chr 21,7; Jer 33,21), Israel und alle Völker in den letzten Tagen (Jes 55,3; 59,21; 61,8; Jer 31,31-34; 32,40; 50,5; Hes 16,60; 34,25; 37,26; Sach 2,17; vergleiche Sach 11,10). Letztlich ist aber nur von zwei Bündnissen die Rede; der reformierte Leser wird augenblicklich antworten: der Werkebund vor und der Gnadenbund nach dem Sündenfall –, aber diese Terminologie ist der Schrift unbekannt. Nein, sie spricht auf ganz andere Weise über zwei Bündnisse und zwar in der Terminologie von Hebr: von dem ersten und dem zweiten Bund (8,7; 9,15.18), von dem weniger guten und dem besseren Bund (7,22; 8,6), von dem zeitlichen und dem ewigen Bund (13,20), von dem alten und dem neuen Bund (8,8.13; 9,15; 12,24). Damit es ganz deutlich ist: das sind der Bund vom Sinai und der neue Bund in den letzten Tagen. Jetzt bleibt uns noch zu untersuchen, wie sich unter Berücksichtigung von Gal 3 der Bund mit Abraham zu diesen beiden Bündnissen verhält.

Die oben aufgezählten sieben Kennzeichen gelten sowohl für den alten als auch für den neuen Bund. Der Unterschied liegt vor allem in dem sechsten (und siebten) Punkt: Der Mensch muss erst bestimmte Verpflichtungen erfüllen, bevor Gott Seine Verheißungen erfüllt. Der Unterschied berührt ein Hauptthema des Galaterbriefes (und auch des Römerbriefes). Unter dem alten Bund hing der Segen Gottes vom Halten des Gesetzes vom Sinai ab: Würde das Volk das Gesetz halten, würde Gott es segnen (2Mo 19,24; vergleiche 3Mo 26; 5Mo 29). Unter dem neuen Bund hingegen sind die heiligen Forderungen Gottes schon im Voraus durch die Person Christi und durch Sein Werk erfüllt: Er nimmt einerseits den Fluch wegen der Gesetzesübertretung Seines Volkes auf sich und legt andererseits die Grundlage für die positiven Segnungen dieses Bundes. Dadurch ist dem sechsten Kennzeichen vollkommen entsprochen und Gott ist frei, Seine Segnungen jedem zu schenken, der sich auf die Grundlage des Opfers Christi, also auf die »des Blutes des Bundes« stellt. Im neuen Bund dreht sich alles um Christus. Als *Person* ist Er der *Bürge* und *Mittler* des neuen Bundes (Hebr 8,6; 12,24) oder der Testamentsvollstrecker dieses Bundes (= Testament) (siehe unten). Sein *Werk* besteht darin, dass Er Gottes Forderungen erfüllt und den Menschen zu Gott bringt (vergleiche 1Tim 2,5f) und zwar durch Seinen Opfertod (9,14f.26-28; 10,10.14) und Sein Blut (Mt 26,28; Mk 14,24; Lk 22,20; 1Kor 11,25; Hebr 9,14f; 10,29; 13,20).

Der alte Bund war »unvollkommen« (Hebr 7,11-19; 8,7f), weil er wegen der Gesetzesübertretungen des natürlichen Menschen nicht die Möglichkeit besaß, dem Menschen den Segen Gottes zu schenken. Da der Mensch seinen Gesetzesverpflichtungen nicht nachkam (der sechste Punkt), konnte Gott Seine Verheißungen nicht erfüllen (siebter Punkt). Der neue Bund hingegen ist »vollkommen«, weil der Segen Gottes hier nicht an Gesetzeswerke gekoppelt ist, sondern vollständig von Seinem souveränen Handeln abhängt und auf »besseren Verheißungen« beruht (8,6), Verheißungen nämlich, die nichts voraussetzen, was in dem Menschen liegt. Darum ist der neue Bund nicht zeitlich, sondern ewig (13,20). Unter dem alten Bund nahm Gott Sein Volk als »Unmündige« (Gal 4,1-5) bei der Hand (Hebr 8,6), unter dem neuen Bund jedoch sind wir »Söhne« (Gal 4,5-7). Unter dem neuen Bund wird das Gesetz nicht als Joch auferlegt (vergleiche Apg 15,10; Gal 5,1), sondern ins Herz geschrieben (Hebr 8,10; vergleiche 2Kor 3,2f).

Der neue Bund

Die genannten Schriftstellen lassen einschließlich Hebr 8 erkennen, dass der neue Bund formal Israel (die zehn Stämme) und Juda (die zwei Stämme) umfasst und durch sie erst die Völker und zwar nach der Wiederkunft Christi, also zu Beginn des messianischen Friedensreiches. Nichtsdestoweniger ist der neue Bund auch in der heutigen Haushaltung schon von großer Bedeutung:

(a) Allerdings ist er noch mit niemandem »geschlossen« worden; aber die Gläubigen der Gemeinde sind in Wirklichkeit schon unter das »Dach« des neuen Bundes aufgenommen, weil sie unter dem Mittler des neuen Bundes stehen (Hebr 8,6; 12,24), der ihr Leben ist und dessen Blut, das Blut des neuen Bundes (siehe oben), sie gereinigt hat. Darüber habe ich ausführlich in meinem Hebräer-Kommentar *Wij zien Jezus* (deutsch: Der Brief an die Hebräer, CLV Bielefeld) geschrieben.

(b) Wir könnten sagen, dass die gegenwärtige Verwirklichung des neuen Bundes Gottes Programm für das Reich Gottes ist. In der wichtigsten Schriftstelle über den neuen Bund, Jer 30 und 31, steht der König im Mittelpunkt: »... ihrem König David, den ich ihnen erwecken werde« (30,9). »Sein Herrlicher wird aus ihm sein und sein Herrscher aus seiner Mitte hervorgehen. (...) Und ihr werdet mein Volk sein und ich werde euer Gott sein« (30,21f). Wenn der König selbst vor Seinen Jüngern das Abendmahl einsetzt, so tut Er das in einem eschatologischen Zusammenhang, indem Er sowohl über das Reich Gottes als auch über den neuen Bund spricht (Lk 22,18.20). Auch wir feiern in diesem Kontext das Abendmahl: nicht allein, indem wir auf das Kreuz zurückblicken, wenn wir essen und trinken »zu seinem Gedächtnis« und »seinen Tod verkündigen«, sondern auch, indem wir vorausschauen auf die Erscheinung des Königs in Herrlichkeit, wenn wir essen und trinken »bis er kommt« (1Kor 11,24-26), d. h., bis das Reich Gottes und der neue Bund vollkommen in Erfüllung gehen.

Heute besteht das Reich Gottes nur im Verborgenen; d. h., der König regiert noch nicht öffentlich in sichtbarer Majestät und Herrlichkeit; Er ist noch »verborgen in Gott« (Kol 3,3).[2] Daher besteht das Reich Gottes noch mitten in einer Welt, in der es aussieht, als hätten Sünde und Satan das Sagen. Deshalb essen und trinken wir an dem Tisch, den der König für Seine Jünger bereitet, »im Angesicht unserer Feinde« (Ps 23,5). Aber auch jetzt folgen uns die Güte und Barmherzigkeit des Königs alle Tage unseres Lebens und wir halten Ausschau nach der Zeit, wo wir »wohnen im Hause des HERRN auf immerdar« (Vers 6) –, nach dem Festmahl mit fetten Speisen und geläuterten Hefeweinen, das der König einmal für alle Völker auf Seinem heiligen Berge, dem Ort Seines Hauses, zubereiten wird (Jes 25,6).

In Jer 31,33 sagt Gott, Er werde die Torah in das Innere der Israeliten legen und sie auf ihr Herz schreiben (vergleiche Hebr 8,10). Das ist natürlich nicht das Gesetz vom Sinai; denn dieses ist die begrenzte, zeitgebundene Form der Torah während des *alten* Bundes. Nein, im neuen Bund geht es um das Gesetz in seiner Vollendung, in seiner vollsten, tiefsten Bedeutung, wie es in Christus Gestalt angenommen hat (siehe Anhang 4). Hier gibt es keinen wesentlichen Unterschied mehr zwischen dem Gedanken, dass das *Gesetz* Gottes in ihre Herzen geschrieben wird und dem, dass die *Liebe* Gottes in ihre Herzen ausgegossen wird (vergleiche Röm 5,5; 13,8-10.14) oder dem, dass *Christus* in unseren Herzen wohnt (Eph 3,17) oder dass das *Wort* (*logos*) Christi in unseren Herzen wohnt (Kol 3,15f). Wenn nun Paulus in 2Kor 3 diese Lehre vom neuen Bund auf uns anwendet, kann er ohne Bedenken den Begriff »Gesetz« durch »Christus« ersetzen (Vers 3): »... ihr, die ihr offenbar geworden, dass ihr ein Brief Christi seid, angefertigt durch unseren Dienst [nämlich als Diener des *neuen* Bundes; Vers 6], geschrieben (...) nicht auf steinerne Tafeln [so wie das Gesetz des *alten* Bundes], sondern auf fleischerne Tafeln des Herzens.«

(c) Neben Hebr 8–13 und 2Kor 3 ist der Galaterbrief unser dritter Zeuge für die Bedeutung des neuen Bundes für uns. Um das zu erkennen, müssen wir begreifen, dass sich der *neue Bund in vieler Hinsicht enger an den Bund mit Abraham anschließt als an den* »alten« *Bund*, d. h. den Bund vom Sinai. Denn sowohl der Abraham-Bund als auch der neue Bund hängen nicht von Verpflichtungen ab, die der Mensch zunächst erfüllen muss (wie beim Bund vom Sinai), sondern gründen sich auf die Person und das Werk Christi.

Die Lehre von Gal 3,15 – 4,7

Gal 3,15 – 4,7 macht das vorher Gesagte sehr deutlich (siehe den Kommentar zu diesen Versen). Hier werden die Begriffe »Bund« und »Verheißung« abwechselnd gebraucht: Der Bund, den Gott mit Abraham schloss (1Mo 15 und 17), bestand aus einseitigen und bedingungslosen (»unbereubaren«, Röm 11,29) Verheißungen, die Gott ihm machte. Diese Verheißungen hängen in Gal 3 direkt mit der Tatsache zusammen, dass die Gläubigen der jetzigen Haushaltung »Söhne«, »Nachkommen« und »Erben« Abrahams sind (siehe vor allem Vers 29). Das ist gleichbedeutend mit der Aussage: Die dem Abraham gemachten Bundesverheißungen gelten auch den Heidenchristen, ja, diese sind in den Abrahamsbund mit eingeschlossen (Gal 3,8.14). Näher ausgeführt:

(1) Der Bund, den Gott mit Abraham schloss, bleibt auch nach dem Bund vom Sinai vollständig bestehen (wir können hinzufügen: Er geht nahtlos in den neuen Bund über). Daher kann auch unter der Sinai-Gesetzgebung der gläubige und bußfertige Israelit bleibend Gottes Segen empfangen. Innerhalb der strikten Maßregeln des sinaitischen Bundes ist dazu die Möglichkeit nicht gegeben; da ist der Segen ganz offiziell an die Vorbedingung der Gesetzeserfüllung gekoppelt. Wir müssen hier allerdings gut unterscheiden, ohne zu viel zu scheiden: Der Ausweg über das Sündopfer, durch das die Gnade Gottes bußfertigen Sündern zufließen kann, war gerade auf dem Sinai dem Mose gezeigt worden (obwohl das Tieropfer keinen echten Versöhnungsweg bot, sondern nur vorauswies auf das Opfer Christi; Hebr 9).

(2) Der Abrahambund wurde »dem« Samen Abrahams zugesagt, das ist Christus, d. h., der Bund gilt allen, die geistlich »in Christus« sind, seien sie nun außerdem natürliche oder nur geistliche »Söhne Abrahams«. Dies In-Christus-begründet-Sein ist im Galaterbrief noch nicht ausdrücklich zu finden; es wird von Paulus »nur« typologisch abgeleitet; doch macht das diese Grundlage nicht weniger wahr.

(3) Das »Erbe« – der Empfang der von Gott verheißenen Segnungen – wird durch die strikten Forderungen des Gesetzes völlig zunich-

te gemacht; denn niemand kann von sich aus diesen Forderungen ent-sprechen und dadurch das Erbe verdienen. Aber weil Gottes bedin-gungslose Verheißungen gegenüber Abraham immer gültig bleiben – und zwar wegen des später durch Christus vollbrachten Kreuzeswer-kes –, bleibt trotz Gesetzesbruchs der Weg der Gnade für den bußfer-tigen und glaubenden Menschen stets offen. Kurzum, Paulus sagt, das Erlangen des Erbes liegt nicht daran, das Gesetz gehalten zu haben – denn das kann keiner –, sondern an Gottes Verheißungen gegenüber Abraham. Die *Grundlage* für diese Verheißungen und deren Erfüllung liegt nicht in unserem Gehorsam, sondern in dem Werk Christi.

(4) Aber wozu wurde das Gesetz überhaupt gegeben? Es sind min-destens drei Gründe zu nennen, die teilweise auch in den Ausführun-gen des Paulus durchklingen:

(a) *Formal* gab Gott das Gesetz auf dem Sinai, um den Weg zu defi-nieren, den der Mensch gehen müsste, um durch das Halten des Geset-zes den Segen aus eigener Kraft zu erwerben. Das ist aber niemandem gelungen und das wusste Gott natürlich im Voraus; daher Punkt (b).

(b) In Wirklichkeit gab Gott das Gesetz aus *pädagogischen* Grün-den (»Kinderbewahrer« in 3,24 heißt gr. *paidagogos*), d.h., indem Er Seinem Volk das Gesetz vorhielt, machte Er ihm deutlich, dass es aus eigener Kraft den Segen ausdrücklich *nicht erwerben konnte*, um es in wahrer Niedrigkeit »unter dem Daumen zu halten« (Vers 25: »unter einem Kinderbewahrer«) und ihm auf diese Weise dauernd zu zeigen, dass es nur aus der Gnade leben konnte. (Dies Ziel wurde nur teilweise erreicht; aber das lag nicht an Gott: Der Mensch ist von Natur derma-ßen verdorben, dass er es fertigbekommt, selbst im Gesetz noch einen Anlass zum Rühmen zu finden, wie die Pharisäer bewiesen haben.)

(c) Darüber hinaus ist das Gesetz vom Sinai in mehr objektivem Sinn eine erste, wenn auch sehr vorläufige, *Offenbarung der ewigen Torah* (siehe Anhang 4). Das wurde nicht nur von den Gläubigen der neuen Haushaltung verstanden, sondern auch von denen der alten. Einer-seits fanden sie in dem Gesetz Anleitung, sich wegen ihres Zukurz-kommens und ihrer Sünden zu demütigen, andererseits aber auch, Gott anzubeten, dessen Herrlichkeit auch die Torah durchstrahlt und in Seiner Kraft das Gesetz in demütiger Abhängigkeit zu verwirklichen (vergleiche Ps 19 und 119). Im tiefsten Grunde besteht in *dieser* Hin-sicht kein Unterschied zwischen den Gläubigen des AT und des NT (siehe wieder Anhang 4).

(5) In anderer Hinsicht besteht sehr wohl ein maßgeblicher Unterschied. Die Gläubigen des AT waren noch »Sklaven« oder »Unmündige« (vergleiche Gal 3,23 – 4,7). Sie blickten auf die den Vätern gemachten Verheißungen und vertrauten auf die Gnade Gottes; aber genau genommen war die Grundlage, auf der sie vor Gott standen, die des »alten Bundes« (d. h. die des Sinai) und darüber hinaus: Sie kannten den »neuen Bund« oder die wahre Grundlage der Gnade Gottes (Verheißungen, Segnungen, Erbteil) noch nicht, nämlich Christus und Sein Werk. Vergleiche Hebr 11,13: »Diese alle [= die Erzväter] sind im Glauben gestorben und haben die Verheißungen [= das Verheißene] nicht empfangen, sondern sahen sie von ferne und begrüßten sie.« Einerseits: Sie »hatten« sie noch nicht, so wie wir sie nun haben; andererseits: Ihr Glaube sah über die damaligen Umstände hinaus auf Gott und Seine Gnade und auf das Kommen Christi. Im Zusammenhang mit dem Bund vom Sinai gab es nur »Sklaven« und »unmündige« Kinder, die noch »unter einem Kinderbewahrer« stehen: Das Gesetz hielt sie an der Kandare, bis Christus kommen würde. Aber seit nun Christus gekommen ist und die Gläubigen »hinter« Seinem Werk stehen können, sind sie keine »Sklaven« mehr, sondern »Söhne Gottes«: nicht mehr Unmündige, sondern erwachsene Söhne, denen alle Rechte offenstehen, die zum Erwachsensein gehören.

Der Föderalismus

Einer der Gründe, warum es sinnvoll ist, in einem besonderen Anhang auf die Bündnis-Lehre einzugehen, ist der, dass mit dieser Lehre während der Geschichte des Protestantismus in eigenartiger Weise umgegangen wurde. Einerseits haben sich evangelische Christen im Allgemeinen viel zu wenig mit den Bündnissen befasst. So wie manchmal behauptet wird, wir »hätten nichts mehr mit dem Gesetz zu tun« (Anhang 4), so wird mitunter auch behauptet, Christen hätten »nichts mehr mit einem Bund zu tun«, weil dieser ausschließlich mit Israel geschlossen wurde – als ob sich nicht schon im AT dieser Bund auf gläubige Heiden erstreckt hätte (seien damit auch nur Proselyten innerhalb des Judentums gemeint; Jes 56,6). Immerhin: Besonders die Einsetzungsworte beim Abendmahl, verbunden mit 2Kor 3 und Gal 3, zeigen uns die Bedeutung des neuen Bundes auch für die Heidenchristen.

Andererseits wird den Bündnissen innerhalb der reformierten Tradition eine sehr überzogene Aufmerksamkeit geschenkt. In seinem *Het
Calcinisme en de reformatie van de wisbegeerte* nennt z. B. D. H. Th.
Vollenhoven drei Unterteilungen der »calvinistischen Antwort« auf die
Frage »Was sagt die Schrift?« (S. 21). Zwei dieser Unterteilungen, nämlich (a) die unmittelbare Souveränität Gottes über alle Dinge und (c)
die völlige Verderbtheit des Menschen, der Tod als Strafe für die Sünde und die Offenbarung der Gnade des souveränen Gottes in dem
Mittler, sind aufs Ganze gesehen nicht typisch calvinistisch. Aber die
mittlere Unterteilung, die ist es wohl: Dem Calvinismus zufolge betrachtet die Schrift »die Religion als einen Bund (unio foederalis), der
dem Menschengeschlecht auch schon vor dem Sündenfall durch Wort-
offenbarung bekanntgemacht war«.

In der Tat, das ist typisch calvinistisch, ja m. E. gibt es nichts Calvi-
nistischeres als diese zentrale Stelle, die man dem Bund einräumt. Außerhalb des Calvinismus kenne ich keine Richtung, die die Religion
spezifisch »bundesmäßig« auffasst, sowohl vor als auch nach dem Sündenfall. Und das, (a) obwohl die Schrift vor dem Sündenfall mit keinem Wort über einen »Bund« spricht und auch nicht in den Jahrtau-
senden nach dem Sündenfall und vor der Sündflut,[3] und (b) die »Religion« auch noch völlig andere Beziehungen zwischen Gott und dem
Menschen kennt, vor allem das Vater-Kind-Verhältnis, das nicht auf
»Anordnung« oder »Übereinkunft« beruht, sondern auf »Zeugung«
und »Geburt«.

Im Calvinismus ist die Bündnislehre völlig aus den Fugen geraten;
von einem der vielen Themen der Schrift wurde eins zu *dem* zentralen
Thema gemacht, sodass man im Calvinismus davon ausgeht, die ganze
Schrift, dazu das ganze Christenleben »bundesmäßig« betrachten zu
müssen. Als Beispiel für diese Überzogenheit wähle ich eine ziemlich
neue Studie über den Bund und zwar von dem maßgeblichen südafri-
kanischen Theologen Prof. W. Jonker (Stellenbosch) und beschränke
mich auf §1,4: »Bund und Erwählung« (S. 79-104). Dabei geht es mir
nicht so sehr darum, auf die strikt theologische Argumentation einzugehen, als vielmehr aufzuzeigen, wie ein bestimmtes theologisches
Vorurteil die gesamte Schriftbetrachtung überwuchern kann.

Jonker sagt zu Recht, dass das »Bundeskonzept« schon bei den Kir-
chenvätern vorkommt, dass aber die »Bundeslehre« erst im reformierten Protestantismus entwickelt wurde (S. 79); das bedeutet in meiner

Terminologie: entwickelt zu einem theoretischen Denkgebäude, das einem ganzen Denksystem seine Grundlage und den Zusammenhang verleiht. Die Bundestheologie, so sagt Jonker, wird manchmal *Föderalismus* genannt (abgeleitet von dem Lat. *foedus*, »Bund«), »weil sie den Bund [lies: die Bundes-*Lehre*] als Ordnungsprinzip für die gesamte Theologie behandelt«. In der Tat: Die Entwicklung der Bundeslehre ist nicht auf »einem einfältigen Nachsprechen der Schrift« gegründet, sondern ist ein *theologisches* Konstrukt. Es sind *Theologen*, die die Bundestheologie mit allen ihren Finessen entwickelt haben, bis hin zu Cocceius, der schließlich eine allumfassende, heilshistorische Bundestheologie »entwarf« (S. 82).

Jonkers Argumentation lässt deutlich erkennen, wie eine bestimmte theologische Theorie sich entwickelt und wie dabei direkte Schriftzeugnisse und theoretische Modellvorstellungen elegant miteinander vermengt werden (S. 82f):

»Dies nimmt durchaus nicht weg, dass das Bundeskonzept schon früh eine bedeutende Stellung im reformierten Verständnis der Heilsoffenbarung eingenommen und eigentlich von Anfang an der reformierten Religion Wegweisung und Richtung gegeben hat. Dass dies so ist, hängt zweifellos mit dem reformierten Frömmigkeitsstil und mit dessen Liebe zum AT zusammen, wobei großer Nachdruck auf die Schöpfung und das Gesetz gelegt wird, außerdem auf den Gemeinschaftscharakter des Heils und die Herrschaft Gottes über alle Gebiete des Seins. Die ersten reformierten Theologen waren vor allem durch ihre Erkenntnis der theokratischen Botschaft des AT zu der freudevollen Entdeckung des bundesmäßigen Denkens der ganzen Schrift gekommen. (...) Die Wahrheit von dem Bund hat sich von selbst innerhalb des reformierten Denkens in den Vordergrund gedrängt, komplementär zu dem Bekenntnis von der Auserwählung. Echt reformierte Theologen haben daher durch die Zeiten hindurch den Bund als das Fundament und das Herz der ganzen Heiligen Schrift verkündigt (Heppe:1958,34). Das Bundeskonzept wurde bald als der hermeneutische Schlüssel für die gesamte Schrift verstanden, was dazu beitrug, dass die Botschaft vom Bund auch an Stellen der Schrift gefunden wurde, wo der Begriff überhaupt nicht vorkommt. Das Ergebnis war, dass eine umfassende Bundslehre entwickelt werden konnte, die den gesamten Heilsplan

Gottes in Christus verdeutlichen kann und der Überzeugung Ausdruck zu verleihen vermag, dass die Beziehung zwischen Gott und
Mensch als solche gar nicht anders als bundesmäßig verstanden werden kann.«

Diese Argumentation schreit nach einer kritischen Untersuchung.

(a) Zunächst erzählte Jonker uns, Cocceius habe eine allumfassende heilshistorische Bundestheologie »entworfen«, jetzt sagt er, die
Theologen hätten »freudevoll« das bundesmäßige Reden der Schrift
»entdeckt«. Eins kann nur stimmen: Haben die Theologen die Bundestheologie nun »entworfen« oder »entdeckt«? Sie »entdeckten« nicht
die Schriftabschnitte, die vom Bund sprechen; denn damit waren die
Theologen schon seit Jahrhunderten vertraut. Und ganz gewiss entdeckten sie nicht die Bündnis-*Theologie* in der Schrift; denn 1.: Weder
enthält noch lehrt die Bibel irgendeine »Theologie« und 2.: Wenn der
Bündnisgedanke von so universaler Bedeutung für die Schrift wäre,
warum haben ihn dann so viele andere bibelgläubige Theologen nicht
»erkannt«? Doch nicht, weil sie blind oder eigensinnig sind, sondern
weil sie in einem anderen Denkrahmen arbeiten, den sie als bibeltreuer erleben.

Theologische Modelle werden »entworfen«, um über die biblischen
Sachverhalte Klarheit zu erlangen; sie werden nicht in der Schrift »entdeckt«. Das gilt natürlich allgemein für alle wissenschaftlichen Theorien: Sie werden »entworfen«, nicht in der Wirklichkeit »entdeckt«.
Was die reformierten Theologen »freudevoll entdeckten«, war dies:
Als die Bündnislehre (Jonkers hermeneutischer Schlüssel) entworfen
war, erwies sich diese als elegantes Erklärungsmodell der biblischen
Sachverhalte. *Aber das beweist nicht deren Richtigkeit.* Immerhin sieht
es so aus, dass andere Denkrahmen, wie die Lehre vom Reich Gottes
oder die von den Haushaltungen, genau die gleichen Schriftaussagen
ebenso sauber »erklären« (siehe mein *Israel en de kerk*). Wer die Lehre von den Haushaltungen vorzieht, macht die gleiche »freudevolle
Entdeckung«, dass man die Schrift auf diese Weise begreifen kann.
Das heißt also: Auch dieser Denkrahmen erweist sich als »brauchbar« –
er beschreibt die biblischen Sachverhalte in Begriffen der Haushaltungslehre. *Aber das beweist deren Richtigkeit ebenso wenig.* Die *wirklich* interessante Frage ist, welcher von den beiden (oder noch anderen!) konkurrierenden Denkrahmen die biblischen Sachverhalte am

flüssigsten, einfachsten und zutreffendsten erklärt und welcher mit den wenigsten »Hilfskonstruktionen« und schwer erklärbaren Gegebenheiten auskommt.

(b) Es ist nicht so sehr, dass der Bund das »Fundament und Herz« der Schrift bildete; denn in der NT-Bedeutung dieses Ausdrucks finden wir ihn nur wenige Male: bei der Einsetzung des Abendmahls, in 2Kor 3,6 und Hebr 7–13. Viel eher könnte man feststellen: Die Bündnisidee ist das »Fundament und Herz« der Bündnis-*Theologie*. Man darf nicht sagen, dieser Gedanke sei »auch an Schriftstellen zu *finden*, wo dieser Ausdruck nicht vorkommt«. Korrekter wäre: Die Richtigkeit der Bündnislehre erweist sich darin, dass sie auch solche Schriftstellen bündnismäßig erklären kann. Das aber ist etwas ganz anderes. Andere lehrmäßige Denkrahmen würden diese Schriftstellen immerhin vielleicht ebenso gut oder besser erklären können! So würde die Haushaltungslehre mit genauso viel (oder wenig!) Recht behaupten können, dass die »Botschaft von den Haushaltungen auch an Stellen der Schrift gefunden wird, wo dieser Ausdruck nicht vorkommt«. Durch die »Brille« jedes dieser Denkrahmen betrachtet, sehen alle Schriftstellen entweder »bündnismäßig« oder »haushaltungsmäßig« aus.

(c) Jonker berichtet uns vorher (S. 80f), die Bündnistheologie sei einem *theologischen* Konflikt entsprungen, nämlich dem mit den Wiedertäufern. Nun behauptet er, die Bündnisidee sei primär ein nichttheoretisches, praktisches Element reformierten Denkens, ja, der Dreh- und Angelpunkt der reformierten *Religion,* der mit dem reformierten »Frömmigkeitsstil« zusammenhängt. Hier taucht die Frage nach der Henne und dem Ei auf. Ist die Bündnistheologie aus der reformierten »Frömmigkeit« geboren oder ist die typisch reformierte Auffassung von Religion aus der Bündnistheologie hervorgekommen? Mit anderen Worten: Befindet sich in Jonkers Beschreibung des reformierten »Frömmigkeitsstils« mit seinem Nachdruck auf der Schöpfung, dem Gesetz, der Gemeinschaft und Gottes Herrschaft nicht schon viel zu viel »Theologie«? Kann es, wenn es um echte Frömmigkeit, um die innerlichsten Bewegungen des christliches Herzens geht, wohl so etwas wie eine typisch *reformierte* Art der Frömmigkeit oder Religion geben? Ist es nicht viel mehr so, dass es bei Lichte besehen nur eine wahre, biblische Frömmigkeit geben kann, die allerdings in der reformierten Glaubensgemeinschaft später ihre typische »Gestalt« im Formbrett der Bündnis-*Theologie* bekommen hat? Frömmigkeit als solche produziert keine Theologien; aber ein vorherrschendes lehrmäßiges Denkgebäude kann unserer Frömmigkeit sehr wohl eine (nicht einmal immer wünschenswerte!) besondere »Richtung« geben!

Im Vorwort der Jonkerschen Argumentation wird unbeabsichtigt nur allzu deutlich, dass die Bündnistheologie kein Produkt der »Frömmigkeit«, sondern eines höchst subtilen schematischen Denkens ist, das um des Systems willen weit über die biblischen Sachverhalte hinausgeht. Wenn wir nun auf einige Inhalte eingehen, bringt uns das zu der eigentlichen Bündnislehre zurück:

(a) Jonker behauptet, dass »nach allgemeiner Überzeugung« (sic) der Abrahams-Bund nichts anderes ist als die Befestigung und »Zuspitzung« der Offenbarung der Gnade Gottes direkt nach dem Sündenfall und dass daher ein allumfassender *Gnadenbund* existieren muss, der sofort nach dem Sündenfall gestiftet wurde und dass diese Gedanken einfach »Allgemeingut« sind (S. 83). Nun, wessen »allgemeine Überzeugung« ist das und für wen sind diese Gedanken »Allgemeingut«? Das gilt natürlich nur für die, die vorher die Bündnistheologie angenommen haben. Auf den ersten Blick würde nämlich niemand notwendigerweise solch einen direkten Zusammenhang zwischen 1Mo 3,15 und dem Bund mit Abraham erkennen oder es als selbstverständlich annehmen, dass alle biblischen Bündnisse seit dem Sündenfall verschiedene Formen irgendeines universalen »Gnadenbundes« sind. Das kann gut möglich sein; aber es liegt nicht direkt auf der Hand. Diese Auffassungen sind nur *innerhalb des Rahmens der Bündnistheologie* offensichtlich. Schärfer noch: So sehr der »neue Bund« tatsächlich ein »Gnadenbund« genannt werden kann, so sehr macht die Gegenüberstellung des alten und des neuen Bundes in Hebr deutlich, dass der Bund vom Sinai im strikt formalen Sinn eigentlich kein »Gnaden-« sondern ein »Werkebund« ist, d. h. ein Bund, in dem der Segen formal von den Gesetzeswerken abhängig gemacht ist.

(b) Nach der Bündnistheologie ist der Gnadenbund auf Gottes ewigem Heilsplan gegründet. Jonker sagt, dass in diesem Fall von einer »theologischen Hilfskonstruktion« Gebrauch gemacht wird, die das »*pactum salutis* («Heilsbund«) zwischen Vater und Sohn« genannt wird (S. 83). Selbstverständlich spricht die Schrift über den Vater, der den Sohn sendet und über den Gehorsam des Sohnes gegenüber dem Vater; aber das wird niemals *Bund* genannt. Diese Ausdrucksweise ist nichts als »Systemzwang«. Jonker spricht darum zu Recht von einer

»Hilfskonstruktion«, wenn er sich für eine derartige Terminologie rechtfertigen will. Er stellt fest (S. 84):

> »Wo das grundlegende Verhältnis zwischen Gott und Seinem Volk
> den Charakter eines Bundes trägt, liegt der Gedanke nahe, dass
> das Verhältnis zwischen Gott und dem Bundesmittler selbst eben-
> falls ein bundesmäßiges Verhältnis sein muss.«

Hier haben wir ein deutliches Beispiel für die Wirkungsweise eines
umfassenden Denkmusters. Neue Gedanken werden entwickelt, die
nicht direkt den biblischen Sachverhalten entspringen, sondern hervorgehen – oder vermeintlich hervorgehen – aus der inneren Logik
des Denksystems. Sobald innerhalb des Rahmens dieses Denksystems
ein Gedanke für plausibel erachtet wird, beginnt er ein Teil desselben
zu werden. Seit die Idee von dem *pactum salutis* von Olevianus, Rol-
lock, Ames, Preston und Cloppenburg entwickelt wurde, ist er »fester
Bestandteil der reformierten Bündnislehre« (S. 84).

(c) So werden noch weitere Konsequenzen dieser Art gezogen, die
nicht aus der Schrift hervorgehen, sondern aus dem inneren Zusammenhang des Denksystems. Unter dem Vorurteil der Bündnislehre war
es »undenkbar«, dass die Verbindung zwischen Gott und Mensch vor
dem Sündenfall anders als bundesmäßig war (S. 84). Gab es dafür auch
keine direkten Hinweise – siehe Anmerkung 2 zu Kapitel 6,7 –, so erschien eine solche Schlussfolgerung durch die innere Logik der Bündnistheologie doch hinreichend gerechtfertigt. Auf diese Weise wurde
auch die Lehre von dem *foedus naturale* oder *creationis* oder *operum*
(d. h.: »natürlicher Bund« oder »Schöpfungsbund« oder »Werkebund«)
und vom *foedus gratiae* (»Gnadenbund«) entwickelt (Ursinus, Olevianus, Polanus). Jonker gibt zu, keinen direkten Schriftbeweis für den
»Werkebund« vorlegen zu können (S. 85). Doch führte diese Lehre
ihrerseits wieder zu einer anderen, nämlich zu der Vorstellung von
Adam als dem Bundeshaupt der gefallenen Menschheit.

Zusammenfassend sehen wir, wie ohne jeden direkten Schriftbeweis
die gesamte Konstruktion der Bündnistheologie zusammengestellt wird:
Der Abrahambund wird ausgeweitet zu einem allumfassenden »Gnadenbund« und der Gedanke dieses »Gnadenbundes« führte einerseits
zu der Idee des *pactum salutis* und andererseits zu der Idee von dem
»Werkebund«. Dieser wiederum führte zu der Vorstellung von Adam

als Bundeshaupt. Nun sind diese Gedanken nicht notwendigerweise verkehrt; aber sie sind ebenso wenig notwendigerweise richtig. Ihre einzige direkte Grundlage ist die innere Logik der Bündnistheologie. Als solche mögen sie tatsächlich »breite Zustimmung« finden (S. 86) – d. h. unter den Reformierten! –, aber in der Geschichte der Wissenschaft bedeutet das nicht viel. Es geht hier nur um menschliche, gebrechliche Theorien und die haben zu weichen, sobald alternative Denkmuster oder die biblischen Sachverhalte sich als richtiger erweisen.

Jonkers Darlegungen wurden nur als zeitgenössisches Musterbeispiel ausgewählt. Dergleichen Argumentation kann man überall bei Bündnistheologen begegnen. Was mir vor allem Sorgen bereitet, ist dies: Jonker anerkennt den *theologischen* Charakter der Diskussion rund um die Bündnisse und die Ausgestaltung der spezifischen Bündnistheologie. Doch verschiebt sich unmerklich bei ihm die Argumentation von der Bündnis-*Theologie* hin zu praktischer reformierter Frömmigkeit. Ich habe dazu bereits Beispiele zitiert (S. 82) und füge noch eine Jonkersche Schlussfolgerung an: »Die reformierte Form des Christentums ist unlöslich mit dem Bekenntnis zu der Wahrheit von den Bündnissen gekoppelt« (S. 87). Aus dem Zusammenhang geht hervor, dass Jonker hier ausdrücklich die (theologische) *Lehre* von den Bündnissen meint, nicht nur den biblischen Hinweis auf die Bündnisse. Dann aber springt Jonker von der Domäne der Theologie hinüber zur Domäne des »Bekenntnisses« und der »Wahrheit«.

Achten wir darauf, was hier eigentlich geschieht! Zunächst war es eine theologische Theorie mit vielen, nicht auf »direkten Schriftbeweis« gegründeten Elementen, ja selbst mit »theologischen Hilfskonstruktionen«. Doch nun ist sie oder zumindest der Kern der Bündnis-*Theologie,* Teil des reformierten Glaubens-*Bekenntnisses* und wird als »Wahrheit« bezeichnet! Das darf nicht geschehen. Die grundlegenden biblischen *Erwähnungen* des Bundes werden von allen bibeltreuen Christen anerkannt, ohne dass sie dadurch »reformiert« würden. Das, was die »reformierte« Form des Christentums kennzeichnet, ist eine ausgearbeitete Bündnis-*Theologie,* die daher niemals »Wahrheit« genannt werden darf. Dasselbe gilt natürlich auch für die Haushaltungen-*Theologie.* Lehrmäßige Theorien sind fehlbare, gebrechliche *Versuche, sich der Wahrheit zu nähern,* nichts weiter. Nur die Schrift ist Wahrheit; unsere Theorien sind nicht einmal »Wege, die Wahrheit zu ergründen«, sondern nur der Versuch dazu.

Jonkers Art der Argumentation ist gut gemeint, aber lebensgefährlich. In der Kirchengeschichte sind auf genau diese Weise immer wieder Theorien zu »Wahrheiten« erhoben worden. Diese wurden dann praktisch mit der Schrift gleichgestellt und daraufhin dem Kirchenvolk aufgezwungen. Das führte zu geteilten Meinungen und sogar zu Gemeindetrennungen. Theologische Theorien *innerhalb* des bibeltreuen Christentums dürfen niemals zu Konflikten im praktischen Gemeindeleben führen, ganz zu schweigen von Trennungen. Wenn das aber geschieht, so handelt es sich um genau das, was die Schrift Sektierertum nennt (1Kor 11,18f; Apg 5,17; 26,5; Gal 5,20; 2Petr 2,1).

»Bund« und »Gesetz«

In Anhang 4 haben wir schon eine Reihe wichtiger Begriffe miteinander verknüpft, nämlich »Offenbarung«, »Gesetz«, »Wort« und »Testament«, und auf den Zusammenhang zwischen ihnen hingewiesen. Alle diese Begriffe sind Beschreibungen für Gottes Selbstoffenbarung, sowohl in der Natur als auch in Seinem moralischen Gesetz oder: sowohl in den Naturgesetzen als auch im Menschenleben. Dieser Gruppe können wir jetzt auch den Begriff »Bund« hinzufügen. In Jer 33,20.25 ist nämlich die Rede von Gottes »Bund betreffs des Tages (..) und der Nacht«, die in einem Atemzug »Verordnungen des Himmels und der Erde« genannt werden. Es besteht also ein Zusammenhang zwischen »Bund« und »Gesetz«. Auch in Ps 78,10 (»Sie hielten nicht den Bund Gottes und weigerten sich, in seinem Gesetz zu wandeln«) weist der poetische Parallelismus auf einen derartigen Zusammenhang hin (5Mo 31,9).

In Ps 89,2 lesen wir von Gottes (Bundes-) Treue im Bezug auf den Himmel, die in den festen Gesetzen zum Ausdruck kommen, denen die Himmelskörper gehorchen; parallel dazu spricht Vers 4 über Gottes Bund mit David. Über weite Strecken wird in diesem Psalm die Parallele gezogen zwischen der in den Naturgesetzen sichtbaren Treue Gottes und Seiner Bundestreue zu dem Hause Davids (Vers 6.9.29f.37f). So unwandelbar wie Gott die Himmelskörper regiert, so unwandelbar regiert Er auch die Geschichte, nicht nur des Hauses Davids, sondern der ganzen Menschheit. Das ist der Zusammenhang zwischen »Bund« und »Gesetz«: In beiden beweist Gott Seine Treue dem Menschen gegenüber. So sicher wie Er jeden Morgen die Sonne aufgehen lässt, genau zu dem Zeitpunkt, der auf meinem Kalender steht, so sicher ist Seine Bundestreue gegen Sein Volk.

Dieser Nachdruck auf Gottes Bundestreue inspirierte die Gründer der modernen Naturwissenschaft bei der Suche nach den Naturgesetzen, die den Bewegungen der Himmelskörper und allen Naturerscheinungen zugrunde liegen. Die Reformatoren verwarfen die Auffassungen von Plato und Aristoteles, denen zufolge die Grundformen, die allen Dingen zugrunde liegen, logisch betrachtet notwendigerweise durchschaubar und selbstverständlich seien. Galilei und Descartes hielten noch an dieser Betrachtungsweise fest; doch Kepler lehrte, die Naturgesetze seien weder logisch noch intuitiv selbstverständlich; in naturkundlichen Begriffen: Die Naturgesetze sind nicht notwendig, sondern kontingent, d. h., niemand kann im Voraus aufgrund rationaler Argumente mit Sicherheit vorhersagen, wie ein bestimmtes Naturgesetz zu funktionieren hat. Die reformatorische Auffassung in Bezug auf Gottes Treue gegenüber Seiner Schöpfung setzte daher auch die neue Wissenschaft in Stand, vorurteilsfrei die Gesetze zu entdecken, nicht primär durch rationales Denken, sondern durch empirische Versuche, wobei das rationale Denken nur dazu diente, um Experimente zu entwerfen und das Wahrgenommene zu interpretieren.

So gelangte man zu »Verallgemeinerungen«, die wir Naturgesetze nennen; d. h. aufgrund einer endlichen Anzahl von Wahrnehmungen kam man zu universalen Aussagen wie: »Kupfer schmilzt bei Erwärmung«, nämlich immer und überall. Nach der wissenschaftlichen Strömung des Nominalismus, der sich ebenfalls von der Antike abwandte, ist jede Verallgemeinerung unbegründet, es sei denn als praktisches Mittel, um unsere Erfahrungen denkökonomisch zu ordnen. Christliche Naturwissenschaftler wie Kepler, Pascal, Boyle und Newton aber fanden die Grundlage für eine solche Verallgemeinerung in Gottes Verheißung, Seine Schöpfung aufrecht zu erhalten, und zwar mit Hilfe fester Anordnungen und Einsetzungen (siehe Anhang 4).

Bund und Taufe

Wir kommen jetzt zu einer bedeutsamen Frage, die zwar mit dem Galaterbrief nur beiläufig etwas zu tun hat, zum Verständnis des »Bundes« aber von großer Bedeutung ist. Diese Frage spielte schon in der Zeit der Reformation eine Rolle und zwar in den Differenzen zwischen den Lutheranern und Reformierten einerseits und den Taufgesinnten andererseits. Wir könnten diese Frage so formulieren: Wird der neue Bund ausschließlich mit den Gläubigen geschlossen oder auch mit ihren Kindern? Mit anderen Worten: Sind die Kinder, *weil* sie Kinder von Gläubigen sind, in den Bund eingeschlossen, auch wenn sie selbst noch nicht zum Glauben gekommen sind? Und noch anders ausgedrückt: Basiert die Bundesbeziehung auf der individuellen Glaubensbeziehung des Gläubigen zu Gott (ohne den kollektiven Aspekt der Gesamtheit der Gläubigen auszuschließen) oder handelt es sich mehr um eine kollektive Angelegenheit, eine Angelegenheit des »Volkes Gottes«, das, wie im AT, auch die Kinder der Gläubigen umfasst (ohne die Bedeutung der persönlichen Glaubensbeziehung auszuschließen)?

Nun müssen wir zunächst vorausschicken, dass das NT hierüber *gar nichts* sagt. Wenn wir also annehmen, trotzdem zu einigen Schlussfolgerungen kommen zu dürfen, können diese nur auf indirekte Ableitungen aus Schriftstellen gegründet sein – und das ist und bleibt gebrechliches Menschenwerk. Zweitens sehen wir auch wieder, wie bedeutsam theologische Vorurteile sind; d. h., wer von einer Bündnistheologie ausgeht, wird dieser Frage anders begegnen als z. B. einer, der einer Theologie der Haushaltungen anhängt. Konkret bedeutet das, es ist denkbar, dass man zu dem Schluss kommt, auch Kinder der Gläubigen gehörten zu dem neutestamentlichen »Volk Gottes« im weitesten Sinne, *ohne dies notwendigerweise mit »dem« Bund in Verbindung zu bringen*. Und genauso möglich ist das Umgekehrte: wohl vom Bund ausgehen, dies aber auf Gläubige beschränken.

Dass dies kein hypothetischer Fall ist, sehen wir z. B. treffend bei J. N. Darby. Dieser war kein Anhänger der reformierten Bündnistheologie, ganz im Gegenteil: Er lehrte, dass viele unserer spezifisch christlichen Segnungen weit über jegliches Bündnis hinausgehen. Doch war er davon überzeugt, dass die christliche Taufe auch den kleinen Kindern der Gläubigen zustand, *allerdings niemals unter Berufung auf »den« Bund*.[4] Er hatte andere Gründe dafür, die viel direkter auf das NT zurückgeführt werden können, nämlich auf das, was das NT über das Reich Gottes lehrt (vergleiche Mt 19,14 mit 28,19), auf die Bedeutung des »Hauses« (vergleiche Apg 11,14; 16,15.31-34; 18,8; 1Kor 1,16) und über das »Heilig-Sein« der Kinder, wenn mindestens ein Elternteil gläu-

big ist (1Kor 7,14). Es geht nun nicht darum, inwieweit Darbys
Schlussfolgerungen zu Recht bestehen; worum es geht, ist, dass er die
Kindertaufe verteidigte, ohne auch nur im Geringsten die Lehre von
den »Bündnissen« dafür nötig zu haben. Umgekehrt hat es interessan-
terweise immer »reformierte Baptisten« gegeben, die als Reformierte
der Bündnislehre zuneigten, aber trotzdem die Kindertaufe ablehnten
und die Taufe der Gläubigen vertraten. (Das berühmteste Beispiel solchen Denkens ist zweifellos John Bunyan.) Das waren also Christen,
die von den Bündnissen ausgingen, aber das neutestamentliche »Volk
Gottes«, mit dem dieser Bund geschlossen war, auf die Gläubigen be-
schränkten. Insofern die Taufe das Siegel des Bundes ist, kann diese
dann auch nur an den zum Glauben Gekommenen ausgeführt werden.

Gilt der neue Bund auch den Kindern?

Kurz gesagt: Wer der Kindertaufe anhängt, hat dafür nicht die reformierte Bündnislehre nötig; und umgekehrt: Die Bündnislehre hat im
Calvinismus nicht nur eine unerlaubte Universalität erlangt – selbst
wenn sie richtig ist, geht aus ihr nicht einmal notwendigerweise die
Lehre der Kindertaufe hervor. Das gilt nur für solche, die sich jahrelang darauf eingeübt haben, alle Schriftstellen »bündnismäßig« zu verstehen und kaum oder gar nicht verstehen, wie man anders von der
Taufe denken könnte. Ihre Argumentation ist so: (a) der Abrahambund wird nicht nur mit den Gläubigen, sondern auch mit ihren Kindern geschlossen; (b) das Siegel dieses Bundes war im AT die Beschneidung, nun ist im NT die Taufe an deren Stelle getreten; (c) Schlussfolgerung: Das Siegel des Bundes, das ist die Taufe, kommt nicht nur den
Gläubigen zu, sondern auch deren Kindern. Hier ist nun nicht der Ort,
entweder die Kinder- oder die Gläubigentaufe, zu verteidigen; es geht
hier nur um die unterstellte Beziehung von Taufe und Bund. Wie steht
es jetzt aber um die Richtigkeit dieser beiden Prämissen?
   Sehen wir uns zunächst Prämisse (a) an: Der Abrahambund wird
im AT tatsächlich nicht nur mit den Gläubigen geschlossen, sondern
auch mit deren Kindern. Das »Zeichen der Beschneidung«, welches
das »Siegel der Gerechtigkeit des Glaubens« war (Röm 4,11), durfte
und musste darum auch an den Kindern der Gläubigen vollzogen werden (1Mo 17), obwohl bei den Säuglingen durchaus noch keine Rede

von »Gerechtigkeit aus Glauben« sein konnte. Weil der Bund mit Abraham *und* seinen Nachkommen geschlossen war, reichte der Glaube Abrahams aus, um auch an seinen Säuglingen dies »Siegel« der Beschneidung anzubringen. Wenn die Taufe wirklich den Platz der Beschneidung eingenommen hat, kann die Tatsache, dass Säuglinge noch nicht glauben (können), für unbedenklich gehalten werden; der Glaube der Eltern reicht dann aus, um auch die Kinder mit dem »Siegel der Gerechtigkeit des Glaubens« zu versehen.

Allerdings erhebt sich nicht nur die Frage, ob die Taufe tatsächlich die Stelle der Beschneidung eingenommen hat (siehe [b]), sondern auch, ob es denn selbstverständlich ist, dass der Abrahambund auch im NT mit den Gläubigen und ihren Kindern geschlossen wird. Erstens kann man sicher nicht einfach erklären, dies sei offensichtlich; denn im AT ging es um die natürlichen ethnischen Nachkommen Abrahams, so dass die natürliche Abstammung von Abraham schon den hinreichenden Grund für die Beschneidung bildete. Von den Eltern wurde dann auch nicht gefordert, dass sie gläubig waren; die Tatsache, ein Israelit zu sein, reichte aus, um das Söhnchen zu beschneiden. Im NT geht es aber ausdrücklich um ein geistliches Volk, es ist also ohne ethnischen Zusammenhang (Apg 15,14) und besteht dafür aus einem *gereinigten Volk von Erlösten* (Tit 2,14). Im Sinne des NT ist Abraham einerseits der Vater aller Beschnittenen – das ist das ethnische Israel – und andererseits nicht der Vater der »Beschnittenen« des NTs, d.h. (im Sinne der Föderalisten) der Getauften, sondern der Vater aller *Gläubigen* (Röm 4,11f).

Dann besteht aber auch kein direkter Hinweis im NT auf den Gedanken mehr, der neue Bund sei auch mit den Säuglingen der Gläubigen geschlossen worden. Der Calvinist wird sich nun sofort auf Apg 2,39 berufen, wo Petrus den versammelten Juden sagt: »Denn euch ist die Verheißung und euren Kindern und allen, die in der Ferne sind, so viele irgend der Herr, unser Gott, herzurufen wird.« Dieser Vers kommt den Föderalisten gut gelegen, nicht allein, weil er die Kinder und die Heiden in »die Verheißung« einbezieht, sondern weil er auch unmittelbar im Zusammenhang mit der Taufe steht (Vers 38.41). Aber worin besteht diese »Verheißung«? Man muss wohl eine sehr bündnistheologisch gefärbte Brille tragen, wenn man hierin den Abrahambund sehen will! Jeder andere Ausleger wird natürlich und ausschließlich an die einzige Verheißung denken, um die es in Apg 2 geht: »die Verheißung des Heiligen Geistes« (Vers 33). Diese Verheißung des Geistes finden wir in Joel 2, nicht bei dem Bundesschluss mit Abraham. In Gal 3,14 geht diese Verheißung so weit über den »Segen Abrahams« hinaus, wie die Stellung der »Söhne Gottes« die der »Söhne Abrahams« übertrifft.

Mit anderen Worten: Sobald man das universalistische Vorurteil der Bündnistheologie fallen lässt, gibt es kein direktes Argument für die Behauptung, auch der neue Bund sei geschlossen worden mit den Gläubigen *und ihren Kindern*. Selbst in Apg 2 bedeutet »Kinder« nicht per se »Säuglinge«; denn welchen biblischen Grund hätten wir für die Behauptung, Säuglinge könnten den Heiligen Geist empfangen, sei es bei der Taufe oder sonstwie? Die Versiegelung mit dem Heiligen Geist geschieht nach Eph 1,13 ausdrücklich, wenn man zum Glauben kommt.

Auch Jeremia 31,34 kann in diesem Zusammenhang nicht als Argument gelten. Wenn innerhalb des neuen Bundes die Rede von den »Kleinsten« und den »Größten« ist, dann handelt es sich in *beiden* Fällen um Menschen, die den HERRN kennen. Wenn auch gläubige Eltern zu ihrer Freude sagen dürfen, der Herr kenne ihre Säuglinge, so können sie doch nicht aufrecht erhalten, dass ihre Säuglinge den Herrn kennen.

Ich gehe noch kurz auf Röm 4 ein. Wenn da auf Abraham verwiesen wird, legt Paulus den Nachdruck darauf, dass Abraham aus Glauben gerechtfertigt war, ehe er beschnitten wurde, damit er der Vater *aller* Gläubigen würde, seien sie nun beschnitten oder unbeschnitten (Vers 11f). Hier wie in Gal 3 wird sehr deutlich betont, dass die Verheißung oder auch der Abrahambund für die *Gläubigen* gilt, ob sie beschnitten sind oder nicht. Muss es den Anhängern der Bundeskindertaufe nicht zu denken geben, dass Paulus weder im Römerbrief noch im Galaterbrief jemals seine Argumentation auf die Kinder der Gläubigen ausdehnt – statt dessen den persönlichen Glauben betont – und auch nicht die Gelegenheit wahrnimmt zu lehren, jetzt habe die Taufe die Stelle der Beschneidung eingenommen?

Natürlich ist das kein Beweis gegen die Bündnisargumentation und die Bündnistheologen werden Gründe genug vorbringen können, warum Paulus die von ihnen benötigten Argumente hier nicht liefert. Aber man sollte sich doch ehrlich fragen, ob man, sobald man das Vorurteil der universalistischen Bündnistheologie für einen Augenblick fahren lässt, wohl ausreichende Gründe für die Behauptung hat, dass auch der neue Bund mit den Gläubigen *und* ihren Kindern geschlossen wird. Wie gesagt, können theologische Theorien niemals strikt bewiesen oder widerlegt werden, man kann sie aber untereinander vergleichen, um zu untersuchen, welche den biblischen Sachverhalten am besten und überzeugendsten gerecht werden und welche die geringste Anzahl ungelöster Probleme zurücklassen.

Was das angeht, sind die intern-reformierten Diskussionen gewiss keine Ermutigung. Brennende Fragen sind z. B.: Gibt es zweierlei Bundeskinder (nämlich auserwählte und nicht auserwählte) oder nicht? Oder auch: Wird der Bund zum Guten der Kinder aller Getauften geschlossen oder nur mit den Kindern getaufter Gläubiger, außerdem: mit allen Kindern oder nur mit den auserwählten Kindern? Und außerhalb dieser diskutablen Beziehung zwischen Bund und Auserwählung gibt es eine ebenso indiskutable Beziehung zwischen Bund und Wiedergeburt: Werden Getaufte als Wiedergeborene betrachtet oder nicht? Oder aber: Gibt es unter den als Erwachsene Getauften zwei Arten von Bundespartnern: Wiedergeborene und Nicht-Wiedergeborene? Über diese Fragen wurden hitzige Debatten geführt, Gemeindetrennungen durchgedrückt und tiefe Spaltungen rissen zwischen den Reformiert-Gesinnten auf. Könnte das daran liegen, dass die Reformierten dies gemeinsam haben: das unrichtige Vorurteil einer universalistischen Bündnistheologie?

Taufe anstelle der Beschneidung?

Wir kommen jetzt zu Prämisse (b): »Das Siegel des Abrahambundes war im AT die Beschneidung, doch im NT ist die Taufe an die Stelle der Beschneidung getreten.« Welche Argumente hat der Calvinist dafür? Wir müssen aufpassen, hier nicht einen Zirkelschluss zu ziehen. Denn nach dem Vorurteil der Bündnistheologie hat die Taufe »selbstverständlich« die Stelle der Beschneidung eingenommen; der Calvinist hat dafür kaum Argumente nötig. Aber umgekehrt: Wenn man nun gerade die Pfeiler der Bündnistheologie zur Diskussion stellen will, muss man sich doch ebenfalls fragen, welche NT-Argumente es für die Behauptung gibt, die Taufe sei an die Stelle der Beschneidung getreten.

Traditionell lautet die Antwort darauf: »Kol 2,11: … in welchem auch ihr beschnitten worden seid mit einer nicht mit Händen gesche-

henen Beschneidung, in dem Ausziehen des Leibes des Fleisches, in
der Beschneidung des Christus, mit ihm begraben in der Taufe«. Nun
kann jeder unmittelbar sehen, dass hier überhaupt nicht steht, die Taufe
habe die Stelle der Beschneidung eingenommen. Mit anderen Worten: Auch hier ist wieder eine bestimmte Argumentation nötig, um dies
in diesen Vers hineinzulesen. Die Argumentation könnte z. B. auf folgender Paraphrase beruhen: »Ihr seid (bildlich) ›beschnitten‹ mit der
Beschneidung des Christus und zwar, als [vielleicht sogar indem] ihr
(buchstäblich) mit Ihm in der Taufe begraben wurdet.« Ist das wirklich
eine plausible Weise, diesen Vers zu lesen? Viele Ausleger meinen das
nicht, doch dem verschließen sich Reformierte gewöhnlich. Kol 2,11
ist kein unabhängiges Argument für die reformierte Bündnislehre, sondern wird durch die Brille der Bündnislehre gelesen. Die genannte Pra-
phrase hält aber – wie oben dargestellt – nur stand, wenn die alternativen Exegesen weniger plausibel sind. Daran wenden reformierte Ausleger gewöhnlich wenig Mühe. Kein Wunder! Kol 2,11 ist das Schar-
nier, um das sich die gesamte Bundeskindertauflehre dreht; hier auch
nur andere Exegesen zu bedenken, bedeutet, diese Lehre auf schwan-
kenden Grund zu setzen.

Das soll uns aber nicht abhalten, doch solche alternativen Exegesen und andere Argumente zu betrachten. Erstens: Einige meinen,
Paulus sei der Ansicht, die Taufe enthielte eine Art »geistlicher Beschneidung«. Aber selbst wenn das so ist – und das ist m.E. nicht der
Fall –, dann ist es noch etwas völlig anderes, als dass die Taufe *anstelle*
der *buchstäblichen* Beschneidung gekommen wäre. Einige sind der
Ansicht, hiermit sei die buchstäbliche Beschneidung Christi am achten Tage gemeint, andere wieder haben, m.E. zu Recht, ausgeführt,
Paulus habe dies viel wahrscheinlicher in Bezug auf den Kreuzestod
Christi gedeutet. Jedenfalls sind sich alle darüber einig, dass die Anwendung der »Beschneidung des Christus« auf uns bildlich zu verstehen ist. Wir sind im geistlichen Sinn »beschnitten« und zwar, als wir
zum Glauben kamen und Teilhaber der Folgen des Erlösungswerkes
Christi am Kreuz wurden. Wenn aber dieser Vers im Ganzen nicht über
die Beschneidung im buchstäblichen Sinn spricht, wie kann dann dieser Vers lehren, die buchstäbliche Taufe sei anstelle der buchstäblichen Beschneidung gekommen?

Sogar das AT kannte die geistliche »Beschneidung« des Herzens
(5Mo 10,16; 30,6; Jer 4,4). Dieser »Beschneidung« wird der Gläubige

in dem Augenblick teilhaftig, wo er zur Bekehrung kommt und glaubt. Die Kindertaufe geschieht *vor* dieser geistlichen Beschneidung, die Gläubigentaufe *hinterher*. Diese geistliche Beschneidung fällt also niemals mit der Taufe zusammen, geschweige denn, dass sie mit ihr identisch wäre. Aber selbst wenn das der Fall wäre, so muss man noch einen weiten Sprung von dieser Verbindung: »geistliche Beschneidung = Taufe« zu der Schlussfolgerung machen: »buchstäbliche Beschneidung des ATs = Taufe des NTs«. Für solche, die einmal die Bündnistheologie angenommen haben, mag das evident sein, für objektive Ausleger ist das nicht der Fall.

Natürlich muss man sich fragen, warum Paulus hier denn überhaupt von der Taufe spricht. Ein Grund könnte darin zu finden sein, dass Paulus hier die Kolosser daran erinnert, dass sie ihr Bekehrungserlebnis in ihrer Taufe auch *zum Ausdruck gebracht* hatten. Insofern könnte die Taufe tatsächlich das äußerliche Gegenstück zu der inwendigen geistlichen »Beschneidung« genannt werden. Aber das ändert nicht viel; es geht darum, dass unser Vers in keiner Weise den Gedanken unterstützt, die Taufe nähme unter dem neuen Bund genau die gleiche Stellung ein wie die Beschneidung im alten Bund. Im Gegenteil, ich erkenne nur folgende Parallele: Das *ethnische* Volk Gottes im AT kannte ein äußerliches Siegel: die buchstäbliche Beschneidung; das *geistliche* (*erlöste*) Volk Gottes im NT kennt ein *inwendiges* Siegel: die geistliche »Beschneidung«. Es geht eben nicht darum, was ich zu »sehen« meine; weder Kol 2 noch irgendeine andere Schriftstelle lehrt, die Taufe sei an die Stelle der Beschneidung getreten und nur darum geht es.

Übrigens sieht man auch wieder, wie alles mit allem zusammenhängt. Ja, selbst wenn die Taufe anstelle der Beschneidung gekommen ist – vielleicht ist das auch der Standpunkt der »reformierten Baptisten« –, dann ist das immer noch kein Argument für die Kindertaufe. Die zentrale Frage ist und bleibt: Was ist das Bundesvolk des NT? Ist es die Gesamtheit der Gläubigen oder die Gesamtheit der Gläubigen mit ihren Kindern? Wenn das Letzte stimmt, sehe ich in der Tat keinen Grund, den Säuglingen der Gläubigen die Taufe vorzuenthalten; wenn aber das Erste richtig ist – und ich meine (ohne es näher auszuführen), dass dies das Zeugnis des NT ist –, dann darf man m. E. bestenfalls behaupten, die Taufe markiere den Zugang zu diesem Bundesvolk; doch dann muss man erst durch persönliche Wiedergeburt und durch Glauben dafür sorgen, dass man teilhat an diesem Bundesvolk. Gerade Paulus spricht im Römerbrief und im Galaterbrief konsequent nur auf eine Weise von dem Bundesvolk: Söhne Abrahams sind ausdrücklich nur diejenigen, die durch Wiedergeburt und Glauben Söhne Gottes geworden sind. Von diesem Bundesvolk wird man, wenn man so will, »Mitglied« durch die »geistliche Beschneidung«, die äußerlich durch die Taufe sichtbar gemacht wird.

Anmerkungen

1) Siehe allgemein zu diesem Anhang H.P. Medema, *De heerlijkeid en de verbonden: De openbaring van God in het oude en het nieuwe verbond: een evangelische visie,* wo völlig andere Akzente gesetzt, in der Hauptsache aber die gleichen Schlüsse gezogen werden.

2) Für den Fall der Annahme, diese Sichtweise von dem Reich Gottes in verborgener Gestalt sei typisch dispensationalistisch: Man kann sie ebenfalls bei einem typisch reformierten Bündnistheologen wie Herman Ridderbos finden (1950).

3) Hos 6,7 (»Sie aber haben den Bund übertreten wie Adam«) scheint dem zu widersprechen, doch kommt diese beiläufige Bemerkung erst in Hosea und nicht in 1Mo vor, außerdem wurde diese Stelle häufig anders übersetzt und/oder interpretiert (vergleiche H.-W. Wolffs Kommentar zu Hosea, S. 134,154).

4) Bridge & Phypers (ein Kinder- und ein Gläubigentäufer) geben in ihrem Buch über die Taufe eine kurze Analyse der Darbyschen Taufauffassung: »Eine vielversprechende Möglichkeit, manche Schwierigkeiten zwischen Kindertäufern und Baptisten aus dem Wege zu räumen« (S. 108) und schließen: »… Tatsache ist, dass sie [= die Lehrer innerhalb der geschlossenen ›Versammlungen der Gläubigen‹] einen guten Weg gefunden haben, bei der evangelistischen Arbeit, die Erwachsenentaufe und die Taufe der Gläubigen mit Raum für die Gewissensfreiheit in dem schwierigen Fall der Wiedertaufe zu kombinieren« (S. 109), d.h. jeder wird, was die Taufe betrifft, in seinem Gewissen frei gelassen.

Bibliografie

(1) Kommentare zum Galaterbrief

Barclay, W., *The Letters to the Galatians and Ephesians*

Betz, H.D., *Galatians* (Philadelphia 1979).

Boice, J.M., *Galatians*, **Expos. Bible Comm**. (Grand Rapids 1976).

Brandenburg, H., *Der Brief des Paulus an die Galater*, **Wuppertaler Studienbibel** (Wuppertal/Giessen 1983).

Brockhaus, R., *In de vrijheid gesteld: Brief aan de Galaten* (Apeldoorn 1957).

Bruce, F.F., *The Epistle to the Galatians*, **NIGTC** (Grand Rapids 1982).

Burton, E. de W., *A Critical and Exegetical Commentary on the Epistle to the Galatians*, **Intern. Crit. Comm**. (Edinburgh 1921).

Cole, A., *The Epistle of Paul to the Galatians*, **Tyndale NT Comm.** (Grand Rapids 1965).

Darby, J.N., *Notes on the Epistle to the Galatians*, **Coll. Writings 34** (Kingston-on-Thames o.J.).

Darby, J.N., *Galaten*, **Synopsis van de Boeken van de Bijbel VII** (Winschoten o.J.).

Duncan, G.S., *The Epistle of Paul to the Galatians*, **MNTC** (London 1934).

Fereday, W.W., *Reflections on Galatians*, **Bible Treasury N 1,2** (1896-98; Repr. Winschoten o.J.).

Fung, R.Y.K., *The Epistle to the Galatians*, **NICNT** (Grand Rapids 1988).

Grant, F.W., *Galatians*, **Numerical Bible** (Repr. Neptune, N.J. o.J.).

Greijdanus, S., *De Brief van den apostel Paulus aan de Galaten*, **Korte Verkl**. (Kampen 1922).

Guthrie, D., *Galatians*, **NCBC** (Grand Rapids 1981).

Hendriksen, W., *Galatians & Ephesians*, **NT Comm**. (Edinburgh 1968).

Kelly, W., *Remarks on Galatians*, **Bible Treasury 4** (1862; Repr. Winschoten o. J.).

Krimmer, H., *Galaterbrief*, **Bibel-Komm. 13** (Neuhausen-Stuttgart 1983).

Lee, R., *The Outlined Galatians* (London o. J.).

Lenski, R.C.H., *Interpretation of St. Paul's Epistles to the Galatians, to the Ephesians, and to the Philippians* (Columbus, Oh. 1937).

Lightfoot, J.B., *The Epistle of St. Paul to the Galatians* (1865; Repr. Grand Rapids 1962).

Luther, M., *Kommentar zum Galaterbrief* (15 19; ed. Neuhausen-Stuttgart 1996).

Ramsay, W.M., *An Historical Commentary on St. Paul's Epistle to the Galatians* (New York 1900; Repr. Grand Rapids 1965).

Rendall, F., *The Epistle to the Galatians*, **Expos. Greek NT III** (Repr. Grand Rapids 1979).

Ridderbos, H.N., *The Epistle of Paul to the Churches of Galatia*, **NICNT** (Grand Rapids 1953, Repr. 1984).

Schlatter, A., *Die Briefe aan die Galater, Epheser, Kolosser und Philemon*, **Erläuterungen zum NT7** (Stuttgart 1963/1987).

Stewart, G.J., *Notes of Lectures on Galatians*, Repr. **Classic Chr. Comm.** (Charlotte, N.C. 1987).

Vine, W.E., *Galatians*, **Coll. Writings II** (Glasgow 1985).

Willis, G.C., *Meditations on Galatians: Beautiful Grace* (Singapore/Oak Park, Ill. o.J.).

Wuest, K.S., *Galatians in the Greek New Testament*, **Word Studies I** (Grand Rapids 1944, Repr. 1977).

(2) Andere benutzte Literatur

Bauer, W., *Wörterbuch zum Neuen Testament* (Berlin 1971).

Bavinck, H., *Gereformeerde Dogmatiek* (Kampen 1928).

Berkouwer, G.C., *Geloof en rechtvaardiging*, **Dogm. Studiën** (Kampen 1949).

Blass, F. & Debrunner, A., *Grammatik des neutestamentlichen Griechisch* (Göttingen 1976).

Bridge, D. & Phypers, D., *Het water dat scheiding brengt* (Arnhem 1981; oorspr.: *The Water That Divides*, 1977).

Bruce, F.F., *The Book of Acts*, **NICNT** (Grand Rapids 1988).

Calvijn, J., *Uitlegging van de zendbrief van Paulus aan de Romeinen* (Amsterdam 1950).

Eichrodt, W., *Theologie des Alten Testaments* (Klotz 1933).

Genderen, J. van, in: Van Genderen, J. & Velema, W.H., *Beknopte Gereformeerde Dogmatiek* (Kampen 1992).

Guthrie, D., *New Testament Introduction* (Downers Grove 1970).

Heyns, J. A., *Dogmatiek* (Pretoria 1988).

Kittel, G./Friedrich, G./Bromiley, G. W., *Theological Dictionary of the New Testament*, Vol. I–X (Grand Rapids 1964-76).

Loonstra, B., *De geloofwaardigheid van de Bijbel* (Zoetermeer 1994).

Medema, H. P., *De heerlijkheid en de verbonden: De openbaring van God in het oude en het nieuwe verbond: een evangelische visie* (Vaassen 1994).

Metzger, B. M., *A Textual Commentary on the Greek New Testament* (London 1971). Moulton, J. H. & Milligan, G., *The Vocabulary of the Greek Testament* (Repr. Grand Rapids 1985).

Murray, J., *The Epistle to the Romans*, **NICNT** (1959; Repr. Grand Rapids 1984).

Ouweneel, W. J., *De negende Koning: Het laatste van de hemelrijken* (Leiden 1996).

Pannenberg, W., *Grundfragen systematischer Theologie* (Göttingen 1971).

Pannenberg, W., *Systematische Theologie*, Bd. I (Göttingen 1988).

Ramsay, W. M., *St. Paul the Traveller and the Roman Citizen* (Grand Rapids Repr. 1960).

Ridderbos, H. N., *De komst van het koninkrijk: Jezus' prediking volgens de synoptische evangeliën* (Kampen 1950).

Schrenk, G., *dikè, dikaios* [enz.], in: Kittel (a. w.), Vol. III.

Spykman, G. J., *Reformational Theology* (Grand Rapids 1992).

Velema, W. H., in: Van Genderen, J. & Velema, W.H., *Beknopte Gereformeerde Dogmatiek* (Kampen 1992).

Weber, O., *Grundlagen der Dogmatik* (Neukirchen 1955).

Wentsel, B., *Dogmatiek*, dl. 3a: *God en mens verzoend* (Kampen 1987).

Wolff, H. W., *Dodekapropheton: Hosea*, Bd. XIV,2 (Neukirchen o. J.).

Abkürzungen

Akk.	Akkusativ
Aor.	Aorist
Appos.	Apposition
Art.	Artikel
AT	Altes Testament, alttestamentlich
eig.	eigentlich
ev.	eventuell
expl.	explicativus
Fem.	Femininum
Fut.	Futur
Gen.	Genitiv
gr.	griechisch
hebr.	hebräisch
Imp.	Imperativ
Impf.	Imperfekt
Indik.	Indikativ
Inf.	Infinitiv
intr.	intransitiv
irr.	Irrealis
Konj.	Konjunktiv
Lat.	Lateinisch
LXX	Septuaginta
Masc.	Masculinum
med.	Medium (= bemiddelende vorm; vergleiche activ. en pass.)
MT	Masoretischer Text vom AT
NBG	Neue Übersetzung der nd. NBG-Bibel
nd.	niederländisch
neutr.	Neutrum
NIV	New International Version
NT	Neues Testament, neutestamentlich
obj.	objectivus
opt.	Optativ
par.	Parallelle Schriftstellen

Part.	Partizip
Pass.	Passiv
Perf.	Perfekt
Plur.	Plural
Plusqu.	Plusquamperfekt
poss.	possessiv
Präp.	Präposition
Präs.	Präsens
Pron.	Pronomen
qual.	qualitatis
Sing.	Singular
sog.	sogenannt
subj.	subjectivus
Subst.	Substantiv
TR	Textus Receptus
trans.	transitiv
wörtl.	wörtlich

W. MacDonald

Kommentar zum Neuen Testament

1488 Seiten
DM 49.80
ISBN 3-89397-378-8

Hardcover

In diesem Vers-für-Vers-Kommentar zum NT geht es dem bekannten Autor nicht um bloße Wissensvermittlung, sondern darum, die Person Jesu Christi groß zu machen, Zusammenhänge der Schrift deutlich werden zu lassen und so Auslegung mit Auferbauung zu verbinden. Ein leicht verständlicher Kommentar, der den Leser anreizt, Gottes Wort systematisch und fortlaufend zu studieren und sich an den Reichtümern der Schrift zu erfreuen.

Der Autor übergeht schwierige Abschnitte nicht einfach, als ob sie keine Probleme böten, sondern geht offen an Schwierigkeiten heran. Wo es unter den Auslegern Auseinandersetzungen gibt, nimmt er einen festen Standpunkt ein, respektiert jedoch auch andere Interpretationen.

clv

A. C. Gaebelein

Kommentar zum Alten Testament

Hardcover

- **Band I**: 1. Mose – 2. Chronik
  640 Seiten
  DM 39.80
  ISBN 3-89397-360-8

- **Band II**: Esra – Maleachi
  704 Seiten
  DM 39.80
  ISBN 3-89397-361-3

Arno C. Gaebeleins (1861–1945) Kommentar zur Bibel wurde auch als Weiterführung der vielen Erklärungen der Scofield-Bibel bezeichnet, deren Mitherausgeber er war.

Der Leser findet hier allgemeine Einführungen in jedes Buch des AT, Einwände und Argumente gegen bibelkritische Positionen, Unterstützung traditioneller Einsichten zur Frage der Verfasserschaft, einen vollständigen, detailliert gegliederten Überblick über den Text, praktische Auslegungen und Anwendungen sowie besondere Berücksichtigung der heilsgeschichtlichen, typologischen und prophetischen Dimension der biblischen Texte, wobei der Autor mit seiner dispensationalistischen Sicht faszinierende Zusammenhänge der Schrift aufdeckt.

W. J. Ouweneel

Der Brief an die Hebräer

Hardcover

464 Seiten
DM 29.80
ISBN 3-89397-340-0

Der schwierige, oft missverstandene Hebräerbrief offenbart sich bei genauerem Hinschauen als geistlicher Höhenweg, der beeindruckende und weitreichende Ausblicke auf die Person Jesu Christi gewährt, die wunderbare Einheit von AT und NT verdeutlicht und Einsicht gibt in die gewaltigen Vorrechte der Christen.

Der Autor gibt erst eine einfache, dann eine gründliche Auslegung, wobei er die direkte Bedeutung des Grundtextes, eventuelle Handschriftenvarianten sowie den lehrmäßigen Inhalt des Textes erarbeitet. Fragen, Aufgaben, Exkurse und Wortstudien motivieren den Leser, einen persönlichen Zugang zum großartigen Thema des Hebräerbriefes zu finden.

W. J. Ouweneel

Das Buch der Offenbarung

Hardcover

544 Seiten
DM 39.80
ISBN 3-89397-356-7

Die wohl ausführlichste deutschsprachige Vers-für-Vers-Auslegung des Buches der Offenbarung, das eines der schwierigsten, aber für Christen auch der aktuellsten ist.

Diese Auslegung ist das Ergebnis 20jährigen Studiums dieses Buches der Bibel durch den Autor. Allein die Einleitung umfaßt 137 Seiten und behandelt Themen wie den Zusammenhang mit dem AT, die Symbolik der Offenbarung und verschiedene eschatologische Auslegungsweisen in Geschichte und Gegenwart.

Der Auslegungsteil ist mit 514 ausführlichen Fußnoten versehen, die dem interessierten Leser eine Fülle tiefgehender Informationen liefern.